中国古代文学史

下　册

教育部中文学科教学指导委员会组编
陈洪 刘跃进 主编
孙克强 冯大建 副主编

高等教育出版社·北京
HIGHER EDUCATION PRESS BEIJING

内 容 简 介

本教材特别注重文学体裁的发展演变脉络，并有简明的文体知识，其间适当介绍文学思想、思潮的递嬗以及学术前沿问题。教材编写中注意为师生留下空间，培养学生的问题意识。全书突出民族文化的传承，突出文学自身的审美价值与演变规律。

本教材另有配套作品选及数字化资源。

编 委 会 名 单

目　录

震川先生集卷之二

序

歸震川先生全集

先太僕集昔年屢刻皆非全本兼多訛繆

茲集蒐羅宏博讐勘精詳觀者無忽焉

曾孫莊元孫玠五世孫顧盧謹識

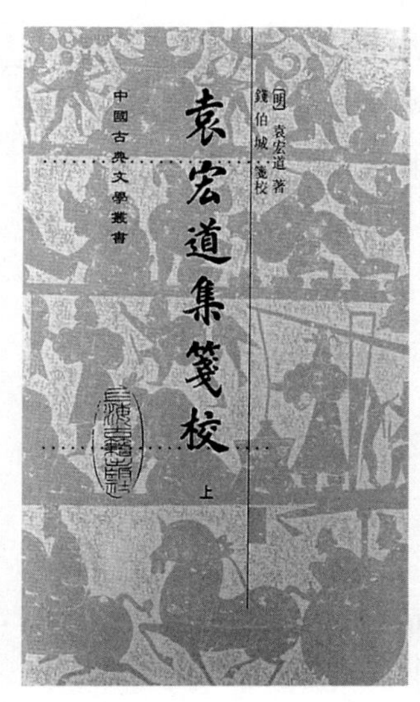
中國古典文學叢書
袁宏道集箋校
〔明〕袁宏道 著
錢伯城 箋校
上

第五编　宋代文学

绪　言

宋代文学在我国文学发展史上有着重要的特殊地位，它处于一个承前启后的阶段，并具有鲜明的独特风貌。在宋代，不但诗、词、文等文体的发展足以形成与唐代双峰并峙的局面，而且小说、戏曲等通俗文学更取得了长足进步。

公元960年，宋太祖赵匡胤发动陈桥兵变，建立宋王朝，此后又用了近二十年的时间平定各地割据政权，基本结束了五代十国的分裂局面。鉴于唐五代以来强藩武将的专横篡夺，赵匡胤以“杯酒释兵权”的策略，解除了禁军将领和节度使的兵权。因为采取“守内虚外”的政策，重文轻武，边备不修，所以终宋之世积弱积贫，为中国历史上版图最小的统一王朝。但也正因为士大夫知识分子阶层格外受到尊重，宋代文化艺术等领域的繁荣远超前代。

外忧内患，使士大夫多发革新朝政的议论，北宋的朋党之争、南宋的主战与主和之争，对当时文人的创作产生了重大影响。此外，宋代的科举制度也很发达，初重诗赋，后重策论。一次科举所录取进士有时多达数百人，远远超过唐代的录取人数。宋代著名的文学家，多数都是进士出身。

宋统一中国后，商业繁荣，城市人口增加，文娱生活丰富多彩，市民阶层扩大，有利于市民文艺的兴起，如话本小说、鼓子词和诸宫调等，一时蔚为大观。

理学的兴起对宋代思想文化发展产生了重大影响。宋代文人出入佛老而返归儒学。一方面对孔孟仁学的道统加以新的解说，一方面兼收佛教、道家学说的某些因素，发展为新儒家的性理之学。受理学影响，传统文学思想中的文、道之说进一步发展为“文以载道”，形成了重道轻文的文学思想，流弊所及，则文章难免说教，诗歌也趋向言理，较少文学的情韵和意味，倒是词及小说戏曲等体制少受理学影响而自成面目。

词被称为宋代的“一代之文学”，宋词在词史上占据巅峰地位。唐圭璋编的《全宋词》搜集了词人1 300余家，词作20 000余首。词体有小令、中调、慢词等各种样式，词体风格更呈现出婉约与豪放相竞、不同流派争奇斗艳的特点。北宋初期小令以晏殊、欧阳修为代表，继承了《花间集》、南唐词的特点，又更加深化、美化，其个人抒情之作，致力于提高令词的品格。慢词在宋初出现，柳永是北宋第一个大量创作慢词的人，他把源于民间的慢词发扬光大，扩大了词体的表现范围和

华夏民族之文化，历数千载之演进，造极于赵宋之世。

——陈寅恪《邓广铭〈宋史职官志考证〉序》

艺祖革命，首用文吏而夺武臣之权，宋之尚文，端本乎此。太宗、真宗其在藩邸已有好学之名，及其即位，弥文日增。自时厥后，子孙相承。上之为人君者，无不典学；下之为人臣者，自宰相以至令录，无不擢科，海内文士彬彬辈出焉。国初，杨亿、刘筠犹袭唐人声律之体，柳开、穆修志欲变古而力弗逮。庐陵欧阳修出，以古文倡，临川王安石、眉山苏轼、南丰曾巩起而和之，宋文日趋于古矣。南渡文气不及东都，岂不足以观世变欤！

——《宋史·文苑传》

深度，不仅写男欢女爱、相思离别，羁旅行役、歌功颂德甚至怀古抒愤的题材也引入词体。其写作上的特点是铺叙曼衍，既长于叙事，又便于驰骋才情；风格以俗为主，受到下层民众的喜爱，也招致文人的激烈批评。此后，慢词逐渐为文人所接受，成为宋词代表性的体式。

词到了苏轼手里才真正跨越了“艳科”樊篱。虽然苏轼词也有不少当行本色之作，但更为人所称道的是那些借词体表现士大夫的自我人格和性情抱负的作品，与应乐工歌伎要求所作的歌者之词大异其趣。他“以诗为词”，所咏题材极为广泛，真正是“无意不可入，无事不可言”，开拓了词的表现领域。和苏轼同时或稍后的一些词人，如秦观、贺铸、晏几道等人，均有绝妙好词。周邦彦在词史上曾被推为集大成者，他精通音律，词作音韵谐美，在柳永的基础上将慢词的技巧加以发展，变平铺直叙为跌宕回环，极具文人气质。李清照是中国文学史上最杰出的女性作家之一，其词以寻常语度入音律而清丽晓畅，当时即被称为“易安体”。由于性格的高傲倔强，加上国破家亡的经历，易安词中不乏双性特色。

在民族矛盾极其尖锐而统治阶级内部矛盾复杂化的时代，南宋词人如辛弃疾、张元干、张孝祥等人的词作表现了大义凛然的民族气节，把词从相思离别、红情绿意的浅斟低唱中解放出来，代之以豪放雄浑的悲壮声调。其中辛弃疾最具代表性，他集抗金英雄、爱国词人于一身，他的词激昂慷慨而沉雄悲壮，但又不失词体幽约要眇之美感特质，使豪放词达到了登峰造极的地步。南宋中期以后的另一派词人，

宋人……对于现实乃至日常生活的关注，对历史和人生的思考，就其敏锐、深刻和思维格局而言，唐人是无法望其项背的，正如一位睿智的哲学老人与雄姿勃发的少年英俊相比较时那样。

——王水照《宋代文学通论》

追求清雅工致，讲求音律格调，注重辞藻字面。如姜夔、史达祖、吴文英等，形成了南宋清雅词派。在南宋亡国前后，有文天祥、刘克庄、刘辰翁等爱国词人的大声疾呼，义薄云天；又有周密、王沂孙、张炎等遗民词人的凄凉叹息，借隐喻抒写亡国之悲痛。

宋诗在继承唐诗的基础上出现了显著的新变，形成了自己的特点。北京大学古籍所编《全宋诗》收录的诗人数量相当于《全唐诗》的近4倍，达8 900余人，诗篇的数量更多。但宋诗“以议论为诗，以文字为诗，以才学为诗”的特点也常受到批评。宋诗的形成和发展也是一个过程，各种风格流派，特色自有不同。宋初有白体、西昆体和晚唐体，而欧阳修、梅尧臣、苏舜钦等人的诗歌创作有散文化倾向，主气格，重雄放，求淡远，影响到整个宋诗的发展方向。王安石的“王荆公体”、苏轼的“东坡体”各有擅长。黄庭坚诗在诗句的锤炼和推陈出新方面，确有独到的功力，因其诗有门径可寻，学之者众，加之陈师道、吕本中、陈与义等羽翼，终于形成了宋代诗坛影响最大、最深远的江西诗派。南宋的陆游是伟大的爱国诗人，杨万里的“诚斋体”活泼自然，范成大的四时田园诗能自成风貌，享誉于世。此外还有反对江西诗派的“永嘉四灵”和“江湖诗派”。亡国之际的宋诗，因时代悲剧而为之一振，写真性情、真精神，显示出新的气象，如文天祥、汪元量等人的作品，为宋诗画上了光辉的句号。

宋代还出现了诗话这种随笔式的文学批评样式。从欧阳修的《六一诗话》到司马光的《温公诗话》、刘攽的《中山诗话》，继起作者渐多，风气大开，至今尚可知见的至少有近140种。禅学对宋代文学批评的影响值得重视，严羽的《沧浪诗话》以禅理为喻，是宋末成就最为突出的一部诗话。

宋代散文在我国散文发展史上也占有重要地位，唐宋八大家中，宋代就占了六席。宋初骈文风行，柳开、王禹偁、穆修和尹洙等人提倡古文，直到欧阳修，才真正产生具有宋代特色的古文。欧阳修门下如曾巩、王安石、苏洵、苏轼、苏辙等均为古文名家。他们的文章风格各不相同，但都能言之有物，化繁为简，追求平易畅达的文风。南宋时期的散文也以古文占主导地位，并形成了两派：一派是以朱熹、张栻、吕祖谦等人为代表的理学家的古文，一派是以叶适、陈亮为代表的主功利的思想家的古文。宋末出现的文天祥、陆秀夫等人的文章，则是以血泪写成，沉痛悲凉，风格迥异于北宋。宋代四六文参以散文笔法，也是风行一时的文体，欧阳修、

瞧不起宋诗的明人说它学唐诗而不像唐诗，这句话并不错，只是他们不懂这一点不像之处恰恰就是宋诗的创造性和价值所在。

——钱锺书《宋诗选注序》

曾巩、王安石、苏轼、苏辙等，既是古文大家，又是四六文作者，于两种文体均很擅长。他们文集里的四六文与古文在数量上几乎相等。

宋人的话本是流行于市井的俗文学，从民间的讲唱文学发展而来，仅据罗烨《醉翁谈录》的统计就有100余种。宋代的讲唱文学有以讲为主的话本，也有以唱为主的鼓子词、诸宫调、覆赚等。话本是说话人的底本，它虽然是继承唐代“说话”的传统而来的，但到了宋代，说话这一伎艺特别发达，盛极一时。流传下来的说话人的底本，经编辑后出版，便是流行于世的宋元话本小说，成为中国白话小说的开端。

第一章

承唐而变的宋初文学

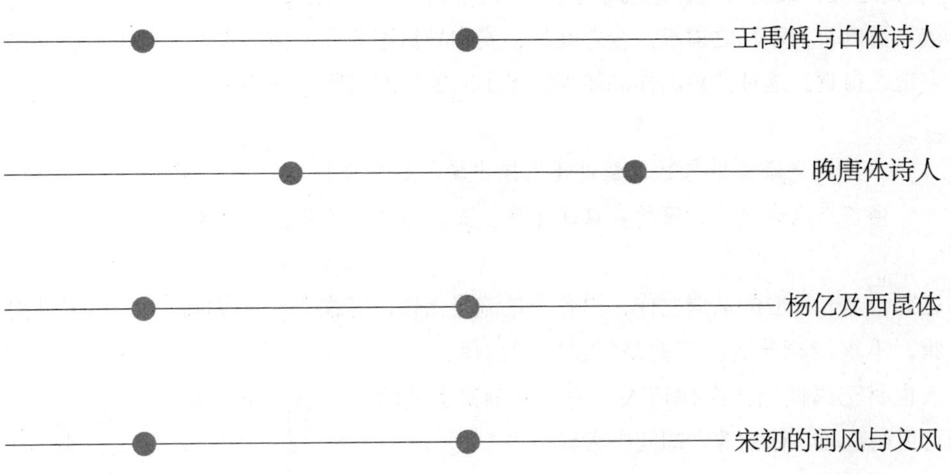

北宋初期的文学基本上处于承传唐五代文风的过渡阶段，但也出现了一些新的变化，为各体文学在宋代的发展做了铺垫。

第一节　王禹偁与白体诗人

宋初诗坛，主要有所谓白体、晚唐体和西昆体三派。白体诗人的骨干李昉原是后周的词臣，徐铉原是南唐的词臣。他们入宋以后，由于特殊的身份，对白居易晚年的闲适诗很感兴趣，李昉在自己与李至的唱和集《二李唱和集》的序文中讲："朝谒之暇，颇得自适，而篇章和答，仅无虚日……昔乐天、梦得有《刘白唱和集》流布海内，为不朽之盛事。今之此诗，安知异日不为人之传写乎？"可见他们学白自适之自觉。这种情趣的作品如李昉《小园独坐偶赋所怀寄秘阁侍郎》：

> 烟光澹澹思悠悠，朝退还家懒出游。静坐最怜红日永，新晴更助小园幽。砌苔点点青钱小，窗竹森森绿玉稠。宾友不来春又晚，眼看辜负一年休。

这完全是一种应酬消遣之作，内容上是流连光景，形式上是依次押韵，风格平易清雅，不求雄浑典丽。这就是宋初所谓白体诗。宋人也将王禹偁归入白体诗人之列，但事实上他的诗风与李昉、徐铉等人却同中有异。

王禹偁出身贫寒，为宋初有名的直臣，因直言敢谏而屡遭贬谪。这使他的人生态度和文学思想都迥异于那些馆阁词臣。在宋初作家里，王禹偁是成就较大的一位，他诗文兼备，推动了宋初诗风、文风的变革。

> 王禹偁（954—1001）字元之，济州钜野（今山东巨野）人。今存《小畜集》30卷。

王禹偁的五、七言古诗有意效法白居易的平易诗风，其近体诗、绝句则不乏平

> [白体诗人]
>
> 指宋初效法白居易作诗的一批诗人，代表作家有李昉、徐铉等人。他们的诗歌主要是模仿白居易与元稹、刘禹锡等人互相唱和的近体诗，内容多写流连光景的闲适生活，风格浅切清雅。

淡清远的格调。如《村行》:

马穿山径菊初黄，信马悠悠野兴长。万壑有声含晚籁，数峰无语立斜阳。棠梨叶落胭脂色，荞麦花开白雪香。何事吟余忽惆怅？村桥原树似吾乡。

此诗由乡村信步的逸兴写到作者对农村的喜爱，并进一步引发思乡之情，这种触景生情的笔法，物我相映，清新平易。

王禹偁自幼喜爱白居易诗，早年受时风影响也写过许多闲适的唱和诗，然而他超出一般白体诗人的地方在于学习白诗而并未囿于闲适诗，他更重视白居易的讽喻诗。尤其是在谪居商州时期，他相当自觉地学习白居易“惟歌生民病”的讽喻诗，更进而学习杜甫，所谓“本以乐天为后进，敢期子美是前身”(《前赋春居杂兴诗二首》间岁半，不复省视，因长男嘉祐读杜工部集，见语意颇有相类者，咨于予，且意予窃之也。予喜而作诗，聊以自贺)，他还称赞“子美集开诗世界”(《日长简仲咸》)，决心“诗效杜子美”(《送丁谓序》)。王禹偁写了许多反映社会现实、充满忧国忧民情怀的诗篇，如《感流亡》写“老翁与病妪，头鬓皆皤然。呱呱三儿泣，惸惸一夫鳏”，“襁负且乞丐，冻馁复险艰”，感情深挚沉郁，远胜于当时诗坛上常见的无病呻吟之作。此外像《畲田词》《秋霖二首》《乌啄疮驴歌》等诗篇，也是继承了杜甫诗歌的现实主义传统，针砭时弊，鞭挞丑恶。

总体上看，王禹偁从学习白居易转而学习杜甫，使其诗风兼具平易流畅与沉郁峻拔，为宋诗风格的形成做了重要准备，清人吴之振说“元之独开有宋风气”，言中肯綮。

第二节　晚唐体诗人

在白体诗盛行了将近五十年之后，到了真宗时期，诗坛上又出现了新的流派。这些人没有像王禹偁那样深入社会基层，缺乏实际的生活感受，便只能在艺术技巧上争奇斗胜。其中一些继承晚唐诗风，推崇贾岛、姚合等人，被称为晚唐体诗人。

“九僧”是最遵循贾、姚门径的晚唐体诗人，继承贾岛、姚合反复推敲的苦吟精神。“九僧”即希昼、保暹、文兆、行肇、简长、惟凤、惠崇、宇昭、怀古等九位僧人，其中惠崇的成就比较突出。“九僧”诗作，内容上多描绘清邃幽静的山林景色和枯寂淡泊的隐逸生活，形式上则推重五律，特别注意雕琢五律的中间二联，因此，“九僧”诗中颇有警句，例如保暹《秋径》中的“虫迹穿幽穴，苔痕接断

[晚唐体诗人]

指宋初模仿唐代贾岛、姚合诗风的一群诗人，由于宋人常常把贾、姚看成是晚唐诗人，所以名之为“晚唐体”。代表作家有潘阆、魏野、林逋、“九僧”和寇准等人。

楼”，惟凤《与行肇师宿庐山栖贤寺》中的“磬断危杉月，灯残古塔霜”、惠崇《池上鹭分赋得明字》中的“照水千寻迥，栖烟一点明”等，但往往有句无篇。欧阳修《六一诗话》中生动地记载了“九僧”诗作内容单调贫乏、诗境极其狭窄的缺点：

当时，有进士许洞者，善为词章，俊逸之士也。因会诸师僧分题，出一纸，约曰：“不得犯此一字。”其字乃“山、水、风、云、竹、石、花、草、雪、霜、星、月、禽、鸟”之类，于是诸僧皆搁笔。

比“九僧”诗所表现的生活内容稍为充实一些的晚唐体诗人还有潘阆、魏野、林逋等隐逸之士，他们虽也有模仿贾岛、姚合字斟句酌的一面，但另一方面他们也颇有白体诗平易流畅的倾向，其中以林逋最为有名。

林逋（967—1028）字君复，钱塘（今浙江杭州）人，卒谥和靖先生。现存《和靖诗集》4卷。

林逋“性好古淡，弗趋荣利”（《宋史·隐逸传》），早年游历于江、淮间。后归杭州结庐西湖孤山，隐居二十年，不仕不娶，植梅养鹤，时称“梅妻鹤子”。林逋以江湖散人之诗装点山林，用细碎小巧的笔法写清苦幽静的隐居生活。他虽然也模仿贾岛诗的字斟句酌，但诗中颇有其性情的孤淡清逸。如《秋日西湖闲泛》：

水气并山影，苍茫已作秋。林深喜见寺，岸静惜移舟。疏苇先寒折，残红带夕收。吾庐在何处？归兴起渔讴。

写景精细，字句精练，略同于九僧诗。而完整的意境则是“九僧”诗所缺乏的。此外，林逋还以善咏梅花而著称，其《山园小梅》二首在宋代就十分引人注目，如欧阳修激赏其“疏影横斜水清浅，暗香浮动月黄昏”（《山园小梅》二首之一）两句，而黄庭坚也盛赞“雪后园林才半树，水过篱落忽横枝”（《山园小梅》二首之二）一联。

寇准由于曾官至参知政事，因此与其他晚唐体诗人身份迥异，再加上他与上述两个诗人群体都有交往，所以成了晚唐体的盟主。寇准一生功业彪炳，却又遭谗被贬，“以风节著于时，其诗乃含思凄婉，绰有晚唐之致。然骨韵特高，终非凡艳所可比”（《四库全书总目》卷一五二）。例如《春日登楼怀归》：

寇准（961—1023）字平仲，华州下邽（今陕西渭南）人，太平兴国五年（980）进士。现存《寇忠愍公诗集》3卷。

> 高楼聊引望，杳杳一川平。野水无人渡，孤舟尽日横。荒村生断霭，古寺语流莺。旧业遥清渭，沉思忽自惊。

首句“聊”字、末句“惊”字，生动地揭示了诗人由遐思默想到突然惊觉的心理变化过程，情真意切。

第三节　杨亿及西昆体

杨亿是宋初的著名文臣，宋真宗景德二年（1005）至大中祥符六年（1013），他和王钦若等奉命编撰巨型典籍《册府元龟》，与在秘阁里参加编纂工作的同僚吟诗唱和，互相切磋诗律。杨亿作诗宗主李商隐，讲究辞采，风格典丽，虽有表现才学和功力之嫌，但亦不乏清峭感怆的讽喻之作。如《无题》：

杨亿（974—1020）字大年，建州浦城（今福建浦城）人。淳化三年（992）赐进士及第，真宗时为翰林学士，知制诰。卒谥文。现存《武夷新集》20卷。

> 巫阳归梦隔千峰，辟恶香销翠被空。桂魄渐亏愁晓月，蕉心不展怨春风。遥山黯黯眉长敛，一水盈盈语未通。谩托鹍弦传恨意，云鬟日夕似飞蓬。

此诗拟李商隐《无题》诗，在讲究声律文采、注意修辞用典、追求属对精工方面颇有义山诗的“沉博绝丽”之风，一扫五代衰飒弊习，开启了宋人诗歌的新气象，但也因过于雕琢而失去自然和韵味。

杨亿等人为代表的西昆体诗派是宋初影响极大的重要文学流派。杨亿据《山海经》和《穆天子传》中关于昆仑之西有群玉之山是帝王藏书之府的传说，将馆阁文臣在秘阁唱和的诗集题作《西昆酬唱集》，其在集前序文里说他们写诗的目的是：“历览遗编，研味前作，挹其芳润，发于希慕。更迭唱和，互相切劘。”以此为指导原则，其诗作题材的范围狭隘则是显而易见的，但并非毫无可取之处。例如刘筠的《汉武》：

汉武天台切绛河，半涵非雾郁嵯峨。桑田欲看他年变，瓠子先成此日歌。夏鼎几迁空象物，秦桥未就已沉波。相如作赋徒能讽，却助飘飘逸气多。

用典精工、切当，且有一定的批判现实的意义，寓意深长，是西昆体中较为成功的作品。此诗咏汉武而不写其尊儒术、破匈奴等功业，反而集中咏其晚年好神仙、求长生的事迹，语带讥刺。但是从总体上看，西昆体诗的思想内容是比较贫乏的，它们与时代、社会没有密切的关系，也很少抒写诗人的真情实感，缺乏生活气息。

后人对西昆体的关注主要在于其艺术特征，讲究修辞的西昆体功夫确实对宋诗的发展影响很大。诗中大量用典，以学问为诗，是宋诗的一个突出特色，西昆体作为宋初出现的诗歌流派或诗歌思潮，体现了当时的风会所趋，是宋诗形成自身特色的第一步。欧阳修《六一诗话》说：“盖自杨、刘唱和,《西昆集》行，后进学者争效之，风雅一变，谓之昆体。”西昆体对后来的江西诗派，从论诗宗旨、作品风格、艺术技巧到诗学渊源，都产生了一定的影响，黄庭坚就明确提出要用西昆体功夫造老杜浑成之境。西昆体流行后的弊端也是明显的，那就是诗人作诗过分追求修辞而缺乏感觉，甚至堕入玩弄词章典故的泥潭。

[西昆体诗人]

因馆阁文臣在秘阁唱和的诗集《西昆酬唱集》而得名。此集共收录17位诗人的247首诗，这些诗人包括杨亿、刘筠、钱惟演、刁衎等。

第四节　宋初的词风与文风

北宋初期，词风仍是花间、南唐的余绪。体裁上基本是小令的天下，题材上多相思离别、闺帏绣阁。晏殊在宋初词坛影响最大，是词从晚唐五代过渡到北宋的关键人物。

晏　殊（991—1055）字同叔，抚州临川（今江西临川）人。景德二年（1005）召试赐同进士出身。曾官至同中书门下平章事兼枢密使。谥元献。今存《珠玉词》。

晏殊七岁能文章，有神童之称。他历居要职，很注意荐引人才，名臣范仲淹、韩琦、富弼、欧阳修等“皆出其门”。晏殊词受南唐词影响，尤近冯延巳。宋人刘攽说：“晏元献尤喜江南冯延巳歌词，其所自作，亦不减延巳。”（《中山诗话》）晏殊一生顺达，性情温厚，他的词风流闲雅，温润秀洁。例如下面两首《浣溪沙》：

一曲新词酒一杯，去年天气旧亭台。夕阳西下几时回？　　无可奈何花落去，似曾相识燕归来。小园香径独徘徊。

一向年光有限身，等闲离别易销魂。酒筵歌席莫辞频。　　满目山河空念远，落花风雨更伤春。不如怜取眼前人。

都是在伤春怀人的表层意象中，流露出对时光易逝、生命有限的怅惘之情，情感含蓄而深沉，与晚唐五代词人常有的凄惶绮艳已有明显差异。面对“夕阳西下几时回”“无可奈何花落去”“满目山河空念远，落花风雨更伤春”的无奈现实，他总有一种反省（“似曾相识燕归来”）和超越（“不如怜取眼前人”）。晏殊词中还有一首别调《山亭柳·赠歌者》值得关注，此词虽题为《赠歌者》，实寓作者的身世之感，声情亢越，慷慨悲凉，当与作者晚年知永兴军的经历有关。但晏殊词的整体风格还是以明净雅致的语言、深刻纤细的内心体验、曲折精巧的构思，表现一种理性的、圆融的观照。其精美圆熟的艺术表现，雅致含蓄的倾向，展示出宋词风格的新特色，直接影响着同代稍后的欧阳修、晏几道等人。

范仲淹词今存5首，其亲身的军旅感受使其后期词作呈现一种沉郁苍凉的风格，可视为豪放派的先驱。如《渔家傲》：

塞下秋来风景异，衡阳雁去无留意。四面边声连角起。千嶂里，长烟落日孤城闭。　浊酒一杯家万里。燕然未勒归无计。羌管悠悠霜满地。人不寐，将军白发征夫泪。

范仲淹（989—1052）字希文，苏州吴县（今属江苏苏州）人。大中祥符八年（1015）进士。

此词既抒写将士的辛勤和怀乡情绪，又表现了他们为国立功的凌云壮志。词情苍凉悲壮，别开生面。

张先在词史上有不可忽视的地位。陈廷焯在《白雨斋词话》中指出："张子野词，古今一大转移也。前此则为晏、欧，为温、韦，体段虽具，声色未开。后此则为秦、柳，为苏、辛，为美成、白石，发扬蹈厉，气局一新，而古意渐失。子野适得其中，有含蓄处，亦有发越处。但含蓄不似温、韦，发越亦不似豪苏腻柳。规模虽隘，气格却近古。自子野后一千年来，温、韦之风不作矣。"首先，张先活到了89岁，自然成为晏、欧与柳、苏之间的一座桥梁，他是词史上这一转变的见证人和推动者。其次，在现存的不足200首张先词作中，有70多首用了题序。有的词序文字颇长，有一定的叙事性，如《木兰花》题序："去春自湖归杭，忆南园花已开，有'当时犹有蕊如梅'之句。今岁还乡，南远花正盛，复为此词以寄意。"缘题赋词，写眼前景、身边事，使词的题材取向逐渐贴近作者的日常生活，改变了以往词作有调而无题的传统格局，也加强了词的纪实性和现实感，对此后苏轼等人的词大量用题序产生了影响。再者，张先较早地接触到了市井流行的乐调，填写了一些慢词，从此词中长调逐渐兴盛起来。如《宴春台慢·东都春日李阁使席上》：

张先（990—1078）字子野，乌程（今浙江湖州）人，天圣八年（1030）进士，世称『张三影』。有《张子野词》。

丽日千门，紫烟双阙，琼林又报春回。殿阁风微，当时去燕还来。五侯池馆频开。探芳菲、走马天街。重帘人语，辚辚绣轩，远近轻雷。　雕觞霞滟，翠幕云飞，楚腰舞柳，宫面妆梅。金猊夜暖、罗衣暗裛香煤。洞府人归，放笙歌、灯火下楼台。蓬莱。犹有花上月，清影徘徊。

此词写帝都的壮丽、上层社会的奢靡，透露出作者对都市生活的眷恋。比起晏、欧已经有了较多的铺叙，但层次尚欠细密，显示了慢词初兴，尚未成熟的特点。

> 有客谓子野曰："人皆谓公'张三中'，即'心中事''眼中泪''意中人'也。"公曰："何不目之为'张三影'？"客不晓。公曰："'云破月来花弄影''娇柔懒起、帘压卷花影''柳径无人、堕风絮无影'，此余平生所得意也！"
>
> ——胡仔《苕溪渔隐丛话》前集卷三七引《古今诗话》

宋初文坛承袭晚唐五代文风余绪，依旧骈文盛行，在此背景下柳开、穆修等人能倡导复古和坚持写作古文，就显得尤可宝贵。他们的复古主张和实践，是为宋代古文运动之肇始。

> **柳开**（948—1001）字仲涂，原名肩愈，字绍元，大名（今河北大名）人，开宝六年（973）进士。著有《河东先生集》15卷。

柳开在宋初首先从文学理论上鲜明地提出复古主张。他提出："吾之道，孔子、孟轲、扬雄、韩愈之道。吾之文，孔子、孟轲、扬雄、韩愈之文也。"（《应责》）文、道合一的观点，产生了深刻影响。柳开重道而轻文采："文章为道之筌也，筌可妄作乎？筌之不良，获斯失矣。女恶容之厚于德，不恶德之厚于容也。文恶辞之华于理，不恶理之华于辞也。"（《上王学士第三书》）在这种理论指导下，柳开之文就写得艰涩难读，《四库全书总目》卷一五二《河东集》提要云："宋朝变偶俪为古文，实自开始，惟体近艰涩，是其所短耳。"

穆修是继柳开之后专力写作古文的作家。但就其流传下来的为数不多的古文看来，具有文学形象性的作品不多。《宋史·穆修传》云："自五代文敝，国初，柳开始为古文。其后，杨亿、刘筠尚声偶之辞，天下学者靡然从之。修于是时独以古文称，苏舜钦兄弟多从之游。修虽穷死，然一时士大夫称能文者必曰穆参军。"从总体上说，穆修虽不遗余力地提倡韩柳文风，但其文章创作在艺术上还不够成熟，没有很成功的实践范例。

> **穆修**（979—1032）字伯长，郓州（今山东东平）人，大中祥符二年（1009）进士。著有《河南穆公集》3卷。

在诗和文两个方面都有较为突出的创作实绩，促进了宋初诗风、文风变革的作家，当推王禹偁。在文的方面，王禹偁不满于晚唐五代的浮靡文风，曾指出："咸通以来，诗文不竞。革弊复古，宜其有闻。"（《送孙何序》）他致力于倡导古文，但他本人的创作实践却证明，他既能写古文，同时又是四六文的高手，在宋初文坛上独树一帜。例如《黄州新建小竹楼记》中的一节：

远吞山光，平挹江濑，幽阒辽敻，不可具状。夏宜急雨，有瀑布声；冬宜密雪，有碎玉声。宜鼓琴，琴调虚畅；宜咏诗，诗韵清绝；宜围棋，子声丁丁然；宜投壶，矢声铮铮然。皆竹楼之所助也。

公退之暇，被鹤氅，戴华阳巾，手执《周易》一卷，焚香默坐，消遣世虑。江山之外，第见风帆沙鸟、烟云竹树而已。待其酒力醒，茶烟歇，送夕阳，迎素月，亦谪居之胜概也。

可见，王禹偁虽然反对骈文之过于重形式而无内容，但他自己的散文创作却并非完全排斥骈偶，极大地提升了文章的抒情和诵读效果。再如《唐河店妪传》借一个老妇智杀辽国骑兵的故事，就民心所向与社稷安危之间的关系发出了感慨与议论，文易而思深。王禹偁的散文在追求平易自然的文风方面确有开创之功，为欧阳修改革文风奠定了基础。

第二章

欧阳修与北宋诗文革新

欧阳修的文学成就

梅尧臣和苏舜钦

王安石的文学成就

曾巩、苏洵和苏辙

欧阳修作为北宋中叶兴起的诗文革新运动的领袖，无论从理论还是实践上都推动了宋代文风的转变。

第一节　欧阳修的文学成就

欧阳修四岁丧父，家境贫寒，母郑氏画荻教子，常向欧阳修讲述其亡父的人品风节，良好的家教为欧阳修的成长打下了坚实的基础，他读书刻苦，勤奋过人。进士及第后初仕洛阳，从梅尧臣、尹洙游，遂以文章名冠天下。他积极参与庆历变法，以天下为己任，倡导古文运动，很快被公认为文坛领袖。曾入朝为馆阁校勘、知谏院，直言论事，屡遭贬谪，历知滁州、扬州、颍州等。后累官至翰林学士、枢密副使、参知政事。熙宁四年（1071）以太子太师致仕，回归颍州，谥文忠。

在欧阳修的文学创作中，以散文所取得的成就最高，影响也最大。欧阳修继承了韩愈以来的古文传统，又有所损益。欧文学韩愈的突出特点是，摒弃了韩愈文章的艰涩怪奇，发展其“文从字顺”的风格，形成自己平易流畅、委曲婉转的文章风格。如《醉翁亭记》行文骈散相间且多用“也”字结句，使文气舒缓跌宕、音调谐美。全文富于诗味、含蓄蕴藉而又平易自然，正体现出欧阳修散文的显著特色。

欧阳修对散文文体的发展也做出了很大的贡献。除了古文，欧阳修还创造了不同于骈赋、律赋的单笔散体的文赋。其名作如《秋声赋》，作于嘉祐四年（1059），时欧阳修任翰林学士。作者因三遭贬谪，“庆历新政”失败，历经政治斗争的艰苦与磨难，而精神日益苦闷，身体亦因劳累忧烦而日渐衰颓，对险恶的官场已感厌倦，遂生退归田园之心。此文即反映了这种历经沧桑后的感受。秋声无形，文中却以形形色色的意象表现其肃杀特征，描绘萧瑟寂寥的肃秋景象与气氛，以深切的情感抒发对自然人生的深沉感慨。叙事议论，悲秋咏怀，用传统赋的主客问答体，而骈散兼用，行文自由活泼，讲究词采，运用多种比喻、铺排手法，写秋声更写出秋心。欧阳修的成功尝试，对

欧阳修（1007—1072）字永叔，号醉翁，晚号六一居士，庐陵（今江西吉安）人，天圣八年（1030）进士。独著《新五代史》，与宋祁等合修《新唐书》。另存《欧阳文忠集》153卷。

［文　　赋］

变旧赋骈偶对仗为奇偶相间的散体，变扬厉铺张为适当的铺陈，而又能注意到音韵的铿锵和抑扬顿挫。

文赋形式的确立具有里程碑的意义，苏轼的前后《赤壁赋》便是接受《秋声赋》的直接影响而创作的，以后历代都不乏文赋名作。

欧阳修还用其所倡导和擅长的古文笔法，对骈体文进行革新，开创了宋代四六文新面貌。故陈善云："以文体为诗，自退之始；以文体为四六，自欧公始。"（《扪虱新语》卷一）欧阳修的《上随州钱相公启》《蔡州乞致仕第二表》等均为宋代四六中的典范之作。

欧阳修的诗歌今存860余首，其成就虽然不及他自己引荐识拔的王安石和苏轼，但仍然对宋诗的形成有较大的影响。叶梦得《石林诗话》卷上说："欧阳文忠公诗，始矫昆体，专以气格为主，故言多平易疏畅。"除了对西昆诗风的扭转外，欧阳修还强调学习韩愈的"以文为诗"。如《庐山高》以古文的句法、气势入诗，追求气格，避免偶句，单行运气。这成为宋诗追求的新风尚。此外，欧阳修诗中的议论也是一大特色，如《和王介甫明妃曲》议论国事，却从琵琶"新声"入手，小中见大。

作为宋诗的创始者之一，欧阳修诗虽有学韩的痕迹，但也有"平易"的特色。如《戏答元珍》：

春风疑不到天涯，二月山城未见花。残雪压枝犹有橘，冻雷惊笋欲抽芽。夜闻归雁生乡思，病入新年感物华。曾是洛阳花下客，野芳虽晚不须嗟。

此诗以荒远山城的凄凉春景衬托自己的落寞情怀，篇末故作宽解之言，委婉地倾吐了内心的感触，真切感人。

与诗文相比，欧阳修虽然将词视为"薄伎，聊佐清欢"（《采桑子·西湖念语》），但欧阳修的词作仍透露出作者对人生的一种遣玩的意兴，足见其修养和品格。如同样写水边越女，欧阳修笔下的形象就迥然不同于薛昭蕴等其他花间词人：

文赋出荀子《礼》《智》二篇，古文之有韵者是已，欧苏多有之，皆非浅学所能学步也。

——孙梅《四六丛话》卷四

越女淘金春水上，步摇云鬓佩鸣珰，渚风江草又清香。
不为远山凝翠黛，只应含恨向斜阳，碧桃花谢忆刘郎。

——薛昭蕴《浣溪沙》

越女采莲秋水畔，窄袖轻罗，暗露双金钗，照影摘花花似面，芳心只共丝争乱。　　鸂鶒滩头风浪晚，雾重烟轻，不见来时伴。隐隐歌声归棹远。离愁引着江南岸。(《蝶恋花》)

“窄”“轻”“暗露”体现着一种含蓄蕴藉之美，呈现出主人公的品质；“照影摘花”时又有对美的一种觉醒对自己的一份珍重；“雾重烟轻，不见来时伴”则展示了一种孤独寂寞。这种深远的意境，非俱欧阳修这般学识、襟抱者所不能言。

欧阳修受南唐词人冯延巳的影响较大，他继承了南唐词“思深辞丽”的特点，在词中融入了更多感情体验。如其《踏莎行》写离情别绪，上片用迢迢春水形容行人的愁思，下片写闺中人凭栏远眺，结句将思妇的视线和愁绪带往春山之外的远方。感情深挚，韵味悠长。清人冯煦说：“(欧阳修)词与元献同出南唐，而深刻则过之。”(《蒿庵论词》)此词即为一例。

欧阳修是一位极具个性的词人，他的词不仅有颇得花间风味的温润秀洁之作，也有抒发其旷达胸怀，风格豪放的词章，如《朝中措·送刘仲原甫出守维扬》：

平山阑槛倚晴空，山色有无中。手种堂前垂柳，别来几度春风。　　文章太守，挥毫万字，一饮千钟。行乐直须年少，尊前看取衰翁。

这是一首送别词，但一扫传统离别词的缠绵情调，而直抒士大夫豪放旷达的胸怀。

醉翁亭

圣俞、子美齐名于一时，而二家诗体特异。子美笔力豪隽，以超迈横绝为奇；圣俞覃思精微，以深远闲淡为意，各极其长。

——欧阳修《六一诗话》

欧阳修的词作对后世产生了不小的影响，冯煦《〈宋六十一家词选〉例言》中指出："宋至文忠，文始复古，天下翕然师尊之，风尚为之一变。即以词而论，亦疏隽开子瞻，深婉开少游。"

第二节　梅尧臣和苏舜钦

梅尧臣（1002—1060）字圣俞，宣城（今安徽宣城市宣州区）人，皇祐三年（1051）进士。世称梅宛陵（宣城古名宛陵）。现存《宛陵先生集》60卷。

开创宋诗风格的重要作家还有梅尧臣和苏舜钦，二人曾获得当时文坛领袖欧阳修的高度评价。清代叶燮也认为："开宋诗一代之面目者始于梅尧臣、苏舜钦二人。"(《原诗·外篇》)

梅尧臣今存的2 800多首诗作，涵盖的题材非常广泛。他出身农家，非常关心时政，积极地用诗歌反映民生疾苦。如《汝坟贫女》：

汝坟贫家女，行哭音凄怆。自言有老父，孤独无丁壮。郡吏来何暴，官家不敢抗。督遣勿稽留，龙钟去携杖。勤勤嘱四邻，幸愿相依傍。适闻闾里归，问讯疑犹强。果然寒雨中，僵死壤河上。弱质无以托，横尸无以葬。生女不如男，虽存何所当。拊膺呼苍天，生死将奈向。

贫家女子的哭诉，正是对官吏的欺榨奴役的控告，具有深刻的批判现实意义。再如《陶者》用鲜明生动的前后对比，令人印象深刻。梅尧臣多数作品的取材更具个人化、生活化、琐碎化的倾向。他有意识地将历来不为吟咏的卑小的事物写入诗中，例如打喷嚏（《愿嚏》）、虱子（《扪虱得蚤》）、蛆（《八月九日晨兴如厕有鸦啄蛆》）等。

梅诗的艺术风格，被胡仔归结为“工于平淡，自成一家”(《苕溪渔隐丛话》后集卷二十四)，较为中肯。如《鲁山山行》和《东溪》。

《鲁山山行》写山行野趣，表现了热爱自然风物的情怀与闲适恬淡的心境。风格古淡自然，平易中见深远。《东溪》写东溪水乡风景之美和作者暂忘世事的闲逸之趣，语言朴素，风格平淡。描写看似无奇，内蕴思想却深刻隽永。这些作品都充分实践了梅尧臣提出的“作诗无古今，唯造平淡难”(《读邵不疑学士诗卷，杜挺之忽来，因出示之，且伏高致，辄书一时之语以奉呈》)。他说的“平淡”是指一种炉火纯青的艺术境界，一种超越了雕润绮丽的老成风格。这不仅是梅尧臣的创作追求，也是宋诗的一种审美取向。

苏舜钦（1008—1048）字子美，生于开封。景祐元年（1034）进士，曾任大理评事、集贤殿校理。今存《苏学士文集》16卷。

苏舜钦是以范仲淹为领袖的政治革新的积极参与者，是以欧阳修为盟主的诗文革新的重要倡导者。其诗今存200余首，其中既有反映现实、揭露社会黑暗、敢于大胆直言的作品，如《吴越大旱》《城南感怀呈永叔》等诗篇；也有写景抒情、精练含蓄的佳作，如《夏意》和《淮中晚泊犊头》。前一首写盛夏乘凉时环境的清幽，后一首将孤寂之感融入淮河雨中晚泊的画面里。这些小诗情景交融而不露痕迹，表现了诗人所独具的审美情趣。苏舜钦还有一首《中秋夜吴江亭上对月怀前宰张子野及寄君谟蔡大》，设想奇特，力求翻新，可以看出宋人在力求突破唐人成规方面的努力。如诗中数句：“江平万顷正碧色，上下清澈双璧浮。自视直欲见筋脉，无所逃避鱼龙忧。不疑身世在地上，只恐槎去触斗牛。”雄豪奔放，笔力酣畅。

梅、苏为宋诗的继续发展开辟了道路，其后的王安石、苏轼等人正是在此基础上取得了令人瞩目的成就。

第三节　王安石的文学成就

王安石是宋代杰出的政治家。宋神宗熙宁二年（1069）至六年（1073），王安石先后任参知政事、同中书门下平章事等，主持变法。变法初衷虽是为了富国强兵，但由于触动了既得利益集团，加上新法执行时的一些问题，遭到了保守势力的反对，导致了长达数十年的新旧党争。熙宁九年（1076），王安石罢相退居江宁

（今江苏南京），封舒国公，后改封荆国公，世称“王荆公”。宋哲宗元祐元年（1086），旧党起复、新政被废，王安石心怀憾恨卒于江宁。

王安石（1021—1086）字介甫，号半山，抚州临川（今江西抚州）人。历任翰林学士兼侍讲、参知政事、同中书门下平章事。今存《临川集》100卷。

作为政治家，王安石的文论重在致用，他的文学观点以重道崇经为原则，更重视文学的实际功用。他说：“所谓文者，务为有补于世而已矣。所谓辞者，犹器之有刻镂绘画也。诚使巧且华，不必适用。诚使适用，亦不必巧且华。要之以适用为本，以刻镂绘画为之容而已。”（《上人书》）可见王安石把文章看作政治服务的工具，有忽视文学特性的倾向。王安石的散文，尤其是政论文，一定程度上贯彻了他的文学主张。如《答司马谏议书》应对司马光等守旧派对新法的攻击，以380字的短书回答司马光3 000字的《与王介甫书》，突出显示了“半山文善用揭过法，只下一二语，便可扫却他人数大段，是何简贵”（刘熙载《艺概》卷一）的特点。

王安石的短文尤脍炙人口，篇幅紧凑而笔力雄健，短小精悍。如《读孟尝君传》以不足百字的篇幅慨叹赏拔人才之重要，词气凌厉而贯注，且把孟尝君所养之士斥为鸡鸣狗盗之徒，颇有识见。即使是游记和短文也体现出以议论说理见长的特色。如他的游记名篇《游褒禅山记》，议论透辟精警，但写景寥寥数笔，形象性稍嫌不足。

王安石的诗歌今存近1 600首，艺术成就超过了他的散文。王安石早期的诗歌喜发议论，有些与情景相偕，亦为佳作。如《登飞来峰》：

飞来峰上千寻塔，闻说鸡鸣见日升。不畏浮云遮望眼，只缘身在最高层。

此诗借登山塔而寄托壮怀，展示出诗人高瞻远瞩、不畏艰险的胸襟气魄，虽涉议论，但带情韵以行，颇有余味。

王安石是历史上有名的“拗相公”，他的《明妃曲二首》大做翻案文章，充分表现了他“拗”的性格，也体现了宋诗在唐诗之外求新求变的精神。

顾即以文学论，则荆公于中国数千年文学史中，固已占最高之位置矣。

——梁启超《王荆公》

叶梦得《石林诗话》说：“王荆公少以意气自许，故诗语惟其所向，不复更为涵蓄。……晚年始尽深婉不迫之趣。”晚年罢相隐居以后，王安石少年浮躁之气消弭，性情老成含蓄，感慨的怀抱趋于平静，而艺术和修养却有了提升。黄庭坚谓“荆公暮年作小诗，雅丽精绝，脱去流俗，每讽味之，便觉沆瀣生牙颊间”（胡仔《苕溪渔隐丛话》前集卷三五）。如：

京口瓜洲一水间，钟山只隔数重山。春风又绿江南岸，明月何时照我还。（《泊船瓜洲》）

茅檐长扫静无苔，花木成畦手自栽。一水护田将绿绕，两山排闼送青来。（《书湖阴先生壁》其一）

对生活的热爱、对自然的深切感受加上诗艺的精进，形成了王安石晚期诗歌“深婉不迫”的风格，真是“看似寻常最奇崛，成如容易却艰辛”（《题张司业诗》）。

王安石不以词名家，现存词作不足30首，但在宋初词坛却别具风貌。如他的两首著名的怀古、咏史词《桂枝香·金陵怀古》和《浪淘沙令》，表明王安石确是一位政治家而非政客，以天下为己任。他的怀古、咏史词所表现的正是这种豪迈高远的人生理想，显露出词的诗化。

第四节　曾巩、苏洵和苏辙

宋代散文成就辉煌。唐宋八大家中，宋代占了六家，除欧阳修、王安石、苏轼外，还有曾巩、苏洵和苏辙。

曾巩是欧阳修的学生，文学主张和古文创作与欧阳修风格相近。其文古雅平正，雍容冲和，卓然为一家。在后代古文家看来，曾巩与欧阳修一道是开文章“义法”的人物。曾巩在文章写作上，追求一种雍容典雅的艺术风格，无论叙事、议论，都冲和平淡，委曲周详。曾文长于议论，多引经据古，明白详尽。布局完整谨严，节奏舒缓

曾巩（1019—1083）字子固，建昌南丰（今江西南丰）人。世称南丰先生。官至中书舍人，龙图阁学士。今存《元丰类稿》50卷。

不迫，语言干净，思致明晰。如《墨池记》以记墨池胜迹而论王羲之书法精妙之原因，劝勉州学学者不可废学，及表达对州学的希望。曾巩文长于说理，此文借事立论，寓说理于叙事，以小见大，文短义深，写得雅正雍容，委婉徐纡。《宋史》本传中说他“立言于欧阳修、王安石间，纡徐而不烦，简奥而不晦，卓然自成一家”。

苏洵（1009—1066）字明允，眉州眉山（今属四川眉山市）人，人称『老苏』。今存《嘉祐集》15卷。

苏洵年二十七始发愤为学，举进士不第。至和、嘉祐间至京师，以其文为欧阳修所推重，宰相韩琦荐之于朝。他是苏轼、苏辙的父亲，父子合称“三苏”，诗文皆有盛誉。苏洵是大器晚成的散文家，他博攻群书多年，厚积薄发，作文以学养为基础而重气势，文字雄奇坚劲，以议论为主，具有结构谨严、说理周详、气势磅礴而曲折多变的写作特点，人谓之有纵横家之风，如《上欧阳内翰第一书》。此书作于嘉祐元年（1056）秋，时苏洵送子轼、辙入京应试。此为向欧阳修献书的求见信，通过叙述自己修道学文的经历而祈求援引，文章着重于论文，表达追随贤良以求进的企望。构思巧妙，行文严谨绵密，写得委婉周折，情真意切，文风精练劲建，简古质朴。曾巩曾评苏洵文云：“指事析理，引物托喻，侈能尽之约，远能见之近，大能使之微，小能使之著。烦能不乱，肆能不满。”（《苏明允哀辞》）颇为贴切生动。

苏辙的文学成就主要在散文方面，苏轼在《答张文潜书》中评论其弟的作品说：“其文如其为人，故汪洋淡泊，有一唱三叹之声。”苏辙的议论文，如《六国论》等颇具识见。其记叙文则更显艺术魅力，如《黄州快哉亭记》，这是作者被贬官筠州时的作品。当时苏轼和张怀民都谪居黄州，同处逆境之中，苏辙去探望他们，写下了这篇文章。写快哉亭形胜和览胜快意，及旷达乐观的心态，以及不以谪为患、不以物伤性的坦荡胸怀和逆境不屈的精神，透露出厌倦官场的情绪。记事详赡工稳，

苏辙（1039—1112）字子由，号颍滨遗老，眉山（今四川眉山市）人。嘉祐二年（1057）与兄苏轼同登进士第。著有《栾城集》50卷、《栾城后集》24卷、《栾城三集》10卷。

文风淡泊平和，议论以稳健见长。苏辙的文章不如其兄才华横溢，然而在宋代散文中，仍是独树一帜的。

> 一门父子三词客，千古文章四大家。
>
> ——（清）张鹏翮撰四川眉山三苏祠楹联

第三章

文苑全才苏轼

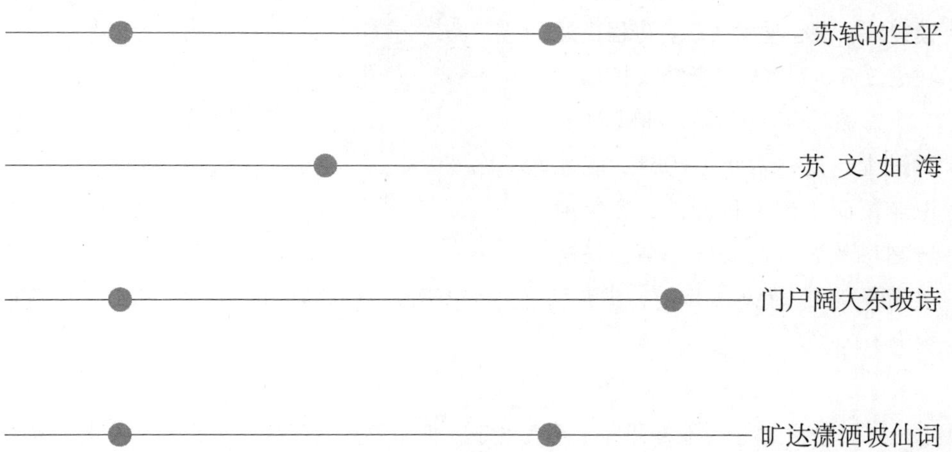

苏轼和父亲苏洵、弟弟苏辙都是在欧阳修的提携下从事文学活动的。欧阳修作为当时的文坛盟主曾这样告诉同僚:“读轼书，不觉汗出，快哉，快哉！老夫当避路，放他出一头地也。可喜，可喜！”(《与梅圣俞书》)苏轼的文艺才能确实是多方面的，诗、文、词、赋、书法、绘画等都取得了极高的成就。

第一节 苏轼的生平

苏轼自幼受到良好的文化教育。苏轼出生时，父苏洵正发愤苦读经籍、潜心学术文章。母程氏颇注重教育，对苏轼“亲授以书”。

苏轼（1037—1101）字子瞻，号东坡居士，眉山（今四川眉山）人。今存《东坡全集》150卷。

嘉祐二年（1057）苏轼21岁举进士，嘉祐六年（1061）应才识兼茂明于体用科考试，翌年通过制科考试，授大理评事，签书凤翔府判官。他为人坦荡，讲究风节，有志于改革朝政且勇于进言。他在《与杨元素书》中云:

> 昔之君子，惟荆是师。今之君子，惟温是随。所随不同，其随一也。老弟与温相知至深，始终无间，然多不随耳。致此烦言，盖始于此。然进退得丧齐之久矣，皆不足道。

苏轼在北宋党争的旋涡中几经沉浮，历尽坎坷。因作诗被弹劾，酿成“乌台诗案”几乎丧命，被贬至黄州。哲宗元祐元年（1086），旧党得势，苏轼被召还，累迁中书舍人、翰林学士。元祐四年（1089）出知杭州。元祐六年（1091）以翰林

> 器识之闳伟，议论之卓荦，文章之雄隽，政事之精明，四者皆能以特立之志为之主，而以迈往之气辅之。故意之所向，言足以达其有猷，行足以遂其有为。至于祸患之来，节义足以固其有守，皆志与气所为也。
>
> ——《宋史·苏轼传》

《苏轼回翰林院图》（明・张路绘）

学士承旨召还。官至礼部尚书，再知定州。绍圣初年，哲宗亲政，重新启用新党，苏轼又罹党祸，远谪惠州（今属广东）、儋州（今海南儋州）。徽宗即位后遇赦北还，卒于常州。追谥文忠。宦海浮沉使苏轼对人生、命运、世界有了透彻的洞察了悟，使他的创作达至完美之境地。逆境成就了他“云散月明谁点缀，天容海色本澄清”（《六月二十日夜渡海》）的品格和修养。

儒家思想是苏轼出仕从政的主导思想，苏轼尝自谓“某未尝求事，但事入手，即不以大小为之”（《与王定国》）。即使在外任也时勤于政事，尽力为地方上多做实事。苏轼先后在杭州、密州、徐州、湖州任地方官，他在去世前的诗作中云：“问汝平生功业，黄州、惠州、儋州。”（《自题金山画像》）但佛道的超尘遁世思想使苏轼走向博采众家，更加圆通。

苏轼在各方面都产生了巨大影响，引起文坛学界的广泛注目：政治上他独树一帜，进退出处都成为了政坛的风向标；思想上他是所谓“蜀党”的领袖；至于文学艺术，更是天下的属望所归。很多名流追随左右，有所谓“苏门四学士”——黄庭坚、秦观、晁补之、张耒，“苏门六君子”——黄庭坚、秦观、晁补之、张耒、陈师道、李廌，都是文坛一时之选。

第二节　苏文如海

苏轼一生，对散文用力甚勤，他曾对别人说：“某平生无快意事，惟作文章，意之所到，则笔力曲折，无不尽意，自谓世间乐事，无逾此矣。”（何薳《春渚纪闻》）今存苏轼的各体散文4 000余篇，议论文、记叙文、小品文等均不乏佳作，代表了宋代散文创作的最高成就。

苏辙曾记述苏轼学文的过程：“初好贾谊、陆贽书，论古今治乱，不为空言。

苏轼像

既而读《庄子》，喟然叹息曰：‘吾昔有见于中，口未能言。今见《庄子》，得吾心矣！’……后读释氏书，深悟实相，参之孔、老，博辩无碍，浩然不见其涯也。”（《亡兄子瞻端明墓志铭》）这种积累和造诣，在苏文的创作实践中得到了全面反映。后人把苏轼的文章与韩愈相比，概括为“韩文如江，苏文如海”，正是着眼于苏轼文章的阔大与自然。

苏文以议论见长，其评史议政的文章确有针对现实、立论颖异的佳篇，如《留侯论》。文章通过张良成功地辅佐刘邦灭秦楚、兴汉室的事例，阐述了成大事业必须“忍小忿而就大谋”的道理。纵横捭阖，气势充沛，雄辩恣肆。议论透辟而又通俗明晓，深入浅出而又文采斐然。

苏轼还善于翻新出奇，运用浅显生动、贴切形象的比喻来阐明深刻的哲理。例如《日喻》中的两段比喻：

元丰六年十月十二日，夜，解衣欲睡，月色入户，欣然起行。念无与为乐者，遂至承天寺，寻张怀民。怀民亦未寝，相与步于中庭。庭下如积水空明，水中藻荇交横，盖竹柏影也。何夜无月？何处无竹柏？但少闲人如吾两人者耳。

——苏轼《记承天寺夜游》

生而眇者不识日，问之有目者。或告之曰："日之状如铜盘。"扣盘而得其声。他日闻钟，以为日也。或告之曰："日之光如烛。"扪烛而得其形。他日揣籥，以为日也。日之与钟、籥亦远矣，而眇者不知其异，以其未尝见而求之人也。

……

南方多没人，日与水居也，七岁而能涉，十岁而能浮，十五而能没矣。夫没者岂苟然哉！必将有得于水之道者。日与水居，则十五而得其道。生不识水，则虽壮，见舟而畏之。故北方之勇者，问于没人，而求其所以没，以其言试之河，未有不溺者也。故凡不学而务求道，皆北方之学没者也。

文中运用盲人猜日和南人潜水两个比喻，论证了对事物进行全面认识的重要性，以及必须经过实践才能检验认识是否正确，"扣盘""扪烛"从此就成了认识片面的代名词而家喻户晓。

记叙文是苏轼散文中文学价值最高、最具独创性的部分，包括碑传文、叙记文以及亭台记等。苏轼是继柳宗元之后大量创作山水游记的作家，尤其善于表现对自然景物的赏会与对人生哲理的领悟之间的奇妙结合。如《石钟山记》的议论在情景交融的优美意境中逐步展开，围绕石钟山得名的由来，根据实地考察的见闻，纠正

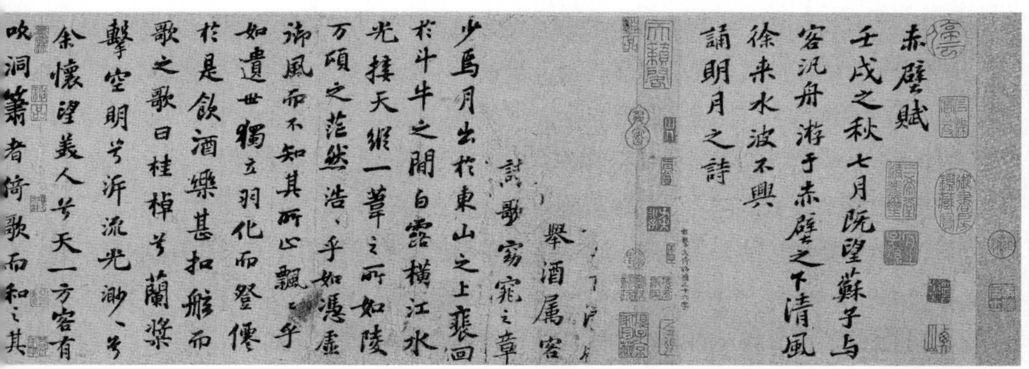

苏轼《前赤壁赋》

了前人的说法，并引申出对没有“目见耳闻”的事物不能“臆断其有无”的哲理，思路清晰，论证透辟，属姿态横生的生花妙笔。苏文里的亭台记也很有特色，如《喜雨亭记》《放鹤亭记》《凌虚台记》等，往往借题发挥，随机生发出一段妙理高论，融记事、抒情与思辨为一体。可以说，记叙文最能展示苏轼随物赋形的作文本领，体现他才情横溢的覃思妙理。

苏轼《自评文》说：“吾文如万斛泉源，不择地皆可出，在平地滔滔汩汩，虽一日千里无难。及其与山石曲折，随物赋形，而不可知也。所可知者，常行于所当行，常止于不可不止，如是而已矣。其他虽吾亦不能知也。”这是作文的最高境界，也是苏轼散文的特点。

苏轼的辞赋和四六文也取得了很高的成就。赤壁二赋将他自己的内心世界通过自然景物来加以抒写，简直就是完美的艺术品。其四六文也同样如行云流水，笔力过人。“东坡四六，工丽绝伦中笔力矫变，有意摆落隋唐五季蹊径。以四六观之，则独辟异境；以古文观之，则故是本色，所以奇也。”（《四六丛话》卷三三）

第三节　门户阔大东坡诗

苏轼的诗作现存2 700余首，正是宋诗题材广而命意新的代表，大致可分为社会政治诗、山水景物诗、和陶诗、题画诗四类。

苏轼诗歌中有些是反映民生苦乐、议论时政得失的诗篇，如《吴中田妇叹》：

> 今年粳稻熟苦迟，庶见霜风来几时。霜风来时雨如泻，杷头出菌镰生衣。眼枯泪尽雨不尽，忍见黄穗卧青泥！茆苫一月垅上宿，天晴获稻随车归。汗流肩赪载入市，价贱乞与如糠粞。卖牛纳税拆屋炊，虑浅不及明年饥。官今要钱不要米，西北万里招羌儿。龚黄满朝人更苦，不如却作河伯妇！

此诗乃针对新法弊政而发，当时钱荒谷贱，对外岁币的负担也都压在农民身上，他们千辛万苦收获了粮食，也难以应付官府的征敛。

苏轼诗歌中具有较高审美价值的作品是那些将人生感悟融入山水中的抒情遣怀之作。苏轼的山水景物诗以善于捕写动景见长，故动景多于静景，奇景多于常景，如《饮湖上初晴后雨》和《六月二十七日望湖楼醉书五绝》（其一）：

水光潋滟晴方好，山色空濛雨亦奇。欲把西湖比西子，淡妆浓抹总相宜。

黑云翻墨未遮山，白雨跳珠乱入船。卷地风来忽吹散，望湖楼下水如天。

《饮湖上初晴后雨》以拟人手法把西湖的晴姿雨态、山光水色写得光彩明艳，神韵无限。比喻新奇，诗风清新秀丽。宋陈善谓“要识西子，但看西湖，要识西湖，但看此诗”（《扪虱新语》）。《六月二十七日望湖楼醉书五绝》（其一）写西湖夏日倏忽之间骤起骤停的暴雨奇观，却也可看出作者豁达的怀抱。

苏诗内容上最令人难以企及之处，在于呈现出作者在任何境遇下都乐观从容的情绪，如《游金山寺》：

我家江水初发源，宦游直送江入海。闻道潮头一丈高，天寒尚有沙痕在。中泠南畔石盘陀，古来出没随涛波。试登绝顶望乡国，江南江北青山多。羁愁畏晚寻归楫，山僧苦留看落日。微风万顷靴文细，断霞半空鱼尾赤。是时江月初生魄，二更月落天深黑。江心似有炬火明，飞焰照山栖鸟惊。怅然归卧心莫识，非鬼非人竟何物？江山如此不归山，江神见怪惊我顽。我谢江神岂得已，有田不归如江水！

此诗由万里征程、半生宦游导入写景，在对于景物的感受中自然流露了自己抑郁而矛盾的心情，正可见出作者的一种抗拒。正如陈衍所评：“通篇全就望乡归山落想，可作庄子《秋水篇》读。”（《宋诗精华录》）

元丰二年（1079）苏轼被贬黄州以后，他把政治上遭受压抑的苦闷消解于湖光山色之中，出现了萧散冲淡的格调，更加有意识地追求类于陶渊明诗的那种平淡风格。苏轼自称晚年“独好渊明之诗”（《与子由六首》），且作有120多首和陶诗传世，如《和陶归园田居》六首其三：

新浴觉身轻，新沐感发稀。风乎悬瀑下，却行咏而归。仰观江摇山，俯见月在衣。步从父老语，有约吾敢违。

这是对陶渊明《归园田居》其三的和诗。不但把握住了陶诗豪华落尽见真淳的特

> 天生健笔一枝，爽如哀梨，快如并剪，有必达之隐，无难显之情，此所以继李、杜后为一大家也。
>
> ——（清）赵翼《瓯北诗话》

色，而且能结合自己的亲身经历真切地加以描写，如纪昀所评：“极平浅而有深味，神似陶公。”

苏轼也有很高的绘画和鉴赏水平。他第一次明确提出了诗画相通的看法，曾评唐代王维“诗中有画”“画中有诗”。他的题画诗，善于写出画面的动态，把画景转换为诗景，使人“见诗如见画”。如《惠崇春江晚景》：

竹外桃花三两枝，春江水暖鸭先知。蒌蒿满地芦芽短，正是河豚欲上时。

不仅描写出能见到的原画面的春景，还运用艺术联想，赋予画中鸭子以感觉，猜测河豚的动向，生动地烘托出了画面春天的气息和原画的神韵，传递出了画中神和画外意。

敏锐细致的观察力和出色的文字表现力，也是诗人才气的表征。许多日常事物一经苏轼的手写出，即具有不平凡的意义，别开生面，给人以触处生春之感。如《纵笔三首》其一：

寂寂东坡一病翁，白须萧散满霜风。小儿误喜朱颜在，一笑那知是酒红。

本为贬谪时期自嘲衰老，但通过酒后红颜的调侃，写出自己达观而不使心为形役的生活态度，诗意、诗境确属上乘。又如《汲江煎茶》：

活水还须活火烹，自临钓石取深清。大瓢贮月归春瓮，小杓分江入夜瓶。
雪乳已翻煎处脚，松风忽作泻时声。枯肠未易禁三碗，坐听荒城长短更。

煎茶饮茶是日常生活中最为平凡之事，而苏轼下笔却独出新意，横生妙趣，境界自高，字里行间充溢着超逸的才气，表现了通达从容的人生态度，谪居心情写得甚为含蓄。

苏轼发展了韩愈“以文为诗”的传统。苏轼的“以文为诗”实际上是靠以才气

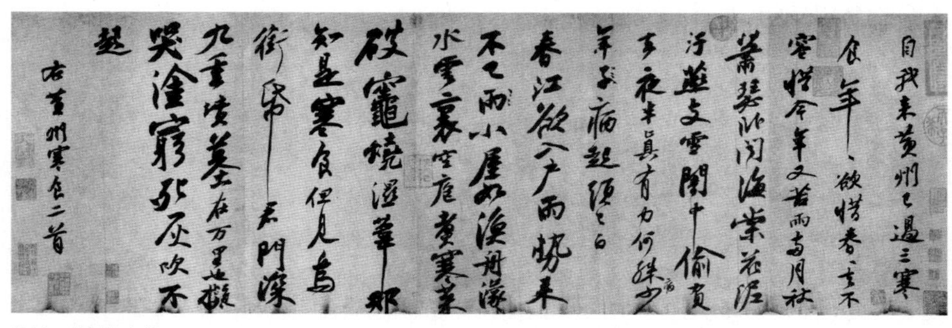

苏轼《黄州寒食帖》

为诗而获得成功的，如《王维吴道子画》《送李公恕赴阙》《送杨杰》等都能展示出“天马行空”之势。再如《百步洪二首》(其一)：

长洪斗落生跳波，轻舟南下如投梭。水师绝叫凫雁起，乱石一线争磋磨。有如兔走鹰隼落，骏马下注千丈坡。断弦离柱箭脱手，飞电过隙珠翻荷。四山眩转风掠耳，但见流沫生千涡。崄中得乐虽一快，何异水伯夸秋河！我生乘化日夜逝，坐觉一念逾新罗。纷纷争夺醉梦里，岂信荆棘埋铜驼。觉来俯仰失千劫，回视此水殊委蛇。君看岸边苍石上，古来篙眼如蜂窠。但应此心无所住，造物虽驶如吾何！回船上马各归去，多言譊譊师所呵。

描写长洪汹涌奔腾的猛势，惊险壮美的景象，以及作者惊心动魄的经历与感受，并阐说人生哲理与禅悟。妙喻连生是其主要艺术手法，七个比喻一气而出，意象新颖离奇，充溢着诗人的才气。这是以文为诗的典型之作。

苏诗的另一特色是以才学为诗，有意识地以议论入诗，将对事物的形象感受与哲理思考相结合。如《和子由渑池怀旧》：

人生到处知何似？应似飞鸿踏雪泥。泥上偶然留指爪，鸿飞那复计东西。老僧已死成新塔，坏壁何由见旧题。往日崎岖还记否，路长人困蹇驴嘶。

此诗乃为其弟辙送行之作。诗中有旧事的回忆和情感的表达，但其特别之处是将自然现象和人生感受皆转化为理性的反思，上升为深刻的哲理。苏轼的一些山水景物诗，也有此特点，如《题西林壁》：

横看成岭侧成峰，远近高低各不同。不识庐山真面目，只缘身在此山中。

自然界的现象引发了诗人的理性思考：对复杂事物的认知需要入乎其内，出乎其外。作者由写景寄怀升华到人生感悟的哲理高度。再如《琴诗》：

若言琴上有琴声，放在匣中何不鸣？若言声在指头上，何不于君指上听？

这类诗已没有一般诗的情思，完全是理性的思辨，纯然是议论了。

苏诗风神出于天然自得，于古今各体兼擅，以七古最优。施补华说：“东坡最长于七古，沉雄不如杜，而奔放过之；秀逸不如李，而超旷似之；又有文学济其才。有宋三百年无敌手也。”(《岘佣说诗》)

第四节　旷达潇洒坡仙词

苏轼的词今存300余首，最早的是熙宁中期的作品，可见苏轼是在诗文得大名于文苑之后，且经历了宦海浮沉的历练，才开始写词的。但他在宋词的发展变革过程中占有重要地位，突破了传统词作的题材限制，扩大了词境；他的以诗为词，促进了词体的变革。就一种文体自身的发展而言，苏词的历史性贡献又超过了苏文和苏诗。

晚唐五代以来所形成的词体观念对待诗和词的态度是不同的，认为诗应体现教化思想，风格应温柔敦厚；而词则与诗判然有别，绮丽婉媚为其特色。苏轼的词时人以“以诗为词”评之，即指其词具有诗的品格和气质，与本色当行的词有着明显的不同。苏轼以诗为词的创作是在其明确的词体观念的指导下进行的。苏轼认为词应向诗靠拢，特别是优秀的词应与诗没有差别。他认为词是“诗之裔”（《祭张子野文》），称赞优秀的词作为“古长短句诗也”（《与蔡景繁书》）。苏轼“以诗为词”，以诗的品格改造传统本色的词体，以诗的精神提高词的品位。可以说“以诗为词”集中体现了苏轼词的独特风格。胡寅说：“及眉山苏氏，一洗绮罗香泽之态，摆脱绸缪宛转之度，使人登高望远，举首高歌，而逸怀浩气，超然乎尘垢之外，于是《花间》为皂隶，而柳氏为舆台矣。”（《酒边词序》）

苏轼词突出表现自我的胸襟和怀抱，以自我之口吻，抒自我之情，在词中充分展现了自己的个性。苏轼的词记录了他的情感经历和心路历程，其词与其诗一样，呈现出士大夫的气质性格。如《八声甘州·寄参寥子》：

> 有情风万里卷潮来，无情送潮归。问钱塘江上，西兴浦口，几度斜晖？不用思量今古，俯仰昔人非。谁似东坡老，白首忘机。　　记取西湖西畔，正春山好处，空翠烟霏。算诗人相得，如我与君稀。约他年、东还海道，愿谢公雅志莫相违。西州路，不应回首，为我沾衣。

此词作于元祐六年（1091）苏轼由杭州太守被召为翰林学士承旨，离杭时送给

> 东坡词如春花散空，不着迹象，使柳枝歌之，正如天风海涛之曲，中多幽咽怨断之音，此其上乘也。若夫激昂排宕、不可一世之概，陈无己所谓：“如教坊雷大使之舞，虽极天下之工，要非本色。”乃其第二乘也。
>
> ——夏敬观《手批东坡词》

苏轼《枯木怪石图》

参寥子的。全词以开阔博大之景开篇，同时还表现了一种通观的哲理。宇宙万物的往复循环、人世之间的悲欢聚散，不是理智思索后的结论，而是来自人生体验的切身感受。以平实的语言，抒写深厚的情意，有超越亦有悲慨，气势雄放，意境浑然。郑文焯说此词“从至情中流出”，“云锦成章，天衣无缝”。又如《定风波》。这是作于黄州时期的一首词，写出了作者丰富的人生体会，词人的人生境界由此得以展现。雨既不怕，晴亦不喜，展示出精神的超越与乐观坦荡之襟怀。词中阐发了苏轼的人生态度和人生哲学：既有儒家的持守和定力，又有释家的达观和从容。

苏词把士大夫文人较为宽广的生活内容带进词中。诗中通常表现的题材，如咏史怀古、悼亡怀人、登临送别、田园风光、说理谈禅、爱国热情，等等，无不摄入笔端。正如刘熙载所说：“无意不可入，无事不可言。”(《词概》) 苏轼词题材的扩大也是他以诗为词的一个方面。

词以言情为“当行”，然而晚唐五代以来词中之情多为艳情。苏轼词将情的范围扩展至朋友、师生、兄弟、夫妻之间。如《水调歌头》(明月几时有)是“怀子由”，抒兄弟之情；《木兰花令·次欧公西湖韵》乃抒师生之情；而下面这首《江城子》则是悼念亡妻的：

> 十年生死两茫茫。不思量，自难忘。千里孤坟、无处话凄凉。纵使相逢应不识，尘满面，鬓如霜。　　夜来幽梦忽还乡。小轩窗，正梳妆。相顾无言、唯有泪千行。料得年年肠断处，明月夜，短松冈。

> 词至东坡，倾荡磊落，如诗，如文，如天地奇观。
>
> ——刘辰翁《辛稼轩词序》

本篇悼念亡妻，复融入宦海浮沉之慨，遂使此作真情勃郁，令人叹惋。以悼亡入词，乃苏轼的首创。

咏物是北宋渐兴的题材，敦煌词及中唐文人词中虽已有咏物因素，但还不是专事专题的咏物之词，苏轼的咏物词作有开拓之功。东坡的咏物词有30余首，咏古松、咏柳、咏红梅、咏琴、咏海棠等，已具规模。其《水龙吟·次韵章质夫杨花词》颇得杨花神韵：

似花还似非花，也无人惜从教坠。抛家傍路，思量却是，无情有思。萦损柔肠，困酣娇眼，欲开还闭。梦随风万里，寻郎去处，又还被、莺呼起。

不恨此花飞尽，恨西园、落红难缀。晓来雨过，遗踪何在？一池萍碎。春色三分，二分尘土，一分流水。细看来，不是杨花，点点是离人泪。

将杨花、思妇融合无迹。王国维认为："咏物之词，自以东坡《水龙吟》为最工。"（《人间词话》）苏轼的咏物词借鉴了咏物诗的艺术传统，将所咏之物形与神理浑然结合，咏物以寓寄托，奠定了咏物词的体制特色。在苏轼之后，咏物词渐盛，至南宋姜夔、王沂孙等已蔚为大观。

在苏轼之前，由词体"娱宾遣兴"的功能决定，词体风格以婉丽婉约为主，虽有个别词人或因特别的经历、或因特殊的性格，有少量突破传统词风的作品（如范仲淹、欧阳修），但未能形成引人注目的新气象。苏轼豪放旷达词风一出现，立即引发了词坛的震动。苏轼词打破了《花间集》以来为应歌合乐而形成的独重女音、男子而作闺音的传统定式，而代之以表现自我、抒发士大夫情志的创作心理；风格上也打破了专以婉丽柔媚为美的局限，转变为具有多样化的审美风格。苏轼的词气象宏大，风格豪放旷达，雄健清刚。如《念奴娇·赤壁怀古》，此为苏轼代表作，写于元丰五年（1082）黄州谪居时。词名"怀古"，实乃抒发其胸襟抱负，亦即报国之志、不遇之感。词中描绘"赤壁"雄奇景色，万里江山、千古英雄，既激起作者爽迈奋发之情，亦加深其内心苦闷，乃有"人生如梦"之叹。词中展现了瑰奇壮丽的江山人物，苏轼雄奇阔大的胸怀与沉重的伤感忧患，给人以强烈的震撼。

王灼在《碧鸡漫志》中云："东坡先生以文章余事作诗，溢而作词曲，高处出神入天，平处临镜笑春，不顾侪辈。东坡先生非心醉于音律者，偶尔作歌，指出向上一路，新天下耳目，弄笔者始知自振。"正确评价了苏轼在词史上的巨大贡献。

第四章

黄庭坚与江西诗派

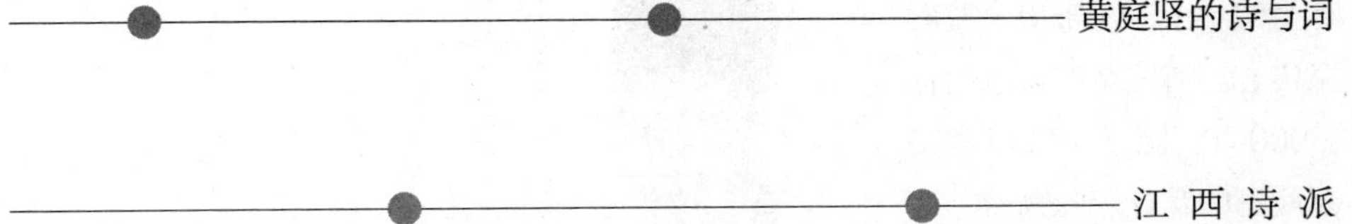

黄庭坚与苏轼并称“苏黄”。严羽在《沧浪诗话·诗辨》中说：“至东坡、山谷始自出己意以为诗，唐人之风变矣。山谷用工尤为深刻，其后法度盛行，海内称为江西诗派。”以黄庭坚为开山领袖的江西诗派，是宋代最大的诗派，鲜明体现出宋诗的特色，在当时乃至后代产生了重要而深远的影响。

第一节　黄庭坚的诗与词

黄庭坚（1045—1105）字鲁直，自号山谷道人，又号涪翁，洪州分宁（今江西修水）人，治平四年（1067）进士。今存《山谷全集》70卷。

黄庭坚“与张耒、晁补之、秦观俱游苏轼门，天下称为四学士”（《宋史·黄庭坚传》）。黄庭坚的诗歌约存1 900首，除了少数日常交际应酬的篇什、咏物诗、政治诗外，黄诗的绝大多数为表现自我的抒情写意之作。如《池口风雨留三日》借写旅途的见闻和杂感，表达抱负不能实现的内心苦闷，尤为可贵的是其不慕虚荣而以读书自娱的人生态度。黄庭坚写得最出色、最有个性的，正是这些能表现自我人格和襟怀的抒情诗歌，其中律诗佳作尤多。如《寄黄几复》：

我居北海君南海，寄雁传书谢不能。桃李春风一杯酒，江湖夜雨十年灯。持家但有四立壁，治病不蕲三折肱。想见读书头已白，隔溪猿哭瘴溪藤。

此诗写对同乡好友黄几复的思念之情，亦寓怜才之意与不平之气，透露出凄伤心境。“桃李春风一杯酒，江湖夜雨十年灯”构设了两个互相对照的象征性场景，没有一个动词，却将怀友的深情和蹭蹬的身世之感尽寓其中，被誉为“宋朝警句”（魏庆之《诗人玉屑》卷三）。

黄庭坚律诗中的半数为拗体，他主张“宁律不谐，不使句弱，用字不工，不使语俗”（《题意可诗后》）。如《题落星寺》四首其三：

落星开士深结屋，龙阁老翁来赋诗。小雨藏山客坐久，长江接天帆到迟。宴寝清香与世隔，画图妙绝无人知。蜂房各自开户牖，处处煮茶藤一枝。

此诗为表现幽僻清绝的境界创制了恰到好处的语音外壳，全诗竟无一句完全合律，大拗大救，气势挺拔，方回认为：“此学老杜所谓拗字吴体格。”（《瀛奎律髓》卷二五）

黄庭坚提倡多读书，要以学问为诗，主张以故为新、变俗为雅，有“无一字无来处”和“点铁成金”“夺胎换骨”之说。惠洪《冷斋夜话》说：“山谷云：诗意无穷，而人之才有限。以有限之才，追无穷之意，虽渊明、少陵不得工也。然不易其意而造其语，谓之换骨法；窥人其意而形容之，谓之夺胎法。”黄庭坚还以学杜为宗旨，如《登快阁》：

痴儿了却公家事，快阁东西倚晚晴。落木千山天远大，澄江一道月分明。朱弦已为佳人绝，青眼聊因美酒横。万里归船弄长笛，此心吾与白鸥盟。

此诗写登快阁赏澄江美景并书怀，描绘出太和江山辽阔远大、景物清秀的特点。用典精妙隐秘，点化杜诗如若己出，于一事中可令读者联想到许多，反映了诗人思力的深微。

山谷还提出：“作诗正如作杂剧，初时布置，临了须打诨。”（见《王直方诗话》）意即要像参军戏中的“打诨”一样，在必要的地方来一个出乎读者意料的转折，以意脉的突然断裂而产生艺术张力。如《王充道送水仙花五十支，欣然会心，为之作咏》：

凌波仙子生尘袜，水上轻盈步微月。是谁招此断肠魂，种作寒花寄愁绝。含香体素欲倾城，山矾是弟梅是兄。坐对真成被花恼，出门一笑大江横。

该诗前四句写得非常雅致，突出了水仙花洁净轻盈的姿态。五、六两句形式明显奇兀，但意绪仍顺延前篇。末句最为引人瞩目，与杜诗的“鸡虫得失无了时，注目寒江倚山阁”（《缚鸡行》）相近，同为引领人们超脱生活琐事烦恼的良方。

总之，黄诗确有其独创性，并达到了较高的水准，陈丰曾说：“或谓山谷诗一以生硬为主，何所见之偏也！公诗祖陶宗杜，体无不备，而早年亦从事于玉溪生，

山谷谓龟父曰：“甥最爱老舅诗中何等篇？”龟父举“蚁穴或梦封侯王，蜂房各自开户牖”及“黄尘不解涴明月，碧树为我生凉秋”，以为绝类工部。山谷云：“得之。”

——《王直方诗话》

黄庭坚《松风阁诗帖》

故集中所登，慷慨沉雄者固多，而流丽芊绵者亦复不少。……世人未览全集，辄以‘生硬’二字蔽之，不知公时作硬语，而老朴中自饶丰致。”（《辨疑》）这是较为公允之见。

黄庭坚的词雅俗并存，在当时毁誉不一。一方面词名颇高，如陈师道说，“今代词手唯秦七、黄九尔，唐诸人不迨也”（《后山诗话》）；一方面又因词风俚俗而遭非议。

黄庭坚的雅词颇得东坡豪放词的神韵。王灼说：“黄鲁直皆学东坡，韵制得七八。”（《碧鸡漫志》卷二）如《念奴娇》：

> 断虹霁雨，净秋空，山染修眉新绿。桂影扶疏，谁便道，今夕清辉不足。万里青天，姮娥何处，驾此一轮玉。寒光零乱，为谁偏照醽醁。　年少从我追游，晚凉幽径，绕张园森木。共倒金荷，家万里，难得尊前相属。老子平生，江南江北，最爱临风曲。孙郎微笑，坐来声喷霜竹。

此词作于西南贬所，身处逆境却表现出傲岸倔强的性格。全词意境开阔，风格豪放，黄庭坚曾自称此词“或以为可继东坡赤壁之歌”（《苕溪渔隐丛话》后集卷三一）。这种风格对辛弃疾词也产生了一定影响。辛词《念奴娇》（“我来吊古”）中“片帆西去，一声谁喷霜竹”之句即由黄词脱化而来。

黄庭坚的词无论豪放、旷达还是婉丽之作，都带有他兀傲峻洁的个性色彩，如《鹧鸪天》词的下片：“身健在，且加餐。舞裙歌板尽清欢。黄花白发相牵挽，付与时人冷眼看。”因而使黄庭坚的词具有特殊的“精而险”（王世贞《艺苑卮言》）的特点，在词史上独树一帜。

今存不足200首的黄庭坚词中，有30多首艳词和俗词。他自己说：“余少时，间作乐府，以使酒玩世，道人法秀独罪余以笔墨劝淫，于我法中当下犁舌之狱。”（《小山词序》）黄庭坚词中用俚词俗语比柳永有过之而无不及。词论家对此的批评也最为集中，如贺裳说：“黄九时出俚语，如‘口不能言，心下快活’，可谓伧父之甚。”（《皱水轩词筌》）黄庭坚还常在词中用一些“字书所不载”（《四库全书总目·〈山谷词〉提要》）的僻字怪字，这些字词大概只在少数方言区中运用，这样更增加了其词的俚俗色彩。

第二节　江西诗派

王安石曾说：“世间好语言，已被老杜道尽。世间俗语言，已被乐天道尽。”（《陈辅之诗话》）面对唐诗的巨大压力，宋代的诗人们一直在不断地探索和寻找出路。黄庭坚对诗歌在立意、谋篇、造句、炼字以及声律各个方面都力求推陈出新，这种对艺术形式的重视、对创作技巧的追求，有规矩法度可循，使年轻人有具体门径可入，于是在当时形成了一股潮流。

江西诗派名称的确立、黄庭坚宗主身份的确定，始于吕本中于宋徽宗初年所作的《江西诗社宗派图》：“歌诗至于豫章始大出而力振之，后学者同作并和，尽发千古之秘，无余蕴矣。录其名字，曰江西宗派，其源流皆出豫章也。”《宗派图》尊黄庭坚为诗派之祖，下列25人。其中除陈师道外，只有韩驹、饶节、洪刍、洪朋、洪炎、晁冲之、李彭等人有较多作品流传。江西诗派的影响一直延续到南宋。

吕本中（1084—1145）字居仁，号紫微，世称东莱先生，河南开封人。高宗绍兴六年（1136）进士。著有《东莱先生诗集》。

后期江西诗派最重要的诗论家即为吕本中，存诗1 500余首，论诗著作有《紫薇诗话》1卷。吕本中在理论上提出了“活法”之说：“学诗当活法。所谓

[江 西 诗 派]

宋徽宗初年，吕本中作《江西诗社宗派图》，把黄庭坚、陈师道为首的诗歌流派称为“江西宗派”。“江西”即宋代的江南西路，黄庭坚及诗派中的二谢等十一人是江西人。“宗派”，本为禅宗术语，因当时禅宗流行，黄、陈等人都习禅甚深，故借以称呼这一诗派。到了宋末，方回因该诗派成员多学杜甫，就把杜甫称为江西诗派之“祖”，而把黄庭坚、陈师道、陈与义三人称为诗派之“宗”，提出了“一祖三宗”之说。

活法者，规矩具备而能出于规矩之外，变化不测而亦不背于规矩也。盖有定法而无定法，知是者可与言活法矣。谢玄晖有言：‘好诗流转圆美如弹丸。’此真活法也。”（《夏均父集序》）进入南宋以后，吕本中终于形成了一种不同于黄庭坚和陈师道的轻快圆美的新风格，例如《柳州开元寺夏雨》：

风雨潇潇似晚秋，鸦归门掩伴僧幽。云深不见千岩秀，水涨初闻万壑流。钟唤梦回空怅望，人传书至竟沉浮。面如田字非吾相，莫羡班超封列侯。

方回在《瀛奎律髓》卷一七中选录了这首诗，并有评语说：“居仁在江西派中最为流动而不滞者，故其诗多活。”

陈师道和陈与义被方回列为江西诗派中的另外两宗。

陈师道（1053—1102）字履常、无己，号后山居士，彭城（今江苏徐州）人。今存《后山集》24卷。

陈师道是“苏门六君子”之一。他一生绝意科举，清贫自守。作诗标举“宁拙勿巧，宁朴勿华”（《后山诗话》），因过于苦吟，又被称为“闭门觅句陈无己”（黄庭坚《病起荆江亭即事十首》其八）。如《春怀示邻里》：

短墙着雨蜗成字，老屋无僧燕作家。剩欲出门追语笑，却嫌归鬓逐尘沙。风翻蛛网开三面，雷动蜂窠趁两衙。屡失南邻春事约，只今容有未开花。

陈诗之瘦硬由此可见，但其创作态度却非常严肃，每作一诗，“揭之壁间，坐卧哦咏，有窜易至月十日乃定，有终不如意者，则弃去之”（徐度《却扫编》卷中）。不过只要陈师道较为放松些，就可以写出极朴挚的诗来。如其集中的开卷诗《妾薄命》二首其一：

主家十二楼，一身当三千。古来妾薄命，事主不尽年。起舞为主寿，相送南阳阡。忍着主衣裳，为人作春妍。有声当彻天，有泪当彻泉。死者恐无知，妾身长自怜。

诗题下有诗人自注：“为曾南丰作。”以一位侍妾悲悼宠爱她的主人的口吻来表达学生对老师的感情，高古而具有真情，锻炼而以淡雅出之。再如《绝句四首》（其四）：

书当快意读易尽，客有可人期不来。世事相违每如此，好怀百岁几回开？

写具体读书感受与日常生活理趣，引人共鸣，耐人寻味。既有哲理性又自然平易，已无枯涩之感。再如《示三子》：

去远即相忘，归近不可忍。儿女已在眼，眉目略不省。喜极不得语，泪尽方一哂。了知不是梦，忽忽心未稳。

语言质朴却异常真切，受到后人称赞："其境皆真境，其情皆真情，故能引人之情，相与流连往复，而不能自已。"（清卢文弨《后山诗注跋》）

陈与义（1090—1139）字去非，号简斋，洛阳（今河南洛阳）人。今存《简斋诗集》30卷。

陈与义是江西诗派的后起之秀，也是南渡之初最有成就的诗人。《四库全书总目》卷一五六《简斋集》提要云："其诗虽源出豫章，而天分绝高，工于变化，风格遒上，思力沉挚，能卓然自辟蹊径。"陈与义的诗歌创作可以南渡为界，分为前后两期。前期创作内容与情趣大体与黄庭坚、陈师道相近，诗多写怀、咏物、唱和、题画之类的作品。如《春日》二首其一：

朝来庭树有鸣禽，红绿扶春上远林。忽有好诗生眼底，安排句法已难寻。

在前期诗歌创作中，陈与义虽精警不及黄庭坚、锻炼不及陈师道，但意境、情韵却有胜处。如《中牟道中》二首其二：

杨柳招人不待媒，蜻蜓近马忽相猜。如何得与凉风约，不共尘沙一并来。

运用拟人手法，风趣幽默的情调油然而生，别具风情。这种对自然景物的细致观察与细致而饶有情趣的生动描写对后来的杨万里等人产生了影响。

经历了靖康之变，陈与义后期作品转而多忧国感时，写了不少寄托遥深的诗篇。诗风变得雄阔浑厚，沉郁悲壮。陈与义在国破家亡的颠沛流离之中，诗风渐"以雄浑代尖巧"（刘克庄《后村诗话前集》卷二）。如《伤春》：

庙堂无策可平戎，坐使甘泉照夕烽。初怪上都闻战马，岂知穷海看飞龙。孤臣霜发三千丈，每岁烟花一万重。稍喜长沙向延阁，疲兵敢犯犬羊锋。

此诗为建炎四年（1130）春陈与义得知高宗逃命穷海的危急消息而作，抒发丧乱之痛和爱国孤愤，指斥弊政，写得沉郁顿挫，声调高亮，诗风雄浑悲壮。再如《登岳阳楼》其一：

洞庭之东江水西，帘旌不动夕阳迟。登临吴蜀横分地，徙倚湖山欲暮时。万里来游还望远，三年多难更凭危。白头吊古风霜里，老木苍波无限悲。

诗写因靖康之乱而避难流离的忧伤与悲慨，抒发国破家亡之痛，于实景描写中感时伤乱，抚今追昔，写得气象宏阔，意境苍远，诗风沉郁雄深，悲凉遒丽，深得杜诗同类题材的神韵。

爱国主义的主题在陈与义后期诗歌创作中占据主导地位，《后村诗话前集》卷三也指出陈与义在“建炎以后，避地湖峤，行路万里，诗益清壮”。即使是写景咏物之作，也常寓有深沉的家国之思。如《雨中再赋海山楼》：

百尺阑干横海立，一生襟抱与山开。岸边天影随潮入，楼上春容带雨来。慷慨赋诗还自恨，徘徊舒啸却生哀。灭胡猛士今安有？非复当年单父台。

不仅写登楼所见的景色，更融入了人生的感慨和对国家命运的忧虑，诚可谓“造次不忘忧爱”（《后村诗话前集》卷二）。

第五章

柳永及北宋中后期词坛

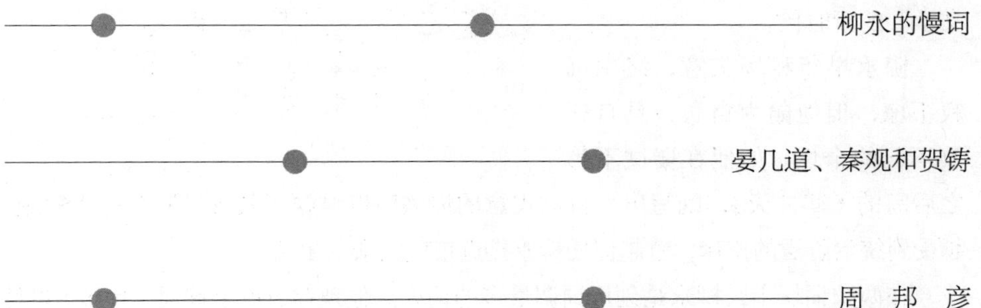

在北宋词的发展过程中，熟谙音律的柳永不但对词体进行了革新，而且起着承上启下的重要作用。

第一节 柳永的慢词

柳永（985？—1053？）原名三变，字景庄，行七，亦称柳七，后改名永，字耆卿。崇安（今福建武夷山市）人。官至屯田员外郎，故世称「柳屯田」。今存《乐章集》3卷。

柳永的慢词，展现了晚唐五代以来文人小令词所没有的新的审美风貌，开启了词史新的一页，同时也开启了宋词作为“一代之文学”的新时代。

柳永早年科场失意，终生沉寂下僚，但他颇为自负，具有狂放不羁的个性。如他在屡试不第之后写的《鹤冲天》，既写出了科场失意的愤激，也显露了其玩世不恭的人生观。越受到统治阶层的排斥，就越促使柳永接近市民大众的生活。

在两宋词坛上，柳永是创用词调最多的词人。他现存200余首词，用了133种词调。而在宋代所用880多个词调中，有百余调是柳永首创或首次使用。词至柳永，体制始备。令、引、近、慢、单调、双调、三叠、四叠等长调短令，日益丰富。形式体制的完备，为宋词的发展和后继者在内容上的开拓提供了前提条件。

“慢词，当始耆卿矣。”（清宋翔凤《乐府余论》）慢词篇幅体制的扩大，相应地扩充了词的内容含量，也提高了词的表现能力。柳永创作了慢词87首、调125首，占《乐章集》的大半。柳永词在章法上更注重叙事完整、描写细腻的效果。王灼说：“柳耆卿《乐章集》，世多爱赏该洽，序事闲暇，有首有尾。”（《碧鸡漫志》卷二）即是指柳词的这个特点。如《夜半乐》：

柳耆卿为举子时，多游狭邪，善为歌辞，教坊乐工，每得新腔，必求永为辞，始行于世，于是声传一时。

——叶梦得《避暑录话》卷三

冻云黯淡天气，扁舟一叶，乘兴离江渚。渡万壑千岩，越溪深处。怒涛渐息，樵风乍起，更闻商旅相呼。片帆高举，泛画鹢、翩翩过南浦。　　望中酒旆闪闪，一簇烟村，数行霜树。残日下，渔人鸣榔归去。败荷零落，衰柳掩映。岸边两两三三、浣纱游女，避行客、含羞笑相语。　　到此因念：绣阁轻抛，浪萍难驻。叹后约丁宁竟何据！惨离怀，空恨岁晚归期阻。凝泪眼、杳杳神京路，断鸿声远长天暮。

这首词写乘舟出行，词中地点、景物不厌其详地罗列，无论叙事、写景或是抒情，层层铺叙，层层递增，前两叠平叙旅途经历和沿途景物，第三叠由景入情，忽转急促，抒发游子的离愁。这是一种迥别于小令的手法。

词产生于民间，文人加入之后，便形成了民间和文人两个传统。北宋初期的词人大多不屑于民间词的俚俗，只有柳永既为文人身份又谱写民间风味的词。柳永词中表现出了具有下层市民特征的感情、观念、价值标准。如《定风波》：

自春来，惨绿愁红，芳心是事可可。日上花梢，莺穿柳带，犹压香衾卧。暖酥消，腻云亸，终日厌厌倦梳裹。无那，恨薄情一去，音书无个。　　早知恁么，悔当初，不把雕鞍锁。向鸡窗、只与蛮笺象管，拘束教吟课。镇相随，莫抛躲。彩线慵拈伴伊坐。和我，免使年少，光阴虚过。

描绘了一位思妇空虚无聊的精神状态和悔恨哀愁的内心世界。此词体现了下层市民的爱情观：长相厮守，过一种平庸而甜蜜、琐细而快活的生活。“彩线慵拈伴伊坐”正是这种生活最典型的写照，是市民生活中实实在在的俗意识。很显然，这种市民的俗意识是上流社会士大夫所鄙夷的，柳永词在当时受到抨击的原因也正在于此。

柳永词中多写风尘女子，但作者对她们的感情却是真挚的、深沉的、平等的。这种态度与以晏殊、欧阳修为代表的士大夫词人形成了鲜明的对照。如《雨霖铃》：

柳三变既以词忤仁庙，吏部不放改官，三变不能堪，诣政府。晏公曰：“贤俊作曲子么”三变曰：“只如相公亦作曲子。”公曰：“殊虽作曲子，不曾道：‘彩线慵拈伴伊坐’。”柳遂退。

——张舜民《画墁录》

寒蝉凄切，对长亭晚，骤雨初歇。都门帐饮无绪，留恋处、兰舟催发。执手相看泪眼，竟无语凝噎。念去去、千里烟波，暮霭沉沉楚天阔。　　多情自古伤离别，更那堪、冷落清秋节！今宵酒醒何处？杨柳岸、晓风残月。此去经年，应是良辰好景虚设。便纵有、千种风情，更与何人说！

这首词写离别相思更富于真切感，原因在于它转换了男女相思离别的角度。此前的"男子作闺音"要么描述爱恋中女子所表现的无悔无私的奉献之情，要么假想被弃之后女子的相思怨别之意。即使用男性口吻写出的作品，也是将女性视为玩赏爱欲之对象，绝无与女子对等的爱情观。与歌伎"平等相待"的态度，正是封建士大夫斥责柳永其人其词"俗"的根本原因。

柳永的词扩大了词的题材领域，向着更广阔的社会空间拓展。陈振孙说，柳永词音律谐婉，语意妥帖，"承平气象，形容曲尽，尤工于羁旅行役"（《直斋书录解题》卷二一）。词中大量描写羁旅行役的感受和城市风光，柳永首开风气。柳永一生或为功名奔走，或因仕宦颠簸，常行走于旅途。他往往把途中所见与羁旅劳顿、人生遭际的痛苦交织在一起，如《八声甘州》：

对潇潇暮雨洒江天，一番洗清秋。渐霜风凄紧，关河冷落，残照当楼。是处红衰翠减，苒苒物华休。惟有长江水，无语东流。　　不忍登高临远，望故乡渺邈，归思难收。叹年来踪迹，何事苦淹留！想佳人、妆楼颙望，误几回、天际识归舟。争知我、倚阑干处，正恁凝愁！

此词上阕着意渲染秋景凄冷，传达出兴象高远之秋士悲戚；下阕则全写怀人伤别之儿女柔情，气象宏阔，音节悲抗。苏轼评"霜风凄紧，关河冷落，残照当楼"句云："此语于诗句，不减唐人高处。"（赵令畤《侯鲭录》卷七引）此首《八声甘州》写自己身世时事之感，融景入情，意境深远，格调高雅，具有诗的气质和韵味，更重要的是此词是柳永切身感受，非为迎合他人而作，表现出柳永的文人本色。

柳永还成功地把词里的感情从"春女善怀"转变成了"秋士易感"，把相思怀念的爱情与志意的落空相结合，真正把读书人的悲慨写入了词里。柳永很多好词都写秋天的景物，且多日暮的景色；而柳永词中出现最多的古人则是宋玉，如"堪动宋玉悲凉"（《玉蝴蝶》）、"当时宋玉悲感"（《戚氏》）等。

柳词又一特色是音律谐婉。如《雪梅香》把单式句（一句中最后一个停顿的音节是一个字或三个字）和双式句（一句中最后一个停顿的音节是两个字或四个字）两种句法结合在一起，单式的流利与双式的顿挫相融合，形成一种音调之美。

宋人黄裳说："柳氏乐章，喜其能道嘉祐中太平气象。"（《书乐章集后》）北宋初年，随着经济的繁荣，城市也迅速发展起来。所谓“太平气象”尤以都市风光最有代表性，如《望海潮》：

东南形胜，三吴都会，钱塘自古繁华。烟柳画桥，风帘翠幕，参差十万人家。云树绕堤沙，怒涛卷霜雪，天堑无涯。市列珠玑，户盈罗绮，竞豪奢。　重湖叠巘清嘉。有三秋桂子，十里荷花。羌管弄晴，菱歌泛夜，嬉嬉钓叟莲娃。千骑拥高牙，乘醉听箫鼓，吟赏烟霞。异日图将好景，归去凤池夸。

此词从自然形胜和经济繁华两个角度极写杭州湖山的美丽和城市的繁荣，前所未有地展现出当时社会的太平气象，而为文人士大夫所激赏。传说金主完颜亮读后起投鞭南渡之意，可见此词的感染力之强。

柳永词广泛流传，语言的通俗是其流行的重要原因。柳词语言之俗主要表现在两方面：其一，词中采用市井方言俗语。柳词中大量使用市井词汇，如“甚时向”（《尾犯》）、“便只合”（《昼夜乐》）、“长只恁”（《征部乐》）、“好生地”（《长寿乐》）等等。尤其是体现口语特点的副词“恁”“争”“处”“怎”，语尾词“得”“成”“了”，代词“我”“你”“伊”“自家”“伊家”“阿谁”，动词“看承”“都来”“抵死”“消得”等，使他的词具有生动易懂的特点。严有翼《艺苑雌黄》即说柳词“所以传名者，直以言多近俗，俗子易悦故也”（胡仔《苕溪渔隐丛话》后集引）。其二，柳永常在词中用第一人称代言，模拟人物声口语气。柳永的词有一些是应歌伎的要求而写，并由歌伎演唱。为了演唱得委婉生动，柳永在揣摩歌伎心理、模拟歌伎声口方面下了工夫，如《鹤冲天》：“假使重相见，还得似当初么？悔恨无计那，迢迢长夜，自家只恁摧挫。”《征部乐》：“待这回好好怜伊，更不轻拆。”最典型的要数《玉女摇仙佩》：“愿奶奶兰心蕙性，枕前言下，表余深意。”这些在词中特别“生动”的语言，赢得了俗众的欢迎，也遭到了激烈的批评：“如柳屯田之‘兰心蕙性’，‘枕前言下’，不几风雅扫地乎？”（田同之《西圃词说》）

柳永的词对后世产生了深远的影响。自他之后，文人创作慢词渐多，蔚为大观，清人宋翔凤《乐府余论》云：“其后东坡、少游、山谷辈相继有作，慢词遂盛。”北宋中后期，苏轼和周邦彦各开一派，而追根溯源，都是从柳词分化而出。柳永的俚俗词风也影响于后世。不仅黄庭坚、秦观等人“学柳七作词”（《高斋诗话》记苏轼语），更有“沈公述、李景元、孔方平、处度叔侄，晁次膺，万俟雅言……六人者，

凡有井水饮处，即能歌柳词。

——叶梦得《避暑录话》

源流从柳氏来”（王灼《碧鸡漫志》卷二），甚至下开金元曲子，“柳屯田《乐章集》为词家正体之一，又为金元已还乐语所自出”（况周颐《蕙风词话》卷三）。

第二节　晏几道、秦观和贺铸

晏几道虽出相门，却于仕途颇为坎坷。词与其父晏殊齐名，人称“二晏”。黄庭坚在《〈小山词〉序》中对晏几道有过一段生动的评述：

> 余尝论叔原，固人英也，其痴处亦自绝人。爱叔原者，皆愠而问其目。曰：“仕宦连蹇，而不能一傍贵人之门，是一痴也。论文自有体，不肯一作新进士语，此又一痴也。费资千百万，家人寒饥，而面有孺子之色，此又一痴也。人百负之而不恨，已信之，终不疑其欺己，此又一痴也。”乃共以为然。

晏几道在《小山词自序》中也曾发出感慨：“追惟往昔过从饮酒之人，或垄木已长，或病不偶。考其篇中所记悲欢离合之事，如幻，如电，如昨梦前尘，但能掩卷怃然，感光阴之易迁，叹境缘之无实也。”即使是相思怨别的熟题之作、即使是歌儿酒女的常见形象，晏几道的书写则更为同情和理解女性。如为怀念歌女小蘋而作的《临江仙》：

晏几道（1030？—1106？）字叔原，号小山，晏殊幼子。词集为《小山词》，又称《小山乐府》。

> 梦后楼台高锁，酒醒帘幕低垂。去年春恨却来时，落花人独立，微雨燕双飞。　记得小蘋初见，两重心字罗衣，琵琶弦上说相思。当时明月在，曾照彩云归。

此词中的名句本出自五代翁宏的《春残》诗“又是春残也，如何出翠帏。落花人独立，微雨燕双飞。”经小山化用后，具有了更加旺盛的艺术生命力。又如《蝶恋花》：

> 醉别西楼醒不记，春梦秋云，聚散真容易。斜月半窗还少睡，画屏闲展吴

山翠。　　衣上酒痕诗里字，点点行行，总是凄凉意。红烛自怜无好计，夜寒空替人垂泪。

同样有“红烛”，同样写“垂泪”，与晏殊笔下的“念兰堂红烛，心长焰短、向人垂泪”（《撼庭秋》）各有千秋。《鹧鸪天》是晏几道的代表作：

彩袖殷勤捧玉钟，当年拼却醉颜红。舞低杨柳楼心月，歌尽桃花扇底风。　　从别后，忆相逢，几回魂梦与君同。今宵剩把银釭照，犹恐相逢是梦中。

此词写情人别后重逢。上片呈现传统花间艳情题材的表象；下片词情转入深沉，尤其结句化用杜甫诗句“夜阑更秉烛，相对如梦寐”（《羌村三首》其一）之意，充满盛衰无常的感慨。

陈振孙评晏几道的词：“在诸名胜中，独可追逼《花间》，高处或过之。”（《直斋书录解题》卷二一）晏几道是北宋词人中最后一位以写小令著称的词人，他的词将花间体的华美精致、含蓄蕴藉发挥到了极致。词中多写自己的感情经历，在情感深度的挖掘上，与《花间》词相比已有很大的推进。

秦观

（1049—1100）字太虚，后改字少游，号淮海居士，扬州高邮（今江苏高邮）人。神宗元丰八年（1085）进士。今存《淮海集》40卷，后集6卷，长短句3卷。

秦观虽是“苏门四学士”之一，但他的词却看不出有多少东坡豪放词风的影响，而近于花间体，是所谓典型的本色当行之词。宋人蔡伯世说：“苏东坡辞胜乎情，柳耆卿情胜乎辞，辞情兼称者，唯秦少游而已。”（孙兢《竹坡老人词序》引）若论“情”，秦观为多愁善感的性格，有“古之伤心人”（冯煦《蒿庵论词》）之称，词中之情深沉浓挚，一类属于柔婉幽微的感受，一类则是寄慨身世的悲恨。名作《浣溪沙》即属于前者：

漠漠轻寒上小楼，晓阴无赖似穷秋。淡烟流水画屏幽。　　自在飞花轻似梦，无边丝雨细如愁。宝帘闲挂小银钩。

此词所抒写的就是一种锐敏的感受，景色的清幽、情感的轻柔，都在传递作者纤细的愁思。这就是秦少游“词心”的本质。可正是这样的本质，当他受到挫伤以后，就转为深沉悲恨了。如《千秋岁》：

水边沙外，城郭春寒退。花影乱，莺声碎。飘零疏酒盏，离别宽衣带。人不见，碧云暮合空相对。　忆昔西池会，鹓鹭同飞盖。携手处，今谁在？日边清梦断，镜里朱颜改。春去也，飞红万点愁如海。

秦观天性即具锐感的心灵，因此对打击、苦难的感受就分外敏锐沉重、无法自拔。同样是遭受贬谪，同样是政治失意、理想落空，秦观缺少欧阳修那种遣玩的意兴和苏轼那种达观的逸怀浩气，但他也能从悲哀里边开拓出一种意境。如《踏莎行》：

雾失楼台，月迷津渡，桃源望断无寻处。可堪孤馆闭春寒，杜鹃声里斜阳暮。　驿寄梅花，鱼传尺素，砌得此恨无重数。郴江幸自绕郴山，为谁流下潇湘去？

苏轼欣赏此词下阕的末两句，王国维欣赏其上阕的末两句（《人间词话》）。其实开篇三句的象征意味也值得关注，那种理想破灭的悲哀、前途未卜的苦闷都通过象喻来传达。

现存的约百首秦观词作中，有一半左右为传统的相思恋情。如《鹊桥仙》：

纤云弄巧，飞星传恨，银汉迢迢暗度，金风玉露一相逢，便胜却人间无数。　柔情似水，佳期如梦，忍顾鹊桥归路。两情若是久长时，又岂在朝朝暮暮。

把追求耳鬓厮磨、朝夕相处的世俗爱情升华到崇高的精神境界，也提高了词体的品格，即周济所说的“将身世之感打并入艳情，又是一法”（《宋四家词选》眉批）。

秦观词在本色的婉约词体的发展流变中有着重要地位。陈廷焯云：“秦少游自是作手，近开美成，导其先路；远祖温、韦，取其神不袭其貌，词至是乃一变焉。然变而不失其正，遂令议者不病其变，而转觉有不得不变者”（《白雨斋词话》卷一）。他与柳永合称“秦柳”，与周邦彦合称“秦周”，具有承前启后的作用。

贺铸词风格多样，张耒称其词：“盛丽如游金张之堂，而妖冶如揽嫱施之袂，幽洁如屈、宋，悲壮如苏、李。”（《东山词序》）陈廷焯说“方回词，儿女英雄兼而有之”（《云韶集》卷三），正是贺铸词风格的概括。盛丽、妖冶者如《青玉案》：

凌波不过横塘路，但目送，芳尘去。锦瑟年华谁与度？月桥花院，琐窗朱户，只有春知处。　碧云冉冉蘅皋暮，彩笔新题断肠句。试问闲愁都几许？

一川烟草，满城风絮，梅子黄时雨。

上片极写女子姿态之美和孤寂，下片写伊人不至的感伤，结尾连用三个比喻形容愁绪，生动而新奇。此词在当时非常有名。尤其结尾三句广为传诵，以至作者得到“贺梅子”的雅号。宋金词人步其韵唱和仿效者多达25人28首，创下了不同时期的词人和作同一首词之冠，成为唐宋词史上独一无二的现象。贺铸的悼亡词《鹧鸪天》也感人至深：

重过阊门万事非，同来何事不同归。梧桐半死清霜后，头白鸳鸯失伴飞。　　原上草，露初晞。旧栖新垅两依依。空床卧听南窗雨，谁复挑灯夜补衣。

此词与苏轼《江城子·乙卯正月二十日夜记梦》并传，被誉为宋代悼亡词中的双璧。苏词以境界胜，贺词内容更充实。

贺铸　（1052—1125）字方回，原籍山阴（今浙江绍兴），卫州共城（今河南辉县市）人。诗集有《庆湖遗老集》，词集有《东山词》，又名《贺方回词》《东山乐府》。

贺铸性格耿直，不为权贵折腰。又好尚气使酒，评论时政，臧否人物，因而仕宦四十年，一直沉沦下僚，抑塞不平之气时于笔端发之。如《小梅花·行路难》写道：“缚虎手，悬河口，车如鸡栖马如狗。白纶巾，扑黄尘，不知我辈，可是蓬蒿人。”此词与下面的《六州歌头》皆为贺铸“悲壮”词的代表作：

少年侠气，交结五都雄。肝胆洞，毛发耸。立谈中，死生同。一诺千金重。推翘勇，矜豪纵。轻盖拥，联飞鞚，斗城东。轰饮酒垆，春色浮寒瓮，吸海垂虹。间呼鹰嗾犬，白羽摘雕弓，狡穴俄空。乐匆匆。　　似黄粱梦。辞丹凤，明月共，漾孤篷。官冗从，怀倥偬，落尘笼。簿书丛，鹖弁如云众，供粗用，忽奇功。笳鼓动，渔阳弄，思悲翁。不请长缨，系取天骄种，剑吼西风。恨登山临水，手寄七弦桐，目送归鸿。

词中表达了爱国豪情，及壮志难酬的抑塞不平之气。《六州歌头》是适宜于表现悲壮激昂情感的词调。贺铸这首词在用韵上又有特别之处，全调39句，竟用34韵，句短韵密，急管繁弦，激越的声情在跳荡的旋律中得到了体现。

少游醉卧古藤下，谁与愁眉唱一杯？解道江南断肠句，只今惟有贺方回。

——黄庭坚《寄方回》

贺铸词作中豪气与柔情并存。其词师法苏轼，清旷不足而悲壮过之，在北宋豪放词阵营中独具特色，对南宋辛弃疾及其爱国词派影响甚巨。正如夏敬观所说："细读东山词，知其为稼轩所师也。世但言苏、辛为一派，不知方回，亦不知稼轩。"（《手批东山词》）

第三节 周邦彦

周邦彦（1056—1121）字美成，号清真居士，钱塘（今浙江杭州）人。官至提举大晟府。词集有《清真集》，一名《片玉集》。

周邦彦以宫廷词人的身份著称，以知音律、备法度和风格醇雅著称，既无柳永的"词语尘下"之病，又无苏轼的"多不协律"之讥，成为后世词人取法的榜样，影响极为深远。陈廷焯说："词至美成，乃有大宗。前收苏、秦之终，复开姜、史之始。自有词人以来，不得不推为巨擘，后之为词者，亦难出其范围。"（《白雨斋词话》卷一）周邦彦之所以能够得到后世很高的评价，主要取决于其艺术成就。

周邦彦的长调铺陈与柳永不同，极尽变化，错综结构，意境交错叠映，结构复杂而严密。如《夜飞鹊·别情》：

河桥送人处，良夜何其？斜月远、堕余辉。铜盘烛泪已流尽，霏霏凉露沾衣。相将散离会，探风前津鼓，树杪参旗。花骢会意，纵扬鞭、亦自行迟。　　迢递路回清野，人语渐无闻，空带愁归。何意重经前地，遗钿不见，斜径都迷。兔葵燕麦，向残阳、欲与人齐。但徘徊班草，欷歔酹酒，极望天西。

本词围绕别情，写出一个时空错综的故事。作者不顺叙、直说，而采用"逆入""平出""顿挫""盘旋""暗逗"等艺术技巧，将不同时地之情景交糅，现实与幻境映衬，再笔笔“勾勒”，使全词意境“浑厚”，低回无尽，耐人寻味。又措词巧妙，融化前人诗句，自铸新意，极能表现周词变化开新之特色。

周邦彦词作均精心结撰。这首先与周邦彦的音乐才能有关，他精于音律而且好创繁难之新声。周邦彦曾提举大晟府，自命其堂为“顾曲堂”（用“曲有误，周郎顾”之意）。他新创、自度50余调，如《瑞龙吟》《六丑》《大酺》等词调都出于他之手。词调的增加为宋词开辟了更为广阔的天地。周邦彦妙解音律，其词和婉动听而又激越响亮，填词于四声的安排独具匠心，仄声中上去入的运用，平声与仄声的搭配都十分讲究，王国维说：“读其词者，犹觉拗怒之中，自饶和婉，曼声促节，繁会相宣，清浊抑扬，辘轳交往，两宋之间，一人而已。”（《清真先生遗事·尚论三》）其次，周邦彦以赋笔为词（赋之为体，便要以思力去搜求材料，然后再加以安排）。周邦彦28岁时，因向神宗献近万字的《汴京赋》，歌颂新法，而大获赏识，由太学诸生直升为太学正，足见他对赋体的擅长。如《兰陵王·柳》：

> 柳阴直，烟里丝丝弄碧。隋堤上，曾见几番，拂水飘绵送行色。登临望故国，谁识、京华倦客。长亭路，年去岁来，应折柔条过千尺。　闲寻旧踪迹，又酒趁哀弦，灯照离席。梨花榆火催寒食。愁一箭风快，半篙波暖，回头迢递便数驿。望人在天北。　凄恻！恨堆积。渐别浦萦回，津堠岑寂，斜阳冉冉春无极。念月榭携手，露桥闻笛。沉思前事，似梦里，泪暗滴。

借柳赋别，回环往复，层层渲染，意蕴无穷。王灼在《碧鸡漫志》中记载：“今越调《兰陵王》凡三段……此调声犯正宫……周氏好用犯调，如六丑、玲珑四犯、倒犯、花犯等。”除了音律和赋笔方面的特色，此词值得关注的还有情意，别情中渗透着漂泊的疲倦感，也是周邦彦词的情感基调。

周邦彦还有一些词作反映了他经历宦海波澜的感慨，如《渡江云》：

> 晴岚低楚甸，暖回雁翼，阵势起平沙。骤惊春在眼，借问何时，委曲到山家？涂香晕色，盛粉饰、争作妍华。千万丝、陌头杨柳，渐渐可藏鸦。　堪嗟，清江东注，画舸西流，指长安日下。愁宴阑、风翻旗尾，潮溅乌纱。今宵正对初弦月，傍水驿，深舣蒹葭。沉恨处，时时自剔灯花。

周邦彦与属于旧党的苏门词人不同，在政治上倾向于变法的新党，一生虽然没有遭受苏门词人那样沉重的打击迫害，但在新旧党争之中也几度浮沉，奔波于地方州县，深切地感受到政治的反复无常。即使是在“晴岚”“暖回”之际，也怀有“藏鸦”“宴阑”“风翻旗尾”“潮溅乌纱”的惊悸与担忧。

公壮年气锐，以布衣自结于明主，又当全盛之时，宜乎立取贵显，而考其仕宦颇为流落……盖其学道退然，委顺知命，人望之如木鸡，自以为喜。

——楼钥《清真先生文集·序》

周邦彦在单纯写感情的时候也能够反复勾勒，如《解连环》：

怨怀无托。嗟情人断绝，信音辽邈。纵妙手、能解连环，似风散雨收，雾轻云薄。燕子楼空，暗尘锁、一床弦索。想移根换叶，尽是旧时，手种红药。　　汀洲渐生杜若。料舟依岸曲，人在天角。谩记得、当日音书，把闲语闲言，待总烧却。水驿春回，望寄我、江南梅萼。拚今生，对花对酒，为伊泪落。

此词通篇押仄声韵，全词主旨就在“怨怀无托”四个字，反复勾勒描绘，是首“弃男之作”。

周邦彦的词以语言典雅、音律精严而受人称道。他善于化用前人诗句，浑然天成。沈义父说：“清真最为知音，且无一点市井气，下字运意，皆有法度，往往自唐宋诸贤诗句中来，而不用经、史中生硬字面，此所以为冠绝也。”(《乐府指迷》)如《西河·金陵怀古》化用了古乐府《莫愁乐》南朝谢朓《入朝曲》和唐朝刘禹锡的《石头城》《乌衣巷》诸诗的句意，通过联想，大大丰富了词的内涵，而无琐碎拼凑的痕迹。

周邦彦的词既具有词体的声情本色，又有文人雅士所认同的诗性气质，因而他的词深受后世推崇。

第六章

南渡前后词风的演变

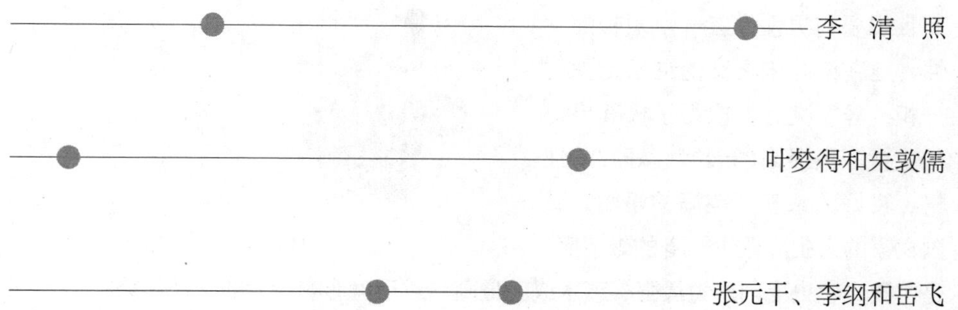

靖康二年（1127），南下的金兵继攻破宋都开封后，又虏劫徽、钦二宗，北宋就此宣告覆亡。同年，徽宗第九子赵构在归德即帝位（庙号高宗），改元建炎，两年后定都杭州，南宋王朝就此拉开序幕。这一时期活跃在词坛上的南渡词人，以李清照、朱敦儒、张元干和叶梦得、李纲、陈与义等为代表。

第一节　李　清　照

李清照（1084—1155？）号易安居士，济南章丘（今属山东）人。有《漱玉词》。

在中国妇女文学史上，李清照是第一个想要以创作来肯定自己，而且想要与男性作者一争短长的女性，她在南北宋之交的词坛上独树一帜，异军突起，取得了极其出色的成就。集极高的天赋、好胜的性格、良好的家教、美满的婚姻、破国亡家的人生际遇于一身的李清照，是中国文学史上创造力最强、艺术成就最高、对后世影响最大的女性作家。

李清照的父亲李格非，神宗熙宁九年进士，曾以文章受知于苏轼。清照年十八嫁赵挺之之子太学生赵明诚，夫妇共事文物收藏、研究，诗词唱和，甚为相得。靖康之变，身遭战祸，又逢丧夫之恸，所藏文物散失殆尽，后贫困悲苦，东漂西泊，客死江南。

李清照才气纵横，通音律、书画，工诗文，尤以词擅名。她早期曾写过一篇词论文章，后人题为《词论》。文中李清照对晚唐以来的主要词人分别进行了评论，同时还提出了自己的词体观念，即“词别是一家”的主张，强调词与诗的区别在于对音乐性有更独特的要求，进一步确立了词体独立的文学地位。

李清照以女性词人特有的细腻纤巧写闺情，其词多为“写出妇人声口”（吴从先《草堂诗余隽》卷二）之作，如：

昨夜雨疏风骤，浓睡不消残酒。试问卷帘人，却道“海棠依旧”。“知否，知否？应是绿肥红瘦”。（《如梦令》）

卖花担上，买得一枝春欲放。泪点轻匀，犹带彤霞晓露痕。　怕郎猜道，奴面不如花面好。云鬓斜簪，徒要教郎比并看。（《减字木兰花》）

> 余建中辛巳，始归赵氏。……赵、李族寒，素贫俭，每朔望谒告出，质衣取半千钱，步入相国寺，市碑文果实归，相对展玩咀嚼，自谓葛天氏之民也。后二年，出仕宦，便有饭蔬衣练，穷遐方绝域，尽天下古文奇字之志。日就月将，渐益堆积。……后屏居乡里十年，仰取俯拾，衣食有余。连守两郡，竭其俸入以事铅椠。每获一书，即同共勘校，整集签题。得书画彝鼎，亦摩玩舒卷，指摘疵病，夜尽一烛为率。故能纸札精致，字画完整，冠诸收书家。余性偶强记，每饭罢，坐归来堂烹茶，指堆积书史，言某事在某书某卷第几叶第几行，以中否角胜负，为饮茶先后。中即举杯大笑，至茶倾覆怀中，反不得饮而起。甘心老是乡矣！故虽处忧患困穷，而志不屈。……
>
> ——李清照《金石录后序》

女性对自然界草木的深情，少妇对新婚夫婿的娇嗔，自然流露于笔端。即使在经历了国破家亡、生离死别的磨难后，李清照依然创作有颇具女性特质的名篇，如《声声慢》：

> 寻寻觅觅，冷冷清清，凄凄惨惨戚戚。乍暖还寒时候，最难将息。三杯两盏淡酒，怎敌他、晚来风急！雁过也，正伤心、却是旧时相识。　　满地黄花堆积。憔悴损、如今有谁堪摘？守着窗儿，独自怎生得黑！梧桐更兼细雨，到黄昏、点点滴滴。这次第，怎一个、愁字了得！

这是李清照最受后人关注的一首词作，尤其是开篇所用的十四个叠字，备受品评，其结论却毁誉参半，霄壤悬殊。誉之者赏其精于音律，选择迫促、逼仄的入声韵，加上十四叠字中平声、上声与入声交互运用，形成抑扬有致、顿挫有节的声调，读之有长吁短叹之感。如张端义《贵耳集》中所言：“此乃公孙大娘舞剑手。本朝非无能词之士，未曾有一下十四叠字者。”贬之者如许蒿庐则认为“易安此词，颇带

《武陵春图》（明·吴伟绘）

伧气，而昔人极口称之，殆不可解”（《词林纪事》）郑骞《词选》中也议其“真无骨也”。若以衡定男性作品之标准来审之，自然会认为“不过造语奇隽耳，词境深浅，殊不在此”（陈廷焯《白雨斋词话》）；但若能从女性的生活背景、思维特点和书写语言来加以欣赏，就会得出“情景婉绝，真是绝唱”（茅映《词的》）、“卓绝千古”（万树《词律》）等更为公允的评判。

李清照既有女性的敏锐纯真多情之心，又有着以诗酒书画为乐的雅士情怀，它不囿于调脂弄粉的女性惯常生活圈，渴望并拥有着文人墨客的高风清韵。“诗”“酒”“茶”这些惯常出现在男性世界的物品已然成了李清照日常生活中的不可或缺之物，如：“柳眼梅腮，已觉春心动。酒意诗情谁与共”（《蝶恋花》），“险韵诗成，扶头酒醒，别是闲滋味”（《念奴娇》），“曾胜赏，生香薰袖，活火分茶”（《转调满庭芳》），“酒阑更喜团茶苦，梦断偏宜瑞脑香”（《鹧鸪天》），等等。作为寻常闺中生活重心的买珠觅翠在李清照那里已然让位给了烹茶猜书、把酒赏花、吟诗觅句的士大夫式生活内容，可谓是融柔婉与倜傥于一体的双性人格，被誉称“亦是林下风，亦是闺中秀”（王又华《古今词统》卷一二）。

李清照身上还具有“不徒俯视巾帼，直欲压倒须眉”（李调元《雨村词话》卷三）、欲与男性一争高下的去女性化心态。这种双性人格和争强好胜的心态，使她的词体创作也呈现出了双性之美：“易安倜傥，有丈夫气，乃闺阁中之苏辛，非秦柳也。……闺房之秀，固文士之豪也，才锋大露，被谤殆亦因此。自明以来，堕情者醉其芳馨，飞想者赏其神骏”（沈曾植《菌阁琐谈》）。她的词作不仅反映出其具有普通女性所共具的温柔与明慧，“文士之豪”一类的佳作还体现出她具有多数古代女性所缺乏的隽爽性情和对生命意义的探寻，如《渔家傲》：

> 天接云涛连晓雾，星河欲转千帆舞。仿佛梦魂归帝所，闻天语，殷勤问我归何处。　　我报路长嗟日暮，学诗漫有惊人句。九万里风鹏正举，风休住，蓬舟吹取三山去。

该词表现了一种非现实的理想意味，传达出作为一个有才慧的女子在生命临终之际对于自己生命终极价值和归宿的反思，是李清照倜傥神俊风格的显著例证，被视为“绝似苏辛派，不类《漱玉集》中语”（梁令娴《艺蘅馆词选》卷乙）。它不但跳出了传统性别文化的拘限，而且对人生究诘的追问也是前人词作中的未有之意。李清照在男性和女性特征间自如穿行和跨越，“使在衣冠，当与秦七、黄九争雄，不独雄于闺阁也”（杨慎《词品》卷二），她突破了女性词人和女性词作的传统，为后世的女性文学创作树立了新的标尺。

李清照词的双性之美也同时体现在单首作品中，如《南歌子》：

[易　安　体]

李清照的词婉约清秀，情真意切，语言清新自然，音调优美，自成一家，被称为“易安体”。特色是：(1) 用通俗易懂的文学语言和明白流畅的音律调作词；(2) 具有凄婉悲怆的格调；(3) 倜傥有丈夫气，柔中见刚。

天上星河转，人间帘幕垂。凉生枕簟泪痕滋，起解罗衣聊问夜何其？　翠贴莲蓬小，金销藕叶稀。旧时天气旧时衣，只有情怀不似、旧家时！

此词以闺阁庭院中寻常景物开篇，却在“天上”“人间”的空间对举、“转”“垂”的节候转变之中，表现了一种笼罩天地的无可逃避也无可挽留的永逝无常的哀感。接着以女性极为柔细的感觉将此哀感归结到了自己所处身的一床枕簟之上。下阕的衣饰同样是绣房闺中的常见之物，但因“旧时天气旧时衣”的今昔哀感，而带有了芳意零落、生命受挫的色彩。末句“只有情怀不似、旧家时”语气平缓却直触物是人非这一全人类共通的情结。此作既有女性的柔思，又有男士的胸襟，二者兼善而并美。再如《永遇乐》(落日熔金)，此词作于李清照晚年寓居南方时。元宵佳节，她对着今日的寂苦，回忆从前的欢愉，用淡淡的语言写出了难以言说而收敛含抑的对于家国的一份伤今念往的深忧极慨，充满了幽约深隐的讽喻之意，被称许为“虑周而藻密”(谢章铤《赌棋山庄词话》)。也许正是因为此词双性的特点，引发了刘辰翁、邓中甫等后世男性作者的和作。

李清照的词具有很高的艺术成就，当时就广为流传，被称为“易安体”，在后世更被推崇为当行本色的典范，如沈谦说：“男中李后主，女中李易安，极是当行本色。”(《填词杂说》)

第二节　叶梦得和朱敦儒

在南北宋之交的过渡时期，政治社会局势的急剧变化使词坛受到了极大的冲击。过去那些习于婉丽之作的词人，也开始在现实的巨大影响下扩展自己创作中所反映的生活的广度与深度，甚至直接抒发爱国的豪情壮志。叶梦得与朱敦儒的变化就很突出。

叶梦得词在南渡前后有着明显的不同。早期代表作如《贺新郎》：

睡起流莺语。掩青苔、房栊向晚，乱红无数。吹尽残花无人见，惟有垂杨自舞。渐暖霭、初回轻暑。宝扇重寻明月影，暗尘侵、尚有乘鸾女。惊旧恨，遽如许。　江南梦断横江渚。浪黏天、葡萄涨绿，半空烟雨。无限楼前沧波意，谁采苹花寄取。但怅望、兰舟容与。万里云帆何时到，送孤鸿、目断千山阻。谁为我，唱金缕。

叶梦得（1077—1148）字少蕴，号石林居士。苏州吴县（今江苏苏州）人。今存《石林词》1卷。

关注《题石林词》云："味其词婉丽，绰有温、李之风。"而此词在婉丽中带有豪逸之气，廊庑也较为阔大，实已开其后期词风之先声。

南渡后叶梦得投身抗金。其词风在前期基础上更有所发展变化，接受苏轼豪迈清旷一路的影响愈加明显。如《水调歌头》：

秋色渐将晚，霜信报黄花。小窗低户深映，微路绕攲斜。为问山翁何事，坐看流年轻度，拚却鬓双华。徙倚望沧海，天净水明霞。　念平昔，空飘荡，遍天涯。归来三径重扫，松竹本吾家。却恨悲风时起，冉冉云间新雁，边马怨胡笳。谁似东山老，谈笑静胡沙。

此词流露出朝中无人、国势日急的悲叹，也直接表达了作者渴望在抗金斗争中为国效力的志向，"不作柔语殢人，真词家逸品也"（毛晋《石林词跋》）。后人往往将其词风概括为"挹苏氏之余波"（冯煦《〈宋六十一家词选〉例言》）。此外，叶梦得撰写的《石林诗话》《石林燕语》《避暑录话》也流传较广。

朱敦儒历经数朝而且长寿（如《西江月》中的"屈指八旬将到"、《洞仙歌》中的"今年生日庆一百省岁"），经历过北宋的最后繁华，又目击了南北宋之交的国破家亡，最后又生活于南渡后的偏安社会。时期不同、心境不同，其词作也呈现出不同的风格。

朱敦儒（1081—1159？）字希真，号岩壑，洛阳（今属河南）人。早年隐居山林，绍兴初，应召出仕。今存词集《樵歌》3卷。

南渡前朱敦儒隐居故里，《宋史·文苑传》称他"志行高洁，虽为布衣而有朝野之望"，追求的是清狂放逸的人生境界，《鹧鸪天·西都作》是其早期生活的写照：

我是清都山水郎。天教分付与疏狂。曾批给雨支风券，累上留云借月章。　诗万首，酒千觞。几曾着眼看侯王。玉楼金阙慵归去，且插梅花醉洛阳。

表现了他笑傲王侯、狂放不羁的个性。黄昇称他这类词“有神仙风致”(《花庵词选》)。靖康之难打破了他的潇洒自在。朱敦儒携家南逃，历尽流亡之苦，词风也随之变为凄苦、悲怆和激愤。如：

金陵城上西楼，倚清秋。万里夕阳垂地、大江流。　中原乱，簪缨散，几时收。试倩悲风吹泪、过扬州。(《相见欢》)

这类词清晰地记录了他南奔的行程和感受，抒发了国破家亡的沉痛之情，充满了悲凉凄苦。民族的灾难、家国的不幸，使朱敦儒一改早期词的缠绵和狂放，而代之以沉痛激切。乱离与战乱、国家的悲剧、乱世之苦难使朱敦儒这一时期其词作呈现出悲苦慷慨的风貌。

绍兴三年（1133），朱敦儒应朝廷的再度征召奔赴临安。但与一味求和的高宗和秦桧等不合，使其沉浮仕途十余年，最终被罢官。在被迫隐居的晚年，朱敦儒常常放浪于烟霞间，写了大量的隐逸词，约占《樵歌》总数的五分之三。如：

摇首出红尘，醒醉更无时节。活计绿蓑青笠，惯披霜冲雪。　晚来风定钓丝闲，上下是新月。千里水天一色，看孤鸿明灭。(《好事近·渔父词》)

朱敦儒晚年闲居嘉禾，曾以《好事近》词调成6首《渔父词》，此为第一首。用语清疏晓畅，写出隐逸者的闲适与淡泊。意境超旷而飘逸，画面优美。笔法空灵蕴藉，富于深韵远趣，曾被梁启超誉为：“飘飘有出尘想，读之令人意境翛远。”(《饮冰室评词》) 再如《西江月》，作者运用民间生动活泼的俗语，反映自己任性逍遥的晚年人生态度。朱敦儒词风南渡前后的变化，在文人雅士中具有典型意义。

[朱希真体]

即“樵歌体”。朱敦儒词于淡而静的空旷境界中，透出潇洒，加之风格自然飘逸、语言浅白如话，在词坛自成一格。

第三节　张元干、李纲和岳飞

张元干在南渡之前的“政和、宣和间，已有能乐府声”（周必大《跋张元干送胡邦衡词》），他的生活与朱敦儒的疏狂颇有相似之处，“百万呼卢，拥越女吴姬共掷”（《柳梢青》），更显豪奢。张元干词的内容多在花间樽前，风格“极妩秀之致”（毛晋《芦川词跋》）。南渡后，词风转为慷慨激昂。

曳杖危楼去，斗垂天、浮波万顷，月流烟渚。扫尽浮云风不定，未放扁舟夜渡。宿雁落、寒芦深处。怅望关河空吊影，正人间鼻息鸣鼍鼓。谁伴我，醉中舞。　十年一梦扬州路。倚高寒、愁生故国，气吞骄虏。要斩楼兰三尺剑，遗恨琵琶旧语。谩暗涩、铜华尘土。唤取谪仙平章看，过苕溪尚许垂纶否？风浩荡，欲飞举。（《贺新郎·寄李伯纪丞相》）

梦绕神州路。怅秋风、连营画角，故宫离黍。底事昆仑倾砥柱，九地黄流乱注？聚万落、千村狐兔。天意从来高难问，况人情、老易悲如许。更南浦，送君去！　凉生岸柳催残暑。耿斜河、疏星淡月，断云微度。万里江山知何处？回首对床夜语。雁不到、书成谁与？目尽青天怀今古，肯儿曹、恩怨相尔汝！举大白，听《金缕》。（《贺新郎·送胡邦衡待制》）

绍兴八年（1138）秦桧主张向金“和议”投降，当时已退居福州的李纲仍上书反对。张元干为李纲的主战精神所感动，当即写下慷慨悲壮的词作以示声援。绍兴十二年（1142）“绍兴和议”已成，枢密院编修胡铨愤而上书，力陈当斩秦桧，遂遭贬黜，编管新州（今广东新兴），途经福州时，退居三山（在福州）的张元干又激于义愤，不顾政治风险写词为胡铨送行。词以“送别”为题，抒发愤世伤时之慨，表达对抗金挚友的深情。二作词境深沉博大，感情激越悲怆，而词人爱国不屈之高风亮节，从沉郁顿挫之词句中见出。后来张元干在自订词集时，将这两首爱国词作编在卷首，定为压卷之作。

张元干（1091—1161）字仲宗，号芦川居士、真隐山人。福建永福（今福建永泰）人，皇祐五年（1053）进士。今存《芦川归来集》10卷和《芦川词》2卷。

张元干的词突出表现了爱国之情、报国之志，使词从闺幨秀帏走向时代风云际会的前沿。《四库全书总目·〈芦川词〉提要》曰：“其词慷慨悲凉，数百年后尚想其抑塞磊落之气。”张元干词的这种变化，受到时人的高度重视和评价。曾噩评张元干的词说：“岂以嘲风咏月者所可同日语。”（《芦川归来集序》）蔡戡说元干词“非若后世靡丽之词，狎邪之语，适足劝淫，不可以训。……公词不为无补于世，又岂与柳、晏辈争衡哉”（《芦川居士词序》）。

李纲（1083—1140）字伯纪，号梁溪先生，出生于秀州华亭县（今上海松江）。南宋首任宰相。今存《梁溪集》180卷，其中词1卷，别刻为《梁溪词》。

李纲是南宋一代抗金名臣，其诗文“雄深雅健，磊落光明，非寻常文士所及”（《四库全书总目·〈梁溪集〉提要》），其词作散佚较多，目前仅存50余首，其中最引人注目的是7首咏史词，如《喜迁莺·晋师胜淝上》：

长江千里。限南北、雪浪云涛无际。天险难踰，人谋克壮，索虏岂能吞噬。阿坚百万南牧，倏忽长驱吾地。破强敌，在谢公处画，从容颐指。　　奇伟。淝水上，八千戈甲，结阵当蛇豕。鞭弭周旋，旌旗麾动，坐却北军风靡。夜闻数声鸣鹤，尽道王师将至。延晋祚，庇烝民，周雅何曾专美。

此词写历史上著名的淝水之战，意在讽谕高宗以古为鉴，须知少可以胜多，弱可以胜强，强敌不足畏，全在“人谋克壮”。然而朝廷甘愿屈膝求和的现实，使他忧愤交并，身心俱悴，终发叹息，如《永遇乐·秋夜有感》。李纲词作之时而高亢、时而低沉的音调，都带有鲜明的时代感情色彩。

岳飞（1103—1142）字鹏举，相州汤阴（今河南安阳市汤阴县）人。今存《岳武穆集》6卷。

岳飞身为武将，其生平气节已成为中华民族世代相传的生动教科书，其词作虽仅传世3首，但千古流传，已成为中国古代文学史上的不朽杰作，如《满江红》：

怒发冲冠，凭栏处、潇潇雨歇。抬望眼、仰天长啸，壮怀激烈。三十功名尘与土，八千里路云和月。莫等闲、白了少年头，空悲切。　　靖康耻，犹未

岳飞庙

雪。臣子恨，何时灭。驾长车踏破，贺兰山缺。壮志饥餐胡虏肉，笑谈渴饮匈奴血。待从头、收拾旧山河，朝天阙。

此词直抒胸臆，为国雪耻的坚定信念和无所畏惧的英雄气概贯穿全篇。陈廷焯在《云韶集》中评此词“何等气概！何等志向！千载下读之，凛凛有生气焉”。数百年来，此词与“岳母刺字”的故事一直被家弦户诵，在外患频仍的历史年代曾发挥过难以估量的鼓舞斗志的作用。

岳飞的传世词作中也有委婉含蓄之作，如《小重山》：

昨夜寒蛩不住鸣。惊回千里梦，已三更。起来独自绕阶行。人悄悄，帘外月胧明。　白首为功名。旧山松竹老，阻归程。欲将心事付瑶琴，知音少，弦断有谁听？

此词作于绍兴和议之后、岳飞入狱前不久，失去军权、无力回天的他有着悲愤抑郁苦闷而又无奈的情感，如怨如恨、如泣如诉，感人至深。

同时而风格相近的词人还有李光（1078—1159）、向子諲（1085—1152）、赵鼎（1085—1147）和胡铨（1102—1180）等，多有佳作，在当时词坛颇有影响。

第七章

陆游及“中兴四大诗人”

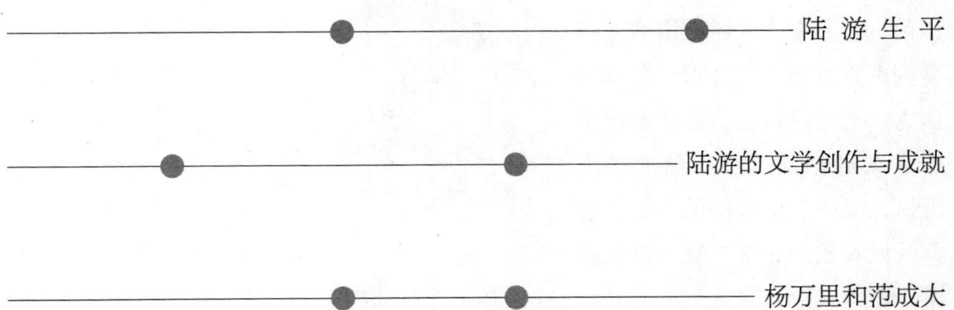

南宋中期是宋代文学发展的又一个高峰期。一批生于靖康建炎之际的诗人于绍兴后期脱颖而出，其中尤袤、杨万里、范成大、陆游四人尤其引人注目，被称为“中兴四大诗人”。四家诗风不尽相同，相比之下，陆游的成就最为杰出，被尊为南宋诗坛的盟主。

第一节　陆游生平

陆游（1125—1210）字务观，号放翁，越州山阴（今浙江绍兴）人。今存《陆放翁全集》153卷。

陆游的生活经历大致可分为三个时期。第一时期为45岁以前，陆游在个人婚、宦两途都受到严重打击。先是迫于父母的压力，与情感甚洽的妻子唐氏结合未久即离婚；29岁参加进士考试，又因名列秦桧的孙子之前而受到秦桧的忌恨，复试时被黜落，直到秦桧死后第三年（绍兴二十八年）才得到启用，出任福州宁德县主簿。孝宗即位后，主战派稍受重视，陆游被皇帝召见，赐进士出身，始任镇江、隆兴二府通判，后因张浚北伐失利而罢职家居。

第二个时期是自46岁陆游入蜀从军，直至65岁被劾罢官。乾道六年（1170）陆游出任夔州通判，他沿着长江西上，一路饱览了雄丽的山川景色，考察了各地的风俗民情，他把这次旅途的见闻写成《入蜀记》6卷。两年后被四川宣抚史王炎辟为幕僚，投身军旅，抵达抗金前线。不久王炎调任京官，陆游也转任成都府路安抚司参议官，先后到蜀州、嘉州、荣州代理地方官。淳熙二年（1175），范成大任成都府路安抚使兼四川制置使，请陆游担任参议官，陆、范本为诗友，故交往随意，不拘礼法，同僚议其“燕饮颓放”，陆游索性自号“放翁”。淳熙五年（1178），陆

> 宋中兴以来，言治必曰乾、淳，言诗必曰尤、杨、范、陆。其先或曰尤、萧，然千岩（萧德藻）早世不显，诗刻留湘中，传者少，尤、杨、范、陆特擅名天下。
>
> ——方回《跋遂初先生尚书诗》

游奉诏回朝，出川东归，虽受孝宗召见，但并未得到重用，被派往福建、江西等地担任着不能施展抱负的地方官。

第三个时期是陆游66岁以后闲居山阴的20年。淳熙十六年（1189），陆游被罢官，后长期赋闲在老家山阴，过着类似隐居的田园生活。宁宗嘉泰二年（1202），受韩侂胄举荐主修孝宗、光宗两朝实录，但随着韩侂胄北伐的失败，陆游又遭到攻击污蔑。嘉定二年（1210），陆游在终身未见宋朝收复中原的遗憾中离开人世。

第二节　陆游的文学创作与成就

陆游一生勤奋创作，诗歌作品收入《剑南诗稿》的就有9 200多首，是我国古代最多产的诗人。其诗歌创作过程也可分成三个阶段：少工藻绘，中务宏肆，晚造平淡。其中第二个阶段是陆诗臻于成熟的关键时期，而晚年在山阴所作有7 000余首。

46岁之前是陆游诗歌创作的早期，在这一时期陆游学习江西诗派“活法”等作诗诀窍，并从个人生活中寻找诗的灵感，注重诗外工夫，作诗趋于清新平淡。如《游山西村》：

莫笑农家腊酒浑，丰年留客足鸡豚。山重水复疑无路，柳暗花明又一村。箫鼓追随春社近，衣冠简朴古风存。从今若许闲乘月，拄杖无时夜叩门。

诗写农家邀饮，丰年社日景象，淳朴的民俗风情，故里乡民的美好情感，及活泼盎然的生活情趣。诗笔流畅，风格清新明快。“山重水复疑无路，柳暗花明又一村”向来为后人称道，钱锺书在《宋诗选注》中指出：“这种景象前人也有描摹过……不过要到陆游这一联才把它写得‘题无剩义’。”

陆游46岁到达夔州之后进入诗歌创作的中期，完全跳出了江西诗派的藩篱，尤其是乾道八年（1172）陆游赴南郑后，诗风发生了相当大的变化。对于这一转变及其实际的生活背景，陆游晚年曾作《九月一日夜读诗稿有感走笔作歌》一诗加以追述：

我昔学诗未有得，残余未免从人乞。力孱气馁心自知，妄取虚名有惭色。四十从戎驻南郑，酣宴军中夜连日。打毬筑场一千步，阅马列厩三万匹；华灯我初学诗日，但欲工藻绘；中年始少悟，渐若窥宏大。怪奇亦间出，如石漱湍濑。数仞李杜墙，常恨欠领会。元白才倚门，温李真自郐。正令笔扛鼎，亦未造三昧。诗为六艺一，岂用资狡狯？汝果欲学诗，工夫在诗外。

——陆游《示子遹》

纵博声满楼，宝钗艳舞光照席；琵琶弦急冰雹乱，羯鼓手匀风雨疾。诗家三昧忽见前，屈贾在眼元历历。天机云锦用在我，翦裁妙处非刀尺。世间才杰固不乏，秋毫未合天地隔。放翁老死何足论，《广陵散》绝还堪惜。

该诗道出了学诗与实际生活的体验密切相关，是军旅生活使诗人的个性得以自由地舒展。

自65岁罢归山阴，到85岁逝世为止，为陆游创作的晚期。退居生活成了他最常书写的诗题，在较为安定的农村生活环境里领略和体会人生，风格更趋于闲适淡泊。但陆游晚年仍保有爱国思想和积极奋斗的精神，仍创作出了不乏风格悲壮的作品，如《十一月四日风雨大作》：

僵卧孤村不自哀，尚思为国戍轮台。夜阑卧听风吹雨，铁马冰河入梦来。

此诗作于陆游68岁居于家乡山阴时，不难体会到那抗敌的决心和信念，以及至老而不衰的报国壮志。他在死前两个月，还作了一首《示儿》诗：

死去元知万事空，但悲不见九州同。王师北定中原日，家祭无忘告乃翁。

这是陆游的绝笔诗，“教儿子‘无忘’，正见自己的念念不‘忘’”（《朱自清选集·爱国诗》）。胡应麟《诗薮》评价它说：“忠愤之气，落落二十八字间！”

陆游的诗歌诸体皆备，最擅长七言诗，七古、七律和七绝的成就都很高。其七言古体风格尤为悲壮。如《关山月》：

青山一发愁蒙蒙，干戈况满天南东。来孙已见九州同，家祭如何告乃翁？

——林景熙《题陆放翁诗卷后》

沈园（浙江绍兴）

和戎诏下十五年，将军不战空临边。朱门沉沉按歌舞，厩马肥死弓断弦。戍楼刁斗催落月，三十从军今白发。笛里谁知壮士心，沙头空照征人骨。中原干戈古亦闻，岂有逆胡传子孙？遗民忍死望恢复，几处今宵垂泪痕！

将人民对收复失地的渴望与文恬武嬉的现实对比书写，悲愤之情喷薄而出。

陆游的七律也颇多悲愤之作，他有意学杜诗的精练流丽和跌宕雄浑，如《病起书怀》云：

病骨支离纱帽宽，孤臣万里客江干。位卑未敢忘忧国，事定犹须待阖棺。天地神灵扶庙社，京华父老望和銮。出师一表通今古，夜半挑灯更细看。

对仗工稳而意境浑融，尤其“位卑未敢忘忧国”一句正是诗人内心的真实写照，感人至深。再如《书愤》：

早岁那知世事艰？中原北望气如山。楼船夜雪瓜洲渡，铁马秋风大散关。塞上长城空自许，镜中衰鬓已先斑。出师一表真名世，千载谁堪伯仲间？

纪晓岚认为：“此种诗是放翁不可磨处。集中有此，如屋有柱，如人有骨。”（《瀛奎

诗界千年靡靡风，兵魂销尽国魂空。集中十九从军乐，亘古男儿一放翁！

——梁启超《读陆放翁集》其二

爱国情绪饱和在陆游的整个生命里，洋溢在他的全部作品里；他看到一幅画马，碰见几朵鲜花，听了一声雁唳，喝几杯酒，写几行草书，都会惹起报国仇、雪国耻的心事，血液沸腾起来，而且这股热潮冲出了他的白天清醒生活的边界，还泛滥到他的梦境里去。这也是在旁人的诗集里找不到的。

——钱锺书《宋诗选注》

律髓汇评》卷三二）。此诗以金戈铁马的铿锵之声烘托出英勇志士的豪迈气概，“全首浑成，风格高健”（李慈铭《越缦堂诗话》）。陆游于律诗致力最勤，也最为人称赏，如此诗的三四句在内容上写两地战争景象，对仗上则全用名词构成工对，声色动人。沈德潜说：“放翁七言律，对仗工整，使事熨帖，当时无与比埒。”（《说诗晬语》卷下）

陆游晚年尤擅七言绝句，日常之事，惯遇之景，一经他的描写和歌咏，无不呈现出新鲜的诗意。如《秋兴》等从日常生活里品味出隽永的滋味，写得清淡自然。此外，陆游的绝句发挥了宋人好议论的特点，常常在诗中抒发感慨，如《剑门道中遇微雨》等。

因母亲无法接纳自己的妻子唐婉，陆游首次婚姻终告失败，不知这是否与陆游诗歌中反复出现“姑恶”有关，但在陆游荡气回肠的爱情诗中，这份悲痛确有哀怨的表述。如陆游在75岁时创作的《沈园》二首：

城上斜阳画角哀，沈园非复旧池台。伤心桥下春波绿，曾是惊鸿照影来。

梦断香消四十年，沈园柳老不吹绵。此身行作稽山土，犹吊遗踪一泫然。

陆游的爱情诗虽然数量很少，但却是古代爱情诗中不可多得的精品，在爱情主题已基本上从诗歌转移到词的宋代，它们尤其值得重视。陈衍《宋诗精华录》云：“无此绝等伤心之事，亦无此绝等伤心之诗。就百年论，谁愿有此事？就千秋论，不可无此诗。”

陆游的词与其诗相似，可分为激昂慷慨和清淡秀逸两种风格。刘克庄称其词：“其激昂感慨者，稼轩不能过；飘逸高妙者，与陈简斋、朱希真相颉颃；流丽绵密者，欲出晏叔原、贺方回之上。”（《后村诗话》续集卷四）陆游的爱国词确近稼轩之风。如《诉衷情》：

当年万里觅封侯，匹马戍梁州。关河梦断何处？尘暗旧貂裘。　　胡未灭，鬓先秋，泪空流。此生谁料，心在天山，身老沧洲！

此为陆游爱国词的名篇，将国土尚未恢复与自己壮志未酬的慨叹交织写出，雄放而沉郁。

陆游大部分词写得比较清婉，意境清奇，蕴意绵长。如《卜算子·咏梅》：

驿外断桥边，寂寞开无主。已是黄昏独自愁，更着风和雨。　　无意苦争春，一任群芳妒。零落成泥碾作尘，只有香如故。

以梅自喻，托物言志。上片咏梅处境遭遇；下片咏梅品格精神。梅花幽洁、孤傲，实为作者一生标格孤高、不畏谗毁、矢志不移之写照。用语清峻，而有平淡邃美之神韵。

放翁词有着“纤丽处似淮海，雄慨处似东坡”（杨慎《词品》卷五）的多样性。如《钗头凤》：

红酥手，黄縢酒，满城春色宫墙柳。东风恶，欢情薄，一怀愁绪，几年离索。错、错、错。　　春如旧，人空瘦，泪痕红浥鲛绡透。桃花落，闲池阁。山盟虽在，锦书难托。莫、莫、莫。

此词是陆游写给前妻唐琬的作品，词中所表达的情感感动了无数读者，尤其上下片结句的叠字“错、错、错”与“莫、莫、莫”，写出内心的无限痛悔，感人至深。

陆游还是南宋的散文大家，以记叙文的成就较为突出。陆游的《老学庵笔记》所记多为他亲历、亲见、亲闻之事，趣味盎然，内容丰富。《入蜀记》则是一部旅行日记，描写沿江风物，颇具文化气息。有些篇章将自然景观与传说、历史记载结合起来，发表议论见解之外，还时有作者情感的流露，兼具文情和画意。

第三节　杨万里和范成大

杨万里曾把自己的诗作编为九个专集：《江湖集》《荆溪集》《西归集》《南海集》《朝天集》《江西道院集》《朝天续集》《江东集》《退休集》。《瀛奎律髓》卷一云："杨诚斋诗一官一集，每一集必一变。"方回道出了杨万里诗风因时因地不断变化的特点。在《江湖集》的序中，杨万里说："予少作有诗千余篇，至绍兴壬午七月皆焚之，大概江西体也。今所存曰《江湖集》者，盖学后山及半山及唐人者。"从将自己于绍兴三十二年（1162）前所作的江西体诗全部付之一炬，到淳熙中"诚斋体"的确立，杨万里完成了对江西诗派的超越。

杨万里（1127—1206）字廷秀，号诚斋，吉州吉水（今江西吉水）人。绍兴二十四年（1154）进士，今存《诚斋集》133卷。

诚斋体诗歌中的成功之作，往往从日常生活入手，活泼自然，雅俗共赏。如：

梅子留酸软齿牙，芭蕉分绿与窗纱。日长睡起无情思，闲看儿童捉柳花。（《闲居初夏午睡起》）

泉眼无声惜细流，树阴照水爱晴柔。小荷才露尖尖角，早有蜻蜓立上头。（《小池》）

均是于细微处表现浓郁的生活乐趣，灵秀活泼，真切自然。陈衍所云"俗语说得雅，粗语说得细"（《石遗室诗话》卷一六），正是对诚斋体诗风的到位把握。

"活法"本是吕本中提出，但"后来诚斋出，真得所谓活法，所谓流转圆美如弹丸者，恨紫薇公不及见耳"（刘克庄《江西诗派总序》）。杨万里创作了大量描绘自然景物的诗歌，别具匠心，充满奇趣，是公认的真正的"活法"诗。如：

雨来细细复疏疏，纵不能多不肯无。似妒诗人山入眼，千峰故隔一帘珠。（《小雨》）

毕竟西湖六月中，风光不与四时同。接天莲叶无穷碧，映日荷花别样红。（《晓出净慈寺送林子方》）

［诚　斋　体］

善于选择日常生活中一些富于诗意而往往为人所忽略的细节，以风趣而又通俗的语言表达出来，构思新巧、想象奇妙。

这类诗构思新巧，想象奇妙，“语未了便转，诚斋秘诀”（陈衍《宋诗精华录》）。近似的佳句还有“正如万山圈子里，一山放出一山拦”（《过松源晨炊漆公店》）、“万山不许一溪奔，拦得溪声日夜喧”（《桂源铺》）等。由于杨万里对自然景物的富有个性的书写，被姜夔戏称为：“年年花月无闲日，处处山川怕见君。”（《送〈朝天续集〉归诚斋》）“诚斋体”丰富了宋诗的风格，对“永嘉四灵”和“江湖诗派”也都产生了影响。

范成大（1126—1193）字致能，号石湖居士，吴郡（今江苏苏州）人。绍兴二十四年（1154）进士。今存《石湖居士诗集》34卷、《石湖词》1卷。

范成大在仕途上比较顺意，曾四任疆臣大吏，拜参知政事，行旅任职开阔了范成大的眼界，使他对生活的认识更加深入。如《后催租行》：

> 老父田荒秋雨里，旧时高岸今江水。佣耕犹自抱长饥，的知无力输租米。自从乡官新上来，黄纸放尽白纸催。卖衣得钱都纳却，病骨虽寒聊免缚。去年衣尽到家口，大女临岐两分首。今年次女已行媒，亦复驱将换升斗。室中更有第三女，明年不怕催租苦。

骨肉生离，其惨痛更胜于死别！冷峻的反语凸显了极端的愤怒，尤为深刻。

乾道六年（1170），范成大奉派出使金国，途经淮河以北的中原北宋故土，其间他写下了一卷《揽辔录》和72首绝句组成的纪行诗。

> 狐冢獾蹊满路衢，行人犹作御园呼。连昌尚有花临砌，肠断宜春寸草无！（《宜春苑》）

> 州桥南北是天街，父老年年等驾回。忍泪失声询使者：“几时真有六军来？”（《州桥》）

范成大有机会亲临其境看到靖康之祸以后长期被占领的北中国的山河风土，这些诗从一些比较特殊的角度反映了沦陷区的物是人非及遗民急切盼望恢复的热望与悲痛哀伤心情，为沦陷区广大人民的苦难与希望留下了实录。

范成大晚年退休以后，也有一段隐居田园的生活，并热衷于将这种生活表现在自己的诗作中，既有归田之恬淡，又有悯农之同情。《四时田园杂兴》就是兼具二者的一组成功典范，如：

昼出耘田夜绩麻，村庄儿女各当家。童孙未解供耕织，也傍桑阴学种瓜。（《夏日田园杂兴》之七）

新筑场泥镜面平，家家打稻趁霜晴。笑歌声里轻雷动，一夜连枷响到明。（《秋日田园杂兴》之八）

《四时田园杂兴》七绝组诗共60首，分为春日、晚春、夏日、秋日、冬日五组，各12首。描写苏州农村四季风光、农事，乡土民俗生活情景，既有农忙欢歌、田园景色和乡村生活的生动描写，也有对官府剥削和租税苛重的暴露。这组诗在扩大田园诗的表现范围方面有了新的拓展，更接近于农村的现实生活，鲜活地刻画出一个比较完全的面貌。

杨万里《〈千岩摘稿〉序》云："余尝论近世之诗人，若范石湖之清新，尤梁溪之平淡，陆放翁之敷腴，萧千岩之工致，皆余之所畏者。"可见当时尤袤与萧德藻的诗也很有成就。

尤袤作品现存不足50首，诗风细润圆转，有别于江西诗派。如《梅花二首》其二：

冷蕊疏枝半不禁，眼看芳信日骎骎。雪霜不管朝天面，风月能知匪石心。望远可无南北使，客愁空费短长吟。年年准拟花排恨，不道看花恨更深。

身处特殊的历史时期，弱不禁风的梅花令诗人心头生起的不是欣赏怜惜之情，而是满腔的愁与恨。此时梅花之弱态，恰似南宋难以振起的国势。方回《瀛奎律髓》卷二〇有评语说："尤遂初诗初看似弱，久看却自圆熟，无一斧一斤痕迹也。"

萧德藻诗作今存仅11首，但能够超越江西诗派的观念，提出自己新的见解。如云："诗，不读书不可为；然以书为诗，不可也。"（范晞文《对床夜语》卷二）

湘妃危立冻蛟背，海月冷挂珊瑚枝。丑怪惊人能妩媚，断魂只有晓寒知。（《古梅》）

此诗颇可见其奇峭工致的诗风，近人陈衍评曰："梅花诗之工，至此可叹观止，非林和靖所能想到。"（《宋诗精华录》）这一风格确也影响了他的侄婿姜夔。

第八章

英雄词人辛弃疾与辛派词人

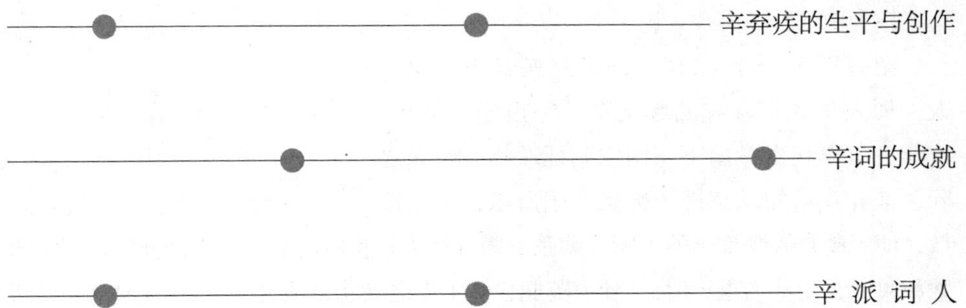

辛弃疾是南宋中叶伟大的爱国词人，他继承了北宋苏轼所开创的豪放词风，并以创造性的文学成就，卓然成家，对当时及后世的词体创作产生了深远的影响。

第一节　辛弃疾的生平与创作

辛弃疾（1140—1207）原字坦夫，改字幼安，号稼轩居士，历城（今山东济南）人。今存《稼轩长短句》12卷。

辛弃疾出生时，宋室南渡已13年，家乡历城已是金人的占领区。辛弃疾的祖父辛赞虽在金国任职，却一直希望有机会“投衅而起，以纾君父所不共戴天之愤”，并常常带着辛弃疾“登高望远，指画山河”(《美芹十论》)。

绍兴三十一年（1161），辛弃疾聚集了两千人，加入由耿京领导的起义军，并担任掌书记。次年，辛弃疾奉命南下与南宋朝廷联络。归来之际，辛弃疾得知耿京被叛徒张安国所杀，义军溃散，便驰骑直入张安国的大营，缚张安国置马上，长驱渡淮归宋。辛弃疾惊人的勇敢和果断，使他名重一时，“壮声英概，懦士为之兴起，圣天子一见三叹息”（洪迈《稼轩记》)。

乾道元年（1165），年轻的辛弃疾进奏《美芹十论》(即《御戎十论》)，乾道六年（1170）又作《九议》上宰相虞允文，充分显示出经纶济世的非凡才能。但是，辛弃疾的进取大计没有得到重视。在其南归后的20年中，始终未被派往抗金前线，却多次被委派平定内乱。辛弃疾内心充满矛盾，虽然成功地平息了茶民和农民的暴动，但作为一个有远见而且同情人民的政治家，他已经体察到这些事变产生的原因，也知道这种暴动不是单纯用武力所能扑灭的。他在《淳熙乙亥论盗札子》中指出：

> 田野之民，郡以聚敛害之，县以科率害之，吏以乞取害之，豪民大姓以兼并害之，而又盗贼以剽杀攘夺害之，臣以谓：民不为盗，将安之乎？夫民为国本，而贪吏迫使为盗，今年剿除，明年划荡，譬之本焉，日刻月削，不损则折。欲望陛下深思致盗之由，讲求弭盗之术，无徒恃平盗之兵。

辛弃疾始终不能忘怀收复中原之志。淳熙七年（1180），辛弃疾还在湖南创置辛稼轩当弱宋末造，负管乐之才，不能尽展其用，一腔忠愤，无处发泄，观其与陈同父抵掌谈论，是何等人物？故其悲歌慷慨，抑郁无聊之气，一寄之于词。

——《词苑丛谈》卷四引黄梨庄语

“飞虎军”，“军成，雄镇一方，为江上诸军之冠”（《宋史·辛弃疾传》），时人比之为“隆中诸葛”（刘宰《贺辛等制弃疾知镇江》）。但同时，坚决主战的辛弃疾却难以在南宋官场上立足。他也意识到自己“孤危一身久矣……刚拙自信，年来不为众人所容，恐言未脱口而祸不旋踵”（《淳熙乙亥论盗札子》），淳熙八年（1181）冬，辛弃疾因受到弹劾而被免职，归居江西上饶。此后20年间，辛弃疾除了有两年一度出任福建提点刑狱和福建安抚使外，大部分时间都隐居在江西上饶城外的带湖和瓢泉二地。

嘉泰三年（1203）辛弃疾起知绍兴府兼浙东安抚使时已经64岁，次年转任镇江知府。当时宰相韩侂胄把持朝政，空有收复之志，却无备战之策。开禧元年（1205）秋，辛弃疾失望地从镇江回到铅山。开禧三年（1207）秋，韩侂胄请辛弃疾出山声援的诏命到达铅山之日，辛弃疾病已沉重。9月10日，这位忠诚的爱国者，临终前“大呼杀贼数声”（《济南府志》），赍志以殁。

辛弃疾为“一世之豪，以气节自负，以功业自许”（范开《稼轩词序》）。最终却只能将平生志意寄托于词中。辛词不但继承了苏轼以词抒怀言志的传统，而且空前绝后地把一生的人生经历、自我的生命体验与精神个性完整地倾注词中，在词史上开辟了一个新的时代。现存的600余首辛词无论质或量，都在两宋词人中位居前列。“自辛稼轩前，用一语如此者，必且掩口。及稼轩，横竖烂熳，乃如禅宗棒喝，头头皆是；又如悲笳万鼓，平生不平事并卮酒，但觉宾主酣畅，谈不暇顾。词至此亦足矣。”（刘辰翁《辛稼轩词序》）

辛词中，最突出的是抒发报国豪情与壮志难酬悲愤的爱国之作。此类词作尽显辛弃疾的英雄本色，成就了他的一代词名。

辛弃疾智勇双全，常怀收复之志，始终梦想着驰骋疆场、杀敌立功，但南宋朝廷的软弱昏聩、官场的倾轧，却使他壮志难酬，郁郁而终。故此，辛词的激越豪迈的英雄主义色彩中，始终夹杂着一种深沉悲慨的基调。

有客慨然谈功名，因追念少年时事，戏作壮岁旌旗拥万夫，锦襜突骑渡江初。燕兵夜娖银胡觮，汉箭朝飞金仆姑。　追往事，叹今吾，春风不染白髭须。却将万字平戎策，换得东家种树书。（《鹧鸪天》）

醉里挑灯看剑，梦回吹角连营。八百里分麾下炙，五十弦翻塞外声。沙场秋点兵。　　马作的卢飞快，弓如霹雳弦惊。了却君王天下事，赢得生前身后名。可怜白发生！（《破阵子·为陈同甫赋壮词以寄之》）

《鹧鸪天》通篇采用今昔对比手法，形象地概括了词人作为抗金名将的悲壮一生。上阕英雄话当年，宏壮奋励，气盖万夫；下阕喟叹现实处境，悲怆深沉，痛苦无奈，对照十分强烈。《破阵子》开篇由醉里看剑——英雄无用武之地写起，在梦中豪情壮志得以实现：阅兵、驰骑、射箭，建功立业令人激昂感奋。梦醒回到现实，“可怜白发生”一语心酸地道出了他壮志难酬、报国无门的愤懑。辛词中此类佳作颇多，如：

楚天千里清秋，水随天去秋无际。遥岑远目，献愁供恨，玉簪螺髻。落日楼头，断鸿声里，江南游子。把吴钩看了，栏干拍遍，无人会、登临意。　　休说鲈鱼堪鲙，尽西风、季鹰归未？求田问舍，怕应羞见，刘郎才气。可惜流年，忧愁风雨，树犹如此！倩何人、唤取红巾翠袖，揾英雄泪！（《水龙吟·登建康赏心亭》）

更能消、几番风雨？匆匆春又归去。惜春长怕花开早，何况落红无数！春且住，见说道、天涯芳草无归路。怨春不语。算只有殷勤，画檐蛛网，尽日惹飞絮。　　长门事，准拟佳期又误。蛾眉曾有人妒。千金纵买相如赋，脉脉此情谁诉？君莫舞，君不见、玉环飞燕皆尘土！闲愁最苦。休去倚危栏，斜阳正在，烟柳断肠处。(《摸鱼儿》)

前一首作于淳熙元年（1174）秋。词人登高望远，抒壮怀，寄悲慨。词中将故国沦陷的悲愤、漂泊他乡的失落、岁月流逝的焦虑和无人理解的孤独交织，形成了沉郁悲壮的风格。后一首更是辛词中有代表性的作品。通篇出以比兴，上阕写自己对春天消逝的惋惜，下阕写宫廷妇女失宠后的幽怨，寄托“英雄失志”的愤慨及对国家前途命运的深切关注。笔锋转处，对朝中群小进行了辛辣的讽刺。“寿皇（孝宗）见此词，颇不悦，然终不加罪”（罗大经《鹤林玉露》甲编卷一）。辛弃疾继承了以美人香草作比的传统，深刻而凄婉地抒写了自己报国无门的身世之感。此词得到梁启超的激赏：“回肠荡气，至于此极，前无古人，后无来者。”（梁令娴《艺蘅馆词选》卷丙）

辛弃疾的感情世界十分丰富，除了豪迈激情的爱国词作外，亦有缠绵婉转的佳作。如《青玉案·元夕》：

东风夜放花千树，更吹落、星如雨。宝马雕车香满路。凤箫声动，玉壶光转，一夜鱼龙舞。　　蛾儿雪柳黄金缕，笑语盈盈暗香去。众里寻他千百度，蓦然回首，那人却在，灯火阑珊处。

上阕极力描写元夕的繁华热闹，反衬出“那人”的孤独。这也许是词人的一次微妙的感情经历，也许只是心境的自我书写，但无论哪种解释都使其意蕴远超一般的市井风情之境。

此外，辛词中田园题材的作品也同样出色。这些作品自然率真、充满意趣地对农村田园的生活和景致进行描绘，表达出作者丰富内心世界的另外一面。如《西江月·夜行黄沙道中》：

明月别枝惊鹊，清风半夜鸣蝉。稻花香里说丰年，听取蛙声一片。　　七八个星天外，两三点雨山前。旧时茅店社林边，路转溪桥忽见。

此词作于退隐上饶带湖时。上片描画出一幅幽美的农村夏夜图，下片侧重作者“夜行”山岭的见闻与感受。意境清新，语言质朴无华，笔调灵活轻快。农村生活平凡而富有情趣，乡间景象自然而清新，表现出词人生活于农村的自在和惬意。又如《清平乐》：

茅檐低小。溪上青青草。醉里吴音相媚好。白发谁家翁媪。　　大儿锄豆溪东。中儿正织鸡笼。最喜小儿无赖，溪头卧剥莲蓬。

展现了一幅生动的农家生活图画，充满乡村生活的情趣。

陶渊明也是辛弃疾词中反复吟咏的人物，如“须信采菊东篱，高情千载，只有陶彭泽”（《念奴娇·重九席上》）、“渊明似胜卧龙些”（《玉蝴蝶·叔高书来戒酒，用韵》）等，充满了钦慕之情。报国无门的辛弃疾比别人更能深入地体会到陶渊明的“归来意”；在“东篱自醉”的归隐放达之外，辛弃疾或许更看重陶渊明那不肯附随世俗的“凛然生气”。

斯人北来，喑呜鸷悍，欲何为者？而谗摈销沮，白发横生，亦如刘越石。陷绝失望，花时中酒，托之陶写，淋漓慷慨，此意何可复道？而或者以流连光景、志业之终恨之，岂可向痴人说梦哉！

——刘辰翁《辛稼轩词序》

辛词的题材与风格是多样的：其英雄词慷慨豪纵，田园词自然清新，抒情词意态婉转，且皆为佳作。但仔细品味，都有辛词自己的面貌在。其创作纵横由心、不受约束，无物、无事、无意、无语不可入词，或许正是因为心中所独具的那种傲视绝俗的“凛然生气”。

第二节　辛词的成就

辛弃疾的词在南宋即获得一部分有识之士很高的评价。刘克庄在《辛稼轩集序》中指出：“公所作大声鞺鞳，小声铿鍧，横绝六合，扫空万古，自有苍生以来所无。其秾纤绵密者，亦不在小晏、秦郎之下。”词体发展的关键在于怎样能够既扩大题材又能保持词体特有的要眇凄迷的美感，辛弃疾词就是成功的典范。即使他的豪放词也大都刚柔相济，陈廷焯说：“稼轩词，于雄莽中别饶隽味。”（《白雨斋词话》卷六）这正是辛弃疾与其他写“豪气词”者的主要区别。

另一方面，辛弃疾的婉约词又能柔中有刚，如《祝英台近·晚春》等。

喜议论、善用典是稼轩词的突出特点。前人论苏轼有“以诗为词”之说，论辛弃疾则有“以论为词”之评。试看《永遇乐·京口北固亭怀古》：

> 千古江山，英雄无觅，孙仲谋处。舞榭歌台，风流总被，雨打风吹去。斜阳草树，寻常巷陌，人道寄奴曾住。想当年：金戈铁马，气吞万里如虎。　　元嘉草草，封狼居胥，赢得仓皇北顾。四十三年，望中犹记，烽火扬州路。可堪回首，佛狸祠下，一片神鸦社鼓！凭谁问：廉颇老矣，尚能饭否？

此词写于镇江知府任上，举历史经验教训为即将北伐的将领鼓气献言。上片列举三国孙权、东晋刘裕，描写其英雄业绩的同时，已含赞许之议。下片以南朝宋文帝的教训告诫不可轻敌冒进。全词以议论为旨，又饱含感情，被誉为辛词“第一”（杨慎《词品》）。

辛弃疾词重用典，如《西江月·遣兴》：

> 醉里且贪欢笑，要愁那得工夫。近来始觉古人书，信着全无是处。　　昨夜松边醉倒，问松“我醉何如”？只疑松动要来扶，以手推松曰：“去！”

前、后两结句均用典故，随意点化，如吴衡照说：“辛稼轩别开天地，横绝古今。

"峡束苍江对起，过危楼，欲飞还敛"，稼轩语也，其词品似之。

——叶嘉莹《词之美感特质的形成与演进》

《论》、《孟》、《诗小序》、《左氏春秋》、《南华》、《离骚》、《史》、《汉》、《世说》、选学、李杜诗，拉杂运用，弥见其笔力之峭。"（《莲子居词话》卷一）前人作词，除从现实生活中提炼语言外，主要从前代诗赋中汲取语汇，而稼轩则独创性地用经史子等散文著作中的语汇入词，不仅赋予古代语言以新的生命活力，而且空前地扩大和丰富了词的语汇。

甚矣吾衰矣！怅平生、交游零落，只今余几！白发空垂三千丈，一笑人间万事。问何物、能令公喜？我见青山多妩媚，料青山、见我应如是。情与貌，略相似。　　一尊搔首东窗里。想渊明《停云》诗就，此时风味。江左沉酣求名者，岂识浊醪妙理。回首叫、云飞风起。不恨古人吾不见，恨古人不见吾狂耳！知我者，二三子。（《贺新郎》）

经史散文中的语言，他信手拈来，皆如己出。作者在词中融进散文句式，糅入语气虚词，使气势更为流注奔放，感情更显得腾跃起伏。刘熙载《艺概·词曲概》说："稼轩词龙腾虎掷，任古书中理语、瘦语，一经运用，便得风流，天姿是何夐异！"

表现方式的千变万化，语言的不主故常，构成了稼轩词多样化的艺术风格。

辛弃疾词的内容博大精深，风格雄深雅健，确立并发展了苏轼所开创的"豪放"一派，而与苏轼并称为"苏辛"。但二人的词在风格上还是有所不同。王国维《人间词话》说："东坡之词旷，稼轩之词豪。"东坡性情旷达，词作自然天成，稼轩性情豪放，词作沉郁痛快；在作词的态度上，苏多呈天籁，辛多以人力；苏词飘逸超诣，辛词功力深厚。苏东坡多以表现旷达的逸怀浩气为主，并不正面写他用世的志意；辛弃疾所正面表现的则正是他的志意，用生命来写词作，用生活来实践词作。苏轼对词境之开拓突破，主要由于其才气与胸襟超迈过人，本非"绮罗香泽"所能拘限；辛弃疾对词境之开拓突破，主要由于其志意与理念的深挚过人，也原非"剪红刻翠"所能拘限，更加上其才情的不凡与不幸遭遇的相互冲击，更使其

苏辛并称。东坡天趣独到处，殆成绝诣，而苦不经意，完璧甚少。稼轩则沉着痛快，有辙可循。南宋诸公，无不传其衣钵。

——周济《宋四家词选·目录序论》

词意突破传统。正如谢章铤所言："学稼轩，要于豪迈中见精致。近人学稼轩，只学得莽字、粗字，无怪阑入打油恶道。试取辛词读之，岂一味叫嚣者所能望其项踵？""稼轩是极有性情人，学稼轩者，胸中须先具一段真气奇气，否则虽纸上奔腾，其中俄空焉，亦萧萧索索如牖下风耳"。(《赌棋山庄词话》)

第三节　辛派词人

《四库全书总目·〈稼轩词〉提要》云："其词慷慨纵横，有不可一世之概，于依声家为变调，而异军特起，能于剪红刻翠之外，屹然别立一宗，迄今不废。"与辛弃疾同时的一批词人，如张元干、张孝祥、陈亮、刘过等，或与稼轩为同志，或追慕稼轩，感时激愤，词的主题抒发爱国感情，风格豪放激切，形成了风格相近的"辛派"。

张孝祥（1132—1169）字安国，号于湖居士，历阳乌江（今安徽和县）人。绍兴二十四年（1154）进士。今存《于湖居士文集》40卷。

张孝祥词以学东坡而闻名，汤衡《张紫微雅词序》记载他"每作为诗文，必问门人曰：比东坡何如？"张孝祥"平昔为词，未尝著稿，笔酣兴健，顷刻即成"，气质与东坡为近，其词"寓以诗人句法，无一毫浮靡之气"的特点与东坡"同一关键"。其词今存220余首，其中著名的是《六州歌头》：

> 长淮望断，关塞莽然平。征尘暗，霜风劲，悄边声。黯销凝。追想当年事，殆天数，非人力；洙泗上，弦歌地，亦膻腥。隔水毡乡，落日牛羊下，区脱纵横。看名王宵猎，骑火一川明。笳鼓悲鸣，遣人惊。　　念腰间箭，匣中剑，空埃蠹，竟何成！时易失，心徒壮，岁将零。渺神京。干羽方怀远，静烽燧，且休兵。冠盖使，纷驰骛，若为情？闻道中原遗老，常南望、翠葆霓旌。使行人到此，忠愤气填膺。有泪如倾。

此词应作于高宗绍兴三十二年（1162），时主战派大臣张浚领建康府兼行宫留守，张孝祥于此期间赴建康，在浚幕做客，感于江淮前线宋金对峙之严峻现实，写下了这首词。全词于急促振拔的节拍中，传达出奔迸的爱国激情。词中关塞苍莽，名王宵猎，壮士抚剑悲慨，中原遗老南望等一幕幕场景，依次铺叙，把宋金双方对峙、朝廷与人民的矛盾，加以鲜明对比，反映出时代特征，极具艺术感染力。《朝野遗记》记载：“安国在建康留守席上赋此，歌阕，魏公为罢席而入。”陈廷焯也认为此词写得“淋漓痛快，笔饱墨酣，读之令人起舞”（《白雨斋词话》卷六）。

张孝祥善于通过对自然景色的描绘，表现旷达的胸襟和洒脱的人生态度，笔力极似苏轼。如《念奴娇·过洞庭》：

> 洞庭青草，近中秋、更无一点风色。玉鉴琼田三万顷，着我扁舟一叶。素月分辉，明河共影，表里俱澄澈。悠然心会，妙处难与君说。　　应念岭表经年，孤光自照，肝胆皆冰雪。短发萧骚襟袖冷，稳泛沧浪空阔。尽挹西江，细斟北斗，万象为宾客。扣舷独啸，不知今夕何夕！

上阕描写月光水色，境界空阔；下阕抒写感受，将开阔的胸襟和轩昂的气概融于上下澄澈的景物之中。此词被王闿运评为“飘飘有凌云之气，觉东坡《水调》犹有尘心”（《湘绮楼词选》）。

张孝祥的词，“读之使人奋然有禽灭仇虏，扫清中原之意”（朱熹《书张伯和诗词后》），“忠愤慷慨，有足动人者”（《四库全书总目·〈于湖词〉提要》）。南宋末周密曾编选《绝妙好词》，专收南宋词，而张孝祥在所收132人中，被列为第一，由此可见张孝祥在南宋词人中的地位。

陈亮是辛弃疾的密友，以救国安民为已任，其词多表现抗战恢复之志，据说“每一章就，辄自叹曰：平生经济之怀，略已陈矣”（叶适《书龙川集后》）。陈亮与辛弃疾交谊甚笃，淳熙十五年（1188），辛弃疾在瓢泉附近的鹅湖寺与陈亮有过十日的“鹅湖之会”，他们“长歌相答，极论世事”，共商恢复大计。陈亮词风豪放如稼轩，而又在词中议论纵横。如其《水调歌头·送章德茂大卿使虏》：

陈亮（1143—1194）字同甫，号龙川，人称龙川先生，婺州永康（今浙江永康）人。今存《龙川文集》30卷。

> 不见南师久，漫说北群空。当场只手，毕竟还我万夫雄。自笑堂堂汉使，得似洋洋河水，依旧只流东。且复穹庐拜，会向藁街逢。　　尧之都，舜之壤，禹之封。于中应有，一个半个耻臣戎。万里腥膻如许，千古英灵安在，磅礴几时通。胡运何须问，赫日自当中。

词中慨叹南宋朝廷不思恢复，以屈辱换取苟安，下阕则表达了抗战的决心和必胜的气概。陈廷焯说此词头五句“精警奇肆，几于握拳透爪。可作中兴露布读”（《白雨斋词话》卷一）。不过，陈亮以词为武器、为号角，往往剑拔弩张，有时不免有失词的深蕴。沈曾植说：“（陈亮）终不堪与稼轩同日语，非嫌其面目粗，嫌骨理粗耳。”（《海日碎金·刘融斋〈词概〉评语》）

陈亮常常用词来表达他的政治军事主张，其词所论时事往往可以跟他的政论文相互印证。《念奴娇·登多景楼》即是他“以论入词”“以文为词”的代表作：

> 危楼还望，叹此意、今古几人曾会？鬼设神施，浑认作、天限南疆北界。一水横陈，连岗三面，做出争雄势。六朝何事，只成门户私计？　因笑王谢诸人，登高怀远，也学英雄涕。凭却长江，管不到、河洛腥膻无际。正好长驱，不须反顾，寻取中流誓。小儿破贼，势成宁问强对！

这首词写于淳熙十五年（1188），刚即位的孝宗有志恢复，作者认为是北伐的好机会，于是在金陵和京口考察军事地形后作《戊申再上孝宗皇帝书》，同时写下了这首气壮山河之作，在词中发表了同样的议论，词情与政论熔为一炉。

陈亮词多用赋笔，但其现存的74首词作中尚有运用比兴手法而极为成功的，如《水龙吟·春恨》等，也属上乘的寄托遥深之作。

刘过虽终身布衣，但与辛弃疾却颇有私交，其《呈稼轩》诗道：“书生不愿黄金印，十万提兵去战场。只欲稼轩一题品，春风侠骨死犹香。”刘过词风“效辛体”，“下笔便逼真”（岳珂《桯史》）。如《沁园春·寄辛承旨》：

> 刘过（1154—1206）字改之，号龙洲道人，吉州太和（今江西泰和）人。今存《龙洲道人集》15卷。

> 斗酒彘肩，风雨渡江，岂不快哉！被香山居士，约林和靖，与坡仙老，驾勒吾回。坡谓“西湖，正如西子，浓抹淡妆临镜台”。二公者，皆掉头不顾，只管衔杯。　白言“天竺去来。图画里、峥嵘楼阁开。爱纵横双涧，东西水绕，两峰南北，高下云堆”。逋曰“不然，暗香浮动，争似孤山先探梅”。须晴去，访稼轩未晚，且此徘徊。

此词构思极为奇特，而风格、结构都与辛弃疾的《沁园春·将止酒戒酒杯使勿近》近似。但后人普遍认为刘过效仿辛弃疾者往往仅得形似，“刘之于辛，有其豪而无其雅”（谢章铤《赌棋山庄词话》卷一二）。

刘过以长调为胜，但小令也有佳作。如名作《唐多令》：

芦叶满汀洲，寒沙带浅流。二十年重过南楼。柳下系船犹未稳，能几日，又中秋。　　黄鹤断矶头，故人今在不？旧江山浑是新愁。欲买桂花同载酒，终不似、少年游。

全词情致婉曲，缅怀夙昔，感人至深，堪称“小令中工品”（李佳《左庵词话》）。可见龙洲词风并不是局于豪放一端的。

辛弃疾为领袖一代的大家，南宋的许多词人都受到他的影响。除了上述词人外，其他如韩元吉、陆游、范开、陈成父、杨炎正、程珌、黄机、岳珂、戴复古、刘仙伦等，都受到辛弃疾词的影响。正如陈洵《海绡说词》中所总结的：“南宋诸家鲜不为稼轩牢笼者。”

第九章

姜夔、吴文英及宋末词坛

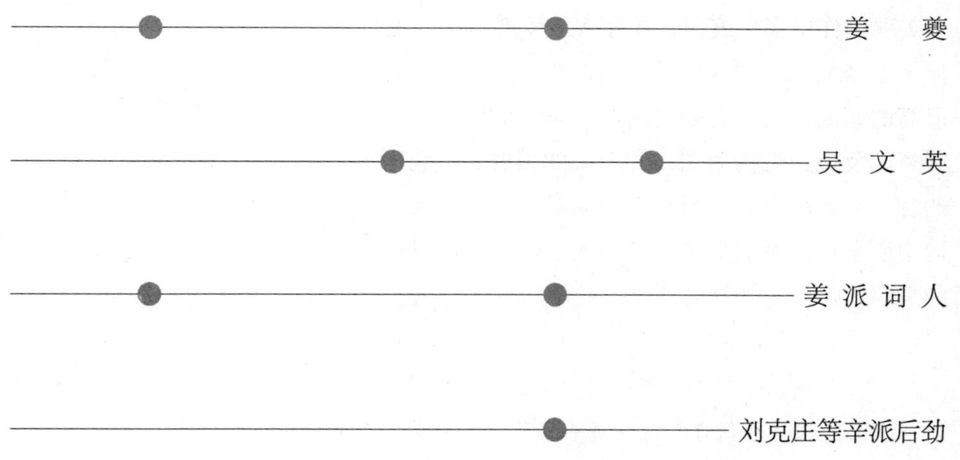

姜夔善于审音协律，是清雅词派的开山大师，对宋末词坛产生了广泛影响。史达祖、吴文英以迄王沂孙、周密、张炎等作为姜夔的追随者，追求词的艺术精工，力保词的婉约正宗格调。而刘克庄、陈人杰、刘辰翁、文天祥等辛派后劲则承续辛弃疾词作中的慷慨悲凉一脉，批判现实甚至更加深入。

第一节 姜　　夔

姜夔（1155？—1209？）字尧章，号白石道人，鄱阳（今江西鄱阳）人。今存《白石道人歌曲》《白石道人诗集》等。

姜夔人品峻洁，有名士风度，时人评他“襟期洒落，如晋宋间人”（《藏一话腴》）。今传的84首姜夔词作中多自度曲，并存有工尺谱17首，是流传至今的唯一宋代词乐文献，在音乐史上具有很高的研究价值。姜夔词的题材以感时伤世、咏物言志及追记恋情为主，并无大的拓展。但在词的音调和意境方面，颇具清越高旷的格调。姜夔词中所塑造展示的形象往往融入了他本身所具有的高雅气质。

> 燕雁无心，太湖西畔随云去。数峰清苦，商略黄昏雨。　第四桥边，拟共天随住。今何许？凭栏怀古，残柳参差舞。（《点绛唇·丁未冬过吴松作》）

《点绛唇》借纪游以抒怀抱，于淡远空灵、孤高劲健的境界中，展示洒落之襟怀与性情。词中“清苦”“参差舞”等语，化实为虚，使词更具一种空灵清峭之美感。

姜夔词中的一些反映家国之感、时政感慨的作品，不以描写的真切、感情的激愤取胜，而是从自己的感受写出，笼罩上一层凄清的色彩，如《扬州慢》：

> 淮左名都，竹西佳处，解鞍少驻初程。过春风十里，尽荠麦青青。自胡马窥江去后，废池乔木，犹厌言兵。渐黄昏，清角吹寒，都在空城。　杜郎俊赏，算而今、重到须惊。纵豆蔻词工，青楼梦好，难赋深情。二十四桥仍在，波心荡、冷月无声。念桥边红药，年年知为谁生。

词前的小序云：“淳熙丙申至日，予过维扬。夜雪初霁，荠麦弥望。入其城则四顾

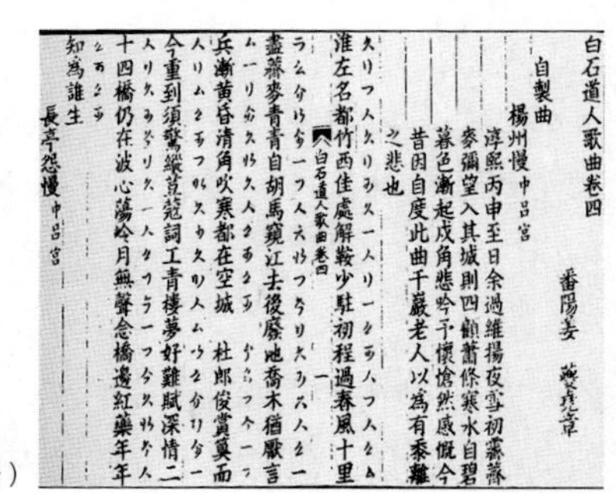
白石道人歌曲卷四　　鄱陽姜夔堯章
自製曲
揚州慢 中呂宮
淳熙丙申至日余過維揚夜雪初霽薺麥彌望入其城則四顧蕭條寒水自碧暮色漸起戍角悲吟予懷愴然感慨今昔因自度此曲千巖老人以為有黍離之悲也
淮左名都竹西佳處解鞍少駐初程過春風十里盡薺麥青青自胡馬窺江去後廢池喬木猶厭言兵漸黃昏清角吹寒都在空城　杜郎俊賞算而今重到須驚縱豆蔻詞工青樓夢好難賦深情二十四橋仍在波心蕩冷月無聲念橋邊紅藥年年知為誰生
長亭怨慢 中呂宮

姜夔自度曲（配工尺谱）

萧条，寒水自碧。暮色渐起，戍角悲吟。予怀怆然，感慨今昔，因自度此曲。千岩老人以为有《黍离》之悲也。”金人南侵，曾在扬州烧杀掳掠。姜夔此词表达感怀家国、伤时念乱的“《黍离》之悲”。词中没有慷慨激昂的呼喊，而是从侧面着笔，虚处传神，却更显得哀婉深沉。

南宋末的张炎以“清空”“骚雅”概括姜夔的词风，其《词源》卷下说：“词要清空，不要质实。清空则古雅峭拔，质实则凝涩晦昧。姜白石词如野云孤飞，去留无迹。……姜夔词如《疏影》《暗香》《扬州慢》《一萼红》《琵琶仙》《探春》《八归》《淡黄柳》等曲，不惟清空，又且骚雅，读之使人神观飞越。”从此，清空、骚雅就成为姜夔词独特风格的代称。

清空与质实相对。大致说来，清空的审美特征如清人沈祥龙《论词随笔》所说：“清者不染尘埃之谓，空者不着色相之谓。清则丽，空则灵，如月之曙，如气之秋。”姜夔的清空首先表现在清幽空灵的意境上，即如刘熙载所说，“姜白石词幽韵冷香，令人挹之无尽，拟诸形容，在乐则琴，在花则梅也”，并以“藐姑冰雪”（《词概》卷四）形容之。如《暗香》一词中多用素洁的意象，如“月色”“玉人”“疏花”“冷香”“瑶席”“夜雪”“寒碧”等，营造出清疏高旷的境界。

虚字的使用是构成清空的重要手法。虚字能使语意转折灵活，流走自如，而又传神入微，且能避免平铺直叙的缺点，在这方面，姜夔词有着独到的造诣，如《疏影》：

> 苔枝缀玉，有翠禽小小，枝上同宿。客里相逢，篱角黄昏，无言自倚修竹。昭君不惯胡沙远，但暗忆、江南江北。想佩环、月夜归来，化作此花幽独。　犹记深宫旧事，那人正睡里，飞近蛾绿。莫似春风，不管盈盈，早与安排金屋。还教一片随波去，又却怨、玉龙哀曲。等恁时、重觅幽香，已入小窗横幅。

几乎每句都使用虚字，使词句自为开阖，变化虚实，跌宕曲折，空灵夭矫，且又余

> 周词华艳，姜词隽淡；周词丰腴，姜词瘦劲；周词如春圃繁英，姜词如秋林疏叶。姜词清峻劲折，格澹神寒，为周词所无。
>
> ——缪钺《论姜夔词》

韵无穷；词中所出现的许多平实典故，由于有虚字的前后承应，在音节上给人以谐婉灵动的感觉，在内容上则启发人由怀古而思今，由此生出无限的遐想。

姜夔词的清雅风格还表现在其独特的笔法上。北宋词人秦观以柔笔写柔情，姜夔则以健笔写柔情。姜夔的恋情词往往省略掉缠绵温馨的爱恋细节，只表现离别后的苦恋相思，并用一种独特的冷色调来处理炽热的柔情，从而将恋情雅化，赋予柔思艳情以高雅的情趣和超尘脱俗的韵味。如《踏莎行·自沔东来，丁未元日至金陵，江上感梦而作》：

> 燕燕轻盈，莺莺娇软。分明又向华胥见。夜长争得薄情知？春初早被相思染。　　别后书辞，别时针线。离魂暗逐郎行远。淮南皓月冷千山，冥冥归去无人管。

此词虽是怀念恋人，但并未写艳遇的旖旎风情，而只有魂牵梦绕、铭心刻骨的忆恋。其中“淮南皓月冷千山”一句，更创造出词史上少见的冷境。

姜夔词往往配有韵味绝佳的小序，有独立的文学价值。如《念奴娇》序：

> 余客武陵，湖北宪治在焉。古城野水，乔木参天。余与二三友日荡舟其间，薄荷花而饮。意象幽闲，不类人境。秋水且涸，荷叶出地寻丈，因列坐其下。上不见日，清风徐来，绿云自动。间于疏处窥见游人画船，亦一乐也。揭来吴兴，数得相羊荷花中。又夜泛西湖，光景奇绝。故以此句写之。

在物我交融的描述中，蕴涵有散文诗般的意境。姜夔词的小序往往与本词相映成趣，相得益彰。

南宋词坛，姜夔与辛弃疾并峙，代表了不同的流派风格，“白石才子之词，稼轩豪杰之词。才子豪杰，各以其类爱之，强论得失，皆偏辞也”（《艺概》卷四），是为公允之见。

第二节 吴 文 英

吴文英（1205？—1269？）字君特，号梦窗，晚号觉翁，四明（今浙江宁波）人。本姓翁，出嗣吴氏。今存《梦窗甲乙丙丁稿》4卷。

吴文英词今存340余首，数量在南宋词人中仅次于辛弃疾和刘辰翁。吴文英在南宋后期词名极重，作词主要师法周邦彦，讲究文字工丽和章法绵密，时誉为“前有清真，后有梦窗”（尹焕《梦窗词叙》）。就追求词的典雅含蓄而言，他受姜夔的影响较大，后世常常将他列为姜派词人，但吴文英常托足于权贵之门，这与姜夔不同。吴文英知音律，能自度曲，于词学颇有心得。周济谓其“奇思壮采，腾天潜渊，返南宋之清泚，为北宋之秾挚”（《宋四家词选·目录序论》）。

> 渺空烟四远，是何年、青天坠长星？幻苍崖云树，名娃金屋，残霸宫城。箭径酸风射眼，腻水染花腥。时靸双鸳响，廊叶秋声。　　宫里吴王沉醉，倩五湖倦客，独钓醒醒。问苍天无语，华发奈山青。水涵空、阑干高处，送乱鸦斜日落渔汀。连呼酒，上琴台去，秋与云平。（《八声甘州·灵岩陪庾幕诸公游》）

本篇为怀古之作。借吴越争霸史事，叹古今兴亡之感、白发无成之恨，并隐含北宋失国之痛，抒写了对于国家现实的忧虑和哀愁。“酸风”“花腥”或用通感，或反用词意，写出了特别感觉。经常运用一些冷僻、怪异的字词，造成特别的效果，这正是吴文英词的语言特点。

> 听风听雨过清明，愁草瘗花铭。楼前绿暗分携路，一丝柳、一寸柔情。料峭春寒中酒，交加晓梦啼莺。　　西园日日扫林亭，依旧赏新晴。黄蜂频扑秋千索，有当时、纤手香凝。惆怅双鸳不到，幽阶一夜苔生。（《风入松》）

睹物思人而生奇思妙想，由景而情，情极而幻，使情人倩影如在目前。前人论吴文英词，多批评其晦涩难懂。如沈义父说：“其失在用事下语太晦处，人不可晓。”（《乐府指迷》）其实吴文英词有其独特的情绪体验和表现方式。如《齐天乐·与冯深居登禹陵》：

近人学梦窗，辄从密处入手。梦窗密处，能令无数丽字，一一生动飞舞，如万花为春，非若周琼襞绣，毫无生气也。如何能运动无数丽字，恃聪明尤恃魄力。如何能有魄力，唯厚乃有魄力。梦窗密处易学，厚处难学。

——况周颐《蕙风词话》

三千年事残鸦外，无言倦凭秋树。逝水移川，高陵变谷，那识当时神禹？幽云怪雨，翠萍湿空梁，夜深飞去。雁起青天，数行书似旧藏处。　寂寥西窗久坐，故人悭会遇，同剪灯语。积藓残碑，零圭断壁，重拂人间尘土。霜红罢舞，漫山色青青，雾朝烟暮。岸锁春船，画旗喧赛鼓。

此词由缅怀大禹业绩而兴发吊古伤今之思。其用字用句，初观之不免有“堆垛”“晦涩”之感；仔细寻绎，则脉络贯通，前后照应，法密而律精，正为梦窗擅长。周济谓之“每于空际转身，非具大神力不能”，“非无生涩处，总胜空滑。况其佳者，天光云影，摇荡绿波”（《介存斋论词杂著》）。

吴文英词的章法结构也十分独特，他往往使用时间与空间交错杂糅的叙述方式，这种叙述方式与其亦真亦幻的内容相适应。如吴文英自度曲、长达240字的《莺啼序》（是词史上最长的词调），将过去的回忆、现在正在进行的事情、未来的设想相互渗透，又将空间不同的景物杂糅描写，再将写景、叙事和心理活动交织在一起，给人造成情景错综叠映、意境扑朔迷离的感觉，深悟方理解是作者痴迷忆恋而产生的幻觉。

姜夔词的结构方式往往“于词中转接提顿处，用虚字以显明之”，吴文英词则“于此等处多换以实字”。对此，有人“讥为七宝楼台，拆下不成片段，以为质，实则凝涩晦昧”（夏敬观《蕙风词话诠评》）。有人则体会到其妙处：“细读梦窗各词，虽不着一虚字，而潜气内转，荡气回肠，均在无虚字句中，亦绚烂，亦奥折，绝无堆垛饾饤之弊”。（陈匪石《旧时月色斋词谭》）

第三节　姜派词人

汪森在《词综序》中云：“鄱阳姜夔出，句琢字炼，归于醇雅。于是史达祖、史达祖（约1162—约1201）字邦卿，号梅溪，原籍开封，寓居杭州。今存《梅溪词》1卷。

高观国羽翼之，张辑、吴文英师之于前，赵以夫、蒋捷、周密、陈允衡、王沂孙、张炎、张翥效之于后，譬之于乐，舞《箾》至于九变，而词之能事毕矣。”风格相同或相近的词人群的出现，标志着词学流派的形成。在南宋中后期词坛，史达祖可称姜夔的羽翼，周密、张炎和王沂孙等受白石词的影响也很大，他们同属于姜派词人。

姜派词人的共同点大体可归结为：一，渊源上都远祖周邦彦、近宗姜夔，然后自出机杼，各有新变。二，格律上都强调歌词的音乐效果，精通音律，能自制新曲，尤擅长调。三，艺术上讲求琢句炼字，使事用典，融化前人诗句入词。四，才秀人微，《宋史》无传。

史达祖词被誉为“词中俊品”（吴衡照《莲子居词话》），尤其是其咏物之作在当时及后世享有盛誉。如《双双燕·咏燕》：

过春社了，度帘幕中间，去年尘冷。差池欲住，试入旧巢相并。还相雕梁藻井，又软语、商量不定。飘然快拂花梢，翠尾分开红影。　　芳径。芹泥雨润。爱贴地争飞，竞夸轻俊。红楼归晚，看足柳昏花暝。应自栖香正稳。便忘了、天涯芳信。愁损翠黛双蛾，日日画阑独凭。

全词未见“燕”字，而形神兼具，是南宋咏物词的代表作。清人邹祗谟对史达祖的咏物词给予高度评价：“咏物固不可不似，尤忌刻意太似。取形不如取神，用事不若用意。宋词至白石、梅溪，始得个中妙谛。”（《远志斋词衷》）

史达祖词的语言也颇受好评，几乎每首都有佳句，清人李调元录其佳句50条，汇为《史梅溪摘句图》（见《雨村词话》卷三）。姜夔《题梅溪词》说：“梅溪词奇秀清逸，有李长吉之韵，盖能融情景于一家，会句意于两得也。”元初人陆行直更将“史梅溪之句法”（《词旨》）列为典范。如《绮罗香·咏春雨》一词中，“做冷欺花，将烟困柳”二句属对精切巧妙，张炎《词源》卷下就十分称赏这种“挺异”的“句法”。“临断岸、新绿生时，是落红、带愁流处。记当日、门掩梨花，剪灯深夜语”则“最为姜尧章所赏”（《中兴以来绝妙词选》卷七），因为这几句没有留滞于物本身，而能扩展境界，写出了词人细致的感受。然而史达祖词炼句有时也不免过甚，有伤自然韵致，周济说他“用笔多涉尖巧，非大方家数，所谓一钩勒即薄者”（《介存斋论词杂著》）。

周密词风与姜夔为近，又与吴文英（梦窗）齐名，并称“二窗”。戈载说：“其词尽洗靡曼，独标清丽，有韶倩之色，有绵渺之思，与梦窗旨趣相侔。二窗并称，允矣无忝。其于律亦极严谨。”（《草窗词跋》）周密词风格“清丽”，咏物词寄托遥深，如蒋敦复所说：“寓其家国无穷之感，非区区赋物而已。”（《芬陀利室词话》卷三）如《一萼红·登蓬莱阁有感》：

周密（1232—1298）字公谨，号草窗，又号四水潜夫、弁阳老人、弁阳啸翁，先世济南人，南渡后寓居吴兴（今浙江湖州）。有《蘋洲渔笛谱》《草窗词》，编选《绝妙好词》7卷。

步深幽。正云黄天淡，雪意未全休。鉴曲寒沙，茂林烟草，俯仰千古悠悠。岁华晚、飘零渐远，谁念我、同载五湖舟？磴古松斜，崖阴苔老，一片清愁。　　回首天涯归梦，几魂飞西浦，泪洒东州。故国山川，故园心眼，还似王粲登楼。最负他、秦鬟妆镜，好江山、何事此时游。为唤狂吟老监，共赋消忧。

这首词主要抒发羁旅思乡之情，以抚今念昔的形式，寄托家国之恨和身世飘零之感，正是草窗词中最受后人爱重的内容。陈廷焯说此词“苍茫感慨，情见乎词，当为草窗集中压卷”（《白雨斋词话》卷二）。

王沂孙是南宋后期清雅词派的重要词人，张炎说：“王碧山其诗清峭，其词闲雅，有姜白石意趣。”（《琐窗词》自注）王沂孙词别具悼念故国之思，充满凄苦悲凉意味。现存的64首词作中，咏物词占了大半。他的咏物词，既体物细微，结构细密，又寄托遥深，哀婉动人，惜时有隐晦之病。如咏蝉名篇《齐天乐》：

王沂孙（1240？—1290？）字圣与，号碧山、中仙、玉笥山人，会稽（今浙江绍兴）人。今存《花外集》（又名《碧山乐府》）1卷。

一襟余恨宫魂断，年年翠阴庭树。乍咽凉柯，还移暗叶，重把离愁深诉。西窗过雨。怪瑶珮流空，玉筝调柱。镜暗妆残，为谁娇鬓尚如许？　　铜仙铅泪似洗，叹携盘去远，难贮零露。病翼惊秋，枯形阅世，消得斜阳几度！余音更苦。甚独抱清商，顿成凄楚？谩想薰风，柳丝千万缕。

此词以咏蝉为题，隐寓国破家亡之悲。全章没有直点本题，但句句不离咏蝉，通过想象、拟人等艺术手段，使蝉人化，且连用典故，并于层层铺陈蝉之一生悲慨中，糅进家国身世之感。陈廷焯说：“咏物词至王碧山，可谓空绝古今。”（《白雨斋词话》卷七）周济亦云：“咏物最争托意，隶事处以意贯串，浑化无痕，碧山胜场也。”（《宋四家词选·目录序论》）王沂孙的咏物词既有白石咏物而不滞于物的清空，又深婉委曲，思深力沉。

张炎（1248—1319）字叔夏，号玉田，一号乐笑翁，祖籍秦州成纪（今甘肃天水），世居临安（今浙江杭州）。今存词集《山中白云词》和词学专著《词源》2卷。

张炎是南宋初大将张浚的六世孙，其论词极推姜夔的“清空”“骚雅”，作词也颇有白石风致。仇远说：“《山中白云词》，意度超玄，律吕协洽，不特可写青檀口，亦可被歌管荐清庙，方之古人，当与白石老仙相鼓吹。”（《玉田词题辞》）因而与姜夔并称为“姜张”。

波暖绿粼粼，燕飞来、好是苏堤才晓。鱼没浪痕圆，流红去，翻笑东风难扫。荒桥断浦，柳阴撑出扁舟小。回首池塘青欲遍，绝似梦中芳草。　　和云流出空山，甚年年净洗，花香不了？新绿乍生时，孤村路、犹忆那回曾到。余情渺渺，茂林觞咏如今悄。前度刘郎归去后，溪上碧桃知多少。（《南浦·春水》

这首词作于宋亡之前，写景优美，用笔细腻，可称“有周清真雅丽之思”（舒岳祥《赠玉田序》）。雅丽的词风与其雅号“张春水”十分相合。

张炎29岁时，临安陷落，南宋灭亡。张炎沦为国破家亡的遗民，词风也随之变为凄凉悲苦。如其《解连环·孤雁》：

楚江空晚，怅离群万里，恍然惊散。自顾影、欲下寒塘，正沙净草枯，水平天远。写不成书，只寄得、相思一点。料因循误了，残毡拥雪，故人心眼。谁怜旅愁荏苒？谩长门夜悄，锦筝弹怨。想伴侣、犹宿芦花，也曾念春前，去程应转。暮雨相呼，怕蓦地、玉关重见。未羞他、双燕归来，画帘半卷。

这首词为张炎赢得“张孤雁”的雅号，写尽孤雁的飘零和凄凉，其实正是词人当时处境的写照。雁、人浑然一体，于苍凉悲壮中见思曲情深之妙。入元后，张炎的词风转变，多亡国哀音及身世零落之慨，故所作“往往苍凉激楚”《四库全书总目·〈山中白云词〉提要》），偶有词类苏、辛，气势雄浑。

张祥龄说："词至白石，疏宕极矣。梦窗辈起，以密丽争之。至梦窗而密丽又尽矣，白云以疏宕争之。"（《半箧秋词序录》）

张炎晚年还著有《词源》，是中国文学批评史上最早的词论专著之一，上卷论词乐，下卷谈词学理论，首次提出了"清空"，"骚雅"之说，对后世影响深远。

蒋 捷

（1245？—1269？）字胜欲，号竹山，阳羡（今江苏宜兴）人。今存《竹山词》1卷。

在宋末词人中，蒋捷词自辟蹊径，最有特色和个性。词风不主一家，而兼融豪放词的清奇流畅和婉约词的含蓄蕴藉。既无辛派后劲粗放直率之病，也无姜派末流刻削隐晦之失。如《虞美人·听雨》：

> 少年听雨歌楼上，红烛昏罗帐。壮年听雨客舟中，江阔云低，断雁叫西风。　　而今听雨僧庐下，鬓已星星也。悲欢离合总无情。一任阶前、点滴到天明。

此词在身世之感的倾诉中，不难看出时移世换给作者带来的悲痛，却又含而不露，余哀无穷。《竹山词》还有对时代动乱及亡国苦痛的反映，如《贺新郎·兵后寓吴》：

> 深阁帘垂绣。记家人、软语灯边，笑涡红透。万叠城头哀怨角，吹落霜花满袖。影厮伴、东奔西走。望断乡关知何处，羡寒鸦、到着黄昏后，一点点，归杨柳。　　相看只有山如旧。叹浮云、本是无心，也成苍狗。明日枯荷包冷饭，又过前头小阜。趁未发、且尝村酒。醉探枵囊毛锥在，问邻翁："要写牛经否？"翁不应，但摇手。

这是作者的自叙，上片回顾亡国前的平静生活与行都陷落的现实窘境对比，下片抒发逃亡途中的感触，反映了农村在动乱中的破败，真实地反映了宋亡之后不肯变节的知识分子的艰苦处境。

《竹山词》在艺术上呈现出多彩多姿的风貌。朱彝尊《词综》认为蒋词源出姜夔，周济《宋四家词选》将蒋附于辛弃疾之下，都是各持一端。

第四节 刘克庄等辛派后劲

辛派后劲中成就最大的当属刘克庄。其《自题长短句后》云："青端帖子让渠侬，别有诗余继变风。"表明自己作词是针对社会时政，有感而发。陈廷焯说："潜夫词豪宕风流，有独来独往之概，豪宕感激，悲壮风流，是潜夫本色，是苏、辛流亚。"(《云韶集》卷六）如《贺新郎·送陈真州子华》表达了收复中原失地的激情，并谴责讽刺南宋朝廷的苟且偷安、胆怯畏敌。杨慎所谓"壮语可以立懦"，确非溢美之词。刘克庄"《别调》一卷，大率与辛稼轩相类"（毛晋《后村别调跋》)。然而，由于时代不同，同样是抒发爱国之情，他的词与稼轩词的风格也有所不同。刘克庄所处的时代已近南宋末期，政治黑暗，国势衰颓，复兴之事已属渺茫，因而词中更多是忧愤悲凉，处处流露出黍离哀痛的沧桑感。如《沁园春·梦孚若》:

刘克庄（1187—1269）字潜夫，号后村，莆田（今属福建）人。今存《后村先生大全集》196卷。

何处相逢？登宝钗楼，访铜雀台。唤厨人斫就，东溟鲸脍；圉人呈罢，西极龙媒。天下英雄，使君与操，余子谁堪共酒杯？车千辆，载燕南赵北，剑客奇才。　饮酣鼻息如雷，谁信被晨鸡轻唤回。叹年光过尽，功名未立；书生老去，机会方来。使李将军，遇高皇帝，万户侯何足道哉！披衣起，但凄凉感旧，慷慨生哀。

此词借梦以寓怀，采用虚实相间的艺术手法，将现实与梦境对比，申吐英雄不遇之悲，豪壮中透出沉痛激烈。

刘辰翁于宋亡后隐居，以甲子纪年，不用元人年号，表现出很强的民族气节。其所作诗文"专以奇怪磊落为宗"(《四库全书总目·〈须溪集〉提要》)，不平的心境和抑郁的情绪，使他的诗的遣词造句显得很艰涩，其意趣惝恍迷离，寄托遥深。刘辰翁是我国文学评点史上的第一个大家，评点内容涉及经史子集各部。其词大都是宋亡后作，感怀时事，抒发兴亡之感。况周颐说："须溪词，风格遒上似稼轩，情辞跌宕似遗山，有时意笔俱化，纯任天倪，竟能略似坡公。往往独到之处，能以中锋达意，以中声赴

刘辰翁（1232—1297）字会孟，号须溪，庐陵（今江西吉安）人。理宗景定三年（1262）进士。今存《须溪先生集略》3卷。

节。”（《蕙风词话》卷二）刘辰翁上承辛弃疾的爱国情怀和豪放风格，但作为遗民，其词情韵已染上凄苦之色。如《柳梢青·春感》：

> 铁马蒙毡，银花洒泪，春入愁城。笛里番腔，街头戏鼓，不是歌声。　那堪独坐青灯，想故国、高台明月。辇下风光，山中岁月，海上心情。

此词为元宵抒怀，明月依旧，但物是人非，元军带来了“蒙毡”“番腔”，亡国景象触目惊心。又如《兰陵王·丙子送春》作于临安沦陷后不久，用象征的手法表现了国亡“无主”和“人生流落”的悲哀，不假雕琢，风格遒劲而情辞跌宕，其雄浑沉郁苍凉处，竟能兼苏、辛词之长。诚如陈廷焯《白雨斋词话》所言：“题是‘送春’，词是悲宋，曲折说来，有多少眼泪。”厉鹗《论词绝句》径称“送春苦调刘须溪”。

第十章

南宋的散文和“四六”

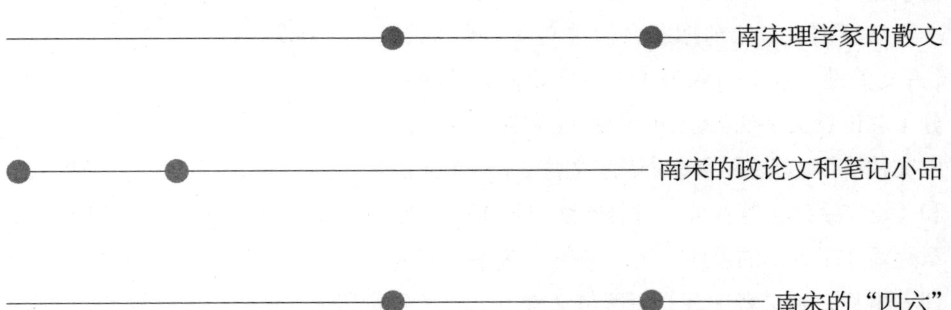

南宋散文的成就总的来说不如北宋，没有古文大家出现，优秀的传世之作也不多，但有些文体还是在前人的基础上有所发展。

第一节　南宋理学家的散文

南宋的理学源于北宋的二程，但形成了几个学派互峙的局面，主要有理学（朱熹）、心学（陆九渊）和浙东学派（陈亮、叶适），各学派之间的论争也促进了散文的创作和发展。

吕祖谦（1137—1181）字伯恭，世称东莱先生，婺州（今浙江金华）人。今存《东莱集》40卷。

吕祖谦是南宋前期著名的古文家，他评选的《古文关键》卷首有题为《看古文要法》的导言，分《总论看文字法》《看韩文法》《看柳文法》《看欧文法》《看苏文法》《看诸家文法》《论作文法》和《论文字病》等八节，对怎样读和怎样写古文，提示了具体的法则，并对入选文章逐篇作了具体的讲评。吴子良在《〈筼窗集续集〉序》中即指出：“自元祐后，谈理者祖程，论文者宗苏，而理与文分为二。吕公病其然，思融会之，故吕公之文，早葩而晚实。”足见吕祖谦是把理学和文学合而为一的。如其著名的《白鹿洞书院记》既历述理学的源流，又昭示朱熹兴学的本意，写得极有义法，颇能显出吕文的特色。

吕祖谦还编选了《吕氏家塾增注三苏文选》27卷和《宋文鉴》) 150卷，《宋文鉴》专选北宋的文学作品，是南宋时期非常重要的文选。

朱熹是程颐、程颢的四传弟子，两宋儒学的集大成者，著述甚丰，有《四书章句集注》《诗集传》《楚辞集注》等，以及后人编纂的《晦庵先生朱文公集》。

朱熹（1130—1200）字元晦，一字仲晦，号晦翁，别号紫阳，徽州婺源（今江西婺源）人。世称考亭先生。今存《朱子大全集》100卷，续集5卷，别集7卷。

朱熹的文论强调道的重要性，但他并非认为文与道毫不相干。其记叙散文亦不乏佳作，如《百丈山记》：

登百丈山三里许，右俯绝壑，左控垂崖；叠石为磴十余级乃得度。山之胜盖自此始。

……

出山门而东，十许步，得石台。下临峭岸，深昧险绝。于林薄间东南望，见瀑布自前岩穴瀵涌而出，投空下数十尺。其沫乃如散珠喷雾，日光烛之，璀璨夺目，不可正视。台当山西南缺，前揖芦山，一峰独秀出；而数百里间峰峦高下，亦皆历历在眼。日薄西山，余光横照，紫翠重叠，不可殚数。旦起下视，白云满川，如海波起伏；而远近诸山出其中者，皆若飞浮往来，或涌或没，顷刻万变。台东径断，乡人凿石容磴以度，而作神祠于其东，水旱祷焉。畏险者或不敢度。然山之可观者，至是则亦穷矣。

……

此文描写自然景物，看来是平淡无奇，却雅厚简当，含不尽之意于言外，十分生动传神，可见这位道学家并不缺乏审美能力。朱熹虽然在理论上主张重道轻文，如“道者，文之根本。文者，道之枝叶。惟其根本乎道，所以发之于文，皆道也。”（《朱子语类》卷一三九），但在自己的写作实践中仍然讲求文辞技巧。此外，朱熹的《朱子语类》为语录体散文，在使用口语文说理方面亦有相当的成就。

真德秀是朱熹的再传弟子，论文亦恪守道学家的观点，其编选《文章正宗》“以明义理、切世用为主。其体本乎古，其旨近乎经者，然后取焉。否则辞虽工亦不录”（《文章正宗纲目》）。真德秀的主要作品也都是为政教服务的所谓经世文章，内容大都是弘扬孔孟之道，鼓吹三纲五常的伦理道德，充满了学究气。

真德秀（1178—1235）字景元、景希、希元，号西山，世称西山先生，浦城（今福建浦城）人。选编《文章正宗》与《续文章正宗》各20卷，著有《西山文集》。

此外，像叶适的亭台记也颇有可诵之作。

南宋的理学家大多能文，所以他们被后人看作理学家兼古文家。

第二节　南宋的政论文和笔记小品

南宋初期，志士仁人反对投降、主张抗敌，留下了辞情慷慨的政论文，如宗泽的《乞毋割地与金人疏》、李纲的《论天下强弱之势》、张浚的《论恢复事宜疏》等。其中岳飞的《五岳盟誓记》最为著名：

> 自中原板荡，夷狄交侵，余发愤河朔，起自相台，总发从军，历二百余战。虽未能远入荒夷，洗荡巢穴，亦且快国仇之万一。今又提一旅孤军，振起宜兴。建康之城，一鼓败虏，恨未能使匹马不回耳！
>
> 故且养兵休卒，蓄锐待敌。嗣当激厉士卒，功期再战。北逾沙漠，蹀血虏廷，尽屠夷种。迎二圣归京阙，取故地上版图，朝廷无虞，主人奠枕，余之愿也。

其气英壮、其情真切，直可与《满江红》词媲美而毫不逊色。

胡铨作于宋高宗绍兴八年（1138）的《戊午上高宗封事》，又名《抗议与金媾和并请斩秦桧、王伦、孙近疏》写得理直气壮、情辞激烈，表现出一种正义凛然的强烈的爱国热忱，在当时社会上引起了强烈的反响。

> 臣谨按：王伦本一狎邪小人，市井无赖，顷缘宰相无识，遂举以使虏。专务诈诞，斯罔天听，骤得美官，天下之人切齿唾骂。今者无故诱致虏使，以诏谕江南为名，是欲臣妾我也，是欲刘豫我也！刘豫臣事丑虏，南面称王，自以为子孙帝王万世不拔之业，一旦豺狼改虑，捽而缚之，父子为虏。商鉴不远，而伦又欲陛下效之。夫天下者，祖宗之天下也，陛下所居之位，祖宗之位也。奈何以祖宗之天下为金虏之天下，以祖宗之位为金虏藩臣之位！陛下一屈膝，则祖宗庙社之灵尽污夷狄，祖宗数百年之赤子尽为左衽，朝廷宰执尽为陪臣，天下之士大夫皆当裂冠毁冕，变为胡服。异时豺狼无厌之求，安知不加我以无礼如刘豫也哉！夫三尺童子至无识也，指犬豕而使之拜，则怫然怒。今丑虏，则犬豕也。堂堂天朝，相率而拜犬豕，曾童孺之所羞，而陛下忍为之耶？
>
> ……
>
> 虽然，伦不足道也，秦桧以腹心大臣而亦为之。陛下有尧、舜之资，桧不能致陛下如唐、虞，而欲导陛下为石晋。近者礼部侍郎曾开等引古谊以折之，桧乃厉声责曰："侍郎知故事，我独不知！"则桧之遂非愎谏，已自可见。而乃建白，令台谏侍臣佥议可否，是盖畏天下议己，而令台谏侍臣共分

谤耳。有识之士，皆以为朝廷无人。吁，可惜哉！孔子曰："微管仲，吾其被发左衽矣。"夫管仲，霸者之佐耳，尚能变左衽之区，而为衣裳之会。秦桧，大国之相也，反驱衣冠之俗，而为左衽之乡。则桧也不唯陛下之罪人，实管仲之罪人矣。

……

臣备员枢属，义不与桧等共戴天。区区之心，愿断三人头，竿之藁街。然后羁留虏使，责以无礼，徐兴问罪之师，则三军之士不战而气自倍。不然，臣有赴东海而死耳，宁能处小朝廷求活耶？

文章义正词严，直抒胸怀，气势磅礴，慷慨激昂，使奸佞小人闻之丧胆，爱国志士精神振奋。胡铨也由于这篇文章而名声远扬。

南宋中叶，陈亮和辛弃疾是政论文的代表作家。辛弃疾的《美芹十论》《九议》和陈亮的《上孝宗皇帝第一书》都见解深刻，笔锋犀利。如后者中的此段：

臣不佞，自少有驱驰四方之志，常欲求天下豪杰之士，而与之论今日之大计。尝数至行都，而人物如林，其论皆不足以起人意。臣是以知陛下大有为之志孤矣。辛卯、壬辰之间，始退而穷天地造化之初，考古今沿革之变，以推极皇帝王伯之道，而得汉、魏、晋、唐长短之由。天人之际，昭昭然可考而知也。始悟今世之儒士，自以为得正心诚意之学者，皆风痹不知痛痒之人也。举一世安于君父之仇，而方低头拱手以谈性命，不知何者谓之性命乎？陛下接之而不任以事，臣于是服陛下之仁。又悟今世之才臣，自以为得富国强兵之术者，皆狂惑以肆叫呼之人也。不以暇时讲究立国之本末，而方扬眉伸气以论富强，不知何者谓之富强乎？陛下察之而不敢尽用，臣于是服陛下之明。陛下厉志复仇，足以对天命，笃于仁爱，足以结民心，而又仁明足以临照群臣一偏之论，此百代之英主也。今乃驱委庸人，笼络小儒，以迂延大有为之岁月，臣不胜愤悱，是以忘其贱而献其愚。陛下诚令臣毕陈其前，岂惟臣区区之愿，将天地之神、祖宗之灵，实与闻之。

指点时事，评说是非，为气盛言危的长篇大论，不仅鲜明地表达自己的想法，也反映出了论者的个性和风格，一时"学士争诵惟恐后"（叶适《陈同甫王道甫墓志铭》）。后人指出"陈同甫文箴砭时弊，指画形势，自非绌于用者之比"（刘熙载《艺概》），是言中肯綮的。

南宋时笔记散文大量出现，如随笔、日记、游记、诗话、杂录等，多为篇幅短小之文，近乎后世的"小品文"。如洪迈的《容斋随笔》、罗大经的《鹤林玉露》

等，陆游也将自己入蜀途中的见闻写成《入蜀记》六卷，范成大则将自己出蜀东归途中的见闻写成《吴船录》二卷。

南宋笔记的特点是作者多为中下层知识分子，他们接触面较广，所以能反映朝野上下各阶层的生活动态。例如下面二则：

孙少述一字正之，与王荆公交最厚。故荆公别少述诗云：“应须一曲千回首，西去论心有几人！”又云：“子今此去来何时，后有不可谁予规？”其相与如此。及荆公当国，数年不复相闻，人谓二公之交遂睽。故东坡诗云：“蒋济谓能来阮籍，薛宣真欲吏朱云。”刘舍人贡父诗云：“不负兴公《遂初赋》，更传中散《绝交书》。”然少述初不以为意也。及荆公再罢相归，过高沙，少述适在焉。亟往造之，少述出见，惟相劳苦及吊元泽之丧，两公皆自忘其穷达。遂留荆公置酒共饭，剧谈经学，抵暮乃散。荆公曰：“退即解舟，无由再见。”少述曰：“如此更不去奉谢矣。”然惘惘各有惜别之色。人然后知两公之未易测也。（陆游《老学庵笔记》卷七）

唐子西诗云：“山静似太古，日长如小年。”余家深山之中，每春夏之交，苍藓盈阶，落花满径，门无剥啄，松影参差，禽声上下。午睡初足，旋汲山泉，拾松枝，煮苦茗啜之。随意读《周易》《国风》《左氏传》《离骚》《太史公书》及陶、杜诗，韩、苏文数篇。从容步山径，抚松竹，与麛犊共偃息于长林丰草间。……归而倚杖柴门之下，则夕阳在山，紫绿万状，变幻顷刻，恍可人目。牛背笛声，两两来归，而月印前溪矣。味子西此句，可谓妙绝。（罗大经《鹤林玉露》卷四）

南宋笔记或写人物性格，或写政治斗争，或写社会风习，或写自然景观，着墨不多，却既生动又深刻，而风格各异。显然是晚明小品的先驱。

第三节　南宋的“四六”

南宋前期四六成就最高者，当推汪藻。汪藻南渡后任中书舍人，“工俪语，多著述，所为制词，人多传诵。……属时多事，诏令类出其手”（《宋史·文苑传》）。《四库全书总目·〈浮溪集〉提要》云：“统观所作，大抵以俪语为最工。其代言之文，如《皇太后告天下手书》《建炎德音》诸篇，皆明白洞达，曲当情事。诏令所被，无不凄愤激发，天下传诵，以比陆贽。说者谓其著作得体，足以感动人心，实为词令之极则。”

汪藻（1079—1154）字彦章，号浮溪，又号龙溪，饶州德兴（今属江西）人。今存《浮溪集》36卷。

靖康二年（1127），哲宗废后孟氏临朝，议立康王赵构为帝。汪藻写下了著名的《皇太后告天下手书》，全文不足三百字，就将国家艰难之际的时局说得剀切明白，感情真切动人如文中的此段文字：

缅惟世祖之开基，实自高穹之眷命。历年二百，人不知兵；传序九君，世无失德。虽举族有北辕之衅，而敷天同左袒之心。乃眷贤王，越居近服。已徇群臣之请，俾膺神器之归。由康邸之旧藩，嗣我朝之大统。汉家之厄十世，宜光武之中兴；献公之子九人，惟重耳之尚在。兹为天意，夫岂人谋！尚期中外之协心，同定安危之至计。

此文情至理惬，明畅洞达，其中“汉家”一联罗大经评为“事词的切，读之感动，盖中兴之一助也”(《鹤林玉露》丙编卷三)。

南宋前期四六的四大家还有孙觌、洪迈和周必大。此外，陆游、杨万里、楼钥也都善作四六。南宋中期，李刘是代表人物之一。其四六作品数量多达1 100多篇，如《贺丞相明堂庆寿并册皇后礼成平淮寇奏捷启》《上任中书》等均为一时之名作，但已露轻靡卑弱之势。

宋末的抗元英雄文天祥、陆秀夫等人，终于一扫晚宋四六的衰敝纤弱之气，写出了四六名篇，如文天祥的《贺赵侍郎月山启》、陆秀夫的《景炎皇帝遗诏》，皆传诵天下。

景炎三年（1278）初，端宗皇帝赵昰死，年仅10岁。群臣多欲散去，陆秀夫挺身而出，慷慨陈词，勉励群臣，并与张世杰共同拥立端宗之弟、年仅7岁的赵昺

皇朝四六，荆公谨守法度，东坡雄深浩博，出于准绳之外，由是分为两派。近时汪浮溪、周益公诸人类荆公；孙仲益、杨诚斋诸人类东坡。大抵制诰笺表，贵乎谨严，启疏杂著，不妨宏肆，各自有体。非名世大手笔，未易兼之。

——杨囦道《云庄四六余话》

自六代以来，笺启即多骈偶。然其时文体皆然，非以是别为一格也。至宋而岁时通候、仕宦迁除、吉凶庆吊，无一事不用启，无一人不用启。其启必以四六。遂于四六之内别有专门。南渡之始，古法犹存。孙觌、汪藻诸人，名篇不乏。迨刘晚出，惟以流丽稳贴为宗，无复前人之典重。沿波不返，遂变为类书之外编、公牍之副本，而冗滥极矣。然刘之所作，颇为隶事亲切，措词明畅。在彼法之中，犹为寸有所长。故旧本流传，至今犹在。录而存之，见文章之中有此一体为别派，别派之中有此一人为名家，亦足以观风会之升降也。

——《四库全书总目·〈四六标准〉提要》

为帝，迁居崖山（今广东新会南海中）。《景炎皇帝遗诏》就是在这样的政治形势下写出来的，宣示了矢志抗元、宁死不屈的信念。下面是此文中的两段：

惟此一发千钧之重，幸哉连枝同气之依。卫王某，聪明夙成，仁孝天赋，相从险阻，久系本根。可于柩前即皇帝位，传玺绶。丧制以日易月，内庭不用过哀，梓宫毋得辄置金玉，一切务从简约。安便州郡，权暂奉陵寝。

呜呼！穷山极川，古今未尝之患难；凉德薄祚，我乃有负于臣民。尚竭至忠，共扶新运。故兹诏示，想宜知悉。

可见，四六之文虽重骈对、音韵，讲求词藻，但同样可以承载深沉感愤的内容，而这种文体所特有的高华典重之美感，是其他文体很难替代的。

第十一章

南宋后期的诗歌

"永嘉四灵"

"江湖诗派"

文天祥

汪元量和谢翱等遗民作家

严羽《沧浪诗话》

南宋后期的诗人们为了矫正江西派末流之弊，多半掉转头来重新学习唐诗，“永嘉四灵”和“江湖诗派”成为这一时期诗风的主要代表。

第一节 “永嘉四灵”

所谓“永嘉四灵”，是指出于叶适之门，生活于永嘉地区的四位诗人：徐照、徐玑、赵师秀和翁卷。因其字号中都带有一个“灵”字，故被称为“四灵”。徐玑（1162—1214），字致中，又字灵渊（或称文渊），历任建安主簿、永州司理、龙溪丞和武当令等卑官，著有《二薇亭诗集》；徐照（？—1211）字道晖，又字灵晖，号山民，布衣终生，著有《芳兰轩诗集》；翁卷（生卒年不详），字续古，又字灵舒，一生落拓，著有《苇碧轩诗集》；赵师秀（1170—1220），字紫芝，又字灵秀，号天乐，绍熙元年（1190）进士，著有《清苑斋诗集》。

“四灵”复兴晚唐体诗，实际上是复兴一种出于贾岛、姚合的苦吟诗风。赵师秀曾选贾、姚之诗，合编为《二妙集》，又选钱起、许浑、皮日休、杜荀鹤等76家诗编为《众妙集》，可以见其趋向。“四灵”诗作，五律皆占半数以上，其中亦有精巧圆润之作。如：

> 泊舟风又起，系缆野桐林。月在楚天碧，春来湘水深。官贫思近阙，地远动愁心。所喜同舟者，清羸亦好吟。（徐玑《泊舟呈灵晖》）

> 偶种得成阴，修修过别林。月寒双鸽睡，风静一蝉吟。映地添苔碧，临池觉水深。贫居来客少，赖尔慰人心。（翁卷《题竹》）

总体看来，有句无篇。《四库全书总目·〈芳兰轩集〉提要》说：“盖四灵之诗，虽镂心鉥肾，刻意雕琢，而取径太狭，终不免破碎尖酸之病。”但“四灵”的七绝也有意境浑融之作，如：

> 所用料不过“花、竹、鹤、僧、琴、药、茶、酒”，于此数物一步不可离，而气象小矣。
>
> ——方回《瀛奎律髓》卷一〇

永嘉徐、赵诸公，以清虚便利之调行之，见赏于水心，则四灵派也，而宋诗又一变。嘉定以后，江湖小集盛行，多四灵之徒也。

——全祖望《〈宋诗纪事〉序》

小船停桨逐潮还，四五人家住一湾。贪看晓光侵月色，不知云气失前山。（徐照《舟上》）

无数山蝉噪夕阳，高峰影里坐阴凉。石边偶看清泉滴，风过微闻松叶香。（徐玑《夏日闲坐》）

一天秋色冷晴湾，无数峰峦远近间。闲上山来看野水，忽于水底见青山。（翁卷《野望》）

数日秋风欺病夫，尽吹黄叶下庭芜。林疏放得遥山出，又被云遮一半无。（赵师秀《数日》）

充满生活意趣而又灵巧清新，在江西诗风盛行的南宋诗坛，“四灵”的这种作品确实给人耳目一新之感。

第二节 “江湖诗派”

南宋后期影响最大的一个诗派是“江湖诗派”。当时书商陈起与落第的布衣文士相友善，于是从宋理宗宝庆元年（1225）开始，刊售《江湖诗集》《续集》《后集》等书，故称之“江湖诗派”。

与“四灵”相仿，“江湖诗派”也宗尚晚唐体的清巧之思，甚属意于苦吟，以不用事为贵。其高者工于炼字琢句，吐辞警隽，风格清圆轻灵，境界较为开阔，又有胜于“四灵”之处。如：

天阔雁飞飞，松江鲈正肥。柳风欺客帽，松露湿僧衣。塔影随潮没，钟声

隔岸微。不堪回首处，何日可东归？（陈允平《青龙渡头》）

应怜屐齿印苍苔，小扣柴扉久不开。春色满园关不住，一枝红杏出墙来。（叶绍翁《游园不值》）

江湖派的代表人物刘克庄、戴复古等，能不受“四灵”所囿，成就也较为突出。

戴复古（1167—1248？）字式之，号石屏，台州黄岩（今浙江黄岩）人。著有《石屏诗集》《石屏词》。

戴复古的生活状况在江湖诗人中是最典型、最富有代表性的：一生不仕，以诗行谒江湖，各种身份的诗友众多。除“四灵”外，他还曾从陆游学习，亦能自辟蹊径。戴复古的五律占了其全集的一半以上，多取白描手法。如《世事》：

世事真如梦，人生不肯闲。名利双转毂，今古一凭栏。春水渡旁渡，夕阳山外山。吟边思小范，共把此诗看。

少事典而重真情，确实如赵汝腾所言：“平而尚理，工不求异。”

戴复古的诗歌创作风格多样，他的诗中不乏忧国忧民、期冀恢复中原的内容，如《江阴浮远堂》：

横冈下瞰大江流，浮远堂前万里愁。最苦无山遮望眼，淮南极目尽神州。

包蕴深厚，耐人涵咏。其《论诗十绝》其四云：“意匠如神变化生，笔端有力任纵横。须教自我胸中出，切忌随人脚后行。”可见他是力图在前代众多优秀诗人中转益多师而自出机杼的。

在人数众多的“江湖诗派”中，刘克庄是少有的仕宦较为显达的人，也被视作“江湖诗派”的领袖。其诗被方回称为“饱满四灵，用事冗塞”（《瀛奎律髓》），但一些反映时事艰辛的作品颇为精彩，如《北人来二首》其一：

试说东都事，添人白发多。寝园残石马，废殿泣铜驼。胡运占难久，边情听易讹。凄凉旧京女，妆髻尚宣和。

写北方金占区南逃的难民诉说故都沦陷后的凄凉景象，而作者的抗金态度和对南宋的失望，以及忧国忧民之情深寓其中。写得沉郁悲愤，苍凉遒劲。再如《戊辰即事》强烈反对南宋统治者靠增纳岁币而求苟安，激愤之情溢于言表。

刘克庄60岁之后的诗歌作品数量几占其全部诗作的四分之三，其中咏时事的乐府成就较高，如《军中乐》：

> 行营面面设刁斗，帐门深深万人守。将军贵重不据鞍，夜夜发兵防隘口。自言虏畏不敢犯，射麋捕鹿来行酒。更阑酒醒山月落，彩缣百段支女乐。谁知营中血战人，无钱得合金疮药！

揭露了南宋末年军事政治上的真实状况，深刻表述了高适《燕歌行》中的“战士军前半死生，美人帐下犹歌舞”之意。

第三节　文　天　祥

诗歌是文天祥传世作品中较具文学价值的部分，尤其是表现爱国主义精神和崇高民族气节的诗作将永垂史册。如传诵千古的《过零丁洋》：

文天祥（1236—1283）字宋瑞，一字履善，号文山，吉州庐陵（今江西吉水）人。理宗宝祐四年（1256）状元及第，今存《文山先生全集》20卷。

> 辛苦遭逢起一经，干戈寥落四周星。山河破碎风飘絮，身世浮沉雨打萍。惶恐滩头说惶恐，零丁洋里叹零丁。人生自古谁无死？留取丹心照汗青。

此诗作于被俘之初，是为严拒张弘范要他作书招降宋军统帅张世杰而写的。叙事、抒情、言志熔为一炉，颇具感染力。最后两句已成为鼓舞后代仁人志士舍生取义的格言。又如《正气歌》：

> 天地有正气，杂然赋流形。下则为河岳，上则为日星。于人曰浩然，沛乎

塞苍冥。皇路当清夷，含和吐明庭；时穷节乃见，一一垂丹青。在齐太史简，在晋董狐笔，在秦张良椎，在汉苏武节。为严将军头，为嵇侍中血，为张睢阳齿，为颜常山舌。或为辽东帽，清操厉冰雪；或为《出师表》，鬼神泣壮烈；或为渡江楫，慷慨吞胡羯；或为击贼笏，逆竖头破裂。是气所磅礴，凛烈万古存。当其贯日月，生死安足论！地维赖以立，天柱赖以尊。三纲实系命，道义为之根。嗟予遘阳九，隶也实不力。楚囚缨其冠，传车送穷北。鼎镬甘如饴，求之不可得。阴房阒鬼火，春院闷天黑。牛骥同一皂，鸡栖凤凰食。一朝蒙雾露，分作沟中瘠。如此再寒暑，百沴自辟易。哀哉沮洳场，为我安乐国。岂有他谬巧，阴阳不能贼。顾此耿耿在，仰视浮云白。悠悠我心悲，苍天曷有极！哲人日已远，典型在夙昔。风檐展书读，古道照颜色。

大力颂扬了历史上忠臣义士的高风亮节，也深刻体现了他们无私无畏的道德力量。文天祥被俘之后坚贞不屈，写了一些念眷故国的沉痛之作，诗境苍凉，诗风沉郁凄怆，雄深悲壮。如《金陵驿》二首其一：

草合离宫转夕晖，孤云飘泊复何依？山河风景元无异，城郭人民半已非。满地芦花和我老，旧家燕子傍谁飞？从今别却江南路，化作啼鹃带血归。

此诗为文天祥被元军所俘后的次年，即祥兴二年（1279）被解送大都途经金陵时作。伤时咏怀，抒写国家沦亡与宫殿破败荒凉之痛，英雄末路与壮志未酬的孤寂悲哀，及以身殉国、视死如归的英雄气概。情韵婉转，气势慷慨，将深挚的爱国情感、坚贞不渝的民族气节和临死不屈的浩然正气写得缠绵悱恻，感人至深。

文天祥在燕京狱中集杜诗为五言绝句200首，感情真挚，发自肺腑。如《思故乡第一百五十六》：

天地西江远，无家问死生。凉风起天末，万里故乡情。

文天祥对杜诗用力很深，读之甚熟，特别是能同杜诗中所抒发的感情时时产生共

昔人评杜诗为诗史，盖其以咏歌之辞寓纪载之实，而抑扬褒贬之意灿然于其中，虽谓之史，可也。予所集杜诗，自余颠沛以来，世变人事，概见于此矣。是非有意于为诗者也。后之良史，尚庶几有考焉。

——文天祥《集杜诗自序》

孔曰成仁，孟曰取义，惟其义尽，所以仁至。读圣贤书，所学何事，而今而后，庶几无愧！

——文天祥《衣带赞》

鸣，真可谓“但觉为吾诗，忘其为子美诗”（《集杜诗自序》）。

文天祥慷慨就义前所写的文章也很动人，《指南录后序》堪称榜样。此文熔叙事、议论、抒情于一炉，文情悲壮，抒发了作者九死一生、舍生取义、视死如归、气壮山河的爱国主义精神，可惊天地、泣鬼神。

文天祥晚年的作品，无论诗还是词，都是用血泪写成的，情辞哀苦而意气昂扬，反映了作者生死不渝的民族气节和顽强斗志。其词如《酹江月·和友驿中言别》，作于文天祥被俘的第二年，虽兵败被囚，而精忠浩气充塞天地间，作词非有意于学苏、辛，而风格之豪迈却非常相似，风骨甚高，境界奇伟。王国维在《人间词话（删稿）》中也指出：“文文山词风骨甚高，亦有境界，远在圣与、叔夏、公谨诸公之上。”

第四节　汪元量和谢翱等遗民作家

汪元量（1245？—1331？）字大有，号水云，临安钱塘（今浙江杭州）人。著有《水云集》《湖山类稿》。

与奋起抗敌、以死殉国的民族英雄不同，宋末的爱国诗人中还有一群采取了隐居守节、不仕异族的抵抗方式，以汪元量、谢翱、林景熙、郑思肖为代表。他们用以报国的方式虽然不同，但都能在危急存亡之秋坚持民族气节，他们的诗歌都是血泪凝成的悲歌，风格都有慷慨悲壮的倾向。

汪元量以纪实绝句述亡国之痛，具有明显的诗史性质。李珏《书汪水云诗后》即云：“艰关愁叹之状，备见于诗，微而显，隐而彰，哀而不怨，欷歔而悲，甚于痛哭……开元、天宝之事纪于草堂，后人以‘诗史’目之，水云之诗，亦宋亡之诗史也。”如《醉歌》其五：

乱点连声杀六更，荧荧庭燎待天明。侍臣已写归降表，臣妾佥名谢道清。

汪元量的七绝联章的代表作为《醉歌》10首、《湖州歌》98首和《越州歌》20首，只有身临其境者才能道出如此的辛酸和沉痛。汪元量的诗充满了“亡国之戚、去国之苦”（李珏《湖山类稿跋》），如《杭州杂诗和林石田》其三着重写诗人身为遗民的悲痛心情，真实地描述战祸给国家造成的巨大破坏，将亡国的屈辱和痛苦用极朴素的语言抒写出来，心情十分辛酸和沉痛。时人周方曾评云：“余读水云诗，至丙子（德祐二年）以后，为之骨立。再嫁妇人，望故夫之陇，神销意在，而不敢出声哭也。”（《书汪水云诗后》）此喻同样适用于其他一些遗民诗人。

宋末遗民作家中成就最高的是谢翱，其《西台哭所思》云：

残年哭知己，白日下荒台。泪落吴江水，随潮到海回。故衣犹染碧，后土不怜才。未老山中客，惟应赋八哀。

全篇以哀痛欲绝的笔触，抒发自己对文天祥的悼念，情真意切。钱谦益说：“宋之亡也，其诗称盛。皋羽之恸西台……如穷冬沍寒，风高气栗，悲噫怒号，万籁杂作，古今之诗莫变于此时，亦莫盛于此时。”（《牧斋有学集·胡致果诗序》）谢翱的《效孟郊体七首》，全部用隐喻的手法抒写亡国的哀思。如其四以草木零落、美人迟暮的传统意象暗示故国的沦丧。既有李贺的光怪古艳，又有孟郊的悲苦幽僻。元人任士林曾评论说：“所为歌诗，其称小，其指大，其辞隐，其义显，有风人之余，类唐人之卓卓者。”（程敏政《宋遗民录》卷二之《谢翱传》）所言极是。

谢翱

（1249—1295）字皋羽，一字皋父，号宋累，又号晞发子，福州长溪（今福建霞浦）人。今存《晞发集》10卷、《晞发遗集》2卷、《遗集补》1卷。

林景熙也是一位具有民族气节的诗人。1278年，元世祖忽必烈所任用的江南释教总统杨琏真珈为了盗取南宋皇陵中的金玉宝玩，把在会稽的徽钦二帝以下的历代帝王后妃的陵墓全部发掘，把剩骨残骸抛弃在草莽中，惨状目不忍睹，但无人敢去收拾。这时林景熙正在会稽，出于民族义愤，他与谢翱、唐珏等扮作采药人，冒着生命危险，拾取骨骸改葬于兰亭附近，并移植皇陵冬青树作为标志。现录其《梦中作》的二首：

林景熙

（1242—1310）字德旸，号霁山。温州平阳（今属浙江）人。咸淳七年（1271）进士。今存《霁山集》《白石稿》等。

珠亡忽震蛟龙睡，轩敝宁忘犬马情。亲拾寒琼出幽草，四山风雨鬼神惊。

珠凫玉雁各成埃，斑竹临江首重回。犹忆年时寒食祭，天家一骑捧香来。

这组诗记录了包括作者在内的义士们的反凌辱斗争，浸透诗人对于故国的深挚情感。所以章祖程评林诗云："大抵皆托物比兴，而所以明出处、系人伦、感世变而怀旧俗者，至矣。"（《林霁山集》卷首《题〈白石樵唱〉》）

郑思肖（1241—1318）字忆翁，号所南，自称三外野人，福州连江（今福建连江）人。今存《所南翁一百二十图诗集》《郑所南先生文集》。

郑思肖于宋亡后隐居苏州，匾其室曰"本穴世界"，坐卧不北向、画兰不画土，以示不忘宋室。在遗民中，他是最无所顾忌的一位。如其《寒菊》诗云：

花开不并百花丛，独立疏篱趣未穷。宁可枝头抱香死，何曾吹落北风中。

借寒菊自喻，表现坚守气节的遗民心态及其傲岸不屈的性格。清永瑢《四库全书简明目录》对郑诗独特的艺术风格有着形象的评价："譬古柏苍松，支离不中绳墨，终胜于桃李妖妍也。"

第五节 严羽《沧浪诗话》

诗话正式出现在宋代。第一部诗话是北宋欧阳修的《六一诗话》。在这以后，诗话成为评论诗人诗作、发表诗歌理论批评意见的一种广泛流行的形式。据郭绍虞《宋诗话考》所考，宋代诗话著作"现尚流传者"有42种，"部分流传，或本无其书而由他人纂辑成之者"有46种，"有其名而无其书，或知其目而佚其文，又或有

[诗　　话]

内容上兼收并蓄、驳杂丰富，形式上自由活泼、不拘一格，是一种随笔式的文学批评体裁。

佚文而未及辑者”有51种，共130余种。今人唐圭璋《词话丛编》中亦收录宋代词话11种。由此可见宋人撰写诗话风气之盛。

清代章学诚将诗话分为“论诗及事”类和“论诗及辞”类（见《文史通义·诗话》)。宋代最早产生的欧阳修《六一诗话》、司马光《温公续诗话》、刘攽《中山诗话》，或明标其宗旨为“闲谈”，或直说其内容为“记事”，若按上述分类标准，则这三部早期诗话显然都属于“论诗及事”类著作。而自陈师道《后山诗话》起，则明显增加了理论批评的成分，“其言诗不偏于论事，而论辞又不限于摘句”，“使诗话之作由说部而进入理论批评，则其关系至巨”（郭绍虞《宋诗话考》)，这就开始了由“论诗及事”朝着“论诗及辞”方向的演变。到了南宋，“论诗及辞”类诗话占了相当的比重，终于出现了具有较高理论批评价值的著作——严羽的《沧浪诗话》。

严羽（1192？—？）字仪卿，一字丹邱，号沧浪逋客，邵武（今属福建）人。今存《严沧浪先生吟卷》3卷。

严羽的创作成就远逊于理论贡献，历来诗论家多指出这两方面的差距。如《四库全书总目》说他的创作“志在天宝以前，而格实不能超大历之上”，“止能摹王孟之余响，不能追李杜之巨观也”。

《沧浪诗话》由《诗辨》《诗体》《诗法》《诗评》《考证》五个部分组成，末附《答出继叔临安吴景仙书》说明立论的主旨和特色，其中有云：

> 仆之《诗辨》，乃断千百年公案，诚惊世绝俗之谈，至当归一之论。其间说江西诗病，真取心肝刽子手。以禅喻诗，莫此亲切，是自家实证实悟者，是自家闭门凿破此片田地，即非傍人篱壁、拾人涕唾得来者。

可见严羽的诗论主要是针对江西诗派而发，且相当自信，文末谓“吾论诗若哪吒太子，析骨还父，析肉还母”，大批评家自非有这种精神不可。在严羽之前，批判江西诗派的论著已迭有出现，如张戒的《岁寒堂诗话》、姜夔的《白石道人诗说》等，都指出了江西末流之弊。严羽在此基础上加以系统化，以禅为喻，建立了自己的理论批评体系。

《诗辨》是《沧浪诗话》立论的总纲，其中批评江西诗派云：

> 夫诗有别材，非关书也；诗有别趣，非关理也。然非多读书、多穷理，则不能极其至。所谓不涉理路、不落言筌者，上也。诗者，吟咏情性也。盛唐诸人惟在兴趣，羚羊挂角无迹可求。故其妙处透彻玲珑，不可凑泊，如空中之

音、相中之色、水中之月、镜中之象，言有尽而意无穷。近代诸公乃作奇特解会，遂以文字为诗，以才学为诗，以议论为诗。夫岂不工，终非古人之诗也。盖于一唱三叹之音，有所歉焉。且其作多务使事，不问兴致；用字必有来历，押韵必有出处，读之反覆终篇，不知着到何在。其末流甚者，叫噪怒张，殊乖忠厚之风，殆以骂詈为诗。诗而至此，可谓一厄也。

这里明确提出了“兴趣说”，强调以盛唐诗人为榜样，注重形象思维和诗的韵味，排斥理念和说教，不满江西诗派形式主义的诗风。这虽与“永嘉四灵”的思路有接近之处，但他主张“以盛唐为法”，则与“四灵”和“江湖诗派”之但宗晚唐者大相径庭。严羽还提出了著名的“妙悟说”：

大抵禅道惟在妙悟，诗道亦在妙悟。且孟襄阳学力下韩退之远甚，而其诗独出退之之上者，一味妙悟而已。惟悟乃为当行，乃为本色。然悟有浅深，有分限，有透彻之悟，有但得一知半解之悟。

这里以妙悟与学力对举，说明有学力的人不一定能写出好诗，而只有善于妙悟的人才是真正的行家。他认为盛唐诸公达到了“透彻之悟”的最高境界，而中晚唐诸家“虽有悟者，皆非第一义”。

在《诗体》《诗法》和《诗评》等章中，严羽分别探讨了诗歌的体裁、流派、风格和作法等问题，评论了历代诗家的作品；《考证》一章则对某些作品和作者进行了辨订。这些内容都是对《诗辨》中理论主张的具体化，互为参证。

第十二章

“说话”与话本

“说话”艺术及话本的分类

讲史话本

小说话本及其编集

宋元话本的艺术特色

与唐代相比，两宋的城市经济、城市文化都有长足的发展。而具有浓厚市民色彩的“说话”艺术及其衍生出的“话本”通俗文学，则是城市文化的重要组成。由于话本的特殊存在条件，大部分作品很难确指其年代，甚至不能区分宋耶元耶。所以学界通常统称为“宋元话本”。尽管今天能够见到的有些刻本题署为元代，但也不能排除是宋代作品流传至元。因此，我们把这部分内容一并置于“宋代文学”编内叙述。

第一节　“说话”艺术及话本的分类

先秦已有俳优艺术，汉代更有较大发展，其中逐渐形成了专门的说书门类。至唐代，借助于宗教传播的力量，“俗讲”兴盛一时。到了宋代，北宋的都城汴梁与南宋的都城临安都是经济、文化十分繁荣的大城市，于是“说话”艺术有了大发展的土壤与空间。

汴梁与临安都有规模空前的勾栏瓦舍，为“说话”提供了很好的平台。勾栏瓦舍是城市中的游艺场所，瓦舍类似今天的综合性游乐场，勾栏则是其中一个个具体的演出场所。各种说唱表演艺术，如杂剧、傀儡戏等，分别在每个勾栏中演出。“说话”便是其中一种。

《东京梦华录》记载了北宋汴梁城中有名的说书艺人，如孙宽、杨中立等。而这些人也有不同的专长，如霍四究长于讲三国故事，尹常卖则长于讲五代故事等。《武林旧事》记载的南宋“说话”艺人就更多了，仅专讲“小说”的就有50人之多。由此，可以推想当时“说话”艺术的繁荣情况。

这些艺人有时还要到宫廷中表演，甚至因此受宠而进入官僚行列，如宋代有“王防御”（疑“防御”即所得之官名）“以说书供奉得官”，元代有“演说野史者”胡某被授予巡检之职等。这也会提升“说话”艺术的社会影响力。

这些艺人中既有来自市井各行的口才卓越之士，也有迫于生计的下层文人，他们知识面相当广，也有一定的文学修养。据宋末罗烨《醉翁谈录》所述：

> 夫小说者，虽为末学，尤务多闻。非庸常浅识之流，有博览该通之理。幼习《太平广记》，长攻历代书史。烟粉传奇，素蕴胸次之间；风月须知，只在唇吻之上。《夷坚志》无有不览，《琇莹集》所载皆通。动哨、中哨，莫非东山笑林；引倬、底倬，须还《绿窗新话》。论才词有欧苏黄陈佳句，说古诗是李杜韩柳篇章。

因此，“说话”讲说的内容相当广泛，“讲历代年载废兴，记岁月英雄文武。有灵怪、烟粉、传奇、公案，兼朴刀、杆棒、妖术、神仙”。而表演的效果往往也十分强烈。时人描写为：“自然使席上风生”，“铁心肠也须下泪”，“使才人怡神嗟讶”。

随着“说话”艺术的繁盛，其“专门化”的趋势也日渐加强。到南宋中后期，便有了“说话有四家”的明确说法。最早的提法出于灌园耐得翁的《都城纪胜》，但其表述颇多含混，除了“小说”“讲史”两家外，其余两家是谁就成了问题。其后，吴自牧在《梦粱录》中再次提到此说，只是增加一字成为“四家数”。《梦粱录》中，比较明确的除了“小说”、“讲史书”外，又有“谈经”——似乎是各类宗教题材的统称。但第四家仍然含混。现代研究者有人认为这第四家是“说参请”，也有人认为是“合生”，还有人认为是“说铁骑”。只从留存之文献看，这几乎是个无法作出判断的问题。但从作品实际情况，以及向后世小说发展的趋向看，第四家为“说铁骑”的可能性较大。

要说明的是，这里的“小说”内涵不同于今天的“小说”概念，而是“说话”艺术中的专用概念，大体指讲说各种短篇故事，而且多是把背景设定在身边现实世界中。这样便与讲说历史、英雄传奇的长篇、讲说宗教内容的宣教文等区分开来。

有了“说话”艺术，也就自然而然地衍生出记录其表演内容的文本——话本。话本就其本质来说，就是一种较为特殊的通俗小说，其特殊之处在于与舞台艺术“说话”的血脉相连。

从现有的资料看，话本既有由口耳相传的段子记录整理而成的，也有先行文字创作而后提供给艺人的。由于“说话”艺术适应舞台需要形成了比较固定的程式，话本也形成了相应的体制。这种体制相当固定，由题目、入话、正话与篇末诗四大块组成一篇话本。

话本的题目大多径标人名、地名或主要故事情节，简单明了，通俗易懂，如《碾玉观音》《简帖和尚》《西山一窟鬼》等。这大约和演出时海报上节目单的需要有关——简明才能醒目，吸引观众。有些末尾带一“记”或“传”字，如《快嘴李翠莲记》之类。

入话就是开篇的引子，称入话的意思是引入正题，与故事主体的正话相对而言。入话的内容或者是一首诗词，或者是一篇短小的故事，也可能二者兼有。这些内容大多与正话有或隐或显的联系，但也有并不相干的。话本的“入话”是这种文

> 俺今日且说一个俊俏后生，只因游玩西湖，遇着两个妇人，直惹得几处州城，闹动了花街柳巷。有分教：才人把笔，编成一本风流话本。
>
> ——《白娘子永镇雷峰塔》

体最突出的特点，其形成的原因与“说话”的舞台需要密切相关。正式开演前，说书人为了稳住已到的观众，等待未到的观众，吸引观望的游客，便先念几首诗词，解释解释，或是讲一段短小的故事，起到序曲的作用。艺人们又把这样的入话称为“得胜头回”，或“笑耍头回”，含有讨吉利、讨喜庆的意味。久而久之，逐渐成为了固定的模式，并反映到文本之中，成了文体的特色标识。

正话是故事的主体部分。

篇末诗与入话的位置相对，一前一后，而其作用主要是总结与教化。如“恻隐仁慈行善事，自然天降福星临”之类，道德说教的意味十分浓厚，也是小说作者对主旨的总结。

话本还有一个文体特色，就是文本中散布着大量叙述套语，以及调整叙事节奏的韵文。叙述套语如“话说”“却说”“且说”“正是”“只见”“但见”等，也是舞台表演留下的痕迹。而“正是”“但见”等套语后往往就是一段描写性的韵文。

第二节 讲史话本

讲史是话本中的一大类。华夏民族自古历史意识便非常强烈，形成了影响广远的史官文化。从君主到草民，对历史感兴趣者大有人在。于是，历史题材的著作自然大行其道。正史、野史之外，更通俗的就是流行于民间的历史故事。北宋的城市演出里，讲史已经成为一家独立的“说话”门类。据《东京梦华录》，北宋都城里的“说话”已有“讲史”“说三分”“五代史”的名目。由此可知，讲史类“说话”已相当发达，以至有了专门的分工。而三国的历史由于其丰富、复杂，很早就成为讲史的主要题材。

现存宋元讲史话本主要有《全相平话五种》《新编五代史平话》《大宋宣和遗事》等。平话，又作“评话”，是宋元讲史的别称。

《全相平话五种》是现存最早的宋元讲史话本集。元代至治（1321—1323）年间刊刻。原本藏日本内阁文库，1956年上海文学古籍刊行社合集影印，合称《全

> 前代尝以野史作为评话，令瞽者演说，其间言辞鄙谬，又失之于野，士君子多厌之。
>
> ——蒋大器《三国志通俗演义序》

相平话五种》。《全相平话五种》包括《武王伐纣平话》《乐毅图齐七国春秋平话后集》《秦并六国平话》《前汉书平话续集》《三国志平话》。

《武王伐纣平话》分上中下卷。上卷主要讲纣王荒淫无道之事；中卷讲文王囚羑里，脱困后兴周，以及姜子牙隐居渭滨等事；下卷讲文王得子牙，武王伐纣灭商等事。全书既以基本的历史史实做框架，又增添了不少传奇与神怪的内容。如纣王之子殷交勇武绝伦，是伐纣灭商的主要战将；九尾狐化为苏妲己迷惑纣王等。

《武王伐纣平话》批判暴政，歌颂仁政，肯定对暴虐君主的反抗。这既有源自《尚书》《孟子》的思想影响，也反映了民间的正义观念与政治理想。此书对明代长篇小说《封神演义》的创作产生了重要影响。《封神演义》前三分之一便是在平话的基础上敷演增饰而成，其中一些重要情节已经出现在平话中，如狐妖借妲己躯壳蛊惑纣王等。

《三国志平话》也是上中下三卷，题署为“至治新刊全相平话三国志”。《三国志平话》按照历史的线索讲述故事，大的情节都有历史根据，如黄巾起义、群雄并起、赤壁大战、三国鼎立、七擒七纵、六出祁山，直到诸葛亮病逝五丈原。不过，穿插于其间的却多是富有民间传说色彩的情节，像桃园结义、三战吕布、献貂蝉连环计、千里独行、古城聚会等，这些都被罗贯中采纳改写到《三国演义》中。而刘关张太行山落草为寇、五丈原黄婆显灵之类，则因过于鄙陋而被罗贯中舍弃。

总体说来，《三国志平话》由于书场演出须迎合市井细民，趣味偏于俚俗，情理偏于疏略，如赤壁大战前，诸葛亮游说东吴，周瑜不肯领兵出征，原因是“小乔与周瑜为妇，年幼，颜色甚盛。周瑜每日伴小乔作乐，怎肯来为帅”，而诸葛亮以曹操兴兵来夺小乔为说辞，才激得周瑜挂帅。这一情节到了《三国演义》中，被罗贯中改写为周瑜早有志抗曹，故意试探孔明，而孔明借《铜雀台赋》来回敬并激励周瑜表态。二者相比，市民趣味与文人趣味的差别十分明显。

“全相五种”之外，《大宋宣和遗事》是另一种影响较大的讲史平话。宣和是宋徽宗的年号，也是北宋王朝败亡的前夕。全书分前后两集。前集主要讲述宋徽宗的荒淫失政与宋江聚义梁山的故事，后集写北宋败亡，徽钦二帝被掳，南宋建立后，朝廷上下依旧醉生梦死，不图恢复。

梁山故事由花石纲写起：杨志与孙立、林冲、花荣、柴进等押运花石纲，中途遇到困厄，卖刀杀死无赖而犯罪，孙立等将他救出，一起上太行山落草为寇；晁盖、刘唐、秦明、燕青等劫了蔡京的生辰纲，到太行山梁山泊会同杨志等占山为王。宋江曾帮晁盖逃脱，事情泄露，杀死了阎婆惜，与戴宗、李逵等上梁山聚义。其间得九天玄女娘娘赐予天书，有了“天罡院三十六员猛将”的说法。到梁山后，晁盖已死，宋江便成了领袖。陆续又有鲁智深等加盟，完成了“三十六天罡”的聚义。朝廷无奈，遣张叔夜招安，使宋江等剿除方腊，成功后封为节度使。

可以看出，小说《水浒传》的主要人物与故事框架，在这里已基本具备。书中对于宋王朝统治者的荒淫无道，也予以无情的揭露与强烈的抨击。可以说，此书是小说《水浒传》创作的主要基础。所不同的是，全书故事情节极为简单，拼凑的痕迹十分明显，完全没有小说《水浒传》的英雄豪气。至于一些细节，例如梁山泊位于太行山、宋江等功成官显等，也与小说《水浒传》明显相异。二者对比，可以十分清楚地看出小说作者的伟大贡献。

第三节　小说话本及其编集

如前所述，小说话本是一些短篇小说，而且是以当前社会生活中奇闻异事为主要内容的作品，从故事的内容看，主要有四种类别。

第一种是所谓“烟粉”，也就是男女情爱类的故事。其中大部分情节较为简单，思想内涵也十分浅薄，只是迎合书场听众的好奇心理而已。但也有少数情节曲折复杂的作品，如《碾玉观音》。《碾玉观音》写郡王府的玉工崔宁与养娘秀秀相恋，逃出王府到外地谋生；后被人告发，秀秀被打死，崔宁被刺配。秀秀的鬼魂追寻到崔宁，与他做了“生死冤家”。故事主要是写秀秀对于恋情和自由生活的执着、大胆，有浓厚的市井色彩。

第二种是“公案”，从名称看应该是有关刑事案件的故事。不过，《醉翁谈录》归入此名目下的篇章却又不尽是案件，看来类别并不是严格区分的。早期“公案”类话本描写案件较好的有《三现身》，是一个带有神秘色彩的谋杀案，以悬念见长，今人曾据此改编为影视作品。

第三种是“朴刀”“杆棒”，顾名思义指的是打打杀杀的“英雄”传奇故事。这类故事以江湖好汉为主，有名目的如《青面兽》，似乎是后世《水浒传》中那位“青面兽杨志”故事的早期形态；又如《十条龙》，写山大王十条龙苗忠占山为王的故事，等等。

第四种是“灵怪”，讲述神仙或妖术的故事。《醉翁谈录》把这一方面的作品又分为神仙类、妖术类与灵怪类。现存的灵怪类话本如《西湖三塔记》，写青年男子奚宣赞在西湖边遇到三个妖怪，分别是白蛇、水獭与乌鸡精。三个妖精有善有恶，数次迷住奚宣赞，后被龙虎山奚真人降妖救出。奚真人又造三座石塔，分别镇住三个妖怪。显然，这个故事的基本情节在后世灵怪类作品中反复出现，成为一些情节模式。如青年书生遇妖被迷，妖精有善有恶，女妖动情，以塔镇妖，等等。

宋元的小说类话本，保存至今的主要是在《清平山堂话本》《京本通俗小说》

两种集子以及晚明冯梦龙整理改编的“三言”中。

《清平山堂话本》原名《六十家小说》，明代洪楩编。洪楩字子美，嘉靖时人，曾任詹事府主簿。他热心于图书的收藏与出版，《六十家小说》是他刊刻的多种图书中的一种。该集散佚，后陆续发现了27篇。汇集出版时，因大部分篇目的中缝有“清平山堂”字样，故书名题作《清平山堂话本》。其中所收小说话本有《柳耆卿诗酒玩江楼记》《简帖和尚》《西湖三塔记》《快嘴李翠莲记》《洛阳三怪记》《陈巡检梅岭失妻记》《刎颈鸳鸯会》《杨温拦路虎传》《董永遇仙记》《羊角哀死战荆轲》《死生交范张鸡黍》等。

《京本通俗小说》号称为“元人写本”，但其真伪争议颇大。该书也是以残本面目出现，残存部分只有七篇作品：《碾玉观音》《菩萨蛮》《西山一窟鬼》《志诚张主管》《拗相公》《错斩崔宁》《冯玉梅团圆》《金虏海陵王荒淫》。

至于“三言”中的宋元话本，因经过冯梦龙的加工、改编，所以尽管文字较为顺畅、生动，反而失去了一些宋元时的旧貌。

第四节　宋元话本的艺术特色

话本直接从市井通俗艺术中来，所以表现出与前代各种文学体裁都明显不同的艺术特色，对明清两代的通俗文艺有很大的影响。

论其艺术特色，首先应从语言谈起。话本是我国古代白话小说的滥觞。无论是根据书场表演中记录的内容，还是从《太平广记》《夷坚志》等文言作品集改编而来的篇目，都用通俗易懂的口语讲述。当然这是为了书场上听众更易听懂、理解，更适合一般市民的口味。这就为明清两代章回小说的繁荣“导夫先路”。如备受胡适称赞的《错斩崔宁》中的人物对话：

> 刘官人叹了一口气，道是：“泰山在上，道不得个‘上山擒虎易，开口告人难’。如今的时势，再有谁似泰山这般看顾我的？只索坐困，若去求人，便是劳而无功。”丈人便道：“这也难怪你说。老汉却是看你们不过。今日赍助你些少本钱，胡乱去开个柴米店，撰得些利钱来过日子，却不好么？”刘官人道：“感蒙泰山恩顾，可知是好！”

朴素、自然，且不乏生动意趣。

我现在看了这几种南宋话本，不能不承认南宋晚年（十三世纪）的说话人已能用很发达的白话来做小说。他们的思想也许很幼稚（如《西山一窟鬼》），见解也许很错误（如《拗相公》），材料也许很杂乱（如《海陵王荒淫》，如《宣和遗事》）。但他们的工具——活的语言——却已用熟了，活文学的基础已打好了，伟大的小说快产生了。

——胡适《〈宋人话本八种〉序》

其次是趣味。话本绝无士大夫的“雅趣”，市井细民是否开心一笑是作者最为关心的问题，故趣味的通俗以至俚俗、低俗是宋元话本的另一特色。如《简帖和尚》描写一个小丫鬟：“看着迎儿生得：短胳膊，琵琶腿；劈得柴，打得水；会吃饭，能屙屎。”这当然只能说是恶趣。这种情况也延续到后世的白话小说中，如《金瓶梅》就穿插了不少此类噱头。当然到这种程度的是很少的，也有些噱头属于“谑而不虐”的找乐，如上文接下去写皇甫殿直拷打这个小丫头，逼问其夫人的奸夫：

皇甫殿直又问又打。那妮子吃不得打，口中道出一句来：“三个月殿直出去，小娘子夜夜和个人睡。”皇甫殿直道：“好也！”放下妮子来，解了绦，道：“你且来，我问你，是和兀谁睡？”那妮子揩着眼泪道：“告殿直，实不敢相瞒，自从殿直出去后，小娘子夜夜和个人睡，不是别人，却是和迎儿睡。”

这种噱头在书场上一定会引发哄堂大笑的效果。

还有一点是故事优先于人物。由于书场演出的需要，话本需要有曲折离奇的故事情节，但不宜于细致微妙的心理刻画。因此，宋元话本颇有几篇具有匠心的好故事，但却少有思想有深度、形象有个性的人物描写。

第六编　辽金元文学

绪　言

辽金元三代，先后崛起于北方草原大漠的三个少数民族契丹、女真和蒙古接连登上了中国的政治历史舞台。其中，辽、金是契丹和女真族建立的北方区域性王国，元朝则是中国历史上第一个由少数民族建立起来的统一王朝。三个朝代的时间跨度从公元10世纪初到14世纪后半期，长达460余年，期间又分别与汉民族政权北宋和南宋形成300多年的对峙局面。这是中国历史上继南北朝之后又一个颇为漫长的南北分裂时期。不同的地域环境、不同的民族性格和民族文化传统以及南北对峙中两种不同文化的相互影响与融合，使得辽金元三代的文学既有与汉民族文学的相通之处，又体现出比较鲜明的民族和地域特色。它们与两宋文学共同构成了这个历史时期中国文学的完整体系。

契丹、女真与蒙古三个北方少数民族之所以能够接连崛起，建立自己的统治政权，并在与两宋的长期对峙中保持优势，除了两宋王朝自身的各种内部弱点外，应该说，与这些北方少数民族先天的崇尚武勇、剽悍善战、惯于以强大的骑兵发动攻击是分不开的。而两宋王朝自开国之初即实行的抑武崇文的治国理念，在此治国理念影响下的对武将的猜疑与掣肘，都造成了国家在武备方面积弱不振，军队在抵抗外来进攻时处处被动，面对来自北方强敌金戈铁马的威慑和进攻，除了一味的纳贡求和，苟且偷安，更少有与对手抗衡的良策。

但是，两宋时代，又是中国经济和文化高度繁荣发达的时期。相应地，在唐代文学基础上发展起来的宋代文学，无论是诗、文，都达到了相当的高度，而北宋时期新兴起的文学体裁——词，更是与唐诗双峰并峙，成为有宋一代文学的骄傲。这些，加之中原地区悠久的传统文明，儒家思想的巨大影响，对于新崛起的北方游牧民族来说，不能不产生一种强大的吸引力。历史上那些取得军事征服胜利的民族往往会被战败民族先进文化所同化的现象，在辽金元三代同样得到了充分的验证。因此，这种南北文化的相互影响、碰撞与融合，对于辽金元三代的文学显然有着重大影响。

辽金元文学，对中国各体文学样式都有所继承，但在传统的诗歌、文章及词的领域，除少数诗人达到了较高的水平外，总体上创作成就并不是太高。但三代文学也有自己突出的特色，这就是相对于先前各代以抒情性为主的文学创作而言，叙事性文学在这个时期，尤其是在金元两代，出现了一个特别兴盛的局面，给中国文学的发展带来了新的变化和格局。

辽王朝由于文化的相对落后，相关的历史记载与保留的文学作品非常有限，而金代在百余年与南宋政权的对峙中，其文学创作无论是数量上，还是质量上，比起辽代来说都要可观得多。尤其是金代文人作家与民间艺人在宋杂剧基础上发展起来的金院本，长篇说唱联缀的叙事性文体诸宫调，堪称中国文学史上带有标志性的重要成就。对于晚出的中国传统戏曲来说，北宋杂剧还处于简单的初级表演阶段，很难说是真正的戏曲艺术，金代的院本戏曲对宋代戏剧虽有所继承但更大程度上是体现了体制和音乐上的创新，对继之而起的元杂剧产生的作用和影响是直接而明显的。

在中国文学史上可与唐诗、宋词、明清小说并称的元曲，是辽金元三代文学创作最为突出的成就，也是元代文学对整个中国文学发展历史的巨大贡献。元杂剧继承并发展了宋杂剧、金院本的戏剧结构和科白要素以及金代诸宫调曲牌联缀、曲辞结合的长处，音乐上融合了中原传统曲调和辽金以来传入的北方少数民族乐曲，形成了一种慷慨悲歌、雄浑激昂的歌唱特色。这种融说唱、宾白、科介、舞蹈、伎艺诸多表演因素于一体的艺术形式，使先秦时期已经开始萌芽的中国戏曲艺术经过两千余年的漫长发展演变，终于找到了一种综合性表现故事的有效载体，真正形成了一种独立的文学艺术形式，从而标志着中国民族戏曲的正式形成。在元代短短不足百年的时间里，杂剧艺术以很高的起点崛起于文坛，出现了一大批杰出的作家与不朽的作品，成为一个时代文学的标志，也形成了中国戏曲艺术史上的第一个黄金时期。

在杂剧艺术风靡北方的同时，以南方民间俚曲小调为基础形成的另一种戏曲形式——南戏，在东南沿海地区也得到了大众的喜爱和广泛流传。北杂剧与南戏同属综合性的表现艺术，但两者使用的唱腔音乐和表现的故事内容、剧本的体制与歌唱形式等方面有很大的不同。南戏戏文纡徐绵缈的音乐格调与缠绵曲折的戏剧情节，说到底是南方人们生活情趣与南方民间歌曲的体现。北杂剧与南戏风格的不同，很大程度上是中国南北文化差异的体现。元代南戏在东南地区出现并走向成熟，同样可称为这个时期文学艺术发展的创造性成就，它所奠定的基础，开启了明清时期传奇戏曲高度繁荣的先声。

作为元曲另一个组成部分的元代散曲，是元代文坛上北杂剧、南戏之外又一种新起的文学样式。较之传统诗词，散曲在押韵上更灵活自如，可随意增加衬字，语言明快不避俚俗，曲意率意活泼，可说是一种新型的诗体，非常适合人们自由随意

> 辽金两代及元灭南宋统一中国之前，北方共计长达300多年的文学，曾与两宋文学并行发展，共同构成了10世纪至13世纪后期中华民族文学的主干。它们与两宋文学既有共性，又非常鲜明地显示了自己的个性，同属中国古代文学的重要组成部分，应该给予其客观的历史地位。

地表达情感。元散曲是在金代北方俗谣俚曲的基础上发展起来的，至元而大盛于文坛。这反映了国家南北统一后，随着社会局面的逐步安定，社会经济的恢复和发展，一种更能表达时代情趣的新诗体应时出现，成为元代通俗文学蓬勃发展的重要象征。

在中国文学史上，辽金元文学，尤其是辽金文学，向来不太被人们所重视。后人往往把它们视为汉文化在契丹、女真少数民族聚居地区的延伸和继续，是北方少数民族统治者逐步汉化过程的记录，通常在文学史著述中简单地把辽金文学作为宋代文学的一段附属内容略作介绍，这不利于反映中国文学在这个时期的完整发展历史。

第一章

辽金文学

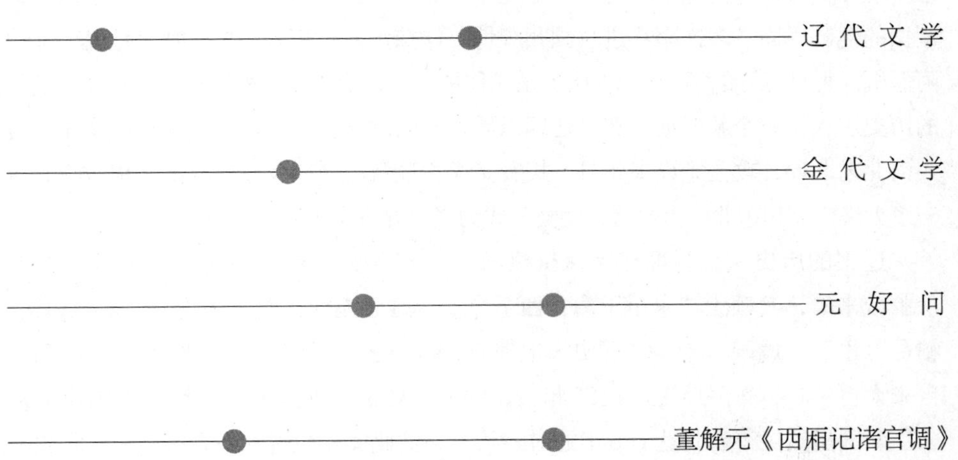

辽金文学的总体成就并不能算是太高，但在中国文学史上的地位绝不应忽视。这是一个有特色、有个性的文学时段。其诗文的粗犷风格、女性的文学参与、诸宫调的成就以及民族文化交流融合的实绩，都是这一时期文学的醒目的标识。

第一节 辽代文学

辽是生活在北方草原的契丹族建立的国家。契丹本是鲜卑族宇文部的一个分支，北魏时期在辽河以北地区居住，以游牧渔猎为主要生产方式。907年，耶律阿保机被推举继任契丹可汗。这个很有谋略的北方民族首领，趁着唐朝灭亡、中原地区群雄割据的混乱局面，多次率兵进攻幽州等地，俘掠汉人至契丹，扩大契丹地盘。耶律阿保机任契丹可汗的第十年（916）正式称帝建国，定年号为神册元年。从此，契丹的历史进入了一个新时期。契丹建国以后，不断向周围各民族进行大规模扩张，侵入河北东北部，攻占了许多州县。接着又灭亡辽河流域靺鞨族建立的渤海政权，统一了大漠南北和东北广大地区，使契丹成为当时北方强大的区域政权。

辽国的历史从太祖耶律阿保机建国至1125年天祚帝为金所俘，历时210年。从疆域来看，其领土“东至于海，西至金沙，暨于流沙，北至胪朐河，南至白沟，幅员万里”，“属国六十”（《辽史·地理志》）。与之处于同一历史平台的北宋王朝，自宋太祖960年陈桥兵变到1127年徽、钦二帝被金人所掳，基本上与辽相伴始终。宋辽两国虽然保持着长达166年的对峙状态，彼此间发生过一系列的战争，但也有过较长时间的和平相处和友好往来，南北多种民族文化的交流和融汇并没有完全隔绝。契丹民族自身的文化很不发达，且以武力打下江山，建国初期尚来不及偃武修文。这与中原政权的重文轻武形成很大的差异。但在它定都上京之后，特别是在与北宋订立“澶渊之盟”后百余年的时间里，辽统治者转向全面汉化的统治政策，尊孔读经，兴办学校，以儒家文化为治国大纲，创文字，设书院，使得北方地区涌现出许多博通经史的才学之士，其文化的发展与进步速度，在中国文化史上是少有的。在这种背景下产生的辽代文学，主要得益于中原汉民族文化及唐宋文学的影响，也是当时契丹民族文化进步的具体体现。

今存辽代文学作品以诗文为主，完整存世的诗篇共有80余首。其中包括无名氏诗人的17首，寺院僧人作者10人共13首。其他作者则以皇室帝王后妃为主。从发展过程来看，辽开国前期太祖、太宗两朝，是其文学的孕育和起步阶段，统治者开始由崇尚武勇向文治转化；接下来的世宗到兴宗五朝，是辽王朝坚持推行汉化并取得显著成效的时期，文学上也不断发展且显示出成绩，可称之为生长期；后期的道宗与天祚帝两朝，是辽代文学的成熟与旺盛时期，著名女诗人萧观音、萧瑟瑟及其作品是这个阶段文学上的突出代表。

辽代诗文写作始于建国之初，其时由中原入辽的汉族文人多为唐末遗民，如韩延徽、李澣、赵延寿等。他们具有唐代士人的气质和文学素养，对契丹文学的发展起到一定推动作用，但总的创作成就不是太大。倒是少数契丹贵族上层人物，由于深受唐文化的熏陶，因而工诗能文，颇具文采，其中太祖长子、东丹王耶律倍是前期诗人的主要代表。可惜他的诗文作品多已失传，今仅存收录于《辽史》的《海上诗》一首。

耶律倍（899—936）自幼接受汉文化教育，聪敏好学，博览群书，喜吟咏，善书画，能用契丹文、汉文两种文字写作。出于对唐朝大诗人白居易的推崇，他自称乡贡进士黄居难，字乐地。开国之初他即被立为太子，太祖死后淳钦皇后主政，欲改立次子德光，耶律倍主动提出让位。后遭太宗德光猜疑排挤，不得已载书泛海避于后唐。

辽代中后期，社会趋于安定，文化也得到长足的发展。接连几位帝王都颇喜好文学艺术。圣宗耶律隆绪、兴宗耶律宗真和道宗耶律洪基在诗文写作上都有较高的水平。耶律隆绪是一位有文治武功、多才多艺的皇帝，他非常喜欢白居易的诗，曾谓“乐天实际是吾师”，并亲自以契丹文翻译白居易的《讽谏集》，提供给大臣们阅读。他常常命朝臣百官赋诗，逐一品读，优者赐以金带。他本人制曲百余首，今存《鼓吹曲》。

兴宗耶律宗真、道宗耶律洪基两位帝王与臣下也均有“诗友”之交。耶律宗真常写诗赐予戚臣。现存颇有情趣的七言绝句一首，即《以司空大师不肯赋诗，以诗挑之》：“为避绮吟不肯吟，既吟何必昧真心。吾师如此过形外，弟子争能识浅深。”尤其值得一提的是，他不仅常与臣下赋诗联吟，还与宋朝来使相互酬唱应和，在民族关系史上留下了一则佳话。耶律洪基学识渊博，文学修养很高，作品颇丰。他在位数十年，赐诗褒美朝臣的记载于史多见。诸如《赐北院枢密副使耶律斡特剌诗》《赐法均大师诗》等。其诗文作品清宁年间曾编为《清宁集》，此后他尚在位37年，未入集的作品应该更多，可惜流传下来的仅《题李俨黄菊赋》一首。此诗构思新颖，幽雅脱俗，曾在南北两朝广为传诵，受到当时和后世人们的赞赏，是辽人诗中颇见功力之作。

辽代契丹贵族女性的诗文创作，是中国文学史上十分引人注目的现象。这与北方游牧民族妇女的社会地位有关。她们不仅从事家务，而且积极参与社会活动甚至昨日得卿黄菊赋，碎翦金英填作句。袖中犹觉有余香，冷落西风吹不去。

——耶律洪基《题李俨黄菊赋》

从军征战，接受文化教育的机会也比较多，这是中原农耕民族女性不可比拟的。在她们身上，有崇尚勇武精神，也具文学艺术才情，因而不乏聪敏秀慧的闺阁才人，其中圣宗芳仪李氏、道宗皇后萧观音、天祚帝文妃萧瑟瑟、秦晋国妃萧氏及耶律常哥等，其文采风流皆不让须眉。

萧观音，钦哀皇后弟枢密使萧惠之女，道宗宣懿皇后，姿容冠绝，学识过人，好音乐，尤善琵琶。她是辽代传世作品最多的一位诗人，《全辽文》录其诗有《伏虎林应制》《君臣同志华夷同风应制》《回心院》10首及《怀古诗》与《绝命词》共14首，文《谏猎疏》1篇。其早期作品《伏虎林应制》展现了北方草原民族所特有的豪放气概和勇猛精神，也生动体现了草原民族女性与深受礼教束缚的中原女子截然不同的英姿飒爽气质，写出了这位宫廷贵族女子高远的政治抱负。全诗风格雄豪粗犷，气势磅礴。五律《君臣同志华夷同风应制》以虞舜与周武王时的文明昌盛比之于辽代文德广被，声教讫于四海，盛赞国运恒昌。此诗气魄宏大，用典妥帖，格律严整，风格宏厚典雅，虽有辞逾于实之处，但也基本符合辽朝全盛时期的实际，尤其是反映了契丹人以华夏文明为理想境界的文化心态。

影响最大的《回心院》10首及《绝命词》，皆作于她人生后期，格调委婉悲凉。《回心院》抒写被君王冷落的委屈和幽怨，诗中熟练运用典故，情感深挚，词采华美，表现了很高的汉学修养，有很强的艺术感染力。《绝命词》则是她蒙冤被迫自尽前留下的血泪交迸的呼喊。在萧观音的诗中，汉民族文学中抒情含蓄、词语精致的长处，与北方文学雄豪俊爽、刚健奔放的特色得到了很好的融合，形成了自己独特的风格。她不愧为辽代文学的代表性诗人。

另一位辽代女诗人萧瑟瑟，《全辽文》中录其诗两首，即《讽谏歌》和《咏史》，都是讽喻辽国末期朝政的作品。《讽谏歌》为谏天祚帝而作，直陈时弊，警励国君。《咏史》则表达了她对国事日趋衰败的担忧，直接昭显了朝中重小人远贤臣的恶果。两诗都写得比较激切，虽稍嫌直露，但忧国伤时，情感真挚，格调奔放，

威风万里压南邦，东去能翻鸭绿江。灵怪大千俱破胆，那教猛虎不投降。

——萧观音《伏虎林应制》

勿嗟塞上兮暗红尘，勿伤多难兮畏夷人；不如塞奸邪之路兮，选取贤臣。直须卧薪尝胆兮，激壮士之捐身；可以朝清漠北兮，夕枕燕云。

——萧瑟瑟《讽谏歌》

有较强的社会意义。萧观音和萧瑟瑟两位优秀的女诗人先后遭朝中奸佞栽赃诬陷、蒙冤而死，殊令人同情和惋惜。

辽代文学中用契丹文字撰写的作品，以署名“寺公大师”的《醉义歌》最为著名。元初著名文学家耶律楚材曾将其译成汉文，所作序言中称寺公大师为“一时豪俊”“贤而能文，尤长于歌诗，其旨趣高远，不类人间语，可与苏黄并驱争先耳”。该诗译为汉文长达120句，842言，其内容通过一位深陷在痛苦之中而力图摆脱、并借醉酒在幻觉里寻求快乐的老者陈述，多方面抒发了对人生的感慨，对隐逸生活的喜爱，也表现出愿以佛道思想来化解人生烦恼的追求。这是一篇出色的长篇七言歌行体诗作，全诗气势磅礴，开阖有致，想象丰富，格调苍凉，对于大量的汉文化典故运用自如，从中可以看出契丹文学创作所达到高度。

辽代文学作品多出于契丹贵族之手，而且从帝王到贵族文人都喜欢把自己的作品结集出版。中后期文人的这类作品集，可见于记载的就有道宗耶律洪基《清宁集》、萧韩家奴《六义集》、萧柳《岁寒集》、耶律资忠《西亭集》、萧孝穆《宝老集》、耶律良《庆会集》、郎思孝《海山文集》、杨佶《登瀛集》等，此外耶律昭、耶律孟简、耶律谷欲、耶律庶成、刘经、王鼎等人在当时也颇有文名。可惜上述作品大都没能流传下来。

第二节　金代文学

金是中国历史上由女真族开创的王朝。1115年建国，10年后灭辽与南宋政权形成对峙，至1234年南宋联合蒙古灭金，共存在120年，其中与南宋对峙长达108年。

金灭辽以后，与南宋以淮河划定边界，占据了中原和北方的广大地区，在继承和借鉴前朝汉化经验的基础上，女真统治者与中原汉民族也经历了相互适应与融合的过程，逐步完成了由落后的奴隶制向封建制过渡的过程。他们重视尊孔读经，施行科举制度，鼓励诗文创作，文化上比辽代有了很大的进步，文学创作的成就更是明显超越了辽代。

诗歌写作依然是金代文人主要的文学表达方式，代表正统文学的创作水平。总体来看，金代百余年诗歌的发展大致可划分为前期、中期和后期三个阶段，每个时期都表现出比较鲜明的时代风貌与创作特点。

金初太祖至海陵王四朝（1115—1160）近半个世纪，是金诗发展的初期阶段。这一时期的文人作家主要是由辽入金的文臣和由宋入金的文士，后人称其为“借才异代”的时期。前者鲜有作品流传下来；金初诗坛几乎主要由后者占据，宇文虚中、吴激和蔡松年等人可为代表。宇文虚中是金诗的奠基者。他在北宋是资政殿大学士，已有诗名，南宋时出使金朝因负才名被扣留滞金，是金初由宋入金的“异代”作家之一。他的诗中充满了浓郁的去国哀愁和怀乡感慨，以及被迫仕金后内心的矛盾与痛苦，如《己酉岁书怀》《又和九日》等诗的诗句：“去国匆匆遂隔年，公私无益两茫然。”“不堪南向望，故国又丛台。”又如《在金日作三首》之二：“遥夜沉沉满幕霜，有时归梦到家乡。传闻已筑西河馆，自许能肥北海羊。”这种忧伤的情绪几乎是金初诗歌普遍存在的一种感情基调。与他有着同样出使被扣经历的吴激，创作上以词闻名。他与同时期的蔡松年两人所作乐府被称为“吴蔡体”，其内容也多有故国故乡之思。此时的诗人还有高士谈、张斛等人，各以自己的创作丰富了金初文坛。他们本来都是宋代文化环境中成长起来的文人，入金后北方地域环境和文化氛围的影响，使其作品逐渐融入了北方文学的豪放雄浑，风格上开始显示出南北融合的特点，体现了宋诗向金诗的过渡。

金朝中期的世宗、章宗时期（1161—1208），由于与南宋达成“绍兴和议”，北方出现了相对稳定的局面，社会经济得到恢复与发展。随着南北文化的相互吸收与融汇，文学诗歌创作逐渐走向成熟，并初步形成了自己的风格。这个时期的诗人主要有蔡珪、党怀英、王庭筠、刘迎、王寂、周昂等人。他们多属于文学侍臣身份，都是在金朝统治环境中成长起来的文人，因而感情上对于异族政权已不再抱有排斥心理。其作品涉及的生活领域比较广泛，或以昂扬的格调见长，或以闲适的情趣取胜，反映了北方由战乱走向安定的社会现实。金末诗人元好问称这批作家为“国朝文派”，概括出他们与“借才异代”时期文人的区别。蔡珪、党怀英诗文俱佳，是这个时期的文坛领袖。

金朝末期，随着蒙古帝国的崛起与军事进逼，金王朝开始走向没落。特别是宣宗贞祐二年（1214）金室被迫南迁以后，在强悍的蒙古军队的巨大压力下，社会上下惊恐不安，国势一蹶不振，文学上忧时伤乱及反映民生疾苦成为重要的主题，面对亡国灾难的威胁，慷慨悲壮之音也多有出现。赵炳文、杨云翼、李纯甫、王若虚等成为金末文坛的主要代表。而元好问则是在金元改朝换代的社会大动荡中产生的最杰出诗人。

金代文学的繁盛，除了传统诗文写作的成就外，还表现在院本杂剧和诸宫调的兴起与广泛流行。这是两种适应市民阶层文化娱乐需要而产生的文学艺术形式，以淳朴清新的面貌给金代文学带来了新的内容与气象。金院本在宋代杂剧的基础上发展而来，中期世宗、章宗年间已经勃兴，元代陶宗仪《南村辍耕录》中记载的金院本名目多达700余种，可惜皆已散佚殆尽。从现存名目来看，其内容已经涉及社会生活的各个方面。今山西、河南、河北等地发现的不少金代所建戏台、戏楼等表演场所和砖雕、壁画、石刻戏画等金代戏曲文物遗存，都可充分说明金代戏曲演出极为繁荣的景象。诸宫调是一种说唱结合、以唱为主的长篇说唱体文学形式，始于北宋民间，宋金时期在南北两地都有流传并形成各自不同的表演风格。从现存资料看，诸宫调在北方金统治地区有了长足的发展，在当时的金朝都城中都（今北京）一带极为流行，题材内容相当广泛。今保存完整的董解元《西厢记诸宫调》以及残本《刘知远诸宫调》，就是当时很有影响的作品。金代院本杂剧和诸宫调的创作与表演，对于金元易代之后北曲杂剧的迅速崛起和高度繁荣，有着直接而重要的影响。

第三节　元　好　问

元好问14岁开始师从著名学者郝天挺，在老师引导下花六年时间潜心经传，遍读百家，刻苦学诗，为日后的文化修养和文学建树奠定了基础。宣宗贞祐二年（1214），蒙古军队占领山西，次年他携家流亡到福昌三乡（今河南宜阳县三乡镇），后又移家登封。金亡后他以遗民身份致力于金代文学作品与史料的收集整理保存，20余年间先后编成金诗总集《中州集》10卷、金词总集《中州乐府》（附于《中州集》后）、《金源君臣言行录》百余万言和《壬辰杂编》等多种文献史料，其中《壬辰杂编》成为后来元人修撰《金史》的重要依据。两部诗词总集则保存了大量的金代作家生平资料和作品，在文学史上有着很高的价值。

元好问文学创作涉足于诗、词、文、散曲、笔记小说各个领域，尤以诗的成就为高。他是金代文坛上最重要的诗人，今存诗近1 400首，数量之多也属金代诗人之冠。他亲身经历了金末的社会动荡和改朝换代的亡国之痛，个人的坎坷遭遇与国家民族的命运紧密交织在一起，因而他在金亡前后写下的一系列雄浑悲壮的“丧乱诗”，真切地描述了战乱年代人民所遭受的痛苦和不幸，广泛而深刻地反映了国破家亡的沉痛现实，堪称是金元易代之际生动而形象的社会画卷，具有一代“诗史”

的意义和价值，也由此奠定了他在文学史上的地位。就艺术上的概括力和情感的真挚性来说，元好问这些“丧乱诗”是杜甫以后少见的。在《癸巳四月二十九日出京》中，诗人还由现实中的悲愤痛苦进而追寻到国家沦亡的内在原因，表达了对于金末统治者治国无方、武备松弛导致国家悲剧结局的深沉感慨：

元好问（1190—1257）字裕之，号遗山，忻州秀容（今山西忻州）人。祖上是北魏鲜卑贵族拓跋氏。32岁登进士第，曾任南阳县令、东曹都事等微职。汴京城破后，被俘囚于聊城。数年后释放，拒绝出仕，回到家乡从事著述。有《元遗山先生全集》传世。

塞外初捐宴赐金，当时南牧已骎骎。只知灞上真儿戏，谁谓神州遂陆沉！华表鹤来应有语，铜盘人去亦何心？兴亡谁识天公意，留着青城阅古今。

清人赵翼《题遗山诗》说：“国家不幸诗家幸，赋到沧桑句便工。”从元好问写于金亡前后的这批“丧乱诗”来看，其巨大的社会价值与出色的艺术成就，是符合后人这种评价的。正是山河的破碎，诗人的忧患，造就了这些旷世之作。

元好问诗内容丰富，题材多样。在他晚年以遗民身份收集前人作品和史料过程中，有机会走访过不少地方，虽然笔下仍不时流露出亡国哀痛，但也留下了很多的描写山水景物以及题画、唱和应酬之作。其中像《游黄华山》《泛舟大明湖》《涌金亭示同游诸君》《台山杂咏》等诗，构思奇特，气势开阔，描写生动，开辟了他诗歌创作的新境界。

元好问今存词380余首，数量和艺术造诣也在金代词坛独领风骚，堪与两宋词家相媲美。其作品题材颇为广泛，其中有寄托神州陆沉之痛的“丧乱词”，有对自然山水景物的描写，有对纯美忠贞爱情的赞美，也有咏怀、吊古、咏物、送别、射猎、边塞等方面内容。元好问词艺术表达上以师法苏、辛为主，又注意吸取借鉴宋

道旁僵卧满累囚，过去旃车似水流。红粉哭随回鹘马，为谁一步一回头？

白骨纵横似乱麻，几年桑梓变龙沙。只知河朔生灵尽，破屋疏烟却数家。

——《癸巳五月三日北渡》其一、其三

代各家之长，因而兼有婉约、豪放的不同特色。宋末张炎称誉元好问的词“深于用事，精于炼句，风流蕴藉处，不减周秦”(《词源》)；元代郝经称其词“乐章之雅丽，情致之幽婉，足以追稼轩”(《祭遗山先生文》)。可见元好问词风格的多样性。

对新兴的散曲体裁元好问也有尝试。作品今存9首，虽数量不多，但影响很大，其中〔双调〕《骤雨打新荷》一首当时流行颇广，名姬多歌之(陶宗仪《南村辍耕录》)。在元好问所处的金末元初，散曲写作尚处于起步阶段，元好问作为被尊称为“一代文宗”的北方文坛领袖，能够创作这种新兴的通俗文体，对于散曲的发展无疑有倡导和推动的贡献。他是元代最早开始写作散曲的著名诗人，用俗为雅，变故作新，具有开创性。

元好问著有文章26卷，其文内容丰富，众体皆备，风格上追步欧苏，笔力清新雄健，语言平易自然。他的《续夷坚志》为笔记小说集，共4卷202篇，记述金朝泰和、贞祐年间的神怪故事，属于现存的金代优秀短篇小说。

元好问在文学理论批评上也颇有建树，内容涉及诗、词、古文多个方面，其中以《论诗绝句三十首》最具代表性。这组论诗绝句既强调诗的内容，也重视诗的艺术风格及诗人的道德品行，不少见解都是针对诗坛时弊而发，具有很高的诗歌理论价值，反映了他的诗学造诣和对诗歌创作的精辟见解。同时，《论诗绝句三十首》自身也写得文采斐然，很有情致，因而能够在后世广为流传。

元好问在金元之际文坛上有承前启后的重要作用，他的文学理论思想和各种文体的创作实践，充分说明他不仅是当时影响最大的文学家和史学家，在整个文学发展史上也是卓有成就的杰出诗人。

第四节　董解元《西厢记诸宫调》

诸宫调是流行于宋金时期的民间说唱艺术，其组织方式是取同一宫调的若干曲牌连成短套，再用不同宫调的许多短套联缀成长篇，中间加以适当说白，用来叙述情节曲折的长篇故事。因全篇说唱结合以唱为主，故被称为“诸宫调”。它在结构形式上继承了唐代变文说唱结合、韵散相间的体制，吸收了宋代以同一词调重复演唱的鼓子词和一诗一词交替演唱并结合歌舞的“转踏”的特点，以及集若干同一宫调的曲牌为一套曲子的“唱赚”等多种表演艺术的长处，但比起前面的各种文学艺术形式来，其结构显得更加宏伟，篇幅更为庞大，因而也更适合表现曲折复杂的故事内容。其起源当自北宋时期，宋人王灼《碧鸡漫志》、吴自牧《梦粱录》、孟元老诸宫调说唱艺术的特点：(1) 曲白相间，说唱长篇故事。(2) 说唱以叙事为主，而兼有代言。即说唱者以第一人称模仿人物的声口，甚至配合一定的身法与表情进行表演。(3) 唱的部分由众多曲牌组成，各宫调中使用数量不等的曲牌，形成多种宫调的连接体制。诸宫调为北曲杂剧曲牌联套音乐结构体制的形成奠定了基础。

《东京梦华录》等多种著述均有北宋时孔三传创制诸宫调的记载，可惜没有作品流传。宋室南渡后，此说唱表演形式也传到江南，流行更为广泛，不过创作演出影响更大的还是在金王朝统治下的北方地区。早期诸宫调主要是用简便的鼓、锣、板和笛子伴奏，传至南方后演变为地域色彩鲜明的丝竹伴奏为主，在北方则发展为多用琵琶或筝以及弦索乐器，故流行于北地的诸宫调也称“挡弹词”，或直接称为“弦索”，以与南方诸宫调的音乐系统和伴奏乐器相区别。蒙古灭金后，随着北曲杂剧的成熟和创作表演高潮出现，诸宫调渐趋衰亡。

诸宫调与院本杂剧共同构成了金代文学艺术的巨大成就，开辟了一个新的文学创作和表现领域，是金代文人和民间艺人对中国文学发展的重大贡献。与数百种金院本已完全散佚、无踪可寻相比较，数量也颇为可观的诸宫调有个别作品幸运地保存了下来，使后人得以了解其文本面貌，这就是唯一完整存世的金代作品董解元的《西厢记诸宫调》，以及两部残缺不全的金、元作品《刘知远诸宫调》和《天宝遗事诸宫调》。

《西厢记诸宫调》(以下简称“董西厢”)又称《弦索西厢》或《西厢挡弹词》，是足以代表宋金时期诸宫调发展水平的一部作品。作者董解元，其名字、籍贯、生

董解元《西厢记》书影（明嘉靖本）

董解元《弦索西厢》插图（清刊本）

平事迹均不可考。“解元”一词是金元社会对于读书人的泛称。元代钟嗣成《录鬼簿》卷上“前辈已死名公有乐府行于世者”部分，将他列为第一，并注云：“大金章宗时人，以其创始，故列诸首。”说明他主要活动于金代章宗时期（1190—1208）。明初朱权《太和正音谱》说他曾“仕于金”，清人毛奇龄《西河词话》称其为“金章宗学士”，均无可靠依据，属于对“解元”称谓的附会。“董西厢”卷首有几支带有作者自叙性质的曲子，从中大致可知他是一个接近社会下层、为人狂放不羁又蔑视礼法的落魄文人，这也符合他作品中所表现出的对封建婚姻制度及传统伦理道德观念的排斥态度。

“董西厢”故事本于唐代元稹的传奇小说《莺莺传》（又名《会真记》），描述了唐贞元年间发生在蒲州普救寺中书生张生与少女崔莺莺之间的一段爱情故事，但小说中张生为追逐功名而始乱终弃，甚至诬莺莺为“不妖其身，必妖于人”的“尤物”，称自己的负心之举是“善补过者”，其颠倒黑白、文过饰非的言行一向使人们的反感。“董西厢”从根本上改变了原作的主题。作品以莺莺和张生在封建礼法压力下毅然出走实现爱情理想为结局，彻底否定了先前小说中流露的封建意识与陈腐道德观念，歌颂了青年男女为争取婚姻自由而进行的努力和斗争，从而赋予作品以鲜明的反封建婚姻的思想特征，体现了积极的社会意义。这也是“董西厢”在文学史上高于许多爱情婚姻题材说唱作品的主要原因。

作为一部大型的诸宫调作品，“董西厢”实际是根据主题的需要，对流传已久的崔张爱情故事进行的一次再创作。从篇幅来看，整部作品分为8卷，共使用了14种宫调，192套长短套曲和两支单曲，另加大量说白来叙说这个曲折多变的爱情故事，把一篇不足3 000字、情节简略的传奇小说，扩展成一部5万字左右的长篇说唱文学，从中不难看出作者对故事结构和情节的苦心经营。更重要的是，作品中人物性格和人物形象较原作有了大幅改动和再创造。“董西厢”中温柔美丽的崔莺莺，不再只是一个屈从于命运、哀婉无力的贵族小姐，为了追求自己的爱情幸福她已经敢于起来抗争，通过自许终身和随情人私奔等非同寻常的举动，展示了她对封建礼教的叛逆。而张生也完全改变了先前始乱终弃、令人厌恶的负心男子面孔，成了一位有情有义、忠实于爱情的可爱书生。原作中并不重要的侍女红娘，在“董西厢”中发展成了非常重要的人物，她热心为崔张的结合而奔走，机智地对付老夫人，这些都使得这个身处下层的少女形象颇具光彩。对于代表封建礼法和道德观念的老夫人，作者则将其与其他反面人物郑恒、孙飞虎划为一方进行讽刺和批判。作品通过上述两类互相对立又关系复杂的人物形象以及由此演化出来的曲折故事情节，生动地描述了崔张争取自由幸福爱情的艰难过程，表现了进步的思想倾向与合理的婚姻爱情观念。

“董西厢”艺术上取得的成就也非常突出。除结构的宏伟与情节的曲折跌宕外，作品给人的另一突出印象是显示了高超的叙述故事才能。作为说唱文学作品，不同于戏曲舞台上的分脚色表演，能否充分利用不受时空和场景限制的说唱艺术特点绘声绘色地叙说故事，描摹人物心理，展现人物性格，使听众进入如闻其声、如见其人的艺术境界，是一部说唱作品水平高下的标志。在这方面，“董西厢”的表现颇值得称道。明代戏剧大家汤显祖赞誉说“董词最善叙述”，可谓精辟评价。

董解元《西厢记诸宫调》的出现和艺术表现上的成就，对此后王实甫创作《西厢记》杂剧有直接的影响。

第二章

元杂剧的兴盛与代表作家

元杂剧的兴盛及其基本面貌

元杂剧前期作家作品

元杂剧后期作家作品

与欧陆文学相比，我国古代抒情诗显然是较为优长的体裁，而戏剧则相对发育较晚。但是，到了元代，杂剧艺术一旦兴起，便呈现出不凡的势头。名家辈出，经典相踵，以同时代论，又成为了世界戏剧最为活跃的地方。贴近生活，风格多样，本色自然，是元杂剧蓬勃生命力的源泉。

第一节　元杂剧的兴盛及其基本面貌

元代文学，世人向以“元曲”为代表。这是一个堪与前后时代的唐诗、宋词、明清小说相提并论的称谓，一个时代文学的标志。考虑到元王朝立国只有短短不足百年时间（从元世祖忽必烈1271年改称蒙古帝国为元到1368年元王朝被推翻，只有98年，即便从1234年蒙古灭金占据北方算起，也不过130余年），文学上取得如此重大的成就，不能不令人叹为观止。

所谓“元曲”，实际包括剧曲与散曲两个部分。剧曲即元杂剧，是融文学创作和多种表演成分于一体的综合性戏曲艺术，散曲则是在宋词基础上发展起来的一种新诗体。由于元杂剧的创作成就明显高于散曲，后人也常以“元曲”称谓专指元代杂剧，如明人臧懋循（晋叔）选出百种元杂剧剧本编成的集子，取名就叫《元曲选》。

在中国文学史上，元杂剧在短时期内的迅速崛起与辉煌，具有里程碑式的重大意义。它不仅标志着中国戏曲艺术经历漫长的发展过程终于走向了成熟，同时还标志着以叙事为主体的文学作品，在中国古代文学的发展进程中第一次占据了一个时代文坛的主导地位。这个重大的变化与转折，对其后明清两代文学的转型与发展面貌有明显的影响。

元杂剧的兴盛，需要具备很多相关的条件与因素。

首先，元杂剧的成熟是中国古代戏曲艺术长期积累和孕育的结果。古代戏曲虽然相对晚出，却经历了一个相当漫长的孕育过程。从一些相关文献资料看，早在远古时代，先民们已经开始用简单的原始歌舞动作来表现所从事的农事狩猎活动，表达自己喜怒哀乐的情绪变化了。此后先秦时代宗教祭祀礼仪中的巫觋拟神表演及宫廷中的俳优滑稽调笑，多少都含有戏曲艺术最初的萌芽。西汉时代以角觝竞技为主的百戏极为流行，有些表演规模已颇为庞大。南北朝时期社会上出现了“拨头”“代面”“踏摇娘”之类的歌舞表演形式和以滑稽表演为特色的参军戏，这些表演已经开始具有简单故事情节。唐代歌舞艺术十分发达，舞蹈结合滑稽表演发展起来的唐参军戏则是对先前表演形式的继承和发展。至北宋时期汴京上演的杂剧，脚色已发展到4至5人，内容也非隋唐以来靠副净、副末插科打诨吸引观众的参军戏可比。当时在汴京等地演出的还有傀儡戏、影戏、舞队、清唱、说唱等各种民间艺术，这就为宋杂剧综合各种技艺从而形成比较完整的舞台艺术，创造了非常有利的条件。金代以表演人物故事为主的金院本，进一步融合先前各种技艺之长，使舞台表演形式又有新的提高和完善。从北方各少数民族传入的音乐唱腔，与北方汉民族原有的流行曲调相融合，形成了新的音乐体系。金代新出现的说唱艺术诸宫调，在说白与歌唱方面充分结合，乐曲的组织也非常丰富，从而为曲白结合表现故事的戏曲艺术诞生作了最后的铺垫。经历了这样一个漫长的孕育和积累过程，金末元初在北方地区，杂剧这种新出的艺术表演形式已经初具规模，从内容到形式都趋于成熟，进入元代后很快形成了创作演出的高潮，从戏曲艺术自身的演进来说，元杂剧蔚为壮观的发展，实是中国古代戏曲发展过程中水到渠成的结果。

其次，元前期都市工商业的发展、社会的相对安定为戏曲演出活动提供了物质条件和群众基础。蒙古贵族采用野蛮和残酷的军事手段灭金，夺取了北方统治权力，开始并不了解农业经济的重要性。但在局势逐渐稳定后，他们在汉民族高度发达的农业经济影响下，不得不放弃落后的游牧经济方式，采取了一些恢复农业生产的统治措施，对恢复城市工商业和手工业也实行了一些有效的促进手段。农业和手工业的逐步恢复与发展，海运和漕运的沟通，中西交通的扩大，都有力地促进了城市经济的繁荣。元初，北方政治文化中心大都（今北京），河北的真定（今正定），山西的太原、平阳（今临汾），河南的汴梁（今开封），山东的东平、中兆（今济南）等城市，虽然经过战争的破坏，但城市经济恢复都比较快。这些地区宋金时代就有宋杂剧、金院本、诸宫调演出的群众基础，此时社会的相对稳定和工商业的繁荣又为戏曲活动的开展提供了较好的物质条件，因而杂剧艺术便首先在这些地区很快地发展起来。《录鬼簿》所记载的元杂剧前期作家和《青楼集》记载的元前期演员，大都集中在大都等北方大城市，可充分说明这一点。据文献记载，当时北方的戏曲演出十分广泛，上至宫廷贵族，下至平民社会，观赏戏曲演出成为生活中一种不可缺少的娱乐方式。勾栏瓦肆戏曲演出的商业化及由此带来的同行间竞争，对当时杂剧艺术的发展和繁荣十分有利。

再次，元代长期废除科举，把大批有才华的文人赶进了勾栏行院，是元杂剧文学剧本创作高度繁荣的一个重要前提。元代文人的社会地位一直十分低下，在蒙古军队灭金、灭南宋的征伐中，兵锋所到之处，对汉族文人儒士与普通百姓一样，动辄采取不分青红皂白的野蛮屠戮政策，即便不杀，也往往驱之为奴。隋代以来沿袭六七百年的科举制度，蒙古灭金后一废就是81年。虽然南宋灭亡近40年后，科考勉强得以恢复，但就其所录取的寥寥几个汉族士子看，统治者此举也只是一种象征性的政治手段，而不是真正为落魄的读书人打开仕进之门。可以说，在整个元朝统治的百余年间，蒙古贵族阶级对汉族文人的轻蔑态度是贯穿始终的。“儒生颠倒不如人”，便是那个颇为特殊的年代里，一代读书士子悲剧命运的真实写照。既然失去了仕途的希望，大批的文人摆脱了对于国家与政权的依附，为了维持基本的生存转而走向勾栏行院、市井瓦肆，与民间艺人和歌伎们合作，为他们编写剧本唱词，这便是相关史料中所称的“书会才人”生活。所谓“书会”，即元代读书人与民间艺人合作的一种创作团体，书会中的“才人”，便是以前各个时代不屑于与艺人为伍的读书人。元代这样的书会数量很多，著名的如早期北方大都的玉京书会、元贞书会，后来杭州的武林书会、古杭书会、龙山书会等。著名的元杂剧作家如关汉卿、马致远等，皆属书会中的“才人”。众多才华横溢的文人学士沉于下僚，这在元代之前任何一个科举时代都是不可想象的。正是元代的社会现实造就了这样一批非传统型文人。他们的身份和社会地位，决定了他们的作品能够真实反映人民群众的思想感情和生活愿望，为社会大众发出不平之鸣；他们所拥有的才华智慧和文化修养，也决定了一大批优秀的杂剧剧本会从他们手中诞生。从此意义上说，书会的产生和书会才人的大批出现，实为元代杂剧繁荣昌盛不可忽视的重要因素。

最后，元王朝对思想文化的控制相对松弛，客观上为剧作家提供了较为宽松的创作环境。这很大程度上是缘于这些马上夺得天下的赳赳武夫们并不擅长思想文化的掌控，或者对于这些并不十分重视。蒙古统治者在取得中原后，虽然逐渐开始崇尚儒学，提倡程朱理学，但他们在利用正统的儒家学说巩固政权的同时，对佛教、道教乃至伊斯兰教、基督教也同样予以尊崇。官方信仰的多元化，很大程度上削弱了儒家思想在社会上的影响。科举既废，文人心目中的封建正统观念也随之失去威严。北宋以来长期一家独尊，严重束缚人们思想和文化艺术发展的程朱理学，在此时已显得不再那么神圣不可冒犯。因而文人们在杂剧与散曲的创作中，也就可以无所顾忌地摆脱传统封建礼教思想观念的约束，表现出文人独立的思想意识和大胆直率的创造精神，充分表达自己对社会、对人生的真切体验和理解。元杂剧中为数不少的作品所反映的社会矛盾与阶级对立之严重，所暴露的权豪势要贪官污吏行为之恶劣，作者的讽刺抨击之大胆，爱憎感情之强烈，至今读来仍令人为之感叹。这样的文学作品出现在任何一个动辄文字狱的朝代，恐怕都是难以想象的。

关于元杂剧的基本面貌，大致可以从以下几个方面来认识。

首先来看元杂剧的剧本与表演体制。元杂剧的文学剧本和舞台表演体制有三个突出特点：一是“四折一楔子”的基本结构形式，二是一人主唱的舞台表演方式，三是使用北曲音乐。

“四折一楔子”的结构形式：这是元杂剧剧本创作中最为常见的结构方式，也是元杂剧与后世戏曲结构上最大的区别。楔子是全剧四大段落前面的短小序幕，简元杂剧使用最多的宫调有九个：仙吕宫、中吕宫、南吕宫、黄钟宫、正宫、双调、商调、越调、大石调，统称“五宫四调”或“北九宫”。不同宫调表现情感有所区别。据元人燕南芝庵《唱论》，“北九宫”的特点分别为：仙吕宫清新绵邈，中吕宫高下闪赚，南吕宫感叹伤悲，黄钟宫富贵缠绵，正宫惆怅雄壮，双调健捷激袅，商调凄怆怨慕，越调陶写冷笑，大石调风流蕴藉。

略交代一下情节和人物，也有的安排在折与折之间作过场戏。折是舞台表演时的一个自然情节段落，相当于现在戏曲演出中的幕或场。至今舞台上演出某些剧目的个别场次时仍称为“折子戏”，其称谓即是由此而来。

在元杂剧中，折首先是个音乐单元，每折演唱某个宫调的曲牌所组成的一套曲子，全剧四折共演唱四套曲子。元杂剧常用的北曲宫调有12个，其中使用率较高的有9个，风格特点各不相同。剧作家通常会根据剧情、剧中人物身份和特定环境中的人物情绪来选择不同的宫调填写曲子。其次，折还是戏剧矛盾冲突发展的自然段落。表演一个故事总会有其开端、发展、高潮和结局，因此，在元杂剧结构中，第一折往往是矛盾的开端，音乐上多用仙吕宫；第二折是矛盾的发展，多用正宫或南吕宫；第三折是全剧高潮，多用中吕宫或越调；第四折属于结局，剧中所表现的矛盾已经解决，通常选用双调。

元杂剧根据戏曲音乐的运用和故事矛盾冲突的进展设计成“四折一楔子”结构，有其一定的道理，但也有很大的局限。不管故事内容简单或复杂，一律套用四折一楔子，对剧作家结构故事安排情节就难免形成束缚，所以元代有创造性的作家也力图对此有所突破。如纪君祥的《赵氏孤儿》就写成了5折，关汉卿的《五侯宴》也是5折；王实甫《西厢记》用5本21折的庞大结构来敷演一个优美的爱情故事；吴昌龄的《西游记》写到了6本24折。但这些还只能说是少数例外，元杂剧的绝大多数作品都没有突破这个惯例。

一人主唱的舞台表演方式：元杂剧演出时全剧四折都由男主角正末或女主角正旦独唱，其他角色只能杂以说白，正末主唱的称为“末本”，正旦主唱的称为“旦

元杂剧角色众多，分工细密。如末有正末、副末、冲末、外末、小末等，旦有正旦、外旦、贴旦、搽旦等，杂有细酸、孛老、卜儿、邦老、祗从等。但每本戏通常只安排一个角色担任主唱，或正末或正旦，因而形成“末本”与“旦本”。

本”。这种舞台表演方式的长处是笔墨集中，便于突出剧中主要人物，如关汉卿杂剧《窦娥冤》，全剧四套曲子都由正旦窦娥演唱，非常有利于展现了她的内心世界和悲剧命运，但其短处同样明显。同是关汉卿的杂剧《鲁斋郎》，剧中下级官吏张珪被逼五更前将妻子送到鲁斋郎府上，因是末本戏，一路上只能由张珪一人来唱，其妻此时虽有剧烈的感情波动，却只能插入几句简单的说白，无法借助成段的曲子来表达心中情绪的起伏。所以这种一人主唱的表演方式有利有弊，但在元代，绝大多数剧目从剧本到表演都没有突破。个别剧目有同一角色扮作不同人物分别演唱的现象，实际上仍属一人主唱。

使用北曲音乐：缘于中国南北文化的差异，南北两地民众性格气质及风俗习惯的不同，表现在音乐上，南曲、北曲也有着完全不同的风格特色。元杂剧崛起于北方，是一种主要使用北曲音乐的戏曲艺术。所谓北曲音乐，是指在中国北方长期的历史发展过程中所形成的一种慷慨奔放、激昂高亢的音乐传统，再融合辽金以来源自草原大漠、带有马上杀伐之音的胡地音乐，从而孕育出的一种新的音乐体系，其风格与南方音乐的清新委婉、纡徐缠绵有很大的差异。元杂剧主要使用北曲音乐伴奏演唱，这是它音乐使用上的一个突出特点。后人所以称其为“北杂剧”，既有崛起于北方地域的寓意，也在很大程度上有其使用北曲音乐的原因。

其次来看元杂剧的发展过程。元代杂剧百年左右的发展历史，大致经历了一个由盛而衰的发展演化过程。伴随着这个演化过程，元杂剧的创作和演出活动，大致可以元成宗元贞、大德年间（1295—1307）为界，分为前后两个发展时期。前期约为元世祖至元初到成宗大德末年，杂剧活动主要以北方的大都为中心，这是元杂剧创作演出高度繁荣的年代，参与者众多，人才辈出，作品争奇斗妍，各呈异彩，产生了关汉卿、王实甫、白朴、马致远、纪君祥、杨显之、康进之、高文秀、尚仲贤、李好古、石君宝、郑挺玉、李文蔚等一大批杰出的剧作家以及众多影响巨大的优秀作品，在元代文坛上形成了盛极一时的局面。通常人们所称元杂剧黄金时期，主要就是指这个阶段。

钟嗣成《录鬼簿》收录的元曲作家分为七类：1.“前辈已死名公，有乐府行于世者”，包括董解元等31人；2.“方今名公”，包括郝新庵等10人；3.“前辈已死名公才人，有所编传奇行于世者”，包括关汉卿等56人；4.“方今已亡名公才人，余相知者，为之作传，以《凌波曲》吊之”，包括宫天挺等19人；5.“已死才人不相知者”，包括胡正臣等11人；6.“方今才人相知者，纪其姓名行实并所编”，包括黄公望等21人；7.“方今才人闻名而不相知者”，包括高可通等4人。

后期是从成宗大德以后至元朝灭亡，这期间随着全国的统一，南方社会经济经过一个时期的恢复得到快速发展，临安（今杭州）等南方都市的繁华富庶吸引了很多北方作家艺术家纷纷南下，杂剧活动的中心也逐渐由大都南移到了杭州。但产生于北方土壤的杂剧艺术，转移到南方不可避免地出现了“水土不服”的现象，同时受到南方土生土长的南曲戏文强有力的挑战。加上元后期恢复科举考试后，一些有才华的文人又渐渐被吸引到考场上，因此后期半个多世纪，杂剧创作名家急剧减少，有影响的作品也寥寥无几，总体上呈现日趋衰微的趋势。虽然少数作家如郑光祖、宫天挺、秦简夫等人的作品还有一定的特色，但整体成就已无法与前期相提并论。

再次来看元杂剧的内容与题材。在元代各类文学样式中，反映社会生活最为广泛、时代色彩最为鲜明的当属杂剧作品。元人胡祗遹曾这样评述当时杂剧创作内容的广泛与题材的多样：“上则朝廷君臣政治之得失，下则闾里市井父子兄弟夫妇朋友之厚薄，以至医药卜筮释道商贾之人情物性，殊方异域风俗语言之不同，无一物不得其情，不穷其态。”（《送宋氏序》）从现存元杂剧作品来看，一是一批正面反映社会现实的作品，大都深刻地揭露了统治阶级的官僚、豪绅及其帮凶爪牙对下层百姓的迫害和剥削，反映了受压迫者反抗黑暗统治的愿望与呼声，歌颂了普通民众对统治者的各种形式的反抗斗争。二是以历史故事和历史人物为题材的创作，比较突出的是一批三国剧和水浒剧以及表现杨家将、岳家军抵抗侵略的作品。在这类剧作中，作家们往往通过敷演历史故事来揭露统治集团的腐败无能，歌颂历史上英雄人物的凛然正气、受压迫者对于暴政的反抗以及爱国将领们反抗民族压迫的壮举，借以总结历史教训、抒发胸中的不平和激愤。三是数量众多的歌颂男女爱情之作，影响最大的当属王实甫的《西厢记》，还有关汉卿的《拜月亭》、白朴的《墙头马上》、郑光祖的《倩女离魂》等（此四剧有“元代四大爱情戏”之称）。四是为数不少的隐逸题材作品和神仙道化剧。其中以马致远作品最有代表性。当然，元杂剧中也有一些宣扬封建道德观念、渲染鬼神迷信的作品，代表了一种消极落后的创作倾向，尤其是在元杂剧的晚期。

又次来看元杂剧的表演与演员。元杂剧在13世纪中后期的突然崛起并迅速形成创作演出高潮，与它的通俗性、群众性是分不开的。元杂剧作品不是案头之作，而是适于舞台表演的本子。剧作家们写出优秀的剧本，真正推向社会大众还有赖于众多艺人舞台上的再创造。杂剧艺人对于元杂剧黄金时代的形成同样有着巨大的贡献。元末夏庭芝撰著的《青楼集》记述了元代140多位戏曲艺人的活动事迹，其中专条记录了当时的著名杂剧女演员74人，包括珠帘秀、赛帘秀、赵真真、朱锦秀、顺时秀等。另有附见于各条的女艺人42人。这些艺人在当时或是“名重京师”“京师唱社中之巨擘”，或是“驰名金陵”，或是“独步江浙”，或是“淮浙驰名”，或是“驰名江湘间”。此外还有“山东名姝”“维扬名伎”“湖州角伎”等。其中如珠帘秀

元杂剧壁画（山西洪洞县·明应王殿）

“杂剧为当今独步，驾头、花旦、软末尼等，悉造其妙”；天然秀“闺怨杂剧为当时第一手，花旦、驾头亦臻其妙”。赛帘秀虽然中年双目失明，仍能登台演出，“步行针线，不差毫发”，不难想见这些优秀女艺人在戏曲表演上所达到的水平。《青楼集》中还记述了男演员30余人，著名的有侯耍俏、黄子醋等人。陶宗仪《南村辍耕录》也提及当时的著名男艺人魏、武、刘三人，并说“魏长于念诵，武长于筋斗，刘长于科泛”。此处所说的“刘”即元代著名艺人刘耍和，他的女婿花李郎、红字李二，也都擅长于杂剧表演。

最后来看元杂剧的流传与保存。元杂剧所使用的北曲音乐和唱谱在明代中期已逐渐失传。其文学剧本，元人钟嗣成《录鬼簿》中著录有作品450余种。元末明初贾仲明《录鬼簿续编》补充著录了元明之际的作品156种。明朝初年元杂剧剧本还保留很多，但随着昆曲传奇的兴起和杂剧的日趋衰亡，杂剧作品也大量散佚。由于文献资料的缺乏和鉴别的困难，今人已很难对元杂剧作品做出准确的统计。一般认为，姓名可考的元代剧作家作品有500种左右，元代无名氏剧作家的作品有50种左右，元明之际的无名氏作品有180多种，总数为730余种。保存下来的元代及元末明初杂剧作品有210多种，其中姓名可考的元代剧作家作品有109种，元代无名氏剧作家作品31种，属于元明之际无名氏剧作家作品70余种。这些传世作品主要保存在《元刊杂剧三十种》明臧懋循《元曲选》及其他一些明代刻本中。

第二节　元杂剧前期作家作品

白朴

（1226—1306后）字太素，号兰谷，初名恒，字仁甫，隩洲（今山西河曲附近）人。父亲白华是金朝著名诗人，金末任枢密院判官。

白朴8岁时汴京（今河南开封）被蒙古军队攻陷，父亲随金哀宗出走，母亲被蒙古军掠去，他则幸赖父亲好友、著名诗人元好问携带北渡黄河。白朴自幼受到元好问的精心呵护和教育，具有较高的文学修养。但国破家亡的惨痛记忆，也使他心灵饱受创伤。成年后拒绝他人推荐，无意参与政治，常年漂泊于北方各地，混迹于勾栏瓦舍与艺人们交往。他是元代最早一位以出身文学世家的名士身份从事杂剧创作的剧作家，晚年长期留寓南方。所作杂剧见于著录的有16种，今存《墙头马上》《梧桐雨》两种。

《墙头马上》取材于唐白居易新乐府诗《井底引银瓶》，原诗写一大家少女与钟情男子私奔最后遭遗弃的故事。其小序曰“止淫奔”，说明主旨属于封建教化。《墙头马上》写洛阳总管李世杰之女李千金与尚书之子裴少俊一见钟情，当夜李千金即随裴少俊私奔而去，在裴家后花园秘密生活七年，并生下一对儿女。后被裴尚书发现，逼少俊写休书逐出家门。李千金与尚书公公舌枪唇剑，虽驳得裴尚书哑口无言，无奈还是被迫离去。后裴少俊高中状元，希望再续前缘，却遭到李千金坚决拒绝。最后裴家以母子之情打动其心，夫妻方得重圆。可见白朴此剧虽源于白居易诗，但表达的思想和主题已经与原诗有了根本的不同。作品正面赞美了青年男女合乎情理的自由恋爱和婚姻，很大程度上与《西厢记》杂剧对唐传奇《莺莺传》的改造相类似。

与《墙头马上》的世俗化不同，白朴的另一部杂剧名作《梧桐雨》更多地表现了文人化的情趣。此剧敷演的是唐明皇和杨贵妃之间的一段爱情悲剧，由于白居易《长恨歌》的巨大社会影响，对这个题材世人并不陌生。客观地说，白朴的这部剧作并没有写出强烈的戏剧矛盾冲突，全剧所着力表现的是唐明皇的内心世界：在失去了皇帝的至尊地位、失去心爱的杨贵妃之后，他在孤独和苍老中感受的寂寞和哀伤，一种对盛衰荣枯无法预料和把握的人生幻灭感。这是白朴对唐明皇人生经历的总结，也寓含着作者自己亲历国破家亡的哀痛之情和沧桑之感。严格说来这样的戏剧结构并不算太成功，至少达不到“当行”的创作要求。白朴的成功在于他能巧妙地化解自己的短处，又充分扬己之长，通过一连串优美典雅、富有抒情诗特征的曲辞来打动读者，感染观众。尤其是剧中第四折，一连23支曲子，几乎都是唐明皇的内心独白，尽情地表达了这位退位帝王的忆旧、伤逝、相思、悔恨、孤独、哀愁等种种内在情绪，后半套的13支曲子更是借助淅沥秋雨滴打梧桐这种极富特征的悲凉感伤场景，反反复复地倾诉着唐明皇的孤独忧伤情怀。凄楚哀婉的自然环境与人物极度沉痛忧郁的心情相互映衬，相互交融，产生了极其强烈的抒情效果，使人如品味一出精美的抒情诗剧。由此也可看出在元杂剧前期有影响的作家中，白朴属于以文采见长的大家。

马致远（约1250—1321后），号东篱，大都（今北京）人。年辈上略晚于关汉卿和白朴。早年曾追求功名，但未找到出路，大德年间一度出任江浙行省务官，晚年淡泊名利，退隐山林，以诗酒自娱。他一生从事杂剧创作，曾是大都元贞书会的主要剧作家，在元代梨园负有盛名。所作杂剧见于著录者15种，今存7种，代表作是《汉宫秋》。

《汉宫秋》杂剧敷演王昭君出塞和亲的历史故事，这是一个自汉代以来被各种文学艺术形式反复表现过的题材，流传中已经带有很多的演绎成分。马致远在前人的基础上再加创造，把昭君出塞原因写成匈奴发兵攻汉，强行索取昭君；而男主角汉元帝则是一个软弱无能，受群臣挟制又多愁善感、深爱昭君的帝王；昭君的结局变为行至胡汉交界处的黑河投水自尽。这样《汉宫秋》就成了一部借用历史人物和历史事件而又含有大量虚构成分的宫廷爱情悲剧。作者在金元易代沧桑巨变的时代背景下，选择这样一段历史故事创作此剧，应该说寄寓着自己对历史与人生的深切体悟和认识，表达了对现实社会的一种切身感受。

《汉宫秋》是末本戏，剧中主角汉元帝自己的命运不能主宰，连自己心爱的女人都不能保护，其心中那种为历史和现实的巨大变化所造成的悲情愁绪，自然也表

马致远故居

现得格外强烈。比如剧中第三折，汉元帝在京城郊外亲自送走了王昭君，回到宫中抒发离别之苦的一段曲子：

> 呀！俺向着这迥野悲凉，草已添黄，兔早迎霜。犬褪得毛苍，人搠起缨枪，马负着行装，车运着糇粮，打猎起围场。他他他，伤心辞汉主；我我我，携手上河梁。他部从入穷荒，我銮舆返咸阳。返咸阳，过宫墙；过宫墙，绕回廊；绕回廊，近椒房；近椒房，月昏黄；月昏黄，夜生凉；夜生凉，泣寒螀；泣寒螀，绿纱窗；绿纱窗，不思量。
>
> 呀！不思量除非是铁心肠！铁心肠也愁泪滴千行。美人图今夜挂昭阳，我那里供养，便是我高烧银烛照红妆。

像这样的曲辞，可谓一唱三叹，闻之令人荡气回肠。王国维对元杂剧曲辞“写情则沁人心脾，写景则在人耳目，述事则如出其口”（《宋元戏曲史》）的赞誉，颇符合马致远这类作品的实际。

不过也应看到，马致远作剧写实能力不算太强，其作品也普遍缺乏紧张强烈的戏剧冲突，与关汉卿相比，算不上“当行”的剧作家。但他和白朴一样，长处也是善于写出优美的抒情性辞曲，在这方面他确是一位高手。具体来说，他的杂剧曲辞不如《梧桐雨》《西厢记》那般华美，而是朴实自然与典雅精致的完美结合，这在很大程度上抵消了其剧作戏剧冲突不强的弱点，仍能得到世人很高的评价。《汉宫秋》被明人臧懋循列为《元曲选》的压卷之作，正代表了后人对马致远杂剧的看法。

元杂剧前期，除了关汉卿、王实甫、白朴、马致远几位大家外，还产生了一批非常优秀的作家作品，他们共同开创了元代戏曲的黄金时代。

纪君祥，一作纪天祥，大都（今北京）人，生卒年不详。著有杂剧6种，今存《赵氏孤儿》及《松阴梦》杂剧残曲。其中，《赵氏孤儿》是元杂剧中著名的历史悲剧。故事写春秋晋灵公时期权奸屠岸贾谋害忠直大臣赵盾，将赵氏家族300余口满门抄斩，只剩下一个襁褓中的婴儿被义士程婴救出。屠岸贾发现赵氏孤儿被救后，为斩草除根，下令杀光国内所有半岁以下的婴儿。程婴为保护赵孤和全国幼儿，毅然献出自己的幼子冒顶赵氏孤儿。将军韩厥和程婴好友公孙杵臼为保护孤儿，先后慷慨献出了生命。20年后赵氏孤儿长大成人，终于成功地报仇雪恨，作恶多端的屠岸贾得到了应有的惩罚。

《赵氏孤儿》作为一部杰出的历史悲剧，其故事有其历史依据，但此剧能够取得震撼人心的艺术效果，很大程度上有赖于剧作家在史实基础上进行的艺术加工和再创造。比如，在《史记》的记载中，程婴携孤儿躲过搜杀后，逃进深山隐藏15年，而剧中改为孤儿就生活在屠岸贾的身边，还被认作义子，这就使戏剧矛盾冲突更集中、更强烈；《史记》中没有屠岸贾下令杀光全国幼儿的记载，杂剧强烈渲染这一情节，更突出了他的残暴凶狠，而程婴、公孙杵臼的慷慨赴义，不仅为赵氏孤儿一人，还为了拯救全国的幼儿，正面人物的精神境界也由此得以升华。还有《史记》中记载程婴自己并无幼儿，他是借了别人的婴儿来为赵孤替死，虽然也属不易，但不利于表现义士的忠勇之举。作品将此细节处理为他毅然献出自己心爱的幼儿，悲剧气氛骤然大增，令人不能不肃然起敬。

《赵氏孤儿》尽情歌颂了中国古代忠正刚烈之士义薄云天的英雄壮举，体现了一股人世间的浩然正气，至今读来仍令人感动不已。剧中所塑造的将军韩厥、义士程婴、公孙杵臼等人物形象，其行为都是那么悲壮。他们或杀身成仁，或舍生取义，或忍辱负重，皆以最大的自我牺牲体现了正义使命的悲壮美，显示出仁人志士们为了维护社会正义置个人生死于不顾的高尚精神境界。全剧充溢着一种浓郁的悲剧基调，人物语言洗练而性格化，矛盾冲突集中而强烈。有人认为剧中对邪恶势力的强烈复仇精神，与元灭南宋后实行民族歧视政策引发的社会复宋情绪有关，可备一说。至少客观上，与当时汉族人民普遍存在的反抗压迫的思想感情是相吻合的。

《赵氏孤儿》如此悲壮感人，受到世人高度评价当属自然。王国维《宋元戏曲史》将它和关汉卿的《窦娥冤》并列，称誉二剧“列之于世界大悲剧中亦无愧色”。实际上，早在十八九世纪，《赵氏孤儿》已被欧洲有见识的学者译为英、法等多种文字，法国启蒙思想家伏尔泰十分推崇这部东方古国的历史悲剧，亲手将其改编为《中国孤儿》在欧洲舞台上演。在国内，京剧《搜孤救孤》及很多地方戏的改编本，至今还活跃在戏曲舞台上。可以说，纪君祥的这部优秀历史悲剧不仅是中国戏曲文化的骄傲，也是世界悲剧中的艺术瑰宝。

元杂剧前期出现的优秀喜剧作品，有石君宝的《秋胡戏妻》、戴善甫的《风光好》、郑廷玉的《看钱奴》、无名氏的《渔樵记》等。其中郑廷玉的《看钱奴》颇为出色，是元杂剧喜剧代表作。

郑廷玉，彰德（今河南安阳）人，生卒年不详。作有杂剧23种，今存6种。郑廷玉杂剧的思想内容比较复杂，他对黑暗的社会现实有所批判，但在愤懑不平之中又往往流露出万事皆由命定、一切都要忍让的消极思想。其作品特色常常是嬉笑怒骂、涉笔成趣，显示了杰出的讽刺才能。《看钱奴》取材于晋干宝《搜神记》卷一〇“张车子”故事，写富豪周荣祖的父亲对神佛不甚恭敬，而穷困潦倒的贾仁在东岳庙求拜祈福感动了神灵，于是神灵有意将周家的财富借与贾仁20年。贾仁在周家打墙时掘得地下藏金一夜暴富，周荣祖则应试落第，家败沦为乞丐，无奈连儿子也卖给了贾仁。20年后贾仁死去，家财被养子继承，复归周家。周氏父子也得团圆。此剧所宣扬的神佛威力及因果报应、富贵在天思想并不足取，但全剧以讽刺喜剧的手法，淋漓尽致地揭露了守财奴贾仁为富不仁的本性，贪婪吝啬的心理与伪善狡诈的手段，可谓入木三分，具有很强的喜剧效果。如剧中第二折贾仁买子时，连别人亲生儿子的卖身钱都要千方百计赖掉，其为富不仁的行为令人发指。第三折写他想吃烤鸭又不舍得花钱买，便到集市烤鸭店狠抓别人的烤鸭挝油；将死之际交代儿子怎样用院子里的喂马槽装他的尸身，怎样借邻居家斧头来剁断自己以免自家斧头卷刃要花钢火钱，等等。如果说，悲剧是用眼泪来净化人们的心灵，那么喜剧，尤其是讽刺喜剧，则更多是用观众的笑声来鞭挞丑类。《看钱奴》这部元杂剧喜剧名作，其精彩和引人发噱绝倒之处，就在于它用极为生动而夸张的描写，暴露了拥有万贯家财而又爱财如命、一毛不拔的贾仁可怜而又可笑的吝啬行径。《看钱奴》杂剧在中国古代喜剧发展中占有重要地位，它也很早就引起西方戏剧界的注意。在十七八世纪，此剧被翻译介绍到欧洲，分别有英译本和法译本。今人将其推举为中国十大古典喜剧之一。

元杂剧中还出现了一大批以水浒故事为题材的作品，至今存目有30余种，完整传世的本子6种。这些元代水浒剧的一般特点，是写权豪势要、贪官污吏以及社会上的流氓恶棍欺压善良，迫害无辜，抢夺良家女子，而梁山好汉则作为正义力量的化身，对这些邪恶势力进行惩罚，从而维护了社会的道德风化和公平，这反映了那个时代普通民众的感情和愿望。

《李逵负荆》是现存元代水浒剧中最优秀的一部，作者康进之，棣州（今山东惠民）人，生平事迹不详。剧情写流氓恶棍宋刚、鲁智恩冒充梁山好汉宋江和鲁智深，抢走了酒店主人王林的女儿满堂娇。李逵假日下山游玩，闻知此事怒不可遏，回山大闹忠义堂，挥斧砍倒“替天行道”杏黄大旗，怒斥宋江、鲁智深玷污梁山泊名誉。后知是歹徒冒名作恶，深悔自己行为鲁莽，乃负荆请罪，并协同鲁智深下山擒获了两名歹徒，将功补过。

这是一部用“误会法”构成的喜剧作品，作者以细腻的笔触描绘了李逵是非分明、爱憎强烈而又天真鲁莽的形象，令人感觉既可笑又可爱。开始他听了王林的哭诉，回山寨不由分说便砍大旗，又用脑袋与宋江打赌，立军令状，显示出火爆鲁莽、疾恶如仇的性格特点。下山对质路上，他对宋江、鲁智深的一举一动都表示怀疑，其心态和行为格外有趣。真相大白后，他能够勇于认错，却又为保住自己的脑袋故意装糊涂耍无赖；最终抓获了歹徒，又变得洋洋得意。全剧色调明快，结构紧凑而有风趣，语言质朴生动，人物性格鲜明，颇富艺术感染力。

元杂剧的另一位水浒剧作家高文秀也是山东人，他写了不少梁山英雄题材作品，仅以黑旋风为主人公的就有8种，可惜大多失传，今存《黑旋风双献功》一种。

另外，公案剧也是元杂剧的一个重要组成部分，流传下来的这类作品约有24种，占现存150余种的元杂剧作品的近六分之一。如关汉卿的《蝴蝶梦》《鲁斋郎》，郑廷玉的《后庭花》，李行道的《灰栏记》，武汉臣的《生金阁》等。其中，无名氏的《陈州粜米》颇具代表性，是元杂剧中的公案剧代表作。

在元代爱情剧中，《柳毅传书》和《张生煮海》是两部很有特色的神话爱情剧，堪称元杂剧爱情戏中的“双璧”。

《柳毅传书》作者尚仲贤，真定（今河北正定）人，作有杂剧11种，今存3种。此剧源于唐传奇小说《柳毅传》，剧情基本沿袭小说情节：洞庭湖龙王女儿三娘与泾河小龙成婚，婚后受虐待，天天被罚河边放羊，备感凄楚。柳毅落第返乡，过泾河遇三娘，为之传递家书，三娘叔父钱塘君率虾兵蟹将大闹泾河救出三娘。洞庭龙王为报恩欲嫁女于柳毅，被婉谢。及至家中，知母亲已为其聘卢氏女。洞房之日柳毅惊喜发现，卢氏女原来就是他喜爱的龙女三娘。

《张生煮海》作者李好古，东平（今属山东）人，作杂剧3种，仅存1种。他的这部作品据民间传说故事改编而成，写书生张羽寄居东海边石佛寺备考，夜间沙滩弹琴散心，惊动龙女琼莲，两人一见钟情，私订终身。琼莲约张羽中秋节前来龙宫与之相聚成亲。分别后张羽思念心切，又闻知东海龙王根本不同意他们的婚事，琼莲也被严加看管起来。无奈中他得到仙姑毛女的帮助，用仙姑送给的法宝煮沸海水，制伏龙王送出琼莲，有情人终成美满婚姻。

两部神话爱情剧有着一些共同的特点：首先是主人公都是热情纯洁、忠实于爱情的青年。柳毅有正义感，乐于助人，为救助三娘脱离苦海他千里传书，虽爱三娘却不求回报。而三娘的遭遇，则是现实生活中女性命运的写照：婚后遭丈夫遗弃，为公婆不容，每日放羊，孤苦憔悴。在她获得自由后，往日愁容一扫而光，容光焕发，不仅令柳毅惊喜，也令观众怜爱。张羽对龙女琼莲的爱执着而热烈，为探访琼莲的下落，不畏艰险出没于波浪海涛之间；龙女琼莲对张羽也是一往深情、矢志不渝，敢于冲破龙宫种种戒律与人世间青年书生私订终身。两剧通过几位青年男女对爱情和幸福的追求，谱写了一曲美丽动人的爱情乐章。

其次，两部杂剧都充溢着奇异瑰丽的浪漫色彩。《柳毅传书》第二折写钱塘君与泾河小龙大战的场面，虾兵蟹将、雷公电母杀作一团，惊险神奇；第三折洞庭龙宫设宴奏乐和赠宝的场面，奇谲变幻，极富神话色彩。《张生煮海》为表现煮海的情节，让张羽从仙姑那里得到银锅一只，铁勺一把，金钱一文。先用铁勺将海水舀进银锅，再把金钱放置锅里，然后在海边架锅煎煮，锅中水少一分，海水便退去十丈……终于把东海龙王煮得焦头烂额，不得不向张生求饶，答应女儿的婚事。爱情的力量可以排山倒海，可以令滔滔东海为之沸腾干涸，这种浪漫神奇的艺术想象和多姿多彩的戏剧情节，使得两部作品的神话传奇色彩浓郁而鲜明，给人留下了难忘的印象。

在艺术表现上两部杂剧各有千秋。《柳毅传书》结构场面的处理极为出色，全剧结构严谨，忽喜忽悲，缓急交错，摇曳多姿；《张生煮海》则语言华丽，文采斑斓。故事发生在海边，全剧写海景的曲子很多，而且绮词丽语，美不胜收。早前日本学者青木正儿曾直接称誉此剧为“一篇海赋”(《元杂剧概说》)。

第三节　元杂剧后期作家作品

1279年元灭南宋统一中国后，北方的杂剧作家纷纷前往风光秀丽的南方漫游或定居，不少南方籍的文人也尝试进行杂剧创作，因而在元成宗元贞、大德之后，杂剧创作和演出的中心逐渐由大都转移到杭州。由此到元末的半个世纪左右，通常被称为元杂剧的后期。总的来看，后期元杂剧的成就无法与前期相比，优秀的剧作家和产生较大影响的作品都很少见，只有郑光祖比较突出。

郑光祖，字德辉，平阳襄陵（今山西临汾附近）人，生卒年不详，曾任杭州路吏。元人周德清《中原音韵》将其与关汉卿、白朴、马致远并列，后人遂有“关马郑白元曲四大家”之称誉。《录鬼簿》著录其作剧17种，今存7种，影响较大的是《倩女离魂》和《王粲登楼》。

《倩女离魂》据唐传奇《离魂记》故事改编而成，写张倩女与王文举原系“指腹为婚”的表兄妹，后张家嫌王功名未就迫其赴京赶考。倩女不舍，灵魂遂与躯体分化脱离，灵魂追随王文举赴京陪伴数年，躯体则居家卧病在床。王文举中状元携妻衣锦还乡，倩女的离魂与躯体又合为一人。此剧用超越现实的传奇故事表现封建时代清纯少女追求爱情生活中的执着与勇敢，是在借鉴《西厢记》《墙头马上》等优秀爱情剧的基础上写成的。但离奇的故事情节与他剧所描绘的现实生活中青年男女大胆爱情追求又有所不同，其艺术表现手法对后世《牡丹亭》之类爱情作品当有一定影响。

《王粲登楼》杂剧根据“建安七子”之一王粲的《登楼赋》敷衍而成，剧情为汉末天下大乱，王粲无奈南行投奔荆州刘表，寄人篱下而思念故乡、亲人，感叹生不逢时，无法施展平生抱负，抒发的是一种文士怀才不遇的悲愤，或许与作者自身的经历有关。

总体来看，作为“元曲四大家”之一的郑光祖，其作品在立意、结构方面都没有太大的创造性，他的突出长处在于曲辞颇为优美，抒情色彩浓郁，显示了很高的

> 乾坤膏馥润肌肤，锦绣文章满肺腑，笔端写出惊人句。解翻腾，今是古，词坛老将输伏。《翰林风月》，《梨园乐府》，端的是曾下功夫。
>
> ——钟嗣成〔凌波仙〕《吊郑光祖》

文学修养和艺术表现才华。与前期三位大家相比有一定的差距，但在元杂剧后期相对还比较突出。

后期的元杂剧创作整体处于衰微趋势，代表性作家有乔吉、宫天挺、秦简夫等。但是即便是这几位比较重要的作家，也没留下前期那样传之不朽的优秀剧作。

乔吉是流寓南方的太原人，作有杂剧11种，今存3种，都是假托历史上著名文人的爱情故事，属于典型的才子佳人戏。《两世姻缘》写韦皋与洛阳名妓韩玉箫的爱情经历，《扬州记》写杜牧与张好好的缠绵情意，《金钱记》写韩翃与王柳梅的恋情。乔吉是元代后期享有盛誉的散曲作家，但写剧并非高手。不过其杂剧善用华美、精致的曲子写艳情，曲辞与剧中风流才子的艳遇颇能相互映衬，很符合封建时代文人的欣赏口味，因而以往曾颇受好评。

宫天挺今存两剧，《死生交范张鸡黍》写汉末范式、张劭生死不渝的友情；《严子陵垂钓七里滩》写东汉初严子陵拒绝刘秀征召，以隐居七里滩钓鱼为人生乐趣。二剧都有些借古喻今的味道，反映了作者的人生理想。

秦简夫是大都人，留寓杭州，今存剧3种。《东堂老》写富商赵国器的儿子扬州奴不肖，赵国器死前向“东堂老”好友李实托子寄金。后来扬州奴果然结交无赖、耗尽家财，沦为乞丐。“东堂老”屡加劝诫，又用赵国器留下的金银陆续买下其家产，最终浪子回头重振家业，“东堂老”也把财产尽还赵家。此剧有较强的写实性，反映了元代社会对于商人观念上的变化。

元杂剧后期日趋衰微，概括说有这样几个重要原因：第一，从社会环境来看，元代中后期社会阶级矛盾和民族矛盾相对缓和，尤其是1315年恢复科举后，很多读书人又被吸引到科考求仕的道路上，从事杂剧创作的热情降低，为了仕途不愿再触犯统治者，这是后期元杂剧反映社会现实作品大大减少的一个重要原因。第二，南方社会风气和文化传统的影响。杂剧艺术起源于北方，使用北曲，是地道的北方流行艺术。杂剧转移到南方后，很自然会面对种种的挑战。比如南人不太习惯高亢激昂的北曲音乐，不太欣赏早期杂剧惯于表现的内容与题材，不太适应北方的方言与发音，等等。南北文化的差异抑制了北曲杂剧在南方的传播与发展。第三，从元杂剧自身的缺陷来说，前期杂剧“四折一楔子”的结构形式和一人主唱的表演方式，虽对元杂剧的形成和发展起过重要作用，但毕竟在表现丰富复杂的社会生活方面存在局限。相比之下，在南方俚曲小调基础上发展起来的南戏，正好以使用南曲音乐、结构长短不限、唱法灵活自由而与北杂剧的创作表演体制形成对照和竞争。加上南戏本来就有南方的观众基础，此消彼长，元杂剧南下后一步步走向衰微也就在情理之中了。

第三章

关汉卿及其杂剧创作

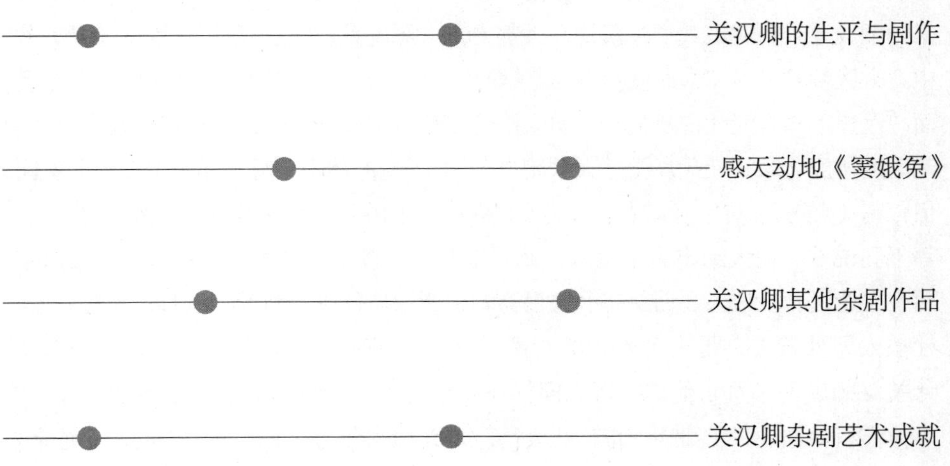

元杂剧云蒸霞蔚的百年间，作家灿若星辰，但若论领军人物还是非关汉卿莫属。关汉卿既有很高的文学天赋，又对舞台表演有精深的了解。他一生致力于戏剧创作，作品数量多，题材多样，更难得的是他把对社会黑暗的愤慨、对下层民众的悲悯，都浓墨重彩写入了剧本，使作品血肉饱满，千载之下仍生气凛然。

第一节　关汉卿的生平与剧作

关汉卿是中国文学史上出现最早、成就最高的一位优秀剧作家，元代杂剧的奠基人。其生平事迹，由于缺乏翔实的文献资料，只能从零星的记载中略知大概。元末钟嗣成《录鬼簿》载“关汉卿，大都人，太医院尹，号已斋叟”。别本《录鬼簿》中“太医院尹”作“太医院户”，查《金史》或《元史》中均无“太医院尹”官名，而“医户”却是元代户籍之一，属太医院管辖，据此推测关汉卿很可能是出身于金元时期行医之家，元代属于“太医院户”。关于他的籍贯，另有祁州（今河北安国）伍仁村（乾隆年间《祁州志》卷八）、解州（今山西运城）(《元史类编》卷三六）等不同说法。他大约出生于金末，元末朱经《青楼集·序》说“我皇元初并海宇，而金之遗民若杜散人、白兰谷、关已斋辈，皆不屑仕进，乃嘲弄风月，流连光景”。杜散人即杜善夫，是由金入元的作家；白兰谷即白朴，金亡（1234）时8岁，估计关汉卿出生年月与他们接近，同样在少年时代经历过金元改朝易代的变迁。晚年他作有散曲《大德歌》10首，“大德”是元成宗年号（1297—1307），上距金亡已60余年，由此可推断他的卒年当在大德年间或稍后。《录鬼簿》成书于1330年，

关汉卿（李斛绘）

珠玑语唾自然流，金玉词源即便有，玲珑肺腑天生就。风月情、忒惯熟，姓名香、四大神洲。驱梨园领袖，总编修师首，捻杂剧班头。

——贾仲明〔凌波仙〕《吊关汉卿》

该书中作者钟嗣成已称关汉卿为“前辈已死名公”，并说“余生也晚，不得预几席之末”。综合上述相关的记载，关汉卿出生，约在金末1200年以后，其卒年当在1300年左右。

关汉卿是位多才多艺的杰出文人，元熊自得《析津志》说他“生而倜傥，博学能文，滑稽多智，蕴藉风流，为一时之冠”。无奈生不逢时，蒙古灭金即废科举长达81年，致使他终生没有科举仕进的机会。只能走进勾栏行院，以自己的一技之长混迹于演艺圈，不仅为勾栏和熟悉的演员们写戏，而且还亲自登台参与演出，“躬践排场，面敷粉墨，以为我家生活，偶倡优而不辞”(《元曲选·序》)，过着一种风流浪子的书会才人生活。《录鬼簿》将他列为“前辈才人”56人之首，《太和正音谱》说他“初为杂剧之始”，都说明他是元杂剧（北杂剧）开创时期的重要作家。他是当时大都玉京书会的领袖人物，与同时期的杂剧、散曲作家杨显之、纪君祥、梁进之、王和卿等人交好，大家常在一起商酌文辞，品评作品。元灭南宋以后，他曾南下杭州游历，并留下一套《杭州景》散曲作品，还在扬州停留过，而大都、扬州和杭州都是元代杂剧创作演出的中心城市。约在大德初年，他写下传世的〔双调〕《大德歌》小令10首，其后的行踪已不可考。

关汉卿的杂剧创作，据《录鬼簿》及其他有关资料记载，共有67种，今存18种。其中有极其感人的悲剧《窦娥冤》和《五侯宴》；有结构巧妙、喜剧效果非常强烈的喜剧《救风尘》和《望江亭》；有正气凛然的抒情史剧《单刀会》及《西蜀梦》；有优美的爱情题材作品《拜月亭》及《调风月》；有深刻反映社会现实的公案剧《鲁斋郎》和《蝴蝶梦》等。作品数量众多，题材、内容、风格多种多样，充分显示出这位元曲大家坦荡无羁的个性，博大的胸怀和超群的艺术创造力。

第二节　感天动地《窦娥冤》

《窦娥冤》是关汉卿的杂剧代表作，也是元代最为优秀的悲剧之一。

窦娥出生于一个穷困书生家庭，3岁丧母，为抵债被父亲送给蔡家做了童养媳。

17岁时刚刚完婚，丈夫却因病死去。蔡婆婆外出途中遭歹人谋害，危难之际被过路的张驴儿父子冲散。不料张家父子本是泼皮无赖之徒，得知蔡家只有婆媳两个寡妇，便趁机搬进蔡家欲霸占婆媳二人。婆婆懦弱怕事忍辱答应下来，刚烈的窦娥却坚决不从。张驴儿恼怒，在羊肉汤中投毒要害死蔡婆婆，却被其父喝下致死。张驴儿以此逼迫窦娥"私休"，顺从于他，心地坦荡的窦娥宁可与其对簿公堂。哪想昏官桃杌不分是非，大刑逼供打得窦娥死去活来，见窦娥宁死不屈，又要对蔡婆婆动刑。为保护年迈的婆婆，窦娥被迫含冤招认了罪状，随即被判处斩刑，一桩千古奇冤由此造成。临刑之际，窦娥发下三桩誓愿以示自己的清白：一腔颈血飞上丈二白练，六月飞雪掩盖死后身躯，楚州地方大旱三年。这些誓愿果然相继应验。三年后朝廷派出肃政廉访使来楚州审查案卷，窦娥沉冤得以昭雪。

《窦娥冤》杂剧题材源于《汉书·于定国传》和干宝《搜神记》中的"东海孝妇"传说，但关汉卿编撰这部杂剧显然不仅仅是为了敷演一个历史冤狱故事。杂剧所反映的社会生活和人物遭遇，深刻地暴露了元代吏治黑暗、冤狱遍地的社会现实，是作家所亲身感受的阶级压迫和民族压迫的艺术反映。我们知道元代是个社会失序的时代，那些恃武力夺得天下的统治者根本不懂为官御民之道，胡乱判案，草菅人命，由是导致社会悲剧屡屡发生。窦娥冤案的形成，正是这种社会现象的生动再现。像剧中的楚州太守桃杌，审案就凭着"人是贱虫，不打不招"的逻辑，不分青红皂白，上来就是"大刑伺候"，冤狱岂能避免？剧中张驴儿这类横行乡里的泼皮流氓，其无法无天的恶行竟会得到官府的庇护，官府衙门成了他们陷害无辜、逍遥法外的场所，人世间的善恶颠倒，社会的黑暗荒谬，在剧本中、舞台上得到了淋漓尽致的展示。从这种意义上来说，窦娥冤案的形成，虽有其生活中的偶然性，却带有那个特殊时代的必然性。因此，一个普通民女含冤被斩杀的悲剧，经过剧作家的精心结撰和艺术创造，使其具有了深刻的社会意义。关汉卿以"人命关天关地"的高度社会责任感，明确地提出了"这都是官吏们无心正法，使百姓有口难言"这个带有普遍社会意义的问题，有极其强烈的艺术震撼力。

窦娥是个弱小女子，她短暂的生命中承受的几乎都是悲剧遭遇。历经多灾多难的她本来很珍惜与婆婆相依为命的平静生活，并不想招惹是非。但一连串的天灾

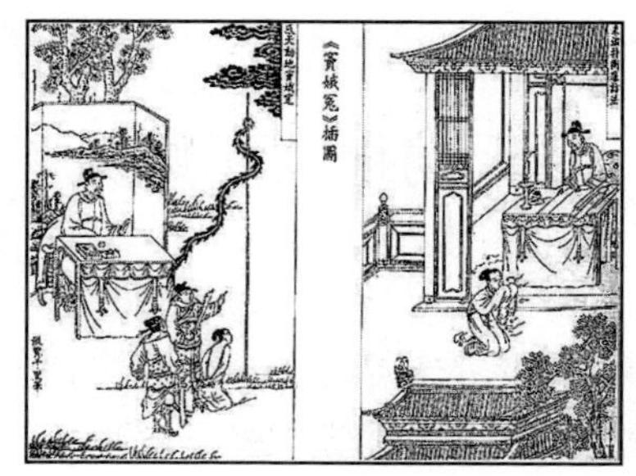

《窦娥冤》插图（明刊本）

人祸将她不断推向生活的绝境，尤其是张驴儿父子的强行霸占和桃杌太守的严刑逼供，使她渴望的生活平静和对官府公正的期盼一步步走向破灭，于是她内心深处善良而又坚强的性格也随之逐步显示出来。绑赴刑场的路上，她的满腔悲愤再也控制不住，一曲饱含生命血泪的〔滚绣球〕便裹挟着雷电喷薄而出：

> 有日月朝暮悬，有鬼神掌着生死权。天地也只合把清浊分辨，可怎生糊突了盗跖颜渊。为善的受贫穷更命短，造恶的享富贵又寿延。天地也做得个怕硬欺软，却元来也这般顺水推船。地也，你不分好歹何为地？天也，你错勘贤愚枉做天！哎，只落得两泪涟涟。

像这种对于天地鬼神的责难和怒斥，实质上是受害者对于不合理社会秩序的血泪控诉，是对于公平正义得不到伸张的强烈抗争。至此，窦娥柔弱身躯内所蕴含的反抗精神得到了惊心动魄的表现，窦娥悲剧的社会意义也升华到了一个新的高度。

第三节　关汉卿其他杂剧作品

关汉卿所作表现普通百姓受压迫受剥削、深刻反映社会现实的杂剧，除《窦娥冤》外，还有《鲁斋郎》《蝴蝶梦》等剧目。这两部作品最后都是由包公主持正义除暴安良，属于元杂剧中的公案剧，是深刻反映社会现实之作。《鲁斋郎》杂剧写权豪势要鲁斋郎光天化日之下先后强占银匠李四和下级官吏张珪的妻子，甚至逼迫张珪在五更前亲自把妻子送到他的府上，害得两家妻离子散。最后包公设计斩了鲁斋郎，才使两家得以团圆。《蝴蝶梦》写皇亲国戚葛彪诬赖王老汉冲撞了他的马头，一通拳脚打死王老汉扬长而去。王家兄弟捉拿凶徒失手打死了葛彪，却被官府判决偿命。包公在梦境中受到启发，最终巧妙地开脱了王家兄弟三人。两剧充分描绘了统治者对下层民众的野蛮欺凌和压迫，也形象地暴露了这些权豪势要、皇亲国戚横行霸道、无法无天的丑恶行径。鲁斋郎动辄“挑人眼，剔人骨，剥人皮”，还自称是个本分的人；葛彪公然宣称自己“打死人不偿命”，“如同房上揭片瓦”。由于他们特殊的身份，连刚正不阿的包公也无法依法处置，只能用智谋维护正义。比如他在奏章中巧妙把罪犯名字写成“鱼齐即”，骗得批准后又添笔加画改成“鲁斋郎”，这才除掉了这个流氓恶棍。剧中鲁斋郎、葛彪这类反面形象很大程度上带有元代统治者恃强凌弱的行为特点，因而作品反映元代社会现实的用意颇为明显。

关汉卿擅长写“旦本”戏，现存18种关剧中“旦本”就占了12种。尤其是这些作品塑造的下层女性形象十分突出。《救风尘》和《望江亭》这两部优秀的喜剧作品，主角都是美丽善良又充满智慧的女性。《救风尘》杂剧中有钱有势的周舍骗娶了妓女宋引章，后对其横加迫害，结义姐妹赵盼儿凭着勇敢和机智最终将宋引章救出了火坑。《望江亭》写权贵杨衙内看上了新婚的谭记儿，竟然向皇帝讨得势剑金牌前来杀夫夺妻。谭记儿得知消息，扮作渔妇主动出击与杨衙内周旋，在望江亭上智赚势剑金牌，制服了有恃无恐、为非作歹的杨衙内。在此类剧作中，关汉卿真实地写出了权势人物狡诈而又愚蠢的性格，更生动地展示了一批被侮辱、被损害的下层女性敢于反抗压迫、不向命运低头的可贵品质。她们身上所体现的那种藐视权贵、愚弄对手的勇气和智慧，与传统戏曲中文雅柔弱的女性形象有着很大的不同。剧作家在她们身上显然寄托着美好感情和尊重女性的民主意识，也寄托着普通大众的生活理想和愿望。

在关汉卿创作的爱情题材杂剧中，《拜月亭》和《调风月》是两部颇为出色的作品。《拜月亭》以蒙古伐金的战乱年月为背景，表现青年书生蒋世隆与尚书之女王瑞兰患难中产生的真挚爱情故事。虽然王瑞兰的尚书父亲从中极力阻挠并强行拆散恩爱鸳鸯，但身处两地割不断他们的绵绵思念。王瑞兰深夜焚香拜月倾诉相思，历经磨难后一对有情人终成眷属。《调风月》中婢女燕燕不甘心被贵族青年诱骗，勇敢地站起来为自己的爱情和婚姻而抗争。两部杂剧的女主人公身份差别很大，性格也各不相同，但矢志不移地忠实于爱情，为了爱情顽强地坚持而不屈从于强大的压力，都给人留下了非常深刻的印象。《拜月亭》将王瑞兰与蒋世隆的爱情故事安排在兵荒马乱的逃难背景之中，两人在患难中相遇相识进而相爱，剧中人物命运的悲欢离合与国家遭遇的战争灾难密切联系在一起，在社会意义上与一般才子佳人儿女风情故事有很大不同。

关汉卿还写过不少著名的历史剧，描述历史上的英雄豪杰故事，表现人世间正义与非正义的冲突，如《单刀会》《单鞭夺槊》《哭存孝》《西蜀梦》等。这类作品一般并不局限于正史的记载，而往往带有浓厚的民间传说色彩，从中体现了一位正直的戏剧家对历史的深刻思考和对历史人物的爱憎感情。《单刀会》是关汉卿的史剧代表作，该剧写东吴鲁肃为了索还荆州，设计邀请关羽渡江赴宴。关羽明知对方有诈，为了吴蜀联合抗曹大局毅然单刀赴会，以大义凛然的言辞挫败鲁肃，平息了吴蜀间的一场武力纷争。剧中的关羽一身正气，智勇双全，堪称叱咤风云的时代英雄。全剧结构单纯，手法简练，以激昂的情调，雄浑的曲辞，浓墨重彩地讴歌了关羽对汉家事业的忠心维护，尤其是第四折关羽扁舟渡江、单刀赴会途中，面对滔滔长江唱出的〔新水令〕、〔驻马听〕两支曲子，慷慨悲壮，又壮阔瑰丽，寓含着深沉的历史沧桑之感，具有一种史诗的意蕴，历来为人们所激赏：

（正末云）看了这大江，是一派好水呵！（唱）

〔双调〕〔新水令〕大江东去浪千叠，引着这数十人驾着这小舟一叶。又不比九重龙凤阙，可正是千丈虎狼穴。大丈夫心别，我觑这单刀会似赛村社。（云）好一派江景也呵！（唱）

〔驻马听〕水涌山叠，年少周郎何处也？不觉的灰飞烟灭，可怜黄盖转伤嗟。破曹的樯橹一时绝，鏖兵的江水犹然热，好教我情惨切！（带云）这也不是江水，（唱）二十年流不尽的英雄血！

第四节　关汉卿杂剧艺术成就

作为一代戏剧大师，关汉卿的杂剧创作堪称中国古典戏曲艺术的一个高峰。在北曲杂剧的开创阶段，关汉卿以自己深厚的文化修养和辛勤的劳动，用毕生的精力从事这种新兴文体的开拓与创造，为演出团体提供优秀的剧本并亲自参加舞台演出活动，给早期的北曲杂剧带来了极大的声誉，也直接促进了杂技艺术体制走向完备，表演趋于成熟。元人周德清认为，北曲杂剧“其备则自关、郑、白、马，一新制作，韵共守自然之音，字能通天下之语，字畅语俊，韵促音调”（《中原音韵起例》）。明人王骥德说“作北曲者，如王、马、关、郑辈，创法甚严，终元之世，沿守惟谨，无敢逾越”（《曲律》）。从关汉卿现存的杂剧作品看，可以说他已高度娴熟地运用着杂剧这种艺术形式进行创作活动，像元杂剧“四折一楔子”，有旦本、末本之分等这些重要的体制特征，在他的剧作中都充分使用且安排得自然妥帖；戏剧内部的情节结构设计、场面安排，关目处理等环节上，也无不显示出高超的才能与技巧，从而为形成时期的中国戏曲剧本创作确立了范式。这是关汉卿从事杂剧创作的巨大功绩，也是他杂剧创作所体现出的突出成就。王国维赞誉他在早期北曲杂剧领域中是“一空依傍，自铸伟词”（《宋元戏曲史》），充分肯定了他作为北曲杂剧奠基人的开创性贡献。

关汉卿杂剧善于塑造人物形象，他通过自己大量的作品，在舞台上成功地创造出一系列极富个性的艺术典型。从大家闺秀到风尘女子，从英雄豪杰到市井小民，从风流文人到沙场战将，从权豪势要到地痞流氓……这些形形色色的人物大都写得富于生气，个性非常鲜明。由于所作旦本戏多，他写得最多、最出色的当属一批女性。如感天动地的悲剧人物窦娥，玩弄对手于股掌之间的喜剧角色赵盼儿、谭记儿，热烈追求爱情的王瑞兰、燕燕、杜蕊娘、谢天香以及善良的继母王婆婆等。关汉卿对这些剧中女性所遭受的苦难予以极大的同情，对于她们身上正直善良、聪明机智的性格和行为，则给予热情的赞美，充分肯定她们坚强的反抗意志，不甘受欺凌压迫的斗争精神。而社会上的那些黑暗势力，给善良百姓带来灾难的反面人物，关汉卿笔下则有权豪势要鲁斋郎、葛彪、杨衙内、贪赃枉法的楚州太守桃杌、流氓地痞张驴儿、花花公子周舍等。关剧围绕着这些不同身份的正反面人物形象所展开的戏剧冲突和斗争，所形成的悲剧或喜剧，生动形象地反映了那个时代的阶级压迫和社会矛盾，反映了下层民众对于压迫者的愤怒与抗争。关汉卿杂剧作品的社会价值和思想意义大都由此而构成。

在处理戏剧结构和戏剧矛盾冲突方面，关汉卿表现出很高的创造才能。在他的剧作中，情节的发展自然而有层次，人物性格和事件的安排都符合舞台演出要求，甚至剧中一个并不重要的人物出场都会对剧情的发展与衔接起重要作用。元杂剧“四折一楔子”的结构体制比较短小，要完整表现一个故事，处理不好往往会顾此失彼，剪裁不当。但关汉卿的杂剧总是通过精心的结构安排和设计，使情节非常集中紧凑，和主题思想无大关系的描写通常都会简略带过，而集中笔墨突出与主题思想密切相关、具有典型意义的事件与戏剧情节，因此往往通过两三个主要人物，几个重要场面，就能充分展示出作家所要反映的社会生活的重要方面。如《拜月亭》一剧，所写故事颇为错综复杂，但作者以王瑞兰夫妇的离合为主线，蒋瑞莲夫妇的姻缘为副线，两条线索相互交错，共同演进，短短四折的篇幅即把一个社会动乱背景下的曲折爱情故事表现得细腻生动。《鲁斋郎》一剧，李四和张珪的妻子先后被鲁斋郎霸占，两家人的命运彼此纠结，作品也能以清晰的结构和情节步步展开。有些故事线索比较单纯的剧本，运用细致的手法来处理，同样给人以丰富的感受。如《救风尘》写赵盼儿欺骗周舍的过程，步步设下机关，剧情因此而变化多端。

关汉卿的戏剧语言，突出的特点是本色当行。他汲取民间大量的生动语言，并融入传统的古典诗词，形成一种生动、流畅、通俗的语言风格，新鲜活泼，雅俗共赏，极富艺术表现力。同属年轻女性的曲白，窦娥冤的质朴无华，赵盼儿的精明老辣，谢天香的温柔软弱，杜蕊娘的爽快干练，无不符合人物的身份与性格，达到了高度的个性化。关汉卿熟悉戏曲演出规律，重视舞台艺术实践，因此他的剧作没有晦涩雕琢的缺陷，也鲜见某些文人作剧习惯搬弄典故、掉书袋的毛病。元杂剧作家中，关汉卿一向被推为元杂剧本色派的代表人物，这是因为他的杂剧语言与白朴、王实甫等文采派剧作家有比较明显的区别。元杂剧的语言在中国传统文学中别开生面，而关汉卿作为元杂剧的奠基人和典范作家，他在前期杂剧创作中体现出的文学语言风格和成就，起到了开一代风气之先的重要作用。

第四章

王实甫与《西厢记》

王实甫的生平与创作

从《莺莺传》到《西厢记》

《西厢记》的情节和戏剧冲突

《西厢记》的艺术特色

元代众多杂剧作家中，因一部作品得享盛名者首推王实甫。王实甫的《西厢记》也称“王西厢”，以区别于金代诸宫调“董西厢”，这从侧面说明了王实甫的创作实在是元稹以来诸多“西厢”故事的一个新高峰。《西厢记》中包含了四五百年间众多“西厢”故事改写者的灵智，不过，王实甫个人的贡献毕竟是决定性的。经他再创作之后的《西厢记》几乎成为了中国文学史上歌咏青年男女纯真爱情的“首席”代表，只有《红楼梦》可相颉颃。

第一节　王实甫的生平与创作

《西厢记》是中国文学史上的不朽名著，问世七八百年来深受广大观众和读者的喜爱。元末明初的贾仲明在为钟嗣成《录鬼簿》补撰的“吊词”中，对剧作家王实甫及《西厢记》有这样的赞誉：“作词章，风韵美，士林中等辈伏低；新杂剧，旧传奇，《西厢记》天下夺魁。”

但就是这样一部传世佳作，由于相关史料缺乏，世人对其作者长期难以认定。元人钟嗣成《录鬼簿》将此剧列于王实甫名下，并说他属于“前辈已死名公才人”；明初朱权《太和正音谱》的记载与《录鬼簿》相同，这是早期两部有关元杂剧作家作品的史料著作，记载得颇为清楚明白，按说不应再产生什么疑问。但明前中期百余年，社会上流行关汉卿创作《西厢记》的说法；中明以后，著名学者王世贞倡导“王作关续”，一时又被很多人所接受，其影响延续到清末民初。其间，也存在另一

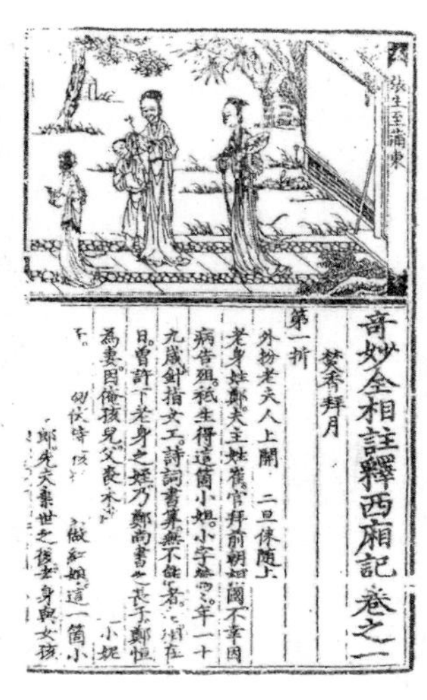

奇妙全相註釋西廂記卷之一
焚香拜月
第一折
外扮老夫人上開　二旦徠隨上
老身姓鄭夫主姓崔官拜前朝相國不幸因
病告殂祇生得這箇小姐小字鶯鶯年一十
九歲針指女工詩詞書筭無不能者相公在
日曾許下老身之姪乃鄭尚書之長子鄭恒
為妻因俺孩兒父喪未

《奇妙全相注释西厢记》书影（明弘治十一年岳家重刊本）

种相反的说法，认为《西厢记》是“关作王续”。20世纪中期，学术界对这个问题又产生了争议。

虽众说不一，但就总的情况看，经过20世纪60年代前后学界的一番探讨与争鸣，王实甫对于《西厢记》的著作权已为大多数人所接受。后来出现的几部影响较大的文学史、戏曲史著作，均将《西厢记》列于王实甫名下，各种元杂剧选集、《西厢记》单行本在作者署名上，也没再出现分歧。

王实甫所作杂剧，《录鬼簿》在其名下著录有13种，今存《崔莺莺待月西厢记》《吕蒙正风雪破窑记》《四丞相高宴丽春堂》3种，另有部分剧目的佚曲。这13种名目可考的作品，后人或有提出《娇红记》《诗酒丽春园》非王实甫所作，或有人认为《破窑记》属关汉卿作品，但都未成定论。明清时代还有王实甫作《月明和尚度柳翠》《襄阳府调狗掉刀》杂剧的说法，均不可靠。

第二节　从《莺莺传》到《西厢记》

《西厢记》是王实甫的杂剧代表作，此剧最终把中唐以来流行数百年的崔张爱情故事发展到了艺术的高峰。

《西厢记》故事来源于唐代元稹的传奇小说《莺莺传》(《会真记》)，在题材和人物上也可能受到另外一些爱情故事的影响，比如西洛书生张浩与东邻女李莺莺因相互爱慕而越墙相会、终成眷属的民间传说等。《莺莺传》描述了唐贞元年间少女崔莺莺与张生之间一段相恋、结合到被弃的爱情悲剧，宋初《莺莺传》被收入官修小说总集《太平广记》，这部类书是当时人们编撰话本小说和说唱故事的重要材料来源，由是崔张爱情故事开始成为流行题材，也引起一些文人的关注。苏轼诗词中多次引用过《莺莺传》的材料，秦观、毛滂的《调笑令》使其成为歌舞曲辞，赵德麟作有可说可唱、韵散相间的《商调蝶恋花》鼓子词，话本小说则有《张公子遇崔莺莺》等。这些作品在创作意旨上与唐传奇原作均有不同，赵德麟的鼓子词和话本小说都删去了传奇小说中张生指莺莺为“尤物”“妖孽”之类的诋毁和污蔑，对她的不幸表示同情，同时对张生“始乱终弃”的行为颇有微词。宋金对峙时期，南戏中还出现了《张珙西厢记》，可惜失传了，无法知其情节内容。

金代董解元把崔张爱情故事改编成长篇说唱文学作品《西厢记诸宫调》，从根本上改变了唐传奇《莺莺传》的思想倾向和人物形象。可以说，从《莺莺传》到《西厢记诸宫调》，崔张爱情故事已发生了质的变化，从而为《西厢记》杂剧创作提供了较高的起点和非常有利的基础。

但“董西厢”的缺陷也很显然。因为它是面对大众的说唱艺术，为了吸引听众，迎合市民阶层的欣赏口味，有些情节不免显得“浓盐赤酱”（明人语）；全篇以1/6的篇幅叙述强贼孙飞虎与白马将军、法聪的搏斗场面，也不免游离于崔张爱情故事的主线。直到王实甫的《西厢记》杂剧出现，崔张爱情故事才真正升华到了反抗封建礼教压迫、讴歌自由美好爱情的思想高度，全剧体现出了一种尊重女性、男女平等的进步民主意识，使社会上长期流传、吟咏的“西厢”故事终于演化成了一部不朽的古典戏曲名著。两部同题材作品虽然有共同的故事题材和人物形象，但使用的文学体裁不同，语言风格各异，在文学史上可谓各有千秋。

第三节 《西厢记》的情节和戏剧冲突

在《西厢记》杂剧结尾处，王实甫通过剧中人物张生之口，明确而响亮地喊出了一个口号：“愿普天下有情的都成了眷属！”这句震撼人心的话语，可以说就是这部爱情名著的创作主导思想。

为了充分表达这个进步的主题，王实甫不惜使用了五本二十一折外加四个楔子的超大型戏剧结构（第二本的楔子由惠明主唱了一套曲子，所以人们通常认为第二本为五折，无楔子，其余四本皆四折一楔子），尽情演绎了这个美丽的爱情故事。在戏剧结构和情节发展上，全剧可谓波澜起伏，矛盾冲突环环相扣。以莺莺母亲老夫人为一方，莺莺、张生、红娘为另一方所构成的矛盾，是剧中主要的戏剧冲突。这是维护封建礼教和封建婚姻制度的顽固势力与反抗封建礼教、反对门阀观念、追求爱情和婚姻自由的叛逆者之间的矛盾冲突，是不可调和的对立矛盾。与此同时，在莺莺、张生和红娘之间，也不时产生种种矛盾冲突。这主要是由于三人之间存在一些相互猜疑、误会所造成的。此外，还有强贼孙飞虎与崔莺莺一家、张生与普救

第一本：张君瑞闹道场（惊艳—借厢—联吟—闹斋）
第二本：崔莺莺夜听琴（寺警—请宴—赖婚—听琴）
第三本：张君瑞害相思（前候—闹柬—赖柬—后候）
第四本：草桥店梦莺莺（酬柬—拷红—送别—惊梦）
第五本：张君瑞庆团圆（报捷—寄愁—争婚—团圆）

寺僧人之间出现的矛盾等。这些不同性质的矛盾冲突交叉发展，尤其是前两种矛盾冲突的不断推进，相互影响，使《西厢记》故事发展中产生出一连串非常强烈的戏剧效果。从故事甫始张生在普救寺邂逅遇见莺莺一见钟情，就马上形成一种戏剧矛盾的冲突：远离红尘的佛教圣地环境、莺莺此时服丧扶柩的身份、老妇人严厉的家风、崔张两人悬殊的社会地位，无不昭示着这段爱情不可实现。及至强贼孙飞虎兵围普救寺欲抢莺莺为妻，老夫人无奈之下许诺将莺莺嫁给退却贼寇之人，张生挺身而出修书白马将军解围，矛盾似乎得以解决；不料老夫人的突然赖婚，再度使崔张间的爱情陷于矛盾的困境。面对这种几乎难以突破的障碍，剧作家从第二本的第四折到第四本第一折，用了整整六折外加两个楔子，生动细腻地展现了崔张二人如何在红娘的帮助下，一步步暗中沟通，终于发展到私下以身相许、大胆结合的相爱过程，把西厢爱情故事推向了高潮。可好事多磨，不久两人的私情被老夫人看破，发威大怒的老夫人拷问红娘、严加追究，剧情再度变得紧张；关键时刻红娘机智地抓住老夫人背信弃义、赖婚在前的短处加以反击，继而帮她权衡利弊，迫使老夫人不得不承认眼前既成事实，矛盾冲突似乎又得到解决。但不甘心的老夫人一个“相府不招白衣女婿”的附加条件，听来似乎合乎情理，又迫使张生离开莺莺赴京赶考，造成有情人的离别之苦。直到张生科场报捷、高中状元之后，还生发出与莺莺原有婚约的郑恒（老夫人侄子）前来骗婚的波澜，给崔张爱情凭空横加枝节。由此不难看出，一部《西厢记》如此山重水复、曲折萦绕的复杂故事情节和戏剧矛盾冲突，不仅使得这个爱情故事变化多端，情趣盎然，而且随着崔张在爱情经历中所遭遇的种种磨难，也愈发显得他们的爱情来之不易，弥足珍贵。

《西厢记》中的人物性格与故事情节和戏剧冲突的开展也有高度的结合，成功地表现了崔张爱情故事的曲折复杂过程。剧中张生、莺莺、红娘等人物都有鲜明的个性，且彼此衬托，相映生辉。张生少年轻狂又兼诚实厚道，风流洒脱又显得迂腐可笑，为情痴迷，大胆妄为，剧中矛盾冲突皆由他主动挑起。莺莺是相府千金小姐，有很高的文化修养，也始终渴望自由甜蜜的爱情生活。但由于家庭的压制和身份、教养的约束，她总是若进若退地试探着获得自由爱情的可能性，并时常是在自相矛盾的状态下行动：一会儿与张生眉目传情，一会儿又装腔作势故作严肃；刚寄去书柬与张生约会，转眼又赖柬斥责张生行为不合兄妹之理……她的这种性格特点，使得西厢爱情故事变得十分复杂。当然最终她还是大胆突破了疑惧和矛盾心理，走出了实现自由爱情的勇敢一步。剧作家对她的青春爱情追求和相爱过程中的反复试探，始终报以赞赏和肯定的态度，也给全剧增添了生气和光彩。红娘，是《西厢记》杂剧塑造出来的一个极为聪明可爱的少女形象。她聪明机智，热情泼辣，富于同情心。每每在崔张爱情进入困境时，都是她站出来运用自己的聪明机智化解矛盾，成全好事。她虽然只是个相府丫头，精神上却总是充满自信。无论是迂腐的张生、矫情的莺莺、固执蛮横的老夫人，都难免成为她嘲笑、揭穿乃至严厉驳斥（“拷红”）的对象。最终是她一手促成了崔张美满的自由爱情婚姻，还在大团圆前夕把自恃高贵的郑恒骂得狗血喷头、无地自容。这是一个乐于成人之美的光彩人物形象，代表着人民群众中爱憎分明、热心助人、聪颖智慧等美好品德，所以受到世人普遍的喜爱。到今天，红娘已经不仅仅是一部《西厢记》中的戏剧人物，而成为中国社会大众生活中一种乐于成人之美的类型人物化身。这样经典的人物形象的塑造，也从一个侧面反映了《西厢记》杂剧艺术上的巨大成功。

第四节　《西厢记》的艺术特色

《西厢记》之所以成为文学史上的不朽名著，除了其进步的思想观念，波澜起伏的戏剧矛盾冲突和性格鲜明的人物形象外，其艺术表现上的精彩绝伦、美不胜收，也是一个十分重要的原因。

读《西厢记》，常常令人感到心驰神往，难以释手。一部古典作品何以会产生如此强烈的戏剧美学效果？概言之，《西厢记》杂剧从始至终都像是一首美丽动人的抒情诗。它是剧，又似诗，可以说它是一部优美的抒情剧诗。

说《西厢记》是剧诗，首先在于全剧处处洋溢着浓郁的诗的意境。从“佛殿奇逢”到“月下联吟”，从“长亭送别”到“草桥惊梦”……随着剧情的逐次展开，一幅幅如诗如画的精美场面，一幕幕令人时悲时喜的故事情节，无不体现着一种抒情诗的意境。像崔张人生的第一次相遇，是邂逅于河东普救寺。寺庙是什么地方？那本来应该是远离人世间情感纠葛，根本不可能产生爱情与婚姻的佛门圣地，在那里只应有心如古井的僧人打坐修行，从自然环境到人的心境，都应是肃静压抑的。可就在这样一个沉闷的场所，伴随着将要在此展开的一段爱情故事却一下子鲜活了起来。在张生的视线里，普救寺的一切都是那么亲切美妙，令他喜欢：“梵王宫殿月轮高，碧琉璃瑞烟笼罩”，“法鼓金铎，二月春雷响殿角，钟声佛号，半天风雨洒松梢”……连寺庙中程式化的祭祀法场，在张生的眼里也因为爱意的萌发而显得充满着诗情。而莺莺小姐呢？自从佛殿游玩时无意间遇到张生，留下“临去秋波那一转”，也对暂时安身的普救寺生发出别样的感觉：“玉宇无尘，银河泻影。月色横空，花荫满庭”，“寂寂僧房人不到，满阶苔衬落花红”。似这般如诗如画的清幽环境，哪还有一点通常寺庙中沉闷压抑的气氛？正是在这样月色花香、风声雁影的诗意环境中，两个具有叛逆精神的青年男女心有灵犀，一见钟情，展开了他们如歌如诗的一段爱情故事。

说《西厢记》是一部剧诗，还在于全剧弥漫着浓浓的诗韵。皇皇五本二十一折的一部巨著，浑然成章，一气呵成，不露斧凿痕迹，每本之间，每折之间，故事情节环环相扣，人物色彩浓淡相宜，张弛得体，韵味无穷，确像一部抒情诗般含蓄有致。比如崔张二人自佛殿偶然相遇后，爱的火苗燃起，青春涌动的心再也无法平静。张生这边的情景是："院宇深，枕簟凉，一灯孤影摇书幌。纵然酬得今生志，着甚支吾此夜长？睡不着如翻掌，少可有一万声长吁短叹，五千遍捣枕捶床。""娇羞花解语，温柔玉有香。我和她乍相逢记不真娇模样，我只索手抵着牙儿慢慢的想。"莺莺那边的反应则是："对着盏碧莹莹短檠灯，倚着扇冷清清旧围屏，灯儿又不明，梦儿又不成，窗儿外淅零零的风儿透疏棂，忒楞楞的纸条儿鸣。枕头儿上孤零，被窝里寂静。你便是铁石人，铁石人也动情。""怨不能，恨不成；坐不安，睡不宁。有一日柳遮花映，雾帐云屏，夜阑人静，海誓山盟，恁时节风流嘉庆，锦片也似前程，美满恩情，咱两个画堂春自生。"如此生动而传神的心理刻画，其诗情诗韵不难令人感受与品味。

说《西厢记》是一部剧诗，更明显的还表现在全剧处处都是诗一般的优美语言。王实甫杂剧的语言风格与关汉卿杂剧"本色"为主的语言风格不同，《西厢记》语言的突出特色是华美和绚丽。其表现为大量融入了中国古典诗词的优美语汇和意象，同时又与新鲜活泼的生活口语巧妙结合，从而将一个美丽浪漫的爱情故事描述得风光旖旎，情调缠绵，委婉细腻，精警动人。道白方面，像崔张初次邂逅后的月下联吟："月色溶溶夜，花荫寂寂春。如何临皓魄，不见月中人？"莺莺则隔墙回应："兰闺久寂寞，无事度芳春。料得行吟者，应怜长叹人。"虽是信口吟来，却极为清新传神。莺莺第一次托红娘给张生传递书柬："待月西厢下，迎风户半开。隔墙花影动，疑是玉人来。"也写得含蓄而不乏诗情。曲辞方面更是如此。莺莺在剧中首次出场所唱的这支曲子：

〔幺篇〕可正是人值残春蒲郡东，门掩重关萧寺中，花落水流红，闲愁万种，无语怨东风。

表现的是莺莺遇见张生前的青春愁怀，闺中少女感情压抑中的心理苦闷与莫名惆怅，字里行间很容易使人联想到宋词中的意境，但又演绎得不露痕迹。接下来的另一曲子"落红成阵，风飘万点正愁人……系春心情短柳丝长，隔花荫人远天涯近"，同样属于对前人诗词的巧妙化用，显得色彩华美、感情含蓄，与婉约派词风相似。历来为人们所激赏的，更有"长亭送别"中莺莺被迫与张生离别时的两支心曲：

〔正宫端正好〕碧云天，黄花地，北雁南飞。晓来谁染霜林醉？总是离人泪。

〔滚绣球〕恨相见的迟，怨归去的急。柳丝长玉骢难系，恨不倩疏林挂住斜晖。马儿迍迍的行，车儿快快的随，却告了相思回避，破题儿又早别离。听的道一声去也，松了金钏；遥望见十里长亭，减了玉肌，此恨谁知？

前者借深秋季节几种富有特征的景物衬托离人之情，文辞非常典雅，淡淡几笔，已把特定环境、气氛和特定人物的心情表现得淋漓尽致，也将读者带入了诗情画意的伤感意境，堪称千古绝唱。明人笔记中有王实甫写下此曲后呕心沥血过度“嚼舌而死”的记载，虽不可信，但不难看出后人确将此曲视为神来之笔，认为他人难以企及。紧接的一曲则多用口语，一泻无余地倾诉了恩爱夫妻好不容易得到认可，却又马上被迫分离的无限苦楚。两支曲子相互配合，把莺莺的离别之痛表达得感人至极。

总之，一部《西厢记》杂剧，有着进步的思想主题，有着诗的意境、诗的韵味、诗的语言，因而可以当之无愧地被誉为一部优美的爱情抒情诗，一部传之不朽的剧诗。

第五章

元 代 散 曲

元散曲的基本特点

元散曲的创作情况

元前期散曲作家作品

元后期散曲作家作品

散曲是元代的一种新兴诗歌样式，表面上很接近于词。但无论其形式上的曲牌、声韵，还是内在的气质、风格，都与传统诗词有较大的区别。元代抒情文学因散曲的勃兴而有了自己的鲜明特色。

第一节　元散曲的基本特点

在元代文坛上，散曲与剧曲皆属新兴文体，两者共同构成了“元曲”的称谓。剧曲即元杂剧，散曲则属于广义诗歌的一种。就格律特点和音乐特色来说，散曲与剧曲是一致的，都可用来合乐歌唱，所使用的北曲宫调与曲牌也完全相同。不同在于剧曲是整个戏剧的组成部分，另有故事情节、角色、科白等的配合；而散曲则是一种不具备表演内容的歌曲，是一种相对独立的新兴诗体。

元散曲起源于北方地区，早前也是只用北曲，到元末才出现少数使用南曲的情况或“南北合套”。

就中国文学史上各种文体而言，散曲与词的形态最为接近。比如文字上都属于有固定格律的长短句，都主要用于歌唱，与音乐不可分割等，而且元曲曲牌出于唐宋词牌的也不在少数。但是，散曲与词确又存在很大的不同，这种不同主要表现在以下几个方面：

首先是二者的韵部不同。词虽也源于民歌小曲，但经过自身的不断发展完善和文人的改造，唐宋词的用韵已经逐步脱离口语，使用律诗的平仄来押韵，写作上变得颇

[散　　曲]

散曲在元代通常被称作“乐府”，包括小令和套数两种主要形式。小令又称“叶儿”，是散曲的基本单位，一般用单支曲子写成，字少调短，容量有限；套数又称“套曲”“散套”，是用同一宫调的多支曲子连缀起来组成较长的篇幅，与杂剧一折所唱的整套曲子相似。这种套曲的连缀有一定格式，通常是用一两支小曲开始，最后用“煞调”“尾声”结束，中间的曲子多少不限，短的三四曲，长的可连缀到二三十曲。还有一种比较特别的情况，就是把同一宫调的两三支小令（最多三支）连接在一起，称为“带过曲”。这种介于小令和套曲之间的体式，实质上属于小令的变体。

为规范；而散曲在北方民间兴起后迅速流行开来，缺少长时间的刻意加工改造过程，质朴通俗的特色很大程度上得以保留，其用韵一直是按当时北方的口语来确定韵部，因而较之于唐宋词来说，后起的散曲更加生活化，非常顺口，便于人们接受和理解。

其次是二者的句式不同。散曲可以在规定的曲谱之外添加衬字，字数从一个到十几个不等，因而在写作上非常自由，句式显得更富于变化。元散曲这种增加衬字的现象十分普遍，有效地化解了固定的格式与灵活的口语之间存在的矛盾，增加了按曲牌填写的长短句歌词的艺术表现力和生动性，应该说这是散曲较之于词在表达上的长处。另外，散曲有一种标志性的句法结构——“鼎足对”，即三句组合为一个句组，如马致远〔越调·天净沙〕《秋思》中的“枯藤老树昏鸦，小桥流水人家，古道西风瘦马”，〔双调·夜行船〕《秋思》的“爱秋来那些：和露摘黄花，带霜烹紫蟹，煮酒烧红叶”，等等。

三是二者使用的语言有很大的不同。元散曲，尤其是早期的散曲，常常大量使用北方人们生活中的口语和俗语，乃至戏谑调侃之语、市井行话隐语、唠叨琐屑之语、少数民族语言，甚至连“哎哟”“咳呀”之类语气词也能写入曲中，因而显得极为通俗化、口语化，具有很大的灵活性和浓郁的生活气息。

四是二者表现手法的差别也很明显。传统诗词讲究含蓄蕴藉，偏重于使用比喻和象征，多用比兴手法。而散曲则更多使用直陈白描，类似于赋的特点，每写一件事，一种情感，定要将其写得淋漓尽致，不留余蕴。篇幅较长的套曲如此，简短的小令也往往如此，例子不胜枚举。

上述几个特点，说明元散曲是一种较传统诗词更为自由、灵活的文学形式，特别适宜表达一种即兴的、无拘无束的思想感情和人生情趣。它的肆意、直率的表达方式，完全不同于中国传统诗歌中典雅的、收敛的美学观念，它是一种通俗活泼的民间娱乐文体，其兴起与词在文人手中变得越来越精致典雅有关。当元代文人们生活中摆脱了对政权的依附而与下层百姓接近时，当他们在相当程度上不再受制于传统伦理观念的束缚时，新兴的散曲正好为他们提供了一种更充分、更自由表达思想、抒发情感的工具，因而这种文体能够在金末元初的北方地区出现并迅速流行就十分自然。也是由于很多文人的参与，散曲创作在元代取得的成就也颇为可观，成为继唐诗、宋词之后又一种新的诗体。

元代无名氏所作〔正宫·塞鸿秋〕《村夫饮》一曲，颇能说明散曲这种文体自由活泼、率意直白的艺术表现特征。品读词曲，其内容的不避俚俗，语言的质朴风趣，表现手法的自然随意，与传统诗词的差异是显而易见的。

宾也醉主也醉仆也醉，唱一会舞一会笑一会，管什么三十岁五十岁八十岁，你也跪他也跪恁也跪。无甚繁弦急管催，直吃到红轮日西坠，打的那盘也碎碟也碎碗也碎。

——元无名氏〔正宫·塞鸿秋〕《村夫饮》

第二节　元散曲的创作情况

据今人隋树森编撰的《全元散曲》，可知元代有姓名可考的散曲作者有200余人，另有不少佚名作者；流传下来的元散曲作品有小令3 800多首，套数470余篇。这个数字，较之今存48 000多首唐诗和20 000余首宋词以及同时代诗人们留下的30 000多首元诗，似乎显得比较单薄。其原因在于散曲在元代属于通俗文学，为正统文人所轻视，专业从事散曲写作的文人不多，编成的集子更少，很多情况下是随写随弃，不太珍惜，所以很多作品早已散佚。加上元王朝存在时间比唐、宋都要短得多，历史也没给元代文人留下比较充裕的写作时间。尽管如此，现存4 000余首元散曲作品，仍从不同的方面反映了那个时代的社会生活和人们的思想感情，具有相当重要的文学价值和认识意义。

元散曲的题材与思想内容，概括来看有这样几个方面：

叹世与归隐。这是元人散曲最为突出的一类题材。所谓叹世，一是慨叹社会的是非不分、贤愚莫辨；二是慨叹人世间的争权夺利如蝇逐血；三是慨叹权豪势要横行霸道、仗势欺人；四是慨叹仕途官场风波险恶难以预料。显然，这些感叹都是现实社会生活的反映。所谓归隐，则是作家们面对无奈的社会现实而又无力抗争，转而选择逃避现实、急流勇退、归隐林泉甚至及时行乐。这在马致远等人的一些杂剧中也是常见的题材，散曲中表现得就更为普遍，实际上这反映了当时北方全真教思想在文学上的影响。

写景与咏史。这是与叹世和归隐密切联系的题材。当文人们看倦了现实社会的不平和黑暗，厌恶人世间的勾心斗角、争名夺利时，往往会转而用更多的情感去眷恋大自然，这是古今中外文学史上较为普遍的现象。元散曲中大量描写自然景物的作品，乃至元代山水画的颇为流行，大致都出于这个原因。相对而言，元散曲的咏史之作不算太多，主题也比较狭窄，大多是借古人来说明人生如梦、富贵无常、居官得祸。比如赞叹范蠡、张良急流勇退，叹惜屈原、伍子胥、韩信不识时局变化遭杀身之祸，进而认为即便成就大业的姜子牙、诸葛亮、曹操、魏征也不过枉费心机。这里面当然有很多牢骚与不平，实际上属于叹世与归隐的变异。元散曲咏史题材也有很好的作品，如张养浩的〔中吕·山坡羊〕《潼关怀古》，不过这样的咏史散曲在元代比较少见。

男女恋情与闺怨。这是元散曲中非常引人瞩目的重要题材。本来表现男女之情是文学创作的永恒主题，历代文人皆有此雅好，只是元散曲在写男女之情和闺怨相思方面的大胆泼辣和放肆程度，远远超出了唐诗宋词中的同类作品。毕竟诗词创作传统上讲究含蓄蕴藉之美，比较内敛，托于比兴，当初柳永一句“彩线慵拈伴伊坐”便会遭到晏殊的当面嘲笑。可到了元散曲中，这类写情的作品不仅对于青年男女（尤其是女性）爱情上的大胆追求着力渲染，甚至对于男女偷情，往往都会有尽致的描摹。像关汉卿这样的优秀剧作家，其散曲中的情词照样颇具风流浪子气息，即便出身文学世家的白朴，在散曲的创作上也深受市井趣味的影响。这种现象，的确反映了元散曲与传统诗词写法上很大的不同。

现存元散曲中还有一些数量有限但很有特色的作品，如杜善夫的〔般涉调·耍孩儿〕《庄家不识勾栏》，睢景臣的〔般涉调·哨遍〕《高祖还乡》、刘时中的〔正宫·端正好〕《上高监司》、关汉卿的〔南吕·一枝花〕《不伏老》、马致远的〔般涉调·耍孩儿〕《借马》等。这些套曲，从不同的角度和方面，或深刻反映了元代社会百姓的痛苦和不幸，或反映了元代文人的生活状况与心态，或讽世嫉俗指摘时弊，或留下了元代戏曲演出的形象可靠资料，皆有着重要的文学创作价值和史料文献价值，历来受到世人的重视。

总的来看，元散曲的思想内容比不上唐诗宋词的丰富、深刻，正面反映民生疾苦、反映阶级压迫和阶级矛盾，抨击黑暗统治，表现人民反抗精神的作品数量很少，使得整个元散曲给人的感觉是缺乏磅礴的气势和昂扬的进取精神。即便与同时代的杂剧相比，散曲的思想内容和社会价值也明显逊色。一些在杂剧创作中猛烈抨击权豪势要、热情歌颂被压迫人民反抗斗争的剧作家，在自己的散曲中却多是摹写男女恋情，流连风月，流露出较多的消极思想。这种现象，有元代社会创作环境的原因，有文人们世界观、人生观存在矛盾的原因，但还有很重要的一点，就是和杂剧与散曲这两种文体的不同抒情特点有关。元杂剧是面向大众的通俗艺术，剧作家创作时必须严肃考虑作品的内容和思想倾向，考虑观众的要求和社会接受心理；而散曲多为个人遣兴之作，写作时漫不经心，加上曲坛风气相互影响，作品中流露出消极乃至庸俗的倾向并不令人奇怪。这种情况，与宋代文人们作诗与填词时的两种不同态度，有着很大的相似之处。

元散曲的发展过程，从宏观的角度看，基本与元杂剧的发展保持着同步的节奏。

大致也以元成宗的元贞、大德时期（1295—1307）或稍后的仁宗皇庆、延祐（1312—1320）年间为界分为前后两个阶段。前期散曲作家和创作活动中心主要在北方的大都（今北京），代表性人物都是当时著名的杂剧作家，如关汉卿、白朴、马致远等人都兼擅散曲，他们的作品具有早期散曲通俗平易、朴素自然的豪放风格，部分作品含有较为深刻的社会内容，缺点在于小市民的庸俗作风和消极情调比较多。后期创作中心与杂剧一样逐步转移到南方的杭州，此时一个引人注意的变化是，有些文人开始把全部或主要的精力用于散曲写作，与前期作家在杂剧创作之余写点散曲自娱大不相同。因而后期散曲作家们比较注重散曲的体制和创作规律，作品的数量比前期要多，也出现了一些比较好的作品，但从发展的趋势看，散曲在元后期逐步走向雅正典丽，语言变得柔婉华美，失去了早期散曲的通俗直白和生动活泼，而越来越接近于词调。后世曾有人把元散曲划分为豪放、清丽两种流派或创作风格，就总体言，前期散曲可说是以豪放本色为主流，发展到后期清丽妩媚则成了比较突出的特色。及至元末，南戏音乐已经融入散曲，有些作家尝试使用“南北合套”的方式写作剧曲和散曲，元散曲的发展因之又出现了新的面貌，为使用南曲音乐为主的明代散曲开了先声。

第三节　元前期散曲作家作品

从金末元初到14世纪初期的近百年间，是元散曲发展的前期，也是散曲作为一种新的诗歌形式由初创逐步走向成熟，并开始兴盛于文坛的阶段。这个时期从事散曲写作的主要是北方作家，以北方政治文化中心城市大都（今北京）为活动中心。作家队伍中有地位显赫的达官贵人，有混迹于勾栏瓦舍的杂剧作家，也有一般平民文人及教坊艺人。因社会地位不同，思想情感不同，艺术修养上差异也很大，他们的创作题材、思想表达及艺术手法上都体现出不同的特色，元前期的散曲创作也因此而显得丰富多彩。

关汉卿在元前期活跃于勾栏瓦舍之中，是兼作杂剧和散曲一类作家的代表。其散曲今存作品计有小令35首（一说57首），套数14篇。内容主要包括三个方面：自抒抱负的述志遣兴，叙写羁旅行役与离愁别绪，描绘艺人生活及都市繁华景象。他自述身世、抒发抱负的作品向来受到人们重视，如著名的〔南吕·一枝花〕《不伏老》套曲以自述的口吻，表达了一个热爱自由又能以自己的才华保障这种自由的文人，在摆脱了对政权依附和传统价值观念束缚之后所感受到的快乐与自由自在，一种对于市井世俗生活的充分享受。当然，我们不必将《不伏老》所描述的内容视我是个蒸不烂、煮不熟、捶不匾、炒不爆、响珰珰一粒铜豌豆，恁子弟每谁叫你钻入他锄不断、斫不下、解不开、顿不脱、慢腾腾千层锦套头？我玩的是梁园月，饮的是东京酒；赏的是洛阳花，攀的是章台柳。我也会围棋、会蹴踘、会打围、会插科、会歌舞、会吹弹、会咽作、会吟诗、会双陆。你便是落了我牙、歪了我嘴、瘸了我腿、折了我手，天赐与我这几般儿歹症候。尚兀自不肯休。则除是阎王亲自唤，神鬼自来勾。三魂归地府，七魄丧冥幽。天那，那其间才不向烟花路儿上走。

——关汉卿〔南吕·一枝花〕《不伏老》

为关汉卿真实生活的记录，此曲更像是一篇具有时代特征的元代“书会才人”的人生宣言，写得那样昂扬而诙谐，佯狂玩世，妙趣横生，活灵活现地展示了这位才华横溢艺术家的人生态度和叛逆精神。

关汉卿散曲描写男女离情别绪的内容居多，大都写得真切而直率，与宋词中同题材作品的含蓄蕴藉有明显的不同，这也显示了前期散曲本色自然的主导风格。如〔双调·沉醉东风〕《别情》、〔双调·四块玉〕《别情》等小令，皆情感深沉，却无柔靡纤弱曲风，体现了一种“以健笔写柔情”的特色。他晚年所作赞美都市景象的〔南吕·一枝花〕《杭州景》等套曲，形象生动地描摹了当时杭州“百十里街衢整齐，万余家楼阁参差”“山秀水奇”，令人“看了这厢觑了那壁，纵有丹青下不了笔”的繁华美景，读起来很容易让人联想起宋词中柳永的同题材名作《望海潮》。

马致远是元前期散曲创作的另一位大家，曾被元末明初的贾仲明誉为“曲状元”。今存小令115首，套曲22篇，是前期散曲作品传世最多的作家。其作品内容大致也可划为三类：叹世，咏景，男女恋情。在叹世题材上，他的名作〔双调·夜行船〕《秋思》套曲，表达了对于人世间一切富贵利禄的否定，对于人生如梦的感叹，以及对现实社会中人们如蝇逐血般争名夺利的激愤与鄙视，但也在很大程度上反映出一种厌世的情绪和超然物外、及时行乐的思想，情感上显得比较消极。此套曲艺术表达极为精湛，同时代人周德清《中原音韵·定格》篇中说它“无一字不妥”“万中无一”。明人王世贞称此曲可为元散曲中套数第一。

马致远散曲描写景物堪称一绝，如著名的〔越调·天净沙〕《秋思》：“枯藤老树昏鸦，小桥流水人家，古道西风瘦马。夕阳西下，断肠人在天涯。”寥寥不足30字的一首小令，以一连串极富特征的景物，勾画出一幅深秋季节萧瑟苍凉的诗意图景，烘托了天涯游子孤独彷徨的凄楚心境。《中原音韵》誉其为“秋思之祖”，王国维高度评价其“深得唐人绝句妙境”（《人间词话》），并非过誉之词。他的〔双调·寿阳曲〕《远浦归帆》《山市晴岚》等曲子，在描摹景物、营造环境气氛上也都有独特之处。

蛩吟罢一觉才宁贴，鸡鸣时万事无休歇。争名利何年是彻？看密匝匝蚁排兵，乱纷纷蜂酿蜜，急攘攘蝇争血。裴公绿野堂，陶令白莲社。爱秋来那些？和露摘黄花，带霜烹紫蟹，煮酒烧红叶。想人生有限杯，浑几个重阳节。人问我顽童记者：便北海探吾来，道东篱醉了也。

——马致远〔双调·夜行船〕《秋思》

马致远与关汉卿同属兼作杂剧和散曲的大都“书会才人”作家，但在人生追求和散曲艺术风格上两人却有不小的差别：关汉卿身上具有强烈的反传统、追求个性自由的叛逆精神，铁了心地要终生“向烟花路儿上走”。马致远的世界观却颇为矛盾：既有“老了栋梁材”“恨无上天梯”的感慨，又有“白发劝东篱，西村最好幽栖”的隐逸思想，一生忧愤徘徊。表现在散曲创作上，关汉卿作品世俗情趣比较浓郁，适应社会大众的欣赏口味和现实生活中娱宾遣兴的需要；马致远散曲则较多体现出传统文人的气息，声调和谐优美，语言清新明丽又不失洒脱豪放，善于用生动的形象创造抒情诗的意境。比如他描写自己隐逸生活妙境的曲句：“红尘不向门前惹，绿树偏宜屋角遮，青山正补墙头缺，更哪堪竹篱茅舍。”这种表现手法，显示了前期散曲写作从勾栏歌楼的演唱向文人自我抒情的转化，开辟了新兴散曲真率醇厚的抒情境界，提高了散曲的文学格调。两种不同风格与写作手法的相互补充，对于早期散曲的发展与提高，成长为一种富有特色的新诗体，都做出了贡献。

白朴也是元前期很有成就的散曲作家，其散曲今存小令37首，套数4篇。内容大抵为叹世、咏景和闺情之作，风格上以清丽见长。他的叹世题材作品往往表现出对现实功名的否定，对退隐循世生活的向往，这与现实生活中他拒绝出仕的行为是相符的。但在表面洒脱的背后，又不时透露出深沉的郁闷和牢骚不平之气，反映了幼年时经历改朝换代所郁积的国恨家仇。如〔沉醉东风〕《渔父》、〔寄生草〕《劝饮》、〔阳春曲〕《知机》等曲子，都或多或少反映了这种思想倾向。他描写男女情爱的一些小令作品，显然受到市井情趣的影响，显得清新活泼，情感热烈，带有民间情歌的特点，像〔阳春曲〕《题情》、〔喜春来〕《题情》等曲子皆是如此，曲中描摹的年轻女性在感情追求上的大胆泼辣直率，与《墙头马上》杂剧中的叛逆女性李千金颇为相似。

元前期还有一批社会地位比较高的散曲作家，如杨果、卢挚、姚燧、刘秉忠、冯子振等人。他们对于散曲这种新兴诗体有尝试的兴致，不过往往限于在宴游应酬场合小试才情，而且常以填词的手法写散曲，作风偏于典雅。卢挚在这部分士大夫文人中比较突出，他所作小令今存120余首，题材以咏史怀古居多，作品往往借登临凭吊抒发世事兴衰的感慨；另有一些向往归隐闲适的内容，描写田园风光较为质朴本色。卢挚散曲风格以清雅为主，明丽自然，代表了元初达官贵人们散曲创作的成就。

第四节　元后期散曲作家作品

元灭南宋后，随着国家的统一，战乱局面的结束，原本富庶的南方地区很快恢复了先前的繁华景象。江南的青山秀水和发达的城市经济，吸引着因国家分裂长期被隔阻于北方的文人，因而在南北统一后不久，很多的北方文人便纷纷南下，或游历，或定居，元杂剧的创作演出活动中心因而逐步开始转移到杭州，散曲亦然。元王朝后期半个多世纪的时间里，散曲创作主要在以杭州为中心的江南地区展开，作家主体基本是南方人或留寓南方的北方文人。不同的时代背景、创作环境及作家队伍，使元代后期的散曲创作出现了与前期迥然不同的面貌。

首先是出现了一些把才情完全集中于散曲写作的作家，或也写杂剧，但主要精力放在散曲创作上的文人。如张可久、乔吉、贯云石、徐再思等。其次是散曲的题材和思想内容有了很大的变化，前期作品中那种对社会不平表示愤慨和嘲讽抨击的内容已不多见，但散曲创作的领域却被不断开拓，大凡社会现实生活中的各个方面，人们都可用散曲进行表达，使得散曲文体真正得到了与诗、词鼎足而立的地位。三是后期散曲受江南妩媚山水和文学传统的影响，变得日趋清丽典雅，渐渐与前期的通俗直白、豪爽本色形成两类不同的风格，文人化的倾向，形式美的追求，改变了散曲自身的传统。

张可久是元后期的主要散曲作家之一。他一生在下层小吏的位子上辗转奔波，时官时隐，足迹遍及江、浙、皖、闽、湘、赣等地，仕途上很不得志。文学创作上专攻散曲。人生的坎坷境遇对他的创作很有影响，部分作品抒发了穷通无定、世态炎凉的感慨；有时面对穷苦百姓的艰难遭遇也深表同情，只是像这类能够表现出作者激情与社会关注的作品为数不多。张可久笔下更多的还是写景咏物、男女恋情、酬唱赠答、归隐林泉之类的内容。江南旖旎明媚的湖光山色，常常被他写得精致优美，蕴藉典雅。风格上他力求将散曲原有的白描特色归于雅正，有过于注重形式美的倾向。不过作为一种清丽的风格，他的创作丰富了散曲的表现技巧和手法，在元散曲前后期的曲风转变中起到了重要作用。

张可久　字小山，庆元（今浙江宁波）人，生卒年不详，约活动在1280至1348年以后，颇长寿。著有《今乐府》《苏堤渔唱》《吴盐》《新乐府》四部散曲集，后人合辑为《小山乐府》传世，今存小令855首，套数9篇。

乔吉曾作杂剧多种，皆写文人风流逸事，虽曲辞秾丽，成就并不高。其散曲创作影响明显大于杂剧。后人常将他与张可久相提并论，属于元后期散曲大家。明代甚至有誉其二人为“曲中李杜”者（李开先语），说明他们的作品颇受明清时代士大夫们欢迎。他也是一生不得志的文人，落魄江湖，嘲风弄月。散曲作品大多以啸傲山水、寄情声色诗酒为题材。在风格上以清丽婉约见长，辞藻华丽，对仗工整，这点与张可久比较接近。不同在于他能雅俗兼备，一定程度上对前期散曲俚俗直率的表现手法有所继承，故于雅丽蕴藉中含有一种质朴自然的成分。

乔　吉（1280？—1345）字梦符，太原人，留寓杭州。今存小令209首，套数11篇。

贯云石是元后期很有特点的一位散曲作家。他自幼武艺超群，初荫袭两淮万户府达鲁花赤，后让爵于弟，弃武学文接受汉族文化。他善书法，能诗文，散曲尤为突出。其文学创作活动显示了元代各民族文化相互交融的特征。他的散曲以写山林逸乐和男女恋情为主，风格总体上豪放洒脱但又不失清新俊逸，有西域武官疏放旷达气质和江南秀丽山水的双重影响，与前期散曲的豪放风格不尽相同。另一位散曲作家徐再思，浙江嘉兴人，与贯云石属同时代人，今存小令百首左右。内容以男女恋情、写景咏物、友朋赠答为主。贯、徐二人当时齐名，散曲风格却有豪爽俊逸与清丽秀雅的明显区别。朱权《太和正音谱》称贯云石曲如“天马行空”，徐再思曲类“桂林秋月”。贯云石爱酸味自号酸斋，徐再思喜食甘饴号甜斋，世人遂将二人散曲作品合辑为《酸甜乐府》。

贯云石（1286—1324）出身于维吾尔族高胄，祖、父都官至显位。原名小云石海涯，因父名贯只哥，即以贯为姓，号酸斋。今存小令86首，套数9篇。

张养浩是元后期散曲的一位重要作家。他的散曲多是辞官归里后所作。作品中对于宦海风波、世态炎凉有着来自切身感受的描述，也有不少寄情林泉咏物写景的内容。作家同情民生疾苦，文宗天历二年（1329）陕西大旱成灾，辞官数年、屡召不就的张养浩毅然复出前往关中主持赈济灾民，行经潼关写下了著名的〔山坡羊〕《潼关怀古》，曲中作者将感叹千古兴亡与黎民百姓的苦难结合起来，其深沉的情

张养浩（1270—1329）字希孟，号云庄，山东济南人，曾官至翰林学士，礼部尚书。为官方正，敢于犯颜直谏。著有散曲集《云庄休居自适小乐府》，今存小令161首，套数2篇。

感与强烈的民本思想、进步的历史观非常感人。套曲〔南吕·一枝花〕《咏喜雨》、小令〔得胜令〕《四月一日喜雨》，表达了作者在灾区久旱逢雨时与民众同样的喜悦心情，真实反映了对百姓生存环境的由衷关切。就是在这次主持救灾过程中，因操劳过度，张养浩到任四个月即死于任上，为解除民众疾苦而鞠躬尽瘁的行为颇令人尊敬。

元后期散曲作家睢景臣、刘时中，分别以套曲〔般涉调·哨遍〕《高祖还乡》和〔正宫·端正好〕《上高监司》而在文学史上知名。睢景臣的《高祖还乡》写刘邦称帝后威加海内、衣锦还乡的历史事件，却独具匠心地通过昔日乡邻的目光与口吻，爆出了当朝皇上发迹之前在村里强秤麻、暗偷豆的流氓无赖老底，对他将当年一起“喂牛切草，拽耙扶锄”的贫贱伙伴“觑的人如无物”的举止做派进行了强烈的谴责，还顺势嘲讽了那些趋炎附势的乡绅接驾时的种种丑态。全曲构思巧妙，嬉笑怒骂，文笔生动泼辣，叙述紧凑而有层次，是元散曲中很有特色的作品之一。刘时中的《上高监司》套曲与张养浩陕西赈灾的曲子写于同年，那年江西也遭受大旱灾，洪都（今南昌）籍文人刘时中于是写了两套〔正宫·端正好〕套曲呈给江西道廉访使高纳麟。曲中作者真切描述了灾民“受饥馁填沟壑”，卖儿卖女、妻离子散，“乳哺儿没人要撇入长江”的悲惨遭遇，并愤怒斥责富豪商贾趁火打劫的恶劣行径。作者还在曲中建言整顿钞法和库藏，详述了库藏的积弊及贪官污吏狼狈为奸的情形。似这种直接反映社会现实问题的作品，在元人散曲中极为难得，故而显得弥足珍贵。其中一套连缀多达34支曲子，其庞大的规模在元散曲结构中也是罕见的。

第六章

宋 元 南 戏

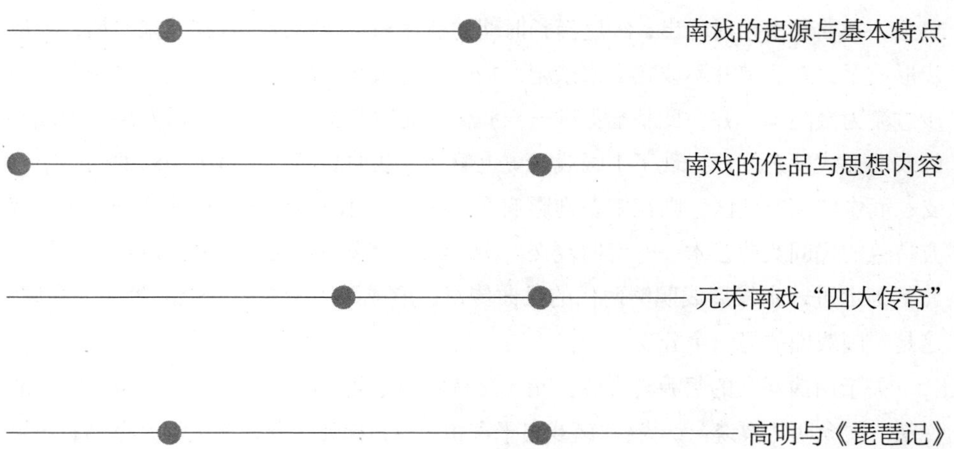

元代剧坛世人通常以为是杂剧艺术一统天下。但实际上，另一种戏剧样式也在较为偏远的地区生存并迅速发展，这就是源于宋时、长于元代的南戏。南戏的存在，丰富了元代的戏剧文化，更为我国下一个戏剧繁荣期——明传奇时代的到来，打下了坚实的基础。

第一节　南戏的起源与基本特点

南戏，旧称戏文，是南曲戏文的简称，与北曲杂剧相对而言。因最初产生于浙江温州（一名永嘉）地区，故又称为“永嘉杂剧”或“温州杂剧”。在中国文学史上，戏曲艺术相对晚出，经过漫长时期的孕育和不断完善，直到北宋时期，才逐步形成了比较简单并不成熟的宋杂剧。靖康之变宋室南渡后，北方地区的宋杂剧逐步过渡为金院本，并在此基础上进一步演化为北曲杂剧，蒙古灭金后发展成为成熟的戏曲形式元杂剧，出现了中国戏曲史上第一个戏曲高潮，这是中国戏曲的一个分支；而中国南方地区，则在宋杂剧影响下，在宋金对峙时期渐渐形成了一种具有南方特色的民间戏曲艺术——南曲戏文。南北统一后南曲戏文逐步走向成熟，日后在此基础上进一步发展成明清两代的昆曲传奇，形成了中国戏曲史上的第二个高潮，这是中国戏曲的另一个分支。

关于南曲戏文的起源与形成，元人没有明确记载。明人记述中则有两种不同的说法。祝允明《猥谈》认为：“南戏出于宣和之后，南渡之际，谓之温州杂剧。予见旧牒，其时有赵闳夫榜禁，颇述名目，如《赵贞女蔡二郎》等，亦不甚多。”徐渭《南词叙录》则认为：“南戏始于宋光宗朝，永嘉人作《赵贞女》《王魁》二种实首之。”南宋光宗在位5年，其年号绍熙为1190—1194年，此时距南渡已60余年。当代学者胡忌根据新发现史料，认为南戏形成于南宋末咸淳年间（1265—1274）。三种说法时间上几乎涵盖了南宋的150余年，实际上并无根本的矛盾。一种在社会上影响很大的戏曲艺术不会是突然流行起来的，前后三个时间的界定，大致包括了南曲戏文从原始状态的村坊小戏，逐步发展成为较为完整戏曲形式的历史演进过程。

早期南戏为什么会出现在温州地区？原因大致有这样几点：1.温州所处东南沿海一带，早在北宋就是经济活跃地区，南渡之后人口激增，城市变得更加繁华。2.温州不仅经济发达，而且文化普及程度也很高。3.由于经济和文化发达，温州的市民文化得到相应发展，当地有专门的伎艺演出场所“瓦子巷”。在瓦子中演出的宋杂剧与说话等伎艺深受观众喜爱。特别是说唱艺术的高度发达，对南戏的产生有直接的影响。民间说唱艺人有高超的表演水平，能将故事与人物表演得惟妙惟肖。更吸引人的是他们可以讲述内容复杂、有相当长度的故事。相比之下，宋杂剧篇幅短小，情节简单粗疏，已经难以满足观众的文化娱乐需求；而说唱虽然可以讲述长篇故事，毕竟只是口头艺术。在此背景下，一种可以在舞台上以歌唱加表演来展现曲折复杂故事的艺术形式便应运而生。

南曲戏文与北曲杂剧是两种完全不同的戏曲艺术形式，它的体制与舞台表演形式与北杂剧相比较，突出地表现为这样几个特点：第一，剧本结构长短不拘，可长可短。短则几出，长可十几出或几十出，完全依据剧情需要来结构编排故事。第二，演唱上不仅仅是由主角一人独唱，还可以出现对唱、轮唱、伴唱及合唱。根据剧情需要，任何角色都可以唱上一段，形式非常自由，这给舞台表演中曲、白、科介的综合运用提供了方便。第三，唱腔音乐使用南曲。由于南戏自开始萌生就具有这些自由灵活的特点，加上使用南人熟悉、习惯的当地民间通俗曲调演唱，所以诞生后颇受南方地区人们的欢迎，具有蓬勃的生命力。在很长的一个时期内，虽然北方的杂剧已是蔚为壮观的成熟戏曲艺术，在南方流行的依然还是南曲戏文。元后期北杂剧借助国家统一后的政治力量大举南下，但不太久远的时间内便渐渐衰落下去，这其中很重要原因之一便是遇到了南戏的有力竞争。人们常说一方水土养一方人，同理，一个地区的自然环境与人文因素也足以影响一种文学艺术形式的兴衰，北曲杂剧南下后逐渐被南曲戏文所压倒，就是明显例证。

南曲戏文萌芽于东南永嘉一带民间俚歌俗曲，最初为村坊歌舞小戏，随着活动地域的扩展，特别是进入城市后，受到宋杂剧、诸宫调、唱赚及宋词演唱等歌舞演唱艺术的影响，不断得以提高进步。徐渭《南词叙录》称“其曲则宋人词而益以里巷歌谣，不协宫调，故士大夫罕有留意者”。所谓“不协宫调”，乃是南戏唱腔音乐上非常突出的一个特色，与北曲杂剧严格依据宫调曲牌组织曲子和唱腔形成明显对照。这是由于作为“村坊小曲”的南曲音乐“本无宫调，亦罕节奏，徒取其畸农、市女顺口可歌而已。谚所谓‘随心令’者，即其技欤？间有一二叶音律，终不可以例其余，乌有所谓九宫？”（《南词叙录》）像极为俚俗的〔吴小四〕、〔赵皮鞋〕、〔麻婆子〕之类小调都曾拿来用于演唱，可知其浓郁的民间色彩。

南曲演唱时使用南方方音，因而用韵与北曲有很大差别；南曲音乐轻柔婉转，不像北曲高亢响亮；伴奏乐器主要是丝竹管乐，不同于北曲以弦乐为主；表现题材多爱情故事和家庭纠纷，不同于北曲杂剧长于表现英雄豪杰故事和金戈铁马的战争，或重大社会事件；故事情节往往比较曲折复杂，一部戏通常要拖长至几十出，不如北杂剧结构的集中紧凑。

南戏的体制和舞台表演形式在元末明初基本定型。它在结构安排上采用分场的形式，剧中的一场称为一“出”，每出通常以人物的上、下场为界限，大致是剧中的一个自然情节段落。在场次安排上，演出开始时照例由副末出场介绍作者创作意图并叙述剧情梗概，叫做“副末开场”或“家门大意”；第二出开始为正戏，在前几场中，生、旦等剧中男女主角和主要配角都会相继出场和观众见面，展开故事情节。剧情往往是围绕生、旦戏的主线进行，适当穿插净、丑、末插科打诨的情节，使轻松热闹的场面与严肃的正剧或悲剧情节交替进行。历经种种悲欢离合，最终以生、旦团圆结束。南戏曲辞的组织一般有引子、过曲和尾声。主要角色上场时先唱一曲引子，继而是一段自我介绍的说白，称之为定场白，每出结束一般都会有下场诗。南曲戏文的这种基本表演格局，为明清二代昆曲传奇的表演体制奠定了基础。

第二节　南戏的作品与思想内容

宋元南戏的剧目，据当代学者考证可知者有238种，其中绝大多数为元代作品，实际上恐还不止此数，可见元代百余年间南方地区南戏创作演出颇为繁盛。在这批南戏剧目中，全本流传下来的有18种，有佚曲可辑录者百余种，完全失传的有近百种（钱南扬《戏文概论》）。元代中后期剧目和作品保存下来的相对多一些，早期剧作得以保留的只有两部全剧和一部残剧，即收录于《永乐大典》的《小孙屠》《宦门子弟错立身》和残剧《张协状元》。不少出现较早已经失传的南戏剧作，现在只能根据时人或后人的相关记载大略了解剧情。

从明代《猥谈》《南词叙录》等著述的记载可知，最早出现的南戏剧目是《张协状元》《赵贞女蔡二郎》和《王魁负桂英》。三剧都是产生于宋末元初的温州地区，剧情皆表现男子科举发迹变泰后忘义负心的家庭婚姻故事，这在很大程度上体现了早期南戏的思想内容和取材特点。回顾一下历史，会发现这类戏曲题材在南戏中大量出现是有其特定社会背景的。江浙及温州地区历来文化教育发达，读书风气浓厚，南宋百余年间虽然只占有南方半壁江山，但三年一次的科举考试每次录取进士多达450余人，平均每年有150多名中下层出身的“寒士”一举成名并进入仕途。本来，一个读书人的科举成功，往往并不完全是个人的努力，而是需要一个家庭或一个家族的长期扶持。相应地，人们也希望这些科场上跳了龙门的幸运者，对家庭或家族利益多承担一些义务，这是一种非常自然的社会心态。但事实上，由于个人社会地位的骤然变化，不少有才无德的读书士子并非都能表现出君子风度，诸如抛弃糟糠之妻、拒绝赡养老人等无良行为在社会上成为相当普遍的现象，尤其是前者。因为当时考中进士的年少未婚者甚少，大多是妻儿俱全的中年男子，而其中有些人一朝发迹后，为了个人荣华富贵，往往会做出攀附权势、抛弃贫贱妻子赘入豪门的负心之举。现实生活中，这种富贵易妻行为是善良的人们最为痛恨的行为，所以早期南戏多以男子负心为表现题材，对这类人物给予无情揭露和讽刺鞭挞，这既反映了宋元时代温州、江浙地区的社会现实问题，又是南戏这种起源于民间的戏曲艺术生活气息浓厚的直接体现。

上面所举的三部早期南戏作品中，三个负心的状元中两个没有好下场：《赵贞女蔡二郎》中的负心状元蔡二郎被暴雷劈死，《王魁负桂英》中的状元王魁被厉鬼捉去下了地狱。《张协状元》写书生张协赶考途中遇盗落难，幸得贫女搭救并经人撮合成亲。张协中状元后，拒认进京寻夫的贫女妻子并在赴任途中拔剑欲劈杀她。虽剧中写贫女躲剑落水后幸运地被宰相救起并认作义女，最后勉强与状元张协大团圆结局，但剧中张协发迹不认贫妻并欲杀妻灭口的一系列恶劣行径，已足以令观众看透其人面兽心。如果后世没有一个陈世美秦香莲故事在民间更为流行，被钉在历史耻辱柱上的很可能会是这个张协状元。早期南戏中这类对于人世间善恶是非的评判，形象真实地反映了那个时代民间淳朴的道德价值观念。

元代中后期，随着北方杂剧南下，南北两种戏曲艺术形式有了较多交流融汇的机会，南曲戏文在此基础上得以不断发展并逐渐走向完善，舞台艺术渐趋成熟，剧本文学创作也日趋严谨和完整。这个时期南戏所反映的社会生活面开始变得宽泛，在大量爱情婚姻故事中，有表现青年男女反抗封建婚姻制度、突破门阀观念大胆追求真挚爱情的题材，如《王焕》《王秀英》《杨曼卿》《罗惜惜》《司马相如题桥记》《赛金莲》《杨实锦香囊》《卓文君夜奔相如》；有对被侮辱受迫害女子寄予深切同情并赞美她们忠实于感情的《李亚仙》《苏小卿月夜泛茶船》；鞭挞男子忘义负情、抛弃糟糠之妻的剧目仍继续出现，如《李勉》《张琼莲临江驿》《崔君瑞江天暮雪》。受北杂剧的影响，南戏中开始出现一些反映社会黑暗和战乱给人们带来的灾难，描写忠奸斗争，歌颂爱国的民族英雄及批判祸国殃民的奸臣贼子的作品，如《祖杰》《柳颖》《包待制陈州粜米》《屈大夫江畔行吟记》《苏武牧羊记》《洪皓使虏记》《秦太师东窗记》《贾似道木棉庵记》等。就总体言，元后期的南戏创作主流有一定的社会意义，但作品的思想倾向比较复杂，有些剧目掺杂着维护封建秩序、宣扬封建道德的内容，表现消极宿命的神仙道化戏也有一定比例。

值得注意的是，元后期南戏中产生了一批与北杂剧同一故事题材的剧目，如《崔莺莺西厢记》《裴少俊墙头马上》《柳毅洞庭龙女》《关大王独赴单刀会》《倩女离魂》《蝴蝶梦》《拜月亭记》《赵氏孤儿报冤记》等作品。这种现象，说明南下的北杂剧对南戏的发展产生了巨大影响，同时也反映了在南北戏曲接触交流过程中，本土的南戏注重吸取借鉴北曲杂剧的长处来补充完善自己并充分发挥自身地利人和的有利条件，无论是表演的戏曲故事，还是在舞台艺术上，都逐渐占据上风的演进过程。南曲戏文在元代后期不断完善提高和成熟的过程，也就是北曲杂剧在南方地区日趋衰微的过程。尤其是元末“荆、刘、拜、杀”及“南曲之宗”《琵琶记》等作品的出现，标志着南戏的创作表演已经达到了一个新的高度，在与北杂剧的抗衡与竞争中已经具备压倒性优势。

第三节　元末南戏“四大传奇”

《荆钗记》《白兔记》《拜月亭记》和《杀狗记》四部南戏简称“荆、刘、拜、杀”，皆出现于元代末期，后世被誉为“四大南戏”或“四大传奇”，是宋元南戏中除《琵琶记》之外影响最大的几部作品。明清时期能否上演这几种戏，甚至成为衡量戏班演出水平高低的标志。

《荆钗记》一般认为是柯丹邱作。全剧48出，写书生王十朋与钱玉莲的爱情婚姻故事。钱玉莲鄙视富豪孙汝权的为人而拒绝其金钗求婚，毅然选择了家贫如洗以荆钗作为聘礼的书生王十朋。婚后半年王赴京赶考高中状元，因拒绝万俟宰相招赘，被贬往荒僻烟瘴之地任职，孙汝权偷将王十朋家书改为“休书”继续纠缠玉莲，后母也逼迫改嫁，玉莲不从投河自尽，遇救后随恩人远走他乡。王十朋闻玉莲已死决意终身不复娶他人，玉莲后来误听十朋病亡噩耗也执意不再另嫁。数年后夫妻以荆钗为缘终得团圆。剧本赞美了王十朋、钱玉莲两人坚贞不渝的爱情，同时鞭挞了权相的以势逼婚、财主的居中捣乱、后母的凶暴逼嫁，比较有现实意义。剧中的王十朋与早期南戏中“负心型”的读书士子不同，是个忠实于婚姻爱情的正面书生形象。剧本结构精巧，情节曲折，曲文本色，写情逼真，有着较强的戏剧性。

《刘知远白兔记》写五代时后汉开国皇帝刘知远发迹变泰以及与李三娘悲欢离合的故事，系元末“永嘉书会才人”据宋人《五代史平话》和金代《刘知远诸宫调》编撰而成。刘知远少时家境贫寒在李文奎家打工，李文奎断定他日后必将发迹，把女儿三娘许配给他。李文奎死后刘知远受兄嫂欺压被迫投军，因战功发迹并入赘帅府，得享高官厚禄；妻李三娘在家受尽兄嫂折磨，磨房生下“咬脐郎”，托人送到军中抚养。16年后咬脐郎外出打猎追踪白兔，井边与母相会，全家始得团圆。此剧虽取材历史人物故事，却有很浓郁的民间传说色彩。剧中着重描写李三娘的凄苦遭遇和坚强性格，很能赢得人们的同情。刘知远的形象则比较复杂，既有少年时坎坷屈辱的经历也有发迹后的负心忘义，其人生经历反映了战乱年代的社会背景和一些人渴望发迹变泰的生活愿望。剧本曲辞本色质朴，情节生动自然，艺术上富有民间文学的特色。

《拜月亭记》又名《幽闺记》，改编自关汉卿《拜月亭》杂剧，是“四大南戏”中思想和艺术成就最高的。一般认为作者为元末施惠。全剧以蒋世隆和王瑞兰的爱情婚姻波折为主线，基本情节与关剧大致相同。剧情突破了才子佳人一见钟情的套路，着力描写青年男女在生死与共的患难中建立起来的纯洁爱情。但相对而言，关剧用杂剧四折一楔子的短小体制表现涉及社会生活面极其广阔的故事，结构上多少有些局促，而南戏用几十出的规模来铺陈，便于充分展开故事，相应增加了许多生动的细节，使剧情发展更为跌宕起伏，艺术效果更加突出。《拜月亭记》是南戏中非常重要的一部作品，明人曾将其与《琵琶记》相提并论，李贽认为二剧都达到了“化工”的境界。

《杀狗记》作者不详。全剧36出，写富豪子弟孙华结交市井无赖柳龙卿、胡子传，并受他们挑唆把亲兄弟孙荣逐出家门。其妻杨月真多方劝说无果，乃设计杀狗装入口袋假称人尸放置门口。孙华深夜归家见状大惊，忙找结拜兄弟帮忙，柳龙卿、胡子传二人不仅推脱不管，还跑去官府告孙华杀人，以图霸占孙家财产。紧要关头还是自家兄弟不计前嫌，赶来相助。真相大白后，孙华认识到骨肉亲情的可贵，于是兄弟重归于好。元杂剧中有《杨氏女杀狗劝夫》，内容与南戏大致相同，此剧涉及因财产而引发的手足成仇现象，对封建宗法制家庭内部矛盾反映比较充分。这类家庭矛盾纠纷在生活中颇为常见，因而作品具有较强的社会现实意义。此剧故事结构简洁生动，语言通俗质朴，具有民间文学特色，艺术表现上相对粗糙一些。

“四大南戏”中都有一些很精彩的场次，如《荆钗记》中的“投江”“祭江”“见母”“夜香”；《白兔记》中的“瓜园分别”“磨房产子”“出猎回猎”“井台相会”；《拜月亭》中的“走雨错认”“招商谐偶”“幽闺拜月”等。经过数百年舞台艺术实践的检验，这些优秀的折子至今仍流行于京剧及一些地方戏曲舞台上，很受观众欢迎。

第四节　高明与《琵琶记》

产生于元末的《琵琶记》是宋元南戏中最为著名的一部作品，代表了南曲戏文过渡到明清昆曲传奇前所达到的最高水平。

《琵琶记》由剧作家高明改编自早期南戏《赵贞女蔡二郎》，前者是一部影响很大的鞭挞文人富贵变心的悲剧故事。蔡二郎科举成功做了大官，却贪恋功名富贵，

高明

（？—1359）字则诚，温州瑞安人。出身于世代书香家庭，少时以博学著称。性情耿介，为官正直不避权贵，后与上司不合辞官还乡。元末动乱避居四明（宁波）栎社，隐逸中完成了《琵琶记》的创作。所著南戏《闵子骞单衣记》已佚，诗文集《柔克斋集》20卷亦散佚，今存诗、词、文50余篇。

抛下父母妻子不管不顾。妻赵五娘独力苦苦支撑门户，大灾荒年公婆双双饿死，赵五娘进京寻夫却遭拒认。蔡二郎“马踏赵五娘”是悲剧发展的高潮，最后的结局则是“雷劈蔡伯喈”，以上天的震怒表达了大众的愿望。当然早期民间说唱及戏文中所附会的蔡伯喈，并不符合历史人物真实，东汉末年蔡伯喈（蔡邕）不仅是当时著名学者，生活中也是一位孝子。只能说戏文中的蔡伯喈已经脱离了历史人物原貌，是民间传说中产生的一个艺术典型。但经高明改编的《琵琶记》，彻底改变了早期南戏中蔡伯喈的面貌，将《赵贞女蔡二郎》着力鞭挞的“弃亲背妇”负心无义之人，塑造成了一个“全忠全孝”的正面形象。为了实现这个人物形象的改变，作家在剧中精心设计了“三不愿”与“三不从”的情节：蔡伯喈是孝子本不愿离家去应考，可他父亲蔡公不从；中状元后牛丞相欲招他为婿，他不愿入赘再三推却，牛丞相不从；他要辞官逃避，朝廷又不从。通过这样一连串故事情节，作品巧妙地“偷梁换柱”，逐一减去了蔡伯喈的过错和罪责，保留了《赵贞女蔡二郎》的基本故事情节和主要人物，却改换了剧中重大的关目及主要的矛盾冲突，使一部批判鞭挞富贵变心忘义的戏曲，变成了一部“教忠教孝”的范本。

高明为什么要对《赵贞女蔡二郎》作出如此巨大的改编呢？其用意当然不只是为历史人物蔡伯喈作翻案文章，更重要的是出于宣扬“忠孝”“贞烈”之类正统纲常道德观念。作家并不隐瞒自己的主观意图，他在卷首撰写的一首《水调歌头》中，明确说出了自己的作剧理念：

> 秋灯明翠帏，夜案览芸编。今来古往，其间故事几多般。少甚佳人才子，也有神仙幽怪，琐碎不堪观。正是不关风化体，纵好也徒然。　　论传奇，乐人易，动人难。知音君子，这般另作眼儿看。休论插科打诨，也不寻宫数调，只看子孝与妻贤。骅骝方独步，万马敢争先？

词中所谓“不关风化体，纵好也徒然”，强调的就是戏曲写作要有利于宣传正统的道德伦理观念，否则再好也是徒劳无益的。高明给《琵琶记》安排的“题目正名”

是“极富极贵牛丞相，施仁施义张广财；有贞有烈赵贞女，全忠全孝蔡伯喈”。整部戏可谓充分展示了剧作家的这种创作主导思想。

这样说是否《琵琶记》就失去了价值呢？当然不是。此剧所以在当时在后世都有巨大影响，说明它自有其特别之处。高明说，“论传奇，乐人易，动人难”，说明他深悟编剧的关键所在。而《琵琶记》也的确被他写得生动感人。整部戏以赵五娘、蔡伯喈不同境遇的双重线索交错递进，这边是蔡伯喈在富贵繁华的宰相府中被功名利禄缠身，思亲思乡苦闷难诉；那边是大灾荒年五娘含辛茹苦支撑门户侍奉公婆；这边是蔡伯喈锦衣玉食、与牛小姐杏园春宴赏月饮酒，那边是五娘背着公婆吞咽秕糠、代尝汤药以及在公婆饿死后剪发买葬，衣襟兜土筑坟……极度富贵与极度贫穷的戏剧情节与境遇在舞台上不断交替出现，时时形成鲜明对照，其悲剧性的场面足以催人泪下。加上南戏不是一人主唱，剧中两人抒发情感时的歌唱彼此应和形成对唱，产生的戏剧效果是极其强烈的。高明学识渊博，文笔极好，剧中曲辞及人物语言本色为主又文采斐然，在表达人物心情和情感方面细致入微又生动形象，听起来、读起来都感人至深。这说明作家在追求“动人”方面确是煞费苦心，而且也取得了相当高的成就。可以说，剧作家认识上的局限确给《琵琶记》的思想价值带来很大的缺陷，但是在这部作品中，通过剧中艺术形象所展示的现实生活内容，作家在观察生活体验生活基础上产生的认识与感受，他对下层普通百姓苦难的深刻同情和表达，对酿成家庭和社会悲剧的统治阶层人物给予的谴责和批判，显然又不是某些正统伦理道德观念所能包括的。

《琵琶记》是民间戏文与文人创作相结合的成功范例，它的出现，将南戏创作表演推进到艺术上臻于成熟、能够雅俗共赏的新阶段。此剧很受明太祖朱元璋的推崇，也获得了不同阶层人们的普遍喜爱。明清时期，《琵琶记》被曲论家称为南曲戏文中的“绝唱”（何良俊《四友斋丛说》），还有“曲祖”（魏良辅《曲律》）、“南曲之宗”（黄图珌《看山阁集闲笔》）等种种赞誉，对后世戏剧创作有着很大的影响。

第七章

元代诗文

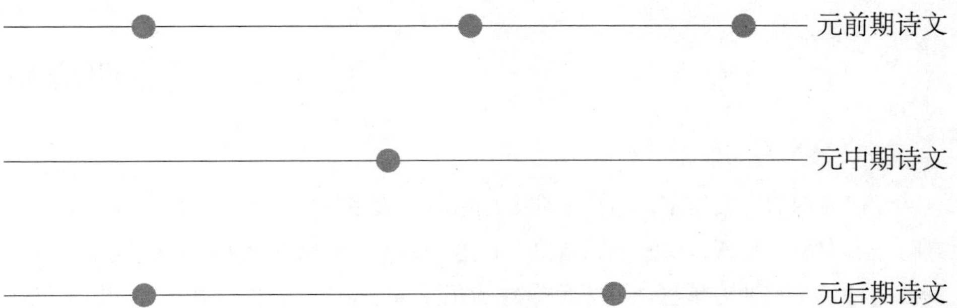

有元一代，北曲杂剧和散曲代表了文学创作的主要成就，相比之下，作为正统文学形式的传统诗文，在新兴的通俗性叙事文体光辉映衬下，不免显得黯淡失色。元代诗文作家与作品的数量并不算少，留存下来的诗与文均超过了3万首（篇）。短短百余年里出现如此数量的诗文作品，应该说还是相当可观的。

但是，一般说来元代诗文的艺术水准远不能和唐宋相比。即便被称为“元诗四大家”的虞、杨、范、揭几位诗人，也多以歌咏承平知名而实际成就并不高。倒是刘因、王冕等人的诗歌成就，实际上并不亚于“四大家”一类名流。另有一些少数民族诗人，如耶律楚材、马祖常、萨都剌等人用汉文写作的诗文作品，其功力与成就往往超过同时代的汉族作家。尤其是回族诗人萨都剌的诗词，题材广阔，贴近生活，爱憎强烈，风格清新，显得别开生面，非常值得关注。

第一节　元前期诗文

元代前期的诗文作家，生活在北方地区的，大多是由金入元；而南北统一后南方的一批作家，又皆是南宋王朝遗民。在这个时期，北方和南方作家们大都保持着各自的特色。在北方地区，元好问金亡后仍持续了20余年的文学活动，其文风在社会上有重大的影响，此时的北方作家如姚燧、卢挚、刘因、郝经、王磐、王恽、杨宏道、鲜于枢等人，基本都在走元好问开辟的文学道路，作诗学习苏轼而稍有变化，豪放自然，清淡古朴。南方的一些遗民作家如方回、戴表元、邓牧、刘辰翁、仇远、白珽等，还多少带有南宋“江湖诗派”的诗风影响，但有意学习唐人格调，作品以清丽婉约为特色，故国之思时露其间。随着国家统一后南北经济与文化的交流，文坛上诗文风格开始逐步呈现出南北融合的趋势。

元前期诗文作家，成就相对突出的有姚燧、卢挚、刘因、戴表元等人。

姚燧（1238—1313），字端甫，号牧庵，洛阳人。官至江东廉访使、江西行省参知政事、翰林学士承旨，著有《牧庵文集》50卷。文学创作上以文章见长。《元史》称其文辞闳肆豪刚，“有西汉风”。他的部分作品，反映了元军征伐南宋过程中对百姓的野蛮屠杀以及知识分子在蒙元统治下的悲惨遭遇，对当时官场中不公平不合理现状表现出一定的不满，但更多属于碑记、铭文、诏诰之类文字，有较强的实用性而文学意味相应不足。姚燧文章特点是结构谨严，叙述简洁，气势流畅，文笔变化有致，颇为耐读。

卢挚生平与姚燧大致同时，同属元前期受到重用的汉族文人。世称其文与姚燧比肩，诗与刘因齐名，但从现存诗文作品来看，他的诗没有刘因学习宋诗的哲理味道，文章也缺少姚燧的豪刚之气。其诗以五言最为著名，风致淡泊，明丽自然。倒是他的散曲相对成就更高一些。

刘因（1249—1293）字梦吉，号静修，河北容城人。自幼才华出众，性不苟合。平生精研理学，以教授弟子为业。34岁时被元世祖诏征为赞善大夫，不久借母病辞归。43岁时世祖再次遣使召为集贤学士，以疾辞，被世祖称为『不召之臣』。

刘因出生于金亡15年之后，算不上是金遗民，更不属于宋遗民。但作为一位北方的汉族文人，他却一直以南宋为故国，对宋金以来的天下兴亡念系不忘。这主要是出于一种维护民族文化传统的思想感情。他的诗作《登武遂北城》《塞翁行》《白沟》《渡白沟》《感事》《武当野老歌》等，都流露出对宋王朝的追忆与怀恋。著名的七律诗《白沟》追溯探讨北宋王朝覆亡的历史教训，道出了宋代文人不曾表达过的深刻见识。世祖至元五年元师伐宋，他作《渡江赋》力陈宋不可伐。宋亡以后，又多次在诗中曲折地对南宋灭亡表示悼念，对被俘不屈的宋臣表达自己的敬意。

刘因怀有一番远大抱负，无奈所处时代已经没有施展才能的机会。他对现实中一些人不择手段追逐名利极为反感，自己则引陶渊明为知己，在世俗面前以气节自负，不愿随波逐流。他的诗中也有不少反映民生疾苦的内容，这与诗人所处时代征战连绵兵祸不断有关。

刘因诗艺术上受元好问影响比较大，其七古歌行和七律往往写得气势磅礴，有豪迈不羁气概。他的五言古诗则多学陶渊明，他著有《学陶诗》一卷，大都写得清新自然，颇具陶诗意蕴。

刘因也留下了一些散文作品，在《孝子田君墓表》中揭露了蒙古兵南下灭金时残酷屠杀居民的罪行；《易州太守郭君墓志铭》中对元军所到之处庐舍皆为废墟表示不满；《辋川图记》指责王维面对安史叛军的失节行为，强调文学艺术家应该注重道德节操，应是作者有感而发；所作《唯诺说》《唯诺后说》则写出了自己现实中曾被迫出仕的无可奈何，反映了思想上的矛盾与苦恼。

戴表元字帅初，浙江奉化人。南宋时任建康教授，入元为信州教授。文学上以散文为主。他的一些诗作不回避尖锐的社会矛盾，表达了对民生疾苦的同情。像《剡民饥》《采藤行》《夜寒行》《南山下行》，真切地展示了下层百姓所遭受的战乱之苦和沉重赋税徭役，另有些作品表达了对逝去的南宋王朝的故国之思，如《感旧歌者》。他作诗力图改变宋代诗风积弊，风格清新雅秀，但“江湖诗派”的影响尚存。他的散文作品中也不乏伤时悯乱的内容，一些描摹山水与生活感悟的文章如

《寒光亭记》《清峙轩记》《秋山记》《观鱼赋》《二歌者传》等，大都写得雅洁而有情致。

第二节　元中期诗文

元朝灭亡南宋统一南北之初，南北两地的汉族文人，都在不同程度上表现了对于汉族政权覆灭的哀伤情怀，感叹战争给国家和百姓带来的灾难与不幸，诗文创作上出现了为数不少的此类题材作品。进入成宗元贞、大德时期，社会局面已趋于和平与安定，经过战争破坏的南方经济，经过一段时间的恢复发展再现繁华景象，一些宋亡后隐居不仕的人逐渐开始活跃起来。南宋遗民诗人方回的《再送王圣俞戴溪》诗，颇为形象地描述了当时的情景。明人吴讷也曾说："元世祖初克江南，畸人逸士浮沉里闾间，多以诗酒玩世。元贞、大德以后稍出。"颇具代表性的诗人赵孟頫和袁桷等人都是在这个时候接受元王朝的礼聘出仕做官的。袁桷是戴表元的弟子，赵孟頫是宋室王孙，他们与新政权的合作，对世间文人显然有着巨大的示范意义。这些颇有才华的南方作家，与北方诗人姚燧、卢挚、元明善、王恽等人相呼应，学习盛唐写律诗，模仿汉魏作古诗，渐渐形成南北统一的诗歌风貌和格调。稍后，号称"元代四大家"的虞集、杨载、范梈、揭傒斯几位诗人出现于文坛，元诗的创作也随之进入兴盛时期。

"元诗四大家"都是元中期承平年代的馆阁文臣，长于朝廷典册和各种应制文章的写作。四人中虞集的地位和名气最高，在元仁宗延祐到明宗至顺近20年间，他是大都最负盛名的文人，"一时宗庙朝廷之典册，公卿大夫之碑版咸出其手"(《元史》本传)。杨载因受到赵孟頫的推重，在当时名气也很大。在诗歌创作方面，虞集曾对四人分别加以点评，说杨载诗如"百战健儿"；范梈诗如"唐临晋贴"；揭傒斯诗如"美女簪花"(一作"三日新妇")；自己的诗则似"汉庭老吏"。据说揭傒斯听得此评颇不高兴，原因是他认为自己作诗还是力求典重的。

元代中期诗坛风气，以崇尚"雅正"为创作主导思想和基本特色。元人欧阳玄曾说："我元延祐以来，弥文日盛，京师诸名公，咸宗魏、晋、唐，一去宋、金季

> 宇宙喜一统，于今三十年。江南诸将相，北上扬其鞭。书生亦觅官，裹粮趋幽燕。
>
> ——方回《再送王圣俞戴溪》

世之弊，而趋于雅正。”（《罗舜美诗序》）细究“雅正”的含义，不外是追求诗风的温柔敦厚，表现内容上歌咏升平。这是社会政治经济发展到一定时期对文学提出的要求，也是每个朝代文学通常都会经历的一个阶段，虞、杨、范、揭四位诗人跻身文坛正处这个时期。馆阁文臣的身份、良好的文化修养和诗文写作能力，使他们能够在同时期诗人中出类拔萃，赢得元代诗坛“四大家”声誉并非浪得浮名。当然，他们作诗也不是完全脱离现实生活，像虞集部分诗中就表现了较强的民族意识，有些写到了民生疾苦；范梈、揭傒斯诗中对社会不公平不合理现象也有一定的揭露和反映。但就总体言，他们的诗作更多的是属于题咏书画、赠答应酬、歌功颂德之类粉饰太平的内容以及表达个人的闲愁情思，缺乏广阔的社会生活内容和真情实感抒发，在这方面“四大家”诗歌有着大致类同的共性。

虞集（1272—1348）字伯生，蜀郡人，侨居江西临川，宋丞相虞允文五世孙。大德元年（1297）北上，官至翰林直学士兼国子祭酒、奎章阁侍书学士。著有《道园学古录》50卷。

但在艺术风格上，每位诗人还是表现出了个人的特征。虞集长于律诗，作品声律圆熟，文字流畅婉转，以典雅精切著称。大多写的清和淡远，一派承平气象。但少数抒发真实情感的作品则极为深沉，风格严峻而意境浑融。如被人称之为“读此诗而不泣下者几希”的《挽文山丞相》即是如此：

徒把金戈挽落辉，南冠无奈北风吹。子房本为韩仇出，诸葛宁知汉祚移。
云暗鼎湖龙去远，月明华表鹤归迟。不须更上新亭望，大不如前洒泪时！

后两句以沉痛顿挫成为千古名句。他怀念江南故乡山水景物的诗词作品，往往充满诗情画意，令人为之神往。如“杏花春雨江南”“京国多年情尽改，忽听春雨忆江南”等句子，历来受人赞赏。杨载诗风雄健豪放，工于炼字造句，文字平易通顺，注重追求新的意境。范梈作诗好为歌行古体，工近体，内容多写日常生活与来往应酬，风格豪迈而不失流畅。揭傒斯作诗长于古乐府，诗风清丽婉转，别有风韵，有些作品又很豪放，颇具李白诗风。揭傒斯为人刚正，诗中忧时忧民内容相对较多。如《杨柳青谣》《秋雁》《题芦雁》《渔父》《高邮城》《祖生诗》等作品都不同程度写出了当时社会的不平现象，有的曲折反映了民族间矛盾。这类作品在崇尚“雅正”的元中期诗坛，显得颇有价值。

元代中期活跃于文坛的作家，除了虞、杨、范、揭“四大家”之外，赵孟頫、袁桷、柳贯、黄溍、张雨、马祖常、萨都剌、欧阳玄等也都是当时比较著名的文人。

赵孟頫是个多才多艺的文人，作诗、书法、绘画皆出色。三者完美结合于一起，使他在文学艺术史上享有盛名。其书法圆转秀美，人称“赵体”。其画变革流行已久的南宋“画院”派传统，开创了元代画风。文学创作以诗为主，诗风清丽而遒壮。在文学观念上，他认为写诗与作文不同。作诗要有寄托，要用比兴手法；而作文只要把事情和道理讲明白就可以了，无需花费太大工夫，因此他的文章比诗显得简朴。元中期元贞、大德至延祐年间，赵孟頫在文坛上有着很大的影响。他与袁桷等人相互唱和，为元人学习唐代诗风推波助澜，令“诗学为之一变”，对南北诗风融合起到了重要作用。晚年诗中出现了一些怀念故国的内容和感情，对自己出仕为官也有所悔恨，如《钱塘怀古》诗中“春风麦秀使人愁”，《和姚子敬秋怀》中“新亭举目山河异”等诗句，都流露出国破家亡的深沉悲痛。尤其是《岳鄂王墓》诗，通过对岳飞的追思，表达对南宋君臣偏安误国的指责，对江山异代的感慨，流露了诗人复杂的思想感情。

赵孟頫（1254—1322）字子昂，号松雪道人，是宋宗室秦王赵德芳的后代。祖居湖州（今浙江吴兴）。他在南宋亡国一个时期后被举荐入朝，官至翰林学士承旨。著有《松雪斋文集》12卷。

在虞集等“四大家”未登文坛前，袁桷与赵孟頫一起主导着诗坛的发展。不过袁桷的诗多是往来赠答、写景抒怀之作，反映的社会生活面比较窄。仅少数作品流露出吊古伤今、关心家国兴亡与民生疾苦的情感。其诗结构工整，文辞古雅，谋篇布局颇为精致，显示出较高文学功力。其散文多是为朝廷和勋臣撰写的碑记、志铭、诰册之类应用文字，缺乏文学价值。倒是少量谈心论学与记事、题跋的短小篇章，写得文辞简约，情趣生动，品评事理议论书画往往有独到见解。

柳贯一生社会地位不高，但在元中期文坛上影响却不小，被称为“文场之帅，士林之雄”，受到广泛尊崇。他的文章名气大于诗歌，其文章雄浑严整，长于议论，语言表达和概括力都很强。内容也大致与袁桷相似，多为墓铭碑表类应用文字，书写性情的不多。少数碑铭之外的文章写得明白晓畅，情真意切，从中可看出作者的文学写作功力。他作诗推崇江西诗派，但对其弊端也有不满。其诗风古硬奇逸，意味隽永。

黄溍与当时文坛名士虞集、揭傒斯、柳贯齐名，号为“儒林四杰”。其为人刚正不阿，同情民间疾苦，不少散文都体现了作者这种孤洁耿介的性格。《陆君实传后叙》一文详细记叙南宋末陆秀夫、张世杰等人在万般艰难中苦苦支撑危局，兵败之际以身殉国的悲壮经历，表达了作者对故国忠臣义士的深切敬仰之情，这种由衷的情感在他的一些诗中也有所表现。《元史》传记中称黄溍诗文“文辞布置谨严，援据精切”，大致说明了他的文学创作特色。

辽金元三代，不同的少数民族先后统治中国北方数百年，在长期与汉民族相处、学习汉族文化过程中，为数众多的少数民族文人具备了很高的汉文化造诣，用汉文写诗作文得心应手，从而丰富了元代诗坛的内容和风格。更早一些的耶律楚材、元好问堪称大家自不必说，在元代中、后期文坛上，蒙古族诗人马祖常，维吾尔族诗人贯云石，回族诗人萨都剌、丁鹤年，突厥诗人迺贤，色目诗人余阙等，在文学上也都颇为引人瞩目。如果说贯云石的文学成就主要表现在散曲创作上，马祖常、萨都剌则在诗文方面影响更大些。

马祖常（1279—1338），字伯庸，自幼好学，善思考。在汉文化的教育熏陶下成为一名颇有才华的学者和少数民族文学家。延祐初年（1314）恢复科举制度，他乡试和会试皆中第一、廷试第二。马祖常工诗文，他的诗歌较多表现不同地区的风土人情及各个民族的社会生活状况，这与他大范围漫游的积累有关，从辽阔的西北到东南沿海，从中原到江南，他曾走过许多地方，对各地的山川景物与民生有较为切身的感受。他作诗赞颂国家山河的壮美，各族民众的吃苦耐劳精神和美德，同时也客观写出了社会上存在的阶级压迫现实。穷苦百姓的衣食无着、嗷嗷求食，达官贵人的骄奢蛮横、荒淫无耻，这些具有现实精神的内容丰富了他的诗歌创作，也成为当时真实的历史写照。在元代中期诗坛崇尚“雅正”，很多作家尤其是士大夫文人以歌舞升平为创作追求的背景下，诗人能一定程度上突破当时温柔敦厚的风气，也属难得。马祖常诗学汉魏盛唐，诗风清壮，长篇短章都能朗朗上口。作文则学先秦两汉，其文章写得质朴自然，条理清晰。尤其是一些山水游记，内容简洁明快，叙述新奇。

在元代文坛上，萨都剌堪称是一位杰出的少数民族诗人，他生长于雁北而长期生活在南方，故诗中兼有南北文学之长，风格刚健俊爽又不失清丽婉转。他一生创作数量众多，流传下来诗词近800首。这些作品中，有色彩明丽的山水诗，飘逸洒脱的归隐诗，怀古伤今的感怀诗，也有不少清新绮丽的宫词以及对社会不平、百姓苦难的慨叹。题材颇为广泛，并具有鲜明的民族特色和地域特色。

萨都剌

字天赐，号直斋。族属有回族、蒙古族、维吾尔族等多种说法，生年也有1272、1300、1305等不确定说法，卒年约为1355年。祖父和父辈世镇云中、代州，遂定居雁门（今山西代县）。进士出身，平生辗转于下层官职。为官清正，有赈灾救助难民义举，也曾因弹劾权贵而遭贬谪。传说晚年投方国珍幕中。有《雁门集》14卷。

萨都剌一生游宦，足迹遍及南北各地，触景生情，写出了令人许多赏心悦目的山水诗。这些作品大都写得生动逼真，细致入微，寓情于景，如诗如画，读来极富美感。尤其是描绘北方景物的一些诗作，以俊逸之笔描摹塞外风光，风格清丽，色彩鲜明，豪迈奔放，粗犷有致，体现了诗人独特的创作个性。最具代表性的《上京即事》10首是一组各自独立又相互联系的绝句，诗人1333年因事北上上京（今内蒙古自治区正蓝旗东闪电河北岸一带），将行程所见所闻栩栩如生地再现于诗中，如：

牛羊散漫落日下，野草生香乳酪甜。卷地朔风沙似雪，家家行帐下毡帘。

紫塞风高弓力强，王孙走马猎沙场。呼鹰腰箭归来晚，马上倒悬双白狼。

祭天马酒洒平野，沙际风来草亦香。白马如云向西北，紫驼银瓮赐诸王。

组诗通过多个侧面真实地反映了塞外大草原雄伟壮丽的风光、边地少数民族风情和草原牧民恬然自适的放牧狩猎生活。与汉族诗人往往将边塞生活写得凄凉艰苦不同，萨都剌的这些边塞诗充满了对生活的热爱，对塞外自然环境的亲切感，体现了少数民族诗人特有的感情与审美眼光。“呼鹰”二句形象豪迈，传诵一时。

他描写江南水乡秀美风光的诗篇，则又体现出另一种风格，像这样的一些优美诗句：“芦芽短短穿碧沙，船头鲤鱼吹浪花。吴姬荡桨入城去，细雨小寒生绿纱。”（《过嘉兴》）“春水满湖芦苇青，鲤鱼吹浪水风腥。舟行未见初更月，一点渔灯照远汀。”（《夜过白马湖》）“拂晓楼窗一半开，楼前昨夜浪如雷。满江梅雨风吹散，无数青山流水来。”（《题淮安王氏小楼》）“鱼虾泼泼初出网，梅杏青青已着枝。满树嫩晴春雨歇，行人四月过淮时。”（《初夏淮安道中》）清新婉丽，情景交融，寥寥数语便能勾勒出引人入胜的南国水乡风情，犹如一幅幅色彩斑斓、惟妙惟肖的工笔画。

萨都剌一生正处于元朝由盛至衰的转折之中，有感于元帝国的衰亡，萨都剌写下许多感怀兴亡的诗篇。这些诗感情沉郁，意境阔大，格调悲壮苍凉，堪称吊古伤今的名作，如《登凤凰台御史大夫易释重何公索诗授笔应命》《满江红·金陵怀古》等。

值得重视的是，萨都剌还写了不少反映民间疾苦的诗作。这些诗涉及当时社会的黑暗，阶级压迫的严酷，对统治者的腐朽与罪恶进行了大胆的讽刺揭露，不同程度地表达了诗人同情民众痛恨暴政的感情，如《大同驿》《黄河月夜》《织女图》《鬻女谣》《早发黄河即事》《过居庸关》等。清代学者顾嗣立评论萨都剌的感怀诗：“史氏多忌讳，纪事只大抵，独有萨经历，讽刺中肯綮。”所论颇为恰当。

萨都剌以魏晋和盛唐诗为宗，作诗言之有物，生活气息浓郁，感情真挚，因而颇具艺术感染力。当时的文坛领袖虞集称赞萨诗“最长于情，流丽清婉”。同时代诗人杨维桢说萨诗“风流俊爽，修本朝家范”。《新元史》也评价说他“诗才清丽，冠绝一时”。在元代诗坛上，萨都剌确是一位很有特色和成就的少数民族诗人。

第三节　元后期诗文

元代后期的诗文，主要指元顺帝在位期间的诗文创作情况。经历元贞、大德到延祐近30年的繁华安定后，元代后期社会政治变得日益黑暗，民族矛盾又趋于激化。元王朝最后的至正20余年间，北方和南方相继爆发农民起义，社会动荡不安。这是中国历史上社会政治的一个重大转折时期，新旧两个王朝交替的前夜。在这样一个严峻的社会背景下，文学领域诗文写作风气也相应发生了明显的变化。元中期以来诗歌创作追求“雅正”的风气被打破，描写和平安定生活的作品日渐减少，反映社会现实的诗歌则多了起来。朱德润、谢应芳、袁介、张翥等诗人都写了不少真实揭示农村残破凋敝和官府为非作歹的作品。朱德润《水深围》诗中说：“东南民力日渐穷，不愿为农愿为盗。人生盗贼岂愿为？天生衣食官迫之。”明确指出农民造反乃官府逼迫所致。不过这个时期的诗人成分比较复杂，在社会变革中各人的政治态度也差别很大。名气和实际成就比较高的诗人有王冕、杨维桢等人。

王冕一生未曾做官。其诗、画在元代后期都堪称大家。作诗风格自然豪放，质朴无华，题材广泛，不拘常格，从诗中看，早年他对元王朝并无特殊反感，也曾有科举求仕的愿望。但长期生活在社会的下层，耳闻目睹身边所发生的灾难与痛苦，使他的诗文体现出一种鲜明的写实倾向，对贫穷百姓艰难困苦的深刻同情，对统治阶级权贵骄奢淫逸的谴责，兵祸战乱给社会带来的灾难，大量出现在他的笔下，这些作品也因此成为元末社会现实的真实记录。如《江南妇》《悲苦行》《遣兴》等诗写江南民众在旱灾和水灾面前饥寒交迫的悲惨情景：“前年鬻大女，去年卖小儿”“人民正饥渴，官府急诛求”。《痛哭行》写出统治者与下层民众之间尖锐的阶

王　冕（1287—1359）字元章，号煮石山农，浙江诸暨人。幼时家贫自力苦读，后应进士举不第，曾游历吴、淮、楚及大都，晚年避乱隐居于浙江九里山。著有《竹斋集》4卷。

级对立："京都大官饫酒肉，村落饥民无粒粟。"《伤亭户》写一家"灶下无尺草，瓮中无粒粟"的盐亭工人，大小儿子都已悲惨死去，盐官仍鞭挞毒打严加逼税，盐民无奈中只好一死求得解脱："天明风启门，僵尸挂荒屋"。《江南民》一诗则形象反映了元末江南百姓在兵灾之下辗转呻吟的悲惨："江南格斗血满川，淮北千里无人烟。""东海风起浪拍天，海中十载无渔船。"这些诗篇中所反映的民生疾苦和社会矛盾，一改中期诗坛追求雅正、缺乏生气的写作风气，代表着元代后期诗歌创作题材选择和风格的重要变化，推动了元末诗坛写实风格的发展。

王冕也有不少的诗表达自己清高脱俗的人生追求。他经常以梅花自喻，以梅花显示自己的洁白本色。他工于画梅，尤善用胭脂作没骨梅花，别具风格。所作题画梅花诗一卷很著名，《题墨梅》诗云："吾家洗砚池头树，个个花开淡墨痕。不要人夸好颜色，只留清气满乾坤。"颇能表现诗人豪迈孤傲、不甘在世俗中随波逐流的志向。

杨维桢文学创作以诗歌为主，在元代后期据有诗坛领袖地位。面对元代后期诗风趋向猥琐靡弱的局面，他大力提倡古乐府，以图振兴诗歌创作，改变诗歌的面貌。他的诗自号"铁崖体"，所作《铁崖古乐府》中，七古歌行多以史事与神话传说为题材，内容上并不新鲜，但诗中好驰骋想象，比兴迭出，奇想联翩，诡异谲怪，可以看出李贺诗风的影响，风格上颇给人以新鲜感。他创作的五七言绝句和竹枝词，吸收了吴地民歌的语调和表现手法，情致清新，通俗晓畅，语言浅显活泼，传出后很受世人喜爱。名人韵士起而效法，属和者达百家之多。杨维桢也喜欢作宫词与艳体诗，如《香奁八题》等，内容上不免流于庸俗。

杨维桢所作宫词、竹枝词和古乐府在当时都极为流行，尤以拟古乐府见称于时。客观来看，杨维桢大力提倡古乐府诗的写作，并不是单纯是为了文学上的复古。他是有意提倡较少束缚的古乐府诗体，而排斥格律严整的近体律诗，尝试创造一种风骨情致兼而有之，既有别于文人之诗，又不同于民间俚曲的新体诗，他把这样一种理想中的诗体称之为"古乐府"。收在《铁崖古乐府》里的作品，很大程度上反映了杨维桢的这种诗歌创作追求。其中虽有少数是沿用乐府古题而自制词，但多数题目都是诗人自己的新创，实际上是一种带有乐府民歌情致的古体诗，亦即当时人们所称的"铁崖体"。杨维桢作为元末诗坛领袖，其诗风影响了整个元末时期的诗歌创作。

杨维桢（1296—1370）字廉夫，号铁崖、铁雅、东维子等，浙江诸暨人。泰定四年（1327）进士，官至江西儒学提举。元末兵乱避居钱塘、苏州和松江等地，故作狂放保全自己。有《东维子文集》31卷，《铁崖先生古乐府》10卷等。

相对于此前的诗坛来说，元末时期诗歌领域出现了大量的古乐府、竹枝词，出现了不少的爱情诗和艳体诗，说明元末诗人是在有意识地改变着前人的路数，学唐诗，不仅以盛唐为模仿的榜样，还注意到了李贺、刘禹锡这样一些很有特色的诗人，拓宽了元诗发展的道路，丰富了诗歌创作的题材，使元末的诗坛出现了一种新的变化与格局。

杨维桢也写有不少散文作品，文章风格清秀隽逸，古朴典雅，文笔老练，别具一格。像《耕间堂记》《槐阴亭记》等篇章，都写得颇为出色，堪称佳作。

第七编　明代文学

绪　　言

明代（1368—1644）是一个转折的时代。

经由唐代的辉煌、宋代的成熟，农业文明与封建制度的内在创造力已经发挥殆尽。摆在这个古老民族面前的似乎只有两种可能：或是蜕变以求新生，迈入人类社会一个新的阶段；或是固守着传统，逐渐地僵化把自己的生命耗光。于是，社会文化呈现出大转折的种种特征。

明代又是一个腐朽与生机并存的时代。

在中国封建社会中后期的几个朝代——唐、宋、元、明、清中，论君主的昏暴与朝政的混乱，当以明代为最。中国封建社会的政治走向取决于君主与文官集团的素质，而君主的清明或昏乱则是主导。有明一代的大部分时间中，朝政都是乏善可陈的，君主与文臣中荒唐甚至无耻的行径足令后人惊讶。然而，社会生产又自有其驱动力，使得思想界、文化界和民众的社会生活都出现了新的景象，甚至一度表现出空前的生机。

这种转折反映到文学的演化中，就是传统文学样式，亦即士大夫的雅文学，陷入“复古”的泥沼难以拔足前行，文学的生机转而倾注于以白话小说为代表的俗文学之中，而思想文化与社会生活的生机也在小说的创作与传播中得到了充分的反映。

明代270多年的文学大体可以分为三个阶段。

从朱元璋称帝到明宪宗成化（1465—1487）年间是第一个阶段，这一时期文学的发展呈现出滑坡态势，无论是戏曲、小说还是诗歌、散文，出色的作家和作品大都出现在元明之际。文学的滑坡与中央集权条件下思想统治的加强有关。开国之初，朱元璋大肆杀戮功臣，加强皇权、废除宰相制，且对文人采取笼络和高压手段，规定“寰中士大夫不为君用，罪该抄杀”，又提倡程朱理学，实行以八股文取士的科举制，大兴文字狱。在这样的社会背景下，文人惧祸，不免谨小慎微。从元末明初出现《三国演义》《水浒传》和宋濂、刘基、高启等杰出的作品和作家之后，100多年的文坛是比较黯淡的。诗歌领域流行的是以“三杨”为代表的台阁体，戏剧领域是朱有燉等人充满教化色彩和喜庆气氛的作品，小说创作则几乎是一片空白。

从弘治（1488—1505）到隆庆（1567—1572）年间，是明代文学的转折时期。随着城市和商业经济的迅速发展，出版印刷业繁荣起来，为通俗文学的广泛流传创造了有利的条件。思想界先有王阳明心学“致良知”的呼声，稍后其左派传人逐渐逸出正统儒学的轨道，为张扬自然人性的晚明思潮开辟了道路。诗文领域，前后七子高扬复古的大旗，唐寅、祝允明、文徵明等吴中才子活跃于江南，还有唐宋派提倡唐宋古文。他们改变了台阁体一统文坛的格局，标志着明中期诗文创作的新气象。戏剧方面有康海、王九思、李开先等富有个性的作家，小说界则随着《三国演义》和《水浒传》的刊行，兴起了编著章回体通俗小说的热潮。

从万历（1573—1620）时期一直到明代灭亡，就历史而言是明代的"末世"，而就文学而言则是全面繁荣的时期。李贽、徐渭、汤显祖等杰出思想家、文学家在这一时期产生了重大影响，他们接受王学左派的思想影响，具有叛逆精神和"异端"色彩。李贽猛烈攻击伪道学，张扬自然人性，认为穿衣吃饭就是"道"，呼唤个性精神，反对"以孔子之是非为是非"，他的"童心说"更在文学领域产生了广泛而深远的影响。他们都重视戏曲小说的价值，李贽高度评价《水浒传》和《西厢记》，徐渭的《四声猿》、汤显祖的《牡丹亭》则分别代表着明代杂剧和传奇创作的最高成就。诗文领域有"公安三袁"为代表的"公安派"、钟惺和谭元春为代表的"竟陵派"，还有王思任、张岱等人，"独抒性灵，不拘格套"，把率真的文人性灵表现出来，开创了小品文的繁荣局面。小说领域，则随着《西游记》和《金瓶梅》两大奇书的刊行，迅速形成了神魔小说和世情小说的创作热潮。白话短篇小说，出现了冯梦龙的"三言"和凌濛初的"二拍"，可以说代表我国白话短篇小说的最高峰。

就文体类型而言，明代文学最具时代特色的文学样式是长篇章回小说、短篇白话小说和传奇戏。

被称作"明代四大奇书"的《三国演义》《水浒传》《西游记》《金瓶梅》标志着明代长篇小说所取得的高度成就。除《金瓶梅》外，其他三种都是世代累积型的作品，有一个比较漫长的成书过程。《三国演义》是长篇历史演义小说的开山之作，也是这类小说中成就最高的作品。《水浒传》代表了我国历史上英雄传奇类小说的最高成就。《西游记》则是我国神魔小说中最杰出的作品。在它们的影响下，出现了许多相同题材、相近风格的作品，但没有一部超越它们。《金瓶梅》是我国历史上第一部由文人创作的作品，它的以平淡无奇的叙事笔法塑造生活中的平凡人物和人情世态的特点，标志着中国小说的描写对象的转换，为世情小说的大规模涌现开了先河，且对清代杰出的世情小说《红楼梦》《儒林外史》等产生了深远的影响。

宋元话本代表我国白话小说的一个发展阶段，明代的拟话本则可以视为这种文学体裁的进一步发展。它刊印后供人案头阅读，却仍然模仿宋元话本的体制，有"入话"或"得胜头回"，在叙述中穿插诗词韵语，并时常用"看官听说"之类说书人的口吻。"三言""二拍"是明代拟话本中最杰出的作品，冯梦龙的"三言"有些作品是改编宋元旧作，凌濛初的"二拍"则都是作者改编古代笔记杂著再创作而成。在白话小说从改编到独创的过程中，拟话本起到了重要的转折作用。"三言""二拍"主题比较集中，反映的主要是明代市民社会的人情世态，商人和恋情的题材最为突出，表现了晚明时代人们的思想观念的巨大变化。

杂剧在明代已不及元代历史上的辉煌，更多成为文人抒写性情的案头之作。而由元代南戏发展而来的传奇在明代却如日中天，成绩斐然。特别是在明代中后期，先是出现了李开先的《宝剑记》、梁辰鱼的《浣纱记》、署名王世贞的《鸣凤记》“三大传奇”，稍后汤显祖以他的“临川四梦”尤其是《牡丹亭》登上明代传奇发展的最高峰。在汤显祖的周围有“临川派”作家群，在沈璟的周围有“吴江派”作家群，争奇斗胜，至明末还出现了孟称舜、阮大铖等有成就的作家。

相比之下，明代的诗文成就不及唐宋，但人们围绕如何继承文学遗产、如何创新的问题展开思考，出现了众多旗帜鲜明的文学流派，如前后七子、“唐宋派”、“公安派”、“竟陵派”、明末的党社等。他们也写出了一些富有特色的诗文作品。尤其是晚明的小品文，不但能够代表当时文人的时代精神，而且在散文发展史上占有重要地位。

明代的散曲和民歌都是入乐的歌词，散曲为文人创作，民歌乃民间作品，也取得了可观的成就。尤其是民歌时代特色极为鲜明，冯梦龙收集整理的《挂枝儿》和《山歌》，其艺术水平可以说不让汉魏乐府和南朝民歌。

第一章

明代诗歌

高启与明前期诗

李梦阳和前七子

王世贞和后七子

袁宏道和“公安派”

晚明其他流派与诗人

论及明代诗歌，历来聚讼不一，但它作为中国诗歌史上一个不可或缺的重要发展阶段则是毋庸置疑的事实。明诗扭转了宋、元诗风，取得了自身的理论建树和创作实绩，开拓了清诗发展的道路，这是它值得肯定的作用和价值。作为华夏文明复兴时期的明代，诗歌也成为明人兴复民族文学艺术的重要内容，故明诗之兴具有非同一般的历史意义。明代诗社竞起，诗派林立，诗家云涌，诗学昌盛，诗作无量，其中杰构，亦能抒写明人之心灵，流传百代而不朽。这显示，立足于中国诗歌发展史来看，明诗不仅气象一新，而且内涵更丰富，特别是诗歌在这一时期已成为一种文化形态而不止是一种文学体式，具有了新的诗学性质。

第一节 高启与明前期诗

有明一代近三百年诗史，发其端者是由元入明的一批诗人，他们中最杰出的代表即为吴中诗人高启。关于高启之死，一说以作《上梁文》连坐腰斩（杨循吉《吴中故语·魏守改郡治》、黄玮《蓬轩吴记》卷上、《明史·高启传》），另有一说是与作《宫女图》诗有关（钱谦益《列朝诗集》甲集第四之下）。其诗曰："女奴扶醉踏苍苔，明月西园侍宴回。小犬隔花空吠影，夜深宫禁有谁来？"（《高青丘集》卷一七）此诗意指暧昧，有人认为是讽刺朱元璋宫闱秽乱。至于究竟是得祸于文还是诗，已难有确考，但高启因文字得祸则是不争之事实。这使得明初这位天才诗人的命运蒙上了悲剧的色彩，而他的诗歌同样具有悲剧意蕴。

在明代诗歌史上，高启有着崇高的地位。他的诗歌贡献表现在转变元诗风气，开启了诗歌发展新路向；同时继承和发展汉魏以来的诗歌创作，做到了融会众家而

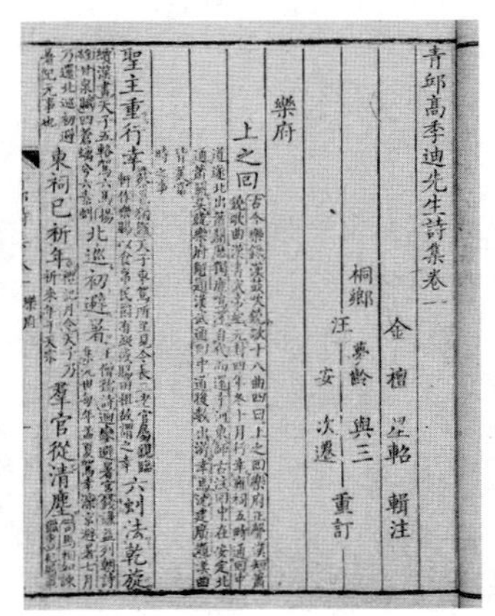
青邱高季迪先生詩集卷一
金檀 星軺 輯注
桐鄉 汪 夢齡 與三
安 次遷 重訂
樂府
上之回
聖主重行幸
六刻法乾旋
北巡初避暑
東祠已祈年
羣官從清塵

高启诗集书影

高启

（1336—1374）字季迪，号槎轩、青丘子，长洲（今苏州）人。元末隐于吴淞青丘，与张羽、徐贲、王行等结北郭诗社，称『北郭十友』。洪武二年（1369），召修《元史》，次年授翰林院编修，擢户部侍郎，以年少难负重任辞归。洪武七年（1374），苏州知府魏观在张士诚宫殿遗址上修建郡治被劾，高启以作《上梁文》连坐腰斩（后世亦有论者认为高启得祸另有原因），时年不满四十。

又自创一格。其诗以天才高逸、声调不凡取胜，气势雄健、辞句秀逸是其特点。

高启作诗共2 000余首，收入今所见《高青丘集》中。其中上乘之作并不少见，被历来选诗家看好的约有30首。其中，最能体现高启精神气性和诗歌本色、具有一定独特性的作品可以《青丘子歌》《登金陵雨花台望大江》《步至东皋》《梅花九首》为代表。如《青丘子歌》别具情致，在中国古代诗史上，这种笔法随意、个性超卓的佳作并不多见。

此诗作于元末至正十八年（1358），时作者居吴淞江畔之青丘。它是高启言志抒怀的名作，是了解高启的个性气质和精神风貌的重要诗篇。诗中字里行间表达出诗人对精神自由的渴望和追求，而对于一切物质享受和功名荣誉都是以超然的态度对待之。在他看来，唯有精神自由和人生的快乐是生命的依托，而这种生命的自由和快乐，都寄于诗趣诗乐之中。从这里可以看出，高启是一个自视甚高的诗人，是一个追求独立自存的诗人，也是一个遗世忘机的诗人，一个对诗如痴如醉、充分懂得诗趣并享受诗乐的诗人。这首诗的风格横放恣肆，豪迈逸放，笔法参差错落，不拘格套，有意到笔随、自然天成之美。诗情诗意，淋漓酣畅，并有一种超卓不凡的气格流露其间。

入明后，高启诗风发生了明显的变化，这突出体现在其代表作《登金陵雨花台望大江》之中：

> 大江来从万山中，山势尽与江流东。钟山如龙独西上，欲破巨浪乘长风。江山相雄不相让，形胜争夸天下壮。秦皇空此瘗黄金，佳气葱葱至今王。我怀郁塞何由开，酒酣走上城南台；坐觉苍茫万古意，远自荒烟落日之中来！石头城下涛声怒，武骑千群谁敢渡？黄旗入洛竟何祥，铁锁横江未为固。前三国，后六朝，草生宫阙何萧萧。英雄乘时务割据，几度战血流寒潮。我生幸逢圣人

李青莲之诗，从未有能学之者，惟青丘与之相上下，不惟形似，而且神似。

——赵翼《瓯北诗话》卷八

起南国，祸乱初平事休息。从今四海永为家，不用长江限南北。

这是高启的第一名诗，也是明诗的压卷之作。说到它的特色，论者往往以“神似太白，逼近唐人”来形容。作品对地势形胜的描绘，大开大阖，笔力如椽，景象极为壮阔。而它的深刻性则是由作者的思想进入历史兴衰的思绪中所产生的那种“苍茫万古意”而获得的，朝代更替，历史无数次兴衰轮回，故天下一统，四海一家，实为来之不易、令人由衷庆幸的胜事，但全诗的情愫又不能不由那种不可抗拒的历史总趋势所决定，忧患意识弥漫诗的字字句句。

高启是一位胸怀博大、思想深邃的诗人，也是一位品性高洁、深心孤独的诗人。后一种诗人品格被突出表现在他的《梅花》九首中。如其一写道：“琼姿只合在瑶台，谁向江南处处栽。雪满山中高士卧，月明林下美人来。寒依疏影萧萧竹，春掩残香漠漠苔。自去何郎无好咏，东风愁寂几回开。”（《高青丘集》卷一五）拟人化的梅花，在高启笔下既具有了“谪仙”的身世，也披上了神话的色彩，其琼姿仙骨令人为之倾倒和神往。特别是颈联二句，用典精妙，意境超逸。《红楼梦》中的《终身误》“空对着山中高士晶莹雪，终不忘世外仙姝寂寞林”，被认为由此化出，且林、薛二人得名也跟这两句直接相关。可见高启塑造的梅花意象影响之深远。诗的后半部分转而刻画梅花的风姿，侧重体现独立不群的个性，在残春、寒风和黄昏中，它体会着无穷无尽的孤寂；尾联的用典更将这种孤寂追溯到八百多年前的南朝梁代，谪仙而不失仙质，高洁而孤寂年年，这既是高启笔下的梅花意象，也是梅花意象折射的诗人高启。

北郭诗社中与高启齐名的诗人还有杨基、张羽、徐贲，时以为可比初唐王、杨、卢、骆，故有“吴中四杰”之称（《明史·高启传》）。由元入明的诗派除以高启为代表的“吴诗派”外，另有刘基为代表的“越诗派”、林鸿为代表的“闽诗派”、孙蕡为代表的“岭南诗派”和刘崧为代表的“江右诗派”（胡应麟《诗薮·续编》卷一）。

国初称高、杨、张、徐，季迪才力声调，过三人远甚。百年来，亦未见卓然有以过之者。

——李东阳《麓堂诗话》

这些诗派的崛起为明代诗歌发展奠定了良好基础，同时也产生了较为深远的影响。

刘基（1311—1375）字伯温，浙江青田人。元至顺四年（1333）进士，入明后拜御史中丞兼太史令，授弘文馆学士，封诚意伯。著有《诚意伯文集》。

“越诗派”领袖刘基主要以文名世，但诗亦堪与高启比肩。王世贞说：“明兴……立赤帜者二家而已，才情之美，无过季迪；声容之壮，次及伯温。”（《艺苑卮言》卷五）沈德潜甚至认为刘基之诗“超然独胜，允为一代之冠”（《明诗别裁集》卷一），地位或在高启之上。刘基诗如其文，以奇崛深邃为能，体现的是哲人之诗的特点，同时批判性较强。一些乐府小诗倒让人觉得玲珑可爱，饶有情致。如：

长门灯下泪，滴作玉阶苔。年年傍春雨，一上苑墙来。（《玉阶怨》）

以诗派整体影响力而言，明初则又以“闽诗派”为最。该派领袖林鸿专力宗唐，主张以开元、天宝间诗为“楷式”，开启了明代诗歌复古的先声。“闽中十才子”之一高棅编《唐诗品汇》，在严羽《沧浪诗话》基础上，确定初、盛、中、晚“四唐”说，已为“诗必盛唐”复古理论张目。论者曰：“唐音之流为肤廓者，此书实启其弊；唐音之不绝于后世者，亦此书实衍其传。”（《四库全书总目提要》）史载，这部书“终明之世，馆阁宗之”（《明史·高棅传》），这说明，在明代诗歌史上，“闽诗派”及其《唐诗品汇》的影响不可低估。

明初著名诗家，还有被何景明称为明诗人之冠的袁凯。袁凯（1316—？），字景文，号海叟，松江华亭（今上海松江）人。少以《白燕诗》得名，有“袁白燕”之称。洪武间征为御史，托癫疾辞归。著有《海叟集》。其中，《客中除夕》《京师得家书》尤为明诗中难得的佳作：

今夕为何夕，他乡说故乡。看人儿女大，为客岁年长。戎马无休歇，关山正渺茫。一杯柏叶酒，未敌泪千行。（《客中除夕》）

这两首小诗，写的都是传统的思乡题材，但诗人兴际独会，情致款款，意每自得，不落俗调。其风格率易平直，自然天成，风韵古雅。晚明文学家程嘉燧综论袁凯诗曰：“海叟诗，气骨高妙，天然去雕饰，天容道貌，即之泠然。……七言绝句，似乎率易似古乐府，亦是老杜法脉。”（《列朝诗集小传甲集·袁御史凯》）以袁凯诗证之，当为不刊之论。

到永乐以后，明代诗坛出现了以杨士奇、杨荣、杨溥为代表的台阁体。“三杨”都是当时的台阁重臣，其诗文多是应制和应酬之作，基本特点是粉饰太平，歌功颂德，风格雍容典雅，平正醇实，但缺乏深切的情感，缺乏反映社会现实的深刻性，也缺乏艺术上的创新，后来演变为萎弱冗沓的文风，流弊很大。但台阁体一定程度上反映了明王朝走上兴盛的时代气息和文人心态，这一点是值得重视的。

继台阁体而起的是以李东阳为首的“茶陵派”，出现于明代成化至正德年间，因李东阳为茶陵人，故称。该派诗人还有顾清、邵宝、石珤、罗玘、何孟春、鲁铎等，主张学诗当以唐人为师，效法唐诗则又重在音节、格调和用字上。他们虽意在振兴明诗，创作也远比台阁体诗深厚雄浑，其宗法唐诗的主张成为复古运动之先声，但一定程度上又不免沿袭台阁余习，文风萎弱，受到复古派的抨击。因此，“茶陵派”只能说是从台阁体到复古派的过渡，在明代文学史中起着承前启后的作用。

李东阳（1447—1516）字宾之，号西涯，茶陵人，生于京师。官至首辅。著有《怀麓堂集》。

第二节　李梦阳和前七子

虽说作为从台阁体到复古派的过渡环节的“茶陵派”，在理论和创作上仍不可避免带有台阁遗风并由此而受到责备，但直接催生了复古派则是它对明代文学发展所起的不可否认的历史作用。当然，具有划时代意义的复古派的兴起，除有“茶陵派”导夫先路的因素外，还有一些重要背景条件，使文学复古运动体现了特殊的时代文化特征，这表现在：一是弘治中兴，文学复古与政治革新相伴而生；二是心学兴起，文学复古与哲学、思想革新互动共振；三是理学、台阁体、八股文严重束缚文学的生命，文学复古与冲破理学桎梏、反对台阁体和八股文的思潮同时推进。

复古派，是兴起于明代中期、影响深远的重要文学流派。该派肇始于弘治，盛行于正德至嘉靖初期，代表人物是李梦阳、何景明、康海、王九思、徐祯卿、王廷相、边贡，号称“七才子”，其中何、李、边、徐又称“四杰”。他们不满当时的士风和文风的萎弱，“倡言文必秦汉，诗必盛唐，非是者弗道”（《明史·李梦阳传》），掀起了明代文学史上一场规模空前的复古浪潮。与明初以来一直到李东阳时代，多以年高位尊者主持文柄、引领风气不同，复古派的出现标志着文学新生力量的兴起和壮大，迎来了一个主要由青春洋溢、才华超卓的年轻才子高步文坛、振臂而呼的时代。所以，李梦阳、何景明在明代文学舞台上的登场，在某种意义上意味着文学的青春时代的到来，同时，他们领导的那场声势浩大的文学运动也带上了蓬勃的青春气息。

李梦阳

（1472—1529）字献吉，号空同，庆阳（今属甘肃）人，少随父迁居大梁（今开封）。弘治六年（1493）进士，授户部主事，迁郎中。因刚直不阿而仕途坎坷，先后三次被诬下狱。著有《空同子》《空同集》。

为区别于后来嘉靖、隆庆时期以李攀龙、王世贞为代表的“七子”，文学史上称李梦阳、何景明等人为前七子。

李梦阳等人的文学主张，后人概括为“文必秦汉，诗必盛唐”，但实际的内容远比此丰富得多。这不仅因为前七子的文学复古思想本身有着矛盾、复杂、变化的一面，同时各成员之间、前后不同时期、理论主张与创作实际、复古派自说与时人及后世对复古派的评价，都存在同与不同的情况，故难以轻作断论。以复古派领袖李梦阳、何景明而论，二人结盟，标志复古派基本形成，但与此同时，他们之间又有“主模仿”与“主创造”之争，以致“各树坚垒不相下，两人交游亦遂分左右袒”（《明史·何景明传》），出现了所谓“献吉派”和“仲默派”（《诗薮·续编》卷二），但李、何之争恰恰丰富了文学复古运动的内涵，显示了复古文学思潮的不同路向。从当时的实际情形看，李梦阳所代表的以模拟为复古的思想影响更为深广。

李梦阳、何景明为首的复古派不仅提出了许多颇有理论价值、影响深远的文学主张，文学创作也取得了自明兴以来影响最大的艺术成就。其诗歌创作最突出的是开拓了题材，大大丰富了诗歌的思想内涵，也渐渐恢复了诗歌应有的艺术韵味和精神品质。综观前七子之诗，大体可从以下五类窥其风貌：

（一）咏史怀古。前七子之诗，立意尚古，或追怀历史人物，或描绘江关胜迹，每能揭古意而发幽思。这方面的名作十分多见，如李梦阳《石将军战场歌》《秋望》《朱仙镇》《吹台春日怀古》《汉京篇》，何景明《易水行》《武关》《昭烈庙》《从军行》，以及边贡《谒文山词》、徐祯卿《古宫词》等。这些作品往往历史忧患与现实情怀兼而出之，故思想饱满，寄托遥深。

何景明

（1483—1521）字仲默，号大复，河南信阳人。少聪颖，八岁能属文，十五成举人。官中书舍人、吏部员外、陕西提学副使。著有《大复集》。

（二）伤时讽世。前七子之诗，还着力于恢复中国古典诗歌自《诗经》以来的批判精神和现实主义传统，关注社会问题，敢于针砭时弊。代表作有李梦阳《去妇词》《土兵行》《塞上》《朝饮马送陈子出塞》，何景明《岁晏行》《答望之》《鲥鱼》等，另如王九思《卖儿行》、王廷相《赭袍将军谣》和边贡《运夫谣送方文玉督运》，亦为此类诗之佳者。

（三）人生感慨。抒写人生之荣乐，描述命运之浮沉，感喟生命之无常，表达死亡之焦虑，此亦前七子诗一大主题。一生之中三下狱最终被削籍为民的李梦阳留下了不少表现人生哀乐的诗篇。《咏狱杂物》八首，是其狱中生活和心态的写照；《戏作放歌寄别吴子》云："匡庐小琐拳可碎，鄱阳触怒踢欲裂"，"大鹏举翼四海窄，笑尔弋人何慕焉？"以壮语写悲怀，颇有太白遗风。此外，王廷相《初见白发》《古陵》，体现了诗人与哲人合于一身的作者对韶光不再的叹惋，以及对由死亡问题带来的忧伤，如后者写道："古陵在蒿下，啼鸟在蒿上。陵中人不闻，行客自惆怅。"诗章虽短，而颇耐人寻思。

（四）寄赠怀友。前七子之诗，涉及人际交往和朋友情谊的作品也较为多见，代表作有李梦阳《东庄藩司诸公见过》，何景明《得献吉江西书》《送曹端卿谪寻甸》《寄怀边子》，徐祯卿《寄华玉》《送友人还吴》《送萧若愚》，边贡《重赠吴国宾》《人日有怀乔白岩侍郎》等。此类诗或表达依依别情，如"西行万里遥回首，太华终南落日迟"（《相别饯诸友》）；或回忆昔日交往，如"马上相逢脱紫貂，朝回沽酒城南陌"（《寄华玉》）；或感慨世态炎凉、交情不易，如"桑麻事业陶公径，乌雀人情翟氏门"（《东庄藩司诸公见过》）；或谴责奸小行径，同情朋友遭遇，如"天边魑魅窥人过，日暮鼋鼍傍客居"（《得献吉江西书》）……内容丰富，风格各异。

（五）写景咏物。前七子多为写景咏物之能手，特别是何景明，秀逸俊亮，别有丰神，《明月篇》《秋江词》《竹枝词》《岳阳》《长安》《雨夜》《小景》等诗，历来称颂。李梦阳亦不乏写景名作，其风格雄奇，笔力如椽，气骨不凡。如《泰山》：

> 俯首无齐鲁，东瞻海似杯。斗然一峰上，不信万山开。日抱扶桑跃，天横碣石来。且看秦始后，仍有汉皇台。

清人沈德潜评曰："四十字有包络乾坤之概，可以作泰山诗矣。"（《明诗别裁集》卷四）他的另一首《郑生至自泰山》，涉思略异，但同样不失健朗雄浑之风。

前七子中他人的类似短幅小诗，也有一些耐读有趣之作，如：

> 草阁散晴烟，柴门竹树边。门前有江水，常过打鱼船。（何景明《小景》其二）
>
> 凤鸣期不来，瑶华几销歇。唯有山中人，吹箫弄明月。（徐祯卿《凤鸣亭》）

朝看长白山，暮看长白山。山色有朝暮，吾心常自闲。（边贡《西园》）

此外，前七子其他题材的作品，像李梦阳《汴京元夕》《林良画两角鹰歌》，边贡《嫦娥》，徐祯卿《题扇》，康海《闻筝》等，也各具面目，清新可喜。

第三节　王世贞和后七子

嘉靖、隆庆间，李攀龙、王世贞、谢榛、宗臣、梁有誉、徐中行、吴国伦竞起于文场，世称之为后七子。他们相互鼓吹，彼此标榜，在李梦阳、何景明等前七子之后掀起了一场声势更为浩大的文学复古浪潮。史载："迨嘉靖朝，李攀龙、王世贞出，复奉以为宗。天下推李、何、王、李为四大家，无不争效其体。"（《明史·李梦阳传》）

广义的后七子文学集团还包括"后五子""广五子""续五子""末五子"以及"四十子"等，构成一个规模庞大的复古派文学阵营，同时也形成一张传播文学复古思想、推行文学复古创作的大网络。这一文学集团早期由李攀龙、王世贞主盟，李攀龙殁后，王世贞独操文柄20年。这使得王世贞成为后七子复古运动中贯穿前后的实际盟主，也成为嘉靖中期到万历前期长达半个世纪的文坛领袖。

以后七子为中心的复古派，其基本文学主张与前七子相同，即强调"文必西汉，诗必盛唐，大历以后书勿读"（《明史·王世贞传》）。但具体的文学思想却并非如此绝对化和简单化，而是包含了较为丰富的内容。这不仅表现在文学群体内部各成员的观点存在一些差异性，而且与前七子相比，这一文学流派对文学复古及相关问题都有了新的认识。例如，在对待模拟的问题上，谢榛曾批评："今之学子美者，处富有而言穷愁，遇承平而言干戈；不老曰老，无病曰病。此模拟太甚，殊非性情之真也。"（《四溟诗话》卷二）

王世贞

（1526—1590）字元美，号凤洲，又号弇州山人，太仓人。嘉靖二十六年（1547）进士，官至刑部尚书。早年与李攀龙等人共结诗社，倡言复古。著有《弇山堂别集》等。所著《艺苑卮言》为重要的文学理论著作。

王世贞也认为“剽窃模拟，诗之大病”（《艺苑卮言》卷四），甚至直言不讳地指出盟友李攀龙的不足：“于鳞拟古乐府，无一字一句不精美，然不堪与古乐府并看，看则似临摹帖耳。”（《艺苑卮言》卷七）

李攀龙（1514—1570）字于鳞，号沧溟，山东历城人。嘉靖二十三年（1544）进士，官至河南按察使。与王世贞『倡五子、七子之社』，发起文学复古运动。著有《沧溟集》。

在诗歌创作上，后七子取得了值得肯定的艺术成就。明末著名文学家陈子龙评李攀龙说：“于鳞天骨既高，人工复尽，如玉出蓝田而复遇巧匠，珠同隋侯而更耀蛲首。故遇瑕则剔，有美必双，总其经营反侧，不轻染翰，故能领袖群伦。”评王世贞曰：“元美天思颖隽，取材赡博，师心独运而不累其法，拟议众方而不掩其才。篇什之多，横绝古今，足以总汇前英，润泽来者。”（《皇明诗选》卷一）因文学思想上的渊源关系，陈子龙不免立场有所偏颇而赞誉有加，但若把王、李等人的文学创作及其影响放在明代诗歌史的发展历程来看，其论显然是不无道理的。

后七子诗歌较有特色和价值的主要是以下三个方面的内容：

一是关乎嘉靖朝政治的作品。“相公有密启，为复未开封。九重不须斯，婕妤贴当胸。”（王世贞《袁江流钤山冈当庐江小吏行》）“新传牌子赐昭容，第一仙班雨露浓。袋里相公书疏在，莫教香汗湿泥封。”（王世贞《西城宫词》）诗歌以细节的真实，达到深刻的揭露和辛辣的讽刺。“自缘身作延年药，憔悴春风雨露中”（《西城宫词》），“蕊宫别有欢娱处，春色人间总未知”（梁有誉《汉宫词》），暗讽皇帝迷信方士们的房中术而荒淫至极，这些都是史事的真实反映。

在讽刺严嵩的作品中，王世贞的《袁江流钤山冈当庐江小吏行》拟《孔雀东南飞》之体，叙述严嵩父子的兴灭史，历数其丑恶行径，揭露其滔天罪恶。如写父子狼狈为奸，主宰百官生杀大权：“戈矛生謦咳，齑粉成睚眦。朝疏论相公，箠榜夕以至。宁忤县官生，不忤相公死。相公犹自可，司空立杀尔。”再如述其贪婪无度，荒淫至极：“南海明月珠，于阗夜光玉。……古法书名画，何止千百轴。玉蹬标金题，煌煌照箱簏。妖姬回鹘队，队队皆殊色。银床金丝帐，玉枕象牙席。……凡我民膏脂，无非相公有。”完全可以看作是用诗写成的一篇奸臣传。

对遭严嵩陷害或打击对象深表同情，也是后七子诗歌的思想内容之一。这种作品放在特定的历史条件下来看，极为难能可贵，读来尤其打动人心。如李攀龙《怀子相》《于郡城送明卿之江西》《明日闻明卿之京却寄》等，皆非一般意义的抒写友情之作，而别有寄托。

二是剖写己怀、咏叹情志的作品。抒写心灵，是后七子之诗的重要内容。“脱青枫飒飒雨凄凄，秋色遥看入楚迷。谁向孤舟怜逐客，白云相送大江西。

——李攀龙《于郡城送明卿之江西》

屣公卿前，捋须坐前席”（李攀龙《谢山人榛》）的山人谢榛，云游四海，飘零一生，其诗“吐出心肺”（《四溟诗活》卷一），多感慨之言。他诗中的名句如“缺月半天霜满地，悄然孤馆销人魂”（《思归引》），“客居汾阳久不返，天涯惆怅飞枯蓬”（《秋风歌呈孔方伯汝锡》），“行踪犹泛梗，世故一浮尘”（《过故乡有感》其二），“抱膝成孤啸，苍凉月近楼”（《邺下秋怀》），“千山芳蕙歇，策杖复何之”（《秋夜》），等等，都流露了作者的真实心声。谢榛是一位漂泊的诗人，故他的心灵充满了孤寂感，表现于诗中，丝丝缕缕，如影随形。

李攀龙也有不少写自我情怀之作，与谢榛不同的是，他的此类作品多与人生失志有关。因此，表面看来似乎旷达自放，实则暂寻解脱而已。但直写心扉，仍不乏佳作。如《岁杪放歌》：“终年著书一字无，中岁学道仍狂夫。劝君高枕且自爱，劝君浊醪且自沽。何人不说宦游乐，如君弃官亦不恶。何处不说有炎凉，如君杜门复不妨。终然疏拙非时调，便是悠悠亦所长。”

这类诗到了王世贞笔下，则另具一番情致。他的《梦中得“百年那得更百年，今日还须爱今日”》堪为名篇，诗曰：

化人宫中百事无，道书一卷酒一壶。枝头黄鸟听作曲，西山白云看作图。朝爱朝暾上东岫，夕映夕阳映东牖。任他故人不通谒，任他朝事不挂口。偶然案头余酒杯，偶然蹑履山僧来。自斟自醉当自去，礼岂设为我辈哉！昨夜懵腾意超忽，寐时得语醒时述：百年那得更百年，今日还须爱今日。纵能拂衣归故山，农耕社稷亦不闲。何如且会此中趣，别有生涯天地间。

三是登临游历、描写山川之美的作品。清代文学家施闰章说：“于鳞自喜高调，于登临尤擅场。”（《蠖斋诗话》）李攀龙诗作中的确不乏优秀的“登临”之作，历来称道者有《广阳道中》《黄河》《登黄榆、马陵诸山，是太行绝顶处》《杪秋登太华山绝顶》《白雪楼》等诗，这些作品突出表现了其诗风沉著雄浑的特征，如《杪秋登太华山绝顶》作于嘉靖三十七年（1558）秋，时作者辞陕西提学副使归，离陕前有华山之游，登上绝顶时写下了七律四首。沈德潜评曰：“沧溟诗有虚响，有沉著，此沉著一路。”（《明诗别裁集》卷八）也从诗风上充分肯定了这首诗的重要特色。

此外，谢榛《登泰山》《榆河晓发》，王世贞《登太白楼》，宗臣《登云门诸山》，徐中行《暮发滁阳》《初入滇关》，吴国伦《高州杂咏》等，或状山川之丽，或咏风物之奇，或写当时胸次，或发千古幽情，读之有声，观之有色，情虽非一，而别有佳境。

第四节　袁宏道和“公安派”

明代文学反复古浪潮的到来，是以在心学思想和性灵思潮影响下李贽和“公安派”所代表的文学新生力量崛起为标志的。李贽提出了著名的“童心说”，认为“天下之至文，未有不出于童心焉者也”，明确反对复古主义倾向，主张一代有一代之文学。受李贽思想深刻影响的“公安派”将反复古的性灵文学思潮推向高峰，其代表人物为公安袁氏兄弟袁宗道、袁宏道、袁中道，即通常所说的“公安三袁”。

公安派的理论主张集中体现在“独抒性灵，不拘格套”的基本文学宗旨上，这是袁宏道在《叙小修诗》一文中提出的。在诗歌创作方面，“公安派”彻底颠覆了百年以来的复古潮流，另辟蹊径，独树一帜。“公安派”诗歌的杰出代表是袁宏道。他总结诗歌创作的两种情形：一是“流自性灵”，一是“出自模拟”。“唐人之诗”属前者，“今人之诗”属后者，故唐诗“千年而新”，今诗“脱手而旧”。为此，他得出诗歌创作最根本的艺术法则是：“要以出自性灵者为真诗尔。夫性灵窍于心，寓于境。境所偶触，心能摄之；心所欲吐，腕能运之。……以心摄境，以腕运心，则性灵无不毕达，是之谓真诗。”（江盈科《敝箧集叙》引）在此，袁宏道不仅主张真诗出自性灵，诗歌创作要使性灵“毕达”，而且回答了真诗如何出自性灵的问题，

袁宗道（1560—1600）字伯修，号石浦，湖广公安（今属湖北）人。万历十四年（1586）会元，官至右庶子。著有《白苏斋类集》。

袁宏道（1568—1610）字中郎，号石公。万历二十年（1592）进士，官至吏部稽勋郎中。著有《袁中郎集》。

袁中道（1570—1627）字小修，宗道、宏道之弟。万历四十四年（1616）进士，官至南京吏部郎中。著有《珂雪斋集》。

即“以心摄境，以腕运心”。这种诗歌思想的真谛是，即景即情，即心即真，与禅学、心学的思想有相通处。由此看来，犹如阳明心学对明代理学的根本转变一样，以袁宏道为代表的“公安派”对明代诗歌也开辟了新的路向——从讲究诗歌格调到重视诗人性灵，从诗本位到人本位，从外求的形式主义法则到内在的心灵主义法则，是明诗独立、自由发展和走向成熟的可喜进步。

袁宏道诗歌即是上述诗歌思想的艺术实践的结晶。现存的近1 700首诗，大多是抒写性灵之作。而其所谓性灵，原为佛学用语，指“本性的灵明”。以诗写其“快活”，写其“真乐”，写其“适世”人生，是袁宏道诗歌的基本思想特征。作为一位渴求自在、自由和自适的诗人，受到羁绊的生存状态往往给他带来莫大的苦恼，他在诗中呼唤精神的解脱。《戏题斋壁》发出的便是这种心声，诗云：“一作刀笔吏，通身埋故纸。鞭笞惨容颜，簿领枯心髓。奔走疲马牛，跪拜羞奴婢。复衣炎日中，赤面霜风里。心若捕鼠猫，身似近膻蚁……”把封建官场对人性的扭曲描写得淋漓尽致。其散文名作《虎丘》从另一角度写此感受，以及脱离官场的畅快。诗人弃官后畅游东南之作便名为《解脱集》。所谓解脱，是对袁宏道精神追求和文学追求的最好描状，体现于其诗，如“尊前浊酒憨憨醉，饱后青山慢慢登”（《得罢官报》）；“南北诸峰收不尽，朝朝放艇过溪头”（《饮第六桥酒垆上》）；“宁作西湖奴，不作吴宫主。死亦当埋兹，粉香渍丘土”（《湖上别，同方子公赋》）等，无一不是精神自由的咏唱。

“奇”是袁宏道诗歌另一突出的艺术特征。这不仅表现在字奇、语奇、句奇，尤其表现在思奇、意奇，即不涉理路、一反常态的思想形态每每让人会心会神，而不徒吟诵几句寡味的韵语而已。如“一株大道傍，阅尽行人泪”（《道傍柳》），“或怜骊马蹄下尘，吹作游人眼中雾”（《东阿道中晚望》），“十月江上风，酸却行人辙”（《别丘大》）等。袁宏道诗歌最具独到个性的正是这一类作品。《湖上别，同方子公赋》以岳飞墓为咏，一改对英雄仰慕的眼光，对比葬于西湖孤山的林和靖处士、葬于西陵桥边的倡家女苏小小，认为其人生更为自在和快乐，比起来岳飞的遭际最可悲。可以说，这是历来歌咏岳飞的作品中立意最新奇的一首诗，之所以新奇，主要在于它是用袁宏道的生存逻辑来解构正统的观念，重新阐释人生，认为“红粉是活计，山花足品题”才是最现实的人生。组诗《严陵》作于同年游富春江时，亦属怀古题材的作品。在此，另一个带有历史光环的古代人物同样遭遇到了袁宏道思想目光的重新考量。在四首诗的三首中，袁宏道都使用了追问的方式，层层发覆，机锋迭出，桩桩疑案，大白于世，环绕于严子陵其人其事的神秘性便由此剥落无遗。袁宏道以更常态、更真实的目光看待一切，所以他的诗往往能还原物态，切近人生；又能放胆作论，无所遮掩，振聋发聩，往往一洗千年陈词滥调而让人耳目一新。如《显灵宫集诸公，以城市山林为韵》：

野花遮眼酒沾涕，塞耳愁听新朝事。邸报束作一筐灰，朝衣典与栽花市。新诗日日千余言，诗中无一忧民字。旁人道我真聩聩，口不能答指山翠。自从老杜得诗名，忧君爱国成儿戏。言既无庸默不可，阮家那得不沉醉？眼底浓浓一杯春，恸于洛阳年少泪！（其二）

除袁宏道外，袁氏兄弟中的袁宗道“于唐好香山，于宋好眉山”，其居其集皆以“白苏”名之（《列朝诗集小传》丁集中“袁庶子宗道”）。《同惟长舅读唐诗有感》云：“数卷陈言逐字新，眼前君是赏音人。家家椟玉谁知赝？处处描龙总忌真。再舍肉皭居易句，重捐金铸浪仙身。一从马粪《卮言》出，难洗诗家入骨尘。”这便是他的论诗纲领，“马粪《卮言》”即指王世贞《艺苑卮言》的复古主张。又，《将抵都门》：“九年牛马走，强半在江乡。狂态归仍作，学谦久渐忘。对人错尔汝，迎客倒衣裳。只合寻鸥伴，谁令入鹭行。”率性之语出自率性之人，诗即真真切切。《初晴即事》《春日闲居》等，往往涉入禅理，写闲适之趣，不失自得之乐。而被清人朱炎誉为“公安派”之“白眉”（《笠亭诗集·论诗》）的袁中道，于诗自然深得乃兄家数。当然，无论理论建树还是创作实绩，与其兄袁宏道相比，袁中道都有相当的差距。“本色独造”（《叙小修诗》），是袁中道诗歌值得肯定之处。《郧城道中》以议论为诗，但不作酸腐之语。《枝江道中》《绣林阴风远望》《阻风登晴川阁》《西陵别黄慎轩还蜀》等写景之作，堪称丹青妙手，自有佳境。小诗如《夜泉》：“山白鸟忽鸣，石冷霜欲结。流泉得月光，化作一溪雪。”读而味之，美不胜收。王夫之谓：“小修之于中郎，犹敬美之于元美，正以有约束意居胜，浅者或谓其才不逮。”（《明诗评选》卷六）这概括了袁中道在“公安派”中的地位，也指出了诗歌创作上他与袁宏道的不同之处。

以公安三袁为中心的文学群体，其主要作家还包括黄辉、陶望龄、江盈科等。诸人之诗皆受袁宏道所浸染，其中江盈科是袁宏道文学思想最积极的支持者和响应者，而且他也是最能准确把握袁宏道性灵说精髓的一人。可以说，性灵说的阐释、传播及进一步丰富，江盈科所起的作用极为重要。诗风上，江盈科也与袁宏道最相近。

看破名场是戏场，悲来喜去为谁忙？六年苦海长洲令，五日浮沤吏部郎。

为蚓为龙谁小大？乍夷乍蹠任苍黄。无心更与时贤竞，散发聊便卧上皇。

——江盈科《闻报改官》

第五节　晚明其他流派与诗人

“公安派”领袖袁宏道卒后，这一诗派随即衰落，取而代之的是“竟陵派”。以钟惺、谭元春为代表的“竟陵派”是脱胎于“公安派”而发展起来的一个文学流派，主要活跃于万历后期到天启、崇祯时期，因钟、谭二人皆为竟陵（今湖北天门）人，故得名。

钟、谭兴起之际，明代诗歌已暴露两种流弊：一是复古派的形似之病，二是“公安派”的俚俗之陋。为此，“竟陵派”对二派兼取兼舍，另辟蹊径。其文学主张明显表现出两个方面的理论指向：即标举“性灵”和倡导“幽深孤峭”。前者用来反对复古派之模拟，是对“公安派”文学思想的继承；后者用来矫正“公安派”之俚俗。后一方面的取径不免受到复古派的启示，故谓“第求古人真诗所在”，主张学习“古人之精神”。这样看来，“竟陵派”之所谓性灵已非“公安派”之性灵，所谓学古又非复古派之学古。这便是它的特色。

“竟陵派”的名播天下，与钟、谭合编的一部重要诗选《诗归》密切相关。《明史》云：“自宏道矫王、李诗之弊，倡以清真，惺复矫其弊，变而为幽深孤峭。与同里谭元春评选唐人之诗为《唐诗归》，又评选隋以前诗为《古诗归》。钟、谭之名满天下，谓之竟陵体。”（《钟惺传》）在《诗归序》中，钟惺、谭元春阐述了“竟陵派”的文学主张和诗歌观念，提出了“真诗”“幽情单绪”“孤行静寄”等“竟陵派”最主要的诗学范畴，认为诗歌是诗人“精神”的产物，诗的创作则是一种“独往冥游”的精神活动，真诗来源于诗人的心灵深处，是孤独者的心声和心语。学习古人不能在“极肤、极狭、极熟”的语句中和形式上行方便，反复古也不能走“险”“僻”“俚”的歧途，而是要真正领会“古人真诗”之精髓，着力于诗之神而不是诗之形。

钟、谭的诗歌创作，突出体现了他们的诗学宗旨。他们所取得的创作成就主要在于对诗歌意境的开掘上，而其意境又是“竟陵派”所追求的诗人“孤怀”“孤诣”的艺术体现，特点就是钟惺所说的“以其虚怀定力，独往冥游于寥廓之外”。因此，钟、谭之诗，通常以写景寄怀为其能事，其设物取景也明显形成自己的个性，即多以秋景、晚景、暮景、雾景等为主，地尚偏寂，罕少人踪，声静而微，色淡而疏：

> **钟惺**（1574—1625）字伯敬，号退谷。官至福建提学佥事。
>
> **谭元春**（1586—1637）字友夏，号鹄湾。崇祯十年（1637）赴京应会试，病卒于途中。

落日下山径，草堂人未归。砌虫泣凉露，篱犬吠残晖。霜静月逾皎，烟生墟更微。入秋知几日，邻杵数声稀。（钟惺《夜归》）

台与夕阳平，同来趁晚晴。隔江山欲动，半壑树无声。艇子遥归浦，庵僧近拚荆。烟岚处处合，残兴尚能清。（谭元春《登清凉台》）

对此，谭元春形象地描述为“荒寒独处，稀闻渺见”，“常有一寂寞之滨，宽闲之野，存乎胸中而为之地，夫是以绪清而变呈”（《渚宫草序》），并概称之为“诗候”。所谓“诗候”就是诗之孕生的特有契机，由诗人主观精神与客观物境结合而生发，但它的生发是有条件的，如纯粹处于“通都大邑、高官重任、清庙明堂”而无上述那样的物境和心境则与“诗候”无缘，自然也与“真诗”不相干。

在一些抒写情感的诗中，钟、谭则又显示出体情入微、真切深挚的另一面。钟惺《前懊曲》写道：“畏君知侬心，复畏知君意。两不关情人，无复伤心事。”（其二）他的这首小诗将恋爱中的少女心思刻画得惟妙惟肖，真有“炯炯双眸从纸上还瞩人”之感。谭元春《得伯敬书》《冬卯仲冬拜伯敬墓讫过其五弟居易家》二诗，一为得知钟惺病后的慰藉之作，一为钟惺已卒三年为之扫墓后的思念之篇。诗以平常语写真挚情，如同促膝交谈，但愈是平常道来，就愈是语语触动深怀。

明亡后，钟、谭以及“竟陵派”遭到攻击和批判，钱谦益、顾炎武、王夫之、黄宗羲、吴伟业、侯方域等大家皆站在反对“竟陵派”的立场上，有的则口诛笔伐，不遗余力。“诗坏于钟、谭”（侯方域《与陈定生论诗书》）几乎成为当时文人的共识，甚至还将亡国之罪加于竟陵派，斥之为“诗妖”、“鬼趣”（钱谦益《列朝诗集小传》丁集中“钟提学惺”）。

晚明时期除“公安派”“竟陵派”代表的性灵思潮外，另有一支是以东林、复社、几社为代表的实学思潮。二流并进，彼此间存在歧异和冲突，同时又互有交叉和渗透，由此构成了波澜壮阔的晚明诗学思潮。

万历三十二年（1604），顾宪成、高攀龙等在无锡重建东林书院，结社讲学，形成了一个以倡导实学、兴复天下为己任的新学派，后被称为东林党。复社、几社继东林党而起，把反权奸、阉党的士人运动推上巅峰。复社是崇祯二年（1629）由江南应社、江北匡社、中州端社、莱阳邑社等地方社团结盟而成，社友达数千人之多，共推娄东二张——张溥、张采为领袖，以“兴复绝学”为宗旨，故得名。几社原是一个独立社团，其名取意于“绝学有再兴之几”，核心人物为陈子龙、杜麟征、夏允彝、周立勋、徐孚远、彭宾，称“几社六子”（杜登春《社事始末》）。几社加入复社后，仍保持很强的独立性，故常与复社并称。文学史上，在几社基础上形成的云间诗派、云间词派有重要的地位和影响。

陈子龙（1608—1647）字卧子，号大樽，华亭（今上海松江区）人。历任绍兴推官、兵部给事中等。南明鲁王时授兵部侍郎，兼侍读学士。顺治四年（1647），以联络起兵事败被俘，投水死，年仅四十。有《陈忠裕公全集》传世。

明末社团诗人中，复社中的张溥、张采、吴伟业、吴应箕等，几社中的陈子龙、夏完淳等，皆负盛名。其中尤以陈子龙、吴伟业为明清之际诗坛巨擘。二人诗歌思想相近，只是陈子龙明亡殉国，使他成了明代最后一位大诗人，甚至可以说是明诗的终结者；吴伟业则入清出仕，以清诗之开山在诗歌领域建立了崇高的地位，所以通常将他归入清代诗人的范围。

在创作上，陈子龙取得了复古派诗歌的新绩。强烈的忧患意识、爱国情怀，是其诗最突出的思想特点。诗风沉雄豪迈，负苍劲之气，与其志节相符。诗才超卓，兼擅五古、七古及律绝诸体，七言律尤显天姿清妙，落墨高华，秀绝一时。然生逢末世，情寄黍离，多壮士悲歌。钱锺书说："陈卧子大才健笔，足以殿有明一代之诗而无愧，又丁百六阳九之会，天意昌诗，宜若可以悲壮苍凉，上继简斋、遗山之学杜。乃读其遗集，终觉伟丽之致，多于苍楚。在本朝则近青丘、大复，而不同献吉；于唐人则似东川、右丞，则不类少陵。"（《谈艺录》五一"七律杜样"）所论陈子龙诗歌成就、地位、风格及艺术渊源，皆属允当。

夏完淳（1631—1647）字存古，华亭人。年十余，即参与《皇明诗选》编定，校定全书。年十四，随父夏允彝举义抗清。兵败，其父沉水殉国。后从师起兵太湖，事泄被执，就义于南京，年仅十七。著有《玉樊堂集》《南冠草》。

陈子龙有门人夏完淳，亦为"云间诗派"的重要诗人。夏完淳之诗也是时代悲歌与英雄悲情的唱叹。大厦倾颓，山河破碎，国难家仇，英雄末路，沉痛的悲剧撕裂了这位少年诗人的心，这种特殊的遭际却锻造了夏完淳无与伦比的人格，成就了他诗歌的悲剧性和震撼力，促成了一种慷慨激昂、苍劲悲凉的审美风格，使其诗完全没有少年之作的稚嫩和娇弱，而是有一种悲壮的力量和豪迈的气概倾注其间。其绝命词《别云间》，数百年后读来，仍觉凛凛英气勃然纸上：

三年羁旅客，今日又南冠。无限河山泪，谁言天地宽。已知泉路近，欲别故乡难。毅魄归来日，灵旗空际看。

相对其他各朝诗而言，明诗的发展历程是流派史和观念史共同推进的结果，与以作家个人创作为主线的诗歌演进方式有着较大差异。影响明代诗歌发展的，首先是流派因素。从明初的五大诗派，到台阁体、“茶陵派”，从前后七子复古派，到“公安派”“竟陵派”，以及明末的“云间诗派”等，一部明诗史基本上是一部诗歌流派演进史。其次是地缘因素。“有明诗流，吴下擅于青丘，越中倡于犁眉，八闽工于膳部，东粤盛于西庵，西江妙于子高，各有轨辙，不相沿袭。”（《明诗纪事·戊签序》）明代诗派多以地域性文人集团为基础，以诗社的形式得以发展壮大。其三是观念因素。明人论诗之风昌盛，好尚因时而变，诗学随地而别，流派各有家数，渊源取法不一，故是非纷纭，人人置喙，莫衷一是。其四是思潮因素。明代思潮是明诗发展的思想背景，深刻地制约明诗的演进形态。明初诗歌是政治化与儒学化的结果，其产物即为台阁体，与心学运动、狂禅思潮、性灵思潮相对应的则有性灵诗以及“唐宋派”“公安派”“竟陵派”诗歌，明末诗歌最后在实学、经世的潮流中落下帷幕。上述几种因素决定了明诗的个性特征和诗学内涵，也形成了明诗史独特的演进方式和发展形态。

第二章

明代文章

宋濂、刘基与明初散文

归有光与“唐宋派”散文

“公安派”与晚明时期的小品文

抑诗文而尊小说、戏曲，是今天大多文学史对明代文学所持的态度。其实，诗歌、散文、小说、戏曲在明代曾是兴衰与共的。元末明初，诸种文体都曾盛于一时，不惟小说、戏曲如此。自中明以后，诗歌、散文日渐繁荣，小说、戏曲亦随之而兴盛。特别是晚明，既是小说、戏曲之巅峰，同时也是诗歌、散文之盛世。由此看来，作为明代文学几大文体之一的散文在文学史上是应有一席之地的，它的兴衰实关乎明代文学整体的繁荣与否。

清初黄宗羲论明代之文有所谓“三盛”，他说：“有明之文，莫盛于国初，再盛于嘉靖，三盛于崇祯。”(《明文案序·上篇》)国初之盛、嘉靖之盛，自不难理解。崇祯之盛，在黄宗羲看来是以娄坚、唐时升、钱谦益、艾南英等承“昆山之遗泽”(《明文案序·下篇》)的明末散文。受文学观局限，他忽略了“公安派”的重要地位。若对黄氏之说加以借鉴并略加修正，便可建立明代散文“三盛”之新说，即：以宋濂、刘基为代表的“国初之盛”，以唐宋派特别是归有光为代表的“嘉靖之盛”，以袁宏道为代表的“公安派”散文及晚明小品文为“晚明之盛”。这便是明代散文发展的大体格局。

第一节　宋濂、刘基与明初散文

文与诗并盛，是明初文学繁荣的重要标志。明初散文的代表作家有宋濂、刘基、方孝孺等，他们的作品体现了明初散文的基本特点，也代表了当时散文创作的最高成就。

宋濂享有“开国文臣之首”的殊荣，因他处在元明之交的历史转型时期，故其散文创作体现了丰富的时代内容和深刻的思想内涵。

传记类叙事散文为宋濂所长。取材于特定历史背景下现实生活中的真实人物，

宋　濂　(1310—1381)字景濂，号潜溪，浙江浦江人。元至正间荐授翰林编修，辞以亲老，隐居龙门山中，读书著述以自娱。至正十九年(1359)，朱元璋攻下婺州(今金华)，召宋濂为五经师，后任江南儒学提举、翰林院学士、侍讲学士等官。洪武十年(1377)以病致仕，十三年(1380)受胡蓝大狱牵连，流放茂州，死于途。

昔者先师黄文献公尝有言曰："作文之法，以群经为本根，迁、固二史为波澜。本根不蕃，则无以造道之原；波澜不广，则无以尽事之变。舍此二者而为文，则槁木死灰而已。"予窃识之不敢忘。

——宋濂《叶夷仲文集序》

以鲜活生动的素材叙述人物的典型事迹，并能深入精神层面关注人物的命运遭际，形成其传记之文的最大特点。他笔下的秦士邓弼生不逢时，"天生一具铜筋铁肋，不使立勋万里外，乃槁死三尺蒿下，命也，亦时也"，直到生命终结而不被一用（《秦士录》）。他刻画的王冕，好学成痴，慷慨任侠，重义急难，审世如神，且又风情万端，凸显了"狂生""怪民"的一面。最着力之处尤在于能洞悉人物心志，如写王冕"仿《周礼》著书一卷"，夜深人静时挑灯讽诵，抚卷自云："吾未即死，持此以遇明主，伊、吕事业不难致也。"（《王冕传》）

作为宋濂自传的《白牛生传》，尤其写得情趣盎然，是其人物传记中颇有特色的一篇。而《记李歌》是古代传记文中少有的题材，文章叙写一位身为倡伎却能"出污泥而不染"的女子，"衣食所仰"使她被迫为倡，她对那个可耻的社会发出了觉醒的心声——"人皆有配偶，我可独为倡耶？"并怒斥："吾闻县令为风化首，汝纵不能而忍坏之耶？今冠裳其形而狗彘其行，乃真贼尔！岂官人耶？汝即来，汝即来吾先杀汝而后自杀尔！"文章揭露了李歌生存的社会环境的龌龊和险恶，显示了平民地位的卑贱和生计的艰难，尤其是对妇女受到践踏遭遇的同情，在那个时代应属难能。

宋濂的寓言之文也不乏名篇，代表作有《尊卢沙》《人虎说》等。尊卢沙是作者虚构的人物。此人"善夸谈"而无真才能，被楚王割掉了鼻子。惨痛的事实终于使他明白了"夸谈足以贾祸"的教训，此后再不夸口妄言，说话时总是"扪鼻即止"。《人虎说》本是写实之作，讲述元末福建莆田有人扮虎杀人抢劫的事件，但作品被赋予了深刻的寓意："人虎"不只是存在山中，社会结构中处处皆有；那些披着伪装，残害民众，攫取财物为己者，都是所谓"人虎"。

宋濂叙事散文中脍炙人口的篇章还有《送东阳马生序》。这篇序文体现的向学精神至今仍值得借鉴。作者现身说法，情真意挚，语重心长。回忆年轻时借书、抄书和求师的情节，最令人感动："天大寒，砚冰坚，手指不可屈伸，弗之怠"，"尝趋百里外，从乡之先达执经叩问……或遇其叱咄，色愈恭，礼愈至，不敢出一言以复；俟其欣悦，则又请焉"，"余之从师也，负箧曳屣，行深山巨谷中。穷冬烈风，大雪深数尺，足肤皲裂而不知。"文章能以"心"动人，以事实感染人，以深刻有益的道理启发人，具有积极的励志作用。

《阅江楼记》是宋濂散文中影响较大的作品。写景中夹叙夹议，虽是应制之作，但反映了明初的政治气象，具有时代意义。它一方面表现歌功颂德、润色鸿业之旨，另一方面又深含委婉的规讽之意，笔势沉雄，寄托遥深，体现了强烈的国家意识和时代内涵。特别是“三见三思”，以眼中所见入手，发“致治”之鸿思：一思“保”中夏之广，二思“柔”四陲之远，三思“安”万方之民。短短文字中展现了博大的政治胸怀和希望君王励精图治、天下长治久安、百姓安居乐业的美好愿望。

元末明初与宋濂并称的另一位散文大家是刘基。《郁离子》是刘基散文的代表作。全书共195则，分为18篇。徐一夔《郁离子序》云：“离为火，文明之象，用之其文郁郁然，为盛世文明之治。”作者托名“郁离子”，通过此书来“阐天地之隐，发物理之微，究人事之变”（吴从善《郁离子序》）如“楚人养狙”，以短小的篇幅、曲折的笔墨浓缩了“剥削——觉醒——革命”的社会发展演进的必由历程和必然规律，其思想具有超时代的进步因素，千载而下仍闪发辉光。“千里马”以马喻人，讲的是人才的发现和任用问题。“必致诸内厩”的千里马，最终还是被“置之于外牧”，这既是千里马的悲剧，也是天子和太仆们看重“冀产”而不是马本身的可笑。“工之侨为琴”讽刺的对象是国工（乐官），与前一则寓言有异曲同工之妙：观琴的国工们恰如相马的太仆们，“古”否是他们的唯一标准，而古与“弗古”凭的又完全是外在形式而已。寓言在讽刺中批判了人们思想意识中常见的错误，这些错误往往蒙蔽人们的眼光，迷惑他们的心窍。

刘基的一些单篇散文与《郁离子》一样带有寓言特征，可以称之为寓言体散文。最具代表性的是《卖柑者言》。作为一篇讽世力作，文章的精彩主要归功于巧妙的构思与写作技巧：一是以小见大，二是舍小取大。所谓以小见大，是以柑之“金玉其外，败絮其中”来讽刺“佩虎符、坐皋比者”“峨大冠、拖长绅者”以及他们的欺世盗名行为。所谓舍小取大，是指作者的重心撇下“柑”和“卖柑”不论，也不着意对一般“世之为欺者”泛泛谴责，而是把笔锋直指那些“佩虎符、坐皋比者”，这便是本文的思想力量所在。刘基散文是智者之文、思想家之文，与宋濂散文为儒者之文、长者之文不同，不仅见识深刻，而且文风锐利，不枝不蔓，故能简洁明快，如剑出鞘，夺人心魄。

刘基的游记与写景之作同样写得非常出色，别具风貌。其佳篇如《松风阁记》《活水源记》《苦斋记》等，历来颇受好评。此类作品保持了刘基简洁干练、不尚繁

> 所为文章，气昌而奇，与宋濂并为一代文宗。
>
> ——《明史·刘基传》

芜的一贯风格。与其他作家的同类散文相比，刘基散文最大特点是善穷物理，洞悉其妙，且能驾轻就熟，制繁以简。

宋濂、刘基之后，明初最杰出的散文家是方孝孺。与宋濂、刘基一样，方孝孺也长于寓言写作。比如，《吴士》刻画了一位“好夸言，自高其能”的“吴士”，其人好谈兵法，言必称孙吴，元末谒张士诚而得用，后惨败于李文忠，垂死之际仍执迷不悟，声称“吾善孙吴兵法”。这与宋濂笔下的尊卢沙不无相似之处。《越巫》写一个装神弄鬼的“越巫”被一群“恶少年”装“鬼”吓得“胆裂”而死，不仅说明“鬼”之不可信，而且讽刺了利用迷信自欺欺人者害人害己的可笑下场。《蚊对》由天台生被群蚊叮咬，责骂童子，引出童子之言，批判比蚊子更坏的剥削者。《指喻》讲述一位健壮的人因手指生小疹子而不及时求医险些送命的故事，阐明“天下之事，常发于至微，而终为大患”的道理。这些作品寓深刻的思想于生动的故事之中，或借题发挥，或讽刺批判，或就事论理，或以物喻人，思想性强，艺术上也营造了良好的审美效果。

方孝孺（1357—1402） 字希直、希古，人称『正学先生』，浙江宁海人。洪武九年（1376）师从宋濂，历时四载，后居乡著述、课徒为业。洪武二十五年（1393），授汉中府教授。建文时，官翰林侍讲、侍讲学士、文学博士，参与机务。朱棣起兵，朝廷讨之，诏檄之文皆出其手。建文四年（1402），南京城破，方孝孺被执下狱。朱棣命撰登极诏书，坚拒不从，被处以磔刑。

方孝孺的政论、史论之文亦颇有影响。《深虑论》十篇，对一些涉及天下治乱、历史兴废的重要问题进行深入的思考，提出了独特的见解，其中，《豫让论》对历来为人称道的侠义之士豫让表示异议，论见惊俗，被收入《古文观止》后，流布尤广。

明初散文作者还有王袆、胡翰、高启、贝琼、苏伯衡等皆有名当世。

第二节　归有光与“唐宋派”散文

嘉靖年间出现了一个以王慎中、唐顺之、茅坤、归有光为代表的文学流别，该派反对前七子“文必秦汉”文学主张，提倡唐宋古文，故称为“唐宋派”。

“唐宋派”的古文思想经历了不断演变而渐趋完善的过程。初主秦汉，改而宗宋，到唐宋并举，再到推崇唐宋亦重“龙门家法”（指司马迁《史记》的榜样）、“至情”之文，取法古人的路径前后不尽相同。这一变化过程大体是从王慎中、唐顺之到茅坤再到归有光来完成的，反映在文学创作中便是散文成就日渐突出，最终获得了最丰硕的结晶——归有光散文。

开派人物王慎中、唐顺之早年都曾受到复古派的影响，但其文学思想后来发生了根本转变。据《明史·王慎中传》载：“慎中为文，初主秦汉，谓东京下无可取。已悟欧、曾作文之法，乃尽焚旧作，一意师仿，尤得力于曾巩。顺之初不服，久亦变而从之。”唐顺之在《与王遵岩参政》中说：“三代以下之文，未有如南丰（曾巩）。”这说明，今所谓“唐宋派”一度是独推宋文的。自茅坤《唐宋八大家文钞》编出，取韩、柳、三苏、曾巩、王安石之文，“稍批语之，以为操觚者之券”（茅坤《八大家文钞总序》），不仅“唐宋八大家”之称由此成为定说，而且“唐宋派”最初以欧、曾为宗的格局也被突破。但正如清人所说：“秦、汉文之有窠臼，自李梦阳始；唐、宋文之亦有窠臼，自坤始。”（《四库全书总目提要》卷一七七“白华楼藏稿”）“唐宋派”的发展仍受到很大局限。这种情况至归有光才大为改观，“由韩、柳、欧、苏沿洄以溯秦汉”（《四库全书总目提要》卷一七二“震川文集”），使唐宋与秦汉融为一体，而不再偏执一端。归有光反对复古派，但他并不排斥秦汉之文，相反，他对司马迁《史记》极为推崇，自云：“余少好读司马子长书，见其感慨激烈、愤郁不平之气，勃勃不能自抑。”故其散文颇能“得其神理”，连王世贞也

王慎中

（1509—1559）字道思，福建晋江人。嘉靖五年中进士时，年仅十七岁。中年落职，遍游名山，暇则讲学。嘉靖三十八年卒，年五十一。

唐顺之

（1507—1560）号荆川，武进（今属江苏）人。嘉靖八年（1529）进士，嘉靖三十九年（1560）病逝于抗倭的战船上。他不仅是著名的文学家，也是心学家、数学家和抗倭将领，于天文、历法、地理、乐律等领域亦多精研。著有《荆川先生集》。

茅　坤

（1512—1601）号鹿门，浙江归安（今湖州）人。嘉靖十七年（1538）进士，做过知县和礼部、吏部的官员。喜谈兵，善智谋，知军事，曾入胡宗宪幕僚参加抗倭。中年后免官，以结社、藏书、著述为乐。他是明代著名藏书家，其藏书楼叫白华楼，著有《白华楼藏稿》，辑有《唐宋八大家文钞》。

有“千载有公，继韩、欧阳”的称许。

唐宋派从本质上讲是充满理学色彩的文学流派。王慎中“与龙溪王畿讲解王阳明遗学”（《答廖东雩提学》），唐顺之“四十以后专研理学”（唐鼎元《明唐荆川先生年谱》），“闻良知说于王畿，闭户兀坐，匝月忘寝，多所自得”（《明史》本传）。代表作家的理学兴趣及其修养，注定“唐宋派”的文学思想是要回到“文以明道”的轨道上来的，所以，他们的文学观带上理学烙印也就是情理之中的事情。如王慎中主张“文与道非二也”，“浸涵六经之言，以博其旨趣”（《答廖东雩提学》），以及唐顺之所谓“三代以下之文，莫如南丰；三代以下之诗，未有如康节者”，“字字发明古圣贤之蕴”（《与王尧衢书》），都不过是理学家之论而已。当然，“唐宋派”文学思想也有进步的内容，如唐顺之提倡“直据胸臆，信手写出，如写家书，虽或疏卤，然绝无烟火酸馅习气，便是宇宙间一样绝好文字”（《答茅鹿门知县书二》）。归有光认为“能尽乎天下之至情者”乃为圣人，并说：“夫惟匹夫匹妇以为当然，是天下之至情也。”（《泰伯至德》）这一观点与中晚明盛行的“百姓日用即是道”的心学思想相关联，它启发了归有光对文学本质的深刻理解。

唐宋派散文创作的演进与其散文观念的发展变化是相适应的。历来被称为散文名篇的王慎中《清源山游记》和唐顺之《竹溪记》，突出代表了唐宋派理学散文的风格，主理而非主情的审美倾向显而易见。与通常的游记迥然不同，王慎中《清源山游记》几不涉具体的游踪，亦无对清源山风景的详细描写，全文以“议”代“记”，丝毫不在叙事绘景上着力，而是重在作者内在胸境的塑写。作者先述及齐景公之游牛山、羊叔子之游岘山，为自己清源山之游作铺垫和对比。他揭示“当乐而哀”的现象在于“以身为累”“不得尽悦生之性”所致，并认为“宝贵功名者之于山水，其果不得以兼取”，由此不但不为“早废于时”的个人遭际而怨愤或伤感，相反却庆幸于“习富贵之日浅”，而于天下之乐无所憾。这样，像文人们常有的怀才不遇的人生失志，富贵权豪们由钱财、地位和荣辱而产生的苦乐悲欢，以及常人对于生命的执着和留恋，也就在作者毫无挂碍的宽广胸怀中消歇得不见纤尘了，恰如作者立足于清源山巅的时刻，万象为开，心中一片澄明境界。

唐顺之《竹溪记》同样以显示人物的精神品质为主旨。文章在当时斗富、赏奇的社会风气下写竹在南北两种截然不同的命运：京师人“贵竹”，“苟可致一竹，辄不惜数千钱”，但一经霜雪，竹皆槁死；江南人“不贵竹”，以为不奇，园中有竹，往往芟去，代之以海外奇花异石。作者由此感叹“自古以来知好竹者绝少”。文中所写这位“竹溪主人”，便是一位“深好于竹”者。竹的品格历来被认为是“绝无声色臭味可好”，“其巧怪不如石，其妖艳绰约不如花。孑孑然，孑孑然，有似乎偃蹇孤特之士，不可以谐于俗”。以竹衬人，文字间颇见君子之风。

王慎中、唐顺之、茅坤虽然创作上取得了一定成就，但未能蔚然成大观。唐宋归有光（1506—1571）号震川，昆山人。嘉靖十九年（1540）举人，此后八次会试落榜，移居嘉定安亭，长期读书讲学，生徒数十百人，人称『震川先生』。嘉靖四十四年（1565）进士时已60岁，先后任长兴知县、顺德府通判、南京太仆寺丞。他称得上是一位水利专家，也参加过抗倭斗争，并作《御寇议》。有《震川先生集》传世。

派散文的集大成者是归有光。归有光散文虽然仍不出理学与文学一体化的大前提，但已经超越了理学与文学形式上的融合而达到了内在精神的会通。文学突破理学形式上的羁绊而走上与理学的深层融通，体现了归有光散文所取得可喜的艺术成功，这一点颇类似于陶渊明诗歌对玄言诗的突破而又达到与玄理的内在妙合。

归有光散文的总特点可概括为：写“匹夫匹妇”，道“天下至情”。细而论之则表现于：

其一，题材特点。叙写凡人琐事，尤以家庭和亲情为主。其散文之杰出者多为家庭散文或亲情散文，从人伦意义中获得独特的审美力量，是其作品的重要价值。《项脊轩志》写老妪、祖母、母亲及妻，《寒花葬志》写婢女，《先妣事略》写母亲，《畏垒亭记》《世美堂后记》写妻子，《悠然亭记》写表兄，《思子亭记》《女如兰圹志》写亡儿及亡女。这些作品都未超出家庭题材的范围，追忆家人，最为深挚。

其二，情感特点。人生落寞，家庭悲情，世态凄冷，注入笔端，真切而细腻，深致而婉曲。其散文大体可称之为悼忆散文或悲情散文，从悲情中获得一种他人难以企及的审美深度和艺术感染力，是归有光散文又一艺术价值，正如林纾《震川选集序》所评：“巧于叙悲，自是震川独造之处。”

其三，叙述特点。写往事，写记忆，较少写当下之事和当下之情，而是在一段长长的日子之后，再以回忆、追叙的方式来翻检心灵深处的一段段故事、一番番情感，由此衬托出人生历程中无数的苦与乐、感情长河中几多的喜与悲；以“史笔”叙事，形成多重层次的时空结构，情节具有延展性，情感获得“层累”效果，如同观澜，层层迭出，沁入心怀；剪裁精当，细节生动，情节注入浓郁的情感因素；语言朴质，不事雕琢，字字皆用真情写成，从深心流出，堪为天籁之音。

例如“写往事”在归有光散文中异常突出，既是作者惯用的叙事手段，也是他的散文之所以尤为触人心怀的重要因素。

庭有枇杷树，吾妻死之年所手植也，今已亭亭如盖矣。(《项脊轩志》)

这种“回忆式”的叙事形态，总是让人处于一种追念的心境之中，这是因为它在体验效果上造成了一种“时间远去”的情形，而曾经的往事则因时间发酵的作用愈加真切地进入人的心灵世界。追忆愈切，思念愈深。这种追念一旦用于已逝之亲朋故旧，更是情不自拔，哀从中来。归有光不仅本身即是“至情”之人，同时他能洞悉情感与时间在叙事关系中的微妙之处，这是他的散文达到感人至深的艺术效果的一个关键。

归有光最杰出的散文作品是历来被人称道的《项脊轩志》。这篇文章的主体部分是作者19岁时作，“余既为此志”以后部分为13年后补写，但前后浑然一体，毫无脱节之痕。文章以项脊轩为主线，回忆了祖母、母亲及妻魏氏三代女性的诸多生活情节，缅怀亲人，字字情深，同时寓家庭兴衰、人生休戚于其间，是所谓“无意于感人，而欢愉惨恻之思，溢于言语之外”（王锡爵《明太仆寺寺卿归公墓志铭》）的抒情杰作。其中，细节的真实，是这篇散文获得优美意境的艺术要素。

如，写老妪回忆作者母亲的情节：

> 家有老妪，尝居于此。妪，先大母婢也，乳二世，先妣抚之甚厚。室西连于中闺，先妣尝一至。妪每谓余曰：“某所，而母立于兹。”妪又曰：“汝姊在吾怀，呱呱而泣；娘以指叩门扉曰：‘儿寒乎？欲食乎？’吾从板外相为应答……”语未毕，余泣，妪亦泣。

善于捕捉生动逼真的生活情节凸显人物性格，揭示人物心灵，在叙事中传达作者自己的情思，这不止是《项脊轩志》的特点，而是归有光散文的共性。全文一百余字的《寒花葬志》，既写亡婢，亦写亡妻。情景逼真，历历在目；情感深挚，动人心怀。其中“孺人二笑”最是点睛之笔：“婢初媵时，年十岁，垂双鬟，曳深绿布裳。一日，天寒，爇火煮荸荠熟，婢削之盈瓯；余入自外，取食之；婢持去，不与。魏孺人笑之。孺人每令婢倚几旁饭，即饭，目眶冉冉动。孺人又指予以为笑。”类似的细节或场面描写在归有光散文中还随处可见。无论是写先妣劝学，还是写妻子治田，或叙作者与其妻的对话，着墨并不多，然而其文字却有一种非同凡响的感染力，主要在于作者真切地再现了一些生动而又典型的生活情境，让有图画、有故事、有声音的场景成为文中有机的叙事单元。这样，作者找到了一种储藏情感的最好方式，读者则得到了细细体味的品读空间，同时也诱导了想象，激发了情感。清初黄宗羲曰：“予读震川文之为女妇者，一往情深，每以一二细事见之，使人欲涕。盖古今来事无巨细，唯此可歌可泣之精神，长留天壤。”（《张节母叶孺人墓志铭》）归有光散文以写“细事”而感人至深，是艺术创作忠实于生活真实的最好见证。

第三节 “公安派”与晚明时期的小品文

明代散文，至晚明而步入巅峰。流派如公安、竟陵，社团如复社、几社，作家竞出，风姿熠熠。思潮则或标举性灵，或倡言经世，双流并进，给晚明散文无限的滋养，使之绽放炫目的思想火花。以体式风格论，小品之文，在晚明独领风骚，清新的文风，活泼的文字，优美的意境，每每让人耳目一新，为之陶醉。

思想家李贽是晚明文风的开创者。他高标“童心”之帜，吹响了晚明文学思想解放和文体解放的号角，为散文创作提供了动力。自其“童心”之说出，“童心”之文随之而起。性灵之文，其实质即是“童心”之文。李贽说：“天下之至文，未有不出于童心焉者也。”(《童心说》) 换言之，出自“童心”“绝假纯真”之文也必然是“天下之至文”。

唯“童心”之文，才是天下之真文、快文。其《童心说》本身就是“童心”之文的最佳典范。心无挂碍，口无遮拦，其文也痛快，其意也酣畅，语锋所犯，如剑如戟。思想的锐利，文风的劲削，历古及今，罕有其匹。如最后针砭六经，指斥伪学的一段快文，堪称振聋发聩、回响千载：

> 夫六经《语》《孟》，非其史官过为褒崇之词，则其臣子极为赞美之语。又不然，则其迂腐门徒、懵懂弟子，记忆师说，有头无尾，得后遗前，随其所见，笔之于书。后学不察，便为出自圣人之口也，决定目之为经矣，孰知其大半非圣人之言乎？纵出自圣人，要亦有为而发，不过因病发药，随时处方，以救此一等懵懂弟子、迂腐门徒云耳。药医假病，方难定执，是岂可遽以为万世之至论乎？然则六经《语》《孟》，乃道学之口实，假人之渊薮也，断断乎其不可以语于童心之言明矣。呜呼！吾又安得真正大圣人之童心未曾失者而与之一言文哉！

李贽（1527—1602）原名载贽，后避明穆宗讳改为贽，号卓吾、温陵居士等，福建泉州人。嘉靖三十一年（1552）举人，官至云南姚安知府。晚年讲学、著述，抨击道学，非议六经，后以『敢倡乱道，惑世诬民』的罪名被捕，万历三十年（1602）死于狱中。一生著述颇丰，有《焚书》《续焚书》《藏书》《续藏书》等。

李贽之文，多放胆而作，以思想取胜，亦不乏情致。《赞刘谐》《题孔子像于芝佛院》等文，讽刺对孔子盲目崇拜的愚昧可笑，"破疑网而昭中天"，尤见思想胆力之不凡，行文则貌似调笑，亦庄亦谐，耐人寻味。李贽说："凡人作文皆从外边攻进里去，我为文章只就里面攻打出来，就他城池，食他粮草，统率他兵马，直冲横撞，搅得他粉碎，故不费一毫气力而自然有余也。"（《续焚书》卷一《与友人论文》）此类文章正是他所说的"只就里面攻打出来"，笔锋犀利，批判力强，如《赞刘谐》。

"公安派"继承了李贽的进步思想和文学精神，开创了散文创作的新时代。李贽为文多属思想论作，"公安派"创作了大量纯文学散文，题材更广泛，文体更多样，形式更自如，文字更活泼，代表了晚明散文创作的最高成就。通常所说的晚明小品，即以"公安派"之文为其标志。一方面，晚明小品所蕴含的精神品质在"公安派"文人身上体现得最为充分；另一方面，"公安派"对散文审美趣味的执着追求，也是促成晚明小品艺术定格而独具风神的原因。

与其诗歌一样，"公安派"散文仍然是"独抒性灵，不拘格套"文学思想的生动实践。"公安派"作家积极探索适应其性灵散文的文体式样，其中有五类最受后人称赏：

一是游记。"公安派"游记是中唐柳宗元以来游记文学的一座新高峰。袁宏道游记达80多篇，袁中道游记110多篇。山水之游，是体现人生之趣的最佳方式，"公安派"作家多倾心于此。"公安派"游记已不是通常那种以叙游踪、写景物为主的传统游记，也往往不以人格化手段来传达山水之美，他们的游记之作重在表现快意和真趣，属于写世情之乐的适性游记，是中国古代游记的一种新形态。

二是尺牍。这种文体原本就具有行文自如、无所拘束的优势，故对于"公安派"不无特别的意义。以袁宏道为例，其散文中有尺牍小品270多篇，成为他"独抒性灵"最主要的文体形式之一。所谓信口信腕，于其尺牍之文彰显尤著。

三是传记。时代精神常见之于人物风神，传记之文时盛时衰反映历代人物兴废不一。晚明时期，群星璀璨，故有传记文学之复兴。"公安派"传记尤具特色，袁宏道《徐文长传》《醉叟传》《拙效传》，袁中道《李温陵传》《江进之传》《石浦先生传》《中郎先生行状》《关木匠传》《一瓢道士传》《回君传》等，所写对象或为本派人物，或为名不见经传的小角色，但其共性是都打上了"公安派"个性情志的深刻烙印。这不仅反映了"公安派"独特的人物观，而且说明通过抒写人物的方式，"公安派"找到了一种传达思想气性的文体渠道。

四是序跋。"公安派"散文佳作，有不少是序跋之文，袁宏道《叙小修诗》《叙陈正甫会心集》《雪涛阁集序》《叙竹林集》，袁中道《解脱集序》，江盈科《敝箧集叙》《锦帆集序》《解脱集序一》《解脱集序二》，等等，内容往往是派内作家谈文论诗且相为推介，其表达最为自如，其思想则无所牵碍，故语语任心，淋漓尽致。“公安派”诸多重要的思想主张都借助序跋之文得以阐发，并非偶然。

五是杂作。此类文体，形式不一。袁宏道《瓶史》《觞政》属于类书，袁中道《游居杮录》则为日记，江盈科《雪涛小说》《谈丛》《谐史》是古人通常所说的“小说”。但它们与一般意义的类书、日记和小说有所不同，写得超逸俊朗，情趣盎然，自有一种“自然出于天性”(《雪涛小说·善谑》)的韵味。所以，在“独抒性灵”的“公安派”小品中，它们是不可或缺的一部分。

“公安派”中散文大家首推袁宏道。袁宏道是晚明散文的高峰，缘自他是晚明文人代表的代表；以斯人写斯世，故有斯文。例如，《与龚惟学先生》写“五快活”，《与徐汉明书》写“四种人”，最真实最丰富地体现了公安派文人的人生志趣与精神特质，由此使其文具有了鲜明的“晚明性”。在《与徐汉明书》中，舍“谐世”“出世”与“玩世”，而独取“适世”的态度，反映了晚明启蒙思潮中疏离皇权、疏离正统思想的趋势。袁宏道非道非释非儒，亦非非道非非释非非儒，他的思想表现为一种自由态和自我态，是追求生命本身的实在“快活”——精神的自由与物质的享受。这种“天下最不紧要人”在那个时代无疑具有冲决思想网罗的积极意义，与二百年后问世的贾宝玉形象呼应而生辉。

《徐文长传》是袁宏道人物传记的杰作。以奇笔写奇人，堪称奇文，叹为人、文两绝。文章先略写文长之才、之略、之志、之遇，转而重点写文长之诗，诗中见人，惊心动魄，最为传神；次又略写文长之文，感其人不见用于世，文亦不见赏于世，成此两悲，真乃古来大不幸之人。接着再略写文长之书、之画，最后写文长之狂疾、之愤而卒。篇末论赞，“先生数奇不已，遂为狂疾，狂疾不已，遂为囹圄”，“古今文人牢骚困苦，未有若先生者也”，“病奇于人，人奇于诗”，“文长无之而不奇者也”，以一“奇”字作结，收拢全篇。此传既是作者为潦倒失志的悲剧文人徐渭而写的“弹铗”之作，也是画“骨”之篇。“公安派”另一位作家陶望龄称袁宏道为“徐氏之桓谭”，清初钱谦益说：“微中郎，世岂复知有文长！”(《列朝诗集小传》丁集中“徐记室渭”)这篇“可惊可愕”的《徐文长传》就是最好的见证。

袁宏道的游记散文也别开生面，有着浓烈的时代气息。在其名作《虎丘记》中，作者以生花妙笔有声有色地再现了一幅四百多年前的社会风俗画。

这篇文章不同于传统的地方在于：人文化而非人格化，风俗画而非风景画，以人为中心而非以景为中心。这与一般游记的艺术手法迥然不同，所以作品给人的艺术美感也别有一番韵味。

袁宏道在散文写作上表现出一种超凡的艺术观察力和表现力，因此往往能做到功夫见于字端。以《满井游记》为例，写北国初春，“山峦为晴雪所洗，娟然如拭，鲜妍明媚，如倩女之靧面，而髻鬟之始掠也”，“柳条将舒未舒，柔梢披风，麦田浅鬣寸许。游人虽未盛，泉而茗者，罍而歌者，红装而蹇者，亦时时有。风力虽尚劲，然徒步则汗出浃背。凡曝沙之鸟，呷浪之鳞，悠然自得，毛羽鳞鬣之间，皆有喜气。始知郊田之外，未始无春，而城居者未之知也”。袁宏道是北国初春之美的发现者，他抓住了北国初春的特点：她在寒风冻土中隐隐地走来，隐隐地让万物从冬天中复苏而显露勃勃的生机，她的美是隐隐地展现在人们眼前的，需要懂得她的人方可发现和感受。把大自然的美与人的感知、感受融汇到一起来写，形成亲切而清新的风格。可谓笔笔皆细致入画、物物皆神情毕现。

晚明是小品文繁盛的时期，“公安派”袁氏兄弟、“竟陵派”钟惺和谭元春都是晚明小品文的代表作家。除上述诸人，晚明山人代表陈继儒也是著名的小品文作家。他的《小窗幽记》警策而又活泼，文字清雅，性情超脱，是晚明清言小品的杰作。陈继儒小品文的特点在于能从日常琐事中感悟到人生哲理与生活情趣，并通过清雅的语言进行抒写，描绘出理想的人生境界。在行文方面，他追求语言的自由、辞藻的华美和音节的和谐，这使他的作品至今仍有较大的影响力。

张岱是晚明小品文的又一大家，黄裳称赞其为“天下无与抗手”（《来燕榭书跋》），小品文集有《陶庵梦忆》《西湖梦寻》《瑯嬛文书影集》等。张岱的小品文创作具有集大成的特点，取“公安派”“独抒性灵”的特质但不失于草率，承“竟陵派”“冷隽淡远”的风格而不流于浅薄。张岱的小品文主要有山水小品、人物小品和风俗小品三类。

张岱 （1597—1679）字宗子，又字石公，号陶庵等，山阴（今浙江绍兴）人。寓居杭州。出生仕宦世家，少为富贵公子，明亡后不仕，入山著书以终。著有《瑯嬛文集》《陶庵梦忆》等。

在山水小品中，他效法陈继儒，运用清新雅致的语言描摹山水之美，并营造空疏淡远的意境，“深山清寂，皓月当空，枕石漱流，卧醒花影”（《西湖梦寻·冷泉亭》）便是此类佳句。同时，他在写景之余往往融入历史典故、风俗人情等叙述性语句，景中有事，事中见景，十分生动别致。在人物小品方面，他擅长展示市井众生独特的精神面貌，如《濮宗谦》描写了技艺过人、品格高洁的民间艺人，《陈章侯》则塑造了英姿飒爽、侠骨棱棱的奇女子。在风俗小品方面，《陶庵梦忆》大量记录了江南的世情风俗，并重点描绘节日期间的盛景，如《扬州清明》《西湖七月半》，为后世描摹了一幅展示晚明城市生活的传神画卷。《西湖七月半》情趣与袁中郎《虎丘记》神似而又各擅胜场：

后来公安竟陵两派文学融合起来，产生了清初张岱（宗子）诸人的作品，其中如《瑯嬛文集》等，都非常奇妙。……《西湖梦寻》和《陶庵梦忆》两书，里边通有些很好的文章。这也可以说是两派结合后的大成绩。

——周作人《中国新文学的源流》

西湖七月半，一无可看，止可看看七月半之人。看七月半之人，以五类看之：其一，楼船箫鼓，峨冠盛筵，灯火优傒，声光相乱，名为看月而实不见月者，看之；其一，亦船亦楼，名娃闺秀，携及童娈，笑啼杂之，环坐露台，左右盼望，身在月下而实不看月者，看之；其一，亦船亦声歌，名妓闲僧，浅斟低唱，弱管轻丝，竹肉相发，亦在月下，亦看月而欲人看其看月者，看之；其一，不舟不车，不衫不帻，酒醉饭饱，呼群三五，挤入人丛，昭庆、断桥，嘄呼嘈杂，装假醉，唱无腔曲，月亦看，看月者亦看，不看月者亦看，而实无一看者，看之；其一，小船轻幌，净几暖炉，茶铛旋煮，素瓷静递，好友佳人，邀月同坐，或匿影树下，或逃嚣里湖，看月而人不见其看月之态，亦不作意看月者，看之。

考察明代散文漫长的发展历程，从其内在文理演变情况来看，它大体经历了“载道—言志—议理—抒情—写心”的历史阶段。明初从宋濂至方孝孺之文偏重于载道，前后七子之文偏重于言志，唐宋派王慎中、唐顺之之文偏重于议理，归有光之文偏重于抒情，李贽、公安三袁之文偏重于写心。这种变化是受到明代社会、思想、文学浪潮影响的结果。明初之政治巨变，明中期的复古运动和心学运动，晚明的性灵思潮，不仅深刻地影响明代散文在不同历史时期写什么和怎样写的问题，而且向不同历史时期的散文家及其作品提供了思想滋养，注入了内在生机。

第三章

明代散曲与民歌

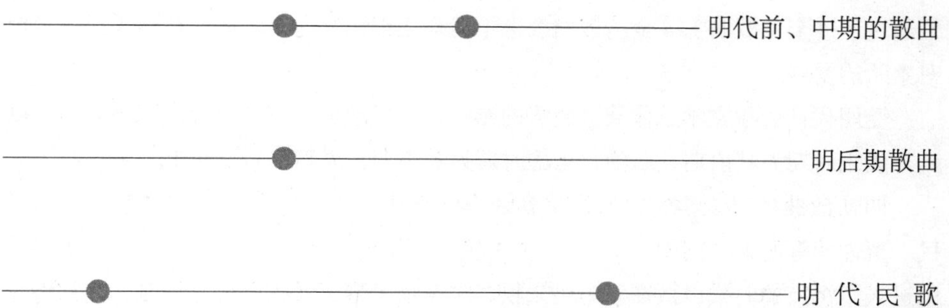

明代文学体裁多样，诗歌、散文、小说、戏剧之外，另有散曲和民歌也值得重视。散曲兴于元，明代散曲承其余绪，但同样取得了骄人的成就。民歌，作为一种民间诗歌形式，在明代大放异彩，特别是到了晚明，堪为当时文学世界中令人瞩目的宠儿。

第一节　明代前、中期的散曲

明代散曲，虽其整体成就不如元代，但在散曲史上仍是一个十分重要的阶段。据谢伯阳所编《全明散曲》，明代散曲作者有四百余家，作品达12 000多篇。其数量超过了《全元散曲》。《全清散曲》也不能与之相比。这说明散曲在明代获得了相对繁荣的发展。

受明代社会和文学总体演进趋势的影响，明代散曲大体可以分为三个时期：洪武至成化时期为其前期，弘治、正德时期为其中期，嘉靖以后至明末为其后期。

明初散曲相对衰落。如果说最初还有一批由元入明的散曲家如刘东生、汤舜民、贾仲明等所谓“国朝一十六人”（朱权《太和正音谱》）较为活跃，到永乐以后则进入了沉寂的时代，散曲家不过朱权、朱有燉等寥寥数人而已。而且，明初特殊的政治环境还决定了散曲题材的单一和思想的平庸，作品通常以歌功颂德、点缀升平为主，又多赠答应酬之作，故不免陈腔滥语，空洞乏趣。

比较而言，朱有燉（1374—1442）是明初具有一定影响力的散曲家。作为皇室贵族的他，所创作的散曲多涉宴游、赏花、应酬等寄情诗酒的生活情调，散发的是一种悠闲安适的贵族气息，音律谐美，亦自有风神。如《快活年·赏梅花》把寒梅的冰姿玉骨写得绘声绘色。有的作品流露对下层民众的同情和悲悯，《摇金柳·叹农夫收麦时遇阴雨》写道：

> 浓云阴重，长河泻空，霖雨遍寰中。地湿生朝露，天低挂晚红。担阁了庄家收麦，农事苦无功。待天晴日朗，何时是逢？西风待雨，雨待西风，先把满天云送。

到了弘治、正德年间，散曲开始兴盛起来，其标志是出现了一批倾心于散曲创作的作家，如康海、王九思、王磐、陈铎等人，他们的出现给散曲沉寂的局面注入了生机。

康海

（1475—1540）字德涵，号对山，陕西武功人。弘治十五年（1502）状元，授翰林院修撰。正德间因事落职。

王九思

（1468—1551）字敬夫，号渼陂，陕西鄠县（今户县）人。弘治九年（1496）进士，任翰林院检讨等官。

这一时期散曲家大多有着相似的生存经历和志趣，或科举受挫，或官场遭贬，使他们有了更深切的人生体验，同时也有了更广泛的社会接触和创作视野。这样，他们的散曲之作不仅能成为人生悲欢的抒写，而且对下层民众疾苦的关注、对现实弊病的揭露，也使得他们的作品具有更为充实的社会内容和更为深刻的思想意义。

散曲家康海、王九思（1468—1551）都是复古派领袖，因刘瑾案皆受牵连被贬黜，闲居乡间，诗酒度日，潦倒一生。其散曲作品常流露不满现实的情绪，感喟自身遭际，每每出之以悲愤之音。如康海《寄生草·读史有感》：

天应醉，地岂迷？青霄白日风雷厉，昌时盛世奸腴蔽，忠臣孝子难存立。朱云未斩佞人头，祢衡休使英雄气。

另外，歌咏隐居山林的悠闲生活，自然而然成为他们散曲写作的一大内容。如王九思《醉太平·对酒》：

住一所小轩，种几亩薄田，无忧无虑散神仙。把柴门半掩。饥时节吃两碗家常饭，闲时节寻几个风流伴，醉时节唱一会太平年，有谁人似俺？

明代散曲分南、北二系，康海、王九思是北方作家的代表，风格偏向豪放，得关、马之遗风；在南方，弘、正时期出现了王磐、陈铎等重要散曲家。

王磐

（1455？—1524）字鸿渐，号西楼，高邮（今属江苏）人。少有隽才，弃科举，纵情山水之间。著有《西楼乐府》。

王磐在地域上属于南方曲家，创作上则是北词作手。富有的家庭和个人的艺术天资，使他具备了成为一流散曲大家的良好条件。他兼赅众艺，工诗能画，尤善音律。度曲清丽，每风月佳胜，则丝竹觞咏，彻夜忘倦。他的散曲多以庆赏、纪游等内容为主，描写轻松闲适的生活场景，且多用白话，通俗易懂，如《沉醉东风·携酒过石亭会友》。他最著名的散曲作品是那首讽刺杰作《朝天子·咏喇叭》：

> 喇叭，唢呐，曲儿小腔儿大。官船来往乱如麻，全仗你抬身价。军听了军愁，民听了民怕，哪里去辨什么真共假。眼见的吹翻了这家，吹伤了那家，只吹的水尽鹅飞罢。

蒋一葵《尧山堂外纪》说："正德间，阉寺当权，往来河下者无虚日。每到，辄吹号头、齐丁夫，民不堪命。王西楼有《朝天子·咏喇叭》一首。"可见，这一作品是当时社会现实最真实的反映，体现了作者不惧权势的精神和对下层民众的深切同情。

以诙谐的笔致写曲，有时也使王磐的作品失之俚俗，如《拟妇人骑马》《拟睡鞋》等即如此，但这些作品倒是更具生活情趣，读来给人愉悦之感。

有"乐王"之称的陈铎，是当时南方又一散曲大家。陈铎世袭指挥使，但无意于功名，醉心词曲，精通音律，诗画俱佳。他的散曲作品数量居明代散曲家前列，收入《梨云寄傲》《秋碧轩稿》《可雪斋稿》等集中。据《全明散曲》统计，共有小令471首，套数99篇。其曲风格柔媚，字句流丽。最别开生面的作品是《滑稽余韵》中的100多首小令。《水仙子》刻画儒士、道士、和尚、尼姑、土工、刷印匠、瓦匠、医人、命士、葬士、卖婆、妓女等人物角色，《折桂令》描写冠帽铺、颜料铺、香蜡铺、茶食铺、剪截铺、棺材铺、生药铺等各种店铺，《红绣球》叙述打炭基、钉缸、浇烛、浆糨、磨镜、弹棉花等劳动情景，作品提供了一幅幅丰富多姿的明代世俗生活画卷，极大地拓展了散曲创作的题材，也使他的散曲因更富有市井气和生活味，而更贴近人情。如《红绣鞋·弹棉花》：

陈铎（1454？—1507）字大声，号秋碧、七一居士，下邳（今属江苏邳州）人，世居南京。

> 无絮袄贫人怎过？拥貂裘富汉无多，值严寒凭你助温和。休笑我弓儿慢，则为你子儿多，你要舒摊须用我。

再如，"弄泥浆直到老，数十年用尽勤劳"（《水仙子·瓦匠》），表达了对手工业者辛勤劳作的同情；"小词讼三钟薄酒，大官司一个猪头"（《沉醉东风·里长》），嘲笑了社会底层的弄权现象；"等盘上不依斤两，纸包中那管炎凉"（《折桂令·生药铺》），讽刺了奸商的图利行径。

第二节　明后期散曲

明代后期，是散曲的鼎盛期。这一时期涌现了像杨慎、金銮、李开先、冯惟敏、梁辰鱼、赵南星、薛论道、施绍莘等一大批著名的散曲家。群星璀璨，成就斐然，显示出明代散曲前所未有的发展盛况。

明后期散曲仍有南、北之分，其趋势是南盛北衰，但北派散曲也还有一定势头。

北派散曲家中以冯惟敏（1511—1578）最为杰出。冯氏字汝行，号海浮，山东临朐人。嘉靖十六年（1537）举人。其散曲风格朴直豪迈，语言浅近晓畅，不尚浮华，不饰雕琢，以自然本色为宗，突出体现了北曲的审美特征。他长于以曲抒怀，将人生悲欢融入散曲吟唱之中，如《朝天子·自遣》：

> 海翁，命穷，百不会千无用。知书识字总成空，浮世干和哄。笑俺奔波，从他盘弄，你乖滑俺懵懂。就中，不同，谁认的鸡和凤！……

薛论道（1531？—1600？），字谭德，号莲溪，直隶定兴（今属河北）人。著有散曲集《林石逸兴》，在北方曲家中以写边塞军旅题材著称。他自幼患有足病，喜谈兵，且颇通兵法。青年时弃文从戎，在边塞30多年，满怀报国之志，屡建战功，后因谗言而被迫脱离行伍，以神枢参将加副将归田。长期的边塞生活和切身的军营体验，使他写下了大量真实感人的好作品。如其散曲名篇《山坡羊·吊战场》：

> 拥旌麾鳞鳞队队，度胡天昏昏昧昧。战场一吊，多少征人泪！英雄归未归？黄泉谁是谁？森森白骨，塞月常常会。冢冢碛堆，朔风日日吹。云迷，惊沙带雪飞。风催，人随战角悲。

堆堆白骨，累累坟冢，黄沙漫天，寒风凄劲，作者笔下描绘的场面令人胆战，而这种战场的凄凉和残酷，都是作者的自身亲历，故读来更有真切之感。还有，《水仙子·为将》抒发身为将领的忠君爱国之情和杀敌建功之志，慷慨激愤，其赤子丹心见于笔端。薛论道将边塞军旅内容引入散曲，拓宽了散曲的题材范围，对散曲的发展起了重要作用。

> 此类制作，未免俚俗，而材料取诸眼前，句调得诸口头，朗诵一过，殊足解颐。
>
> ——江盈科《雪涛诗话》

除边塞散曲外，薛论道还写了不少讽世之作。如：“妨贤病国千般有，天理人心半点无！”(《桂枝香·仕途》其二)“软脓包气豪，矮汉子位高，恶少年活神道”，“村头脑紫貂，瘦身躯绿袍。说起来教人笑。”(《朝天子·不平》)作品大胆揭露了社会的黑暗和不公，嘲讽了官场的丑态，具有批判精神。

在艺术上，薛论道散曲不刻意讲究遣词造句，语言平实自然，活泼生动，喜欢运用比喻、拟人等表现手法，使其作品可读性强，富有一定浪漫气息。

作为东林党首领之一的赵南星，同时又是明代重要的散曲家。其曲兼通南、北，而以北曲为主。风格泼辣质朴，颇有燕赵之风。且擅长模仿民歌，创作通俗易懂的“民歌体”散曲。其中，最有特色的是他的言情之作。《南商调·山坡羊》直白坦率地表现热恋男女的海誓山盟，遣词用语，形似散文。再如，《南双调·喜连声》：“梦冤家，梦冤家，梦儿里合冤家到了一搭，却被莺哥儿聒噪在雕檐下。我的冤家，我的冤家，打了个转身儿阻隔天涯。”写得热烈泼辣，将女子梦会情郎的情景鲜活地表现出来，且又语带戏谑，饶有情趣。

赵南星

(1550—1627) 字梦白，号侪鹤、清都散客，高邑(今属河北)人。万历二年(1574)进士，官至吏部尚书。与顾宪成、邹元标，称东林『三君』，反对奸党擅政，受到魏忠贤迫害，死于戍所。著有《赵忠毅公诗文集》等。

这一时期，昆曲兴起，南词日盛。以梁辰鱼、沈璟为代表的江南曲家，乐于用香艳、缠绵的辞藻入曲，追求声色之美；同属南派的曲家施绍莘、杜子华等，突破香艳之风，以写景咏物见长；另有徐媛、沈静专等女性作者，则以写闺阁闻名。名家竞出，风格各异，这使南方散曲显得千姿百态、生机勃勃。

梁辰鱼于艺则诗歌、音乐、传奇、散曲，皆称名家。他的传奇《浣纱记》是昆曲的开山之作，另著有杂剧《红线女》、散曲集《江东白苎》。散曲今存小令54首、套数40余篇。在明代曲史上，梁辰鱼是推进散曲进一步雅化的重要作家。他的散曲多写男女之情，措辞优美典雅，形式偏于轻浮香艳，而较少自然之趣。当然，梁辰鱼散曲并非全为此类作品，《夜行船·拟金陵怀古》就别是一种风格，读来铿锵有力，悲壮豪迈。他描写思乡愁绪的散曲也不乏佳作，如《驻云飞·登黄鹤楼有怀故园》《玉抱肚·荆州江上别归舟作》等。这些作品往往能更真切地流露作者的内在世界，情感深

梁辰鱼

(1519？—1594)字伯龙，号少白、仇池外史，昆山人。以例贡为太学生。为人任侠好游，与莫是龙、殷都、孙七政等结社唱和。

沉，而又娓娓道来，显得极其自然，这与他那些工于词藻的香艳之曲是不尽相同的。

以词入曲，是梁辰鱼散曲的一大特点。《白练序·暮秋闺怨》：

> 西风里，见点点昏鸦渡远洲，斜阳外景色不堪回首。寒骤，谩倚楼，奈极目天涯无尽头。消魂处，凄凉水国，败荷衰柳。

这首曲是他刻意模仿婉约词派的作品。给人的感觉是，虽字句精练，音律优美，但终不免有似曾相识之感。它大大削弱了作者的真情实感，也有失散曲本色，是梁氏散曲的一个不足取之处。

与梁辰鱼齐名、同属"唯美派"的散曲大家沈璟（1553—1610），创作题材亦多不出所谓闺人之意、儿女之情，艺术上专在技巧方面着力，追求工丽雅致、音律和谐之美。二人不同者，梁辰鱼重辞藻，沈璟重声律。王骥德《曲律》评价沈璟说："斤斤三尺，不欲令一字乖律。"

明末著名散曲家施绍莘（1588—1640）体现了与词藻化、声律化不同的创作路径，是对梁辰鱼、沈璟散曲的一种突破。博采众家，兼取南、北，或出以清新，或发为雄浑，风格多样不一，是施绍莘散曲的基本特点。就题材内容而言，其散曲大都写景状物，歌咏山水，发抒幽思，咏叹闲愁。所作艳曲仍不在少，但多能以深情见长，每每哀怨凄婉，而不显低俗。如：

> 只见那流水外两三家，遮新绿洒残花。一阵阵柳绵儿春思满天涯。俺独立斜阳之下，猛销魂，小桥西去路儿斜。（《采茶歌·送春》）

女性散曲家的活跃，是晚明曲坛的重要现象。当时创作散曲的女作家多为闺阁名媛，今所知者至少有徐媛、沈静专等十几人。徐媛（1560？—1617）是徐泰时之女、范允临之妻。其父其夫皆为文学家、艺术家，家蓄乐班，置酒高会以为常，与夫筑室太平山下，日相唱酬以为娱。这种家庭氛围为徐媛提供了良好的艺术生活环境。徐媛散曲擅写闺阁生活及相思愁绪，体现了女性作家情感细腻的特点。《绵搭絮·春思》以景托情，抒发思念，传达的是内心深底的缕缕忧伤。沈静专则为著名戏曲家沈璟之女，其曲颇得乃父遗风，所不同者在于多了女性特有的妩媚细腻。此外，明代青楼、教坊女子能曲者也极为普遍，如马湘兰、董如瑛、董贞贞、顾长芬、蒋琼琼等。女性参与散曲的创作，为明代特别是晚明散曲增添了一道独特的风景线，同时也从一个侧面见证了散曲在那个时代的繁荣和普及。

第三节 明代民歌

民歌是明代文学百花园中的一朵奇葩。与文人诗歌过于泥古而日益僵化的情形相比，明代民歌则于桑间濮上、通衢小巷绽放出热辣辣的生命火花。沈德符《万历野获编·词曲·时尚小令》描述其盛况说："不问南北，不问男女，不问老幼良贱，人人习之，亦人人喜听之，以至刊布成帙，举世传诵。"受时代风气的浸染，部分作品虽不免存在"秽亵鄙浅"的放恣成分，但从整体上说，明代民歌那种真挚浓烈的感情、发自肺腑的呼喊，反映了特定的社会生活内容，表达了民间情爱的真实心声，具有重要的文学价值。

迄今所见最早的明代民歌，保存在成化年间金台鲁氏刊行的《新编四季五更驻云飞》《新编题西厢记咏十二月赛驻云飞》《新编太平时赛驻云飞》《新编寡妇烈女诗曲》四个集子中，其中以第一种较为重要。这时的民歌，创造性不多，但也产生了个别优秀的作品，如："富贵荣华，奴奴身躯错配他。有色金银价，惹的傍人骂。嗏，红粉牡丹花，绿叶青枝，又被严霜打，便做尼僧不嫁他。"（《驻云飞》）在反映男女恋情方面直抒胸臆，不乏吉光片羽的动人之处。

正德、嘉靖以后，民歌被收入一些曲集中，像《盛世新声》《词林摘艳》《雍熙乐府》《南宫词纪》等，都保存了部分民歌作品。这一情况说明，民歌在当时已十分流行，同时也受到了珍视。大概随着社会生产力的发展，市民阶层不断壮大，一些来自民间、传于歌伎的小曲便风靡一时。与此同时，民歌的审美情趣也随着社会发展而发生转变，其情调有浓厚的市井气息，有着令人心驰魂荡的艺术感染力。收录在《南宫词纪》中的《汴省时曲·锁南枝》，被沈德潜誉为"一曲之冠"，便是反映了这种情调的代表之作：

> 傻俊角，我的哥，和块黄泥儿捏咱两个。捏一个儿你，捏一个儿我，捏的来一似活托，捏的来同床上歇卧。将泥人儿摔破，着水儿重和过。再捏一个你，再捏一个我。哥哥身上也有妹妹，妹妹身上也有哥哥。

此曲看似粗疏浅露，但其原生态的生命力却是那些"为赋新词强说愁"的文人之作

> 我明诗让唐，词让宋，曲让元，庶几吴歌《挂枝儿》《罗江怨》《打枣竿》《银绞丝》之类，为我明一绝耳。
>
> ——陈鸿绪《寒夜录》引卓人月语

今虽季世，而但有假诗文，无假山歌，则以山歌不与诗文争名，故不屑假。苟其不屑假，而吾藉以存真，不亦可乎？……若夫借男女之真情，发名教之伪药，其功于《挂枝儿》等，故录《挂枝儿》词而次及《山歌》。

——冯梦龙《序山歌》

无法比拟的。歌中亲昵的称谓、热烈的情感、新奇的比喻，使它洋溢着鲜活的生命力，产生别样的艺术魅力。

到了万历时期，民歌又出现了新的发展。《玉谷调簧》《词林一枝》《摘锦奇音》和《徽词雅调》等，都保持了许多可爱的时曲，郑振铎先生称赞“几乎没有一首不好”（《中国俗文学史》）。之所以称好，主要是它们在感情的大胆和语言的新巧等方面有了进一步突破，如《词林一枝》中的《罗江怨》《劈破玉歌》《时尚急催玉》等，都是极好的作品。《玉谷调簧》收集的《时尚古人劈破玉歌》，以传奇名作中的故事为内容，用市民的价值观评述苏秦、蔡伯喈等人物的悲欢离合，体裁新颖，别有风味。此外，其中一首问答体民歌，写得尤为酣畅，没有一点造作姿态，活泼传神的文字，有着令人叫绝的艺术效果。作品看似写母女交锋，实则不过为了将情节安排得波澜迭出，让人忍俊不禁，由此活脱脱刻画出市井女子的形象。

天启崇祯时期，通俗文学家冯梦龙投入大量精力收集整理民歌俗曲，编辑了两部专辑《挂枝儿》(又名《童痴一弄》)和《山歌》(又名《童痴二弄》)，成为明代民歌的集大成者。

在《山歌》序言中，冯梦龙充分阐述了民歌的文学价值，他认为民歌的意义在于它抒发了“民间性情”，虽然“荐绅学士不道”“不得列于诗坛”，却远胜于那些沽名钓誉的荐绅学士们所作的“假诗文”。所以，民歌无需与诗文争胜，不屑于造假，“借男女之真情，发名教之伪药”，足以使它在文学百花园中绽放最奇丽的光彩。提倡真山歌，反对假诗文，要求文学艺术做到绝假存真，是冯梦龙文学思想的集中体现。

《挂枝儿》和《山歌》的主要内容大致分为两个方面：一是赞美真挚恋情，肯定情欲追求。如：

要分离，除非是天做了地；要分离，除非是东做了西；要分离，除非是官做了吏。你要分时分不得我，我要离时离不得你。就死在黄泉也，做不得分离鬼。(《挂枝儿·分离》)

二是描绘人情物态，反映世风民俗。如《挂枝儿·大脚》，虽说是缺乏“天足”意识，识见算不得高，但就文字的谐谑、生动而言，却别有趣味。另外，通过对女子大脚的嘲弄，也反映了晚明社会以小脚为美的社会风习。

在艺术方面，《挂枝儿》和《山歌》中的作品有其突出的特点：（一）比喻新奇，想出天外。如《挂枝儿·查账》：“为冤家造一本相思账，旧相思，新相思，早晚登记得忙，一行行，一字字，都是明白账。”又如《挂枝儿·喷嚏》：“自从别了你，日日泪珠垂。似我这等把你思量也，想你的喷嚏儿常似雨。”（二）使用口语，生动奇妙。如《山歌·月上》：“咦弗知奴处山低月上得早，咦弗知郎处山高月上得迟。”又如《挂枝儿·赠瓜子》：“瓜仁儿本不是个稀奇货，汗巾儿包裹了送与我亲哥。一个个都在我舌尖上过，礼轻人意重，好物不须多。多拜上我亲哥，休要忘了我。”

明代民歌取得了突出成就，得到当时不少著名文学家的充分肯定。同时，民歌对明代诗歌观念和文学思想也产生了有益的影响。何景明盛赞《锁南枝》：“时调中状元，如十五国风，出诸里巷妇女之口者，情词婉曲，自非后世诗人墨客操觚染翰、刻骨流血所能及者，以其真也。”（李开先《词谑·时调》）。“公安派”领袖袁宏道认为《劈破玉》《打草竿》等民歌，“犹是无闻无识真人所作，故多真声”（《锦帆集》卷二《叙小修诗》）。以陈铎、王磐、冯惟敏、冯梦龙为代表的部分文人摹仿民歌进行创作，则反映民歌对明代文学产生影响的另一个方面。

第四章

历史小说的典范之作《三国演义》

故事来源与成书过程

雅俗文化交融的历史图景

传奇化的历史人物

智谋——作品的独特魅力

其他历史演义小说

我国古代朝野上下的历史意识都非常强烈，因而各类历史著作可谓汗牛充栋。在这样的背景下，白话小说——尤其是白话长篇小说——便有大量取材于历史的作品。通常人们称之为“历史演义”。《三国演义》既是其肇端之作，又是最高水准之作。在近百种各色“演义”里，此书孤峰独绝。

第一节　故事来源与成书过程

《三国演义》是我国章回小说的开山之作，也是我国古代长篇历史小说的代表作。其创作素材主要来源于三个方面，即正史、野史和戏剧。《三国演义》的早期版本多题署“晋平阳侯陈寿史传，后学罗本贯中编次”，这就表明了该小说与史著的历史渊源。陈寿的《三国志》，提供了关于三国历史最早最完整的记录，也为《三国演义》提供了基本的人物原型和史事框架。裴松之为《三国志》作的注，更为《三国演义》提供了丰富的素材。司马光的《资治通鉴》以编年为线，博采兼收，集前代史料之大成，将三国历史熔铸成一幅完整且宏伟的历史画卷，这对《三国演义》的组织结构产生了深远影响。朱熹的《通鉴纲目》一反《资治通鉴》用曹魏年号编年即以曹魏为正统的做法，转用蜀汉编年，以刘备一方为正统，对于《三国演义》的创作倾向以及全书的叙事角度都有决定性影响。野史既指早期传说色彩较重的杂史，也包括后起的民间传说及讲史、话本等。据文献记载，隋代民间文艺表演中已有三国题材的节目，如隋炀帝观赏的水上杂戏中就有“曹瞒浴谯水，击水蛟”“刘备乘马度檀溪”等名目。唐宋时期，三国故事在民间

[章　回　体]

章回体是我国古代长篇小说的主要样式，有以下几个特点：

首先是分回标目。作家把作品分成长短大体相等的段落，标上回数和题目，于是就形成了章回体。

其次是“说书体”叙事。小说中或明或暗都有一个全知全能的“说书人”，从他的视角，甚至以他的口气来讲述故事。小说中保留了诸如“话说”“且说”“却说”“只见”“但见”“欲知后事如何？且听下回分解”之类的套语。

再次是韵散结合，文备众体。

罗贯中，太原人，号湖海散人。与人寡合，乐府、隐语，极为清新。与余为忘年交，遭时多故，天各一方。至正甲辰复会，别来又六十余年，竟不知所终。

——贾仲明《录鬼簿续编》

的流传更为广泛，李商隐《娇儿诗》中说到“或谑张飞胡，或笑邓艾吃”，可见晚唐时期三国故事已被儿童所熟知。据《东京梦华录》记载，北宋民间说话艺人有“说三分”的专家及科目。又据张耒《明道杂志》，当时京师某富家子“甚好看弄影戏，每弄至斩关羽辄为之泣下”。苏轼《东坡志林》亦云：“涂巷中小儿薄劣，其家所厌苦，辄与钱，令聚坐听古话。至说三国事，闻刘玄德败，频蹙眉，有出涕者；闻曹操败，则喜唱快。”这说明，在北宋时期民间流传的三国故事中已有了“拥刘反曹”倾向。第三方面是“三国戏”。金元时期，出现了不少“三国戏”，如《三战吕布》《赤壁鏖兵》《单刀会》等，现知元代及元末明初三国题材的杂剧剧目就有60种之多。元至治年间（1321—1323）更是出现了刊本《全相三国志平话》，这成为后来《三国演义》创作的一个重要基础。罗贯中以当时流传的平话和戏剧为基础，削落其荒诞无稽的成分，补充许多正史资料，增加篇幅，润色文字，完成了巨著《三国志通俗演义》的创作。

罗贯中是元末明初人。他是中国历史上最早献身于通俗小说创作的作家，田汝成《西湖游览志余》说他编纂过数十种小说，如《隋唐两朝志传》《残唐五代史演义》等都署他的名字，《水浒传》《三遂平妖传》等书也与他有关。他还是一位颇有影响的杂剧作家，现存杂剧有《赵太祖龙虎风云会》。

三國志通俗演義卷之一
晉平陽侯陳壽史傳
後學羅本貫中編次
祭天地桃園結義
後漢桓帝崩靈帝即位時年十二歲朝廷有大將軍竇武太傅陳蕃司徒胡廣共相輔佐至秋九月中涓曹節王甫弄權竇武陳蕃預謀誅之機謀不密反被曹節王甫所害中涓自此得權建寧二年四月十五日帝會群臣

《三国志通俗演义》书影（明嘉靖本）

《新全相三国志平话》扉页（元至治刊本）

《三国演义》在明代前期主要以抄本形式流传，现存最早刊本是刻于嘉靖年间的《三国志通俗演义》。该本24卷，240则，每则标题为七言单句。明刊本留存至今的还有《三国志传》本和《李卓吾先生批评三国志》，其中《李卓吾先生批评三国志》将240则合并为120回。清康熙年间，毛纶、毛宗岗父子仿效金圣叹批点《水浒传》的做法，对回目和正文都作了较大修改，并加上自己的评论，名之曰“第一才子书”，使作品的艺术性有了较大提高。毛本成为后来最流行的版本。

第二节　雅俗文化交融的历史图景

《三国演义》是一部典型的“世代累积型”小说，它成书的过程，就是各种文化成分不断交融、整合的过程。作者广泛吸收了来自雅俗两个不同层面的材料，并按自己的主体认识、价值观念和艺术好恶加以扭合，因此，既有总结历史经验教训的明显动机，又选取了典型的民间角度，使小说带有较浓的大众文化色彩。总的来说，这是一部民众眼中的政治、军事史。

《三国演义》据史而演义，描述了东汉末到西晋初百余年的历史，艺术地再现了这一时期的政治、军事、外交斗争。作品的叙事角度主要是在刘备一方，或者说作者是站在刘蜀的立场上来审视这段历史的，因此，“拥刘反曹”是小说最明显的感情取向。小说着重描写的是蜀、魏两大集团的矛盾斗争，而刘备一方始终被放在正统地位，对刘备集团的主要人物作者都给予正面的、充分的展示，特别是对仁君贤相的代表人物刘备、诸葛亮，忠义的化身关羽，骁勇的战将张飞、赵云、马超等，作者都不惜笔墨，作了精心的刻画，使他们成为家喻户晓的艺术形象。相对而言，魏、吴集团的谋士、将军们则因没有太多的露面机会而黯然失色。面对史家或尊曹或尊刘的争执，面对民间比较一致的拥刘反曹倾向，罗贯中按自己的标准做出了判断和抉择，即：用政治的天平来衡量时，他肯定了魏、蜀、吴三国在争取人心、重视人才方面，各有其正确的战略和策略，小说不仅对刘备、孙权，也对曹操的雄才大略予以肯定；但用道德的标准来衡量时，天平就明显地倾向于刘备一方。小说中反复强调：“天下者，非一人之天下，乃天下人之天下，惟有德者居之。”这是罗贯中政治伦理思想的核心，而刘备就是“德”的代表。从历史记载和民间传说看，刘备与曹操虽然都是雄居一方的军阀，但刘备比较仁厚，曹操比较奸诈，刘备就有意识地高举“仁义”的旗帜与曹操抗衡，他曾对庞统说：“今与吾为水火者，曹操也。操以急，吾以宽；曹以暴，吾以仁；操以谲，吾以忠。每与操反，事乃可成耳。”从《三国志》和裴松之注看，刘备的劣迹不多，而且留下了携民渡江、三顾茅庐等佳话。相反，曹操却有不少恶行，如“宁教我负天下人，休教天下人负我”的自白，“割发代首”“梦中杀人”“借人头压军心”的诡计，为报父仇而杀人数万、“泗水为之不流”的暴行，等等。由此可见，“拥刘反曹”主要体现的是作者“善善恶恶”的伦理道德观念，带有明显的民间色彩，也体现了儒家明君仁政的社会理想。

与拥刘反曹倾向密切相关的是小说中的“忠义”观念。在开宗明义的第一回就大写特写了“桃园结义”这一情节，刘、关、张结义的誓词是：“同心协力，救困扶贫，上报国家，下安黎庶。”在这里，“上报国家”指“忠”，“同心协力”为“义”，可以说，桃园结义的道德内容就是“忠义”。作者崇尚的是“忠”和“义”的完美结合，但从小说的具体描写来看，作者更强调的是“义”。一般说来，“义”可以从两方面理解：一是统治者标榜的“义”，它和“忠”连在一起，常被称为“春秋大义”；二是民间推崇的知恩必报、哥们义气，也被称为“小义”。在《三国演义》中，关羽是“义”的代表，他的“义”是融二者为一体的。首先，关羽的“义”突出表现在他与刘备的关系上。在“桃园结义”时，刘、关、张就立下誓言：“背义忘恩，天人共戮。”“屯土山关公约三事”之后，关羽受到了曹操非常优厚的礼遇，“封侯赐爵，三日一小宴，五日一大宴；上马一提金，下马一提银”。而这一切都无法改变关羽对刘备的忠心和义气，在知道刘备下落后，关羽毅然“挂印封金”，留下曹操的一切赏赐，千里走单骑，过五关斩六将，以超人的气魄实践了“义不负心，忠不顾死”的诺言，一个富贵不能淫、威武不能屈的义士形象从此耸

> 历稽载籍，贤相林立，而名高万古者莫如孔明。其处而弹琴抱膝，居然隐士风流；出而羽扇纶巾，不改雅人深致。在草庐之中，而识三分天下，则达乎天时；承顾命之重，而至六出祁山，则尽乎人事。七擒八阵，木牛流马，既已疑鬼疑神之不测；鞠躬尽瘁，志决身残，仍是为臣为子之用心。比管、乐则过之，比伊、吕则兼之，是古今来贤相中第一奇人。
>
> ——《读三国志法》

立在世人面前。但是，关羽的“义”又常有和“忠”矛盾处，这突出地表现在华容道“义释曹操”这件事上。关羽明知军令在身，却甘冒杀头之险，弃盖世之功，置刘备的一统大业于不顾，放走了惶惶垂泪的曹操，这突出地表现了他为“义”而甘于牺牲自我的精神。在关羽身上，大义和小义、自我形象和对集团的责任心之间发生了激烈的冲突，人物性格也一定程度上出现了分裂，但从艺术上来看，这有利于展示人物复杂的性格，同时也更能体现作者的创作观念。

如果说在关羽形象的重塑中民间文化的成分占有较大份额的话，诸葛亮形象重塑的主导意识则是士人的。小说中的诸葛亮是贤相的代表，也是智慧和忠诚的化身。为了塑造这一人物形象，作者对来自史传和民间的各种材料进行了精心的筛选和提炼，如剔除了有损于诸葛亮形象的材料和民间色彩过浓的故事，同时又虚构、渲染了许多情节，使之更加传奇化、理想化。毛氏父子称诸葛亮为“智绝”，认为作者把他的奇绝才略写到了极致，但作为一个艺术形象，诸葛亮的特色不仅在于才略奇绝，还在于其典型的“帝王师”角色。作品着重于诸葛亮和刘备的“鱼水遇合”，着力渲染、夸张了诸葛亮对刘备的指导作用。在这个人物身上，更多体现了作者的人格理想和价值取向，这种体现不是写实的，而是下层文人想象中的政治图景。

第三节　传奇化的历史人物

《三国演义》的成功，原因当然是多方面的，而塑造出一系列鲜活的人物形象应是其中最主要的成绩。被毛氏父子称为“三绝”的曹操、诸葛亮、关羽自不待言，就连一些过场人物如杨修、张松、秦宓等也无不形象鲜明，给读者留下难忘的印象。作品写人的特色是将历史人物传奇化，即将传奇手法运用于历史小说，突出人物的超人之勇、超人之智，使小说中的人物形象“大”于现实中的人，一定程度上也强于环境，因此个性突出，具有很强的形象冲击力。

作为一部历史小说，尽可能忠实于历史，按史实优先的原则去写，这是《三国演义》的一个重要特点。作者取材的主要来源是陈寿的《三国志》以及裴松之的注，因此，书中比较重要的人物和主要历史事件都比较符合史实。以曹操而论，小说中把他写成大奸、大恶又有雄才大略的“乱世奸雄”，这曾受到现代一些史学大师的非议，但总的来看，其性格特征基本上是符合历史原型的。如在曹操出场时作者用以为其性格定位的三个小故事，皆见诸史料记载。正因为如此，《三国演义》最早的评论家庸愚子对其作出了“事纪其实，亦庶几乎史”（《三国志通俗演义序》）的评价。但是，历史小说毕竟不能等同于历史，从某种意义上说，历史小说创作实际上是对历史的一种重新书写，如何处理好情节提炼中历史化和小说化的张力关系，是创作成功与否的一个关键。在《三国演义》中，这两种倾向同时存在，对全书来说，作者基本上找到了合适的着眼点。在叙述中，二者在各章的比例又不同，有时历史化偏胜，如官渡之战，作者倾向平分在两方，基本上是按史实重构这段历史，如袁绍手下三个谋士的命运以及语言多来自史书；有时则小说化偏胜，如赤壁之战，在艺术上最为成功，甚至有点轻喜剧的味道，而周瑜、鲁肃、诸葛亮等人物的表现均与历史大异。总的来看，作者在大体不违背历史真实的基础上，充分发挥了自己的艺术创作力，并根据自己的审美理想对历史素材进行了精心提炼，对人物进行了传奇化的加工，从而使小说具有了永恒的艺术魅力。

《三国演义》在塑造人物形象方面有一个十分鲜明的特征，就是舍弃人物性格中的其他方面，专门强调某一方面特点，不惜用浓墨重彩加以夸张、渲染，把这一特点写到极致，如曹操之奸、刘备之仁、诸葛亮之智、关羽之义等，研究者将这种方法称为“性格强化”法，这种方法突出了人物的性格特征，因而塑造出的人物形象生动，易于给人留下深刻的印象。“性格强化法”在小说中的运用主要表现为两种形式：

其一，对于性格比较复杂、性格内涵比较丰富的人物，集中地突出他们某一方面的特点或才能，并运用夸张、渲染的手法将这一特点或才能强化到常人难以企及的程度。曹操被毛氏父子称为“古往今来奸雄中第一奇人”，作为奸雄的典型，他具有“似乎忠”“似乎顺”“似乎宽”“似乎义”等多种性格特征，但作者着笔最多的是他的奸和雄。曹操第一次亮相时，作者就对他作了“有权谋”“有机变”的概括介绍，接着写他装病欺父，说明他从小就机敏奸诈；写他杖责权宦之叔，又突出了他不畏权贵的胆识；引用许劭“治世之能臣，乱世之奸雄”的评论，则进一步为这形象定了调子。寥寥数笔，曹操形象已活灵活现地呈现读者面前。此后作者用了一系列富于传奇色彩的故事，对曹操展开细致的描写，其中杀吕伯奢一事是刻画曹操形象颇为得力的

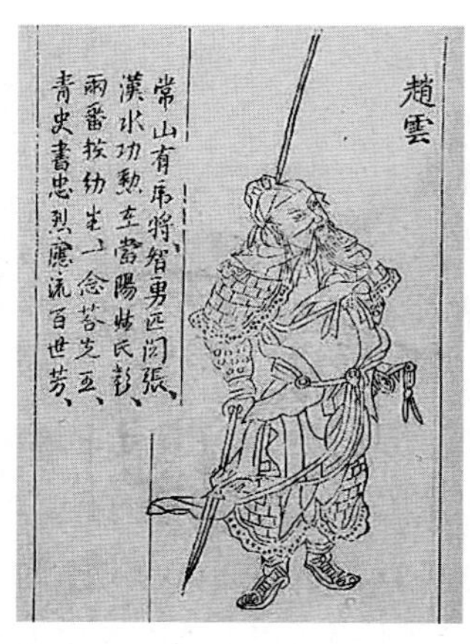

赵云（清刻本《三国演义》插图）

一笔。曹操杀吕伯奢家人一事有一定的历史根据，但各种记载中并无杀吕伯奢本人的事，只是误杀了吕伯奢之子及其家人，曹操发现误杀后也颇有悔意。在《三国演义》中则变成曹操因误会杀了吕氏一家，在发现误杀后又凶残地杀了伯奢本人。陈宫问他为什么杀害吕伯奢，他的回答是："宁教我负天下人，休教天下人负我。"（第四回）小说这样改动，就把误杀变成明知故杀，夸张了曹操残忍的性格和极端利己的思想。接着小说又用许多生动的情节和故事，反复渲染曹操这种极端利己主义的本质，被称为"古今来名将中第一奇人"的关羽形象也是这样塑造出来的。

其二，对于性格内涵比较单一的人物，则集中笔墨突出他们这一方面的性格和才能，使人物性格得以强化。在《三国演义》中，用这种方法塑造出来的人物比较多，如：善于运筹帷幄的徐庶、庞统；善于统军用兵的周瑜、陆逊、司马懿；善于料人料事的郭嘉、荀彧；武功将略超群绝伦的张飞、赵云、黄忠；冲锋陷阵骁锐莫当的马超、许褚、黄盖、周泰；还有善于文藻的，善于应对的，善于舌辩的，善于知贤的，善于治烦理乱的，等等，不可胜数。这些人物都是某一种性格特点（道德品质或才能）的体现。在塑造这些形象时，作者大多使用传奇性的故事和情节来突出他们的性格，如"夏侯惇拔矢啖睛""祢正平裸身骂贼""张永年反难杨修"等，都给读者留下了极深的印象。

为了突出人物性格，《三国演义》在人物塑造方面还大量使用了对比、衬托的

> 文有正衬反衬。写鲁肃老实，以衬孔明乖巧，是反衬也。写周瑜乖巧，以衬孔明之加倍乖巧，是正衬也。譬如写国色者，以丑女形之而美，不若以美女形之而更美；写武将者，以懦夫形之而勇，不若以勇夫形之而觉其更勇。读此可悟文章相衬之法。
>
> ——毛本第四十五回回评

手法。毛氏父子将这种方法概括为“正衬”和“反衬”两种。所谓“反衬”，就是对不同的性格类型进行对比，这可以加大人物性格之间的反差，从而起到突出人物性格的作用。这种手法用得最多、最好的是在表现曹操和刘备这两个主要人物的性格方面。在汉末群雄中，曹操是一个非常杰出的人物，这在与袁绍的对比中已得到了很好的体现。然而与刘备对比，曹操丑恶的一面就暴露无遗。在作者笔下，刘备无论是在政治上，还是在道德上都胜曹操一筹。如同是爱才，曹操拉拢关羽的办法无非是上马金、下马银、金钱美女、高官厚禄而已，刘备与关羽却是同生死、共命运，以兄弟义气和国家大事为重；曹操想要徐庶归附自己采用的是囚禁其母、逼其就范的方法，而刘备虽然离不开徐庶却因其母遭难而不忍挽留；曹操见张松其貌不扬，便摆出一幅傲慢恣肆的架子，拒人千里，而刘备则相见以礼，待为上宾，使他在义气的感召下献出了西川地图；祢衡当面骂操，曹操顿起杀机，便派祢衡去荆州劝说刘表投降，以便借刀杀人，而刘备却不愿将“妨主”的的卢马转送他人，嫁祸于人。同时作者还从理性的高度，对两人的人生哲学作了比较，曹操的名言是“宁教我负天下人，休教天下人负我”，刘备则宣称“吾宁死，不为不仁不义之事”。在这些对比中，两人高下不辨自明。

所谓“正衬”，是将相同或相近的性格进行对比，以突出二者的差异，用毛氏父子的话来说就是“才与才敌，而众才尤让一才之胜”。小说中诸葛亮形象的成功就得力于此。诸葛亮是小说中的中心人物，在他出场之前作者就用大量的笔墨为他作了铺垫，如徐庶就是作者为了衬托诸葛亮而特意设置的。接着，作者用长达十余回的篇幅将周瑜和诸葛亮作了对比，周瑜是赤壁之战的英雄，他英武有为，精通韬略，机智勇敢，在众寡悬殊的严峻形势下，沉着应对，计谋迭出，竟将老谋深算的曹操玩弄于股掌，堪称人中豪杰。然而，在与诸葛亮的斗智中，他却总是捉襟见

《三国志》插图（明刻本）

肘，力不从心，他精心制定的计策，总是被诸葛亮一眼看穿；谋取荆州的各种措施，也总是被诸葛亮一一化解。尽管他竭力争取主动，但劳神费力一番，却要么功亏一篑，要么弄巧成拙，临终前那“既生瑜，何生亮”的悲叹，强烈地表达了他力图压倒诸葛亮却又无可奈何的心情。而诸葛亮在一次又一次的斗智中，却总是从容不迫，气定神闲，游刃有余，在这种“才与才敌”的对比中，二人高下自分，而诸葛亮作为“智慧”化身的形象就更为突出。

总的来看，《三国演义》写人物的笔墨不够细致，人物的性格内涵也不够丰富，一定程度上还存在“类型化”的问题。但是类型化不等于粗糙，《三国演义》中的形象往往对既定类型有所突破，使得人物更加鲜活生动。即以张飞而论，这个形象在长期的民间演唱中已经定型为典型的莽汉。罗贯中对此是完全认同的，所以他在创作过程中对与此完全扞格的素材，如《三国志》称张飞“爱敬君子”，便弃而不用。作者从两个向度来刻画这个人物，一方面他把张飞与沉稳多智的诸葛亮关联、对照来写，如三顾茅庐、新野之战等，愈显其莽撞；另一方面又写他偶然间的计谋与沉稳，如取巴郡时“猛然思得一计”便骗过了宿将严颜，又如“智取瓦口隘”，不但用计，而且还做戏，这就在莽汉的“类型”中凸显出了“这一个”张飞。作者在叙述历史故事的同时，注意到了描绘人物，注意到人物个性的差异，这种意识对促进小说艺术的发展起了很大的作用。

第四节　智谋——作品的独特魅力

与我国其他古典长篇小说相比，《三国演义》对读者有独特的吸引力。除了一般的文学审美魅力之外，它对于读者益智求知欲望的满足，也是其广泛流传的重要原因。明清两代笔记杂著中，关于学兵法、权谋于《三国演义》的记载颇多，如邱炜萲《菽园赘谈》记载，康熙皇帝曾下诏刻印《三国志演义》一千部，颁赐满洲、蒙古诸路统兵将帅，以当兵书。古代兵家从书中借鉴攻城略地、伏险设防的方法，今天则有许多人从中寻求“商战”的技巧。

《三国演义》的智慧主要表现于兵法，但以“实验战术学”称之则不妥。书中真正有价值的是蕴含在战争描写中的哲理性内容，即矛盾抗争中双方消长之道。在这些哲理性内容中，有关军事心理学的描写更是引人注目。例如决策中的风险判断。《三国演义》中写到不少关键性的决策，于一计兴邦、一计丧邦之际，既刻画出决策者的性格、心理素质，也表现出罗贯中的决策心理观。如在袁、曹官渡决战

《两军师隔江斗智杂剧》插图

中，罗贯中用对比的手法写了袁绍、曹操在决策中截然不同的表现。在战前，袁绍一方面不把曹操放在眼里，另一方面对关系存亡的伐曹之策却彷徨无定；而曹操则一开始就定下决战决胜的大计。两军对垒于官渡之后，7万曹军对抗70万袁军，形势危殆。曹操问计于荀彧，彧献计曰：“此用奇之时，断不可失。”“曹操得书大喜”，遂定下决战之计。实际上，这个计划风险度是很大的，正如荀彧所讲：“若不能制，必为所乘。”故是奇计而非正计。结果大获全胜，奠定了曹魏政权的基础。与此同时，许攸献奇计于袁绍，袁绍若采纳，虽无十分把握，但成功率很高，而且一旦成功，曹操将一败涂地，但袁绍对此充耳不闻，结果坐失战机。袁绍的决策心理是常人类型的，即趋利的保守型，这与书中袁绍“庸碌”的性格基调是一致的。曹操的心理则属冒险型（或称进取型），也和他的一代“奸雄”形象相合。而二者决策心理放到一起，对比写来，作者是有用意的。从中可以看出作者的决策心理观：“色厉胆薄，好谋无断；干大事而惜身，见小利而忘命：非英雄也。”（第二十一回）罗贯中注意到了决策人物心理素质对决策的影响，而通过作品中人物的表演，也透露出他对趋利决策之进取倾向的肯定态度。

《三国演义》最吸引人的地方还在于小说中层出不穷的各种计策，古代兵法中所谓的三十六计大多数都在小说中得以再现。例如反间计，就在作品中有多次写到，其中最精彩的当属曹操离间韩遂、马超一事。韩遂、马超联兵反曹，大小数战之后，战局开始不利于韩、马，为确保彻底胜利，曹操在决战前夕设计了一个巧妙的反间计：先是在阵前与韩遂单独会见，“只把旧事细说，并不提起军情”，从而使马超“心甚疑，不言而退”。然后又亲作一书与韩遂，中多涂抹、含混处，马超见到越发疑心。最后又使曹洪当面指实，使韩遂无以置辩，终于与马超反目，而曹操乘其内讧一击成功。这件事见于《三国志·魏书·武帝纪》，但罗贯中的艺术加工使本来简短的一件事成为复杂生动的心战战例。为了使这一心战更典型、更完整，罗贯中虚构了三个情节：一是反间之初，曹操调遣兵马，迫使韩、马分兵拒敌，造成设疑、离间的机会；二是韩遂被疑而欲释疑，邀马超同出会曹，曹操却令曹洪出面指实了马超之疑；三是反间有效，韩、马火并，马超杀二将伤韩遂，从而被曹军乘虚而入。前两个情节不见于史传，是纯然虚构。第三个情节则与史传相悖。罗贯中改动史实、竭思尽虑的这一番加工，不仅使故事更生动、丰富，而且使这一计谋更加微妙精致，更富成效。使读者至此深叹阿瞒心机之深、计谋之诡。

《三国演义》叙述了三国时期的百年征战，描写了丰富多彩、千变万化的战争形态，尤其是集中笔墨去写战争谋略，写将帅谋臣运筹帷幄的神机妙算，可以说是古代战争谋略的集大成者。与一般兵书只写抽象的战争经验，见计不见事、见智不见人不同，《三国演义》是将种种计谋的实施与具体战例结合起来，在战争描写中蕴含了丰富的哲理性内容，同时又能与将帅谋臣的性格、气质、风度相结合，将这些智谋故事写得出神入化，从而给读者一种经验性的示范效应，因而在读者群中有其特殊的魅力。

除了军事上的智谋外，《三国演义》对政治、人生经验的总结对读者也有不少启迪，尤其是小说中的人才战略，对当代人也有一定的启发作用。《三国演义》可以说是一部人才的演义，鼎足而立的魏、蜀、吴三家，无不以罗致人才为重，三国之主各展其能，将一批批栋梁之才收笼在自己手下，从而建立了不朽之功。刘备三顾茅庐，这已成为千秋美谈；奸雄曹操唯才是举，不论出身贵贱，使智谋之士趋之若鹜；聪明之主孙权任人不拘一格，使许多青年俊杰脱颖而出。得人才者得天下，这是作者总结出来的一条重要经验。《三国演义》十分重视用人之道，尤其注意对这方面经验与教训的总结，这正是当代应用研究的主要原因所在。

另外，作者在对兴亡教训的总结中，还特别注意对人生经验的总结。在百年历史进程中出现了各式各样的人才，但各人命运不同，所取得的成就也有天壤之别，除了历史、环境等不可改变的原因外，自身性格则是决定命运的最主要的因素。小说中描写了各种人物的悲剧，如关羽、张飞、周瑜、杨修等，他们各有所长，但也

海兰察目不知书，而所向无敌，动合兵法，而自言得力于译本《三国演义》。……张献忠、李自成，及近世张格尔、洪秀全等，初起众皆乌合，羌无纪律。其后攻城略地，伏险设防，渐有机智，遂成滔天巨寇；闻其皆以《三国演义》中战案为帐中唯一之秘本。则此书……有实验战术学之价值也。

——黄人《小说小话》

都有性格上的致命弱点，而这些弱点最终导致了他们的人生悲剧。众多英雄“以短取败”的教训对后人都有一定的启发。

总之，《三国演义》既是一部历史小说，又是中华民族几千年智慧的结晶，对这部巨著，人们可以从文学角度去欣赏，从中获得艺术美的享受，同时也可以从军事学、政治学、外交学等方面去获取知识、得到借鉴。

第五节　其他历史演义小说

以《三国志通俗演义》的刊行为标志，历史演义小说进入了创作的鼎盛期，各种历史演义小说如雨后春笋，不断问世。正如冯梦龙在《新列国志序》中所说：“自罗贯中氏《三国志》一书，以国史演为通俗演义，汪洋百余回，为世所尚，嗣是效颦日众……其浩瀚几与正史分签并架。”据不完全统计，有明一代共产生了近40部历史演义小说，从盘古开天到明朝灭亡，各朝历史都有小说来演义，其数量“几于《四库》乙部相颉颃”（黄人《小说小话》）。

嘉靖时期出版的“历朝演义”，主要是“署名”罗贯中撰写的《三国志通俗演义》《隋唐两朝志传》《残唐五代史演义传》等。嘉靖、万历时期，一些书商也纷纷加入了历史小说的创作队伍，其中率先创作和出版历朝演义的是熊大木，他先后编创出版了《大宋中兴通俗演义》《唐书志传通俗演义》和《全汉志传》等。在他的影响下，一些小说家与书坊大肆创作与出版“历朝演义”，主要有无名氏的《京

几内亚三国演义邮票

时事小说的主要特征：（一）新闻性。作品所关涉的内容须与时代相平行，要相对迅速地反映国家大事，且成书迅疾、即时刊刻。（二）真实性。讲求真实，注重实录，对真实性的要求远较历史演义为高。（三）重大性。所演述的均为一时之重大社会、政治事件，于时局有重大影响者方可入小说。

板全像按鉴音释两汉开国中兴志传》，甄伟的《重刻西汉通俗演义》，谢大昭的《重刻京本增评东汉十二帝通俗演义》，诸圣邻的《大唐秦王词话》等。晚明时期又出现了《开辟衍绎通俗志传》《盘古志传》《有商志传》《有夏志传》等补缺之作，将上古艰涩深奥的历史系统化、通俗化。这个时期的小说家大多把小说当成史学的附庸，主张历史小说创作应该“羽翼信史”（张尚德《三国志通俗演义引》），因此多采用“按鉴演义”的创作模式，艺术性普遍不高。其中成就较高的是列国系列小说。建阳书商余邵鱼首先采用编年叙事的方式编撰了《列国志传》，第一次完整地叙述了周朝八百年的历史。冯梦龙在此基础上进行了改编和重写，创作了《新列国志》，使小说的艺术品位大大提升。清乾隆年间蔡元放又对《新列国志》“稍为评骘，条其得失而抉其隐微”（《东周列国志序》），改名为《东周列国志》，从而成为《三国演义》之外影响最大的一部历史演义小说。

明中后期还出现了一批以明代历史为题材的“本朝演义”，开山之作是成书于嘉靖十六年（1537）的《英烈传》，此外还有《续英烈传》《承运传》和《戚南塘剿平倭寇志传》等。《英烈传》以元末农民起义为背景，叙述了朱元璋扫除群雄，推翻元朝统治，建立明王朝的过程，具有一般朝代演义的基本特征。同时，以朱元璋为中心，着重写他从一个流浪汉演变为开国之君的过程，其间比较细致地叙述了徐达、常遇春、刘基等“开国元勋”的事迹，使小说也带有英雄传奇的色彩。

崇祯以后，以当代重大事件为题材的“时事小说”成为小说创作中的一个热点。这类小说主要集中在三个方面：首先是以魏忠贤阉党祸国殃民为内容的小说，主要有《警世阴阳梦》《魏忠贤小说斥奸书》和《皇明中兴圣烈传》，代表作则是清初出现的《梼杌闲评》；其次是关于辽东战事的小说，主要有《辽东传》《近报丛谭平虏传》和《辽海丹忠录》，主要写明廷内部主战、主和两派之间的激烈斗争，以及在此情形下于辽东进行的抗清战争；第三是关于李自成起义的小说，主要有《剿闯通俗演义》《定鼎奇闻》和《铁冠图演义》。

第五章

草莽英雄榜《水浒传》

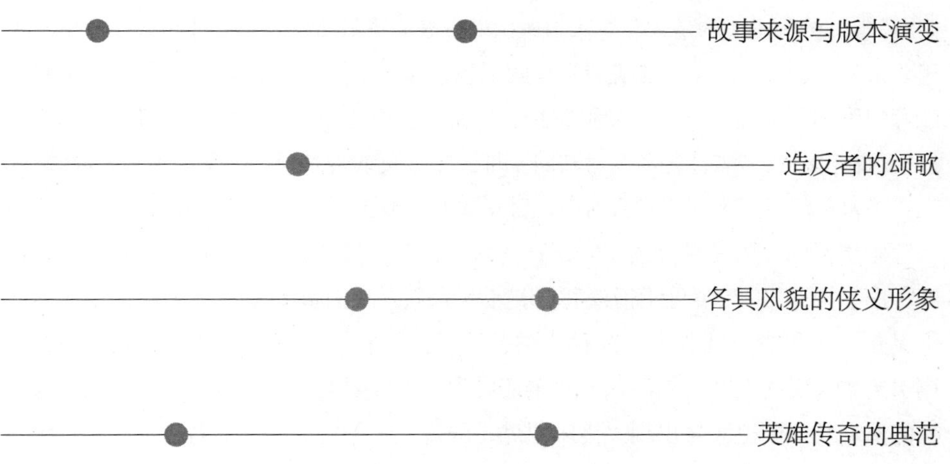

与《三国演义》同时或稍晚，出现了另一部影响深远的白话长篇小说，就是以刻画草莽英雄见长的《水浒传》。这部小说把江湖文化与武侠的传统、农民战争的现实冶于一炉，气魄宏大，风格雄奇，可谓正义与野蛮的交响乐章。

第一节 故事来源与版本演变

《水浒传》是古代英雄传奇小说的代表作。和《三国演义》一样，《水浒传》并非由某一作家的向壁虚构而横空出世，而是经历了长时期的民间演化和复杂的聚合累积过程。

《水浒传》讲述的是宋江等水泊梁山好汉充满英雄传奇色彩的非凡人生故事，关于北宋末年的宋江起义，正史有零星的记载，如《宋史・徽宗本纪》说："淮南盗宋江等犯淮阳军，遣将讨捕；又犯东京、江北，入楚海州界，命知州张叔夜招降之。"《张叔夜传》说："宋江起河朔，转略十郡，官兵莫敢撄其锋。"《东都事略・侯蒙传》说："（宋）江以三十六人横行河朔，官军数万无敢抗者，其才必过人。"

宋末元初，画家龚开的《宋江三十六人赞》完整地记录了36人的姓名和绰号。其《序》说："宋江事见于街谈巷语，不足采者。虽有高如李嵩辈传写，士大夫亦不见黜。余年少时壮其人，欲存之画赞。"可见当时民间流传的宋江等人的故事，已引起士大夫的注意。当时水浒故事还成为艺人说唱的重要内容，以水浒故事为题材的话本和戏剧也大量出现。南宋罗烨《醉翁谈录》所记的说话名目中有"石头孙立""青面兽""花和尚""武行者"等，应该是一些相对独立的水浒故事。

元人改定的《大宋宣和遗事》中有涉及水浒故事的内容，虽然行文简略，但已经有了《水浒传》中"杨志卖刀""智取生辰纲""宋江私放晁盖""宋江杀惜""征

"英雄传奇"是历史小说的一支，鲁迅称之为"叙一时故事而特置重于一人或数人者"。"历史演义"和"英雄传奇"既有相同之处，又有较大区别：从创作主旨上看，历史演义是据史演义，意在演述历史事件，反映历史发展概貌，记述朝代兴亡，总结历史经验教训；英雄传奇则着重描绘英雄人物的传奇事迹，渲染他们的武勇和力量，且多撷取民间传说故事，而基本结构模式是以某个英雄人物或英雄群体为线索，展开故事，铺排历史。

方腊”等故事的雏形。元代还出现了一批水浒戏，其中《双献功》《燕青博鱼》《还牢末》《争报恩》《黄花峪》与小说还有所不同，康进之的《李逵负荆》则与小说第七十三回内容一致。在这些戏里，水浒故事和人物形象日益丰富起来，水浒英雄由36人发展到72人，又发展到108人，对梁山泊的描写也接近了《水浒传》。这些都为《水浒传》的最后形成做了准备。

《水浒传》的写定者究竟是何人，历史上有不同的说法。明代嘉靖间高儒的《百川书志》最早著录此书，说“《忠义水浒传》一百卷，钱塘施耐庵的本，罗贯中编次”；同时代人郎瑛《七修类稿》说：“《三国》《宋江》二书，乃杭人罗本贯中所编。予意旧必有本，故曰编。《宋江》又曰钱塘施耐庵的本。”稍后田汝成《西湖游览志余》和王圻《稗史汇编》都记为罗贯中作。明万历时期胡应麟《少室山房笔丛》则说是施耐庵作。施耐庵生平不详，仅知是元末明初人，曾在钱塘（今浙江杭州）生活。

《水浒传》的版本比较复杂，大致可以分为繁本和简本两个系统。这里“繁”和“简”都是就行文而言，繁本细节生动、文学性强，但没有征王庆、田虎故事，故又称“文繁事简本”。现知最早的版本是高儒《百川书志》所著录的《忠义水浒传》100卷。现存较完整的早期百回本是万历己丑（1589）天都外臣（即汪道昆）序本，和万历三十八年（1610）容与堂刊《李卓吾先生批评忠义水浒传》。繁本中还有120回本，增入了征田虎、王庆故事，并在文字上作了增饰，袁无涯刊行，书名为《李卓吾先生批评忠义水浒全传》。简本叙事简约，细节描写少，文字比较粗糙，但有征王庆、田虎故事，故又称“文简事繁本”，简本回目不一，有115回、120回、124回等多种，现存较早的有明万历年间余象斗刊《水浒志传评林》。至于这两种系统的版本何者在先何者在后，以及究竟是繁本在简本的基础上加工而成，还是简本据繁本删削而成，抑或两个系统互不影响平行发展，迄今学术界众说纷纭，尚无定论。

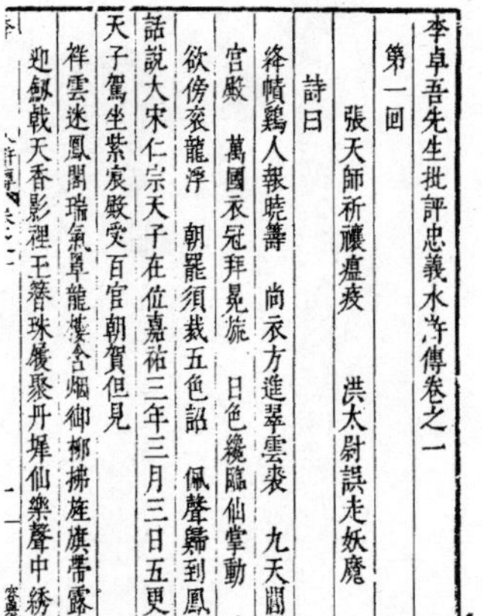
李卓吾先生批評忠義水滸傳卷之一
第一回
張天師祈禳瘟疫　洪太尉誤走妖魔
詩曰
絳幘雞人報曉籌　尚衣方進翠雲裘　九天閶闔開
宮殿　萬國衣冠拜冕旒　日色纔臨仙掌動　香烟
欲傍袞龍浮　朝罷須裁五色詔　佩聲歸到鳳池頭
話說大宋仁宗天子在位嘉祐三年三月三日五更三點
天子駕坐紫宸殿受百官朝賀但見
祥雲迷鳳閣瑞氣罩龍樓含烟御柳拂旌旗帶露宮花
迎劍戟天香影裡玉簪珠履聚丹墀仙樂聲中綉襖
卷一　一
容與堂藏板

《李卓吾先生批评忠义水浒传》书影（明容与堂刻本）

明末金圣叹将繁本从第七十一回处截断，将原书的第一回改为“楔子”，将第七十一回中的“忠义堂石碣受天文”部分保留下来，自己加上一段“卢俊义惊噩梦”的情节，作为结尾的第七十回。此外，金圣叹还对前七十回的行文做了较多修订，使其在艺术上更为成熟，从而成为后来最通行的版本。同时，金圣叹对此书所做的大量评点，代表了中国古代小说理论的最高成就。

第二节　造反者的颂歌

在《水浒传》成书并开始流传以后的明清两代，人们读《水浒传》，或斥其“倡市井萑苻之首”，或赞其鼓吹忠义，对其主题的论定无外乎诲盗说、忠义说两种看法。逮至清末民初，则有“社会主义”“平权自由”“倡民主、民权”等五花八门的见解，不过这些新奇之说，多属别抒怀抱，并非从文本出发得出的严谨结论。到20世纪中叶以后，影响较大的有反映农民起义说、为市井细民写心说、封建社会内部忠奸斗争说，近来又有流民无产阶级世界观说和游民心态说。

对《水浒传》主题的理解有一个复杂的历史演变过程，不同时代的读者对小说文本的理解各有不同。但是，作为已定型的文本，《水浒传》的内涵又有相对稳定的因素，如，无论是忠义说、诲盗说还是农民起义说，大的前提都是认定这部作品集中描绘了一种暴烈的反抗行为，差别只在于对它的程度、性质的认定及

《李卓吾先生批评忠义水浒传》插图

价值评判标准不同，《水浒传》一书主要寄托了那个时代下层民众反抗黑暗、追求正义的理想。

《水浒传》揭露了当时社会的黑暗，突出了“官逼民反”的主题。小说中第一个正式登场的人物是高俅，他因为善于踢球而得到皇帝的宠信，从一个市井无赖骤然升迁为殿帅府太尉，从此倚势逞强，无恶不作。小说以此人开篇，显现了“乱自上作”的意识。从掌握朝纲的高俅、蔡京、童贯，到称霸一方的江州知府蔡九、大名府留守梁世杰、青州知府慕容彦达、高唐知州高廉，再到横行乡里的西门庆、蒋门神、毛太公、祝朝奉，乃至陆谦、富安、董超、薛霸等爪牙走狗，无不狼狈为奸，相互勾结，把整个社会弄得暗无天日。此外，书中还多处说到作为封建政权镇压机器的官军的残暴，第七十八回中，高俅统兵征讨梁山，“于路上纵容军士，尽去村中纵横掳掠，黎民受害，非止一端”。正是在这鬼蜮横行的普遍黑暗的大背景下，无论是林冲、鲁智深、武松式的个人反抗，还是梁山好汉群体的大举出击，才放射出耀眼的正义的光芒。

作为英雄传奇的典范，《水浒传》的内涵十分复杂，其中既有封建社会主流意识形态的渗透，如突出梁山好汉的“替天行道”，强调其“忠义”，其中“忠”是对朝廷、对君主的忠诚，“义”是对朋友、对弱者的义气，二者皆以儒家的道德观念为基础，同时又体现了下层民众的理想和文化心态。小说描绘了广阔的市井社会，又相当大程度地表现了活跃于市井社会和山林、江湖间的游民的生活、奋斗和理想，其中既有反抗社会黑暗、不公的一面，如鲁智深的“禅杖打开生死路，戒刀杀尽不平人”；也有痛快淋漓的物欲追求，如书中着意渲染的梁山好汉的大碗喝酒、大块吃肉；还有非理性的凶险的破坏力量，如李逵将众生砍得血肉横飞的两把板斧。这些成分复杂地交融在一起，因此，从不同层面看，都可以得出不同的结论。总的来说，《水浒传》主要表现的是民间理想，对官方正统的意识形态具有巨大的冲击力、破坏力，作品浓墨重彩地描写并颂扬了众好汉的反叛行为，如一曲洪钟大吕的反叛者的颂歌，几百年来震撼着国人的心灵。

第三节　各具风貌的侠义形象

《水浒传》主要展现了中国下层民众普遍推崇的侠义精神，作品最吸引读者之处就在于充分运用了传奇手法，精心塑造了一系列具有非凡特质的侠义英雄形象。其中如宋江、武松、鲁智深、林冲等，都久远地活在中国民众的心中。

宋江是水泊梁山的灵魂，也是《水浒传》中最为奇特、最为后人毁誉不休的人物。《水浒传》塑造这个人物形象时，首先取材于历史上起义首领宋江的史事和南宋以降的相关传说，这决定了宋江身为盗魁、统领群雄的基本身份及特征；其次，在具体表现这一人物名重江湖的领袖气质及行事时，又隐括了郭解等义侠的特征；同时，在写定过程中又融入了不同社会阶层的人生信条和价值理想。由于大量异质思想的混融，使小说中的宋江形象出现了一定程度的矛盾，从而使这个人物比较复杂。在这个矛盾而复杂的人物形象身上，作者寄托了自己的理想，并且用大量的心力、集中了大量笔墨从多层面、多角度来塑造这一心目中的英雄形象。在宋江出场时，作者便赞道："年及三旬，有养济万人之度量；身躯六尺，怀扫除四海之心机。志气轩昂，胸襟秀丽。刀笔敢欺萧相国，声名不让孟尝君。"接着又加上一段宋江如何厚待江湖好汉，"周人之急，扶人之困，以此山东、河北闻名，都称他作及时雨，却把他比作天上下的及时雨一般，能救万物"的总体性叙述，定下了对宋江这一人物热烈赞颂的基调。而后，全书从多个侧面展开了叙述：通过他的赈助贫苦，写他的心性善良，富有同情心，与书中周通、李忠、王英一班打家劫舍的强人拉开了距离；通过他的私放晁盖，写他过人的义气，突出了他最为江湖好汉看重的品质；在第二十三回中又借叙述他与柴进对待武松的不同，写出了他性格中一种持久的魅力，以及与出身下层的好汉间天然的亲和力，这又与同样颇有江湖声望的柴进拉开距离；江州法场获救后智取无为军一节，则写出他的领袖群伦及智谋，与鲁智深这种纯粹的江湖豪侠显示出层次的不同；至于写他反复言说"待到异日招安赴边庭一刀一枪博个功名"，则是为了展示他胸襟眼光超越于李逵辈乃至晁盖；此外，书中还通过江湖中各色强人闻宋江之名莫不望风而拜，通过柴进这种前朝皇室后裔对宋江的格外礼敬，通过秦明、黄信等远离宋江家乡的军官得知对手是宋江立刻改容相向，通过一系列类似情节的反复渲染，写出了宋江强烈的个人魅力和巨大的号召力。正是由于这些全方位、多角度的刻画，作品给读者留下了一个令人信服的印象：只有以宋江为核心，梁山大寨才能形成巨大的凝聚力，吸纳各方各色好汉，使梁山的事业兴盛发达，同样，也正因如此，梁山大寨最后必将贯彻宋江的个人意志，走上招安之路。而走上招安之路，也是宋江这一人物思想逻辑发展的必然结果，宋江的"自幼曾攻经史"，使他与一般的血性江湖汉子自然地形成差异，这种差异一方面表现在"长成亦有权谋"，即虑事周密，富有谋略，另一方面也会表现在，传统的经史教育使他必然将追求青史留名视为终极理想，激烈的反叛也好，屈辱的招安也好，最终都要指向这一目标，因此书中的宋江最终死得那样凄凉，却也那样坦然，成为文学史中独一无二的"这一个"。

武松是勇敢和力量的化身，也是寄托了下层民众侠义理想的最完美的义侠形象，某种意义上武松可看作整个梁山的缩影——慷慨重义，神武好胜，快意恩仇，重人伦，轻女色，水泊梁山好汉群体推重的义侠素质，都集中突出地体现在武松身上。武松故事主要集中在第二十三回到第三十二回从柴家庄宋江夜遇武松开始讲起，接下来便讲述了武松打虎的壮举，写出他的神武好胜，从此这位打虎英雄就开始了一系列锄暴的行动：斗杀西门庆，醉打蒋门神，大闹飞云浦，血溅鸳鸯楼，夜走蜈蚣岭……武松形象的基调是复仇之神、社会问题的评判者。“打虎”突出了他的神威，无所畏惧，也表现了他的争强好胜，为他的一生定下了调子；“快活林”写了武松的知恩图报、锄强扶弱；大闹飞云浦、血溅鸳鸯楼则将复仇之神的形象体现得最为完美。

鲁智深是最受读者敬重的一位英雄，侠义精神在他身上体现得最为纯正。与李逵、武松等英雄不同，鲁智深不受狭隘的义的束缚，而是以扶弱锄强为宗旨，他的人生格言就是“杀人须见血，救人须救彻”，他疾恶如仇，敢作敢为，无所顾忌，从他的身影在水浒世界里出现以后，从打死镇关西到大闹野猪林，一路散发着奋身忘我的精神。在酒楼上一听到金氏父女的哭诉，便立即对李忠、史进道：“你两个且在这里，等洒家去打死那厮便来。”被两人一把抱住好歹劝住后，又慷慨资助金氏父女，当晚回到住处，“晚饭也不吃，气愤愤的睡了”，人间鬼蜮的龌龊行径在他那慷慨鲁莽而又阔大的心地里无疑激起了如火的义愤，终于，他愤然前往打死镇关西，从此踏上亡命之旅，上演了一出出如火如荼的壮剧：痛打小霸王，火焚瓦官寺，大闹野猪林……一路上“禅杖打开生死路，戒刀杀尽不平人”，展示了人间最充分的侠义精神。直到上了梁山，去少华山欲与史进等人会合时，一闻听史进被华州太守捉入狱，又立即不顾武松等劝阻，毅然孤身深入险地去行刺，以致身陷囹圄。这就是鲁智深，他所奋身干预的事情，没有一件关涉到他个人利害，而他无不慷慨赴之，这才是十足的路见不平拔刀相助。

在小说中，林冲也是一个给读者印象很深的人物，在他身上最充分地体现了“逼上梁山”的主题。他本是东京八十万禁军教头，待遇优厚，生活舒适，自然安于现状、怯于反抗。高衙内明目张胆地调戏他的妻子，他虽感到耻辱，却不敢公然与之对抗。在高俅父子的多次阴谋陷害下，他被发配充军，甚至被贬到大军草料场时尚没有明确的反抗意识。但是残忍的高俅父子并不因为他一再退让而相饶，竟然又派人赶来杀他。在家破人亡、忍无可忍的情况下，他才愤然而起，杀死仇人，决然走上反抗的道路。林冲故事揭示了社会现实的黑暗和残酷，同时也表现了人生的压抑和愤懑，在小说第六回林冲说道：“男子汉空有一身本事，不遇明主，屈沉在小人之下，受这般腌臜的气。”这集中体现了作者对黑暗政治的不满。

第四节　英雄传奇的典范

自《水浒传》诞生之日起，人们对它的思想内涵虽有毁有誉，对它的艺术成就的高度赞扬却是众口一词，《水浒传》以其杰出的艺术创造，成为中国古代小说中英雄传奇的典范之作。

《水浒传》的成就首先体现在人物塑造方面。作品以传奇手法为主，但又有所超越，塑造了一系列具有非凡特质的英雄形象。

第七十一回梁山泊英雄排座次以前，是全书的主体部分，这部分在梁山聚义的大框架中，分别插入了史进故事、鲁达故事、林冲故事、杨志故事、武松故事、宋江故事、杨雄、石秀故事等一系列英雄列传，形成了列传连环体的叙事体制，就长篇小说的结构而言，这种从史书纪传体衍生出来的叙事体制还不够成熟，但却非常有利于集中塑造一些英雄人物的形象。容与堂本《水浒传》署名李卓吾的评语称赞小说的人物“形容刻画来各有派头，各有光景，各有家数，各有身份”，甚至“已胜太史公一筹”；金圣叹也赞道：“《水浒传》写一百八个人性格，真是一百八样。”这些赞誉之词固属夸张，但《水浒传》的确成功地塑造出了相当数量的个性鲜明的人物形象，如宋江、李逵、林冲、鲁智深、武松等，皆须眉毕现，栩栩如生。

《水浒传》主要是用充分类型化的手法来塑造人物，这在塑造李逵形象时体现得最为典型。《大宋宣和遗事》中有“黑旋风李逵”其名，却没有他的独角戏。在元代水浒戏中李逵异常活跃，这些水浒戏中的李逵形象已有一些与《水浒传》相似的地方，如鲁莽暴烈，形貌仿佛“烟熏的子路，墨染的金刚”，但又并非《水浒传》中纯然的莽汉形象。如在《黑旋风双献功》中，李逵为营救打入死牢中的孙孔目，

水浒人物册页（清·任薰绘）

会扮作傻痴庄稼汉去探监，用计下蒙汗药麻翻狱卒，在救出孙孔目后还会乔装打扮，混入官府，杀死白衙内和郭念儿；又如《都孔目风雨还牢末》中，李逵因误伤人命被逮入府衙，能听从李孔目指点，在后者于府尹前为其开脱时，跪求府尹“大人可怜超生”，懂得委曲求全，能屈能伸。这说明在元代流行的水浒故事中，李逵形象尚未充分类型化。到了《水浒传》中，作者塑造这一人物则由繁而简，以戏剧化乃至喜剧化的手法全力突出李逵粗鲁质朴、性如烈火这一特征。第三十八回李逵甫一登场，作者便通过写他闻宋江之名而大喜、借银子与众泼皮赌博而大打出手、为买两条鲜鱼与张顺从陆上打到水里、在酒楼上因不耐烦听歌女唱曲便将歌女点昏等一系列情节，写出了李逵异乎寻常的猛、异乎寻常的蛮以及异乎寻常的天真烂漫，一个莽汉形象跃然纸上。尤其是宋江、戴宗、李逵三人到琵琶亭吃酒一段，只见李逵吃鱼，“也不使箸，便把手去碗里捞起鱼来，和骨头都嚼吃了”，又“伸手去宋江碗里捞将过来吃了，又去戴宗碗里也捞过来吃了，滴滴点点淋一桌子水”。通过这一生活化的细节描写，一个几乎不知文明及社会规则为何物、带有野性蛮勇的李逵，便从文字中立了起来。此后李逵对宋江的耿耿忠心、对敌作战的异常猛悍、沂岭杀四虎的超人蛮力，以及在今人看来非理性的凶残，都源于这一回的塑造定型。《水浒传》中的李逵形象异常醒目，并不在于他的社会价值、思想价值，而在于通过大手笔的夸张变形渲染出的这一人物浓厚的喜剧色彩，以及他那奔放的蛮力对奔走于名利红尘、难脱琐屑人生的寻常读者心灵所产生的强烈的冲击效果。

这种充分类型化的手法也用于塑造书中其他人物。这些人物形象一般来说性格不够复杂，前后变化较少，描写角度单一，但这都是由英雄传奇这一文类的艺术特质决定的。所谓传奇手法，就是要抓住人物一二特征，重笔刻画，突出其非凡的气质或技能，与庸常人生拉开距离，以此来强烈地打动读者，这种手法是中国大众审美理想的产物，同样可以创造出不朽的艺术形象。

但还应看到，《水浒传》塑造人物并非一味类型化，而是在此基础上力求丰富变化。这一点在塑造武松这一人物形象时尤其突出。

武松是作者精心塑造的一个英雄形象，小说通过一系列传奇式故事突出了他的勇武，使其最具“超人”特质。但值得注意的是，《水浒传》塑造武松，除了大力描绘其神武过人外，又从其他几个侧面来展开这一人物形象，务求使其更为饱满。如写他的慷慨坦荡，不拘行迹，以他对财货的态度为例：在打虎后县令赏赐了一千贯钱，他转手便散给众猎户；夜走蜈蚣岭格毙王道人后，又把王道人历年劫掠来的二三百两金银让被掳来的女子悉数拿走；但同时，江湖朋友的馈赠他也大方自在地收下，在鸳鸯楼连杀十数人后，更是卷走了桌上的银酒器……对财货，一切顺其自然，不贪吝，也不矫拒，写出真正豪杰行事的本色风范。又如，书中特意设置了潘金莲勾引武松一节，通过武松的拒绝突出了他的不好色，而不好色正是梁山好汉乃至中国民众共同推崇的英雄信条。另外，书中还反复描写武松特有的心高气傲，如初发配到安平寨时，他拒绝送给差拨分例银两，反而加以嘲骂；初见管营时，他不肯装病，主动请打杀威棒；醉打蒋门神前，他一路连喝数十碗酒；在打蒋门神前后还一再声称“景阳冈上酒醉里打翻了一只大虫，也只三拳两脚，便自打死了”，以及血溅鸳鸯楼后撕下衣襟蘸血在墙上大大写上“杀人者打虎武松也”，等等，都表现出武松特有的高傲。此外，《水浒传》还通过其他情节，成功地写出了武松的精细与遇事沉着，以及强烈的快意恩仇心理：在他得到张都监“抬举”时对其一片赤诚忠心，而一旦明白遭了暗算复起仇来也异常残酷狠毒。在武松身上体现了比较明显的江湖习气，用现代眼光来看，在道德上也有很多矛盾之处，如对待张青、孙二娘、施恩等的态度，鸳鸯楼的滥杀，孔家庄的无理取闹等，但这些在当时都是英雄人物的组成部分，作者多侧面、多角度地展示了这一切，从而使武松形象更加血肉饱满。

总之，《水浒传》塑造英雄人物，首先是以类型化为主，大体不出传奇手法范畴，但又有所超越，一定程度注意到了多侧面地刻画人物，小说中的武松、宋江形象都是如此。其他如写林冲的性格变化，写石秀的豪迈、精细中透着狠毒，都给人留下了深刻印象。

作为英雄传奇的典范，《水浒传》在叙事安排上也与此文类相适应。如叙事讲求情节大幅度、快节奏的起伏，矛盾冲突往往没有太长酝酿，总是很快就进入高峰，并且高峰接连不断，解决也很利落，气氛紧张热烈。如鲁智深的四回写了五件事，就有六次高潮；再如宋江发配江州，一路上波澜迭起，行文始终保持着惊险趣味。但《水浒传》在此基础上又能一定程度地注意到张弛相间的处理技巧，如为人称道的“武十回”，在浓墨重彩地渲染武松打虎的惊险壮举后，转入阳谷县中兄弟相逢的骨肉温情的叙述，既有利于多角度地刻画人物，又会给读者带来丰富的审美感受。

《水浒传》在叙事视角上采用的是全知叙事，这与此书描绘人物众多、场景转换频繁、各大局部间中心人物转换频繁的列传连环体叙事体制也是相适应的。但作者出于一些特殊的艺术需要，在局部也运用了限知叙事，例如智取生辰纲一节，为了制造悬念，黄泥冈上一系列变故全从杨志所见所感写出，在对智取的全过程的叙述结束后，再转回全知叙事，用补叙手法，点明卖枣客人和卖酒者的身份，并揭出吴用计谋的谜底。

《水浒传》的艺术成就还突出表现在流利纯熟的白话的运用。与《三国演义》的半文半白相比，《水浒传》几乎全用白话，开了小说语言口语化的先河。

《水浒传》的语言是从讲史家和小说家的话本语言发展而来的，本来就有口语化的基础，又经过作者的反复加工提炼，形成了出色的文学语言。它具有洗练、单纯、明快、生动和通俗的特点，色彩浓烈，造型力强。无论叙事、写人、绘景，往往寥寥数笔，就神情毕肖。

《水浒传》中的人物语言大多具有个性化的特点。如小说中好汉们初见宋江时的语言就各不相同。如柴进说："大慰生平之念，多幸，多幸！"很符合他的贵族出身。鲁智深说："多闻阿哥大名。"表现了这个粗犷豪爽的英雄对宋江的亲切和仰慕。李逵则说："我那爷，你何不早说这些个，也教铁牛欢喜欢喜！"几句话就传神地把天真、粗莽、憨直的李逵性格显示了出来，这样的语言是其他英雄口中绝没有的。

《水浒传》中运用白话写人物对话，不仅具有浓厚的生活气息，而且还可以传达出隐微复杂的内涵，更利于刻画人物。在第四十五回中，潘巧云借家中为先夫做道场，与寺中和尚裴如海眉目传情，为石秀发觉。石秀出来与二人相见：

> 那和尚虚心动气地问道："大郎贵乡何处？高姓大名？"石秀道："我姓石名秀，金陵人氏，因为只好闲管，替人出力，以此叫做'拼命三郎'。我是个粗卤汉子，礼数不到，和尚休怪！"

这一问一答，看似寻常，实则意在言外。裴如海是直觉出石秀的精明厉害，故"虚心动气"地询问，客气中带着试探。而石秀的回答，对比于他当初回答戴宗、杨林的问话时所用语句——"小人姓石，名秀"，"人都呼小弟作'拼命三郎'"，"小人不敢拜问二位官人贵姓"——的礼数有加，就会明白石秀并非是李逵那种不知礼数的莽汉，这里却直通通地答说"我姓石名秀"云云，是故意示之以粗卤，实则貌似粗卤中透着轻蔑，轻蔑中又带着警告。此数语写出了石秀豪迈中的精细，精细中的刻薄，是典型的石秀式的语言，充分个性化，且含义丰富。这种人物语言，已近于后之世情小说的深细，十分有利于塑造人物，使之超越类型化。

《水浒传》对打斗场面的叙述更为精彩。武松打虎的描写历来被人称颂，无需赘述，小说第三回鲁达拳打镇关西中的文字也同样精彩，这和《三国演义》中常见的"又斗一百合"之类的概述性叙述截然不同，三拳便如三个慢镜头，时间似乎是静止的、停顿的，感受则突出出来，而对感受的描写既有叙述者外在的视觉观察（"红的，黑的，紫的"），又有对郑屠之味觉（"咸的，酸的，辣的"）和听觉（"磬儿、钹儿、铙儿，一齐响"）的想象和叙述，既幽默、俏皮，又生动、形象，这种从容灵活的叙事及其生动强烈的艺术效果，是运用文言无论如何也达不到的。

《水浒传》中描绘景色的地方并不多，但如"林教头风雪山神庙"中的片段也颇为精彩。"严冬天气，彤云密布，朔风渐起，却早纷纷扬扬，卷起一天大雪来"，当时林冲"迤逦背着北风而行，那雪下得正紧"。正如鲁迅所言，这样的描写很有"神韵"。又如武松景阳冈打虎一节，写景阳冈上的落日、破庙、乱林、狂风，也很简洁地描绘了饥虎出没的景物气氛。这种描写虽然简略，但在早期的小说创作中，是难能可贵的。

《水浒传》作者正是以高超的驾驭能力，运用生动活泼的白话，刻画出各种出身、各种面目、各种性情的众多好汉以及上至帝王、权臣，下至市井无赖、屠户、虔婆等各色人物，描绘了乡村、市井、歌楼、酒肆、牢狱、官衙、黑店、寺庙、山林乃至朝堂、战阵等不同场景，展现了广阔的社会生活。从这个意义上来说，《水浒传》无疑又可以看作是一座白话文学的里程碑。

《水浒传》对后来的文学创作产生了深远的影响。它刊行后不久，唐顺之、王慎中等人就称赞它“委曲详尽，血脉贯通，《史记》而下，便是此书”（李开先《一笑散》）。金圣叹则把它和《离骚》、《庄子》、《史记》、杜诗并列，称之为“第五才子书”。它的流传，带动了一大批相关题材戏曲、小说的问世。传奇有李开光的《宝剑记》、陈与郊的《灵宝刀》、沈璟的《义侠记》等。小说中，《金瓶梅》就是从《水浒传》派生演变出来。清代还出现了《水浒后传》《后水浒传》和《结水浒传》（《荡寇志》）等续书。后世的侠义小说如《三侠五义》等，其源流也出自《水浒传》。另外，《水浒传》作为英雄传奇小说的典范，对于诸如《杨家府演义》《大宋中兴通俗演义》《英烈传》《禅真逸史》《隋史遗文》等作品的影响更是显而易见的。

第六章

把宗教游戏化的奇书《西游记》

《西游记》的成书与版本流传

《西游记》的多重阐释空间

趣味横生的孙悟空和猪八戒

《西游记》的游戏风格

伴生的《封神演义》与《西洋记》

神魔小说的题材多来自神化的历史事件、通俗化的宗教故事或民间传说，故事主角自然是神仙妖魔之属，因此被称为“神魔小说”。这一概念在鲁迅的《中国小说史略》中率先使用，近年来，也有学者对这个概念的准确性提出了质疑，主张以“神怪小说”取而代之。现存于世的明代神魔小说刊本有三十余种。诞生于明初、署名罗贯中的《平妖传》应被视为第一部神魔小说。万历二十年（1592），《西游记》刊刻问世，标志着神魔小说创作范式的确立。到万历后期，神魔小说创作进入了鼎盛时期。

第一节 《西游记》的成书与版本流传

《西游记》代表了明代神魔小说的最高成就。小说轻松的情节、无所不在的幽默、宽容的人文精神，以及传神的生花妙笔，无疑都赋予这部小说神奇的魅力。《西游记》也是一部世代累积与文人创作相结合的作品。自唐到明，在900余年的时间里，情节与人物逐渐积累、丰富，同时原本真实的取经故事也由历史走向了神异。

《西游记》取材于唐代僧人陈玄奘去印度取经的故事。历史上的玄奘是著名的高僧，是中土佛教唯识宗的开创者。玄奘自贞观三年（629）前往印度求取佛经，直至贞观十九年（645）回到中土，带回佛经657部，这在当时震惊朝野，并受到朝廷的嘉奖。他奉命在慈恩寺设立“译场”，进行大规模的佛经翻译活动。玄奘口述西行的见闻，由弟子辩机写成《大唐西域记》一书。稍后玄奘弟子慧立、彦悰又

《西游记》古代绘画

撰写了《大唐大慈恩寺三藏法师传》，在介绍他西行经历时加上了一些神异色彩。唐朝末年的《独异志》《大唐新语》《开天传信记》等作品，以及宋代《太平广记》中的“异僧·玄奘”等都记载并铺衍了这个取经故事。

到唐五代的寺院“俗讲”故事中，取经过程则完全从历史中剥离出来，逐渐被改编成一部情节完整的神话传说故事。在《大唐三藏取经诗话》中，第一次出现了猴行者，他本是“花果山紫云洞八万四千铜头铁额猕猴王”，化身为白衣秀士，保护唐僧取经。这就是《西游记》中齐天大圣孙悟空的雏形。沙僧的雏形——“深沙神”也在这里出现了。《诗话》的出现，标志着玄奘取经的历史事件已经被完全转化为记述“西游”历程的神话传说。

自宋代至明初，“西游”故事在通俗文艺中广泛传播。宋代南戏中有《陈光蕊江流和尚》，金院本中有《唐三藏》，至元代还出现了吴昌龄的《唐三藏西天取经》，无名氏的《二郎神醉射锁魔镜》和《二郎神锁齐天大圣》，以及元末杨景贤《西游记》等杂剧。在这些戏剧中，叙事的重点已经从“取经”移至神魔之争，故事的主角也由虔诚的圣僧变为降妖伏魔的孙行者。特别值得注意的是，在杨景贤的杂剧《西游记》中，“猪八戒”作为角色第一次出现在取经故事中，而孙行者也拥有了“齐天大圣”的称号。此外，在现存的一个元代瓷枕上发现了唐僧骑白马师徒四人取经的图案。这些都说明，到了元代，取经队伍的基本成员已经聚齐，“西游”故事本身也逐渐趋于定型。

大约在元明之际，曾经有一部篇幅较长、以平话或者词话面貌出现的《西游记》流行于世，该书已佚，在《永乐大典》尚存“梦斩泾河龙”一段文字，约1 200字，相当于今本《西游记》的第九回。另外，在朝鲜发现的《朴通事谚解》中载有“车迟国斗圣”的片断和八条注解，其中有一条注写道：“法师往西天时，初到师陀国界遇猛虎毒蛇之害；次遇黑熊精、黄风怪、地涌夫人、蜘蛛精、狮子怪、多目怪、红

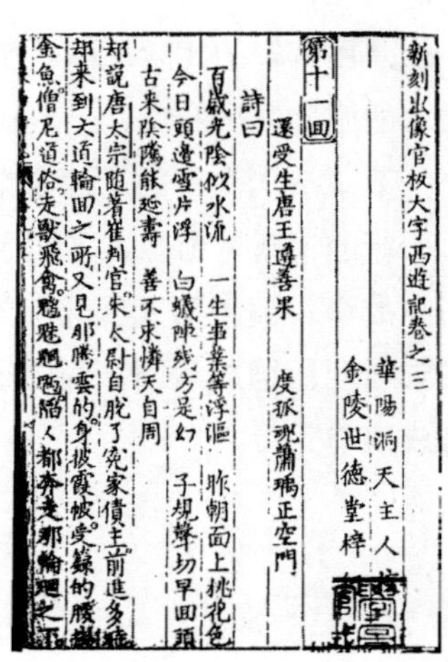
新刻出像官板大字西遊記卷之三
華陽洞天主人校
金陵世德堂梓
第十一回 還受生唐王遵善果 度孤魂蕭瑀正空門
詩曰
百歲光陰似水流 一生事業等浮漚 昨朝面上桃花色
今日頭邊雪片浮 白蟻陣殘方是幻 子規聲切早回頭
古来陰騭能延壽 善不求憐天自周
却說唐太宗隨着崔判官朱太尉自脫了冤家債主前進多時
却来到六道輪回之所又見那騰雲的身披霞帔受籙的腰掛
金魚僧尼道俗走獸飛禽魑魅魍魎滔滔都奔走那輪廻之下

《新刻出像官板大字西游记》书影

> 历来三教之争，都无解决，互相容受，乃曰“同源”，所谓义利邪正善恶是非真妄诸端，皆混而又析之，统于二元，虽无专名，谓之神魔，盖可赅括矣。
>
> ——鲁迅《中国小说史略》

孩儿怪，几死仅免。又过棘钩洞、火炎山、薄屎洞、女人国，及诸恶山险水、怪害患苦，不知其几。此所谓刁蹶也。详见《西游记》。”可见，《西游记》的主要故事情节在当时已经基本完备了。另据现存《西游记》文本看，其中与全真教相关的文字甚多，这说明在小说成书的过程中，曾有过全真教人士染指其中。

以上述逐渐丰富、趋于定型的取经故事为基础，长篇小说《西游记》的作者进行了全面的再创造，使故事情节更为生动、合理，描写更加丰富、细腻，人物形象更加鲜明、丰满，这部杰出的文学巨著得以最终完成。

神魔小说《西游记》大约成书于明代中叶，其作者为谁迄今为止仍无定论。现存最早刊本金陵唐氏世德堂刻本仅题“华阳洞天主人校”，这位“华阳洞天主人”是作者还是校刻者，已属疑问，其生平更无从考证。清初刊本《西游记证道书》前有一篇署名元代文人虞集的序，序言中说《西游记》是“国初丘长春真君所撰”，于是清人多将此书归于全真教丘处机名下。到乾隆年间才有人提出《西游记》的作者是吴承恩，后经胡适、鲁迅等认定，吴承恩著《西游记》便逐渐成为一种基本的文学常识，不过此说的疑点并不少。

目前所知《西游记》的最早版本是《古今书刻》中所著录的“鲁府”和“登州府”刊刻本，但未见传本。现存最早的百回本是明万历年间金陵世德堂刊行的《新刻出像官板大字西游记》。稍后万历、崇祯间另有三种百回本，即《新镌全像西游记传》《唐僧西游记》和《李卓吾先生批评西游记》。明代还有两种简本，即朱鼎臣编辑的《唐三藏西游释厄传》和杨志和编辑的《西游记传》，其篇幅为百回本的四分之一左右，一般认为是百回本的删节本，其中朱本中多出“唐僧出身传”一节。清代刊行的《西游记》基本上都是百回本。比较重要的版本是清康熙初年印行的《新镌出像古本西游证道书》，该本卷首有署名虞集的序，并增加了唐僧出身故事，编为第九回《陈光蕊赴任逢灾　江流僧复仇报本》，将原书的第九、十、十一回压缩成两回，同时还对明代百回本的文字作了很多修改，使小说文本更趋成熟与完善。

第二节 《西游记》的多重阐释空间

《西游记》问世后得到了读者的广泛好评，但对于小说的主旨、意蕴，却一直没有定论。小说写的是唐僧西天取经，但文字间又充满道家的丹鼎之说；小说颂扬大闹天宫、反抗皇权的“妖猴”，但又赞扬降妖伏魔之举；小说文本中颇多戏谑宗教之语，但也有不少演述教义的文字。多种看似矛盾的要素在小说文本中共存，这种异质共存构成了一种文本张力，从而使作品有了被多角度阐释的可能性。

在长期的传播过程中，《西游记》首先是作为一部带有游戏性质的通俗小说而存在的。无论是伶俐的悟空、惫懒的八戒，还是耳软心慈的唐僧，甚至是那些无名小妖们的一言一行，都会让读者们发出轻松的微笑。而那些五光十色的法宝，令人眼花缭乱的斗法，以及西方世界那些神奇的国度、奇幻的景色，无疑都大大满足了读者尚奇好幻的阅读期待。金箍棒、芭蕉扇、人参果，法宝层出不穷；盘丝洞、火焰山、女儿国，风情处处不同；三打白骨精、大闹盘丝洞、真假美猴王，斗法神幻奇绝。在作者精心构筑的这个魔幻世界中，读者无不为之心驰神往。作品的文本到处都洋溢着这种天真的幽默和奇幻的想象，这使文本既符合大众阶层文化娱乐的需要，也满足了读者对于彼岸世界和茫茫未知的质朴猜想。

在轻松、快乐的故事中，《西游记》作者却又表现出一种强烈的入世情怀，是是非非，爱憎分明，包含有明显的讽世、骂世因素。小说《西游记》的一个重要转变就是将孙悟空变成全书的主人公，这一形象的塑造与其角色地位的转换绝非作者的心血来潮。上天入地，扫荡群魔的齐天大圣，一定程度上折射出作者的人生理想。在小说中，作者所塑造的神仙、妖魔也都浸润着时代的特征。如乌鸡国王被狮猁怪化身的道人骗取信任，被推入井中害死，失去王位。车迟国虎、鹿、羊三个妖怪变成的道人，欺上压下，残害人民，无恶不作。从他们身上，我们可以看到明代道士邵元节、陶仲文的影子。当读者读到比丘国王以小儿心作药引，阿难、伽叶索要“人事”，以及那些菩萨佛祖的侍童、坐骑下凡肆虐人间时，联想到明代社会现实的种种黑暗，就不难品味作品文字背后的锋芒所向了。

和绝大多数小说不同，《西游记》在必要的叙述、描写之外，还大量引用了宗教性文字，这大致可以分为两个层次：一个是以“心”为核心的“心猿意马”象喻系统；一个是以“金公、木母、黄婆”为核心的道教内丹养炼象喻系统。这些宗教

> 然作者虽儒生，此书则实出于游戏，亦非语道。
>
> ——鲁迅《中国小说史略》

性文字为小说染上了一层哲理寓意的色彩。这些宗教性术语在文本中的关系相当含混，当整个文本作为接受的客体时，这些内容都在产生着意义，但如果一定要按照某种特定的宗教思想体系去解读，又不免有穿凿附会之嫌。

总之，《西游记》的文本中既包含特定的宗教和哲学思想，也不乏社会批判意识和人文情怀，更具有浓郁的大众趣味和质朴气息。小说在基本象征构架中吸纳了丰富的附加性文化元素，在读者理解的世界中，这些元素或隐或显，或协调或冲突，使同一文本表现出复杂的主旨意蕴。

第三节　趣味横生的孙悟空和猪八戒

《西游记》的成功，与其充满魅力的形象是密不可分的。其中，尤以孙悟空与猪八戒的形象最见光彩。如果说在悟空身上寄托着作者的希望和理想，在八戒身上则体现出作者对人性的敏锐观察和宽容的幽默情怀。

与早期的说唱“西游”故事比较，《西游记》中孙悟空和猪八戒的形象和地位都发生了重大的改变。在早期的取经故事中，悟空是下界妖怪，神通胆识也都有限。如《取经诗话》中记载悟空是“八万四千铜头铁额猕猴王”。元代《二郎神锁齐天大圣》中的孙悟空在得知二郎神前来捉拿的时候，竟然低声下气地求饶，其人格形象也不光彩。到了小说中，孙悟空形象出现了飞跃。他是天地孕育的灵猴，他扰乱龙宫地府，屡败天兵，大闹天宫。在这些段落中，充分展现出他好胜自尊、不畏强暴、热爱自由的基本性格特征。在前七回，争取自由始终是一个反复回响的主旋律。孙悟空东海学艺，是为了跳出三界五行，要超越死亡对生命的限制；学艺归来的美猴王神通广大，为保花果山洞天福地，下东海借金箍棒；因为阎王要强拘魂魄，便大闹地府，涂改生死簿，使“九幽十类尽除名”；而闹天宫的根本起源同样是因为天宫试图将不服天地管束的孙悟空收服。在美猴王的身上驰骋着对自由的热爱与反抗的激情。在悟空通过反抗争取自由的道路失败以后，小说转向了第二主题，为自由而战的美猴王转变成为信仰而战的孙行者。唐僧西行取经的途中，悟空功劳最大，信念也最坚强。一路上天入地，降妖捉怪，经历了无数的险阻，一次次将唐僧等人从妖怪手中救出。在悟空的身上，智勇兼备，看不到软弱和退缩；作者用浓墨重彩描绘出一个充满理想主义色彩的英雄形象。不仅如此，作者还写出了悟空性格的某种微妙变化。在经历了大闹天宫的辉煌和五百年被压的劫数之后，作为行者的悟空更加深沉和清醒了。他经常是师徒

《西游记》书影（日本绘本）

四人中唯一能够识破妖怪或是菩萨设下的考验、骗局者。但尽管他有忠肝义胆、慧眼彻识，却一再遭到被误解、被冷落、被放逐的命运。这种对比与变化让细心的读者体会到了作者的某种落寞与神伤，为一部以情节、冲突见长的传奇作品增添了厚重的人文情怀。

在《西游记》中，猪八戒形象也得到了大大加强。无论是在早期的《诗话》还是后来的杂剧中，八戒虽然已经有了猪精的形象，但基本上是一个可有可无的配角。小说中他则成为《西游记》艺术世界中不可缺少的第二主人公。与悟空不同，《西游记》中的猪八戒是一个憨态可掬、可笑又可爱的猪精。他在第十九回登场，虽然曾是天蓬元帅，位为上仙，但色心不死，因调戏嫦娥被贬下凡，却误投猪胎。这个出场就奠定了八戒滑稽可笑的性格特征。随着小说情节的发展，猪八戒的性格全面展现出来。他没有崇高的理想，没有坚定的意志，只想过一种普通人的生活，在取经路上一旦发现前途艰险，就要分了行李散伙。作者赋予他的性格特征是：好色，无论是仙女、凡人、菩萨、妖怪，只要是容貌俊美，就会神迷意乱；贪吃，“一顿饭要吃三五斗米饭；早间点心，也得百十个烧饼”；其他还有如懒惰、贪财等。考虑到“食色性也”的古训，作者通过这个形象写人性的意图应该是比较明显的。把一个聚集了普通人性格弱点的八戒，放到充满危险与挑战的具有神圣意味的事业之中，这就如同《堂吉诃德》中的桑丘，必然成为一个喜剧的角色。而唯其是一个毫不掩饰面向读者敞开自己欲望之窗的普通人，他才超越了猪首人身的神怪外壳，成为活生生的极具亲和力的艺术形象。

动物性与人性的巧妙结合也是这两个人物形象的重要特色。孙悟空的原形是猴子，其行为处事处处体现出猴子的特征：身材瘦小、不受约束、性格活泼，与天神妖怪争斗时智计百出。八戒本是猪怪，因此他的性格中具有种种猪的特性，懒惰、贪吃、丑陋，却粗壮强健。两个人物的神通中也带有各自的特色：

猴子走路时跳跃蹦跳被演化成小说中的筋斗云；八戒也会三十六般变化，但变的全是些粗笨的大象、水牛，即使被迫变化成女孩，也是“胖大狼犺”。当动物原形的性格特征在人物身上突然闪现出时，往往造就出一种强烈的喜剧效果。悟空受命看守蟠桃园，开始时很是精心，“三五日一次赏玩，也不交友，也不他游”；然而一旦看见“老树枝头，桃熟大半”，猴子喜桃的本性就显露出来，而且一发不可收拾，把蟠桃吃得“止有几个毛蒂青皮的”。这种在人性与神性中闪现出的动物本性，有时不仅巧妙地制造矛盾，推动了情节的发展，而且为读者带来欢乐。

这两个形象的成功除去各自的性格特质与作者传神之笔的因素外，二者极为紧密的关联、对比，也是重要的原因。孙悟空是猴精，八戒是猪怪；悟空瘦小，八戒胖大；悟空聪明，八戒愚笨；悟空神通广大，降妖捉怪，八戒本领平庸，屡屡被妖怪擒住；悟空有大智慧，八戒爱耍小聪明。悟空常常对八戒搞恶作剧，八戒则不时唆使唐僧念紧箍咒，对悟空进行小小的报复。两个人物形成一种强烈的对比和巨大的张力，性格上的反差与行为间的冲突带来了强烈的喜剧效果。

第四节 《西游记》的游戏风格

作为明代“四大奇书”之一,《西游记》之所以被读者喜爱，一个重要的原因就在于作品中那鲜明而浓郁的幽默气息。因此，很多近代学者也都将幽默列为《西游记》的主要美学特征，胡适提出“趣味说”，鲁迅提出“游戏说”，正是因为他们感受到了这部小说轻松、诙谐的美学意蕴。

《西游记》文本在无处不在的幽默之外，更有酣畅淋漓的气势、纵横驰骋的笔意，其内容深广、构思宏阔、想象奇绝、亦真亦幻、寄厚重于浅俗——陈元之的“滑稽之雄”很好地概括了这种美学意蕴。这种“滑稽之雄”主要是小说文本的多层次性，构成要素的丰富性与矛盾性，共同作用于阅读过程中的结果。小说通过一种高超的叙事艺术将奇幻之趣、童真之趣、义理之趣、谐谑之趣、反讽之趣都巧妙地融合在一起，达到一种浑融圆通的境界。

童真之趣洋溢在作者笔端，是作者行文的一种基本格调。童真之趣的产生得益于作者以一种自然率真的眼光来描写人物，表现得轻快诙谐，自然而然，绝非普通小说中庸俗的插科打诨所能比拟。如在设置冲突时，巧妙地利用了动物性与人性杂糅的方法来扩大性格特征。作者善于抓住“猴头”“夯猪”的性格形象特征展开自然的联想。孙悟空以猴子为原形，性格活泼机敏，虽然智计百出但却不能持久，做事毛躁。所以，虽有七十二般变化，但无论头脸变得多像，屁股上的尾巴与两块红变不了，而且如果忍不住一笑，还会显出原形。在第三十四回，悟空变作老妖狐，一进莲花洞就被八戒认出，“他弯倒腰还礼，那后面就掬起猴尾巴子”。在狮陀洞里，悟空化作小钻风，用毫毛变出苍蝇哄骗全洞妖精，自己却“忍不住，嘻嘻的笑出声来……这一笑笑出原嘴脸来了”。本来是戏耍妖魔，结果却因为一笑被擒。特别是在二借芭蕉扇中的描写，猴子性急的性格特征就更加显著。悟空巧妙地骗到芭蕉扇，因为性急，只讨了变大的口诀，未讨变小的口诀。还是因为性急，在半路上就要演示，结果一丈二尺的芭蕉扇“左右只是那等长短。没奈何，只得却还搴在肩上，找旧路而回”。一个小小的猴子举着丈二的大扇，在云端蹦蹦跳跳，是多么滑稽可笑。而其一举一动，皆与猴子的行为暗合，令人不禁莞尔。在其他场合，作者这种自然真率的想象力也制造了不少滑稽的场面。第五十三回写师徒四人过西凉女国，误饮子母河之水，结果唐僧、八戒都怀了身孕。只要想一想两个和尚怀孕并抱着肚子在那里呻吟，读者大多会忍俊不禁。

《西游记》中还有另外一种类型的幽默——对人情世态的讽刺。这种谐谑之趣充满情趣而又耐人寻味，趣而不虐，深刻却不刻薄，正如鲁迅在《中国小说史略》中所指出的：“神魔皆有人性，精魅亦通世故，而玩世不恭之意寓焉。”小说的很多地方，看似随意揶揄，游离主旨，忽视了叙事文学虚构语境的完整性，但实际上这种看似随心的细节描写、作者话语在文本中的随意凸现，恰是中国小说中特有的艺术效果。它往往更能引发读者的兴趣，引起会心一笑。

谐谑之处在作品中往往是随心安置，每至有可讽喻的题材时，作者就巧妙地加入一二点睛之笔。如作者常常在行文中荡开一笔，借题发挥，对人情世态作一番调侃。如孙悟空在比丘国剖心：“那里面就骨都都的滚出一堆心来……却都是些红心、白心、黄心、悭贪心、利名心、嫉妒心、计较心、好胜心、望高心、侮慢心、杀害心、狠毒心、恐怖心……”作者编出这名目繁多的假心，不能不说是对世俗社会中形形色色丑恶品性的一种挖苦与嘲讽。

作者时不时对君王神仙也调侃一番。除了对那些佞道残民的君主们的大胆揭露，小说中还有一个非常经典的情节，出神入化地表现出作者的讽刺才能。唐僧师徒千辛万苦，来到西天大雷音寺，却遇阿难、伽叶的刁难，作者用一段文字将阿难、伽叶索要好处的嘴脸穷形尽显。然而更妙的却是佛祖护短的一席话，更加让人啼笑皆非，原来，这索要好处已经成了惯例：

佛祖笑道：“你且休嚷。他两个问你要人事之情，我已知矣……将此经在舍卫国赵长者家与他诵了一遍……只讨得他三斗三升米粒黄金。我还说他们忒卖贱了，教后代儿孙没钱使用。你如今空手来取，是以传了白本。”

《西游记》产生的嘉、隆年间，政治腐化，官场上贿赂成风。如果明代的读者读到这一番话，一定会觉得“于我心有戚戚焉”。这就是《西游记》中出色的幽默艺术，作者的讽刺并不游离于小说情节之外，一点即收，却足以使读者发出会心的微笑。

奇幻之趣也是小说的一个重要特色。在这部浩繁的长篇巨著中，妖怪神仙千奇百怪，魔法宝物层出不绝，西部诸国风情迥异，而更妙的是没有一个妖、仙、法、宝、国、地相雷同，足可见作者的才情之高、所花心血之巨。在第六回“小圣施威降大圣”一节中，两人变鹰、变雀、变鱼、变蛇、变鹤、变庙宇，上天入地，无所不能。而更妙的是最后的一段叙写：大圣将尾巴变作旗杆，牙齿、眼睛化为门窗；而二郎神却正借此识破，更要趁势争斗。作者行文事事皆在想象之外，又桩桩合于情理之中，为读者描画出一个真幻莫辨的神奇世界。

此外，丰富的宗教文字，又为小说添加了一层义理之趣。尽管这些宗教术语不能整合为一个完整的系统，但是，当初在安排构建这个术语—人物象征系统的时候，作者是相当精心的。不但人物形象性格与其所秉承的喻义配合无间，而且人物之间的关系也基本上能够分别对应相应术语本体之间的关系。而这一象征系统的加入，使整部小说增添了一条隐含的线索，在小说中又增加了一层深刻的哲理寓意。这些遍布全书的“心性”“心猿”“意马”“金公”“黄婆”“婴儿”“姹女”“九九”“三三”等术语，也很好地迎合了传统知识分子“微言大义”式的阅读方式。如果再考虑到明代中晚期传统文化思潮中对心性修养的高度重视，我们就不难理解为什么《西游记》会被当做一部“证道书”而流传了。

总之，《西游记》的神髓就在于通过幽默与奇幻将自己对社会人生的深刻观照，以及相伴随的快乐、悲哀都表现出来。正是这种具有凝重内涵的轻松幽默赋予《西游记》永恒的艺术生命。

第五节　伴生的《封神演义》与《西洋记》

《西游记》一问世就获得各个社会阶层的喜爱，一些小说家纷纷效仿，掀起了一股神魔小说创作的热潮，保存至今的神魔小说尚有30余种。神魔小说的创作往往与作者的宗教观念密不可分，由于作者的宗教态度不同，大多数作品或重在传播佛教教义，或偏于宣扬道家思想，形成了宗教态度差异明显的两派。《封神演义》和《西洋记》正是这两种神魔小说流派的代表。

《封神演义》叙述的是周武王伐纣的故事，基本素材取自史传平话，但作者又做了神魔化处理。小说的题旨、意蕴相当复杂，但从对宗教素材的处理手法看，其创作倾向还是比较鲜明的。首先是比较认真讲述宗教的故事，对宗教人物和故事基本是仰视的；其次，小说以道教为中心构建神仙体系，以道教的“鸿钧老祖”为最高神，虽不贬抑佛教，但把其置于次一等地位——调和三教而有明确的主从。

在结构方面，作者设计了两条情节发展线索，一条叙周兴商灭，一条写诸仙应劫封神，两条线索以姜子牙为结合点，以商周战争为主体，或隐或显，交替推进故事的发展。作者充分发挥想象力和文学才华，将这场同时发生在神、人之间的战争写得栩栩如生。全书故事情节发展错落有致、脉络清晰、布局匀称，行文运笔文雅工整，特别是小说后半部分描写神魔之战，想象奇幻，引人入胜，故而至今流传不衰。

《封神演义》人物众多，尤其是各种名目的神仙魔怪，数量堪称神魔小说之最。其中写得最好的当属哪吒。哪吒原是佛门脚色，小说为他虚构了一个曲折精彩的出身传，特别是剔骨肉而还父母以及莲花化身的情节，惨烈而具有神话原型的意味。此外，土行孙形象也给读者留下很深印象，他形象猥琐而好色，但是作者赋予他入地行走的本领，又使其成为姜子牙手下众英雄之一，凡人气质、神异本领，形象颇为丰满。

但整体而言，无论是小说的艺术性、还是意蕴旨趣，《封神演义》都算不上一流作品。鲁迅先生在《中国小说史略》中曾借清代梁章矩《浪迹续谈》之说发为议论：“志在于演史，而侈谈神怪，什九虚造，实不过假商周之争，自写幻想，较《水浒》固失之架空，方《西游》又逊其雄肆，故迄今未有以鼎足视之也。”对于《封神演义》的整体艺术成就，这个评价还是公允的。

从小说的思想意蕴角度考察，作者的创作态度还是较为严肃的，所涉及的问题也是深刻的，但却始终无法唤起读者在精神层面的共鸣。这是因为小说的写定者虽然触及了很多深刻的社会、思想矛盾，但却不能超越自己的思想局限性，或者说没有勇气去寻找真正的答案。反抗暴君与忠于君权的矛盾，阐、截两教的是非与“封神”劫数的矛盾，作者都无法作出明确的判断，悉数归之于“天命”。而在行文中就不免出现众声嘈杂、莫衷一是的态度混乱。作者自身思想逻辑、价值判断体系的混乱，使作品缺少了思想层面上的感染力；在种种妥协之下，作品中的人物毫无独立意志可言，从而无法给读者以心灵的震撼。

明代的道教小说，除《封神演义》外，还有《韩湘子全传》《东游记》《北游记》以及邓志谟的系列小说《飞剑记》《咒枣记》《铁树记》等。它们基本上属于为道教神仙树碑立传的作品，虽然艺术水准不高，但由于其通俗性和娱乐性，在当时颇受读者欢迎，其中以八仙故事为题材的《韩湘子全传》《东游记》《飞剑记》等，对道教文化以及民间信仰都有很大影响。

在明代神魔小说中还有几部讲述佛教故事、弘扬佛教思想的作品，主要有《西洋记》《南游记》《钱塘渔隐济颠禅师语录》《南海观音菩萨出身修行传》《二十四尊得道罗汉传》等，其中《西洋记》成就较高。

《西洋记》现存最早刻本是明代三山道人刻本，题为《新刻全像三宝太监下西洋记通俗演义》，20卷100回。作者为罗懋登，字登之，号二里南人，万历时代人。

三山道人刻本《西洋记》取材于永乐年间明成祖朱棣派遣郑和下西洋的历史事件，并加以渲染发挥，描写了郑和在金碧峰禅师、张天师的帮助下不畏险阻、一路降妖伏怪，历经40国，寻访传国玉玺的故事。

郑和出使西洋是明成祖永乐三年（1405）至宣宗宣德五年（1430）间的事，距罗懋登的时代只有一百六七十年。在明成祖的支持下，郑和前后共出使7次，访问了39个国家，历时十余年。这是明代全盛时期的一次壮举，也是中华民族对外交往史上的一件大事。对这个事件，郑和的随员马欢、费信曾将出使的经历编成《瀛涯胜览》《星槎胜览》两书，郑和本人也有《通番记》一书，这些都成了作者创作《西洋记》时的主要参考资料。此外，金碧峰的种种史料和传说，《三国演义》《西游记》《封神演义》《水浒传》等小说、戏曲之中的情节和故事，都被作者大量吸收，作者将这些不同渠道的素材融汇在一起，大大丰富了小说的内容。但与历史题材小说不同，作者无意于探求历史之本来面貌，他仅仅以郑和下西洋为故事线索，主要目的是通过神魔斗法来彰显佛教。小说中真正主人公不是郑和，而是金碧峰禅师，作者通过渲染金碧峰禅师的法力，表现了扬佛抑道的基本思想倾向。作者对佛教的态度是虔诚的，这使它缺乏《西游记》中挥洒自如的主体精神；作者对世界宇宙的描写比较肤浅，对历史的描述是表面化的，因而也缺乏《封神演义》那种因关注历史兴亡、朝代更迭所激发的对于命运的慨叹。作为一部通俗文艺作品，《西洋记》更追求新奇感和娱乐性。作者一方面极力虚构异国风情，夸张地描写法力的神异，一方面追求一种喜剧化效果。求趣求异的创作目的使小说形成了与平话等说唱文学近似的艺术风格。

小说行文风格近于说唱话本，张天师、金碧峰禅师等主要人物形象单调、缺乏个性，主题思想直率浅白，因袭过多，在艺术性方面有很多不足。但全书想象夸张离奇，许多战争场面描写热闹，再加上轻松幽默的笔调，也使它在流传的过程中颇受欢迎。而小说中所透露出来的思想和意趣，以及作者刻意描绘的“世界图式”，都可以作为今天文学研究者探知当时的社会文化状况、民众的审美心理的第一手材料。

第七章

世态人情的生动画卷《金瓶梅》

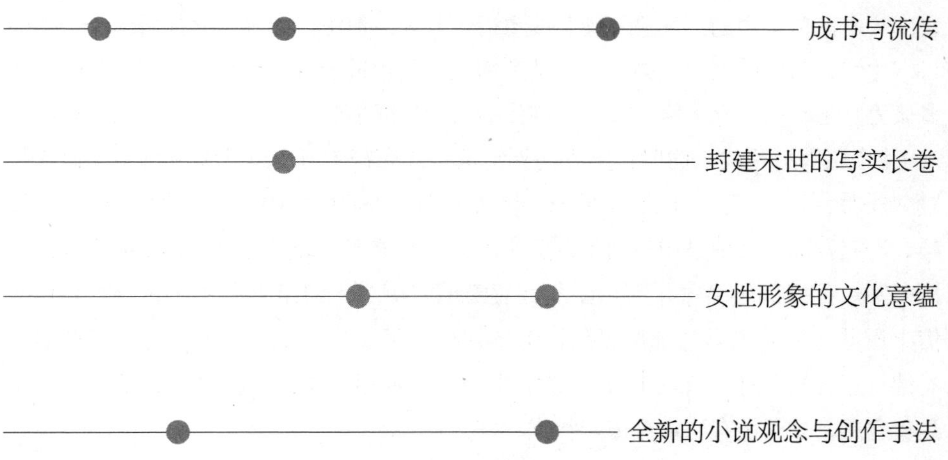

在白话长篇小说的各类题材中，“世情”一类最为晚出。不过，作为描写世态人情长篇之作的滥觞，《金瓶梅》一问世就引起了极大的关注。无论其大胆恣肆的笔锋，还是全新的叙事手法、结构方式，都给人耳目一新的冲击。而它所开创的创作道路，为后继者提供了很大的驰骋空间。这一点，和《三国演义》《水浒传》《西游记》的“孤峰独绝”大不相同。

第一节　成书与流传

在明代“四大奇书”中，《金瓶梅》是唯一没有经历过世代累积过程的作品。它由《水浒传》中的“武松杀嫂”故事衍生开来，但主体部分写的是西门庆一家的日常生活，书中的主要人物和主要情节都找不到相近的雏形或蓝本，因此，研究者多认为它是我国历史上第一部文人创作的白话长篇小说。

《金瓶梅》写成于何时，学界尚无定论。沈德符《万历野获编》据传闻说它是“嘉靖间大名士手笔”，此说在很长一段时间里为人们所认同。但从20世纪30年代起，研究者陆续发现书中写到了万历年间的一些故实，经多方考证，许多学者认为该书写成的时间不会早于万历十年。袁宏道万历二十四年（1596）写给董其昌的信中透露，他从董其昌那里见到该书，并抄录了部分内容；又据《万历野获编》，沈德符于万历三十七年（1609）从袁中道那里抄得全本，携至吴中，大约又过了几年之后，才开始有刊本流传。

《金瓶梅》的作者为谁，至今也是一个未解之谜。明人有关《金瓶梅》作者的传闻，曾提出“绍兴老儒”“金吾戚里门客”“嘉靖间大名士”“兰陵笑笑生”和“世庙一巨公”等说。《金瓶梅词话》卷首“欣欣子”《序》开头说“窃谓兰陵笑笑生作《金瓶梅传》”云云，一般认为“兰陵”是地名，古称“兰陵”的地方有两个，一在今山东枣庄，二在今江苏常州，孰是孰非，尚无定论。“笑笑生”为谁，从明代以来，谈及者多系推测揣度，其中影响较大的说法有王世贞、李开先、贾三近、屠隆、汤显祖、王稚登等，但都缺乏有力的佐证。

《金瓶梅》现存最早的版本是万历丁巳（1617）年刊行的《新刻金瓶梅词话》，前有“东吴弄珠客”序，此本称词话本、万历本或十卷本；之后的重要刊本有崇祯年间刊行的《新刻绣像批评金瓶梅》，称“崇祯本”“说散本”，可能是词话本的评改本。还有清康熙年间的《皋鹤堂批评第一奇书金瓶梅》，它是彭城（徐州）人张竹坡以崇祯本为底本的批评本，文字上有所改动，加以评点，习称“第一奇书本”或“张评本”。

第二节　封建末世的写实长卷

《金瓶梅》的书名，是从小说中三个女性潘金莲、李瓶儿、庞春梅名字中各取一字合成的。小说第一回至第九回是对《水浒传》第二十三至二十六回中西门庆和潘金莲故事的改写，不同之处是武松没有马上杀死这两个人，而是被判递解到孟州，至第八十七回才被赦回乡，杀死潘金莲，这时西门庆已纵欲身亡。与以前的小说相比，《金瓶梅》最明显的变化就是题材的世俗化，它借宋之名写明之实，以西门庆的家庭生活为中心，通过描写琐细的日常生活、人事纠葛，反映现实社会的人情世态，“著此一家，即骂尽诸色”，展示了十分广阔的社会生活画面。

《金瓶梅》是第一部将市井生活作为描写对象的白话小说，写实与暴露是《金瓶梅》最突出的艺术特色，也是其主要价值所在。小说通过对西门庆这样一个兼富商、恶霸、官僚、淫棍于一身的人物的不动声色的描写，充分暴露了当时社会的黑暗、吏治的腐朽，以及官商勾结、权钱交易等社会转型时期的社会现象。西门庆本是清河县一个小商人，刚出场时仅有从父亲那里继承来的生药铺，却通过卑劣的手段迅速积累财富，在短短的六七年里拥有了五家商铺和多处地产，家资总额高达十万银两。这固然借助于他娶孟玉楼、李瓶儿为妾时所兼并的巨额财产，更重要的是，他能够不惜重金攀附权贵，精心编织了一张强大的社会关系网。“东京蔡太师是他干爷，朱太尉是他卫主，翟管家是他亲家，巡抚、巡按多与他相交，知府、知县是不消说”，靠着与官府的勾结，西门庆才能攫取到一般商人难以想象的巨额财富。后来他自己也在蔡京的提携下做了提刑院掌刑千户，集官、商于一身。他无恶不作，包揽词讼、放高利贷，强占良家妇女，西门庆一上场，就图谋奸占潘金莲，

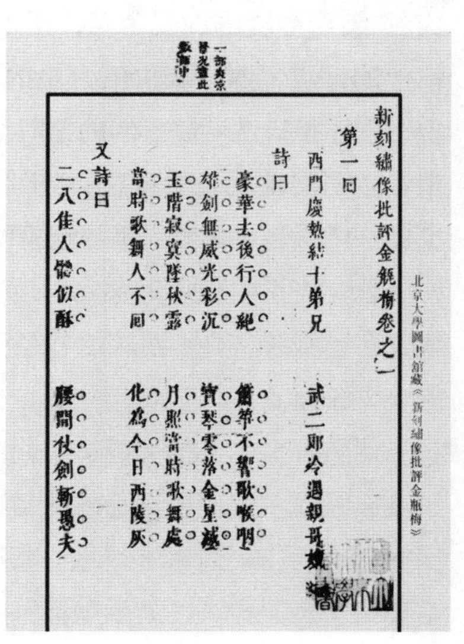
新刻繡像批評金瓶梅卷之一
第一回
西門慶熱結十弟兄　武二郎冷遇親哥嫂
詩曰
豪華去後行人絕　簫箏不響歌喉咽
雄劍無威光彩沉　寶琴零落金星滅
玉階寂寞墜秋露　月照當時歌舞處
當時歌舞人不回　化爲今日西陵灰
又詩曰
二八佳人體似酥　腰間仗劍斬愚夫

《新刻绣像批评金瓶梅》书影

> 国朝士风之敝，浸淫于正统而糜溃于成化……至宪宗朝万安居外，万妃居内，士习遂大坏。万以媚药进御，御史倪进贤又以药进万，至都御史李实、给事中张善俱献房中秘方，得以废籍复官。以谏诤风纪之臣，争谈秽媟，一时风尚可知矣。
>
> ——沈德符《万历野获编》

毒死武大郎；接着又勾引李瓶儿，气死义弟花子虚；后又把李瓶儿的第二个丈夫蒋竹山打得皮开肉绽；尤其是他霸占仆妇宋惠莲，又陷害其夫来旺儿，使之横遭充军，迫使宋惠莲自缢身死，进而买通官府，将其父宋仁打伤致死。小说中的各级官员无不贪赃枉法，西门庆和潘金莲毒死武大郎之后，用一锭雪花银就买通了仵作团头何九；知县收了西门庆的银子，便驳回了武松的诉状；蔡京收到西门庆的贿赂，便主动对送礼去的来保说："昨日朝廷钦赐了我几张空名告身劄付，我安你主人在你那山东提刑所，做个理刑副千户，顶补千户贺金的员缺，好不好？"作者写来虽然不动声色，却充分揭示了当时"风俗颓败，赃官污吏，遍满天下"的社会现状。

明中后期，商品经济的崛起与城市经济的繁荣，使得金钱在社会生活中越来越发挥其重要作用，传统的秩序和观念都受到巨大冲击，这在《金瓶梅》中也得到同样深刻的反映。在《金瓶梅》所表现的明代社会，更多的却是对商人的夸耀和艳羡。上自朝廷重臣、权豪势要、文武官吏，下至市民商妇、帮闲篾片、优伶娼妓及至道士尼僧，举凡社会之各色人等，几乎无不趋奉西门大官人。看重商人，关键当然还是看重钱财。在《金瓶梅》中，我们处处都可以看到金钱肆虐、无孔不入的描写：西门庆受通缉时，"白米五百石"（白银五百两）就使通缉犯的名字变为"贾庆"；霸产夺妻的凶犯苗青，花上一千两银子的贿赂就可以逍遥法外；仅仅五十两银子的打点，西门庆价值万金的十车货物，就"只纳了三十两五钱钞银子"的关税；就连整日遭老婆辱骂的常时节，因为有了十二两银子拿回家，也博得老婆另眼相看。西门庆就公然宣称："咱闻那佛祖西天，也止不过要黄金铺地；阴司十殿，也要些楮镪营求。咱只消尽这家私广为善事，就使强奸了嫦娥，和奸了织女，拐了许飞琼，盗了西王母的女儿，也不减我泼天富贵！"（第五十七回）由此可见，金钱关系已侵袭、蔓延到政治、经济、家庭乃至人际关系的各个角落，侵入各色人等的心灵深处。

伴随拜金主义的蔓延，人们的生活和道德观念也发生了巨大变化，竞奢炫奇、风流放纵成了人们普遍追求的目标，《金瓶梅》也极力渲染了这一情景。第四十九回描写了西门庆迎请宋巡按、蔡御史的场面："说不尽肴列珍馐，汤陈桃浪，酒泛金波"，"箫韶盈耳，鼓乐喧阗"，一顿饭就费了千两金银。当夜，西门庆又"早令

> 由嘉靖中叶以抵于今，流风愈趋愈下，惯习骄吝，互尚荒佚，以欢宴放饮为豁达，以珍珠艳色为盛礼。其流至于市井贩鬻厮隶走卒，亦多缨帽缃鞋，纱裙细袴，酒庐茶肆，异调新声，汩汩浸淫，靡焉勿振。
>
> ——《博平县志》卷四

手下把两张桌席，连金银器也都装在食盒内，共有二十抬”，送给他俩；蔡御史没走，西门庆又叫来两个妓女陪了他一夜。不仅官僚家庭如此，整个社会也都弥漫追求奢华的风气。韩道国媳妇王六儿为苗青在西门庆面前行贿，得了一百两赃银，就“白日不闲，一夜没的睡，计较着要打头面，治簪环，唤裁缝来裁衣服，重新抽银丝鬏髻”。常时节得到西门庆周济他的十二两银子，回到家中立即就买了一大块羊肉饱餐一顿，又上街跑了好几家店铺，为老婆和自己买服装，一口气就花掉了六两五钱银子。“市井贩鬻厮隶走卒”奢靡浮薄之风气，于此可见一斑。与物质生活去朴尚华风气相呼应的则是“汩汩浸淫，靡焉勿振”的异调新声的流行。据统计，《金瓶梅》中共记下流行小曲27支，时尚小令59支，套数20套，内容多为描写男女调笑、打情骂俏、行乐相思等。其好尚与传统文化宣扬以忠孝节操贞洁道德为中心内容的封建说教，实在大异其趣。

追求金钱、物欲、情欲，必然使社会风气急剧败坏。王六儿本是韩道国的妻子，西门庆让拉皮条的冯妈妈稍加引诱，她就立即投入西门庆的怀抱。不久，韩道国从东京回来，王六儿居然如实相告，韩道国听了不仅没有生气，居然还说：“等我明日往铺子里去了，他若来时，你只推我不知道，休要怠慢了他，凡事奉他些儿，如今好容易赚钱……”作为丈夫，竟然心安理得地讨论如何用妻子的肉体去做现金交易的筹码，这样的描写在文艺作品中前所未见。朋友之义同样荡然无存。作品有“热结十兄弟”，是《金瓶梅》描写的重要生活侧面，小说借应伯爵、吴典恩等一班帮闲篾片的所作所为，写尽了所谓“朋友”中的虚伪与势利。吴典恩原是西门庆家主管，曾因西门庆之惠而成为小官吏。可是，西门庆死后，他却恩将仇报，迫害西门之妻吴月娘。十兄弟中，应伯爵是西门庆最为亲近也最为信赖的朋友，但西门庆一死，他便立刻改换门庭，另攀高枝，为新主人出谋献策，夺取西门庆的家产和女人。传统的信义之朋，完全蜕变为以追逐金钱物欲为目标的小人之朋。

西门庆对物质的、肉欲的享乐也有着同样强烈的追求，这和他对财富肆无忌惮的攫夺以及对权势不择手段的谋取，彼此纠葛呼应，从而形成了具有强烈占有欲与扩张意志的典型艺术形象。西门庆疯狂占有女性：他拥有妻妾六人，日夜淫欲无度，还要奸污使女、霸占仆妇、宿妓包娼、私通命妇，永不满足地觊觎所能遇到的每一女性。值得注意的是，小说在暴露西门庆恶贯满盈、不得好死的同时，对于他疯狂地追求金钱和女人、尽情享受尘世快乐的人生态度，也并非持着单一的否定、批判的态度。写到西门庆大兴土木，家中妻妾违越礼制的富贵装束，乃至写到整个社会向着西门庆一家的趋附，都不免带着几分欣羡的眼光。这体现了明代后期普遍的“好货”“好色”的社会思潮对小说作者的深刻影响。

鲁迅先生曾评价《金瓶梅》“描写世情，尽其情伪”，高度概括了《金瓶梅》写实艺术的杰出成就。作品对社会生活的如实描绘，使其创造出具备充分的生活实在性的艺术长卷，呈现出如同生活本身一样的复杂性、丰富性与生动性。小说的这种写实特点，使作品具备极强的生活实感，更接近生活常态，也为阅读者提供感受生活、认识生活的真切空间。正是由于这种可贵的写实态度，《金瓶梅》得以将“真实的中国社会的形形色色”呈现于我们面前。因而，尽管小说本身伟大与卑微并存，深刻与浅薄同在，我们也有理由将其视为具有丰富的历史文化内涵的优秀作品。

巴尔扎克在《人间喜剧·前言》中说：“法国社会将要作历史学家，我只能当他的书记，编制恶习和德行的清单，搜集情欲的主要事实，刻画性格，选择社会上主要事件，结合几个性质相同的性格的特点揉成典型人物，这样我也许可以写出许多历史学家忘记了的那部历史，就是风俗史。”《金瓶梅》的贡献正在于写出了当时社会的“风俗史”，从中可以更具体、更真实、更生动地了解那个社会，了解那个社会的风俗习惯、人际关系以及芸芸众生的人生百态。

第三节　女性形象的文化意蕴

从性别视角来看，无论是《三国演义》《水浒传》，还是《西游记》，都是典型的男性文本，存在着明显的性别歧视。作为人类“一半”的女性在作品中无缘无故地缺席，即使露面也是作为男性角色的陪衬，而且大多是以扭曲、变形的面目出现。《金瓶梅》的问世使这一局面有了较大改变。该书写了大约800个人物，其中女性就有250多人，成了作品中不可或缺的组成部分。小说把女性作为主要形象加以描绘，有关女性之间的纷争与纠葛的描写占去全书一半以上的篇幅。这些描写，细致而真实地刻画了那个时代女性的内心世界，为深刻认识封建时代的文化本质和妇女的普遍命运，提供了丰富而生动的形象材料。

《金瓶梅》有关女性的描写，主要围绕“性”和“妒”两个层面展开。

性，始终是一个和道德密切相关的话题，封建时代，由于背负着伦理秩序的重荷，“生殖”成为神圣的义务，而与此无关的“声色之娱”“体肤之悦”则被严令禁止，“万恶淫为首”，这成为斩杀男女自然情欲的一把利剑。不仅如此，就两性关系而言，自从人类从野蛮时代进入文明时代以来，社会的法律和道德就总是倾斜、偏袒于男性，一方面，男人的多妻与狎妓都名正言顺地成为最普遍的事实；而另一方面，女子则不得不长期承受着谨守闺训、从一而终、“饿死事小，失节事大”等重重道德重负。这种禁欲中容忍纵欲的怪现象，在《金瓶梅》中有典型的表现。第十二回，潘金莲难忍孤独凄凉，和小厮私通，事发后，西门庆“兜脸一个耳刮子，把妇人打了一交”，喝令“淫妇脱了衣裳跪着”严加拷问。潘金莲通奸，孙雪娥、李娇儿以及丫头秋菊统统当做天大的罪状告发；作者也指斥其“不顾纲常贵贱”，“律犯明条”。而对西门庆之肆意淫滥，全家却无一人过问，就连正妻吴月娘也不过伺机轻描淡写相劝几句。西门庆自己更是毫不介意，对月娘之劝告，竟反唇相讥：“你的醋话儿又来了。却不道天地尚有阴阳，男女自然配合。今生偷情的，苟合的，都是前生分定，因缘簿上注名，今生了还。难道是生剌剌，胡诌乱扯，歪斯缠做的？”随即又说出那番即使强奸嫦娥、和奸织女等也不减其泼天富贵的无耻之语。显然，这里所谓“男女自然配合”云云，绝对不会是为女性辩白，而是自炫自辩。

不言而喻，在封建时代，女性所遭受的道德压力要远重于男性；惟其如此，其对传统道德的冲击和反叛，也就自然更加值得注意。正是在这一方面，《金瓶梅》为我们描绘了一个罕见的女性世界。

超越男性特权，是《金瓶梅》女性的突出表现。封建道德赋予男性特权的主要表现是，除妻子外，男人可以有各种形式的婚外性关系而不必承担法律和道德指责，而妻子却只能拥有一个丈夫。然而，在《金瓶梅》的女性世界里，却几乎所有女性都不把这种婚外性关系仅视为男人的专利，而是不顾道德和名节，大胆抗争，积极寻求“偷情”与“苟合”。在男女性关系的具体过程中，《金瓶梅》女性也始终充满玩弄、征服男性的狂热。以潘金莲为例，她与书童、陈经济、王潮儿的苟合就带有明显的玩弄和满足性饥渴的色彩。从小说中的描写可以看到，西门庆和女人们的关系已不再仅仅是征服与被征服、玩弄与被玩弄的关系，事实上已是一种相互征服、相互玩弄的过程。他处心积虑地玩弄女性，可最终却被女性玩弄，甚至在女性更残酷的玩弄中丧失了生命。

对“万恶淫为首”的禁欲主义的超越，是《金瓶梅》女性的又一重要表现。封建社会中的“淫”，主要指超乎生殖义务之外的各种性行为，这不仅包括女性婚外性关系，甚至包括夫妻间正常的性事。而《金瓶梅》的女性，则几乎无不把性交苟合当做人生一大快事，其中最典型的莫过于李瓶儿。李瓶儿生性“好风月”，然而她先嫁梁中书为妾，后和花子虚成婚，同时被花太监霸占，都未获得生理欲望的满足。后来遇到西门庆，才真正体验到做女人的快乐。为此，她不惜罄其全部家财，没日没夜只是想念西门庆，乃至决心弃夫改嫁，最后终于气死花子虚。其感情所以发生重大转移，完全是因为她对西门庆的肉体有了深深的依恋。其后，她又中途嫁给蒋竹山，则是由于西门庆弃之不顾，导致终日思念难耐寂寞所致。李瓶儿两次婚变，无疑是由于西门庆能带给她最大的性满足。唯其如此，所以尽管她在新婚时蒙受莫大屈辱，明知此人是“打老婆的班头，降妇女的领袖”，也仍旧死乞白赖地贪恋西门庆。

《金瓶梅》所描绘的就是这样一个罕见的女性世界。在这个世界里，各色女性虽出身、性格、命运各不相同，但有一点却惊人地相似：无德和纵欲。她们以超常的狂荡和赤裸裸的欲望，将礼制文化赋予男性的特权、禁欲主义以及虚伪腐朽的纲常伦理，统统打碎。这是一个纯粹从自然而非道德的角度描写的女性世界，在她们赤裸裸如洪水般泛滥的私欲面前，无论礼教理学还是世俗美德，都失去神圣的灵光。

嫉妒争宠，是《金瓶梅》有关女性描写的第二大层面。

妻妾的嫉妒争宠与婚姻制度的内在结构有着密切的关系。中国的宗法制度在原则上肯定一夫一妻的婚姻制度，但一个男子在正妻之外尚可娶若干小妾。妾不是妻，只是正妻的补充形式，其地位与权利都远在正妻之下并受正妻约束。妾对正妻必须如对家长一样，妾如犯妻，亦与殴骂夫主同罪。夫妾之间的不平等，自然比夫妻间的不平等更为严重。因此，在一夫多妻的家庭中，希图以争宠方式全部拥有自己的丈夫是妻妾们共同的愿望，也是她们追寻人身权利的正当要求，而为了满足这种要求就不可避免地要以彼此排挤、践踏的残酷方式来实现，这样一来，作为妻妾制的天然伴随物，嫉妒争宠就成为妇女追寻人身权利的扭曲形式。

作为一种社会历史现象，妻妾间的嫉妒争宠在《金瓶梅》中得到了深刻的反映。小说以细腻的笔法，生动而又淋漓尽致地描绘了这个家庭内妻妾之间的争宠斗强、迎奸卖俏。在这里，无论是妻妾之间，还是妾与妾之间，几乎在任何细小的问题上都在进行着暗中的激烈争斗，或是随时爆发成一场公开的争吵。书中以泼悍著称的潘金莲是争宠的中心人物，主导了争宠的一连串家庭事件，透过这些事件，不难看到女性命运的另一种真实及其悲剧性。

在嫉妒争宠的角斗场中，夫权的向背，是决定胜负的关键。潘金莲与诸妻妾争宠的第一次尝试是与孙雪娥的冲突，这次冲突以孙雪娥遭西门庆痛打而告终。从表面看来，潘金莲无疑是占了上风，但恰如书中所言，她所以能占上风，并不是因为她自己的力量，而完全是因为“汉子与他做主儿，出了气”。实质上，这种由“汉子做主”得来的胜利并不意味她真正获得了个人的人身权利，只不过是丈夫出于玩赏、占有心理的一种赐予，是一种虚假的胜利。正因为如此，只要汉子一旦见异思迁，另有新欢，她的宠爱就会立即被他人分割、抢夺，她也会像孙雪娥一样，陷于惨败的境遇，潘金莲与妓女李桂姐的争斗就是如此。激打孙雪娥后不久西门庆就梳笼了李桂姐，由于贪恋李桂姐姿色，早把家中妻妾抛到脑后。潘金莲自恃得宠，捎去帖子诉说孤眠凄凉的心情，西门庆不仅把帖子扯得稀烂，还在李桂姐挑唆下，逼迫潘金莲剪下一绺头发，交给李桂姐“絮在鞋底下，每日踩踏”。可见，唯有夫权才是操纵争宠胜负苦乐的真正主体，而女性无论如何都是夫权之附庸。

女性在争宠中的悲喜剧其实完全笼罩在礼法制度之下，潘金莲与吴月娘的争斗是极具代表性的一例。吴月娘是在小老婆之上的大老婆，而潘金莲纵容丫头使性骂人，根本不把大老婆的教训放在眼里，这使吴月娘感到其主妇地位受到严重挑战，于是以此为导火线，终于爆发了一场公开争吵，而冲突的结局是潘金莲忍气吞声到上房给吴月娘赔罪：“娘是个天，俺们是个地。娘容了俺们，俺们骨秃扠着心里。”以潘金莲之狡狯、泼悍、凶狠，居然也会折服于吴月娘，其原因不言而喻，潘金莲所折服的，乃是被封建礼制认可、保护的妻权。

类似的争宠斗强在潘金莲与李瓶儿之间表现得更为惨烈。李瓶儿是西门庆的第五个妾，由于从前夫那里带过来大量的金钱，加上她那“好性格儿”，她得以后来居上，在争宠斗争中很快占据了上风，特别是自她有了儿子之后，西门庆对她是另眼相看，她的地位也更加特殊。在那个“母以子贵”的社会里，官哥儿的诞生，对潘金莲来说就意味着即将失宠，随之而来的就是李瓶儿生日之红火与潘金莲生日之冷清的对照。地位贬低、待遇下降与性欲享受的压抑，迫使潘金莲起来争斗，于是便把复仇之箭直接射向了那个无辜的婴儿。就事件本身而论，潘金莲的举动无疑是邪恶的，但对处于争宠漩涡中的失意者潘金莲来说，显然又难以做出其他选择。透过它我们不仅看到了封建婚姻制度和家庭制度的不合理，而且还看到了封建私有制度和财产继承权这个罪恶的渊薮，因为正是它，才从根本上造成了像潘金莲这样的害人者和像李瓶儿这样的受害者，以至连还不懂事的孩子也做了无辜的牺牲品。

第四节　全新的小说观念与创作手法

“四大奇书”中的《三国演义》《水浒传》《西游记》尽管分别被视为历史演义、英雄传奇和神魔小说的代表作，但就艺术风格和特征而论，其实都可视之为英雄的“传奇”，即都是采取“宏大叙事”来写大事件，都是以仰视的姿态来写“超人”，都是编织惊险离奇的故事情节等。《金瓶梅》则不然，作品所表现的是司空见惯的市井现实生活，描绘的是市井间的寻常人物与日常生活事件，用谢肇淛的话说，就是“采摭日逐行事，汇以成编”（《金瓶梅跋》）。从传奇到写实，标志着小说美学观念的觉醒，同时也预告了一种新的小说创作模式的诞生。

首先，《金瓶梅》的诞生，带来了小说观念的历史性突破。《金瓶梅》之前的小说主要是描绘英雄、赞颂英雄，小说中那些叱咤风云的英雄人物总是让人把他们同崇高和伟大联系在一起，尽管小说中也塑造了一些以丑恶面目出现的人物形象，但他们存在的意义主要是为了陪衬正面英雄。“兰陵笑笑生”则违背了传统的审美心理定势和美学观念，敢于把西门庆、潘金莲、李瓶儿、庞春梅等有异于传统道德的人物作为主人公来加以描写，他们的所作所为在许多方面都已背离正常人际关系准则、行为规范，甚至违背人性，可以说都是丑的典型。《金瓶梅》敢于抛弃传统，把“阳光下的罪恶”引进小说世界，确实引发了小说观念的深刻变革。但《金瓶梅》的成功之处不仅在于它敢于展示生活中的丑，主要还在于能将生活中的丑升华为艺术美。以上述几个人物而论，其人生无疑是丑恶的，然而作为艺术典型，从他们身上却透视出以“好货好色”为核心的纵欲之风对时人精神灵魂、价值观念、人生追求的深刻影响，特别是从他们一个一个走向毁灭的悲剧人生中，更可透视出封建末世整个社会日趋毁灭的可悲前景，透视出作者震撼于价值失衡与社会动荡的强烈的危机感和忧患意识。作者虽然并没有站出来发表鸿篇大论，但那独特的文笔却深刻反映了社会真实，揭示出封建末世的时代特质，其爱憎好恶亦渗透于字里行间。总之，《金瓶梅》大胆表现了丑，但作者并非为丑而丑，亦非以丑为美，而是将生活丑升华为艺术美，这也是一种创造性的审美。

其次，在人物塑造方面，《金瓶梅》完成了由传奇化典型向生活化典型的转变。传奇性人物通常没有“柴米油盐酱醋茶”的日常生活，他们是为伟大的事业或宏大的事件而存在的，作者总是通过自己的笔引导读者到放大镜前看他们，于是见到的是精神、意志、能力甚至体魄都比自己大许多的形象。《金瓶梅》虽然仍带有一些“传奇”的痕迹，如西门庆身上就颇带一些“超人”色彩，但包括西门庆在内，书中的人物都过着最为平常的市井生活，都是一些普普通通的凡人、俗人。即使像武松这样在《水浒传》中被金圣叹誉为“天人”的人物，在《金瓶梅》中也失去了英雄本色和神圣的光环。在《水浒传》中，武松不仅勇武过人，而且大胆心细、精于算计，因此无往而不胜。可在《金瓶梅》里，他追杀西门庆不着却误杀李外传，因此身陷囹圄，被发配孟州，直到西门庆死后他才获释归来，杀了潘金莲、王婆报仇，杀人之后还没有忘记从王婆的箱子里搜出她卖潘金莲所剩的85两银子，携裹了逃亡。如此失算于前、敛财于后，情急中丢下侄女只顾自己逃命，的确没有《水浒传》中的武松高大、完美，但这却是从“超人”向“常人”的回归，显得更为真实可信。

《金瓶梅》塑造人物，摆脱了以往小说人物类型化的缺陷，既能突出人物性格的主要方面，又能在生活和复杂的人际关系中表现出人物性格的变化，并且能够写出人物性格的复杂性。西门庆的主要性格是恶、淫、贪，他当初看上李瓶儿是出于贪财好色之心，但随着情节的展开，他后来对李瓶儿产生了夫妻感情，瓶儿死后，他“哭了又哭，把声都呼哑了，口口声声叫‘我的好性儿、有仁义的姐姐’”。小说中的潘金莲是个被否定的角色，但也很难用“淫妇”两个字一言以蔽之，作者在承继了《水浒传》中潘金莲淫荡、残忍的性格外，为读者展示了她性格的多侧面。一方面她坑人、害人，制造着别人的不幸；另一方面又被坑、被害，充当社会的牺牲品。作者写出了她性格发展变化的过程，也交代了这种变化的原因，突出了其性格的复杂性。小说中的宋惠莲形象也是如此，她浅薄、淫荡、贪财、爱虚荣，一心想当西门庆的“第七个老婆”，但当发觉丈夫来旺儿遭陷害、自己被欺骗时，便觉得愧对丈夫、愧对自己，大骂西门庆：“你原来就是个弄人的刽子手，把人活埋惯了。害死人，还看出殡的！”这种多元、立体的性格描写，使人感到真实可信，体现了作者对现实生活的深入观察。书中写到的三教九流的人物至少百人以上，如谢肇淛在其跋语中所说，写得“妍媸老少，人鬼万殊，不徒肖其貌，且并其神传之”，为我们展示了一幅鲜活的晚明时代的社会风俗画卷。

第三，《金瓶梅》打破传统的情节模式，开创了“家庭—社会”型情节模式。《三国演义》《水浒传》《西游记》等作品出于表现传奇英雄的需要，总是以英雄伟业为中心，大量的社会生活内容，包括英雄人物的家庭生活、情感生活，都被舍弃。作品大多沿着英雄行动的线性轨迹，在惊险曲折、大起大落的情节发展过程中展示英雄性格。这种情节模式适合于表现惊心动魄的英雄伟业，突出英雄人物的气势和力量，但相对于复杂的现实生活，则无疑显得单薄。《金瓶梅》要描写的是复杂错综的现实，这就需要确立一种与生活机制和现实情境合拍、同构的新型情节模式，这就是“家庭—社会”型模式。此种模式以家庭环境作为小说主要舞台，将整个社会浓缩在舞台周围，从而以社会的一个细胞——家庭为核心对象，在爱情婚姻、兴衰际遇、发迹变泰的经历中，通过人与人之间关系的纵横延伸，扩展辐射，从而反映广阔的社会情态与时代风貌。这种情节模式的出现，标志着中国小说艺术已达到新的高度。

第八章

“三言二拍”与明代中短篇小说

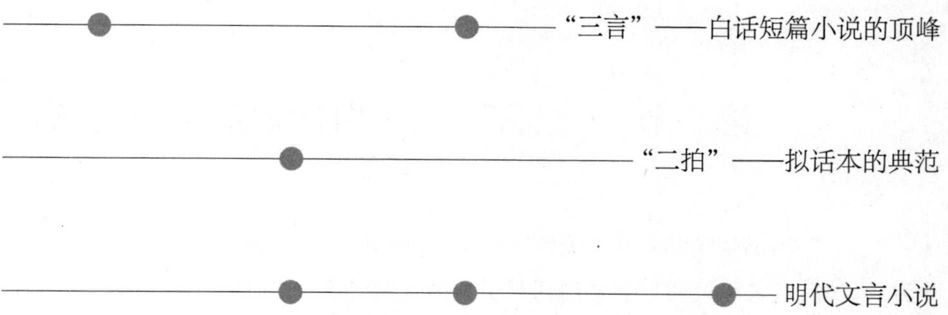

明代万历、天启、崇祯三朝是白话短篇小说创作的繁荣时期，其标志就是以“三言”“二拍”为代表的一批“拟话本”集的问世。“拟话本”一词始见于鲁迅的《中国小说史略》，第十三篇《宋元之拟话本》中指出：“说话之事，虽在说话人各运匠心，随时生发，而仍有底本以作凭依，是为话本。”也有人认为“话本”是说话艺人的口头创作的记录本及模拟这种记录本的其他故事文本。“拟话本”则指明代文人创作的模拟话本、供案头阅读的文学作品。

明代最早的拟话本集是洪楩的《清平山堂话本》，代表作则是冯梦龙的“三言”和凌濛初的“二拍”，在他们的影响下，明末掀起了一个拟话本创作的高潮，仅崇祯一朝，即有《型世言》《石点头》《欢喜冤家》《西湖二集》《鼓掌绝尘》等集问世。抱瓮老人则从“三言二拍”中选择了四十篇小说编成《今古奇观》一书，在后世流传甚广。

第一节　“三言”——白话短篇小说的顶峰

“三言”指冯梦龙编纂的《喻世明言》《警世通言》《醒世恒言》三部白话短篇小说集。其中，《喻世明言》大约刊行于泰昌、天启改元之际，初名《古今小说一刻》，传本《古今小说》扉页上有书铺天许斋的题识，中云：“本斋购得古今名人演义一百二十种，先以三之一为初刻云。”由此可知《古今小说》原是编者为自己纂辑的几部小说集设计的总名，及至增补再版时，已易名为《喻世明言》。《古今小说》遂成了《喻世明言》的别名。

“三言”每部40篇，共收入120篇白话短篇小说。这些作品大多有所依据，其中出于六朝志怪、唐宋传奇、笔记野史者约占三分之一，出于宋元话本旧篇者约占四分之一，出于明代文言小说、笔记或通俗类书者约占三分之一，另有少量作品出于冯氏创作，还有少量作品或据戏曲改编，或别有材料来源，皆不易确指。

> 冯梦龙（1574—1646）字犹龙，别署龙子犹、绿天馆主人等，江苏长洲人。冯氏少有文名，但年过半百始成贡生。崇祯三年任丹徒县学训导，七年擢寿宁知县。明亡后忧愤而死。冯氏一生著作等身，最著名的文学活动是编纂及出版『三言』。

“三言”题材广泛，其中描写市井生活的内容占了大部分，小说全方位地展示了16、17世纪之交五光十色的市民生活画卷。“三言”中艺术成就最高、最富时代感的内容是那些描写情爱的篇章。这类作品写被蹂躏、被摧残的妇女的处境和命运，谴责负心男子，抨击封建制度对妇女的残酷迫害，热情洋溢地歌颂了她们对真挚爱情和自由生活的追求，反映出在爱情、婚姻问题上一些有别于传统礼教的新思想、新观念。

《卖油郎独占花魁》是一篇关于妓女从良的小说，虽然是个老话题，但却极富时代特色。作品中的莘瑶琴是杭州名妓，“吹弹歌舞，琴棋书画，件件皆精”。卖油小贩秦重对她一往情深，不惜铢积寸累，耗时年余才攒够十两嫖资，又费尽周折始得与之相见，他“又忠厚，又老实”，对莘瑶琴十分体贴、尊重，使她极为感动。但莘瑶琴“往来的都是王孙公子，富室豪家”，因此虽感激并喜爱秦重，却不肯将他当做从良的对象，她感慨地说：“可惜是市井之辈。若是衣冠子弟，情愿委身事之。”后来官僚之子吴八公子对她任意凌辱，使莘瑶琴对自己受人轻贱的社会地位有了深刻的体验，彻底明白了衣冠子弟不过把她当做玩物，唯有志诚的秦重才真正把自己当做人来看，于是下决心自己赎身，最终嫁了秦重。这篇小说通过生动的情节表明，在爱情婚姻问题上可贵的不是门第和金钱，而是彼此知心知意、相互尊重，作品将“市井之辈”与“衣冠子弟”相比较，把美与丑、善与恶、崇高与粗俗相对照，从而对市民和市民的爱情生活做了充分的肯定，也使读者听到了尊重人的呼声。

《杜十娘怒沉百宝箱》公认是“三言”中最出色的篇章之一。这篇小说是冯梦龙根据同时代文人宋懋澄的文言小说《负情侬传》改编而成的，写名妓杜十娘久有从良之志，为了追求真爱，经过长期的寻觅和考验，将自己的终身托付给了李甲。但李甲生性软弱、自私，虽对杜十娘真心爱恋，却又屈从于社会、家庭和礼教观念，再加上孙富的挑唆与诱惑，他最终出卖了杜十娘，酿成了杜十娘的悲剧。这篇小说之所以出色，主要在于杜十娘这一形象感人至深。作为一名通常被视为“以送往迎来为业，弃旧迎新为本”的风尘妓女，竟然能够奋起用生命捍卫自己的人格尊严，这使小说在凄婉的悲剧故事之外具有了一种壮烈美、崇高美。小说的价值主要在于“沉百宝箱”，这和《负情侬传》有了很大区别，这一笔也使杜十娘形象发生了很大变化：她既是个悲剧人物，但又成了精神上的胜利者。沉百宝箱之举使李甲抱憾、孙富遗恨，也使社会舆论完全转向自己一方，写出了社会最低下者为了人格、为了纯洁的人生所进行的反抗。作者在痴情之外突出了杜十娘的自尊心，这既加强了情节的戏剧性，同时也有力地深化了小说的悲剧主题。

婚变，也是“三言”擅长敷演的题材。其中，《乔太守乱点鸳鸯谱》用喜剧的手法揭示了包办婚姻的不合理；《蒋兴哥重会珍珠衫》《简帖僧巧骗皇甫妻》《蒋淑珍刎颈鸳鸯会》《金玉奴棒打薄情郎》《宿香亭张浩遇莺莺》《王娇鸾百年长恨》等篇，则以十分严肃的笔触全方位地展现了那个时代婚姻性爱的真实面貌。其中《蒋兴哥重会珍珠衫》堪称这类题材代表作。这篇小说虽亦以婚变为题材，但它所揭橥的人性内涵、思想价值和审美价值却迥出同类小说之上。首先，《珍珠衫》没有用这类题材中惯于采取的善恶贞淫的标准去衡量小说中三角关系的任何一方，蒋兴哥、王三巧、陈大郎在叙述人的笔下都是血肉丰满、心理健康的普通人，即使是充当蜂媒蝶使的薛婆，也不似《水浒传》与《金瓶梅》中的王婆那样邪恶。其次，小说中的人物描写、细节刻画与整体情调都体现出了一种人性的魅力，悲悯与宽容贯穿了情节发展的始终，从而昭示了一种对人的尊重、对情爱的尊重。第三，王三巧的形象辐射出一种全新的市民意识，她的爱情自始至终纯洁而发乎自然。在本能需要与道德约束的两难处境中，她表现得豁达而不失善良，真率而不涉淫荡，这就使小说的审美品位直驾同类婚变题材小说之上。贞节观念在整个故事的讲述中已淡化到几近于无，取而代之的是对那种合乎人性的健康性爱的肯定与宽容。蒋兴哥能在获知妻子失贞之际引咎自责，甚至在决定休离之际仍不忍使三巧难堪，且于三巧再嫁之夕，陪送十六只箱笼。作者在这里已经触摸到一种极高尚的爱情，它可以超越贞节、肉欲、过失而达至人性本真的纯洁。也正是这种高尚的爱为日后三巧与兴哥的重圆奠定了逻辑上的可能。

如上所述，“三言”中的主要故事都来自前人作品，但这些作品在收入小说集时都经过了冯梦龙的加工、重写，主要体现在：对小说的体例、结构等进行整理，使小说的形式更为完美；删改旧话本中残存的说话人套话和临场发挥的话头，使作品语言更加书面化；润饰旧话本中的不完美处，使作品内容更为精致雅洁；对细节加以修改，使故事情节更为合情合理。总之，经过冯氏的再创作，小说的艺术品位大大提高。就艺术而言，“三言”的主要成就体现在三个方面：

一是人物形象的塑造更为精彩。话本小说多追求情节的离奇、曲折，“三言”也不例外，但冯梦龙在人物形象塑造方面投入了更多笔墨。如《杜十娘怒沉百宝箱》就以人为主，作品在结构上是单线发展，在手法上也只是依次递进，按部就班地把一个比较单纯的悲剧故事讲述出来，但却有峰回路转之妙，其原因就在于作品的情节是紧紧围绕塑造人物而安排的。作品对杜十娘形象的塑造采用了层层剥笋的方式，依靠情节的自然发展逐渐披露人物的性格。全文安排了五个层次：第一层由李甲引出“名姬”杜十娘，进行总的介绍，先写其色，后写其心，写她和李甲“一双两好，情投意合”，让读者看到了她和一般妓女大致相同的遭遇和意愿；第二层写杜十娘为了从良和鸨儿的一场斗智，借鸨儿从反面陪衬杜十娘，表现了她的机智、干练；第三层，写杜十娘赎身，表现了杜十娘的谨慎、小心，作品通过柳遇春态度的转变，从正面陪衬出杜十娘的“有心”与“真情”，接着又从鸨儿的“似有悔意”到不许杜十娘携带一物，“随身旧衣”就“推出房门”，又从反面衬托出杜十娘的“有心”与“真情”；第四层写出院后的送别，用一系列活动侧面写了她的深谋远虑；第五层，杜十娘知道自己被出卖，面对猝然事变，她没有哀求，没有恸哭，而是从容、镇静，措置裕如，第二天，她“怒沉百宝箱”，痛斥孙富，谴责李甲，然后投江而死。到这时作者才剥开笋子的最后一层，终于显现出杜十娘的真面目，故事情节的进展达到高潮，人物性格也披露无遗。作者让杜十娘在当众袒露心迹的同时，一层一层揭开“百宝箱”的奥秘，展示其中那价值无数倍于千金的奇珍异宝，从而深刻地揭示出李甲的有眼无珠与杜十娘明珠暗投的主题。这里，“百宝箱”内涵的无价，与杜十娘人格精神的无价，构成一种互为象征的关系。杜十娘通过李甲与孙富的交易，终于认清了李甲孱弱无能的本质，识破了李甲与孙富人品、道德的卑劣。为了捍卫自己的人格尊严，她毅然怀抱宝箱，与那些奇珍异宝一同沉入江心，来宣告同这个社会的决裂。杜十娘用死对社会发出了愤怒的控诉，她的光辉形象也在悲剧中树立了起来。

二是心理描写的成分明显增加，通过人物在特定环境中的心灵独白或心理特写，展示小说人物关系的复杂性和矛盾冲突的张力，使小说的可读性和戏剧性大大加强。如《蒋兴哥重会珍珠衫》，叙及蒋兴哥在苏州巧遇妻子王三巧的情人陈大郎，谂知二人奸情，陈大郎则不知蒋是三巧的丈夫，竟托蒋为自己代送情书信物。这一段动静有致的描写，把蒋兴哥获知妻子奸情以后愧恨交加、有苦难言的心境表现得淋漓尽致。而两段内心独白，尤为细腻地展示了兴哥从最初的暴怒到冷静下来沉思的心理变化轨迹，把这位诚实善良的商人对妻子爱恨交织的内心隐秘摹画得十分真实感人，这是以前的话本小说中很少见到的叙事技巧。

三是在人物对话上极尽巧思，曲尽事理，每每令人有身临其境之感。这种语言功力，尤其表现在一些市井人物的唇吻之间，颇具行业特点，说一人，肖一人；涉一行，精一行。如写妓院老鸨：

> （妈妈）日逐只将十娘叱骂道：“我们行户人家，吃客穿客，前门送旧，后门迎新，门庭闹如火，钱帛堆成垛。自从那李甲在此，混账一年有余，莫说新客，连旧主顾都断了，分明接了个钟馗老，连小鬼也没得上门。弄的老娘一家人家，有气无烟，成甚么模样！”（《杜十娘怒沉百宝箱》）

这段话极写鸨儿势利，妙语连珠，市语俗谚、歇后对偶，层见叠出，使读者如闻其声，如睹其人。而同是写鸨儿，《卖油郎独占花魁》中的刘四妈又别是一道风景，其游说莘瑶琴安心接客，纵论诸般从良之利害，以及后来劝说王九妈准予瑶琴从良，舌辩滔滔，左右逢源，真不愧“女随和，雌陆贾”之称。而其言辞中所表现的对世情之谙练，对对方心理活动的把握，都极为准确地揭示了这位历尽风尘、见多识广的妓院老鸨的文化背景。

第二节 “二拍”——拟话本的典范

冯梦龙“三言”付梓后，风靡一时，取得了良好的商业效益。应书商之邀，凌濛初创作了《初刻拍案惊奇》与《二刻拍案惊奇》，“三言二拍”一直被认为是明代拟话本的代表作。“二拍”每集各40篇。但“二刻”第二十三卷与“初刻”重复，第四十卷《宋公明闹元宵》是杂剧，故今所见“二拍”实存小说78篇。

凌濛初（1580—1644）字玄房，号初成，别号即空观主人，湖州乌程（今浙江吴兴）人。凌氏少有才名，但科场蹭蹬，崇祯七年（1634）方以优贡授上海县丞。明亡之际忧愤而死。凌氏著有散曲集《南音三籁》，杂剧多种，代表作是『二拍』。

过去对“二拍”的评价一直较低，主要原因有二，一是作者对农民起义的态度，二是因为作品本身淫秽描写过多、说教色彩更浓。但客观地说，较之“三言”，“二拍”的原创性更强，它是我国古代第一部真正意义上文人独立创作的白话短篇小说集，同时，“二拍”比“三言”更贴近现实生活，更富有时代气息。

“二拍”的内容，亦以描述市井生活为主，但在表现商人生活方面与“三言”有明显的不同。“三言”中的商人大多本分忠厚，以诚信待人，如卖油郎秦重、《珍珠衫》中的蒋兴哥、《施润泽滩阙遇友》中的施复，他们尽管遭际不同，但在为人处世上共同体现出一种儒家温柔敦厚的做人原则，生意场上亦童叟无欺，全凭诚实、辛苦获利。“二拍”在表现商人逐利致富的主题时则基本抛弃了儒家的道德标准，而触摸到时代的全新价值取向。

《初刻拍案惊奇》首篇《转运汉遇巧洞庭红 波斯胡指破鼍龙壳》即具有典型性。事述苏州府长洲县人文实天资颖异而时运不济，屡次经商，屡次亏本，以致被人称作“倒运汉”，后随一伙近邻泛海经商，借得一两银购买百余斤洞庭红桔，以为路上解渴之用。不料船到海外吉零国，国人以其红桔为奇美之味，争相购食，文实竟以此获利千金。返航途中，突遇暴风，舟阻于一荒岛。文实在岸上发现一硕大龟壳，带回船上。船抵福建，有波斯胡人牙行接待，征询龟壳之售价，终以五万两成交，文实以此成巨富。

这篇小说所描绘的冒险、好奇、致富无一不有趣，尤其引人注目的是它所宣扬的价值观念：人的价值取决于财产，有财方能受到尊重。文实落魄的时候，尽管多才多艺，“心思慧巧”，但贫不聊生，为人藐视。及至遇巧得宝，文实本人并无大的变化，众人见了他“寸许大”“光彩夺目”的夜明珠，却“惊得目睁口呆，伸了舌头收不进来”。惊奇、羡慕、悔恨、妒忌，五味杂陈。在展示人们对于财富舍命追逐的热情的同时，这篇故事还披露了市井商家中一种崭露头角的新秩序：“元来波斯胡以利为重，只看货单上有奇珍异宝值得上万者，就送在先席，余者看货轻重，挨次坐去，不论年纪，不论尊卑，一向做下的规矩。船上众人，货物贵的贱的，多的少的，你知我知，各自心照，差不多领了酒杯，各自坐了。”传统儒家的长幼之礼、尊卑之序，已被一种新的价值体系所取代，上下尊卑都视财富多寡而定，资本抹煞了中世纪万代不移的血缘温情，凌濛初无意间触摸到的这种新的价值取向，实则是现实主义地反映了明末中国南方经济社会里的新型人际关系。《二刻拍案惊奇》卷三七《叠居奇程客得助　三救厄海神显灵》开篇处讲道：

> 徽州风俗，以商贾为第一等生业，科第反在次着。……徽人因是专重那做商的，所以凡是商人归家，外而宗族朋友，内而妻妾家属，只看你所得归来的利息多少为重轻。得利多的，尽皆爱敬趋奉；得利少的，尽皆轻薄鄙笑。犹如读书求名的中与不中归来的光景一般。

在这样的价值观念的辐射之下，即使是人神遇合的故事，也就被赋予了新意。该篇叙徽州商人程寀、程宰兄弟在“辽阳海神”的帮助下经商致富的故事。辽阳海神虽亦有人神遇合故事中仙女通常有的艳丽姿容和过人的聪明才智，并且也一样地勇于献身。但关键在于她还有运营牟利、助人致富的先知，这一点便足使她区别于以往的神仙，而呼应了时代的脉搏。

徽商在明代拟话本小说中已经是一个独特的存在，且是一个群体的存在。“挟一缗而起巨万”是他们的人生追求，也是他们的人生楷模。在这种社会风气的影响之下，连海神也被迫改弦易辙，迎合起商人的愿望，助他们赚钱赢利了。小说中程宰经商的方式也发生了很大变化，作者总结道：“人弃我勘取，奇赢自可居。虽然神暗助，不得浪贪图。”小说借助神仙的力量表现了市场预测对商业经营的重要作用。商人程宰贩药材、贩彩缎、贩布，每次都是在卖主急于脱手、市场上无人敢接手的时候，用极低的价格买进来；没过多久，一场变故带来特殊的市场需求，程宰手上的“滞货”变成了“市场宠儿”，因此，大获其利。尽管故事充满了传奇色彩，但事实上，这无非是商人希望掌握市场规律的心情写照，海神是市场供求关系的人格化，海神指点的内容无非是掌握最新信息，预测市场需求，抓住时机，低价收购，然后在市场迫切需要时以高价销出。三次买卖中的关键是对社会需求信息掌握的及时和准确。

爱情婚姻题材也是“二拍”的主要内容，在一些作品中，女性意识得到张扬，婚姻自主的观念得到顽强的表现。《同窗友认假作真　女秀才移花接木》中的女主人公闻俊卿形象已带有时代的新特点，她知书习武，不屈服于父母之命、媒妁之言，敢于女扮男装参加科举，勇于追求自己的幸福，主宰自己的命运。《张溜儿熟布迷魂局　陆蕙娘立决到头缘》中的陆蕙娘亦是有胆有识，敢于自作主张，改变个人命运。而身为举人的沈灿若在得知蕙娘系有夫之妇时，仍对她一往情深，似乎从未考虑过女子的贞节问题。《酒下酒赵尼媪迷花　机中机贾秀才抱怨》中的贾秀才，对失节的妻子也能宽容和体谅。巫娘子误中奸计，遭歹人奸污，自觉愧对丈夫，欲以死明志，其夫贾秀才却安慰她："不要短见。此非娘子自肯失身。这是所遭不幸，娘子立志自明。今若轻身一死，有许多不便。"对女性贞节的忽略，女性主体意识的强化与男性对女性的尊重在"二拍"的一些故事中是相辅相成的。《赵司户千里遗音　苏小娟一诗正果》，述太学生赵不敏与钱塘名妓苏盼奴之间的爱情悲剧，男子为情而死，已属罕见，所爱之人又是风尘女子，则尤难能。

"二拍"全方位地表现了当时的社会生活，举凡武侠、官场、佛道、江湖，发迹变泰、男女幽期、家庭伦理、社会习俗都有细腻入微的描述，作者几乎在每一篇故事的描述中都表明了自己鲜明的立场。凌濛初生活的时代已是明之季世，各种社会弊端纷纭呈现，濒于崩溃，故凌氏对腐败现实的揭露较之冯梦龙也更加激烈，愤世嫉俗的心态往往溢于言表。如《乌将军一饭必酬　陈大郎三人重会》，开篇即云：

> 话说世人最怕的是个"强盗"二字，做个骂人恶语。不知这也只见得一边。若论起来，天下那一处没有强盗？假如有一等做官的，误国欺君，侵剥百姓，虽然官高禄厚，难道不是大盗？有一等做公子的，倚仗着父兄势力，张牙舞爪，诈害乡民，受投献，窝赃私，无所不为，百姓不敢声冤，官司不敢盘问，难道不是大盗？有一等做举人、秀才的，呼朋引类，把持官府，起灭词讼，每有将良善人家拆得烟飞星散的，难道不是大盗？

凌氏借此直指贪赃纳贿，鱼肉乡里的晚明窳败官场，疾言厉色，形于纸上。

对于元、明两朝儒林顶礼膜拜的圣贤朱熹，凌氏别出心裁，揭示其贤圣光环背后的俗人心理、凡人心态。《硬勘案大儒争闲气　甘受刑侠女著芳名》叙朱熹挟嫌嫉恨台州太守唐仲友，乃罗织罪名，穷治唐所赏识之官妓严蕊，令她诬攀仲友亵昵娼流，必欲罪之而后快。结果却事与愿违，不但未能重处唐仲友，反使严蕊声价腾涌。凌氏重在刻画名妓严蕊的才华出众、操守高洁，以其宁受笞辱也不肯诬攀士流的义举衬托朱熹嫉才使气、假公济私的卑琐，暴露出道学家的刻薄虚伪，言行不一。

就艺术而言，"二拍"的成就不如"三言"，但其结构较之"三言"更为整饬，每卷皆以工稳偶句为题目，概括情节。如《刘东山夸技顺城门　十八兄奇踪村酒肆》《错调情贾母詈女　误告状孙郎得妻》。入话与正话呈现更有机的内在联系。“二拍”的叙事语言也更趋雅化，由于谋篇布局，穿插藏闪多出自原创，故叙事风格较为统一，情节演进流畅自然，人物描写细致生动。总之，“二拍”的叙事方式、议论方式、入话与正话的衔接互补，故事整体的完整性，乃至小说的刻印、出版、发行所形成的完善体制，标志着中国古代白话短篇小说的体式达到了成熟的高度。

第三节　明代文言小说

唐传奇是中国小说史上的第一个高峰，宋代文言小说虽对唐人多有继承，但在各个方面却难以超越，文言小说创作一度沉寂，明初，随着《剪灯新话》的出现，文言小说创作再次走向繁荣。

《剪灯新话》共4卷20篇，另有附录1篇。作者瞿佑曾亲身经历了元末的大动乱，因此，对社会动乱的展示和反思成为全书最主要的话题，诸如“山东大乱”“张氏夺印”（《三山福地记》），“姑苏之围”（《华亭逢故人记》），“方氏之据浙东”（《牡丹灯记》），等等，无不成为作者塑造人物、叙述故事的重要背景。小说中成就最高的是爱情题材的作品，其中《爱卿传》《翠翠传》《秋香亭记》等都表现了青年男女要求婚姻自主的愿望，从一个侧面反映了元末战乱给人民带来的不幸遭遇。如《翠翠传》里的金定和刘翠翠，本是自主择婚、过着美满生活的恩爱夫妻，但战乱却拆散了他们，使刘翠翠成了李将军的宠妾，金定为了访妻，备经险阻，到了李将军处，却只能以兄妹相认，最后是双双殉情而死。故事情节曲折，凄婉动人。瞿佑幼年背井离乡，目睹了人世间的悲欢离合，经历了失去亲人与初恋情人的锥骨之痛，情感的幻灭使瞿佑对爱情小说的创作有了新的理解，于是就在幻想中尽情地给相爱的人以补偿。《牡丹灯记》的人鬼之恋、《金凤钗记》的离魂之情、《渭塘奇遇记》的梦中之缘、《滕穆醉游聚景园记》的时空错乱之爱，都被瞿佑认为是两性不渝之爱的极端体现。《剪灯新话》中的爱情小说在灰暗的表层基调之下泛着亮丽的底蕴，在怨艾之中夹裹着一层脉脉柔情。

瞿佑　（1347—1433）字宗吉，号存斋。钱塘（今浙江杭州）人，一说山阳（今江苏淮安）人。幼有诗名，洪武初，自训导、国子助教官至周王府长史。永乐间，因诗获罪，谪戍保安十年，遇赦放归。

《剪灯新话》的另一个主要内容是对文人命运的摹写。作品中描摹了文士穷困潦倒的尴尬处境（《令狐生冥梦录》《富贵发迹司志》）；对人世间“赂而通”，“门第而进”，“虚名而躐取”的人才体系不满，而给予大声的抗议和讥刺（《修文舍人传》）；细腻地刻画了士人在战乱的历史氛围下“贫贱长思富贵，富贵复履危机”（《华亭逢故人记》）的仕隐两难的人生困惑，以及避祸心理（《令狐生冥梦录》）。《剪灯新话》以形象的笔触谈论着士人身处乱世的仕与隐、富与贫、庸与能等重大话题，小说中文士们的困苦、无奈、挣扎、愤懑，都是一代士人寂寞无为的心灵世界的真实写照。

《剪灯新话》继承了唐宋传奇的传统，又在继承中发生了新变，为明代文言小说的繁荣奠定了基础。小说问世之后，当即引起了小说家的注意，并出现了众多效仿之作，其中影响较大的是李昌祺的《剪灯余话》和邵景詹的《觅灯因话》，后人将三书合称“三灯丛话”，简称“三灯”。

明代文言小说创作的另一个成就是中篇传奇小说的大量涌现。中篇传奇的开山之作是元代宋远的《娇红记》，到了嘉靖时期，不仅独成“一体”，而且蔚然大观。明代的中篇传奇大约有40篇，代表作主要有：《钟情丽集》《怀春雅集》《寻芳雅集》《花神三妙传》《天缘奇遇》《刘生觅莲记》《双双传》以及《五金鱼传》《传奇雅集》等。这些作品的篇幅介于长篇和短篇小说之间，字数一般多达万余言。文体上因循唐宋传奇体制，题材以家庭、爱情、婚姻为主，“语带烟花，气含脂粉”，叙事婉丽，文词华艳。它们大多独立成篇，单本印行。中篇传奇小说汲取了唐宋传奇“哀婉欲绝”的审美精神，以及叙事婉转、文辞华艳的精髓，建立了自己的叙事模式，是传奇小说史上的一大变革。它既是古代小说由短篇向长篇过渡的一个重要环节，同时也影响着后起的白话世情小说的叙事模式、审美走向。

嘉靖以后，社会上出现了一种小说汇编的风气，一批文人、书商将前人或当代的小说作品、作品集，汇辑而成总集、丛书、类书，成为小说史上一个值得注意的现象。

汇编小说的最早成果是陆采《虞初志》，这是一部以唐人传奇经典作品为主的小说选本，所选小说如《莺莺传》《霍小玉传》《南柯记》《虬髯客传》等，多为唐传奇中的名篇。《虞初志》出现后，形成了士人间竞相阅读、评点、汇编唐人传奇小说的风尚。

王世贞的《艳异编》，现存35卷本，是一部汇编了361篇作品而成的小说总集。王世贞以“艳异”统摄古今小说，既表明他对古今传奇小说的深层体悟，也凸显出《艳异编》炫目的汇编主旨。其中“艳”，取“美色为艳”“泛淫泛艳”，借指“香艳而放纵”的情事；“异”，则为“异于常也”的怪奇。因此，《艳异编》写香艳怪异，记古今传奇，成为中华古今神奇艳异故事的总汇。

嘉靖及嘉靖之后，由云间、吴郡人氏掀起了小说汇编高潮，在汇编唐宋等前朝经典作品的同时，古今兼顾，甚或今作重于古人。陆楫的《古今说海》古今并举，在收录唐人传奇的同时，也有《辽阳海神传》《中山狼传》等明人之作；顾元庆《顾氏文房小说》收汉魏唐宋小说40种，他又辑《顾氏明朝四十家小说》，以明人小说作品为主。嘉靖间吴郡袁褧《金声玉振集》收明人作品55种。这些小说汇编在保存小说文本、促进小说流传等方面都有十分重要的意义。

第九章

明代戏剧的“二水分流”

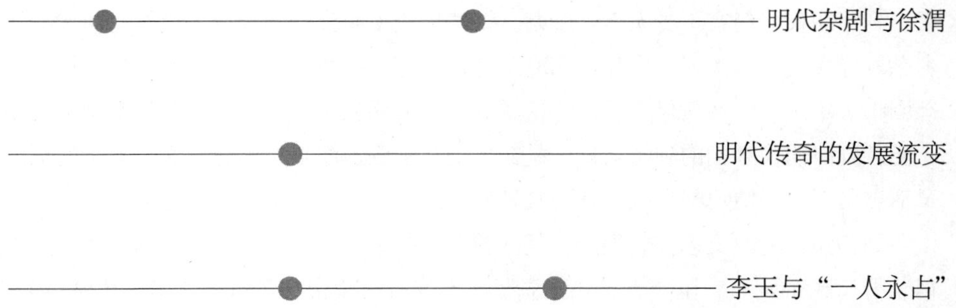

明代戏剧主要包括杂剧和传奇两种类型。总体看来，明杂剧的成就比不上元杂剧，但在当时还是有相当大的影响，明中期还出现了徐渭等个性鲜明的作家，代表着明杂剧的特色和成就。传奇则从元代的南戏发展而来，在明代中后期出现了繁荣局面，盛况压倒杂剧，占据剧坛的主流。汤显祖是明代成就最高的传奇作家，他的“临川四梦”尤其是《牡丹亭》，代表着明代传奇的最高峰。

第一节　明代杂剧与徐渭

杂剧在元代前期达到鼎盛，之后便在典雅化、案头化的过程中逐渐走下坡路了。到了明代，仍有不少人喜爱杂剧，据傅惜华《明代杂剧全目》稽考，明代的知名杂剧作家达100多人，作品达500余种，现存180种左右。这一数量与现存元代杂剧相去不远。但从质量上看，无论就社会价值或艺术水准而言，明代杂剧都比不上元杂剧。明代杂剧的独特之处，是在体制、唱腔、演唱方式等方面较元杂剧更为灵活自由，以抒情短剧和讽刺喜剧最具特色。

明初统治者对文艺控制很严，朝廷曾颁布律条，规定乐人搬演杂剧或戏文者不得装扮历代帝妃和忠臣烈士、先圣先贤，不许有亵渎帝王圣贤的言辞。虽然洪武、永乐、宣德、景泰几朝的皇帝和王公都喜好杂剧，但他们提倡的是歌功颂德、粉饰太平的作品。在这种社会政治氛围之下，成化以前出现的杂剧作品多为喜庆剧、道德剧和神仙剧，题材内容比较狭窄，缺乏动人心魄的艺术感染力。朱权和朱有燉是这一时期的代表作家，在他们的周围，还形成了一个宫廷派的杂剧作家群。

永乐前后，皇室争权夺利，斗争激烈。朱权为避祸安身，便沉浸在戏曲、音乐和道家学说之中。他精于音律，所著《太和正音谱》集戏曲史论和曲谱于一体。他自称所作杂剧12种，今存2种。其一为《冲漠子独步大罗天》，是一部神仙道化剧，写吕纯阳、张紫阳超度冲漠子入道之事。冲漠子也是朱权自己的道号，他的这

朱权

（1378—1448）字臞仙，号涵虚子、丹丘先生，是朱元璋的第十七子，死后谥『献』，世称宁献王。

朱有燉

（1379—1439）号诚斋，又号全阳子、全阳老人、锦窠老人等，是明太祖朱元璋第五子朱橚的长子，死后谥『宪』，世称周宪王。

部作品显然是用得道成仙之乐来自我慰勉。另一种《卓文君私奔相如》敷衍脍炙人口的卓文君私奔司马相如的爱情故事，对于文君之私奔表现的态度比较通达，但同时也在作品中宣扬了夫荣妻贵、天时际遇的思想。

朱有燉的杂剧31种全部保存下来，占现存明杂剧数量的六分之一，是明代杂剧史上留存作品最多的作家。其中《牡丹仙》《八仙庆寿》等10种属于粉饰太平的喜庆剧，《小桃红》《十长生》《辰钩月》等10种属于度脱入道的神仙剧，《烟花梦》《香囊怨》《团圆梦》等9种属于节义道德剧。还有《豹子和尚》《黑旋风仗义疏财》两种水浒题材的杂剧，故事与形象都和小说《水浒传》相去甚远，对于研究《水浒传》的成书与“水浒”故事的传播、演变很有参照价值。朱有燉的杂剧虽然缺少思想的锋芒，但音律谐美，文词雅炼而不失自然。尤其值得注意的是，他的杂剧在形式上突破了元杂剧的许多惯例，有五折两楔子的结构，有南北曲并用的唱腔，有独唱、对唱、轮唱、合唱等多种演唱形式，对明代杂剧的演化、发展，产生了重要的影响。

与此同时，杨讷的《西游记》杂剧6本24折，情节与后来长篇小说《西游记》也不相同，对于研究取经故事的演变有其价值。

正德、嘉靖以后，虽然杂剧创作与传奇相比还处于劣势，但随着作家对社会现实的关注和个性意识的张扬，在题材、内容上突破了伦理教化和神仙道化的狭窄范围，出现了一些抒写情性的抒情剧、嘲讽人情世态的讽刺剧和鼓吹真情的爱情剧。这一时期成就较高的杂剧作家有王九思、康海、冯惟敏、徐渭等。从剧本的艺术结构看，这一时期的杂剧形式更加灵活，有的只有一折，有的长达八九折，长短随表现内容而定。所用曲调大多是南北合套的，有的还是专用南曲的南杂剧。唱词也越来越文人化，杂剧成为文人娱宾遣兴、抒写心曲的工具，不再以舞台演出为主要目的了。

王九思的杂剧《杜甫游春》全名为《杜子美沽酒游春记》，又名《曲江春》，写杜甫春游长安，目睹安史之乱后曲江周围的萧条境况，痛责李林甫权奸误国，在典衣酤酒之后，决定拒绝朝廷翰林学士的征召，乘槎泛海，隐身避世。作者与宦官刘瑾同乡，正德五年刘瑾被诛后受牵累而罢官。这部杂剧的创作，完全是借杜甫之酒杯，浇自己之块垒。吴梅评价该剧说：“其词雄放奔肆，俨然有关、马之遗。”（《顾曲麈谈》）王九思还有《中山狼》杂剧，主题与康海同题杂剧相近，仅一折，一般认为是明代单折杂剧里最早的作品。

康海的杂剧《中山狼》取材于马文锡的文言小说《中山狼传》，是一部优秀的讽刺世情的寓言剧。该剧写主张兼爱的东郭先生冒着极大风险救了被赵简子人马所追杀的中山狼，不料这条饿狼竟要吃掉东郭先生。该剧是对世上一切忘恩负义的负心人的传神写照与绝妙讽刺。剧本的最后借杖藜老人之口，指出世人或负君、或负父母、或负师、或负朋友、或负亲戚，“你看世上那些负恩的，却不个个都是中山狼么？”流露出强烈的愤世嫉俗的情绪。该剧主题鲜明，结构严密，关目紧凑，用拟人化的手法写动物，饶有童话趣味，富于教育意义。它的出现，标志着明杂剧创作的转机。在此之后，讽刺性杂剧成为明杂剧创作的主流。

嘉靖以后的讽刺杂剧有徐复祚（1560—1630？）的《一文钱》和王衡（1561—1609）的《郁轮袍》影响较大，在戏曲史上占一定地位。《一文钱》成功塑造了一位守财奴贪婪而悭吝的形象，是明代讽刺杂剧中的佼佼者。《郁轮袍》写王推冒充诗人王维，靠巴结岐王和九公主挤掉了王维的状元，而王维看破现实，拒绝再度送来的状元桂冠，飘然归隐。还有冯惟敏（1511—约1580）的《僧尼共犯》写僧尼恋情，有一段唱词说：“都一般成人长大，俺也是爷生娘养好根芽，又不是不通人性，止不过自幼出家。一会价把不住春心垂玉筯，一会价盼不成配偶咬银牙。正讽经数声叹息，刚顶礼几度嗟呀。”表现出对禁欲主义压制下人性痛苦的深刻同情，显示出鲜明的时代个性。

这方面成就最高的是徐渭的《四声猿》与《歌代啸》。

《四声猿》取义于郦道元《水经注》“猿鸣三声泪沾裳”，猿鸣四声则愈加令人断肠泪下。计有四部独立的杂剧：《狂鼓史渔阳三弄》《玉禅师翠乡一梦》《雌木兰替父从军》《女状元辞凰得凤》。这四种杂剧长短不拘，所用曲调或为北曲，或为南曲，或南北兼用，时或采用民间小调，形式灵活自由，表现了徐渭离经叛道、追求个性自由的精神。王骥德《曲律》称：“徐天池先生《四声猿》，故是天地间一种奇绝文字。”

其中《狂鼓史渔阳三弄》写祢衡被曹操杀害后，受阴间判官之请，在阴间重演击鼓骂曹，历数曹操专权弄国、陷害忠良等种种罪恶，故俗称“阴骂曹”。作者想象中的阴府，不以生前权势的大小区分等级，于是曹操便成为一个任祢衡数骂而毫无施威能力的恶鬼。祢衡之“阴骂”比“阳骂”更为畅快，这是因为曹操已走完一

徐渭（1521—1593）字文长，号天池山人、青藤居士，山阴（今浙江绍兴）人。诗文书画俱佳，在戏剧创作与理论方面亦有卓越成就。一生坎坷，失意于科场，曾在浙闽总督胡宗宪幕府任职，参与抗倭军务。一度精神失常，晚年穷困潦倒，靠卖字画为生。后人整理有《徐文长集》。他的杂剧四种合称《四声猿》，另有荒诞剧《歌代啸》一种。

生，祢衡可以历数他一生中犯下的全部罪恶。该剧虽取材于《后汉书·祢衡传》及《三国演义》中击鼓骂曹的情节，实际上却是借古讽今，以曹操比严嵩，以祢衡比沈炼等不惧死亡与严嵩集团抗争的忠臣，强烈表达了作者对黑暗政治的控诉。全剧以判官请出祢衡为引子，最后以祢衡升作天使为尾声，中间一大段13支曲子全部是击鼓骂曹的曲词，骂得情绪激越，畅快淋漓，实际是作者积郁在心头的无限愤恨的痛快宣泄，鲜明地表现出他那种惊世骇俗、桀骜不驯的个性，在当时和后来受到人们的高度评价，堪称《四声猿》中最杰出的作品。

徐渭还有讽刺市井生活的杂剧《歌代啸》，以“张冠李戴”和“只许州官放火，不许百姓点灯”为结构框架，每出故事相对独立，以荒诞的情节讽刺世俗，调侃人生，寄寓着作者的愤世之情和伤时之痛。作为荒诞剧，徐渭任意挥洒，构思之奇特罕有伦比。

徐渭的杂剧都是他抒情写愤之作，激荡着叛逆精神与反抗意识，以惊世骇俗的个性而独树一帜。他多采用寓庄于谐的手法，在戏谑诙谐之中渗透着严肃的主题，达到了“嘻笑之骂怒于裂眦，长歌之哀甚于痛哭”的效果。他在当时和后来都产生了深远的影响，澄道人《四声猿引》称之为“明曲之第一”，汤显祖认为：“《四声猿》乃词场飞将，辄为之唱演数通。安得生致文长，自拔其舌！”（王思任《批点玉茗堂牡丹亭叙》）仅越中的徐门入室弟子就有史磐、王澹、陈汝元、王骥德等30多人。

第二节　明代传奇的发展流变

在明代剧坛上占据主流地位的不是杂剧，而是传奇。“传奇”本是指唐代文言短篇小说，元末明初也有称元杂剧为“传奇”者。自从南戏在明代规范化和广泛流行之后，“传奇”便成为不包括杂剧在内的明清中长篇戏剧的概称。明代传奇从宋元南戏发展而来，南戏又本是在村坊小曲、里巷歌谣和宋词等诸多艺术门类的基础上发展起来，在音乐和表演等方面比杂剧更为自由随意，元末明初“荆、刘、拜、杀”四大南戏和《琵琶记》等艺术成就较高的作品出现之后，南戏逐步规范化、文雅化，声腔也渐趋严密。随着昆山、弋阳、海盐、余姚“四大声腔”的发展成熟，传奇广为传播，取代杂剧，成为一代戏剧的主流。

在帝王的提倡下，明代前期出现了一些宣扬忠孝节义的作品。弘治时期的文渊阁大学士、理学家邱濬（1421—1495）创作了《五伦全备记》，写伍伦全和他的异母弟伍伦备既忠于君，又孝于父，且夫妇和睦、兄弟友善、朋友信义，是为五伦全备，不仅享尽荣华，更得超升仙界。该剧情节板滞，缺乏生活气息，徐复祚《三家村老委谈》说它“全是措大书袋子语，陈臭腐烂，令人呕秽”。但当时有较大影响，甚至在周边国家流传。

到了正德、嘉靖时期，明代传奇的发展出现了转机。李开先的《宝剑记》、梁辰鱼的《浣纱记》和相传为王世贞所作的《鸣凤记》三大传奇取得了较高成就，标志着明代传奇繁荣局面的出现。

《宝剑记》全剧共52出，取材于《水浒传》，但改动较大。作者把高俅之子图谋林冲妻子张真娘一事移到林冲发配之后，以忠奸斗争为全剧的主要矛盾，把林冲塑造为一个忧国忧民、敢于和权贵斗争的士大夫形象，他一再上本参奏高俅、童贯结党营私，祸国殃民，却落得个“毁谤大臣之罪”而被降职，但他毫无畏惧，仍然请求面奏君王，后被高俅设计陷害，误入白虎堂。这一改动，体现了作者关怀现实、希望干预朝政的热情，也表现了他对政治黑暗的深切洞察和猛烈抨击。李开先受严嵩迫害而罢职闲居，胸中郁积着块垒不平之气，借林冲之口得以宣泄。第37出描写林冲夜奔是全剧最精彩的部分，贴切地写出了林冲“专心投水浒，回首望天朝”的复杂心情，和“丈夫有泪不轻弹，只因未到伤心处”的英雄失志的悲愤情怀，至今仍在戏剧舞台上长演不衰。

梁辰鱼的传奇《浣纱记》原名《吴越春秋》，广采正史及民间传说和宋元杂剧中关于西施、范蠡的故事，写吴王夫差打败越国，俘虏越王勾践，勾践听从范蠡的建议，将范蠡的恋人、浣纱女西施进献给吴王，吴王为西施的美貌所迷惑，废弛国政，杀害忠良。三年后勾践被放回，君臣苦心经营，终于打败吴国，夫差自杀，范蠡功成身退，决心远离政治是非，携西施泛舟而去。该剧以赞扬的笔调写范蠡和西施为国家利益而牺牲自己的爱情和幸福，同时也以较大的篇幅渲染了西施成为政治牺牲品后所感受到的深切悲哀；在表彰越国君臣卧薪尝胆、艰难复国的同时，也嘲弄了吴国君臣的腐化贪婪、奸诈狠毒。范蠡建立了功勋，却也深深认识到功名富贵之不可久恃，明智地选择了功成身退。“呀，看满目兴亡真惨凄，笑吴是何人越是谁？”范蠡的慨叹，透露出作者看破历史兴亡的沧桑无奈之感，赋予作品以浓厚的悲剧意味。

《浣纱记》把爱情故事和历史兴亡两种主题自然融合，对后来的《长生殿》《桃花扇》等名剧都有所启发。梁辰鱼是被称为“昆曲之祖”的戏曲革新家魏良辅的学生，魏良辅在嘉靖时期革新昆山腔，融入海盐腔、余姚腔、弋阳腔和北曲音乐的优长，形成清柔婉折、跌宕起伏、富有艺术表现力的新昆腔，得到当时广大戏曲爱好者的推崇。梁辰鱼的《浣纱记》便是一部用改良以后的昆腔曲谱创制演出的传奇，广为流传，产生了深远的影响。

《鸣凤记》大约作于隆庆年间（1567—1572），相传为王世贞或其门人作，实无确凿证据。该剧四十一出，直接将嘉靖年间的政治斗争搬上戏曲舞台，一方面铺写严嵩、严世藩父子及其爪牙赵文华、鄢懋卿等人祸国殃民的罪行，另一方面描写杨继盛、董传策、邹应龙等十来位忠臣义士及其家人针锋相对的反严斗争，把他们前仆后继的斗争精神喻为“朝阳丹凤一齐鸣”，全剧矛盾冲突十分激烈，“记诸事甚悉，令人有手刃贼嵩之意”（吕天成《曲品》）。该剧开拓了政治悲剧现实化的创作道路，在其影响和感召下，还出现了秋效子的《飞丸记》、朱期的《玉丸记》和李玉的《一捧雪》等表现反严嵩斗争的传奇。在艺术表现上，该剧打破了传奇作品以生、旦为主的模式，生（杨继盛）、旦（张氏）在第十五出就不再出场，是明代传奇中一种颇为特殊的处理。

万历以后，明代传奇进入了百花齐放的繁荣期。传奇作家众多，许多士大夫都竞作传奇，如万历年间的汤显祖、沈璟、屠隆、梅鼎祚等，天启、崇祯间的王骥德、吕天成、吴炳、孟称舜、袁于令、阮大铖等。传奇数量多且质量高，数百种传奇都比较成功。许多作家还形成了艺术追求和理论主张相近的流派，以汤显祖和沈璟为代表的临川派和吴江派最为突出。

戏曲史上将与汤显祖声气相求和受他影响的剧作家群体称作“临川派”或“玉茗堂派”，其中成就较高的有吴炳、阮大铖和孟称舜。擅长描摹男女情爱，曲文绮丽，构思奇幻，富有浪漫气息，是他们的共同特点。

沈璟所著《南词全谱》（又称《南九宫十三调曲谱》），在前人曲论的基础上对南曲700多个曲牌进行考订，规范曲牌的句法、音韵、板眼，流行一时，成为曲家制曲和演唱必备的法则。他论曲强调协律，主张曲文要“本色”，“宁协律而不工，读之不成句，而讴之始叶，是曲中之工巧”（吕天成《曲品》）。他的主张对于纠正传奇创作中不合音律、脱离舞台的弊病有积极意义，但过于强调合律，便易于束缚作者的才情。他曾因汤显祖的《牡丹亭》不合昆腔音律而将其改为《同梦记》，引起了汤显祖的不满，导致了著名的“汤沈之争”。沈璟创作和改编的传奇有17种，合称“属玉堂传奇”，现存《红蕖记》《双鱼记》《桃符记》等7种。其中《义侠记》为其代表作，写武松故事，从景阳冈打虎开始，写到上梁山，中间添加武松妻贾氏与母亲寻访武松，路遇孙二娘等情节，对后来的武松打虎戏影响较大。

沈璟（1553—1610）字伯英，别号词隐，吴江（今属江苏）人，万历二年（1574）进士，官至禄寺丞，后辞官回乡，家居30年，潜心研究词曲，创作、理论都有成就。

随着戏曲创作的繁荣，晚明时期在戏曲整理与出版方面也卓有成绩。臧懋循的

《元曲选》、毛晋的《六十种曲》、沈泰的《盛明杂剧》，以及《词林一枝》《摘锦奇音》等通俗戏曲选刻本的流传，对后来的戏曲创作与演出产生了深远的影响。

第三节　李玉与“一人永占”

晚明到清初，苏州活跃着一批戏剧作家，如李玉、朱素臣、朱佐朝等，他们的作品在创作题材上，较为关注社会现实，多为政治剧和时事剧；思想倾向上，主张“事关风化人钦羡”“节孝忠贞万古传”，突出表现道德情操与个人欲望的冲突，抨击世风的浇薄，讴歌高尚的道德和操守，有强烈的伦理教化色彩；作品形式上，他们精通音律，又是演艺中人，注重舞台演出效果，少有案头剧不能演出的弊端，将平民文化与士大夫文化熔铸一体，又扎根于平民文化土壤之中。

苏州派代表剧作家是李玉（1591？—1671），字玄玉，号苏门啸侣、一笠庵主人，江苏苏州人。他出身于明万历间大学士申时行的“家人”，“为申公子所抑，不得应科试，因著传奇以抒其愤”。（焦循《剧说》）入清后，“绝意仕进”（吴伟业《北词广正谱序》）。有传奇33种，今存18种。最著名有《一笠庵四种曲》（《一捧雪》《人兽关》《永团圆》《占花魁》，称作“一人永占”）和《清忠谱》（与人合写的政治时事剧）。

《一捧雪》写明代嘉靖年间权相严嵩之子严世蕃为谋取莫怀古的传家宝玉杯“一捧雪”而陷害莫怀古的故事。该剧博采有关严嵩父子的各种传闻，尤其是王世贞《鸣凤记》的记载，又能独出机杼。剧中的汤勤是写得较为丰满的人物，他巴结权贵，阴险狠毒，为了攀结严世蕃，竟卖友求荣，出谋献策，将以前的恩人莫怀古置于死地。《人兽关》写桂薪的忘恩负义，抨击明末世态炎凉，道德沦丧。《永团圆》写金陵书生蔡文英与少女江兰芳的姻缘离合，以喜剧手法写江兰芳之父江纳嫌贫爱富的种种丑态，贬斥他的势利。《占花魁》根据《警世通言·卖油郎独占花魁》改写，叙写莘瑶琴和秦重的风情际遇，这些内容是置于北宋末年金兵入侵和国家兴亡的历史背景中，使得离合之情与兴亡之感紧密结合，这种艺术构思上承《浣纱记》，下启《长生殿》和《桃花扇》的创作。

入清后，李玉与叶时章、毕魏、朱素臣共同创作了《清忠谱》。该剧2卷，二十五折，以东林党人和苏州人民反抗阉党魏忠贤黑暗统治的斗争为题材，以周顺昌为主线，将杨涟、魏大中、左光斗等人的遇难事件穿插其中，歌颂了周顺昌等东林党人的正义斗争和颜佩韦等五人舍生取义的高尚节操，反映了晚明社会市民阶层的壮大，抨击了魏忠贤党羽祸国殃民的罪行，具有鲜明的时代性和政治性。剧中主人公周顺昌具有“既清且忠”的理想人格。“清”表现在居官清廉，作者称“只留得清风如剪”“高风盖世真堪羡，清名亘古称独擅”。“忠”表现为一心向社稷。他一出场就表白“忠孝自根心，君亲魂梦钦”。感伤“怎奈君门万里，空流血泪千行，一点孤忠，徒付数声长叹”。

作品还成功塑造了新兴的市民群体，代表人物形象是颜佩韦。他有胆识，重义气，在李王庙前听书时，听到韩世忠被害，就大闹书场。听到官府将逮捕周顺昌时，愤怒道：“公愤冲天难宁耐，怎容得片时捱，任官旗狼虎威风大，俺这里呼冤叫枉，喧天动地，管教你一霎扫尘霾。”对于像颜佩韦这样的市民群众参与政治斗争的高昂热情，作者予以了高度的同情和赞颂，在中国戏剧史上，这是第一次。这对于清初苏州文人与百姓反抗暴政，不无激励、示范作用。

入清后，李玉的创作兴趣由关注世态人情转向朝政纲常，并反思历史。除《清忠谱》之外，还有《千忠戮》（又名《千钟禄》）。该剧描写明初燕王朱棣以武力夺取帝位，建文帝朱允炆和大臣程济化装僧道逃亡西南的故事。全剧慷慨悲凉，《惨睹》一出中的〔倾杯玉芙蓉〕，尤为知名。这是建文帝与程济逃亡时的一段唱曲，生扮建文帝，小生扮程济，全曲苍凉悲壮，抒情、叙事与表演融为一体，将建文帝的心情表达得酣畅淋漓：

> （生唱）收拾起大地山河一担装，（小生合唱）四大皆空相。历尽了渺渺程途，漠漠平林，叠叠高山，滚滚长江。（生白）我自吴江别了史徒出门，师弟两人，一路登山涉水，夜宿晓行。一天心事，都付浮云；七尺形骸，甘为行脚。身作闲云野鹤，心同槁木死灰。（唱）但见那寒云惨雾和愁织，受不尽苦雨凄风带怨长。（生白）徒弟，前面是那里了？（小生）是襄阳城了。（生）是襄阳城了，咳！（唱）雄城壮，看江山无恙，谁识我一瓢一笠到襄阳！

这段唱词与后世《长生殿》中李龟年〔南吕·一枝花〕“不提防余年值乱离”的唱曲，都是人们感慨乱离而广为传唱的名曲。

第十章

《牡丹亭》与汤显祖的戏剧生涯

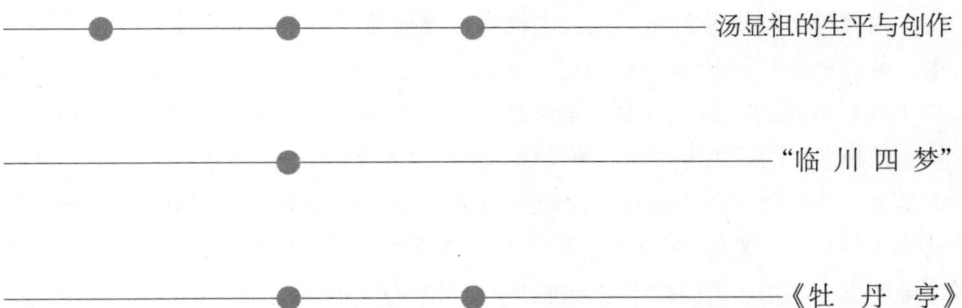

明代戏曲相当繁荣，作家作品的数量较之元代并不逊色，但论及剧作的文学水平，却只有一部《牡丹亭》堪与《西厢记》比肩。这部作品不仅词章华美，深情曲衷，而且其中表现出的“情可以使人死，情可以使人生”的文艺观，也成为晚明启蒙思潮的一面思想旗帜。

第一节　汤显祖的生平与创作

汤显祖（1550—1616），字义仍，号海若、若士，别署清远道人、茧翁，临川（今属江西）人。他的一生历经了嘉靖、隆庆、万历三朝，朝政腐败、社会动荡，内忧外患均十分沉重，士大夫欲有所建树而不可得。他出生在一个书香门第，从他的高祖到他的父亲四代为文，虽然没有做官，在当地却很有声望。他早年就有很高的文名，21岁参加江西乡试，考得第八名举人。由于不肯阿附权贵，他在后来的进士考试中一再受挫。据说内阁首辅张居正想让他作为自己儿子的陪考，许愿让他高中鼎甲，他断然拒绝，说：“吾不敢从处女子失身也。”（邹迪光《临川汤先生传》）直到张居正去世之后的第二年即万历十一年（1583）他才考中进士。新任内阁辅臣张四维、申时行想拉拢他，他也断然拒绝，因而失去了被选为庶吉士的机会，被安排到南京做一名太常博士。当时江南水旱相继，瘟疫流行，关怀现实的汤显祖目击民间的种种惨状，在万历十九年（1591），他向朝廷上了一道《论辅臣科臣疏》，直接抨击内阁首辅申时行等人。该疏震动朝野，更激怒了皇帝和内阁大臣。他因此被贬谪到远在雷州半岛的徐闻县做典史。两年后，他升转为浙江遂昌知县。在遂昌五年，他驱除虎害、压制强豪、劝学兴教，还在除夕放囚犯回去和家人团聚，积极推行他的“仁政”理想，为政佳声遍传两浙。但由于他始终不与当权者为伍，一直没有获得升迁的机会。由于看清了朝政的腐败，加上丧失子女的打击，他的为政之心渐趋灰冷，在万历二十六年（1598）辞官返乡，隐居著述，以至终老。

汤显祖少年时期师从泰州学派的罗汝芳，从他那里接受了近乎“异端”的思想影响。在南京作官的时候，他佩服王学左派的后期代表李贽，又与达观禅师（即紫柏）交往密切。李贽与达观被称作晚明的“两大教主”（《万历野获编》卷二七），汤显祖也把他们视为一“杰”、一“雄”，说“寻其吐属，如获美剑”（《答管东溟》）。与他们一样，汤显祖反对程朱理学对人性的桎梏，张扬个性，肯定真情，认为“情有者理必无，理有者情必无”（《寄达观》）。在人生屡遭挫折之后，他也以佛、道虚无主义的观点看待尘世，但又不能完全排遣内心的忧愤。他的传奇“临川四梦”正是他的复杂思想与独特个性的形象展示。

汤显祖的诗文很出色，但在戏曲方面的成就更高。他的传奇作品“临川四梦”又称“玉茗堂四梦”，包括《紫钗记》(《紫箫记》的改本)、《牡丹亭》(又称《还魂记》)、《南柯记》、《邯郸记》。其中《牡丹亭》代表汤显祖传奇创作的最高成就。

第二节 “临川四梦”

《紫箫记》现存三十四出，是汤显祖的早期作品，取材于唐人蒋防的传奇小说《霍小玉传》，创作未完，后改为《紫钗记》，共五十三出，情节有所改动，把霍小玉写成良家女子，写她与李益两情相悦，终于结为夫妇。该剧结构稍显散漫，虽已显示出汤显祖驾驭曲文的能力，但未脱骈俪化之痕迹，不够本色晓畅。

《南柯记》取材于李公佐的传奇《南柯太守传》，写淳于棼梦入蚁穴“大槐安国”，成为当朝驸马。其妻瑶芳公主为他求官，使他由南柯太守升为右丞相。夫人因惊变病亡后，他在宫中淫佚腐化，受到“非俺族类，其心必异”的谗言中伤，被遣送回人世。醒来之后，淳于棼尽管发现他的情缘和官运都是在蚁穴中发生，还是恋恋不舍，在清斋燃指，破生死、人蚁之隔，与公主的幽魂重会。后经契玄禅师度脱，斩断情缘。该剧标志着汤显祖对于人的自然情性的深刻反思：如果说淳于棼在现实中受压抑而变身为蚁是人性的异化，那么，他在宫廷中的淫乱则是更深层次的异化。该剧宣扬佛教的文字过多，结构显得较为散漫。

《邯郸记》据沈既济的《枕中记》改编而成。写穷困的卢生在邯郸旅舍遇道士吕洞宾授他一枕，遂进入梦乡。在梦中娶名门之女，凭着贿赂考中状元，作了20年宰相，封国公，官加上柱国太师。一梦醒来，店中黄粱方熟，遂悟破人生，随吕洞宾出家。剧中写卢生为追求功名富贵而不择手段，所建“功业”多荒唐无稽，如以“蒸盐煮醋”法开通河道，以“御沟红叶之计”大破吐蕃，实乃对于当朝大臣视为政如儿戏的绝妙讽刺。该剧的创作基于作者多年仕宦生涯中对官场倾轧、科举腐败、官僚奢侈等情况的洞察，深刻地揭示和批判了明代官场的黑暗，也表现了作者对政治的彻底失望、对现实的愤激和理想破灭之后的苦闷。

第三节 《牡　丹　亭》

《牡丹亭》原名《还魂记》，写成于万历二十六年（1598），共五十五出，是明代传奇中少有的长篇。故事梗概是：南安太守杜宝请腐儒陈最良教授才貌端妍的女儿丽娘读书，读《诗经·关雎》，丽娘受到启发而春心萌动，又到后花园寻春，睡梦中与书生柳梦梅在牡丹亭畔幽会，从此愁闷消瘦，一病不起。她在弥留之际请求把她葬在花园的梅树下，嘱咐丫环春香将其自画像藏在太湖石底。其父升任淮阳安抚使，委托陈最良葬女并修建"梅花庵观"。三年后，柳梦梅赴京应试，借宿梅花庵观中，在太湖石下拾得丽娘画像，发现丽娘便是他梦中的佳人。杜丽娘魂游后园，和柳梦梅再度幽会。柳梦梅掘墓开棺，杜丽娘起死回生，两人结为夫妻，前往临安。陈最良看到杜丽娘的坟墓被掘，进京告发柳梦梅盗墓之罪。柳梦梅在临安应试后，受杜丽娘之托，送家信传报还魂喜讯，却被杜宝囚禁。此时朝廷放榜，柳梦梅中状元，但杜宝拒不承认女儿的婚事。最后皇帝做主，令杜丽娘和柳梦梅结合。

关于《牡丹亭》的题材来源，汤显祖在《题词》中说："传杜太守事者，仿佛晋武都守李仲文、广州守冯孝将儿女事。予稍为更而演之。至于杜守收拷柳生，亦如汉睢阳王收拷谈生也。"李仲文事见《搜神后记》卷四，冯孝将事见《异苑》卷八，汉睢阳王事见《搜神记》卷一六，他们的女儿都因钟情于男子而希望自由结合、还魂复生。其实对他影响最大的是明代的话本小说《杜丽娘慕色还魂》。《牡丹亭》的故事在该小说中已具雏形，但意在讲述一个还魂复生的凄艳故事，缺乏丰厚的主题意蕴。经过汤显祖的再创作，在以下几个方面改动之后，使这一故事具有了

青春版《牡丹亭》舞台剧照

崭新的思想意义：其一是改变小说中杜、柳两家门当户对的关系，杜宝从太守升任宰相，柳梦梅则仅是一个穷书生；其二是把小说中缺乏性格和行动的杜宝、连名字都没有的教书先生加重笔墨，塑造为严正的封建卫道士；其三是淡化小说中杜丽娘的淑女色彩，突出其敏感多情、追求自由和爱情的叛逆性格；其四是着意描写了两人结合的曲折历程，突出了自由爱情所受到的社会、家庭的阻力，同时也彰显了男女主人公对爱情的执著精神。

《牡丹亭》成功塑造了杜丽娘这一追求自由与爱情的女性形象，细腻地描绘了她叛逆性格的形成与发展。她处在一个压抑自由人性的生活氛围里：父亲"一味做官，片言难入"（王思任《批点玉茗堂牡丹亭序》），母亲深受封建礼教毒害而不自知，他们按照贤妻良母的标准要求丽娘，要她将来嫁人"知书知礼，父母光辉"。父亲听说她偶尔春困昼眠，便大加呵斥；母亲见她裙子上绣着成双的花、鸟，便害怕引动她的情思；父亲为他请的老师陈最良，也就是她所接触的父亲之外的唯一男人，却是个冬烘透顶的老学究，60多岁仍然是个穷酸秀才，从不反思自己所走的人生道路，还宣称"从不曾晓得伤个春，从不曾游个花园"。在这样的环境里，丽娘的性格自然有温良贤淑的一面，她捧酒侍奉父母，能记诵男女《四书》，与陈最良第一次见面就提出为师母绣一双绣鞋；她"不向人前轻一笑"，从未去后花园领略大好的春光。但她没有泯灭的自然天性也在不断成长。当她在后花园发现生生不息的自然春光时，蓦然间感到生命的寂寞，感到无人慰解的苦闷。这段心理描写是最为人称道的地方：

〔步步娇〕（旦）袅晴丝吹来闲庭院，摇漾春如线。停半晌、整花钿。没揣菱花，偷人半面，迤逗的彩云偏。（行介）步香闺怎便把全身现！（贴）今日穿插的好。

〔醉扶归〕（旦）你道翠生生出落的裙衫儿茜，艳晶晶花簪八宝填，可知我常一生儿爱好是天然。恰三春好处无人见。不隄防沉鱼落雁鸟惊喧，则怕的羞花闭月花愁颤。（贴）早茶时了，请行。（行介）你看："画廊金粉半零星，池馆苍苔一片青。踏草怕泥新绣袜，惜花疼煞小金铃。"（旦）不到园林，怎知春色如许！

〔皂罗袍〕原来姹紫嫣红开遍，似这般都付与断井颓垣。良辰美景奈何天，赏心乐事谁家院！恁般景致，我老爷和奶奶再不提起。（合）朝飞暮卷，云霞翠轩；雨丝风片，烟波画船——锦屏人忒看的这韶光贱！（贴）是花都放了，那牡丹还早。

〔好姐姐〕（旦）遍青山啼红了杜鹃，荼蘼外烟丝醉软。春香呵，牡丹虽好，他春归怎占的先！（贴）成对儿莺燕呵。（合）闲凝眄，生生燕语明如翦，

呖呖莺歌溜的圆。（旦）去罢。（贴）这园子委是观之不足也。（旦）提他怎的！（行介）

〔隔尾〕观之不足由他缱，便赏遍了十二亭台是枉然。到不如兴尽回家闲过遣。

青春的躁动使她在梦中与情郎相会了：杜丽娘因感春而入梦，在梦中与柳梦梅相会，以自然人性中必有的情望开端，她体验到情郎的千般怜惜、万种温存，虚幻的梦境开启了她少女的情窦，使她不能忘怀。梦醒之后，回到无情的现实之中，她倍感痛楚，于是反复去寻求那虚幻的梦境。执着而徒劳的追寻使她一病不起，这时她的性格已不再是温良贤淑的大家闺秀，而是带有叛逆色彩的对于自由和爱情的追求者。为情而死，是杜丽娘性格的一次升华。对她而言，死并不可怕，反倒是实现爱情理想的新起点。她身为鬼魂，对柳梦梅仍旧一往情深，且敢于向阎王殿下的胡判官诉说感梦而亡的全部经过。在历尽艰阻之后，她又为情复生，终于与柳梦梅在现实中结合。为情再生，是她性格的又一次升华。汤显祖在《牡丹亭》的《题词》中说："如丽娘者，乃可谓之有情人耳。情不知所起，一往而深。生者可以死，死可以生。生而不可与死，死而不可复生者，皆非情之至也。"杜丽娘的由生而死、由死而生，体现了"至情"的力量是多么强大。剧本的结尾写柳梦梅中状元，皇帝亲自主婚，未免落入了大团圆结局的俗套。但回到现实之中的杜丽娘敢于在朝堂之上公然对抗父亲的严命，敢于向皇帝诉说自己的心曲，又可以说是她的性格的再一次升华。

《牡丹亭》中其他人物也都写得很成功，如丫环春香的天真、活泼与直率、柳梦梅的痴情、纯情与无所畏惧，杜宝夫妇、陈最良、石道姑等人也都各有特色，并对杜丽娘形象的塑造起到了烘云托月的作用。

在艺术上，《牡丹亭》的最大特色是浓郁的浪漫气息和抒情色彩。剧本的主要情节是离奇的，用看似荒诞的情节来表现"情之必有"的人生理想。剧本的大量唱词是主人公的内心独白，写得深情绵邈，富有诗情画意，具有抒情诗一般的感染人心的力量。

《牡丹亭》一上演便受到广大民众的欢迎，"家传户诵，几令《西厢》减价"（沈德符《顾曲杂言》）。作者张扬至情，肯定自然人性，肯定情与欲的完美结合，对于提倡贞节纲常的传统道德观念以猛烈的冲击。剧作的鲜明的时代精神感动了无数个"杜丽娘"，鼓舞她们去追求自由与爱情。据记载，娄江女子俞二娘读《牡丹亭》后，层层批注，深为所感，年仅17岁便自伤而亡。杭州女子冯小青的绝命诗说："冷雨幽窗不可听，挑灯闲看《牡丹亭》。人间亦有痴如我，岂独伤心是小青？"杭州演员商小玲上演《寻梦》时竟然气绝而亡。这些记载，无不可以视为《牡丹亭》富有强大感染力的注脚。

第八编　清代文学

绪　言

1644年，李自成攻陷北京，崇祯帝自缢身亡。清军在吴三桂的协助下，打败李自成军，定都北京，揭开了中国最后一个封建王朝的序幕。清王朝定鼎北京后，经过四十余年征战，最后完成了全国的统一，建立了强大的封建帝国。为了巩固政权，清王朝在政治、军事、经济、文化等方面采取了一系列措施，国力强盛，版图辽阔，到康熙至乾隆时期，达到了清帝国昌盛的顶点，史称“康乾盛世”。嘉庆以来，社会矛盾日益加深，统治腐败，西方列强入侵中国，社会性质发生根本性的变化，中国历史进入近代。

清代是一个总结的时代。

由于居于中国古代社会的终端，在这一特殊的历史位序中，历代思想文化的成果都成为这一时代才俊之士借鉴的对象，从而使得清文化在很多方面体现出总其大成的面貌。

清代又是一个转变的时代。

清初，西方的科技及思想即已有相当的传播、影响。传统的学术思想受到社会政治生活“天崩地解”的巨变的冲击，也有一些前所未有的气象出现。而到了道、咸以后，一方面是西学东进，一方面是中国传统文化的艰难挣扎，两种异质文化碰撞、融汇，更促进了中国文化的蜕变、更新，渐次获得了与传统既相关联又迥乎不同的新的内容与性质。

这两个基本的特质，无论在俗文学还是在雅文学的创作中，都留下了十分明显的印记。

而作为文学史的背景，清代读书人的生存状态与精神状态则更是我们关心的重点，决定此状态的诸因素中，以下三方面最为重要并具有时代之特色：

第一是异族入主与民族压迫。清初很长一段时间里，士人们对新王朝的拒斥心理不能彻底消除，“欲哭不敢，诗即何罪”（金圣叹语），便纷纷借助文学来抒写心底的郁懑，从而形成了中国文学史上罕见的孤愤兴寄的创作主潮。随着清王朝政策的调整，激烈的民族反抗情绪淡化下去，但是民族压迫的阴影却伴随着这个王朝的始终。这既表现在制度上，又表现在屡兴大狱上，从而对文人中长期弥漫的感伤思潮产生相当的影响。

第二是强力的思想统治与事实上的思想分化。清初统治者将对思想学术的控制和文字狱交相为用，一改中晚明竞相标新立异的士林风气，以致出现“万马齐喑究可哀”（龚自珍语）的局面。而主流意识形态越是强硬，越促使才俊之士遁入消极拒斥的行列。如以考据为特征的所谓“汉学”，汉学家们固然有钻入故纸堆逃避政治的一面，也未尝没有鄙薄当朝功令及其衍生的“宋学”、时文的意味，而“汉学”发展至今文经学后，其中已经蕴含着改革变法的异端因子了。另一方面，王学的余绪在文人中迄未断绝。无论是清前期的王士禛、朱彝尊、方苞、廖燕，还是中期的袁枚、张问陶、孙原湘，都有直接或间接肯定阳明之学的言论，而在他们的文学创作与批评中，也还程度不同地呈露出明人“童心”“性情”“性灵”等主张的影响。可以说，清代文学的生机泰半由此而生。

第三是朝廷主导的大规模文化建设。自康熙至乾隆的百余年间，朝廷笼络大批知识分子，大规模地编纂类书、丛书，如《康熙字典》《渊鉴类函》《佩文韵府》《古今图书集成》《全唐诗》《子史精华》，以及现存最大的丛书、79 000多卷的《四库全书》等，都是规模空前的文化建设。一方面，这是对汉族士人实行思想统制的重要方式，目的是消除知识分子的反抗意识；另一方面，大规模的图书修纂，客观上促进了学术的发展，对于清代朴学的形成和发展有着一定的影响，也给一般读书人带来“盛世”的感觉。

清代文学大致可分为三个时期，自清入关至雍正末年（1644—1735）为前期，自乾隆初年至道光十九年（1736—1839）为中期，自鸦片战争爆发至“五四”新文化运动开始（1840—1919）为后期。

第一个时期是晚明文学的余绪与新朝文学的兴起交替阶段。在诗文领域，顺治到康熙前期的二三十年间，可以说是晚明文学的余绪与孤愤兴寄的创作潮流交互主导的时期。这时候的文坛领袖钱谦益、吴梅村等都是晚明诗文坛的主将，文坛所关心的“宗唐”“宗宋”之类话题也是从晚明沿袭过来的。钱、吴等人虽为贰臣，但文学创作却充满故国之思，与遗民们的孤愤兴寄之作彼此呼应着，成为诗文领域的最强音。小说领域也是同样。一方面晚明开端的“才子佳人”小说进入创作高潮阶段，另一方面出现了《水浒后传》《续金瓶梅》等寄托孤愤的作品。康熙中后期到雍正末，则是文坛“换代”的半个世纪，钱谦益、吴梅村、李渔、金圣叹等相继谢世，新一代的文坛领袖王士禛、朱彝尊、方苞等开始“主盟”，创作的题旨也有了明显的转移。“神韵”派的诗歌、桐城派的散文成为主流，而词坛陈维崧、朱彝尊、纳兰性德的成就显示了宋词之后的另一艺术高峰。小说、戏剧领域则出现了《聊斋志异》《桃花扇》《长生殿》这样代表清代文学水平的巨著。

第二个时期是清文学的高峰阶段。这一阶段的代表作《红楼梦》既是白话小说的顶峰之作，又涵摄了两千余年的典雅文化的精华。另一部小说巨著《儒林外史》也是别开生面之作。诗文领域则有“性灵派”风骚一时，其领袖袁枚的影响持续了十余年。而“格调派”、“肌理派”也先后继兴。词学方面，张惠言编选《词选》，宣扬自己的“兴寄”主张，开始产生广泛影响。桐城派的姚鼐借鉴戴震之说以“义理、考据、词章”三者兼顾来要求古文写作，标志着桐城派散文进入一个新的发展阶段。

第三个时期是转折阶段，或称近代文学阶段。随着西方列强入侵和大规模的西学东渐，维系传统社会的儒家价值体系遭到冲击，传统中国遭受前所未有的危机。作为精神文化的一部分，近代文学深度介入了这一进程，其本身也成为建立新的民族国家活动的一部分。近代文学最显著的特征是鲜明的时代色彩和现实指向。鸦片战争前后，龚自珍首开风气，其诗词文都有别开生面的气象。魏源等也与之呼应。甲午战后，谭嗣同、康有为、梁启超等主张文学救国，掀起了诗界革命、文界革命到小说戏曲革命。与此同时，文学的商业化和都市化现象也日渐显著，市民阶层的文化需要，大量报刊和平装书的出现，改变了传统文学的运行机制，左右了近代文学的发展方向。晚清的半个多世纪承旧启新，为现代文学的到来打下了多方面的基础。

第一章

清代诗歌

清初诗歌与“三大家”

遗民诗

王士禛与康熙诗坛

乾嘉诗风

龚自珍与诗风新变

“宋诗派”和“同光体”

清末诗坛与诗界革命

中国古代诗歌发展到清代进入了又一个新的阶段。诗人队伍的膨胀、诗歌创作的高产、诗学理论的集大成、诗法艺术的融会交贯，形成了清诗独特的状貌。而且，它上承明代诗歌，下启近代诗歌，是中国诗歌由古而近、由近而今演进历程中的一个关键环节。以特殊的思想文化背景而言，从清初以诗写心，到清中期以诗逞学，到清末以诗昌言社会变革，清诗具有深厚的时代内涵也值得充分肯定。

第一节　清初诗歌与“三大家”

清初诗坛承明末之绪，诗派星布，诗家纷出。举其要者有以钱谦益为代表的虞山诗派，以吴伟业为代表的娄东诗派，以陈子龙为代表的云间诗派，以陆圻为代表的西泠诗派，以屈大均为代表的岭南诗派，以李邺嗣为代表的甬上诗派，以宋琬为代表的山左诗派等。受由明入清政治因素影响，清初诗人被特定地区分为两种截然不同的身份：一是遗民诗人，顾炎武、王夫之、归庄、屈大均等为其翘楚；二是仕清诗人，钱谦益、吴伟业、龚鼎孳即所谓“江左三大家”乃其巨擘。两类人物中，前者主要是清学之开山，诗歌也有突出的贡献；后者则为清诗之开山，于清学虽有一定影响，但远不及通常所说的“顾、黄、王”那样沾溉百代，世为宗师。

清诗之所以由仕清诗人奠基，这是由清代政治走向决定的。加上钱谦益、吴伟业等人在明清之际文坛中的个人地位和影响，以及他们在诗歌理论和创作方面所取得的杰出成就，他们成为清诗的领军人物已是必然。

《清史稿·文苑传》说：“明末文衰甚矣，清运既兴，文气亦随之一振，谦益归命，以诗文雄于一时，足负起衰之责。”钱谦益在诗歌方面起明之衰并开清诗风气，首先是对明代中后期以来主持诗坛的两大诗派进行了批判和矫正：他一方面厌弃前后七子复古派之优孟衣冠，诋为伪体，力矫其肤廓诗风；另一方面对“公安—竟陵”一脉同样深为不满，认为公安

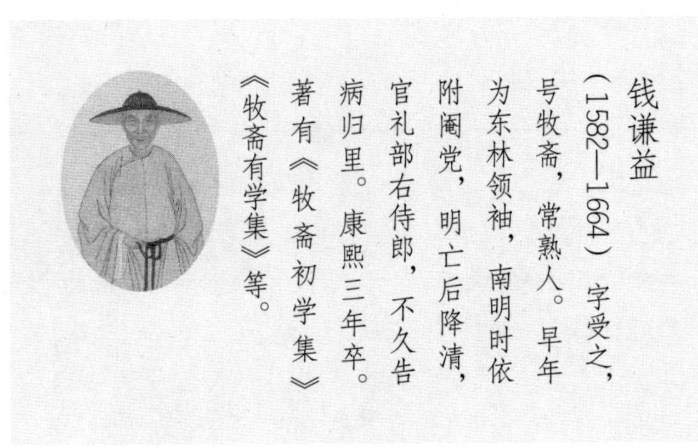

钱谦益（1582—1664）字受之，号牧斋，常熟人。早年为东林领袖，南明时依附阉党，明亡后降清，官礼部右侍郎，不久告病归里。康熙三年卒。著有《牧斋初学集》《牧斋有学集》等。

派“矫枉过正，于是狂瞽交扇，鄙俚公行，雅故灭裂，风华扫地”（《列朝诗集小传》丁集中“袁稽勋宏道”），至于“竟陵派”则斥之为“鬼趣”“诗妖”，以为“浸淫三十余年，风移俗易，滔滔不返”者实乃钟、谭之罪（同上，“钟提学惺”）。这种对明诗批判矫正的做法，使之致力于探讨有别于复古之诗与性灵之诗的另一种可能性，从而成功地开创了诗歌发展的一条新道路，所谓清诗之奠基也正是由此而完成的。

钱谦益在诗歌创作方面取得了卓越成就。他的诗，对于明清之际那段特殊历史来说具有“诗史”的价值，对于诗人自身坎坷的人生行迹和复杂的情感心态来说则有“心史”的意义，突出体现了“诗史”与“心史”融为一体的特点。《西湖杂感二十首》序曰：“想湖山之佳丽，数都会之繁华。旧梦依然，新吾安往？况复彼都人士，痛绝黍木；今此下民，甘忘桑椹。侮食相矜，左言若性。何以谓之？嘻其甚矣！”黍离之悲，见于言表；言之戚戚，千载有声。顺治十六年（1659），郑成功率师入长江，兵临南京城下，给诗人带来了极大的喜悦。《金陵秋兴八首次草堂韵》其一写道：“杂虏横戈倒载斜，依然南斗是中华。金银旧识秦淮气，云汉新通博望槎。黑水游魂啼草地，白山新鬼哭胡笳。十年老眼重磨洗，坐看江豚蹴浪花。”诗中满怀对南明中兴的希望。但随着反清大业的相继失败，钱谦益的复明心愿终化为泡影，这使得其垂暮之年的作品更显沉郁哀婉，不忍卒读。如：“海角崖山一线斜，从今也不属中华。更无鱼腹捐躯地，况有龙涎泛海槎。望断关河非汉帜，吹残日月是胡笳。嫦娥老大无归处，独倚银轮哭桂花。”（《后秋兴之十三》其二）这时，东南和西南的反清势力都已彻底失败，郑成功和鲁王朱以海先后死于台湾，桂王被吴三桂杀害于昆明。持续近二十年的复明运动至此即告终结。“鼠忧泣血，感恸而作”（《后秋兴之十三》题注），诗中传达出的那种心境何其悲凉。康熙三年（1684），饱经沧桑、心系故明的诗人走完了人生的最后时刻，他留下的诗篇被永远定格在一个特殊的时间点上，获得了一种时代意义和审美价值。

在清初诗坛，地位与钱谦益相当的大诗人是吴伟业，二人并称“钱吴”。

与钱谦益一样，吴伟业也经历了明清易代的历史巨变，后出仕清廷，虽事出被迫，但气节有亏，则与钱谦益无异。所以，他的心迹及诗歌创作同样反映了时代变迁带来的显著变化。《四库全书总目提要》论其诗曰：“其少作大抵才华艳发，吐纳风流，有藻思绮合、清丽芊眠之致。及乎遭逢丧乱，阅历兴亡，激楚苍凉，风骨弥为遒上。暮年萧瑟，论者以庾信方之。其中歌行一体，尤为擅长。格律本乎四杰，而情韵为深；叙述类乎香山，而风华为胜。韵协宫商，感均顽艳，一时尤称绝调。其流播词林，仰邀睿赏，非偶然也。”（卷一七三“梅村集提要”）这较为精要地概括了吴伟业之诗的两次转变、三个阶段，其诗风总体上由艳绮到苍凉，正是作者所历人生轨迹和心路历程的折射。

以歌行写史事，是吴伟业诗歌的重要特点。所谓“梅村体”，一般讲的就是吴伟业在取法初唐四杰和中唐元、白基础上创造的一种新型歌行体叙事诗。分而言之，则包括这样几个方面：一是长于叙事。写历史兴亡，具有重要的诗史价值，在艺术手法上，叙事写人往往融合明代传奇曲折变化的戏剧性，体现情节的传奇化特点，使叙事诗发展到一种新的高度。二是工于歌行体。吐辞哀艳，声情骀宕，苍凉激楚，古今独绝，在中国诗歌史上堪称歌行体的一座新丰碑。三是用典。王国维《人间词话》指出：“梅村歌行，则非隶事不办。”

吴伟业（1609—1671）字骏公，号梅村，太仓人。复社名士，入清后一度辞官隐居，后出仕，任国子监祭酒，晚年家居不仕。有《吴梅村集》。

吴伟业之诗，大体亦分写史与写心两类。写史者，即赵翼所说：“梅村身阅鼎革，其所咏多关于时事之大者。”（《瓯北诗话》卷九）以直言敢谏的明臣黄道周为题材的《殿上行》，咏福王朱常洵事的《洛阳行》，描写明末满、汉之战的《临江参军》《松山哀》，叙说潼关之败的《雁门太守行》，在琵琶声中听人讲述“先帝十七年以来事”（《琵琶记序》）的《琵琶行》，揭露清廷强征“芦课”、马草和民船的《芦洲行》《马草行》《捉船行》，等等，这些作品都据史而作，具有“诗史”价值。吴伟业的叙事歌行，善于刻画人物，特别是以人物命运为主线铺张故事，以显示沧桑巨变间的某些历史情景。《永和宫词》借田贵妃事咏崇祯朝的政治兴废，《听女道士卞玉京弹琴歌》以女子命运写南明弘光朝之荒淫不堪，《萧史青门曲》用对比的手法显示宁德公主与驸马刘有福夫妇在明亡后由“豪华势莫当”到“凄凉向谁说”的悲惨命运，《临淮老妓行》以刘泽清歌伎冬儿的遭际反映明清之际“兴亡盛衰”之“大事”（邓汉仪《诗观初集》），《楚两生行》通过苏昆生、柳敬亭两位民间艺人的生平经历揭示关乎国家命运的一段历史，等等。在取材和构思上，这些诗都有共同的特点，在深刻体现“千古哀愁托骚人，一代兴亡入诗史”（陈文述《颐道堂诗集》卷一《读吴梅村诗集，因题长句》）的思想倾向方面也极相一致。

特别值得一提的，是作为“梅村体”代表作的《圆圆曲》，它被认为是白居易《长恨歌》《琵琶行》以来最杰出的歌行体长诗。这首诗看似是为明末清初名妓陈圆圆作的诗传，实乃诗人自谓“用心良苦”（陈廷敬《吴梅村先生墓表》）的作品中的一篇讽喻史诗。杨际昌《国朝诗话》说：“世称杜少陵为诗史，学杜者不须袭其貌，正须识其意耳。吴梅村歌行，大抵发于感怆，可歌可泣。余尤服膺《圆圆曲》，前幅云：‘恸哭六军皆缟素，冲冠一怒为红颜。’后幅云：‘全家白骨成灰土，一代红妆照汗青。’使吴逆无地自容。体则元、白，可为史则已如杜也。”这是说吴伟业深刻地继承了杜甫的“诗史”传统，他以歌行写时事，真实地传达了明清易代所带来的沉痛的悲剧声息，其诗兼有元、白之体与杜诗之魂。另外，作为叙事诗，《圆圆曲》也有独到之处。全诗的时序多变，视域频移，叙事、描写与议论错杂融合，显示出很强的表现力。

吴伟业还有一些抒写个人心迹的作品，反映了屈志仕清、悔恨失节的复杂情感。如《过淮阴有感》：

> 登高怅望八公山，琪树丹崖未可攀。莫想阴符遇黄石，好将鸿宝驻朱颜。浮生所欠止一死，尘世无由识九还。我本淮王旧鸡犬，不随仙去落人间。

清初诗坛负宗师重望者，还有“江左三大家”的另一位诗人龚鼎孳。诗名与钱谦益、吴伟业相埒，实则不逮。其诗以交游酬唱为主要题材，论者以为“词采有余，骨力不足”（朱庭珍《筱园诗话》）。较有价值者倒是那些表达内心深处的故国之思以及自悔失节心态的作品，如《上巳将过金陵》：“倚槛春愁《玉树》飘，空江铁锁野烟销。兴怀何限兰亭感，流水青山送六朝。”又如《赠歌者南归》：“长恨飘零入雒身，相看憔悴掩罗巾。后庭花落肠应断，也是陈宫失路人。”吴伟业所说“其恻怛真挚见之篇什者，百世而下，读之应为感动”（《龚芝麓诗序》），指的正是这类诗篇。

第二节　遗　民　诗

遗民诗是清初遗民文学的重要组成部分。作为清初诗歌的主流，遗民诗具有鲜明的时代精神和独特的美学价值。

遗民诗的创作主体是明遗民。所谓明遗民，是指明亡后不降清、不仕清、具有强烈的民族情结和爱国之心的仁人志士。从产生根源来说，他们是明清朝代更替、民族冲突的产物。清初遗民群体有相当大的规模，见于记载的以数千计，著名者有顾炎武、黄宗羲、王夫之、张采、方以智、归庄、万寿祺、吕留良、朱舜水、朱耷、屈大均、魏禧、张岱、孙奇逢、陆世仪、阎尔梅、傅山、万斯同、查继佐、函可等。遗民中以诗名世者极为多见，单收入卓尔堪《遗民诗》的诗人就有四百多家。

清初涌现大量的遗民诗社，是促成遗民诗创作繁荣的重要因素。许多著名的遗民诗人都是诗社的中坚。吴江惊隐诗社的盟友不下50人，其中顾炎武、朱鹤龄、王锡阐、吴炎、潘柽章、戴笠等既是诗人，也是著名学者；归庄、吴宗潜、顾有孝、顾樵、陈济生、沈祖孝、陈忱、周安等则为诗人或书画家、小说家。惊隐诗社的文学活动及其文学创作体现了强烈的爱国思想和民族气节。该社活动的一项重要内容是“岁于五月五日祀三闾大夫，九月九日祀陶征士，同社麇至，咸纪以诗”（杨凤苞《秋室集》卷一《书南山草堂遗集后》）。而之所以要奉祀屈原和陶渊明，是因为屈原具有九死未悔的爱国主义精神，陶渊明则不为五斗米折腰，不屈身于异代。另一位爱国诗人杜甫亦为惊隐诗社奉祀的人物，叶继武《九日寒斋同逃社诸子祭陶元亮、杜子美两先生诗》即为明证。

惊隐诗社中顾炎武是清初遗民诗人的杰出代表，他的作品真实地表达了清初特殊历史背景下明遗民的思想和心态，是遗民心灵史的写照。“十年天地干戈老，四海苍生痛哭深”（《海上》其一），“天地存肝胆，江山阅鬓华”（《酬王处士九日见怀之作》），“地下相逢告公姥，遗民犹有一人存”（《悼亡》），等等，这些诗句都是诗人血泪所凝。尤其是《精卫》一诗，表现遗民“身负沉痛，不忘恢复”（杨钟羲《雪桥诗话续集》卷一）之心最突出：

> **顾炎武**（1613—1682）原名绛，明亡后改名为炎武，字宁人，号亭林，昆山人。早年入复社，明亡后从事抗清活动，失败后亡命北方，考察山川，遍访豪杰，以图兴复。康熙二十一年卒于陕西华阴。著有《日知录》《亭林诗文集》等。

> 万事有不平，尔何空自苦？长将一寸身，衔木到终古。我愿平东海，身沉心不改。大海无平期，我心无绝时。呜呼！君不见西山衔木众鸟多，鹊来燕去自成窠。

清沈德潜评顾炎武诗说：“词必己出，事必精当，风霜之气，松柏之质，两者兼有。就诗品论，亦不肯作第二流人。”（《明诗别裁集》卷一）近人徐世昌则曰：“心摹手追，惟在少陵。敦厚深微，亦足弁冕一代。”（《晚晴簃诗汇》卷一一“顾炎武”）这是对顾炎武诗品、人品的高度评价，其追步杜圣，不唯在诗体诗格，尤在诗人之心。

惊隐诗社另一位著名的遗民诗人是归庄。归庄是明代著名文学家归有光之曾孙，与顾炎武同为昆山人，有“归奇顾怪”之称。归庄继承屈原香草美人比兴传统，创作了大量以咏花为题材的诗作，寄托故国之思。《落花诗序》自云：“我生不辰，遭值多故。客非荆土，常动华实蔽野之思；身在江南，仍有大树飘零之感。以至风木痛绝，华萼悲深，阶下芝兰，亦无遗种。一片初飞，有时溅泪；千林如扫，无限伤怀！”归庄之爱花、惜花、咏花、悼花，个中意蕴已近于夫子自道。以单篇言，归庄的长篇抒情之作《万古愁》，与屈原《离骚》《天问》有相通之处。

浙江甬上是清初又一个遗民群体聚集的中心地，其轴心人物是著名的思想家黄宗羲。甬上遗民社事十分活跃，全祖望说：“有明革命之后，甬上蜚遁之士，甲于天下，皆以蕉萃枯槁之音，追踪月泉诸老，而唱酬最著者有四社焉……其余社会尚多，然要推此四集为眉目云。”（《鲒埼亭集外编》卷六《湖上社老晓山董先生墓版文》）社中遗民诗人近三十人，其中较有诗名者包括李邺嗣、毛聚奎等。

甬上在较长一段时期内都处在抗清斗争的主阵地，因此遗民诗歌在内容上带有鲜明的反清复明的思想倾向，缅怀故国、表彰忠烈、激励志节、寄托襟怀是其主调。黄宗羲《山居杂咏》写道：“锋镝牢囚取次过，依然不废我弦歌。死犹未肯输心去，贫亦其能奈我何？廿两棉花装破被，三根松木煮空锅。一冬也是堂堂地，岂信人间胜著多。”历“锋镝”，陷“牢囚”，死不足惧，贫不足忧，诗以明志，其松柏之节凸显于笔端。有“浙东文坛盟主”之誉的李邺嗣，其诗悲歌慷慨，其《集世说诗》曰：“风景亦不殊，正有山河异。忽见此芒芒，形神顿憔悴。此语大伤怀，吾重为出涕……”《八哀诗·故兵部给事中董公志宁》艺术地再现了“六狂生”之一的董志宁从首倡谋义到英勇捐躯的人生历程，既有一定的历史价值，也有很强的文学感染力。高斗权《哭苍水》以对比的手法高度赞扬了张煌言的民族气节，对其坚持抗清复明斗争长达19年而最终失败深表悲慨。

清初明遗民活动的主要据点还有岭南。这里，遗民社团十分多见，遗民诗人比比皆是。岭南遗民之社除由明入清的南园诗社、诃林净社外，清初始创的有耆英会、雅约社、西园诗社、探梅诗社、东皋诗社、湖心诗社、北田五子社、珠江社、溪南社等，加入这些诗社的诗人据初步的统计达四十余人，像陈子壮、陈子升、陈邦彦、区怀瑞、黎遂球、谢长文、梁佑逵、欧主遇、函昰、函可、梁稷、屈大均、陈恭尹、王邦畿、张穆、梁观、何绛、梁琏、何栻等皆为明末清初广东的杰出诗人，其中又以屈大均、陈恭尹最著名，二人与梁佩兰并称“岭南三大家”。

岭南遗民诗人及其作品颇具豪侠之气。屈大均少从陈邦彦学习“捭阖、阴谋、剑术、舆地之学”（汪宗衍《屈翁山先生年谱》），其创作自早年就体现了尚侠的个性精神。《秋夜恭怀业师岩野陈先生》谓“小子生年方十五，意气飞腾思食虎。喷玉才蒙伯乐看，追风便向天墀舞”，是其自我形象的写照。他如“怜君少小事游侠，智勇深沉慕荆聂”（《张二丈画马送予出塞诗以酬之》），“挥鞭控鸣镝，龙骑如星流”（《过大梁作》），“平生一匕首，为子入秦来”（《同杜子入秦初发滁阳作》），“白刃若春风，功名非所求”（《过涿州作》），“壮士生当举大名，身作陈王事乃成”（《垄上行》）等，或直言对侠之倾慕，或刻画侠之形象，或表现侠之豪迈气概；再者，屡屡出现在他笔下的荆轲、聂政、燕丹、鲁仲连、侯嬴、朱亥、大梁豪士、塞外少年等人物，在其艺术世界中构成一个侠士群像，与诗人的自我形象相得益彰，从而更加突出了诗人的游侠气质。尚侠作为一种思想倾向，主要反映在屈大均前半生的创作中，他自己有“半生游侠误，一代逸民真”之说。但所谓“误”只是表示复明大业未竟的遗憾，而并无悔悟之意。后来他入吴三桂军参加反清之举，再次显示其“游侠”式“逸民”的本来面目。陈恭尹少与屈大均同学，思想气质有相似之处。他的作品如《再度北游留别诸同人》《拟古》其三（“射虎射石头”）表现了舍身报国的壮志和义无反顾的决心。前一首写北行负有特殊的使命，当作“思如荆轲之击秦”解。后一首有云：“生死白刃间，壮心未云已。猛士不带剑，威武岂得申？丈夫不报国，终为愚贱夫。中夜召仆夫，将适赵与秦。方建金石名，安念血肉身。抗手谢俦侣，明日西问津。”亦见侠士本色。

吴嘉纪（1618—1684）字宾贤，号野人。明诸生，入清后隐居不仕，啸咏青莱，以布衣终身。著有《陋轩诗》15卷。

清初著名的遗民诗人还有泰州吴嘉纪，他生活在滨海地区，对盐民、船夫等下层民众最为熟悉，其诗往往以此为素材，由此给人提供了一个观察清初社会现实的特殊视角。《临场歌》真实描写“掾豹隶狼，新例临场”的社会画面，反映盐民受到官吏盘剥、鞭笞的悲惨遭遇。《海潮叹》写康熙四年（1665）飓风带来的巨大灾难：“沿海人家数千里，鸡犬草木同时死。南场尸漂北场路，一半先随落潮去。产业荡尽水烟深，阴雨飒飒鬼号呼。”可是清王朝在这种情形下，非但不予救助，反而“征课”如故，使百姓雪上加霜。诗人带着愤慨之情写道：“堤边几人魂乍醒，只愁征课促残生。敛钱堕泪送总催，代往运司陈此情。总催醉饱入官舍，身作难民泣阶下。述异告灾谁见怜？体肥反遭官长骂。”吴嘉纪的诗虽以清真恬淡、古朴沉郁为风格，但给人的心灵震撼却是极为深刻的。

第三节　王士禛与康熙诗坛

康熙诗坛大体可以康熙三十年左右为界划为前后两个时期，涌现了“国朝六家”——宋琬、施闰章、朱彝尊、王士禛、查慎行、赵执信等著名诗人，具体可分为三种情况：钱谦益、吴伟业、宋琬、归庄、顾炎武、陈维崧、施闰章、汪琬、王夫之、黄宗羲、屈大均等活跃于前，查慎行、赵执信等振起于后，朱彝尊、王士禛

“南施北宋”：施闰章，字尚白，号愚山，安徽宣城人。顺治六年（1649）进士，康熙十八年（1679）举博学鸿词，官至翰林院侍读。著有《施愚山集》。宋琬，字玉叔，号荔裳，山东莱阳人。顺治四年进士，先后任户部主事、四川按察使等官，两次受诬下狱，后起用。著有《安雅堂集》。

则贯穿于前后两个时期。他们分别代表了清初诗坛的三代诗人，而清初诗歌也因诗人之代传而表现出诗歌创作之流变。

有“南施北宋”之称的施闰章、宋琬，是康熙前期最负盛名的诗人。王士禛《池北偶谈》说：“康熙以来诗人，无出南施北宋之右，宣城施闰章愚山，莱阳宋琬荔裳也。”从其身份来说，这两位诗人与钱谦益、吴伟业等降清者不同，与入清不仕的明遗民也不一样，但他们的诗歌创作仍以反映心迹为主，这一点与清初诗歌的基调是一致的。施闰章《舟中立秋》《过湖北山家》等写景诗，表达的并非通常意义的闲情逸致，而是在暗淡孤清的风景画面里深藏着诗人忧郁的心灵。如《燕子矶》：

绝壁寒云外，孤亭落照间。六朝流水急，终古白鸥闲。树暗江城雨，天青吴楚山。矶头谁把钓，向夕未知还。

沈德潜说：“予读施侍读五言诗，爱其温柔敦厚，一唱三叹，有风人之旨，其章法之妙，如天衣无缝，如园客独茧……至于清词丽句，叠见层出。”情感较为含蓄，是施闰章诗的特点，但以“温柔敦厚”来衡量，则主要反映了沈德潜个人的诗学观，他说的“一唱三叹”倒是点出了施诗的美感意蕴。

与施闰章相比，宋琬则将明清之际历史风云对内心世界的激荡表达得更为强烈和外露，因此他的诗也更震撼人心。《江上阻风》《渡黄河》等诗，皆显得笔力雄健，心涛如怒。在《悲落叶》中，诗人以衰败零落的意象、长短参差的句式、跌宕起伏的气韵，渲染其百折千回，无法摆脱的愁绪。

宋琬早年参加山左大社，并加入复社，经历了明末士人运动和经世思潮之熏染，入清后虽举进士，仕于清廷，但两度入狱，有过坎坷的人生。所以他的诗歌不免将时代悲音与个人身世之感融为一体，激昂跌宕，如泣如诉，反映的是那个时代绝大多数汉民族诗人的真切心声。

康熙时期影响最大的另一组诗人是并称“南朱北王”的朱彝尊和王士禛。他们被奉为“南北二大宗师”，或视之为“唐之李、杜，宋之苏、黄”（郑方坤《国朝名家诗钞·曝书亭诗钞小传》）。

“南朱北王”：朱彝尊，字锡鬯，号竹垞，又号金风亭长。浙江秀水（今嘉兴）人。康熙十八年（1679）举博学鸿词科，除检讨。康熙二十二年（1683）入直南书房。与修《明史》。著有《曝书亭集》等，编有《词综》《明诗综》等。王士禛，字贻上，号阮亭、渔洋山人，山东新城（今桓台）人。顺治十五年进士，官至国子祭酒、刑部尚书等。晚年罢官家居，康熙五十年卒，年七十八。著有《带经堂集》《渔洋山人精华录》等。

朱彝尊虽以词家擅名，但也是清初重要的诗人，特别是在浙诗派中，被推为一代诗宗。与当时同为诗坛领袖的王士禛主“神韵说”不同，朱彝尊明确主张诗与经史同源，提倡以学问为诗。其诗宗法盛唐，创作特点是驰骋才藻，以博学入诗。在思想倾向上，由于早年目睹了明亡清兴的时代变乱，并曾结客抗清，志在复明，因此，朱彝尊的诗歌表现了较为深厚的社会内容和极其真挚的故国情感。《马草行》《晓入郡城》《晚次崞县》《度大庾岭》等诗，无不是诗人忧世伤时心怀的流露。特别是在《玉带生歌》中，作者以文天祥遗砚为题材，借物喻人，托物言志，讴歌了坚贞不屈的爱国精神，也表达了诗人的爱国之心。但自举博学鸿词科以后，思想发生了一些转变，其诗风也随之趋于平和醇雅，与前期创作的慷慨悲歌大相异趣。

施闰章、宋琬、朱彝尊等人在康熙时期皆享盛名，但当时的诗坛泰斗则属王士禛。通常认为，如下一些因素决定了王士禛特有的地位和影响。首先是“钱王代兴”；其次是《秋柳》唱和；再者，亦即最重要的一点是“神韵说”的提出。钱谦益的奖掖提携，对于提高王士禛的影响，尤其是在江南诗人群体中的影响起到了极

朱彝尊像（清·杨遇绘）

余八十昏忘，值贻上代兴之日，向之镞砺知己，用古学劝勉者，今得于身亲见之，岂不有厚幸哉！

——钱谦益《王贻上诗集序》

大的作用。同时，王士禛的创作也的确迎合了那个时代不少诗人的艺术情致。典型事例就是《秋柳》诗唱和。顺治十四年（1657），王士禛与参加乡试的名士会饮于济南大明湖水面亭，作《秋柳》四章，举其一曰：

秋来何处最销魂？残照西风白下门。他日差池春燕影，只今憔悴晚烟痕。愁生陌上黄骢曲，梦远江南乌夜村。莫听临风三弄笛，玉关哀怨总难论。

王士禛此作已初见“神韵”端倪。诗中传达出的情绪，反映出当时多数汉族读书人的典型心态：清初以来萦绕于文人心中的悲情并没有因为“盛世”的到来而彻底消失，但又远不如易代之际那么激烈。这种在“范山模水，批风抹月”中不着痕迹的忧伤，非常符合时人的心理需求，故而引起强大的共鸣，大江南北和之者不计其数。王士禛亦由此声名鹊起。此外，《江上》《秦淮杂诗》《冶春绝句》《再过露筋祠》《真州绝句》《高邮雨泊》等一系列作品，皆体现了“专以神韵为主”（赵翼《瓯北诗话》卷一〇）的艺术风格。为其“神韵说”的提出奠定了实践基础。

王士禛论诗以神韵为宗。所谓神韵，是指诗歌的冲淡清远、蕴藉含蓄之美。他的“神韵说”要求诗歌在创作上应吸取王、孟一派山水田园诗的经验，在理论上继承钟嵘的“滋味说”，司空图的“韵外之致”“不著一字，尽得风流”，严羽的“妙悟说”等宗旨，以使诗歌达到一种冲淡清奇、自然浑成又具有韵外之旨的审美境界。这些观点体现在他的《唐贤三昧集序》中。

清初以来，宗尚宋诗渐成风气，“神韵说”一出，给诗坛带来了新的空气，尤其是给宗唐者提供了可作依托的诗学主张。加之王士禛地位日隆，“神韵说”风靡一时也就必然。由此而论，“神韵说”与其说是一种诗学理论，倒不如说是康熙时期文人心灵的存在形态和反映方式。袁枚曾评“一代正宗才力薄，望溪文集阮亭诗”（《仿元遗山论诗》），说王士禛欠于“才力”不是没有道理的，究其因则是康熙时代影响下一代诗风的体现，不唯个人艺术素养和审美趣向所致。

“南朱北王”之后，清初六大家中又有浙江海宁查慎行和山东益都赵执信崛起于诗坛，二人可并称为“南查北赵”，是康熙后期至雍正时期的重要诗人。他们的诗学主张和创作开始突破王士禛“神韵说”的影响，标志着清诗发展进入一个新的时期。其中，赵执信是王士禛甥婿，诗学观却相左，持论服膺冯班和吴乔，著《谈龙录》反对“神韵说”，主张“诗中须有人在”，“诗之外要有事在”，“不宜作虚无缥缈语”。创作上宗法晚唐和西昆体，诗风以峻峭为特色，且忧时讽世，思想较为深刻。与赵执信一样，查慎行对社会问题和下层民众的生存艰难给予了极大的关注，作品多表达诗人的忧患和同情心，获得了更为深厚的现实内容和思想意义，成为人们更为清楚地认识康熙时代的一面镜子。

第四节　乾嘉诗风

乾隆、嘉庆处于清朝中期，国势昌盛，但至其后期已开始渐渐转衰。清学发展到这一时期，出现了乾嘉学派，标志着达到它的巅峰，清诗演进至此也深深地打上了“乾嘉”烙印，形成了具有时期特征的诗风。

盛行于乾嘉时期诗坛的诗学理论主要是沈德潜的“格调说”、袁枚的“性灵说”和翁方纲的“肌理说”。

沈德潜是继王士禛之后的文坛领袖。他的“格调说”是在明代前后七子诗歌理论基础上提出的一种诗学观。通常认为，其格调之“格”指诗歌体制上的规格法度，格调之“调”指诗歌的声调韵律。明代复古派主张诗歌当以格高调响、格古调逸为审美标准，沈德潜论诗以唐人为楷式，推崇李、杜那种具有雄健豪壮风格的诗作，但与复古派不同的是，他强调以温柔敦厚为诗歌的最高准则，体现了迎合当时统治者推行文治、鼓吹升平的政治需要。沈德潜是著名诗论家叶燮的学生，二人的诗歌理论却不尽相同。叶燮主“变”，沈氏主“复”。“宗唐”和“溯源”是沈德潜论诗的两个根本：宗唐，故提倡格调；溯源，故强调诗教。他希望融合汉、唐诗学的不同精神，将诗教与诗美、道德原则与艺术原则、时代需要与文学传统统一起来，建立一种新的诗学思想。

沈德潜（1673—1769）字确士，号归愚，长洲（今苏州）人。乾隆四年（1739）进士，时已67岁。官编修、侍读、侍讲、礼部侍郎等，居二品之位。晚年以《清诗别裁》见责，告老归乡，卒于家。著有《归愚诗文集》《说诗晬语》，编有《古诗源》《唐诗别裁》《明诗别裁》《清诗别裁》等。

以67岁（乾隆四年）中进士为界，沈德潜的诗歌创作分为前后两个时期：前期身份寒微，其诗为愁苦之声，也写过一些反映社会现实的作品；后期地位尊荣，深得乾隆帝赏识，称之为“江南老名士”“江南大诗翁”“朕之老诗友”，袁枚说“古来诗人受遇之隆者，未如沈归愚尚书也”，是就他的后期诗歌创作而言的。作为典型的御用文人，沈德潜这一时期的诗歌比起前期更显萎弱。沈德潜较有价值的诗主要是两类：一是反映民生疾苦的，二是自述生活状貌或言志的，前者如《悲歌行》《民船运》《挽船夫》《刈麦行》《百一诗》《夏日述怀》《晚秋杂兴》等，后者则有《江村》《梅花》等为代表。

值得指出的是，沈德潜是康、雍、乾三朝诗人，他的前期诗歌体现的并不是乾隆时期的诗风，但其诗学主张影响了乾隆时期的诗坛，特别是随着他地位日隆，加之寿数极高，其影响力不能低估。正因如此，继之而起的袁枚，反对沈德潜“格调说”，标举性灵，异军突起，自创一派。

袁枚（1716—1797）字子才，号简斋，钱塘人。乾隆四年进士，历任溧水、江浦、沭阳、江宁等地知县。34岁于江宁小仓山筑随园，闲居近五十年。嘉庆二年卒。著有《小仓山房诗文集》。

袁枚拥有不同于沈德潜的个人性情与诗人气质。放浪不羁，离经叛道，自幼已然。自云“余少时气盛跳荡，为吾乡宿儒所排”（《随园诗话》卷一二），“万里云雷虽早达，一生心性爱疏狂”（《风前》）。这种疏狂、叛逆的性格尤其表现在对待男女之情和私生活方面。他坦言“好色不必讳”，自刻一印曰“钱塘苏小是乡亲”，招收女弟子入随园，诗酒唱和，携之畅游山水。“他生愿作司香尉，十万金铃护落花”（《随园诗话》卷九），以护花使者自居。当时另一位大诗人赵翼《读随园诗题词》评价说：“其人其笔两风流，红粉青山伴白头。”这是对袁枚及诗最好的概括。思想家、学者章学诚则斥之为“名教罪人”，大加声讨：“近有无耻妄人，以风流自命，蛊惑士女，大率以优伶杂剧所演才子佳人惑人。大江以南，名门大家闺阁多为所诱，征诗刻稿，标榜名声，无复男女之嫌，殆忘其身之雌矣。此等闺娃，妇学不修，岂有真才可取？而为邪人所拨弄，浸成风俗，人心世道，大可忧也。”（《丁巳札记》）他显然是从卫道的角度来持论的，但又恰从一个侧面反映了袁枚思想及行为在当时社会背景下显得何等不受羁绊，真称得上是敢冒天下之大不韪的叛逆者了。这就说明，袁枚已不是一般意义上的风流才子，而是一位向封建伦常大胆挑战的勇士。

袁枚是极爱诗的。有人称他是清代诗人中“唯一全身心投入诗的事业者”，是“专业诗人和诗学理论家”，“整个中国封建诗史上最后一个全身心挽救诗的生命力的诗学改革家”（严迪昌《清诗史》）。他成为那个时代的诗人领袖，随园成为诗歌中心，便是顺理成章的事情。在《诗城序》中，袁枚说：“余山居五十年，四方投赠之章几至万首，梓其尤者，其底本及余诗无安置所，乃造长廊百余尺，而尽糊之壁门，号曰‘诗城’。”其《诗城》诗曰：“十丈长廊万首诗，谁家斗富敢如斯。请看珠玉三千首，可胜珊瑚七尺枝！”不能不说是中国诗史上未曾有过的奇观。这极大地成就了袁枚的诗坛宗主之地位。姚鼐《袁随园君墓志铭》载：“《随园诗文集》上自朝廷公卿，下至市井负贩，皆知重之。海外琉球，有来求其书者。”而作为诗坛偶像，袁枚特别受到青年诗人甚至女诗人的热捧。他的有名弟子中，男性有二十多人，包括何道生、刘锡五、韩廷秀、吴贻咏等；女性则达到四十多人，包括席佩兰、严蕊珠、金逸、汪玉轸、钱孟钿、孙云凤等。何道生说：“愿署随园诗弟子，此生端不羡封侯。”席佩兰赠诗曰：“慕公名字读公诗，海内人人望见迟。青眼独来幽阁里，缟衣无奈浣妆时。蓬门昨夜文星照，嘉客先期喜鹊知。愿买杭州丝五色，丝丝亲自绣袁丝。”这样，便形成了“随园弟子半天下，提笔人人讲性情”（韩廷秀《题刘霞裳两粤游草》，《随园诗话补遗》卷八）的盛况。

以袁枚为代表的诗人群体称“随园派”（《随园诗话补遗》卷八），即通常所说的“性灵派”。该派的诗学主张概括起来主要包括三个方面的内容：（一）主张抒写性灵（性情），认为诗由情生，作诗当任性而为，发乎心灵；（二）诗须有我，诗人须有才，无我则无诗，无才则不能成诗；（三）反对复古，对明之七子派和清之“神韵说”“格调说”皆持批判态度。这在袁枚《遣兴》诗中讲得十分透彻：

> 但肯寻诗便有诗，灵犀一点是吾师。夕阳芳草寻常物，解用多为绝妙词。

袁枚的诗歌创作突出体现了性灵诗学的艺术风格。其内容不出“红粉”和“青山”两大主题。《寄聪娘》《哭聪娘》即是写红粉之作，“一枝花对足风流，何事人间万户侯”，“如何二十多年事，只抵春宵一梦长”，深情绵绵中饱含诗人的人生寄托。《西施》《文君》《二乔》《张丽华》《玉环》《上官婉儿》等也都是写古代女子的诗作。名诗《马嵬》其四曰：“莫唱当年《长恨歌》，人间亦自有银河。石壕村里夫妻别，泪比长生殿里多。”这首诗不落红颜薄命的俗调，于诗意别有开掘，从贵妃命运的感喟引出对百姓疾苦的关注。

山水之作，也是袁枚性灵诗的重要部分，代表作有《同金十一沛恩游栖霞寺望桂林诸山》《登华山》《雨过湖州》《湖上杂诗》《山行杂咏》《独秀峰》等。这些作品以奇情写奇山异水，笔致活泼，出语奇崛，如描写“桂林诸山”：“奇山不入中原界，走入穷边才逞怪。桂林天小青山大，山山都立青天外。我来六月游栖霞，天风拂面吹霜花。一轮白日忽不见，高空都被芙蓉遮……”再如诗人笔下的西湖山水：

“烟霞石屋两平章，渡水穿花趁夕阳。万片绿云春一点，布裙红出采茶娘。”诗以茶山之“绿”烘托采茶女之“红”，盎然的春意，靓丽的青春，交相映衬，一股勃勃生机，扑面而来，给人展现的是一幅优美多姿的春光图。

袁枚还有一些小诗别有韵味，如《鸡》：

养鸡纵鸡食，鸡肥乃烹之。主人计自佳，不可使鸡知。

词浅意深，耐人寻思。又如《书仓》：

聚书如聚谷，仓储苦不足。为藏万古人，多造三间屋。书问藏书者：几时君尽读？

其语平白，不雕琢，更不矫饰，如诉家常，随口说出，而会心者自觉情趣盎然。用寻常话写寻常物、道寻常情，是袁枚诗的重要特点。

“性灵派”诗人还有与袁枚并称“乾隆三大家”的赵翼、蒋士铨，此外，郑燮、黄景仁论诗也主抒写性情，被视为“性灵派”的“外围”作家。其中，“乾隆六十年间，论诗者推为第一”的黄景仁，诗多悲慨，以沉痛动人心魄。其《杂感》诗的这种盛世悲音对深入了解乾隆时期文人的真实心态有其独特的价值。乾隆后期到嘉庆时期的张问陶、舒位、王昙、孙原湘继承了“性灵派”的诗学思想和创作精神，使性灵诗歌得到了进一步传播和发展。

稍晚于袁枚的翁方纲主张“肌理说”，其诗学主张虽然与“性灵说”旨趣迥异，但基本倾向也是反对“神韵说”和“格调说”的。翁方纲在《神韵论》中指出：“今人误执神韵，似涉空言，是以鄙人之见，欲以肌理之说实之。”又在《格调论》中说：“诗之坏于格调也，自明李、何辈误之也。李、何、王、李之徒，泥于格调而伪体出焉。非格调之病也，泥格调者之病也。”他认为二者一则落入虚空，一则沦为伪体，当救之以“肌理”。他提出“为学必以考据为准，为诗必以肌理为准”，“诗必研诸肌理，而文必求其实际”等观点，其实质则是以学问为诗，以考据为诗，以诗表达经籍义理。这一方面反映了乾嘉时期考据之学对诗学思想及诗歌创作的深刻影响，同时翁方

翁方纲（1733—1818）字正三，号覃溪，晚号苏斋，直隶大兴（今北京）人。乾隆十七年（1752）进士，官至内阁学士。深研经学，精于考据、金石，擅长书法，论诗主『肌理说』。著有《复初斋集》《石洲诗话》等。

纲本人作为当时著名的考据学家、金石学家也使他论诗打上了这种身份的烙印。另外从诗歌传统来看，则显然与他对宋诗的肯定和取法相关，例如他说：“唐诗妙境在虚处，宋诗妙境在实处……宋人之学，全在研理日精，观书日富，因而论事日密。”（《石洲诗话》卷四）他高度肯定宋人之学，亦特别欣赏宋人之诗，特别是以学济诗的妙处。翁方纲的“肌理说”，虽目的在于救“神韵说”和“格调说”之空疏与拘泥，但其弊端是作诗如同解经，成了考据之末技，歪曲了诗歌的艺术本质，故不免受到批判。

在“神韵说”“格调说”之后，袁枚之倡“性灵”，与翁方纲之主“肌理”，反映了清诗在乾隆时期发生的一次重要分野，前者走的是“才人之诗”的道路，后者则另辟了“学人之诗”的蹊径。

第五节　龚自珍与诗风新变

龚自珍是中国近代思想史、文学史上首开变革风气第一人。梁启超在《清代学术概论》中讲：“语近世思想自由之向导，必数定庵。”由于身处国家内外交困的年代，龚自珍有着强烈的忧患意识和要求革除时弊、解放思想的进步意识，他的思想为后世起到了启蒙作用；在文学尤其是诗歌创作方面，他注重个性解放和文学的现实意义，扭转了乾嘉以来诗歌形式守旧、内容空洞的弊端，开启了一种全新的创作风尚。

集思想家、学者和诗人于一身的龚自珍，具有丰富的精神世界。特别是儒、佛两种思想，渊源既深，造诣超卓。龚自珍自小受到儒家传统的深刻影响，他将济世救民看作个人价值的实现，并时常流露理想无法实现的苦恼与彷徨，如“书生挟策

龚自珍（1792—1841）字璱人，号定庵，仁和（今浙江杭州）人。龚自珍是段玉裁外孙，故虽才气横越，其举动不依恒格，而说经必原本字训。初由举人援例为中书，道光时成进士，擢宗人府主事，改礼部。谒告归，遂不出。其文字骜桀，出入诸子百家，自成学派。所至必惊众，名声籍籍，故仕宦不达，年五十卒于丹阳书院。《定庵诗文集》外，著有经学著作多种。

成何济？付与淮南织女愁”（《己亥杂诗》）。龚自珍还倾心于佛教，从超脱与淡然的文化心态中获得对失意人生的慰藉，且在入尘与出世之间找寻自由的空间，故曰“逃禅一意皈宗风，惜哉幽情丽想销难空”（《能令公少年行》）。同时，佛教普度众生的慈悲精神和识其本心的主体意识也与他拯救黎民、解放个性的人生理想恰相应合，由此成为他提倡革新的重要动力，在文学方面则对其诗论的形成和诗歌的创作产生积极影响。

龚自珍并无诗歌专论，一些关于诗歌的真知灼见往往散见于诗文作品中，重要篇目有《长短言自序》《书汤海秋诗集后》等。归纳来看，他的诗学主张主要有二：一是“尊情”，二是“诗、人合一”。所谓“尊情”，就是要尊于情，畅于声，而不屈情、不造情、不害情。当然，他的“尊情说”还涉及佛学思想影响下的一种诗歌境界，即“无住为尊，无寄为尊，无境而有境为尊，无指而有指为尊，无哀乐而有哀乐为尊”（《长短言自序》）。他反对理学桎梏下内容空泛、流于形式的诗歌，提倡诗歌要敢于吐露真情、表明心迹，指出“道焰十丈，不敌童心一车”（《太常仙蝶歌》），主张“心术不欺，言语不伪”（《述思古子议》）。所谓“诗、人合一”，则是提倡诗歌个性化，要表现诗人的真心迹，做到“人外无诗，诗外无人”，同时要言己所欲言，不可“挦扯他人之言以为己言”。从上述两种基本观点出发，龚自珍反对伪情伪言的文学，批判“剿说雷同”、不知所云的文字。他认为，一味仿古与模拟会埋没诗人的光芒，也会削弱诗歌的生命力。这些认识，体现了龚自珍追求个性和肯定自我的文学思想，成就了他独树一帜的诗风。

龚自珍诗歌在近代诗史上的“开风气”，首先体现为内容的变革。较之此前的乾嘉诗风，他的诗歌明显呈现出强烈的批判意识与现实意义。

一是敢于触及社会的阴暗和丑恶，真实反映诗人的内心隐忧。龚自珍的诗歌大胆揭示了清代政局的黑暗与制度的腐朽，在他手中，诗歌已是一种重要的思想方式，成为针砭时事、批判社会罪恶的有力武器。他的《咏史》《夜坐》（其二）《己亥杂诗》（其二四）等揭露了封建社会对人才的压制与埋没；《小游仙词》十五首、《伪鼎行》等刻画了统治阶层恃权骄奢的丑恶嘴脸；《歌筵有乞书扇者》《自春徂秋，偶有所触，拉杂书之，漫不诠次，得十五首》则批判了程朱理学和封建儒生。在揭

［己亥杂诗］

道光十九年（1839），即农历己亥年，龚自珍被迫辞官南返，后又北上迎接亲眷。在往来途中，他将亲身见闻写成大型组诗，共315首，统名《己亥杂诗》。全诗以七言绝句写成，是中国诗歌史上仅有的大型组诗。

露和批判之同时，他更直接在诗歌中道出了自己对于国运前途的深深忧患，《杂诗》中的“凭君且莫登高望，忽忽中原暮霭生”，《赋忧患》中的“故物人寰少，犹蒙忧患俱”，《自春徂秋，偶有所触，拉杂书之，漫不诠次，得十五首》的“四海变秋气，一室难为春”等，其思想感染力均源于诗人内心最真实的隐忧。

二是深切表达对民众疾苦及其生存状况的同情和关怀。龚自珍的忧国之心，与他的爱民思想密切相关。他是一位眼光向下、精神向上的诗人，是一位对自己同胞满怀深爱的赤子。在京都做官之时，就曾写下反映物价飞涨、民生艰难的《馎饦谣》，还有反对束缚和歧视妇女、提倡妇女参与劳动的《乞籴保阳》等关注民生的诗作。辞官后，他创作的《己亥杂诗》中，关心百姓疾苦的诗句更是随处可见："五都黍尺无人校，抢攘廛间一饱难”，“只筹一缆十夫多，细算千艘渡此河”，“国赋三升民一斗，屠牛那不胜栽禾”等，反映了饱受剥削的百姓生存之艰；而“落红不是无情物，化作春泥更护花”，“不论盐铁不筹河，独倚东南涕泪多”等，则满怀诗人的拳拳关爱与深深同情，体现了强烈的人文主义精神。

三是抒发人生志向，呼唤时代革新。这是龚诗的又一重要内容。作为充满理想和自信的诗人，龚自珍的可贵之处是，能以积极的人生去应对消极的世界。他寄希望于通过自身力量的发挥来变革黑暗的社会现实，这虽然见其天真的一面，但又更显其赤诚的另一面，其诗曰：“黄金华发两飘萧，六九童心尚未消。”（《梦中作四截句》）还有，对于人才的不被发掘与重用，他发出“我劝天公重抖擞，不拘一格降人才”的发聋振聩的呼吁；对于黑暗势力的打压，他表现出不屈不挠的态度；对于年华渐老，他坚持“西墙枯树态纵横，奇古全凭一臂撑”（《己亥杂诗》）的壮心不已的变革之志。这使他的诗歌始终贯穿一种蓬勃向上的人生力量，具有振奋精神的不朽价值。

龚自珍之所以开一代诗风，除思想内容的变革外，对诗歌形式方面的发展也起到了推动作用。主要表现在：

一是诗体的散文化。龚自珍的诗歌具有明显的散文化倾向。一方面，他主张打破句式限制，采用灵活多变的结构；另一方面，他打破格律限制，注重诗歌的表意而不局限于平仄范式，更加接近散文的表述方式。且看《行路易》一诗：

> 东山猛虎不吃人，西山猛虎吃人，南山猛虎吃人，北山猛虎不食人。漫漫趋避何所已？……江大水深多江鱼，江边何哓哓？人不足，盱有余，夏父以来目矍矍。我欲食江鱼，江水涩咙喉，鱼骨亦不可以餐。冤屈复冤屈，果然龙蛇蟠我喉舌间，使我说天九难，说地九难，踉跄入中门……

全诗句式参差，不合平仄，诗句之间注重叙述流畅而非对仗工整。这类散文化的诗歌的出现，消解了传统诗歌的既定范式，并开始呈现出现代诗歌的某些特征。

庄、屈实二，不可以并，并之以为心，自白始。儒、仙、侠实三，不可以合，合之以为气，又自白始也。

——龚自珍《最录李白集》

二是语言的多样化。龚自珍的诗歌中体现了各种各样的语言风格。有的通俗而接近乡言俚语，如“父老一青钱，馎饦如月圆；儿童两青钱，馎饦大如钱”（《馎饦谣》），“妇女不懒惰，畿辅可一淳。我以此报公，谢公谢斯民”（《乞籴保阳》）；有的雅致而直逼楚辞汉赋，如“漠漠郁金香在臂，亭亭古玉佩当腰”（《秋心三首》其一），“叱起海红帘底月，四厢花影怒于潮”（《梦中作四截句》）；还有的直接融入佛教用语，如“万一禅关砉然破，美人如玉剑如虹”（《夜坐》），“不是瓶笙花影夕，鸠摩枉译此经来”（《己亥杂诗》七八）。语言形式的丰富多姿赋予了龚自珍极大的创作自由，也使得他的诗风更加个性鲜明，独树一帜。

三是诗风的浪漫色彩。尽管龚诗在内容上注重反映现实，但在风格上却更偏向于浪漫情趣。他十分推崇庄子和屈原身上的浪漫气质，且颇为欣赏诗仙李白，认为他是结合庄屈风格最成功的范例。在诗歌创作中，他大量运用象征与隐喻的手法，创设了诸如风雷、落花、剑、箫等崭新意象，用以比喻独立人格和变革精神，极富艺术个性。此外，他十分注重文采，反对学术化、政论化的枯燥语言，认为诗歌的极境在于瑰丽奇特，气势磅礴，此在“秋心如海复如潮，但有秋魂不可招”（《秋心三首》），“今日帘旌秋飘渺，长天飞去一征鸿”（《己亥杂诗》），“如钱塘潮夜澎湃，如昆阳战晨披靡，如八万四千天女洗脸罢，齐向此地倾胭脂”（《西郊落花歌》）等诗句中都得到了充分体现。

需要指出的是，后世对龚自珍的诗风并非没有批评。梁启超就在《清代学术概论》中讲：“初读《定庵文集》，若受电然，稍进乃厌其浅薄。”同时，因其生活言行的放纵不羁而饱受争议，也一定程度影响到对其人其诗的评价，如林昌彝对诗人“中年以后，博弈，好饮酒，诸事俱废”的做法深为不满。了解这些批评的声音，有助于我们更加全面地认识龚自珍其人，并客观地评判其诗歌价值。

龚自珍之后，那种激荡着强烈时代精神、形式上不拘一格的诗歌开始占据诗坛，由此他便被视为诗歌发展史上承上启下的一座丰碑。从创作层面来看，龚自珍的诗歌无论内容还是形式都打破了原有的桎梏，开始向着全新的方向发展，其自由个性及其诗风对后来的南社等产生了深刻影响；从精神层面来看，龚自珍的诗歌彰显着强烈的现世意义与人格精神，给立志于革新的知识分子带来了极大的鼓舞。从清末民初到“五四”时期，康有为、谭嗣同、鲁迅、胡适等人都不同程度地受到他的影响，在黑暗的时代里传响着他们振聋发聩的声音。

第六节　“宋诗派”和“同光体”

近代诗歌在道光直到民国初期近百年间还出现了一种宗宋的诗潮，其中前有“宋诗派”，后有“同光体”。诗歌发展的这一路向，与以龚自珍为代表的更具近代性的诗风相比，它更具传统性，代表的是传统诗歌的演进脉络。

“宋诗派”开其端绪者是程恩泽、祁寯藻，代表诗人主要是出于程恩泽之门的何绍基、郑珍、莫友芝等，还有湘乡派的曾国藩也是“宋诗派”之别支。

道光年间之所以有“宋诗派”的崛起，并非偶然。从思想学术背景来说，清中期以来经学和考据之学的盛行，使整个社会文化都笼罩在所谓乾嘉学风的氛围下，也使得当时广大文人普遍具有了经学和考据学的兴致和素养，这种时代风气和个人学养的因素很容易渗入包括诗文创作在内的文学领域。例如，创作上追求质朴的倾向，以学问为诗，考据思维对诗歌创作的介入等，这自然就使诗歌偏向了宋诗一路。

从诗歌发展背景来说，到道光时期出现的创作困境是，曾兴极一时的各大诗派皆已暴露出弊端，如“神韵派”的流于空疏，“格调派”的失之板滞，“性灵派”的渐趋浮滑，“肌理派”的质木无文等，这就提出了如何在诗歌传统范围内探索新路径的要求，同时也提供了诗歌发展的新契机。“宋诗派”的出现就是针对“神韵派”等流弊的一种反拨。

“宋诗派”提出了较为系统的诗学理论，而且其理论是在对诗歌史全面认识的基础上概括得出的。其代表性的主张就是所谓“三元说”。“三元”即上元开元、中元元和、下元元祐，“三元说”主张作诗应取法于杜甫、韩愈、苏轼、黄庭坚四大诗家。这看似兼取唐宋，实则偏向于宋，也就是说主要是取法苏轼、黄庭坚。

“宋诗派”主张“合学人、诗人之诗二而一之”，讲求诗歌的典重质实。受当时思想和学风的影响，加之“宋诗派”诸人本来就多为学人，所以他们不以诗人自居，认为“才力赡裕，溢而为诗”，诗歌创作不过是“余事”而已，是呈才之器云云。例如，程恩泽就将学问作为性情的根基，认为“学问浅则性情焉得厚”。同时，何绍基认为刻薄吝啬之人不能为诗，主张“胸中有余地，腕下有余情，看得眼前景物都是古茂和蔼，体谅胸中意思全是恺悌孝慈”（《题冯鲁川小像册论诗》），唯有如此，诗人方能做出好诗来。

何绍基、郑珍还主张作诗要“不俗”，不随俗。何氏认为以学古为“入手”，最后能有自我的见解，并与古人并驾齐驱。郑氏也强调“言必是我言，字是古人字”，“从来立言人，绝非随俗士”（《论诗示诸生时代者将至》）。

郑珍（1806—1864）是“宋诗派”中成就最高的诗人。他通于经学和小学，主张读书与养气兼习，指出：“固宜多读书，尤贵养其气。气正斯有我，学赡乃相济。”因一生贫寒，未曾大达，又屡遭亲友亡故之变，诗便成为排忧解愁的重要方式。其诗大致表现为两种风格：一是以生涩语惊人，如《下滩》《青浪滩》《白水瀑布》《玉蜀黍歌》等；二是反过来通俗直白，以俗语道俗事，直抒胸臆，那些反映自家贫况、骨肉亲情、人生疾苦等方面的诗作多以直白为其特征。《湿薪行》《屋漏诗》等诗纯用白描，直接呈现诗人“苦”“贫”交加的落魄，以及困境中求学为乐的奋进。如《湿薪行》这首诗以生活细节的逼真描写取胜。诗人叙述雪夜生火取暖，柴湿久烧不燃，吹火筒吹痛了两腮，柴烟熏酸了全家的眼睛，小孩不能忍受只好跑开，妻子想生气却按捺住性子，自己则笑对此事，后来终于火势转旺，绽放灿烂的火花，诗人亦由此发出“人生何性不须忍”的慨叹，并上升到对一般事理的领会。

郑珍还有一些悯殇哀亡、叙写悲情的作品写得极为触动人心。这既包括痛悼骨肉的《二苕季弟哀词二十首》《除日将抵贵定，儿信到，言孙女如达痘殇都匀》等，也有哀感民瘼的《经死哀》《禹门哀》《抽厘哀》《江边老叟诗》等，在后一类诗中，诗人不仅真实地反映了民不聊生的社会现实，而且直接揭露了造成下层民众悲惨命运的根本原因。这是对杜甫、白居易现实主义创作精神的继承发扬，在清代极度专制的时代尤显可贵。

“宋诗派”到同治、光绪时期发展为一种新流派，称“同光体”。其代表诗人有陈三立、沈曾植、陈衍、郑孝胥等。

“同光体”一词较早见于陈衍《冬述四首示子培》其三：“往余在京华，郑君过我邸。告言子沈子，诗亦“同光体”。”诗中谈到郑孝胥对陈衍提及沈曾植作诗属于“同光体”一事。陈衍在连载于《庸言杂志》的《石遗室诗话》另载：“丙戌（1886）在都门，始知有嘉兴沈子培者，能为“同光体”。“同光体”者，余戏目同、光以来诗人不专宗盛唐者也。”所谓“不专宗盛唐”表明了“同光体”的诗学取向，这种取向显示“同光体”乃为“宋诗派”发展至同、光年间的产物。

作为“宋诗派”的承继者，“同光体”沿袭了兼取唐宋而偏于宗宋、以文为诗、“合学人、诗人之诗二而一之”的诗学主张，但有了一些修正和完善。沈曾植在《与金潜庐太守论诗书》中提出诗有“元祐”“元和”“元嘉”的新说，将“元嘉”代替原来“三元说”中的“开元”，这样就将作诗的取法范围由宋唐扩展至六朝。当然，在主张复古的基础上，“同光体”也强调自创性，主张不与古人亦步亦趋，认为作诗是“自家意思，自家言说”（陈衍《石遗室诗话》）。

“同光体”诸诗人中成就最高者当推陈三立。他的文学思想、诗歌观念

陈三立（1853—1937）字伯严，号散原，江西义宁（今修水）人。光绪十五年（1889）进士，官吏部主事。著有《散原精舍诗集》《散原精舍文集》等。

寻常节物已心惊，渐乱春愁不可名。煮茗焚香数人日，断笳哀角满江城。江湖意绪兼衰病，墙壁公卿问死生。倦触屏风梦乡国，逢迎千里鹧鸪声。

——陈三立《人日》

及创作受到政治倾向、人生经历和思想学术的深刻影响。在康有为变法之时，陈三立曾列名强学会。其父陈宝箴任湖南巡抚之际，三立协助创办新政。变法失败，父子均被革职，归隐南昌西山。清亡后，以遗民自居。日军侵占北平时，绝食而殁。在思想学术方面，陈三立主张兼容并蓄，广取博收，而不离宗。他说："君子之道，莫大乎扩其一世之才，天涵地蓄，不竭于用，傲然而上，遂滂然而四达，统伦类、师万物而无失其宗"（《振绮堂丛书序》）。在文学思想方面，陈三立主张创作当与时事环境相感激，而不提倡超脱社会之文学，指出："窃以为文章之作，一元气之散见而已，其升降得失之故，盖与道术、政治、风尚相表里。"（《代大人全上古秦汉三国晋南北朝文序》）。于诗，他讲求"存己"，亦即在复古的同时坚持独创性。他认为无论是摹唐抑或仿宋，都会被"唐""宋"所拘束，因此为了"不失己"，则"必使既入唐宋之堂奥，更能超乎唐宋之藩篱"，由此力破唐宋诗文之余地（吴宗慈《陈三立传》）。

以诗言志，以诗写心，是贯穿陈三立诗歌创作的基本倾向。《散原精舍诗文集》收入陈三立1901年以后的诗作，其早年之作则罕有存者。梁启超《饮冰室诗话》有其残句"凭栏一片风云气，来作神州袖手人"，是他在变法维新失败后愤慨不平而又极其无奈的心态的见证。即使在退出政坛、归隐西山之后，他仍然保持着一片报国济时的赤子之心，但又无能为力，故不得不发而为文字。这样，诗歌到了他的笔下便自然成为"写忧之具"（《余尧衢诗集序》）。其诗思想情感上饱含"家国之思"，风格显得沉重苍劲，奇崛沉郁。《园居看微雪》《遣兴》《人日》等诗突出代表了他的诗风。

"同光体"在陈三立、郑孝胥等人逝后渐转沉寂，陈三立被誉为中国最后一位古典诗人。

第七节　清末诗坛与诗界革命

清朝末年的诗坛并不沉寂。活跃在政治舞台上的资产阶级改良派在诗歌领域

黄遵宪像

的登场，给这个已到垂暮之年的封建王朝注入了诗歌革新的生机，特别是“诗界革命”的提出及其影响迎来了近代诗歌的新曙光。

“诗界革命”，最早是梁启超提出的。光绪二十五年（1899），他在《夏威夷游记》中指出：“要之，支那非有诗界革命，则诗运殆将绝。”谈到具体的要求，他又说：“第一要新意境，第二要新语句，而又须古人之风格入之，然后成其为诗。”概而言之则是“以旧风格含新意境”（《饮冰室诗话》）。

“诗界革命”的旗手和巨匠是被梁启超誉为“独辟境界，卓然自立于二十世纪诗界中”的广东诗人黄遵宪（1848—1905）。他的诗歌思想及创作为“诗界革命”提供了理论基础，并开拓了道路。作于同治七年（1868）的《杂感》写道：“我手写我口，古岂能拘牵。即今流俗语，我若登简编。五千年后人，惊为古斓斑。”在此，明确阐述了他的诗歌革新思想。他主张诗歌创作应当打破古今界限，认为“诗固无古今”，诗歌创作的原则是“苟能即身之所遇，目之所见，耳之所闻，而笔之于诗……我自有我之诗者在矣”（《与朗山论诗书》）。他的创作充分实践了他的诗歌革新思想，被他自命为“新派诗”的作品，把新事物引入旧体诗中，极大地拓宽了诗歌题材内容，奇景异态，为古今诗家所未有。比如，他的《今别离》四首，分别写轮船、火车、电报、相片和东西两半球昼夜相反的情景，《锡兰岛卧佛》《樱花歌》《伦敦大雾行》描述异国风土人情，都是别开生面、令人耳目一新的“新派诗”代表作。

黄遵宪继承发扬了龚自珍用诗歌反映现实社会的精神，他大部分诗作均带有鲜明的时代特征，有“史诗”之称。在光绪十年（1884）的中法战争中，他写下诗篇《冯将军歌》，热情讴歌了爱国老将冯子材抗敌保国的英雄事迹和爱国精神。光绪二十一年（1895）中日之战，他又写了《悲平壤》《东沟行》《哀旅顺》《哭威海》《降将军歌》等一系列诗篇，谴责日本帝国主义的罪行，悲悯战争给同胞带来的不幸，表达了诗人反帝卫国的思想。中日战争后，民族危机愈演愈烈，帝国主义疯狂瓜分中国领土，黄遵宪创作了《上岳阳楼》《书愤》等诗篇，表达了悲叹时局、忧国忧民的强烈的爱国主义思想。

光绪二十六年（1900）八国联军侵华，他创作了《再述》《七月二十一日外国联军入犯京师》《和议成志感》等诗篇，强烈控诉帝国主义的侵华暴行以及清政府的软弱无能。总之，黄遵宪诗歌见证了20世纪末期帝国主义对中华民族的侵略史，也见证了中华民族的一段刻骨铭心的苦难史，闪发爱国主义的思想光辉，具有重要的思想价值和艺术价值。

除“史诗”性作品外，黄遵宪还有不少民歌体诗，体现了他在诗体改革上作出的尝试。具有浓郁民间诗歌气息的《山歌》《新嫁娘诗》《都踊歌》等，是他一直坚持向民歌学习的成果。他晚年还创作了《出军哥》《军中歌》《旋军歌》《幼稚园上学歌》等，语言更加通俗易懂，活泼有趣。这些作品，突出反映了近代诗歌的某些特征。

黄遵宪诗歌存在的不足也是明显的，创作上他未能摆脱旧体格律诗的束缚，有些作品用典过多，不无拗口难懂之弊。此外，政治上他作为改良派人物，对清廷抱有愚忠思想，这也一定程度影响到他的诗歌创作。

“诗界革命”阵营中的重要诗人，还有戊戌变法的康有为、梁启超、谭嗣同等政治人物。

作为诗人的康有为（1858—1927），在诗歌创作方面颇有成就。其诗今存1 000多首，以雄浑开阔、气势恢宏而自成风格。他主张诗歌应该追求“新世瑰奇异境生，更搜欧亚造新声”（《与菽园论诗》）的新气象，反对一味模仿古人的旧风气。在《南海先生诗集自序》中，他提出诗歌创作的动机在于“穷者达情，劳者事歌”，体现了对《诗经》、汉乐府以来现实主义创作精神的继承。其《秋登越王台》诗云：

康有为像

秋风立马越王台，混混蛇龙最可哀。十七史从何说起，三千劫几历轮回？腐儒心事呼天问，大地山河跨海来。临睨飞云横八表，岂无倚剑叹雄才。

康有为的诗歌创作高峰期是在戊戌变法失败后逃亡各国的十五年。内心的沉痛以及游历的见闻和感触，注入笔端，化为诗的咏唱。组诗《戊戌八月国变记事》《戊戌八月纪变八首》等作品记录戊戌变法的史实，抒写了对变法失败的悲愤之情；《乙亥夏秋文岛杂咏十九首》，深切表达对故国的无限怀念，倾诉流亡异域、孤身漂泊的凄冷，同时流露对前途无望的悲伤，在那“惊起前洲渔者识，依稀故国棹歌声”的意境中，我们听得到诗人深微忧郁的心语。

梁启超（1873-1929）存诗300多首，与康有为一样，亦多为流亡时作。其特点是以新思想、新知识入诗，语言通俗畅达，气势磅礴，风格雄健。《太平洋遇雨》四首、《自励》二首等为其传诵的佳作。《读〈陆放翁集〉》诗云：

辜负胸中十万兵，百无聊赖以诗鸣。谁怜爱国千行泪？说到胡尘意不平。

显然，这既是在写陆放翁，也是诗人自抒胸臆。

谭嗣同（1865—1898）诗歌以爱国主义为主调，富有英雄气概。《有感》写道：“世间无物抵春愁，合向苍冥一哭休。四万万人齐下泪，天涯何处是神州！”特别是他的绝笔诗《狱中题壁》，惊天地，泣鬼神，气盖山河，义冠千秋，是用悲壮的生命谱写的人间最具崇高美的诗篇：

望门投止思张俭，忍死须臾待杜根。我自横刀向天笑，去留肝胆两昆仑。

这一时期的新派诗人还有与黄遵宪并称“近世诗界三杰”的夏曾佑（1863—1924）、蒋智由（1866—1929）以及“诗界革命巨子”丘逢甲（1864—1912）。其中，丘逢甲是著名爱国诗人，他的《春愁》写台湾被割让的切肤之痛，读来字字泣血，至今仍触痛人心：

春愁难遣强看山，往事惊心泪欲潸。四百万人同一哭，去年今日割台湾。

徐世昌《晚晴簃诗汇》收清代诗人6 167家，清诗27 669首，而此书并非清诗的全编。可见，单从诗人之多、诗作之富来说，清代诗歌当称繁盛。但对于清诗的成就和地位，论者却多有贬低，最具代表性的是梁启超在《清代学术概论》中的批评。梁氏对清诗总体的判定是“衰落已极”，然后分五个时期加以评述，基本否定了前四个时期，而对“诗界革命”以来的诗坛则是充分肯定的。此说显然有所偏颇，但他对清诗的分期以及各时期诗歌倾向的看法还是有见地的。

像明代诗坛一样，流派在清代仍属繁多，从由明而来的“竟陵派”、虞山诗派、太仓诗派、云间诗派、西泠诗派、岭南诗派等，到康、乾以后的“神韵说”“格调说”“性灵说”“肌理说”，再到道光以后的“宋诗派”、“同光体”、新派诗等，可以说，清诗的发展演进史基本上是不同流派的发展演进史，或者说是不同流派的发展演进促使和推动清诗的发展演进。

处于中国古代诗歌发展最后阶段的清诗，不仅是向近代诗歌的转变，即诗歌古典性的日渐失去，而且还有一个特点就是它的集大成性质。所谓集大成当然不是从其成就方面来说的，而主要是从诗歌理论和诗歌技法方面来说的。如清初的钱谦益就在这方面做出过很大努力，“神韵”“格调”“性灵”诸说，其本身也不是什么新名目，而是在梳理中国古代诗歌理论史和创作史的基础上对这些范畴有了更系统的阐述，并融入时代内容而形成了一种理论体系。由此，可以看到清诗及清诗学因袭与创新相融合的一面。

第二章

清代文章

正如清代的兴起打断了明代历史一样，清代散文的出现也使明代散文的发展路向发生了根本逆转。虽然有像桐城派这样影响重大的散文流派为清代散文在文学史上争得了举足轻重的地位，但文学性散文在清代的衰落却是不可否认的事实。梁启超在《清代学术概论》中讲了几层关键的意思：一是清文以言学为主，虽文风朴实，但文学性不强；二是作为清代散文突出代表的桐城派散文，过于讲究文法规则，几乎把文章当作了刑法律令一般；三是比较而言，清初散文和清末散文的成就相对较高；四是清代骈文虽称繁盛，但出色的骈文大家则属少见，整体成就并不高。梁启超所言虽从否定方面讲得多一些，但大体对清代散文的发展阶段、基本特征和文学价值作了简明扼要的概括。当然，如果从大文学观来看，清代之文包含了那个时代丰富的思想文化内涵，其价值则另当别论。

第一节 清初散文

清初散文上承晚明，是晚明性灵之文和经世之文发展演变的结果。受到易代之际政治局势的影响，性灵之文入清后日渐衰落，由主流退处边缘地位；经世之文则沿东林、复社以来的思想脉流在清初有了壮大之势，特别是在遗民散文中体现得最为突出。因此，晚明时期尚处兴起阶段的经世之文到了清初便上升为主流地位。另外，言志之文也是清初散文的主要形式，这类散文将个体命运放到天下、国家之兴废的大背景下来叙写，在清初具有特殊的时代内涵和思想意义。

以艺术表现手法而言，清初散文大体可以划分为论说之文、叙述之文和抒情之文等。

通常所说的“学人之文”大多以议论为主，思想上体现的是经世倾向，内容上则是言道议理，讨论的是关乎国计民生、历史兴亡的大问题。清初三大思想家顾炎武、黄宗羲、王夫之的散文基本上属此，其中尤以黄宗羲为代表。

作为散文家的黄宗羲，有突出的创作成就，且影响深广。其文充满鞭辟入

黄宗羲（1610—1695） 字太冲，号梨洲，又号南雷，余姚（今属浙江）人。出身东林党家庭，早年曾参加复社与阉党的斗争。明亡，组织义军抗击清兵，失败后隐居讲学，于史学建树尤为卓著，被誉为清代史家之祖。著有《明夷待访录》《明儒学案》等。

里的识见，并将性情、学问和时代气运熔为一炉。特有的家庭背景和社会背景是造就黄宗羲散文风格的双重因素。他是东林党领袖黄尊素之子，又是复社骨干，受到明末经世思潮和实学思潮的深刻影响。于学主张读史穷经，讲究经世致用，加之少逢患难，亲历神州陆沉，江山倾覆，这使他不仅具备淹博深厚的学养，而且具有深刻的思想洞察力和心系家国、志在天下的赤诚情怀。发为文章，则是学者之文、思想家之文和爱国志士之文的结晶。

黄宗羲论说之文主要见于《明夷待访录》中，属于章太炎所说的“著作之文”。《明夷待访录》取义于《周易·明夷》之卦，作者自谓“岂因‘夷之初旦，明而未融’，遂秘其言也”(《题辞》)。该著收文十四题二十一篇，集中表达了他的社会理想和政治思想。梁启超在《中国近三百年学术史》中盛称此书说：“卢骚（卢梭）《民约论》出世前之数十年，有这等议论，不能不算人类文化之一高贵产品。”并高度肯定书中所具有的“民主主义的精神”。其中，《原君》一篇，痛斥“后之为人君者”即封建帝王的自私和残暴，最具批判的力量。在《学校》一文中，黄宗羲明确指出：“天子之所是未必是，天子之所非未必非。天子亦遂不敢自为非是，而公其非是于学校。”这与李贽“咸以孔子之是非为是非，故未必有是非耳”(《藏书自序》)的思想有相通之处，同时更进了一层。作者还提出以学校为天下之公是的机构，实际上已对民主思想及其制度建设作了初步设想。这种思想具有先导作用和进步意义。

顾炎武的《生员论》《形势论》《郡县论》《与友人论学书》等篇，也是清初论说之文中极有价值的作品。在他的经典之作《日知录》中，颇多思想深刻、词锋犀利之作，如卷一三《正始》：

> 有亡国，有亡天下。亡国与亡天下奚辨？曰：易姓改号，谓之亡国；仁义充塞，而至于率兽食人，人将相食，谓之亡天下。魏晋人之清谈，何以亡天下？是《孟子》所谓杨、墨之言，至于使天下无父无君而入于禽兽者也。昔者嵇绍之父康被杀于晋文王，至武帝革命之时，而山涛荐之入仕。绍时屏居私门，欲辞不就。涛谓之曰：“为君思之久矣，天地四时犹有消息，而况于人乎？”一时传诵，以为名言，而不知其败义伤教，至于率天下而无父者也。夫绍之于晋，非其君也，忘其父而事非其君，当其未死，三十余年之间，为无父之人亦已久矣，而荡阴之死，何足以赎其罪乎！且其入仕之初，岂知必有乘舆败绩之事，而可树其忠名以盖于晚也。自正始以来，而大义之不明，遍于天下。如山涛者既为邪说之魁，遂使嵇绍之贤且犯天下之不韪而不顾。夫邪正之说不容两立，使谓绍为忠，则必谓王裒为不忠而后可也，何怪其相率臣于刘聪、石勒，观其故主青衣行酒，而不以动其心者乎？是故知保天下，然后知保其国。保国者，其君其臣，肉食者谋之；保天下者，匹夫之贱与有责焉耳矣。

晚清包世臣在《读亭林遗书》中讲："百余年来，言学者必首推亭林，亭林书必首推《日知录》。""天下兴亡，匹夫有责"的精神，已成为激励中华儿女为民族命运与前途而奋斗的动力。国与天下、"亡国"与"亡天下"之辨，则是顾炎武对中国政治思想的重要贡献，其思想意义更是极深远的。顾炎武主张"文须有益于天下"(《日知录》)，因此，他的论说文能切中时弊，有的放矢，不作虚论，都有很强的批判性和建设性，是经世思想和实学思想的体现。

清初三大思想家中，顾炎武长于经学，黄宗羲长于史学，王夫之长于哲学。与顾、黄相比，王夫之散文以思虑精深著称，其论说之文主要见其《黄书》之中。

除论说之文外，叙述之文特别是人物传记也在清初出现了兴盛之势。这是因为活跃在易代之际的大量可歌可泣的人物及其事迹为叙述之文提供了生动的创作素材，触动了作者的思想情感；同时，与以诗存史、以史存国的思想相一致，以文存史也是促使清初记传类散文之兴的重要因素，可以说是进入清代的明代人写史载心的一种方式。

清初古文三大家侯方域、魏禧、汪琬的名作多为叙述之文，其中侯、魏二人体现"以小说为古文辞"的共同特征，汪琬则反对这种叙写笔法，以为体式不纯。

侯方域文取法韩、欧，并转益多师。技法上打破文体壁垒，融入小说笔法，采撷现实题材，传达时代气息。文风奇肆，意深语婉，具有唐宋八大家遗风，而又自成一家。《李姬传》《马伶传》等为其散文代表作。

《李姬传》是一篇女性传记的杰作。叙主李香君是一位秦淮名妓，也是作者的红颜知己。作品将这位普通而又不平凡的女子放在明末风云变幻的历史浪潮中加以叙写，以凸显其有识见、明是非、辨忠奸、重情谊、守节操的非凡气格，成功塑造了一位具有"富贵不能淫，贫贱不能移，威武不能屈"的大丈夫精神的伟女子。日后名剧《桃花扇》即取材于此。《马伶传》也是一篇人物佳制。其突出特色是春秋笔法，以旁敲侧击的辛辣讽刺，达到一石二鸟的艺术效果。如以下一段文字，看似讲的是艺术造诣当以现实生活为师的道理，实则暗藏针砭：

> **侯方域**（1618—1654）字朝宗，商丘人。早年入复社，与方以智、冒襄、陈贞慧称『明末四公子』。著有《壮悔堂集》。

> 固然，天下无以易李伶，李伶即又不肯授我。我闻今相国昆山顾秉谦者，严相国俦也。我走京师，求为门卒三年，日侍昆山相国于朝房，察其举止，聆其语言，久乃得之。此吾之所为师也。

三大家中的魏禧，是清初明遗民作家。他所在的文人群体“易堂九子”，除其兄魏祥为支持门户被迫做了贡生外，其他皆为遗民。因此，所谓“九子”，实质上是一个遗民群体，方以智赞曰：“易堂真气，天下无两矣！”（《清史稿·文苑传》）

魏禧（1624—1680）字叔子，号勺庭，江西宁都人。与兄祥（际瑞）、弟礼并有世名，号『宁都三魏』。明亡后，隐于翠微峰，结纳豪杰，秘密从事复明活动。康熙十九年卒于仪真，时年57岁。有《魏叔子文集》。

魏禧以文名世，为文主张“必先立本”“自立机轴”“有用于世”等，取法三苏，以议论见长，析理精辟，发人未发。传记之文叙事如状，神情毕现，深有寄慨。论说文佳作有《蔡京论》《续朋党论》《留侯论》《伊尹论》《陈胜论》《晁错论》等；人物传记以《大铁椎传》《刘文炳传》《朱参军家传》《邱维屏传》为其名篇，其中尤以《大铁椎传》最为传诵。这篇传奇色彩十分浓厚的传记之作，主要特点可以概括为四点：其一，奇人奇文，绘声绘色；其二，虚实笔法，对比映衬；其三，豪杰情怀，企盼中兴；其四，作者影子，隐隐现现。如文中描写：

> 时鸡鸣月落，星光照旷野，百步见人。客驰下，吹觱篥数声。顷之，贼二十余骑四面集，步行负弓矢从者百许人。一贼提刀突奔客，客大呼挥椎，贼应声落马，马首裂。众贼环而进，客奋椎左右击，人马仆地，杀三十许人。宋将军屏息观之，股栗欲堕。忽闻客大呼曰：“吾去矣。”尘滚滚东向驰去。后遂不复至。

此文既是遗民散文的代表作，也是清初叙述之文“以小说为古文辞”的典型范例。

汪琬（1624—1690），字苕文，号钝庵，晚号钝翁，江苏长洲（今苏州）人。也是一位极具个性的文人和作家。其为人好诋人过，以善骂著称，与钱谦益、归庄、叶燮、阎若璩、王士禛等皆相忤。为文则力主纯正，反对侯方域“以小说为古文辞”。汪文以碑传为擅长，当时公卿志状出于汪琬之手则备受推重。他的《江天一传》《周忠介公遗事》是人物传记中较好的作品。

清初散文作家还有钱谦益、吴伟业、归庄、傅山、方以智、冒襄、王猷定、彭士望、李渔、廖燕、全祖望等，按创作时间而言，张岱也是清初的散文家。他们的作品或叙事，或抒情，或议理，或言志，内容丰富，题材广泛，具有深厚的时代内涵。其中，钱谦益、全祖望的传记之文，真实记载了明清易代之际诸多重要人物的事迹，兼具历史价值和文学价值。李渔的性灵之文，继承了晚明小品的艺术品味，写闲情逸趣，别具风姿。

第二节 桐城派

《清史稿·文苑传》云："鼐工为古文，康熙间，侍郎方苞名重一时，同邑刘大櫆继之……三人皆籍桐城，世传以为桐城派。"桐城派是清代最大的散文流派，它始创于方苞，继以刘大櫆，至姚鼐而臻于成熟。因三人皆为安徽桐城人氏，故得名"桐城派"，方苞、刘大櫆、姚鼐也被称作"桐城三祖"。

桐城派在散文创作方面有着完备的理论体系。以方苞的"义法说"为基础，注重作品内容与形式的结合，经由刘大櫆补充发展，最终由姚鼐提出"义理、考证、文章"说而趋于完备。桐城派的散文理论主要是总结而非创新，这与清代整体学术风貌是一致的。桐城派根据自身理论编选文章选本，扩大了桐城派的影响力。尤其是姚鼐所编《古文辞类纂》，更是反映桐城派古文观且影响极广的一部选本。

在思想上，桐城派以宣扬程朱理学和"助流政教"为主，成为封建正统思想在文学领域的反映。此外，其务实的文学态度也与清初以来整顿晚明文风的"空疏臆断"，提倡文学"经世致用"的策略相符合。可以说，其自创立之时起，桐城派就顺应了清代统治者的文化策略，因而也就成为所谓"盛世之文"的代表。

就文学本身来看，桐城派重视散文创作法则的总结和创新，也一定程度上注意到文学的独立性，对散文创作技巧及文体学理论多有探索，对散文的美学追求也取得了可观的成效。作为中国文学史上影响极为深远的文学流派，桐城派的文学贡献不容忽视，其积极影响不可磨灭。

桐城派散文理论经历了不断发展而臻成熟的过程，略而言之，即为：

（一）"义法说"。"义法说"由方苞（1668—1749）提出，是桐城派最早的散文主张。"义"即"言有物"，指文章要具有翔实的思想内容；"法"即"言有序"，指文章要注重谋篇布局的技法。他在《又书货殖传后》明确指出："《春秋》之制义法，自太史公发之，而后之深于文者亦具焉。义即《易》之所谓'言有物'也，法即《易》之所谓'言有序'也。义以为经而法纬之，然后为成体之文。""义法"并重之说，原本并不新鲜，只是到了清代被赋予了特殊的时代内涵，

> 桐城派所编文学选本有：《古文约选》，雍正十一年（1733）方苞编，供入选官学的八旗子弟作为学文之范本；《四书文选》又名《钦定四书文》，乾隆三年（1738）方苞编，为官学古文教材；《古文辞类纂》，乾隆四十四年（1779）成书，姚鼐编，是最能反映桐城派古文观的选本。

因清人不满晚明以来空灵不实的文风，大力提倡务实致用之文，桐城派提倡所谓“义法”不过是为了适应社会主流思想的要求。同时，方苞的“义法说”在运用于散文创作的时候，体现出“谨严精实则有余，雄奇变化则不足”（刘开《与阮芸台宫保论文书》）的缺陷，过分拘泥于形式与技巧，失却了文章的灵动与意境，显得章法有余而文采不足。他的散文名作《狱中杂记》《左忠毅公逸事》，更多地倒是因为大胆直言和语言雅洁而广受赞誉。尽管如此，“义法说”仍然是方苞最为重要的散文理论，它反映了桐城派散文追求内容翔实和形式美观的基本倾向，也因此成为桐城派文论的基础和核心。

（二）“神气说”。“神气说”由刘大櫆（1698—1779）最先提出。他在《论文偶记》中讲：“积字成句，积句成章，积章成篇，合而读之，音节见矣；歌而咏之，神气出矣。”进而又曰：“神气者，文之最精处也；音节者，文之稍粗处也；字句者，文之最粗处也；然论文而至于字句，则文之能事尽矣。盖音节者，神气之迹也；字句者，音节之矩也。神气不可见，于音节见之；音节无可准，以字句准之。”“神”即作家的精神气质，是个体特质的彰显；“气”则指行文气势，是语言魅力的呈现。“神”与“气”兼备，是文章精妙出彩的关键。二者之关系，在刘大櫆看来是“神为主，气辅之”，即文章之“气”是为表达作家之“神”服务的。这一理论主张的最大价值是将“神”提到主要位置，以人的特质而非既定条理来驾驭文章，使文章丰富化、个性化。在实践方面，他主张音节的抑扬变化是实现“神气”的方法，希望通过字句的整合来达到跌宕起伏的阅读效果，用音节来体现作家风格和文章气势。

“神气说”在一定程度上弥补了“义法说”在文采与意境方面的不足。吴定《海峰先生墓志铭》论刘大櫆之文曰：“其气之肆，波澜之阔大，音调之铿锵，皆灵皋所不及。”他讲的这些艺术特征在刘大櫆代表作《无斋记》《息争》《游晋祠寺》等文中有鲜明的体现。但是，“神气说”同样过分追求文章技法，主要立足于音节韵律，对文章内涵有所忽略，有舍本逐末之嫌。因此，尚不能成为代表桐城派的成熟的文学理念。

（三）“义理、考证、文章说”。“义理、考证、文章说”，是姚鼐对桐城派散文理论的集大成，它的提出标志着桐城派文学理论最终走向成熟。

姚　鼐（1731—1815）字姬传、梦谷，世称惜抱先生，因惜抱轩得名。安徽桐城人。乾隆二十八年（1763）进士，官至刑部郎中。有《惜抱轩诗文集》。

姚鼐在《述庵文钞序》中指出：“余尝论学问之事，有三端焉：曰：义理也，考证也，文章也。是三者，苟善用之，则皆足以相济；苟不善用之，则或至于相害。”其说不但重申了内容与形式的结合，还强调了两者的并重关系，既不过分拘泥于义理的表述而损害了文章的美感，也不过分偏重技法而忽略了内容的丰富和实用，力求达到“理与辞兼胜”（陈用光《姚姬传先生七十寿序》）的理想状态。同时，这一理论还融合了“考证”这一汉学特征，体现于创作中如《登泰山记》：

> 东谷者，古谓之天门溪水，余所不至也。今所经中岭及山巅，崖限当道者，世皆谓之天门云。道中迷雾冰滑，磴几不可登。及既上，苍山负雪，明烛天南；望晚日照城郭，汶水、徂徕如画，而半山居雾若带然。

文章既精妙地描绘了泰山的壮美风光，又严谨地考证了“东谷”“天门”的来历，可谓考证与辞章兼胜。

桐城派提倡文章要有翔实的思想内容，这是值得肯定的。但是，他们的作品思想性却并不高。首先，桐城派文章的思想以程朱理学为主，奉之为正统，对其局限性认识不足；而文章的内容以“助流政教”为主，“明道义，维风俗以昭世”，这与统治者“文章以发挥义理，关系世道为贵”的态度是一致的，因此，桐城派散文在总体上显得传统而保守，思想方面也无太大建树。

桐城派在散文艺术表现方面探索的成就要更大一些，这主要体现为以下三点：

一是注重散文的“雅洁”美。方苞之文，追求文字清醇、文风洗练的美感，反对堆砌浓艳的辞藻、繁芜的事迹和戏谑的语言。他们以“《易》《诗》《书》《春秋》及《四书》”作为雅洁之美的典范，认为其“一字不可增减，文之极则也”（《古文约选序例》），并认为只要“澄清之极，自然而发其光精”，就能够表现出和《左传》《史记》一样的“瑰丽浓郁”，流传千古。

“清真雅正”之文风为清统治者所赞同，《清史稿·选举志三》载：“世宗屡以清真雅正告诫试官。乾隆元年，高宗诏曰：‘国家以经义取士，将以觇士子学力之浅深，器识之淳薄。风会所趋，有关气运。人心士习之端倪，呈露者甚微，而征应者甚巨。当明示以准的，使士子晓然知所别择。’于是学士方苞奉敕选录明、清诸大家时文四十一卷，曰《钦定四书文》，颁为程式。”梁章钜《制艺丛话》亦云：“雍正十年始奉特旨，晓谕考官，所拔之文，务令清真雅正，礼法兼备。”方苞为文崇尚雅洁之美，与这一文化政策的倾向有直接关系。由此看来，桐城派之提倡雅洁文风，一方面为矫正晚明文风提供了理论依据，另一方面也成为其获取官方支持的重要途径。

二是注重散文的音韵美。刘大櫆从音节的抑扬顿挫、跌宕起伏来追求“神气”，是桐城派将音韵美运用于散文创作的最早实践。注重音韵美，就是要将散文与枯燥文章之源，本乎天地；天地之道，阴阳刚柔而已。苟有得乎阴阳刚柔之精，皆可以为文章之美。

阴阳刚柔并行而不容偏废，有其一端而绝无其一，刚者至于偾强而拂戾，柔者至于颓废而幽暗，则必无与于文者矣。

——姚鼐《海愚诗钞序》

繁杂的政论、语录、考据等区别开来，这对继承和发展散文的文体特征与美学特征，均有着重要意义。

三是注重散文的风格美。姚鼐对文章的风格归为“阳刚”和“阴柔”两大类，“阳刚”体现为雄奇、豪放、刚健、壮阔等，而“阴柔”则体现为清俊、婉约、飘逸、恬淡等。姚鼐推崇风格美，一方面认为文章要精彩而富有美感，就应当具备“阴阳刚柔之精”，无风格不成美文；另一方面，他也提倡“阳刚”与“阴柔”相辅相成，共同形成美感，而不应当有所偏废。

姚鼐对风格的概括，具有宏观的视角，接近于美学上的“优美”与“壮美”之分。这一理念深入人心，曾国藩就曾有“以雄、直、怪、丽为阳刚之美，茹、远、洁、适为阴柔之美”（《求阙斋日记类钞》）的论述。而姚鼐本人对“阳刚”之美的偏爱也对后来者产生了深远的影响，成为散文审美的一种趋势。

桐城派自姚鼐之后，流脉渐广，继承者有梅曾亮、管同、方东树、姚莹等。以曾国藩及其“四大弟子”吴汝纶、张裕钊、薛福成、黎庶昌为代表的湘乡派对桐城文法进行了革新，他们反对束缚于前人文法，提倡文章要融入汉魏骈赋文的瑰丽辞藻和恢宏气势，以达到内容与文采的“兼至交尽”。“五四”时期，桐城派作为“守旧、封建”的代表而被称为“谬种”，维护桐城派的林纾（1852—1924）也一并受到诘难，但他在古文创作方面的建树却是不可忽视的。他坚持桐城派“义法说”，维护古文的正统地位并亲身进行创作，同时他还以古文笔法翻译了大量西方文学，这些优秀的古文作品成为今天文学史上宝贵的财富。

第三节　乾嘉学者之文

清乾隆、嘉庆时期，清廷一方面大力提倡程朱理学，另一方面大兴文字狱，强化思想文化控制。在这种极端专制制度下，文人阶层普遍怀有忧谗畏讥、惴惴不安雍、嘉以后，纪纲既张，天下大定，士大夫得肆意稽古，不复视为经世之具，而经史小学专门之业兴焉。

——王国维《沈乙庵先生七十寿序》

的心态，畏惧、压抑占据着他们的精神世界，这直接造成了后来龚自珍所说的“避席畏闻文字狱，著书都为稻粱谋”(《咏史》)的状况。由于不敢触及敏感的现实问题，一时才智之士只好埋头于那种“于世无患、与人无争”(梁启超《清代学术概论》)的名物训诂、辨伪考证等纯学术问题的研究，作为清学标志的考据之学便由此而盛行于天下。当然，清学经顾炎武、阎若璩、胡渭等人的开辟和建树，即已为考据学奠定了坚实的基础，发展到乾嘉时期达到了巅峰。这样，政治史与学术史两种因素的契合，就形成了乾嘉时期特有的学风，也使这一时期产生了一大批以淹博精审之学著称的学者。

乾嘉之学按地域划分为不同的学派，主要有以惠栋、钱大昕为代表的吴派，以戴震为代表的皖派，以焦循、汪中为代表的扬州学派，以及以全祖望、章学诚为代表的浙东学派。这些学派既自有渊源，别为一脉，又内在关联，彼此照映，构成了乾嘉时期共同的思想、学术图景。

作为学术时代和学者时代的乾、嘉时期，文风必然受到时代风气的深刻影响。这不仅表现在当时的著名学者同时又是文章家，而且学术思想对文学思想的介入、学风对文风的渗透也成为必然结果。

乾嘉学者之文，所涉甚众，举其要者有惠栋、钱大昕、戴震、章学诚数家最为特出。

惠栋（1697—1758），字定宇，号松崖，江苏吴县人，治学以“易”著称。深厚的家学渊源是惠栋成为古学大师的重要条件。他的祖父惠周惕、父亲惠士奇都是著名学者，精研古学，重视汉代古注，是汉学的积极倡导者。这使惠栋受到了直接栽培和良好熏染。作为杰出的考据学家，惠栋自经、史、子、百家杂说及释道二藏，靡不淹贯。他治学上的突出建树，自研究领域而言是建立了“纯粹的汉学”(《清代学术概论》)，自研究方法而言则是建立了纯粹的考据学。以汉学治经，亦以汉学治史，他的《周易述》《汉易学》《易例》《左传补注》《后汉书补注》等都体现了这样的思想路向和方法。其学不足之处，一是广博有余，精审不足；另一方面是有“嗜古”“泥古”之弊。

惠栋之文与惠栋之学是一体化的，既受到尊汉尚古思想的支配，又打上了考据之学的烙印。《九曜斋笔记》《松崖笔记》为其学术笔记之文，著述之暇，随笔记之，往往穷源竟委，曲证旁通，既为经传之羽翼，亦为后学之津梁。其学既博，为我朝三百年间，学术三变：国初一变也，乾嘉一变也，道咸以降一变也……窃于其间得开创者三人焉，曰昆山顾先生，曰休宁戴先生，曰嘉定钱先生。

——王国维《沈乙庵先生七十寿序》

文便意到笔随，考据之文却如此自如灵快，足见乾嘉学者为学为文之风格。《松崖文钞》中序、跋、铭等文主要价值在于学术方面，但文风厚实，古朴而质，别有特色。其中，《古文尚书考自序》《易汉学自序》《九经古义述首》都是他自己考据著作的序文，表彰古学，反对伪学，其旨鲜明，又能据实言理，当为学术之文的佳构。

钱大昕（1728—1804）字晓征，一字辛楣，号竹汀，嘉定人。乾嘉考据学派代表人物，有『一代儒宗』之称。著述有《廿二史考异》《十驾斋养新录》《潜研堂文集》等。

惠栋之后，吴派汉学的杰出代表有钱大昕。在学术史上，钱大昕享有崇高的地位。王国维称他与顾炎武、戴震为清代三百年之学的三大“开创者”。钱氏之学，尤称宏博，于经学、史学、文字、音韵、天文、历算、舆地、金石、典制、版本、目录、校勘等领域，皆造诣精深，人称“不专治一经而无经不通，不专攻一艺而无艺不精”（江藩《汉学师承记》）。其中，历史考据最为专长，以治经方法治史，并把史学提到与经学同等的地位。他的《廿二史考异》与王鸣盛《十七史商榷》、赵翼《廿二史劄记》并为清代史学之杰作，其成就则在另两种之上。

在古文方面，钱大昕也有独到的见解。他批评方苞的“义法说”，指出：“盖方所谓古文义法者，特世俗选本之古文，未尝博观而求其法也。法且不知，而义于何有？”进而提出自己所主张的为文之“四旨”，即“明道”“经世”“阐幽”“正俗”（《与友人书》）。很显然，他持的是实用主义和功利主义的古文观，体现的是乾嘉朴学的思想倾向。与其他经史学家一样，钱大昕并非主张有意为文，其文以经史为根底，以俗学为矢的，立论坚实，析理至精，充分发挥了学者之文的特长，如《半树斋文稿序》之论辨。

他的叙事之文《记先大父逸事》，状乃祖风范，事皆实笔，娓娓道来，行文简省，颇见实学胚胎，亦具史家韵致。

乾嘉之学皖派代表戴震是清学之丰碑。梁启超说：“故苟无戴震，则清学能否卓然自立，盖未可知也。”（《清代学术概论》）其治学根本精神是实事求是，具有科

戴震（1723—1777）字东原，休宁（今安徽黄山市）人。乾隆四十年（1775）赐同进士出身，选翰林院庶吉士，年55积劳而卒。于文字、音韵、训诂、天文、历法、算学、地理、典章等领域无不精研。著有《孟子字义疏证》《屈原赋注》《东原文集》等。

学求真之态度，从而打破了古学的迷信，消解了经学的神秘，使清代考据学走出了迷宫，从“为考据而考据”转向了“为思想而考据”，即使考据成了一种重要的思想表达形式。

戴震的文章以思想大胆而著称，例如《与某书》云，“酷吏以法杀人，后儒以理杀人”，一语千钧，何其深刻！可以说是中国几千年历史中最具震撼力和穿透性的思想强音。

戴震散文中还有可读性较强的山水小品、人物传记。写山水，如《乐山记》《屏山石室记》，行文流畅，文字优美，意味隽永；叙人物，如《江慎修先生事略状》《万光禄传后序》《养浩毛先生传》，文简事丰，感情饱满，刊落浮华。这些作品具有一定的文学性，较有艺术价值。

乾嘉学者中浙东章学诚以史学著称，这不仅因为他在中国史学史上贡献了《文史通义》这部杰作，提出了“六经皆史”的著名论断，更因为他建立了系统的史学理论思想，堪称中国古代史学理论之集大成者。章氏史学以贵意、贵创、贵用为根本，他指出：“郑樵有史识而未有史学，曾巩具史学而不具史法，刘知几得史法而不得史意。此予《文史通义》所为做也。”（《和州志·志隅自叙》）章氏提出的“辨章学术，考镜源流”（《校雠通义叙》）的理念，影响深远，已成为后世共同遵循的重要的学术思想。

章学诚（1738—1801）字实斋，号少岩，会稽（今浙江绍兴）人。乾隆四十三年（1778）进士。章学诚以修书、讲学和做幕僚维持生计，主讲于清漳书院、敬胜书院、莲池书院等。主要著述有《文史通义》《校雠通义》等。

章学诚是思想型、理论型的学者，故其文每以新的观念、新的思想使读者深受启发。他的《文史通义》，几乎每一单篇都能发人未发，道人未道，见解新颖，如曙光之破晓。试看《原道》（中）之论，从“道不离器”的哲学思想出发，提出“六经皆器”的观点，以为道不离器，道不离事，道亦不离史，进而阐述了经世致用的思想，指出不能“舍天下事物、人伦日用”而死守六经，空言义理。他的这些思想是对当时尊古学、重义理、尚考据之学风的批判和反拨，其胆识和勇气是弥足珍贵的。

第四节　清代骈文中兴与汪中

骈文兴于魏晋，盛于南北朝，至中唐古文运动而衰落，晚唐一度回升，但宋元明三代皆被古文势头所抑而渐至消歇，明末清初再度出现复兴之机，到清中期而鼎盛，此后一直延至清末。这是它作为一种文体的发展史之大概，而这一历程中，清代骈文显然处在一个特别重要的阶段，即骈文史上的第二个兴盛时期。

清代骈文中兴，至少表现为四种迹象。一是骈文不只是在乾嘉时期昙花一现，而是贯穿整个清代的重要文体。二是骈文作家众多，著名者除汪中、胡天游外，有所谓“骈文八大家”：袁枚、邵齐焘、刘星炜、孔广森、吴锡麒、曾燠、孙星衍、洪亮吉；又有“晚清骈文十大家”：王闿运、李慈铭、刘开、梅曾亮、方履篯、周寿昌、董基诚、董祐诚、赵铭、傅桐等。三是骈文选本的刊行，如《国朝八家四六文钞》《国朝骈体正宗》《骈体文钞》《国朝十家四六文钞》等。四是骈文理论的兴起，袁枚、阮元等骈文作家都有不少单篇文章专论骈文，特别是还产生了像孙梅《四六丛话》那种系统的骈文理论著作。

骈文何以沉寂八九百年后而兴复于清代呢？此中原因也有多种。首先，自明末以后，骈骊之风即已兴起。复社领袖张溥，不仅编纂《汉魏六朝百三家集》，开始了对两汉至隋文学的全面整理和推广，而且每家撰题辞一篇，其文多用骈体，语言雅丽，自成风格，由此已见明末文风之一斑。在明清之际，黄淳耀、张煌言、顾炎武、吴兆骞、陈维崧、毛奇龄等人，都擅长骈文之作，尤其是陈、毛二氏已成清初骈文之大家。这说明，清代骈文中兴乃为明末清初文学风气的必然结果。其次，骈文之兴是明末清初以来古学振起与才士辈出共同作用的产物。兴复古学，是明末思

> 俪体文自三唐而下，日趋颓靡。清初陈维崧、毛奇龄稍振起之，至天游奥衍入古，遂臻极盛。而邵齐焘、孔广森、洪亮吉辈继起，才力所至，皆足名家。
>
> ——《清史稿·胡天游传》

潮的主流，加之以复社为代表的文人社团造就了一大批雅好文学、才华洋溢的文坛才俊，很大程度上促成了逞才尚学的风尚。再者，清代以异族代明而起，其统治高度专制，汉族文人多潜于学，或耽于文、游于艺，或表现不为清廷所用，或借以躲避专制统治迫害，同时亦为生命寻求一种寄托，让满腹才学有所施展。特别是到了所谓太平盛世的乾隆时期，文化专制达到极点，故考据之学盛于斯世，骈俪之文亦盛于斯世，由此可知，骈文与考据虽形式不一，但它们并兴于乾隆，是有相同时代背景的。最后，清学有汉、宋之争，到了乾隆时期尤见突出，体现于为文之趣向，倡宋学者重义理，尊汉学者重学问，故有古文与骈文之分趋。这又是骈文与桐城派散文竞荣于乾隆时期的思想学术因素。

清代骈文的杰出代表是汪中。汪中集经学家、史学家、骈文家于一身。江藩述其学曰："君治经宗汉学，谓国朝诸儒崛起，接二千年沉沦之绪，通儒如顾宁人、阎百诗、梅定九、胡朏明、惠定宇、戴东原，皆继往开来者……君性情伉直，不信释老、阴阳、神怪之说；又不喜宋儒性命之学，朱子之外，有举其名者，必痛诋之。"(《国朝汉学师承记》卷七《汪中》)显然，在当时汉、宋之争中，汪中是尊汉学而斥宋学的。其为文"钩贯经史，熔铸汉唐，宏丽渊雅，卓然自成一家"(刘台拱《汪容甫先生遗诗题辞》)，也受到这一思想倾向的影响。

汪中（1745—1794）字容甫，号颂父，江苏扬州人。乾隆四十二年(1777)贡生。一生贫寒，著述宏富，有《述学》《汪容甫遗诗》。

在骈文创作方面，汪中最突出的成就表现在抒情骈文，而其抒情骈文又主要偏重于诉说哀吊之情。无论是哀悼乾隆三十五年十二月江苏仪征盐船大火死难者的《哀盐船文》，还是凭吊晚明名妓马湘兰，感喟其风荡波沦、备遭摧辱命运的《经旧苑吊马守真文》，其他如为黄祖"千载之下，独受恶名，斯事之不平者"而借题发挥的《吊黄祖文》，甚至效"刘孝标自序生平"而作的《自序》，都属于古代哀吊类文体作品。刘勰《文心雕龙·哀吊》曰："原夫哀辞大体，情主于痛伤，而辞穷乎爱惜……必使情往会悲，文来引泣，乃其贵耳。"汪中的抒情骈文体现的正是刘氏所说的哀吊之文的情感内涵和审美特征。

汪中骈文抒情性的形成，缘于作者人生多艰、命运不济。《经旧苑吊马守真文》写道："余单家孤子，寸田尺宅，无以治生。老弱之命，悬于十指。一从操翰，数更府主。俯仰异趣，哀乐由人……江上之歌，怜以同病，秋风鸣鸟，闻者生哀，事有伤心，不嫌非偶。"《吊黄祖文》亦云："余束发依人，蹉跎自效，逮于长大，几更十主，何尝不赋鹦鹉于广筵，识丰碑于道左，而醉饱过差，同其狷狭，飞辨骋辞，未闻心赏。"汪中的悲苦人生使他创作的骈文形成了强烈的命运感和悲剧感，

> 汉学诸人，言言有据，字字有考，只向纸上与古人争训诂形声，传注驳杂，援据群籍，证佐数百千条，反之身已心行，推之民人家国，了无益处，徒使人狂惑失守，不得所用。
>
> ——方东树《汉学商兑》

故在他的作品中主要不是靠繁缛的词藻和骈俪的文风来吸引读者，而是有一种对人生的真切体验和愤懑不平的情感在深深地触动人心。

正因为作者具有独特的人生境遇和生命情怀，所以在他的眼中和心际更能引起对悲剧人物的同情，也更能深刻地关注社会现实中的人生灾难，而且能用他那饱含悲情的笔调来传达出最真实的情感。他的《哀盐船文》就是这一方面的杰作。在这篇文章中，汪中真实叙述了盐船火灾的始末，描写了造成一千四百名船民死难事件的惨状，深切表达了对灾难带来极大的人间悲剧的无比同情和悲痛，并流露出对世道的强烈不满。文学家杭世骏作序以“惊心动魄，一字千金”高度概括和肯定了《哀盐船文》的艺术感染力及审美价值。他就“若此文将何用邪”的问题断然作了回答，指出：“（汪）中目击异灾，迫于其所不忍，而饰之以文藻。当人心肃然震动之时，为之发其哀矜痛苦，而不忘天之降罚；且闵死者之无辜，而吁嗟噫歆，散其冤抑之气，使人无逢其灾害。是小雅之旨也，君子故有取焉。”他深刻地领会到作者汪中的悲悯之心，并认识到这是盐船火灾死难事件发生后人们的共同心理。这样，汪中之心便代表了当时的普遍“人心”，《哀盐船文》则因艺术上的成功达到了“散其冤抑之气”的疏导作用——既使死者魂灵得以安宁，又使生者“发其哀矜痛苦”，得到心灵的慰藉。显然，骈文这种讲究文辞华美的文体到了汪中笔下已成为抒写人生哀苦的悲歌，体现了生命关怀的不朽意义。

汪中骈文还有《广陵对》《黄鹤楼铭》《汉上琴台之铭》《狐父之盗颂》等，也是历来传诵的佳作。

第五节　经世文风的兴起

道光以后，中国社会开始发生深刻的变化。原来盛极一时的清王朝已经呈现衰败迹象，内外交困的现实给广大士人以极大的冲击和警醒，使他们充分认为到，潜心考据、空谈义理之类的学问，并不是关切国家兴亡的真学问，真的学问必须切合现实，谋求社会变革，发挥救时济困的实际效用。在此背景下，乾嘉以来以考据学为主流的思想形态很快被以经世为核心的近代思潮所取代。文学上，以龚自珍、魏源为代表的一批有志之士大力主张创作对现实的干预和批判，提倡经世文风，以使文学起到鼓动人心、变革思想、推动社会进步的重要作用。

经世文风的兴起，既有其思想渊源，也有特定的社会背景。具体表现在：

首先，清初顾、黄、王等人树立了经世文学的榜样。针对晚明以来的士风和文风所带来的弊端，入清后顾炎武、黄宗羲和王夫之等人曾大力推行经世思想，成就颇丰。随之而来，清王朝出现了最为辉煌的康乾盛世。尽管促成盛世的因素还有很多，但经世思想在其中起到的积极作用不能不说是重要的一方面。这给后世士人以极大启发，使他们纷纷追绪顾、黄、王为榜样，将他们的学术思想与现世情形相结合，诚如王国维所说，“道咸以降……虽承乾嘉专门之学，然亦逆睹世变，有国初诸老经世之志”(《沈乙庵先生七十寿序》)，经世文风成为他们心目中行之有效的救世良方。

再者，社会危机使广大士人的忧患意识和变革意识空前高涨。从内部看，此一时期，清政府对民众的剥削和对思想界的禁锢已臻极致，阶级之间对立情绪日益增长，矛盾一触即发。从外部看，各国列强对中国觊觎已久，屡屡犯边，致使边境民不聊生。此外，贸易逆差、鸦片盛行、官场腐败，使得社会情形更加恶劣。面对严峻的现实，士人们清醒地认识到只有变革才是救世的唯一途径。魏源指出：“天下无数百年不弊之法，亦无穷极不变之法。”(《筹鹾》) 龚自珍发出“一祖之法无不敝，千夫之议无不靡，与其赠来者以劲改革，孰若自改革”(《乙丙之际箸议第七》)的呼喊。正如明末著名文学家陈子龙所说：“有经世之才，必济于经世之学；有经世之识，始抒为经世之文。”(《皇明经世文编》) 从这一道理来看，经世文学在晚清的兴起，乃是必然的趋势。

同时，今文经学的盛行为经世文学奠定了学术基础。道光年间，以庄存与、刘逢禄、宋翔凤等为代表的常州学派倡行今文经学，与追求训诂考据的古文经学相对立，注重阐释经学中的“微言大义”，讲求“通经致用”。龚自珍和魏源都曾师从于今文经学大家刘逢禄，思想受到了极大影响，敢于揭露时弊、力求革新，而此种今文经学的思潮也极大地鼓舞了社会上大批有志之士，促使他们跳出纯考证的学术框架，积极投身于经世浪潮中。

近代经世之文的思想内容最大特点可以用“涵盖内外”来概括。所谓“内外”，即针砭国内时弊和介绍外来文化两大方面。就思想内容侧重不同来看，经世之文可以分为“主内”和“主外”两种类型。

“主内”之文以包世臣、龚自珍为代表。包世臣是嘉、道年间经世文风的先驱。

包世臣（1775—1853）字慎伯，号倦翁，安徽泾县人。嘉庆十三年（1808）举人，会试屡不第。后任江西新喻县令年余，被劾归。做过陶澍、裕谦、杨芳等人的幕客和智囊。他是晚清爱国主义思想家、学者、书法家和文学家。其学以经世为本，涉猎广泛，见解精深。著有《安吴四种》《小倦游阁文稿》等，今人编为《包世臣全集》。

他以普通士人的身份，表现了对时局和国家命运的深切关注，在兵、农、河、漕、盐等方面都有深刻的思考和超卓的见解。他的文章即多为议论之作，而他的议论又被赋予了新的思想，他认为："事无大小，苟能明其始卒，究其义类，皆足以成至文，固不必悉本于忠孝，攸关国家。"（《与杨季子论书》）由于有了深广的内容和独到的思想，他的表达便纵横驰骋，任其驱遣。同时，他的思想和文章也产生了广泛的影响，所谓"言语妙天下，政事任艰巨，文学冠群流，宇内共知之"，时人姚柬之已做了最好的概括。

包世臣行文，兼取百家之长而熔铸一家。范麟《读安吴四种书后》评曰："雄肆发于谨严，波澜循乎矩矢。蕴藉寓于平实，集秦汉唐宋魏晋之文，无常师而自成体势。"这说明，包世臣不仅在思想上对经世之文作了开拓，而且在艺术上对经世之文作了创新。

龚自珍是经世文潮中最为杰出的人物。身处季世，面对时运衰败，使他具有深沉的忧患意识，注目于国事民艰；所发文章多针砭时弊，力辟繁琐之谈，提倡经世致用的文学，把文章作为批判现实、揭露社会黑暗的武器和号召变革振兴的旗帜。

龚自珍的散文主要从两方面体现经世思想：一方面，他积极从封建社会内部寻求弊病的根源。《明良论》《古史钩沉论一》《京师乐籍说》《西域置行省议》《平均篇》等表现了他对社会问题的思考，从多个角度揭露了封建社会剥削民众、禁锢思想、阻碍生产力发展等腐朽本质。其代表作《病梅馆记》，虽短短数百字，却字字句句讥切时政，作者对封建统治阶级扼杀人才的愤怒和对追求个性解放的愿望，在篇中展露无遗：

> 江宁之龙蟠，苏州之邓尉，杭州之西溪，皆产梅。或曰："梅以曲为美，直则无姿；以欹为美，正则无景；以疏为美，密则无态。"固也。此文人画士，心知其意，未可明诏大号，以绳天下之梅也；又不可以使天下之民，斫直、删密、锄正，以夭梅、病梅为业以求钱也。梅之欹、之疏、之曲，又非蠢蠢求钱之民，能以其智力为也。有以文人画士孤僻之隐，明告鬻梅者：斫其正，养

其旁条；删其密，夭其稚枝；锄其直，遏其生气，以求重价，而江、浙之梅皆病。文人画士之祸之烈至此哉！

另一方面，他深切地表达了对社会变革趋势的预见和憧憬。《西域置行省议》《东南罢番舶议》《上大学士书》《乙丙之际箸议》《尊隐》等文均体现了这一特点。在这些文章中，他条分缕析，叙论结合，将国运兴衰与时代变革紧密联系，以其卓越的思想见地和昂扬的斗争气概，为黑暗中的社会指明了自强的道路。

龚自珍的经世散文形式多样，既有长篇大论，也有短小精悍的杂文。在风格上，他突破了一般的政论性散文质朴平实的特征，而是以"奇崛渊雅，不可一世"（林昌彝《射鹰楼诗话》）的瑰丽气质独树一帜。他构思奇特，妙用比喻，加之用词生僻，取法庄骚，虽难免显得古奥晦涩，却也为经世之文带来了一番另类风采。

"主外"之文以林则徐、魏源为代表。林则徐（1785—1850）是伟大的民族英雄，以虎门销烟的壮举而名垂青史。其实，他在文学方面大力推动经世文风的发展，同样作出了重要贡献。作为近代中国"开眼看世界"的第一人，开放的眼界和进步的观念直接体现在他的经世文学思想及其创作之中。

林则徐之文以奏折居多，文风质朴，说理透彻，内容多为他对时政的看法、建议，其文主要收录在《云左山房文钞》《林文忠公政书》中。林则徐镇守东南沿海，长期与外来民族和外来文化接触，这使得他眼界较为开阔，思想日益开放。他的文章有对西方世界的介绍，也有对抗击侵略的建议，大量涉及了"对外"事务。此外，他还组织编译了《四洲志》《华事夷言》和《国际法》等用于了解西方文化的作品，为当时闭塞落后的国人开辟了新的视野。

魏源是又一杰出的经学文风倡导者，与龚自珍齐名，人称"龚魏"。道光七年（1827），魏源与贺长龄编撰《皇朝经世文编》。该书取名"经世文"，其宗旨是对陈子龙《皇明经世文编》的继承。书中收录了2 000多篇体现经世思想的文章，对于所谓"经世文"，魏源提出的标准是"贯经术、政事、文章为一"。魏源本人之为文也是对这一思想的贯彻，如他的《道光洋艘征抚记》《筹河篇》《筹漕篇》《筹盐篇》等即是为学、为政与为文相统一的代表性作品。

魏　源（1794—1857）名远达，字默深，湖南邵阳人。道光二十五年（1845）进士，先后任东台知县、兴化知县、高邮知州。他是中国近代爱国主义思想家、史学家和文学家。著有《海国图志》《古微堂诗文集》等。

与龚自珍相比，魏源受到西方文化的影响更深，其文章中所涉及的西方元素也更多，他更多的是从西方先进经验中寻求变革的良方。他受林则徐所托而编撰的《海国图志》，是中国人看世界的重要成果。在此书中魏源提出了“师夷长技以制夷”的思想，这是中国人学习西方近代文明成果以抵御西方列强侵略的先声。故梁启超赞曰：“《海国图志》之论实支配百年来之人心，直至今日犹未脱离净尽，则其在中国历史上关系不得谓细也”（《中国近三百年学术史》），实不为过。

魏源的散文风格与龚自珍也有较大区别。他的文风往往趋于舒缓平和，少奇谲之声，也少用修辞，以议论为主。诚如其《默觚》一篇：

> 景运之世，言在都俞，其次言在旌木，其次言在庭陛，其次言在疏牍，其次言在歌谣，其次言在林薮，其次言在腹臆；言在腹臆，其世可知矣。至治之世，士在公孤；小康之世，士在僚采；倾危之世，士在游寓；乱亡之世，士在阿谷；士在阿谷，其世又可知矣。言室满室，言堂满堂；天子穆穆，诸侯皇皇。故世昌则言昌，言昌则才愈昌；世幽则言幽，言幽则才愈幽。

这种文字虽气势稍逊，但条理清晰，说理透彻，逻辑严密而又挥洒自如，依然取得了很好的效果。

经世之文在近代思想领域和文学领域的影响是十分广泛而深刻的。但经世之作的价值通常是思想价值重于文学价值。不过，道光以后掀起的文学经世风潮仍然有着不可否认的重大意义，它赋予广大士人一种全新的开放意识和大胆的批判精神，在这种精神的招引和鼓动下，晚清轰轰烈烈的革命浪潮即将到来。

第六节　晚清从时务之文到政论文章

清代散文自龚、魏力革之后，此前空疏拘谨的文风日渐由通俗务实所取代。晚清时期，散文“经世致用”的目的更加鲜明，论题日趋精微，针对性也更强，继而发展成时务之文、政论之文。同时，此一时期的散文，形式方面更加灵活，不拘一格，内容方面以探讨革新理念、发表政论观点为主，在体裁上则形成了具有政论特色的“新文体”，与时代风貌交相辉映。

晚清散文之所以呈现如此发展趋势，与特殊的历史背景和社会思潮密不可分。

首先，文化氛围的改变。受到龚自珍、魏源等进步思想家经世思潮的影响，加之国运衰微，备受外辱，文人的救亡与变革意识日渐增强，参与政治的热情空前高

《申报·本馆告白》提倡报刊之文要“文则质而不俚，事则简而能详，上而学士大夫，下及农工商，皆能通晓者”。

涨，发表政治见解的愿望日趋强烈，而文章自然成为他们论政的最佳途径。同时，腐朽的清政府承受着来自内外的双重冲击，统治地位摇摇欲坠，其在文化方面的专制与禁锢亦有所减缓，这在客观上也为文人论政提供了相对自由的话语环境。

其次，西学东渐的影响。晚清时期，随着对外交流的日益增加，有志之士开始广泛学习西方先进的制度和文化，以期能“师夷长技以制夷”，因此，推广西学成为时代潮流，介绍西方进步经验、提出改革意见的文章大量涌现。同时，诚如梁启超所说：“欧美、日本诸国文体之变化，常与其文明程度成正比。”（《介绍新著〈原富〉》）因此，对文体的革新也成为文人眼中的当务之急。

另外，传播媒介的革新。蓬勃发展的报刊，因其覆盖面广、时效性强而成为文人评议时政的绝佳阵地。“自报章兴，吾国文体为之一变，汪洋恣肆，畅所欲言，所谓宗派家法，无复问者。”（梁启超《中国务报存佚表》）。报刊作为新兴的传播媒介，其时效性与广泛性决定了它需要一种高度关注时事、语言通俗易懂的文章，当时许多报刊纷纷提出这一要求，这也促进了晚清散文朝向通俗化、政论化方向发展。

晚清从时务之文到政论文章，主要经历了以下三个阶段：

第一是探索阶段。早在维新变法之前，以冯桂芬、郑观应、王韬等为代表的进步文人就已经开始了以散文评议时务的实践与探索。冯桂芬（1809—1874）可谓时务之文的开山鼻祖，其文集《校邠庐抗议》包含了大量此类散文。他行文沿用文言句法，但已经开始探讨实际的政治问题、发表自身的政治见解，且文章逻辑严密、条理通顺，论政散文初见端倪。郑观应（1842—1921），本名官应，字正翔，号陶斋，广东香山县人。早年弃学从商，从事买办、洋务活动。曾任总办上海机器织布局、开平粤局、汉阳铁厂等，是中国近代杰出的实业家和资产阶级改良主义思想家。所著有《易言》《盛世危言》等。他虽以实业家身份闻名后世，但其散文成就亦不容忽视。他的文章致力于探索“洋务”，内容涉及政治、经济、社会等诸多方面，语言浅显，逻辑严密，篇幅凝练，政论性强，具有鲜明的时代特征。王韬（1828—1897）为晚清著名报刊《循环日报》主编，并为刊物亲笔创作了大量散文，后统一收录为《弢园文录外编》。《循环日报》在当时以言论自由著称，王韬的政论散文也鲜明地体现了这一特征，他在文中大量介绍西方时政、评议中国情势并提出具体革新建议，行文不掩锋芒，用语质朴通俗，“学识之渊博，眼光之远大，一时无两”（戈公振《中国报学史》）。

第二是推进阶段。较之先前诸公，康有为、谭嗣同二人革除时弊、力图振兴的政治愿望更加强烈，其散文的政论色彩也更加浓厚。康有为被梁启超誉为“清末散文大家”，其政论性散文具有巨大的影响力。《上清帝第二书》(即《公车上书》) 向皇帝直陈政治构思，催生出轰轰烈烈的维新运动，可谓将散文的政论功效发挥到了极致。而其文更是妙用修辞，通俗晓畅，汪洋恣肆，撼动人心，具有极强感染力：

> 夫治天下者势也，可静而不可动，如箭之在楛，如马之在埒，如决堰陂之水，如运高山之石，稍有发动，不可禁压，当其无事，相视莫敢发难；当其更变，朽株尽可为患。……譬大病后，元气既弱，外邪易侵，变症百作，岂与同治之时，吾国势犹盛，外夷窥伺情形未洽比哉？且民心既解，散勇无归，外患内讧，祸在旦夕。而欲苟借和款，求安目前，亡无日矣，今乃始基耳。症脉俱见，不待卢扁，此举人等所为日夜忧惧，不惮僭越，而谋及大计也。

谭嗣同（1865—1898）是维新变法运动的积极参与者，对君主专制、封建伦理及旧学进行激烈抨击是其散文的主要内容，而思想大胆、气势宏伟、文风犀利、气势磅礴则是其行文的最大特点。他的政论散文振聋发聩，撼动人心，梁启超称其“鼓吹排满革命也，词锋锐不可当”(《清代学术概论》)，实不为过。

康、谭二人的政论散文论证精微，语言恣肆，较之前人，影响力度更深、范围更广。且二人以文章为武器，积极投诸实践，脱离了单纯的理论范畴，将政论散文的社会功效推到了新的高度，也进一步加强了晚清散文的政论化倾向。

第三是集大成阶段，其代表为梁启超。他的《变法通议》《少年中国说》《呵旁观者文》《论中国积弱由于防弊》《中国积弱溯源论》《新民说》等都是这类文体的代表。

梁启超的散文取材十分广泛，政治、经济、文化、科技无不涉及，且文章情感之强烈真挚，说理之生动透彻，语言之通俗明晓，修辞之巧妙形象，“惊心动魄，

梁启超（1873—1929）字卓如，号任公，又号饮冰室主人。广东新会人。光绪十五年（1889）举人。师从康有为，并一同发起戊戌变法，失败后逃亡日本。后任教于清华大学国学研究院。先后主办过《时务报》《清议报》《新民丛报》等。作品收录为《饮冰室合集》。

［新　文　体］

得名于《清代学术概论》，它有一些其他称号：梁启超曾任《时务报》主编，大量刊发此类文章，因此称为“时务之文”；又因以梁启超的《新民论》为翘楚，因此此类文体也被称为“新民体”。

一字千金”（黄遵宪《致饮冰室主人》），使晚清政论性散文达到了新的艺术高度。如其《呵旁观者文》：

> 天下最可厌可憎可鄙之人，莫过于旁观者。旁观者，如立于东岸，观西岸之火灾，而望其红光以为乐。如立于此船，观彼船之沉溺，而睹其凫浴以为欢。若是者，谓之阴险也不可，谓之狠毒也不可。此种人无以名之，名之曰无血性。嗟乎，血性者，人类之所以生，世界之所以立也。无血性则是无人类无世界也。故旁观者，人类之蟊贼，世界之仇敌也。

晚清政论散文在体裁方面的创新，首推“新文体”。维新变法失败后，梁启超在对时务之文进行反思的基础上，对散文进行进一步的变革，形成了“学者竞效之”的“新文体”，梁启超称之“平易畅达，时杂以俚语、韵语以及外国语法，纵笔所至不检束”。具体特征如下：一是大量运用新概念、多音词及西方语法。如“故谓政府为人民所有也不可，谓人民为政府所有也尤不可，盖政府、人民之上，别有所谓人格”（《论政府与人民之权限》），数十字间，已然出现“政府、人民、人格”等语汇，令人耳目一新。二是逻辑严密，情感充沛，情理交融，相得益彰。梁启超论证鞭辟入里，且议论之中往往大量运用感叹词，丝毫不掩饰内心奔腾的情感，其文也因此而更加富有魅力。三是语言力求平易畅达，骈散自由，音调铿锵，极富艺术感染力。此一特征在《少年中国说》中体现得尤为明显。“新文体”自出现以来，以其开放性、进步性而迅速风靡文坛，“对于读者，别有一种魔力焉”，成为当时传播政论思想的最有效载体。可以说，梁启超及其“新文体”代表了晚清政论性散文的最高成就。

晚清有志于救亡图存的文人，无不以民族自强为已任，热议时政，抒发壮志。因此，晚清政论性散文自然以“内容”作为创作的首要追求。晚清散文取材极为丰富，政治、经济、法律、科教、文史等无不论证，日本、西欧、美国等先进文化亦屡屡涉及。这一方面令蒙昧的人民深刻认识到落后的现实和变革的必要，另一方面也为封闭的国人开辟了崭新的视野，无论从内部变革还是从与国际社会接轨的角度来看，晚清的政论性散文都具有划时代的意义。

相对于内容而言，晚清政论性散文在形式上的变革显得力度稍弱，总体上仍旧以文言为主要句式。诚如梁启超所说，“若全纯白话文做说理文，最苦的是名词不够。若一一求其通俗，一定弄得意义浅薄，而且不正确”（《晚清两大家诗钞题辞》），在当时，文言文的正统地位还很难撼动。但是，即便在文言范围之内，晚清文人们也在进行着具体而微的变革：打破“义法”局限，不受格律拘束，用语日趋通俗，并尝试引进新词汇、新语法。这一系列不懈的努力和尝试，为后来的白话文运动打下了坚实的基础。

总体来看，有清一代，政重于学，学重于文。因此，言政言学，便为清文之基本内核。可以说，清文主要是重内容的，无论是经世之文也好，论学之文也好，都不例外。但清文的重内容并非重视文学性内容，如在桐城派文章学思想的三大要素即义理、考证、文章中，我们是找不到作为中国文学重要传统的抒情要素的，也就是说，桐城派有意搁置了作为文学生命的情感，而这种阉割作者情感的写作无疑是缺乏生机的。所以，清文之价值是政治价值、思想价值和学术价值高于其文学价值的。

第三章

中兴的清词

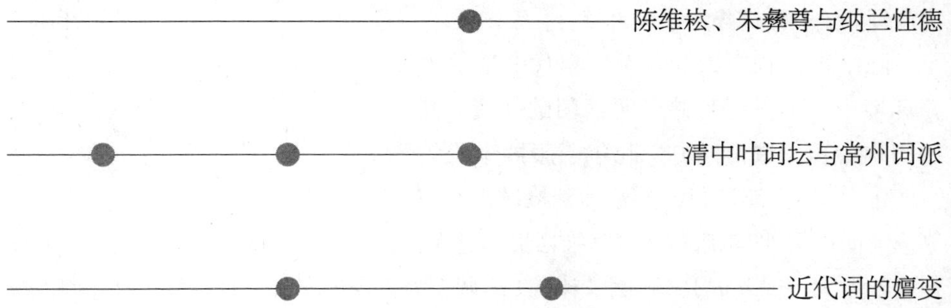

词这种文体，在元明两代的沉寂之后，晚明陈子龙开词运复兴的先机，清词继之振颓起衰，呈现出中兴局面。仅就《全清词》汇辑情况而言，顺治、康熙之卷即有五万余首作品，录词人二千余人，而且流派纷呈，风格迥异，词学理论和批评也呈现繁盛气象。清词可谓宋词之后又一辉煌。

第一节　陈维崧、朱彝尊与纳兰性德

总体而言，清初词坛，以陈维崧为首的阳羡词派、朱彝尊为首的浙西词派和独树一帜的满族词人纳兰性德撑起了大骨架。

陈维崧（1625—1682）字其年，号迦陵，江苏宜兴人。其父陈贞慧，复社名流，以气节著称。

陈维崧生长于崇尚大节、累代书香的家庭环境中，20岁时目睹了明王朝的鼎覆，其后门户中落，漂泊四方，晚年于康熙十八年（1679）应博学鸿词科，授翰林院检讨，参与纂修《明史》，四年后病卒。陈维崧性情过人，文才卓荦，诗、词、文俱佳，而词作影响尤大。现存词1 629阕，计有116调，为古今词家所未有。著作有《湖海楼全集》，收古文、骈文、诗、词共54卷，近70万言。陈维崧曾得陈子龙亲炙，词作慷慨激昂，反映出大动荡的时代精神。而在他周围时相唱和的一批词人，风格相近，世称“阳羡词派”。

阳羡词派是在清初“天崩地解”、变幻动荡的历史背景下产生的。阳羡即今江苏宜兴（隶常州）的古称，毗邻太湖。清军下江南时，太湖流域颇多反抗。阳羡词派的作家或是遗老逸民，或是忠烈后裔，故其作品多述民生之哀及故国之思，有较为鲜明的政治倾向和浓厚的乡土色调。这一派成员有徐喈凤、万树、曹亮武、蒋景祁、陈维崧等，而以陈维崧成就最高。晚清词论大家陈廷焯称赞他道：“国初词家，断以迦陵为巨擘。”

锡鬯、其年出，而本朝词派始成。顾朱伤于碎，陈厌其率，流弊亦百年而渐变。锡鬯情深，其年笔重，固后人所难到。嘉庆以前，为二家牢笼者十居七八。

——谭献《箧中词》

阳羡词派推尊词体，认为词的功能是可与“经”“史”比肩，动摇、否定“词乃小道”的传统观念；其创作重视“立意”，主张“拈大题目，出大意义”。陈维崧推崇苏辛，尤喜稼轩。他不仅学习、模仿苏辛的豪放风格，而且追源苏、辛词的“骎骎乎如杜甫之歌行与西京之乐府”的精神，把豪放的风格与歌吟民瘼、慨叹人生结合起来。如他的《贺新郎·纤夫词》：

> 战舰排江口。正天边、真王拜印，蛟螭蟠钮。征发棹船郎十万，列郡风驰雨骤。叹闾左、骚然鸡狗。里正前团催后保，尽累累锁系空仓后。捽头去，敢摇手？　　稻花恰趁霜天秀。有丁男、临歧诀绝，草间病妇。此去三江牵百丈，雪浪排樯夜吼。背耐得、土牛鞭否？好倚后园枫树下，向丛祠急倩巫浇酒。神祐我，归田亩。

此词作于顺治十六年（1659）。当时郑成功与张煌言合兵北伐，下镇江，围攻南京，清廷紧急驰援，作者以词的形式描写沿江人民的苦难，情境类似杜甫的“三吏”“三别”。以词的形式、写实的手法描写社会矛盾、民众苦痛的，在词史上是罕见的。

陈维崧的慢词跌宕起伏，情致酣畅，将赋和歌行的手法运用于词，呈现出“阔大”和“雄肆”的审美风貌。如《贺新郎·甲辰广陵中秋小饮孙豹人溉堂，归歌示阮亭》，慷慨之气、狂放之态，跃然于纸上。他写际遇抱负的小令同样气势十足。如《好事近·夏日》：“别来世事一番新，只吾徒犹昨。话到英雄失路，忽凉风索索。”又如《醉落魄·咏鹰》：“男儿身手和谁赌？老来猛气还轩举。人间多少闲狐兔，月黑沙黄，此际偏思汝。”此类作品最为人称道的是其《点绛唇·夜宿临洺驿》：

> 晴髻离离，太行山势如蝌蚪。稗花盈亩，一寸霜皮厚。　　赵魏燕韩，历历堪回首？悲风吼，临洺驿口，黄叶中原走。

寥寥数语，将乱世之叹、兴亡之慨寓于景物中，意境阔大，有尺幅千里之势。

随着清朝版图的统一，政权的稳固，阳羡词派的悲慨健举、萧骚凄怨之音，难合于政局及社会的发展大势，渐趋衰落乃是必然。其后虽也间有豪放郁勃之词，如郑燮、蒋士铨、曹贞吉、黄景仁等，但并不能形成气候。与陈维崧大致同时的朱彝尊，以及以他为领军人物的浙西词派适应清朝大一统局面，以清空醇雅的词风占据了词坛的主流，影响深远。以阳羡与浙西比较，其间的差别十分明显，乃是从重“志意”到重“韵致”，从讲气势笔力到讲醇雅章法，由写实转向空灵，由明快转向含蓄。取其大端观之，词中的浙西相当于古文中的桐城，一起成为“盛世”的文学景观。

世人言词，必称北宋，然词至南宋始极其工，至宋季而始极其变。姜尧章氏最为杰出。

——朱彝尊《词综·发凡》

朱彝尊早年曾秘密参与抗清复明活动，事败出走，游幕四方。康熙十八年（1679）举博学鸿词，出仕清廷。他是著名文学家、学者，博通经史，工诗文，与王士禛并称“南朱北王”，尤长于词。著有《经义考》《日下旧闻》《粉墨春秋》等书，选编《词综》，词集有《江湖载酒集》《静志居琴趣》《茶烟阁体物集》《蕃锦集》4种。晚年自编著作为《曝书亭集》80卷。

朱彝尊词宗南宋。选编《词综》便是体现了这一价值标准。其《词综·发凡》把姜夔抬到至高无上的地位。而《解佩令·自题词集》云：“倚新声、玉田差近。”玉田即张炎，表明朱氏对“清空”风格的自觉追求。朱氏所选所论，偏重在词的格律和技巧。附和、推衍其学的，有“浙西六大家”之说——朱彝尊、李良年、李符、沈皞日、沈岸登、龚翔麟，从而形成“浙西词派”。这一词派影响清代词坛200余年。

《江湖载酒集》是朱彝尊一生词创作的精粹，其中吊古之作颇能表现其特色，如《卖花声·雨花台》：

衰柳白门湾，潮打城还。小长干接大长干。歌板酒旗零落尽，剩有渔竿。
秋草六朝寒，花雨空坛。更无人处一凭阑。燕子斜阳来又去，如此江山！

发端便以“衰柳”二字为全篇定下了萧瑟、感伤的调子。而昔日的繁华，只剩下荒村野渔；满腹的惆怅，却无人可共倾诉。这分明是写江山陵替，物是人非的感慨，但作者却无一笔实写，而是远离现实政治，将故国之思转化为空灵的意绪，营造出一种凄楚氛围，让读者去回味。这种手法与他“老去填词，一半是空中传恨”的创作意图是紧密相关的。

此外，《江湖载酒集》广被称誉的还有“艳而不浮，疏而不流，工丽芊绵而笔墨飞舞”的情爱词，如《金缕曲·初夏》，上片写初夏时分的景致，以春光已逝暗喻爱情的流逝。“绿阴重，已如许”，似是寻常景物，却有深切的慨叹与无奈。下片感叹佳人“簸钱”他处，此生无缘。“秋千尽拆”“几番疏雨”，也是寻常情境含无穷感叹。整首词婉丽动人，无一激烈痛切之语，却表达出十分深幽的留恋与惆怅。

浙派词过于讲求形式，推重“雅致”。朱彝尊本人由于才高学深，又有丰富的人生经历与感情经历，故“清空”之作不乏意味隽永者。但其后学才学不逮，不重志意，不重寄兴，流弊所及，便陷入琐屑堆砌之中。晚清词论家文廷式、谭献都有很中肯的批评。

清初另一词坛名家纳兰性德，生性聪敏，文才超逸而又笃于友情，与陈维崧、朱彝尊、姜宸英、严绳孙、顾贞观等文坛俊彦皆有交往，曾应顾贞观之请救助身陷缧绁的吴兆骞从宁古塔入关，传为文坛佳话。纳兰工于诗词，尤善为小令，其风格接近于李后主。纳兰性德所作爱情词低徊悠渺，婉丽清凄；而边塞词作则寥廓苍远，绘景如画。况周颐《蕙风词话》推性德为“国初第一词人”。王国维《人间词话》说：“以自然之眼观物……故能真切如此，北宋以来，一人而已。”

纳兰性德（1654—1685）原名成德，字容若，号楞伽山人。满洲正黄旗人，是康熙朝权臣大学士明珠的长子，进士出身，任职至一等侍卫，多次随康熙出巡。康熙二十四年病卒，年仅30岁。著有《通志堂集》《饮水词》等。

纳兰词多写一己情致，流于感伤，其悼亡诸什，尤为凄婉。他本伉俪情笃，却于青春时丧偶，痛惜之情寄予词章，“只向从前悔薄情”，“一片伤心画不成”，都是传诵一时的名句。其《蝶恋花》更把这种感伤升华为人生的慨叹：

> 又到绿杨曾折处，不语垂鞭，踏遍清秋路。衰草连天无意绪，雁声远向萧关去。　　不恨天涯行役苦，只恨西风，吹梦成今古。明日客程还几许，沾衣况是新寒雨。

上片写行役途中的秋感、秋思，渲染出一派肃杀、凄清的氛围；下片是“加一倍”的写法：“天涯行役”本是苦事，与梦醒后的失落、痛惜相比，却又不值一提了。而结尾一句“沾衣况是新寒雨”，使愁思更进一层，却全不说破，留下含蓄、悠远的体悟空间。

纳兰的边塞行吟题材的词，则是另一种风格，苍凉中透出几分清怨，如“试倩玉箫声，唤千古英雄梦醒”，“万帐穹庐人醉，星影摇摇欲坠”，等等。《长相思》更是把这种风格发挥到极致：

> 山一程，水一程，身向榆关那畔行。夜深千帐灯。　　风一更，雪一更，聒碎乡心梦不成。故园无此声。

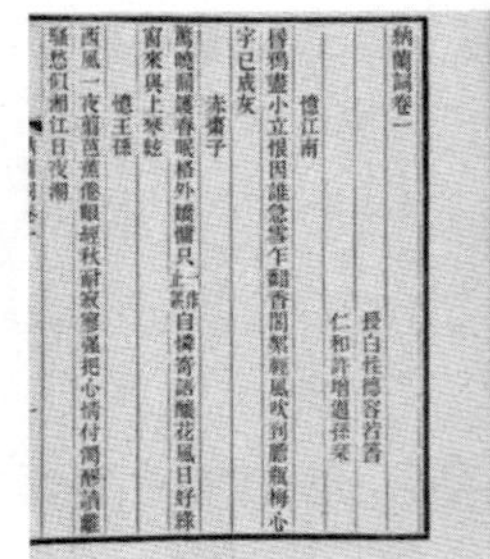

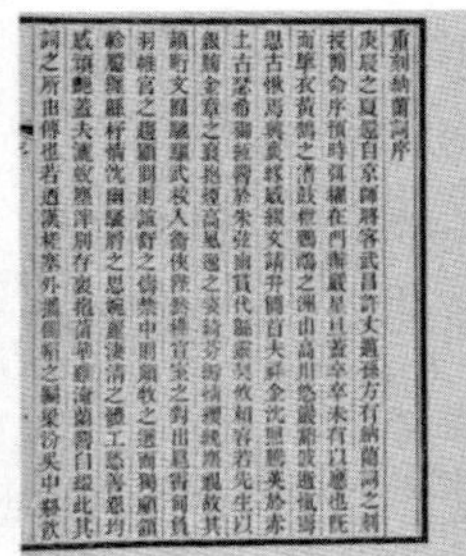

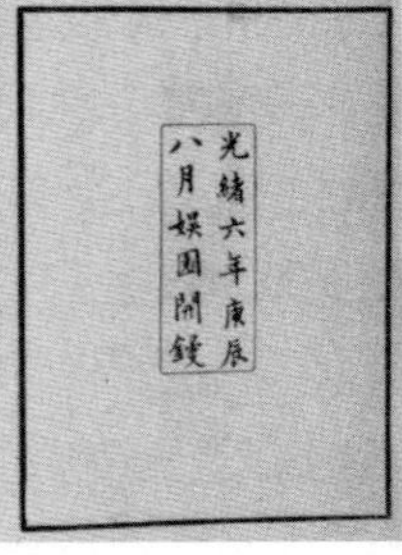

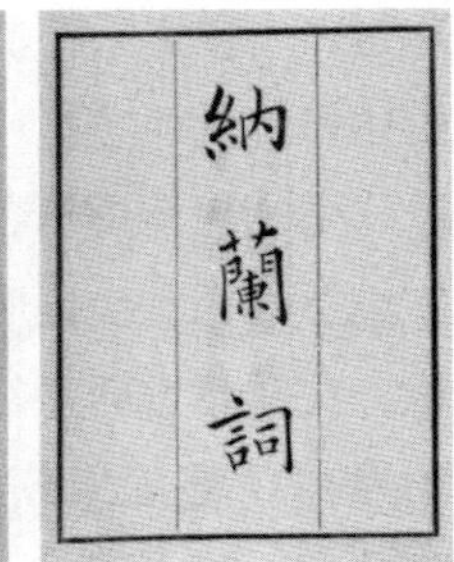

《纳兰词》书影

壮丽的千帐灯下，却是难眠的乡心。“夜深千帐灯”的壮阔与风雪中“乡心梦不成”的凄寒，形成强烈对比，写尽了行役生涯的滋味。

《饮水词》中也有一些长调，颇见功力，如《金缕曲·赠梁汾》：

> 德也狂生耳！偶然间、缁尘京国，乌衣门第。有酒惟浇赵州土，谁会成生此意？不信道、竟逢知己。青眼高歌俱未老，向樽前、拭尽英雄泪。君不见，月如水。　　共君此夜须沉醉。且由他、蛾眉谣诼，古今同忌。身世悠悠何足问，冷笑置之而已。寻思起、从头翻悔。一日心期千劫在，后身缘、恐结他生里。然诺重，君须记。

梁汾是诗人顾贞观的字，当时京华将纳兰性德与曹贞吉、顾贞观合称“三绝”。顾贞观有《弹指词》等。这首《赠梁汾》慨然长吭，中多不平之气。“君不见，月如水”，“冷笑置之而已”，以情语入词，直抒胸臆，别成一境。

顾贞观与纳兰联手营救吴兆骞时，与吴氏之间以词代书，也是传诵一时之作。这两首作品以家常语入词，真切动人，道出二人非同寻常的情谊。如《金缕曲·寄吴汉槎宁古塔》（其一）的上阕：

> 季子平安否？便归来、平生万事，那堪回首？行路悠悠谁慰藉？母老家贫子幼。记不起、从前杯酒。魑魅择人应见惯，总输他覆雨翻云手。冰与雪，周旋久。

又如《金缕曲·寄吴汉槎宁古塔》（其二）的上阕：

> 我亦飘零久。十年来、深恩负尽，死生师友。夙昔齐名非忝窃，试看杜陵穷瘦。曾不减、夜郎僝僽。薄命长辞知己别，问人生到此凄凉否？千万恨，为兄剖。

对照诵读纳兰与顾贞观这三首《金缕曲》，可见朋友之间气味相投处。从气质、性情诸方面看，《红楼梦》中的贾宝玉确有纳兰的影子。虽不必胶柱鼓瑟地做索隐，但指出这一点对于认识清中期文学思潮实不无裨益。

第二节 清中叶词坛与常州词派

自康熙中期至雍正、乾隆的百余年间，词坛的主流是浙派词，代表人物是厉鹗。他的作品以描摹景物、吊古伤今为多，前人把他的风格概括为“幽隽”，意谓在“清空”中多几分低徊秀美。其最为人称道的作品如《百字令·月夜过七里滩》：

厉鹗（1692—1752）字太鸿，号樊榭等，钱塘（今浙江杭州）人。康熙五十九年举人，屡试进士不第。家贫，然性喜游历。著有《宋诗纪事》《樊榭山房集》等。

> 秋光今夜，向桐江，为写当年高躅。风露皆非人世有，自坐船头吹竹。万籁生山，一星在水，鹤梦疑重续。挐音遥去，西岩渔父初宿。　心忆汐社沉埋，清狂不见，使我形容独。寂寂冷萤三四点，穿过前湾茅屋。林静藏烟，峰危限月，帆影摇空绿。随流漂荡，白云还卧深谷。

“林静藏烟”，“帆影”“空绿”，确是一派幽隽、清空境界。由此词可见厉鹗锤炼文字的功夫。但是，浙派词空灵有余、情性不足的问题也可见端绪。

百年间，浙派词堪称大家的也只有厉鹗而已。其间倒是一些并不以词名家的作者，留下了别开生面、清新可喜的作品。如郑板桥（1693—1765）的《沁园春·恨》：

> 花亦无知，月亦无聊，酒亦无灵。把夭桃斫断，煞他风景；鹦哥煮熟，佐我杯羹。焚砚烧书，椎琴裂画，毁尽文章抹尽名。荥阳郑，有慕歌家世，乞食风情。　单寒骨相难更，笑席帽青衫太瘦生。看蓬门秋草，年年破巷，疏窗细雨，夜夜孤灯。难道天公，还箝恨口，不许长吁一两声。癫狂甚，取乌丝百幅，细写凄清。

对于人生、文化价值彻底失望之后的愤激，落魄寒士的狂态，描摹、铺写得淋漓尽致。“难道天公，还钳恨口，不许长吁一两声”，《离骚》之后，愤世之语无过于此。

又如黄仲则的《蝶恋花·落梅和稚存》：

> 怪道夜窗虚似水，月在空枝，春在空香里。一片入杯撩不起，风前细饮相思味。　冷落空墙犹徙倚，者是人间，第一埋愁地。占得百花头上死，人生可也当如此。

“春在空香里”，真是写“落梅”的奇想奇句。

相比之下，雍、乾两代的浙派词便显得“一代正宗才力薄”了。于是，到了嘉庆年间，有张惠言、周济相继反对浙西词派徒为形式而乏内涵、情思，力倡《风》《骚》之旨，一时从风，形成“常州词派”。除张、周二人外，同道者还有张琦、董士锡、李兆洛、陆继辂、丁履恒等。

浙派词讲“醇雅”，常州词派讲“寄托”。张惠言认为词的特点是“意内而言外”“深美闳约”，“其缘情造端，兴于微言，以相感动，极命风谣里巷男女哀乐，以道贤人君子幽约怨悱不能自言之情，低徊要眇，以喻其致”（《宛邻词选序》）。张惠言重质实、比兴而有寓意的词学观，援引儒学诗教入词学，是经学家的立场。这在一定程度上歪曲了词的本色，但在矫正浙派的偏失上不无救弊之功。

张惠言针对朱彝尊选编《词综》来推行自己的词学思想，编刊了《词选》。这一选本给苏轼、秦观、周邦彦、辛弃疾、张孝祥等较大篇幅，显示出与《词综》迥然不同的取舍标准。而在《词选序》中，张惠言直言不讳地批评了浙派词的流弊，力主词要有比兴寄托，注意词作内容的现实意义。他自己的词作中也贯彻了这一主张，如《木兰花慢·杨花》：

> **张惠言**（1761—1802）字皋文，江苏武进（今常州）人。嘉庆四年（1799）进士，改庶吉士，授翰林院编修。精通《周易》，工词赋散文，是阳湖派古文和常州词派的开创者。有《茗柯文集》《茗柯词》。

> 尽飘零尽了，何人解、当花看？正风避重帘，雨回深幕，云护轻幡。寻他一春伴侣，只断红、相识夕阳间。未忍无声委地，将低重又飞还。　疏狂情性，算凄凉、耐得到春阑。便月地和梅，花天伴雪，合称清寒。收得十分春恨，做一天、愁影绕云山。看取青青池畔，泪痕点点凝斑。

咏杨花，将其人格化，是写词人自己的遭际、感慨。上片言落花之境况，下片写落花之精神，整首词写出了冷落坎坷而不消沉自弃的意志追求，是“怨而不怒”的儒学品格。以物咏志，寄慨遥深，体现了常州词派比兴寄托的词学宗旨。

张惠言是学问家，研读《易》学多年，于天命人事之间，多有慧解。从这个角度看，他所追求“低徊要眇，以喻其志”的词境未尝不是儒学的审美理想——“中和”境界。其《水调歌头·春日赋示杨生子掞》五首，谭献评为“胸襟学问，酝酿喷薄而出，赋手文心，开倚声家未有之境”（《箧中词》）。“未有之境”，即是儒学的中和之境，这与黄庭坚所开启的诗学之境相似。词中云：“难道春花开落，更是春风来去，便了却韶华？花外春来路，芳草不曾遮。”（其一）“看到浮云过了，又恐堂堂岁月，一掷去如梭。劝子且秉烛，为驻好春过。”（其二）“迎得一钩月到，送得三更月去，莺燕不相猜。但莫凭栏久，重露湿苍台。”（其三）“名山料理身后，也算古人愚。一夜庭前绿遍，三月雨中红透，天地入吾庐。容易众芳歇，莫听子规呼。”（其四）第五首更为典型：

> 长镵白木柄，刮破一庭寒。三枝两枝生绿，位置小窗前。要使花颜四面，和著草心千朵，向我十分妍。何必兰与菊，生意总欣然。　晓来风，夜来雨，晚来烟。是他酿就春色，又断送流年。便欲诛茅江上，只恐空林衰草，憔悴不堪怜。歌罢且更酌，与子绕花间。

叙事言物而不止于事物，若有人生哲理寄予言外。“何必兰与菊，生意总欣然”，这样的心态既有儒者追求的“不以物喜，不以己悲”之境界，又有道家“淡泊自然，随遇而安”的精神。作者却只是借赏花种草委婉道来，走的正是屈骚“香草美人”的表现之路。比起浙派词的“空”，便显得丰厚深刻；比起前引郑、黄之作，又见出含蓄隽永。是以常州词派异军突起后，很快就成为词坛影响广远的劲旅。

不过，张氏“兴寄”的词学观缺陷也是明显的。过于强调言外的寄托，一则未免使词不堪重负，同时也会流于故作高深、牵强比附。

常州词派的影响，与张惠言的后学周济也有很大关系。

周济受法张惠言之甥董士锡，得张氏绪论，推衍其说，是常州词派理论的集大成者。他在《宋四家词选·目录序论》中提出了“非寄托不入，专寄托不出”的重要思

周济（1781—1839）字保绪，号止庵，别号介存居士，江苏荆溪（今宜兴）人。嘉庆十年（1805）进士，官淮安府教授。后隐居江宁，潜心著述，著有《介存斋集》《味隽斋词》《介存斋论词杂著》等。

想。“非寄托不入”是指词的创作要有深刻的寓意，而不是泛泛的即兴之作，此就创作主体而言。“专寄托不出”是从接受者而言，对词作要反复涵咏，方能体会其中的深意。这在一定程度上克服了兴寄说可能产生的刻意求深的弊端。其次，他着力推尊词体，认为“诗有史，词亦有史，庶乎自树一帜矣”(《介存斋论词杂著》)。第三，编选《宋四家词选》，取周邦彦、辛弃疾、王沂孙、吴文英四家。“问涂碧山，历梦窗、稼轩，以还清真之浑化”，进一步明确常州词派的词统。周济将常州词派的理论系统化，简明实用。而常州词派的壁垒经他而更加确立。

周济倡“能入能出”之说，显得十分圆通，但自家的词作却不能贯通，往往词旨隐晦，令人难解。这大约是才力不逮的缘故。

独立于常州词派和浙派之外，颇有成就的词人还有项鸿祚（1798—1835)，又名廷纪，字莲生，浙江钱塘（今杭州）人。有《忆云词》。他一生不遇，性情忧郁，《忆云词甲稿自序》云：“生幼有愁癖，故其情艳而苦，其感于物也郁而深。”《丁稿自序》云：“当沉郁无憀之极，仅托之绮罗芗泽以洩其思，盖辞婉而情伤矣。”从这些文字中，可以看出其词的内容和风格。

第三节　近代词的嬗变

近代词的发展可分两个时期。一是道咸时期，一是同光之后至民国初年。道咸时期的词家有龚自珍、蒋春霖、顾太清等。

龚自珍诗文俱佳，而词作同样卓荦不群。如《湘月》：

> 天风吹我，堕湖山一角，果然清丽。曾是东华生小客，回首苍茫无际。屠狗功名，雕龙文卷，岂是平生意！乡亲苏小，定应笑我非计。　　才见一抹斜阳，半堤香草，顿惹清愁起。罗袜音尘何处觅，渺渺予怀孤寄。怨去吹箫，狂来说剑，两样销魂味。两般春梦，橹声荡入云水。

气畅词酣，奇想宏阔，可与纳兰的佳作媲美。

蒋春霖（1818—1868)，字鹿潭，江阴人。喜好纳兰《饮水词》和项鸿祚《忆云词》，故其词集名《水云楼词》。他崇尚姜夔、张炎一派，追求“情至韵会，极温柔怨慕之意”的词境（李肇增《水云楼词序》引蒋氏语）。一生沉抑下僚，其词多述离乱之苦和穷愁之悲。如《木兰花慢·江行晚过北固山》：

泊秦淮雨霁，又灯火，送归船。正树拥云昏，星垂野阔，暝色浮天。芦边夜潮骤起，晕波心、月影荡江圆。梦醒谁歌楚些？泠泠霜激哀弦。　婵娟，不语对愁眠，往事恨难捐。看莽莽南徐，苍苍北固，如此山川。钩连更无铁锁，任排空樯橹自回旋。寂寞鱼龙睡稳，伤心付与秋烟。

整首词将战后凄凉之景和抑郁悲哀之情融合无迹，凝重而婉曲。

顾春（1799—1877），字子春，号太清，镶蓝旗人。清代著名女词人，有词集《东海渔歌》。其才名甚著，当时乃有“男有成容若，女有顾太清”之说，将其与纳兰性德相提并论。词作之外，她还有白话小说《红楼梦影》，也有相当的影响。顾太清善构词境，细腻绵密，自然精工，委婉动人，如《江城梅花引·雨中接云姜信》：

故人千里寄书来。快些开，慢些开，不知书中，安否费疑猜。别后炎凉时序改，江南北，动离愁，自徘徊。　徘徊，徘徊，渺予怀。天一涯，水一涯，梦也梦也，梦不见，当日裙钗。谁念西风，翘首寸心灰？明岁君归重见我，应不似，别离时，旧形骸。

“快些开，慢些开，不知书中，安否费疑猜”，明白如话，却生动形象、情趣盎然。

同光以后的词人们屡遭国难，忧世伤时之意寄之于词，便大多体现出常州词派的风格。至戊戌、庚子前后的词作，写兴亡之际的情思，尤其骚雅哀艳，有强烈感染力。其间影响最大的是被称为“清季四大词人”的王鹏运、朱祖谋、况周颐和郑文焯。另外如文廷式、王国维也有很高的造诣。

王鹏运（1848—1904）宗尚常州词派。甲午之后，他感慨国事，作品沉郁悲凉，较为朗炼，格调在王沂孙、辛弃疾之间。八国联军攻占北京后，曾与刘伯崇、朱孝臧同集宣武门外，相约填词，成《庚子秋词》二卷，抒写国难当头的悲愤。有“题《庚子秋词》”的《浪淘沙》：

华发对青山，客梦零星。岁寒濡呴慰劳生。断尽愁肠谁会得？哀雁声声。

心事共疏檠，歌断谁听？墨痕和泪渍清冰。留得悲秋残影在，分付旗亭。

（太清）才气横溢，援笔立成。待人诚信，无骄矜习气，唱和皆即席挥毫，不待铜钵声终，俱已脱稿。

——《名媛诗话》

郑文焯（1856—1918）精通词律，词宗周邦彦、姜夔，体洁旨远，句妍韵美。除庚子年间诸作稍具风骨外，大都哀歌楚声，颇乏风力。辛亥革命后，以遗老自居，为故国之思，内容越发贫弱。

朱孝臧整理刻印的《彊村丛书》，辑五代以降词总集五种，材料丰富，校刊精覈，是词学研究的重要文献。

文廷式（1856—1904）甲午战争时，弹劾李鸿章，后反为李鸿章构陷。因支持变法，被迫流亡日本。其《水龙吟》云：

> 落花飞絮茫茫，古来多少愁人意。游丝窗隙，惊飙树底，暗移人世。一梦醒来，起看明镜，二毛生矣。有葡萄美酒，芙蓉宝剑，都未称，平生意。　我是长安倦客，二十年、软红尘里。无言独对，青灯一点，神游天际。海水浮空，空中楼阁，万重苍翠。待骖鸾归去，层霄回首，又西风起。

文廷式词作有强烈的时代感和现实精神，以奋发凌厉的笔势，力扫枯寂，“上拟苏辛，俯视龙洲”（胡先骕《评〈云起轩词钞〉》）。

王国维（1877—1927）号静安，浙江海宁人。早年留学日本，后任教于清华学校。著有《人间词话》《红楼梦评论》《宋元戏曲史》等。

稍微晚近些的王国维深受康德、叔本华哲学的影响，又对现代心理学有相当的了解，借助于新的知识与视野，他在文艺思想上摆脱旧窠臼，拓开新生面。其《红楼梦评论》与《人间词话》都是新旧转变期的理论扛鼎之作。而在他的词作中也体现出新的眼界与感悟。如《浣溪沙》：

> 山寺微茫背夕曛，鸟飞不到半山昏。上方孤磬定行云。　试上高峰窥皓月，偶开天眼觑红尘。可怜身是眼中人。

这是一首出于想象而创设特有意境的词。整首词意境幽渺，寂静肃穆，把人类永恒的追求与永恒的困境形象凝练地表达出来。又如《蝶恋花》（百尺朱楼临大道）同样是象征的意味十足。“一霎车尘生树杪。陌上楼头，都向尘中老。”这样的境界，这样的表现手法，此前皆似未曾有。

第四章

清前、中期的白话小说

从清初到嘉庆年间，是白话长篇小说创作的鼎盛期。据不完全统计，这个时期出现的长篇小说多达三百余部。就题材而论，世情小说成为主流，成就斐然，其他小说类型也都有所发展，时有佳作涌现。就小说艺术而言，由于文人的广泛参与，创作趋于多元化，艺术水平有了普遍提高。到了乾隆年间，随着《儒林外史》和《红楼梦》的问世，白话小说创作发展到了顶峰。

第一节　才子佳人小说的繁荣

才子佳人小说的勃兴是清初最引人注目的小说史现象。所谓才子佳人小说，指明末清初产生的一批以青年男女的恋爱婚姻为主题的作品。从题材上说，这类小说主要写才子和佳人的遇合与婚姻故事，其主人公是“才子”和“佳人”；从情节结构上讲，应由三个重要部分组成：（一）男女以某种机缘相接触（多以诗词唱和为媒介），一见钟情，私订终身；（二）小人拨乱其间，男女离散；（三）才子及第，才子佳人大团圆。

才子佳人小说兴于明末，盛于清初顺治、康熙、雍正三朝，而余波所及，直到嘉庆年间还有类似的作品出现。顺治、康熙两朝是才子佳人小说创作的鼎盛时期，这时期的才子佳人小说内容纯正，格调典雅，代表了这类小说最基本的类型，代表作有《玉娇梨》《平山冷燕》《好逑传》《金云翘传》和《定情人》等。雍正、乾隆年间才子佳人小说仍然盛行，但创作上发生了较大变化：反映的生活面有所拓宽，世情描写有所增加，并开始出现与灵怪、神仙、公案、侠义等合流的现象；才子和佳人由才美型向胆识型发展；受时代风气的影响，不少小说也把功成名就的大团圆结局改变为急流勇退、归隐成仙。代表作有《二度梅全传》《雪月梅传》《驻春园小史》和《铁花仙史》等。乾隆中期以后才子佳人小说仍不断出现，但从总体上已走向末路。

> 《金瓶梅》《玉娇李》等既为世所艳称，学步者纷起，而一面又生异流，人物事状皆不同，惟书名尚多蹈袭，如《玉娇梨》《平山冷燕》等皆是也。至所叙述，则大率才子佳人之事，而以文雅风流缀其间，功名遇合为之主，始或乖违，终多如意，故当时或亦称为“佳话”。
>
> ——鲁迅《中国小说史略》

《玉娇梨》与《平山冷燕》齐名，都是开才子佳人小说风气的佳作。两书最显著的特征是“显扬女子，颂其异能”（鲁迅《中国小说史略》）。书中的四个女主人公皆为才女，如白红玉的才华学问不仅为其父佩服，也为才子苏友白倾慕，处理实际问题的能力也显得比父亲高出一筹；山黛、冷绛雪的诗才学问则不仅压倒了朝中大臣，且也压倒了她们的意中人燕白颔、平如衡。两部小说都突破了“女子无才便是德”的传统观念，不仅写女子之才，而且把才当作佳人必备的条件，甚至是才子择偶的首要条件。《平山冷燕》就明确表明：“人只患无才耳，若果有才，任是丑陋，定是一种风流，断断不是一村愚面目。”正是在这种思想的指导下，才子佳人小说家们塑造出了一大批才华绝世、机智过人的“才女”形象，此后的世情小说大多继承了这一特点。《玉娇梨》和《平山冷燕》的另一重要特点是对男女真情的大胆肯定。无论才子还是佳人，都把婚姻当成人生第一大事，“情”的地位至高无上。为了追求理想的爱情婚姻，白红玉、山黛、冷绛雪等敢于冲破“父母之命，媒妁之言”的束缚，不顾世俗的非议，公然与才子较量文才；卢梦梨更是女扮男装私许终身。几位才子为心上人也不惜四处奔波，尤其是苏友白，为了追求理想的佳人，不惜开罪权贵，甚至轻抛功名富贵。作者歌颂的就是这种为情可以不顾一切的“痴情”。

《好逑传》是才子佳人小说的另一种典型，该书的突出特点是以理节情。作者化名“名教中人”，在“叙”中又署“宣化里维风老人敬题于好德堂”，由此可见作者维护礼教的自觉态度。书中的男女主人公与一般才子佳人小说大不相同，其中铁中玉性格刚烈，无私无畏，颇具勇侠之气；水冰心则不仅聪明绝伦，而且有胆有识。两人有一段相互救助的不平凡经历，彼此也非常敬慕，由敬生情，因爱而结合，这本来是自然而然的情感发展历程，然而，维护礼教的思想使他们不得不违心地约束自己的行动。他们信奉的原则是：“宁失闺阁之佳偶，不敢做名教之罪人。”于是都自我克制，不愿提及婚姻，也反对父母促合，即使迫于父命拜堂成亲后，也是异室而居。在作者看来，这才是青年男女对待恋爱婚姻的典范，但以现代人的眼光来看，这种描写不是真情，而是“矫情”。才子佳人小说对“情”的重视，既是明末狂放启蒙思潮的余续，又是对那个思潮的理性规范。它们在爱情观上的贡献在于把“欲”升华为“情”，并承认“情”的合理性，肯定了一定条件下个体选择的自由，这有一定的进步意义。但遗憾的是，作者从“情”中排除了“欲”，但又强硬地加入了“理”，即严格地用封建伦理道德来约束“情”，因而使所写的“情”扭曲、变形，从而削弱了作品的艺术感染力。

在才子佳人小说中，《金云翘传》是一部比较特别的作品，虽然全书的框架仍保留了才子佳人相遇—恨别—团圆的模式，但就具体内容和写法而言，实与传统的才子佳人小说不同。全书写了数十个人物，但贯穿全书的中心人物实际上只有王翠翘一人。

作品冲破了家庭的限制，把女主人公放在复杂的社会中去展示其性格，揭示其悲剧。在写法上，也改变了才子佳人式的大团圆模式，着意写的是才女的悲剧。主人公王翠翘"生的绰约风流"，不仅通诗赋，而且"尤喜音律，最癖胡琴"，其姿色、才艺，堪称标准的佳人。但作者却是把她当作"红颜薄命"的典型来塑造的。王翠翘的悲剧与以前小说所写的女性悲剧有了极大的不同。以前的小说多写的是单一的爱情悲剧，反映的是外在的社会力量对美好爱情的破坏，造成悲剧的原因多是父母、门第、地位等，虽然在才子佳人小说中也有才子佳人为恶势力所迫，遭受许多磨难，甚至也有以死殉情的情节，但造成这种磨难的只是个别小人的拨乱，安排这些磨难的目的是要表现才子佳人对情的忠贞，因而尽管困难重重，但磨难只是对恋情设下的障碍，最终仍是喜剧。《金云翘传》则不然，它突破了爱情悲剧的狭隘范畴，着重在较广阔的社会背景下对女性的命运进行客观审视，它不仅写了王翠翘的爱情悲剧、婚姻悲剧，也写了她连做人的权利也被剥夺的人生悲剧。造成悲剧的原因也不是简单的门第观念，更不是犹如儿戏的小人拨乱其间，而是各种复杂的因素共同作用的结果。官场的腐败、官吏的贪赃枉法、买卖妇女的不合理制度，是她悲剧的根本原因；而社会上的各种恶势力的猖獗，一夫多妻的婚姻制度又是造成她悲剧的直接原因。在王翠翘一生中，始终有一张看不见的网笼罩着她，使她无论如何挣扎，也无法摆脱被毁灭的命运。尽管作者也安排了一个大团圆的结局，让王翠翘在神灵的帮助下起死回生，最终与有情郎团圆，但作者的慈悲无法冲淡全书的悲剧气氛，其中隐含的伤时感世之意，是时代感伤文学的先声。

第二节　长篇名著的续写与改写

"四大奇书"出现后引起了社会各阶层的喜爱和关注。明末清初，金圣叹等对它们进行了加工和评点，使之成为不朽的文学经典，另外一些小说家则以续书的方式进行再创作，形成一股名著的续写热。

> 丁耀亢（1599—1669）字西生，号野鹤、紫阳道人，山东诸城人。顺治四年拔贡，后任容城教谕、福建惠安知县。存《天使》《丁野鹤遗稿》及传奇《西湖扇》等。

较早的小说续书是《玉娇李》，写的是《金瓶梅》中人物转世后的因果报应故事，已佚。现存的《金瓶梅》续书主要是丁耀亢的《续金瓶梅》。该书以北宋的覆亡为背景，叙述了吴月娘母子以及西门庆、潘金莲等人转世后的故事。围绕宋金交兵这条线索，作品主要描绘了宋代帝王奢侈浮华，不惜民力，因而国本全倾，民心离散，金人乘机南下，烧杀抢掠，民不聊生。作者身历明清易代之乱，因此对战乱的状况、氛围以及乱离之际的人情世态的描写都极为细致、逼真。如第一回写金兵攻占兖东地方，“杀的这百姓尸山血海，倒街卧巷，不计其数”，“将这死尸垛在一处，如山一般，谓之‘京观’，夸他用兵有威震敌国之胆”，“不知杀了几百万人，筑成‘京观’十余座而去”。作者借金写清，对金兵的烧杀抢掠大加抨击，对时代悲剧表达了自己的困惑与思考。作者还以吴月娘母子的经历为线索，与金兵南下的背景描写互为表里，进一步展现了世态炎凉，揭示了乱世中人物的种种心态。

就艺术成就而言，《续金瓶梅》虽难及《金瓶梅》之项背，但也有其特色，如对一些人物心理的刻画比较细腻生动。第二十三回写郑玉卿为翟员外说合，要他出重金娶银瓶，翟员外既爱银瓶之色，又吝惜重金，心理活动千回百转，在这一波三折中，把人物的心理、神态写得栩栩如生。此外，小说的结构也颇有特色。作品中的主要故事有三大块，即吴月娘与孝哥母子离散聚合的故事、李银瓶的故事、黎金桂与孔梅玉的故事。吴月娘的故事是结构主线，但实际上与其他两大块故事不相连属，各自独立，中间又不断插入宋金交兵的大事，初看给人的感觉是缺乏中心，结构松散，但由于作者巧妙地运用“以因果轮回为经，以宋金交战为纬”的结构方式，有效地将多个故事统一成为一个整体，看似零散，实际上却很严整。

《西游记》的续书共有三种，即《续西游记》《西游补》和《后西游记》。它们写法不同，艺术水准参差不齐，但试图通过神魔描写讽世，甚或表达某种哲理，却是比较一致的。

《续西游记》，100回，明人撰，叙唐僧师徒取得真经后返回东土的故事。书之大旨在铲削机心，弘扬佛法，以倡明心见性。在写法上继承了《西游记》情节曲折多变的特点，孙悟空与众妖魔斗智的情节写得曲折、细致，显示了作者艺术构思之巧妙。但该书虽“摹拟逼真”，却“失于拘滞”，对归途中所经八十八难的描写，千篇一律，颇为单调。

《西游补》，16回，题“静啸斋主人著”，多以为作者是明末清初的董说

> 问：“《西游》不阙，何以补也？”曰：“……四万八千年俱是情根团结，悟通大道，必先空破情根；空破情根，必先走入情内；走入情内，见得世界情根之虚，然后走出情外，认得道根之实。西游补者情妖也，情妖者，鲭鱼精也……而鲭鱼独迷大圣，何也？……求其放心而已矣。”
>
> ——《西游补答问》

（1620—1686）。小说接《西游记》第六十一回“孙行者三调芭蕉扇”之后，写唐僧师徒过火焰山之后孙悟空去化斋，途中被鲭鱼精所迷，进入梦幻世界，经历种种离奇古怪之事。小说旨在借“鲭鱼扰乱，迷惑心猿”，表达了“世界情缘，多是浮云梦幻”的思想，这在经历明亡之后的士人心中具有代表性。作者有感于明清之际的时事，以古讽今，以幻喻实，表现出强烈的批判现实的精神。

《西游补》在艺术上有较高成就，作者以超人的想象营构了一个奇特的梦幻世界。其中五光十色的艺术形象的创造，光怪陆离、违背常态的情节描述，感情的无端跳跃，想象的漫无边际，人物面貌的扑朔迷离，人物关系的突兀多变，都让读者感到惊奇。小说在叙事方面也取得了较大的成功，主要表现在两个方面：其一，叙事时空的灵动多变。在《西游补》中，现实生活中的时间观念和空间观念全被打破了，从孙悟空进入鲭鱼幻设的“青青世界”以后，一切都变成虚幻多变、混沌模糊的无序状态，忽而唐，忽而汉；忽而古人世界，忽而未来世界；忽而天子宫中，忽而将军府内。全书既没有贯穿始终的事件，更难确定事件发生的时空，人物的活动，情节的变化，完全不受时空的约束。其二，流动的叙事视角。《西游补》的主要叙事方式是第三人称叙事，即以孙悟空视点为观察角度，叙事人全知全能加以补充。但随着孙悟空在鲭鱼世界的游历，作者又“嵌入”了几则故事，它们或插叙，或倒叙，叙事方式变化多端，叙事视角更是流动多变。这几段“嵌入”文字同为第一人称叙述，但叙述人在所叙故事中扮演的角色各不同：扫宫人自言自语，讲述的是宫廷生活，她自己扮演的是一个现场观察者的角色；踏空儿的自述中，踏空儿固然是叙事的主角，但他们的出现与取经人的真与幻密不可分；项羽平话里，项羽为平话中理所当然的主角，但项羽讲述的却是光辉的过去，并不是所述事件中的现时参与者；盲女弹词则又不同，盲女以全知的观点介绍唐僧取经，自身则根本无法介入所述故事。此外，从“嵌入”文字与孙悟空的关系来看，“嵌入”文字都是从孙悟空的观察角度反映出来的，有时他作为隐身的听述者，如听扫地宫人的自语和季女弹词；有时以变化后的面目出现，如假虞美人；即使在踏空儿面前曾以本来面目呈现过，但在对方心目中的身份却是“东南长老”，这样就不影响幻境中人物叙事所具有的主观情调和对事物所下的断语。

《后西游记》，40回，署天花才子点评。书叙唐宪宗时，“昔年求来的真经，被愚僧讲解差了，诬人误世”，于是大颠法师（唐半偈）在孙小圣、猪一戒、沙弥保护下，再赴西天，求取“真解”。该书善于运用象征手法，对世风浇漓、道德沦丧的社会现实进行讽刺。书中的妖魔多是代表某种恶德和社会现象的象征性形象。如阴阳二气山上的阴、阳大王，专靠阴阳怪气陷害无辜。阳大王外表上“为人甚是春风和气”，阴大王“为人最是冷落无情”，二人平日互相勾结，装神弄鬼，对人操生杀大权。缺陷大王，喜欢断裂平地或设置坑堑，“若遇着硬好汉不去求他，他到临了，现一个万丈深坑，将你跌下去，登时长平，叫你永世不得翻身”。他不许人间有美满，“若是富贵人家有吃有穿，正好子子孙孙受用，不是弄绝他的后嗣，就是使你身带残疾，安享不得；若是穷苦人家衣食不敷，他偏让你生上许多儿女，不怕你不累死；夫妻相好的，定要将他拆开；弟兄为难的，决不使你分开”。文明大王的寓意更加深刻，其人凶恶无比，专门“假文明而辟异端”，以“文笔压人，金钱捉将”，普通百姓和“有文无财”的孤寒之士，畏之如虎狼。他向小行者宣称：“我也不用刀剑杀你，只将文笔书你作‘妖僧’，写你作‘外道’，几个字儿，压得你万世也不得翻身。”果然，这支“长不过数寸，围不过一指”的笔，压得小行者就如泰山压顶一般倒下。尤有讽刺意味的是，文明大王手中这支可恶的压人之笔，竟是孔子当年用来著《春秋》的！诸如此类的故事，无不包含着丰富的现实内容。作者对社会问题的认识比较深刻，又能将许多社会问题、人生问题提高到哲理的高度予以认识、概括和阐发，从而使小说寓有较强的哲理性。

《水浒传》刊行后影响巨大，在明末就出现了《禅真逸史》等仿效之作，入清后小说家对“水浒”题材兴趣更浓，其中《水浒后传》和《后水浒传》都以《水浒》续书的面目出现，且有较高的艺术价值。

陈忱

字遐心，一字敬夫，号雁岩山樵，浙江乌程（今吴兴）人，生于1613年，卒年不详。明亡后曾与顾炎武、归庄等组织惊隐诗社，进行秘密抗清活动。代表作是《水浒后传》，另有《雁宕诗集》《续廿一史弹词》等。

《水浒后传》，40回，题“古宋遗民著”，研究者认为古宋遗民即陈忱。《水浒后传》由百回本《水浒传》生发而来，叙宋江死后梁山英雄在李俊等领导下再次啸聚山林，最终在海外创立王业。陈忱是一位具有强烈民族意识的作家，他创作《水浒后传》的目的就是借北宋灭亡之事抒发亡国之痛。面对山河破碎的现实，他“穷愁潦倒，满腹牢骚，胸中块垒，无酒可浇”，于是，就将“牢骚”和“无聊不平”凝聚在笔端，通过小说中的人物和故事抒发出来的，便是深沉的故国之思和亡国之痛。作为《水浒》续书，《水浒后传》继承了前传忠奸斗争的模式，但重心却发生了重大的偏移，前传重在反映“官逼民反”，而《后传》却把爱国思想作为全书的中心。作者抨击了“高居九重”的徽、钦二帝，他们忠奸不分，昏聩无能，把那“锦绣般江山弄坏”，对于蔡京、童贯及其爪牙，作者更是大加痛斥。时代需要英雄出来济世安民，于是，在危难之际，梁山英雄再次承担了救国的重任，呼延灼、朱仝、关胜等梁山旧将在金兵大举入侵时孤军奋战，屡立战功；宋高宗被金兵包围在牡蛎滩，也是李俊等人赶来救驾，才得脱险。燕青还冒死深入敌营，给已是阶下囚的宋徽宗献上青果、黄柑，其忠心使徽宗大为感动。这些都颂扬了梁山英雄的忠义品格，同时也象征着真正能挽救国家的只有这些草莽英雄。陈忱对《水浒传》的悲剧结局颇为不满，在作品中曾借阮小七之口表示："当日不受招安，弟兄们同心舍胆，打破东京，杀尽了那些蔽贤忌能的奸贼，与天下百姓申冤，岂不畅快！"作者对梁山英雄"功高不赏""不得令终"愤慨无穷，于是就让尚存的英雄立国海岛，"比前番在梁山泊上更觉轰轰烈烈，做出惊天动地的事业来，功垂竹帛，世享荣华"（第一回）。这完全改变了《水浒传》中梁山英雄的悲剧性，表现出了一种浪漫主义的理想归宿。

《后水浒传》，45回，题"青莲室主人辑"。该书用"天道循环"理论将宋代历史上的宋江和杨幺两次起义联结起来，构思奇妙。《后水浒传》继承了《水浒传》的传统，揭露、抨击了祸国殃民的昏君奸臣，歌颂了草莽英雄的正义斗争，在新的历史背景下再次展示了官逼民反的社会现象。但在继承的同时又有创新，这突出表现在对招安问题的反思上。作品中的杨幺是宋江的后身，但反抗精神明显强于宋江，在民族矛盾成为首要问题的大背景下，杨幺也曾与宋高宗接触，谋求招安，以便共同抗金，但君昏臣奸的现实使他放弃了这种尝试。义军最后被岳飞剿灭，虽仍以悲剧告终，却表明了他们对朝廷的绝望，对招安路线的彻底摈弃。

除对名著的续写外，清初还出现了另一种创作现象，即对以前同类题材作品的攒集、增删、改写，从而产生了一些"集大成"式的新作，代表作是《说岳全传》和《隋唐演义》。

《说岳全传》，80回，题"仁和钱彩锦文氏编次，永福金丰大有氏增订"。《说岳全传》是岳飞故事的集大成者，编订者广泛吸收了以前小说、戏曲以及民间说唱文学的精华，在此基础上又作了根本性改造和艺术加工，其突出之处在于比较好地处理了历史真实与艺术虚构的关系。小说中的人物在历史上基本上都实有其人，岳飞的经历也大体符合史实，但忠于史实又不为史实所限制，作者对史料进行了精心的选择和集中概括，吸收了许多民间传说，艺术地创造了许多精彩的故事情节，大力渲染了英雄意识和传奇色彩，如"岳飞枪挑小梁王""高宠挑滑车""梁红玉击鼓战金山""岳云踹营"等，都突出了故事的传奇性，使英雄人物更加血肉丰满。小说主要写忠奸斗争，抗战与投降、爱国与卖国，成了贯穿全书的主线，作者的目的就是要以此歌颂抗战，鞭挞投降，替岳飞这位民族英雄申冤雪恨，这表达了下层民众对权奸、外患的仇恨和对英雄、忠臣的崇拜。小说的主要成就是着重塑造了岳飞这一民族英雄形象，但在表现岳飞的"忠"时，特别强调了他的"忠君"，最突出的表现是唯皇帝之命是从。作者以封建伦理道德的标准对岳飞形象进行了重塑，但说教式的过分渲染，却使岳飞性格发生了扭曲，影响了人物性格的感人力量。

褚人获的《隋唐演义》是隋唐历史题材的集大成者。全书100回，叙述了从隋文帝到唐肃宗180余年的历史。从编创方式来看，该书是典型的"缀集成帙"之作，对此前的作品多有吸收。如在时序的安排上，袭用了《唐书志传》和《隋唐两朝志传》；在全书的情节框架上，采用了《逸史》所载隋炀帝、朱贵儿与唐明皇、杨玉环再世姻缘的构思；前66回的故事情节，是"合之《遗文》《艳史》"，总体上看，秦琼等草泽英雄故事主要移植于《隋史遗文》，隋炀帝故事主要采自《隋炀帝艳史》；后34回中唐明皇、杨贵妃的故事，则主要依据野史笔记。在撷取前人作品的基础上，褚人获"竟其局，其间阙略者补之，零星者删之，更采当时奇趣雅韵之事，点染汇成一集"（褚人获《隋唐演义序》），使之成为雅俗共赏、影响广泛的长篇巨著。小说以隋炀帝、唐玄宗为线索，通过对他们豪奢生活的描写，客观地揭示了社会大动乱的根源，体现了作者对国家兴亡这一重大问题的思考。小说将历史演义、英雄传奇、才子佳人小说等笔法熔为一炉，故事生动，人物形象鲜明，写法上别具一格。

褚人获 字稼轩，号石农，长洲（今江苏苏州）人，生于1635年，卒年不详。褚人获终生未仕，但交游甚广，与著名文人尤侗、洪升、顾贞观以及毛宗岗等人都有交往。有《坚瓠集》等行世。

第三节 《醒世姻缘传》及其他世情小说

从清初到中期，世情小说创作一直比较繁荣，它们承袭《金瓶梅》的写实传统，以家庭兴衰和日常生活为中心，描摹世态炎凉，人情冷暖，反映广阔的社会生活。其中较早的有《醒世姻缘传》《林兰香》，乾隆以后则有《歧路灯》《蜃楼志》等。《红楼梦》的出现，则将世情小说的创作推向高潮。

《醒世姻缘传》又名《恶姻缘》，100回，题"西周生辑著"。小说以明正统至成化时期的社会生活为背景，叙述了一个冤仇相报的两世姻缘故事。前20回为前世姻缘，写山东武城县官之子晁源射死一只仙狐，种下孽因；又因纵妾虐妻，致使妻子计氏自缢而死。第二十三回以后为今世姻缘，晁源因奸被杀，托生为狄希陈，仙狐托生为薛素姐，为狄希陈之妻，计氏托生为狄希陈妾童寄姐，狄希陈受到妻妾百般虐待，后经高僧点明因果，终得解脱。小说以晁、狄的两世姻缘为中心，描写了各个社会阶层，上自州官权贵，下至商人、儒林、僧道、江湖医生、农村无赖、婢仆等，展现了一幅生动的社会风情画。

《醒世姻缘传》主要反映的是家庭中的夫妻关系。作者遵从儒家“夫妇乃人伦之始”的古训，宣传丈夫乃“女人的天”，要求建立夫权家庭的道德规范，但作品具体展现的却是一种颠倒的夫妻关系。小说开头一段文字说明，作者是有感于现实生活中“阴阳倒置，刚柔失调”的现象而写此书的，全书的基调是嘲笑惧内的“半截汉子”，痛恶欺压丈夫的“悍妇”，但小说揭示出的生活实质却又显露出“悍妇”发威撒泼的缘由，具有一定的认识价值。小说中塑造最成功的艺术典型是薛素姐这一“悍妇”形象。她美貌如花，但却悍妒泼恶、心狠手辣，小说以大量篇幅渲染了她毒打丈夫的场面，如第九十七回，她竟然把一熨斗炭火倒进狄希陈的衣领之内，“烧得个狄希陈就似落在滚汤地狱里的一样”。薛素姐视夫如仇，必致之于死地而后快，作者把这一切都解释为前世孽因，但如果屏除了书中荒诞无稽的成分，还是可以从薛素姐的生活史中看出真实的社会内容，可以看出造成薛素姐性情乖戾、对男人凶悍的现实根源。

幽默诙谐是《醒世姻缘传》的显著特色。作者善于运用夸张、漫画化的讽刺手法来刻画人物性格，描摹人物的情状，人物形象栩栩如生。作者有很高的驾驭语言的天赋，作品主要写城镇市井日常生活，市民戏谑、嘲笑语言本来就有通俗、粗鄙的特色，经过作者夸张，这一特点就更加明显，往往能在夸张中显出睿智、诙谐，充满了幽默之趣。

《林兰香》，64回，题“随缘下士编辑”。小说以明开国功臣耿再成之支孙耿朗一家百余年的盛衰为主线，比较全面地反映了当时的社会现实。该书对《金瓶梅》多有模仿，比如以家庭生活为题材，书名也以三位女主人公的名字构成，人物与《金瓶梅》也有一定的对应关系。但与《金瓶梅》的市井格调不同，《林兰香》明显“雅化”了。作者以探索女性命运为指归，精心塑造了几个性格迥异的女性，并让她们同事一夫，从而在平凡的生活琐事中展示她们各自的风姿，表现她们的喜怒哀乐。小说中着墨最多的是燕梦卿形象，这是一个集封建时代女性一切美德于一身的理想人物，然而，作者虽极力塑造了这个“完美”的形象，但却没有给她安排好的结局。她忠心耿耿，小心谨慎，但却始终无法得到丈夫的理解和爱敬，因而心情长期抑郁，最终在二十多岁的华年抑郁而死。如此完美的女性为什么会落得这样的悲剧下场？这是作者着意思考和表现的问题。作者通过深入细致的描述，揭示了燕梦卿悲剧的诸多原因，展示了男权文化背景下“才女”的生存本相，同时寄托了失意文人的感慨和不平。

《歧路灯》，108回，作者李海观。小说以谭绍闻的堕落和浪子回头为中心，提出了一个十分重要的社会问题，即如何教育青年，使他们不至于走上邪路，因此有“教育小说”之称。作者对谭绍闻的堕落过程进行了全面、生动、真实的描写，深刻揭示了他与家庭、社会的复杂关系，以及这些关系在他堕落过程中所起的影响和作用。作者在第一回就明确写道："话说人生在世，不过是成立覆败两端，而成立覆败之由，全在少年时候分路。"对青少年时期教育在人生中的重要性有清楚的认识，同时，归纳出来的原因也概括了青少年犯罪的一般规律，具有普遍的意义。作品对谭绍闻这个转变型人物形象的塑造也颇见功力。

> 李海观（1707—1790）字孔堂，号绿园，河南宝丰县人。乾隆元年中举，此后屡试不第。晚年曾任贵州印江县知县，有『循吏』之称。著有《绿园文集》《绿园诗钞》等。

《蜃楼志》，24回，署"庾岭劳人说，禺山老子编"。这部书的特点首先在于题材新颖。小说以中国早期买办资产阶级——洋商和海关官员为对象，描绘了一幅海禁初开时期广东一带的政治、经济、世俗、民情画卷，带有鲜明的时代特征和地域特色。小说主人公苏吉士形象颇有新意，他既有富商子弟的纨绔气，又有多情、博爱的多情公子特点；既有洋商子弟处世的精明，又能保持传统知识分子的基本特点。他身上既有西门庆、贾宝玉的性格成分，又有作者时代的新气息，作者通过洋商这一特殊身份，将这些成分有机地结合起来，熔铸成一个复杂的、多位一体的新人物形象，并通过他体现出了新的思想观念。

第四节　神怪小说的变异

在《西游补》等作品影响下，清代神魔小说创作出现了一种新的现象，即以荒诞的人和事折射社会生活、讥弹人情世态。一些研究者称之为"荒诞小说"。这类小说的开山之作是康熙年间的《斩鬼传》，此后，《平鬼传》《常言道》《何典》等相继问世，遂蔚为大观。

《斩鬼传》又名《钟馗斩鬼传》，10回。作者署名烟霞散人或樵云山人，清人徐昆说作者是刘璋。《斩鬼传》讲述的是钟馗斩鬼的故事，托鬼神以讽世是该书的突出特点。刘璋一生不得志，又"谙于世情"，对社会上诸多不良德行深恶痛绝，于是就将它们幻化为各式各样的鬼，予以揭露和讽刺，书中所写39个鬼，就是社会上三十多种人的象征。如：捣大鬼寡廉鲜耻，专靠说大话坑人；诓骗鬼、丢谎鬼善于投机取巧，谎言骗人；奸鬼处事圆滑，只为个人打算；发贱鬼欺软怕硬；涎脸鬼没有良心，脸皮厚得刀枪不入，不知羞耻惭愧；不通鬼自命斯文，爱咬文嚼字，但出言吐语、下笔行文却狗屁不通；伶俐鬼见风使舵，八面玲珑；低达鬼趋炎附势，阿谀奉承，丑态百出；龌龊鬼和仔细鬼都家有万金，却一毛不拔，为几文小钱打得头破血流，而他们的儿子讨吃鬼、耍碗鬼则尽情挥霍，吃喝嫖赌，无所不为。小说的构思极为巧妙，善于在荒诞的形式下蕴藏真实的社会内容，小说中每一个鬼都代表了人类的一种不良癖性，这些鬼的特征、剿除他们的方法皆有较强的象征意味。小说中的情节大多怪诞无稽，但所指皆是病态的社会现实，作者将“怪”与“真”结合起来，从而创造出一种既超现实又不脱离现实的艺术氛围，从而使作品有明确的象征意义。

《平鬼传》，16回，题“云中道人编”，作者不详。该书是《斩鬼传》的模仿之作，但写法上有了较大变化。首先，小说的总体构思与《斩鬼传》全然不同。《斩鬼传》从斩捣大鬼开始，一个一个地斩下去，鬼与鬼之间没有多少关联，全书由一个个独立的故事构成，结构比较松散；《平鬼传》则以钟馗赴万人县斩鬼为一条线索，以无二鬼结十兄弟，组成反抗同盟为一条线索，主要展示两大阵营的较量和生死搏斗，全书故事完整，结构比较紧凑。其次，两书描写的侧重点不同。《斩鬼传》突出的是单个恶鬼的伎俩，《平鬼传》则重点写恶鬼集体力量的可怕。以无二鬼为首的“十弟兄”，组织相当严密，他们与阎君殿前的判官勾结，在钟馗尚未行动前便闻风而动，请来下作鬼做“狗头军师”，无二鬼成了“炕头大王”，还派讨债鬼等外出拉鬼入伙，力量十分强大，他们与钟馗之间进行的是一种集团式的决战。第三，钟馗形象有较大发展。在《斩鬼传》中，众鬼散居四方，钟馗可以随便驱除，斩鬼方式比较单一，但《平鬼传》中的鬼已抱成团，制服他们颇费周折，于是作者就借鉴了历史演义的写作，着力在两军交战中突出钟馗的谋略，使钟馗的性格内涵更为丰满。

约产生于清嘉庆、道光年间的《何典》，也是一部以鬼为题材的荒诞小说，该书又名《鬼话连篇录》，10回，张南庄著。刘半农在《重印〈何典〉序》中说：“综观此书，无一句不是荒荒唐唐乱说鬼，却又无一句不是痛痛切切说人情世故。”此书的特点是以荒诞手法写悖谬人生，与《斩鬼传》的注重写世态人情不同，《何典》的中心是揭露官场的黑暗，小说中直接临民的官吏都是刀头舐血的恶鬼，高层官吏也都腐朽不堪。书中自森罗殿至三家村，一片昏暗，实为封建衰世的绝妙写照。作者通过荒诞的形式深刻地反映了封建衰世人们的心理危机，即对于自己所生存的现实世界充满了荒诞感、悖谬感，寓意颇为深刻。

除上述荒诞寓意类小说外，吕熊的《女仙外史》也是一部风格独特的神怪小说。全书100回，主要敷衍明成祖朱棣之“靖难之役”和山东农民起义女领袖唐赛儿的故事。它的路数接近于《封神演义》，也是把神仙的正邪之争和人间的政

《外史》之妙，妙在有无相间，虚实相生。历览全部……在乎虚虚实实，有有无无，似虚似实之间，非有非无之际。

——刘廷玑《女仙外史》第九十八回回评

治斗争糅到一起，不同的是，无论对仙界还是人间，作者的评价标准都大异于传统，特别是关于魔界的构思，异端色彩非常浓厚，透射出作者怀才不遇的愤慨、不平。该书的创作主旨是“褒忠殛叛”，即褒扬忠于建文帝的“忠臣义士”“烈媛贞姑”，诛伐以武力篡权的燕王朱棣及其党羽。“靖难之役”是明初最高统治集团内部的一次权利之争，它以建文帝逊国、燕王夺取皇位并改元永乐告终，前后历时不过四年，而小说将这一过程拉长到二十多年。唐赛儿起义发生在永乐十八年（1420），不过数月即告失败，而小说却把它提前到建文四年（1402），即燕王篡位称帝那年，并把它一直延续到明成祖死去的永乐二十二年（1424）。为了将这两个不同时间、不同性质的历史事件拉在一起而敷演成书，作者就“杂以神仙幻化之情，海市蜃楼之景”（《女仙外史》第十四回回评），说唐赛儿乃是月宫嫦娥转世，燕王朱棣则是天狼星投胎，他们带着先天的夙怨来到人间，这就将历史事件置于神魔的框架之中。作者这样处理历史题材和构织情节，其真实用意在于借历史题材来抒发现实的兴亡之感，即借敷演明初的故事寄予作者的故国之思和民族沦亡之悲，并借此褒扬歌颂明清之际抗清反清的民族志士，诛伐谴责那些“以夏变于夷”的民族败类。作品融历史演义、英雄传奇和神魔小说的写法于一书，构思奇妙，情节虚实相间，使作品呈现出瑰玮奇幻的色彩。

吕熊　字文兆，号逸田叟，江苏昆山县人。约生于明崇祯时期，曾入直隶巡抚于成龙幕，后『以旧著《外史》触当时忌，乃归吴门，年八十余卒』。

清中叶，神怪小说创作复盛，时有佳作涌现。李百川的《绿野仙踪》以冷于冰修道成仙为线索，对社会生活的诸多方面进行了暴露和批判，同时也借冷于冰成仙的经历寄托了自己拯救社会的政治理想和人生态度。该书对人情世态揭示之深、刻

顾时命不伦，即间掷金声，时裁五色，而过者若罔闻罔见，淹忽老矣。欲人致其身而既不能，欲自短其气而又不忍。计无所之，不得已借乌有先生以发泄其黄粱事业。

——天花藏主人《平山冷燕序》

画之细腻，甚至在一般世情小说之上。《希夷梦》以五十万言的规模演述一梦幻故事，这种方式也是前所未有的。作者以“陈桥兵变”为故事背景，借“梦境”表现了作者的历史观、政治抱负和人生态度，同时也反映了作者理想不能实现的无奈和由此而来的幻灭感。此外，《雷峰塔奇传》集白娘子故事之大成，不仅情节更丰富，而且白娘子形象也更丰满，在白蛇题材作品中有不可忽视的地位。《桃花女阴阳斗传》将民间传说的桃花女故事编织在一起，想象奇特。

第五节　文人化与炫学倾向

作者文人化，这是清代前期白话小说创作的一个显著特点。小说在古代被视为“小道”，所以“君子弗为”，对属于通俗文学的白话小说更是不屑为之，因此，最初的白话小说作家如罗贯中、施耐庵等人都名不见经传。明中叶以后，随着冯梦龙等人的介入，这种情况有所改变，但尚未从根本上改变白话小说创作的格局，活跃在小说界的仍是熊大木、余象斗这样有一定文化修养的书商。清初，这种状况有了根本变化，作者基本上都是典型的文人，其社会地位和文化层次有了很大提高，如丁耀亢、陈忱、董说、吕熊等，都是出身于世家、在当时颇有名望的学者和文人。

创作队伍的变化引发了小说创作模式的变革。初期的白话长篇小说创作多属于“世代累积”型，清初小说家认识世界、把握材料、构织故事的能力大大增强，他们不屑于再做那种编创工作，于是就抛开现成的材料和主题，直接从生活的纷繁现象中去捕捉主题、寻觅材料，靠自己的能力独立创作，从而使白话小说的艺术品位有了明显提升。

清初小说的一个重要特征是小说创作超越了“写给人看”的范围，具有了表现自我的特点，作者往往将个人的经历和经验编成故事，把个人的灵魂写进小说，借作品来表达自己的人生理想，宣泄自己的内心烦恼。如陈忱明确宣称《水浒后传》为“泄愤之书”，借北宋兴废之事抒写的是自己作为“亡国孤臣”的隐痛和悲愤。《西游补》以荒诞的形式写孙悟空的梦幻经历，但所述“皆其胸臆间物”，“书中之事，皆作者所历之境……书中之语，皆作者欲吐之言。不可显著而隐约出之，不可直言而曲折见之，不可入于文集而借演义以达之”（《读西游补杂记》）。所谓的“胸臆间物”，恰恰是作者对现实的感触和认识。天花藏主人则明确表达了自己的创作动机是因怀才不遇，“不得已”才借小说以表现自己的才学文章，描绘自己的人生理想。在这样的小说观念指导下，清初大多数小说都在一定程度上是有所为而作，或寄托着作者的思考，或抒发郁积的情感，或对社会现象提出批评，主体意识得到了强化。

随着作者的文人化，小说所反映的社会内容也发生了较大变化，小说审美追求从尚“奇”转变为求“真”，“极摹人情世态之歧，备写悲欢离合之致”（笑花主人《今古奇观序》）的世情小说成为小说家最为钟爱的形式。如前文所述，《醒世姻缘传》以家庭内部的夫妻关系为中心，但通过书中人物的经历，使读者看到了当时政治的腐败、选官制度的弊端、狱讼的奸弊、官吏的贪鄙、道德的沦丧和农村的凋敝，比较真实地描绘了封建末世的社会图景。《林兰香》通过一个贵族家庭的兴衰，写才女的悲剧，对女性命运进行了比较客观的审视。《歧路灯》则把目光投向青少年教育这样的重大问题，揭示了社会道德的混乱和教育的危机。文人关注历史、向往英雄，因此也写了不少历史演义、英雄传奇小说，但与明末将历史通俗化的创作宗旨不同，作者往往借历史表现自己的胸襟。即使是神魔小说，荒诞的形式中包裹的也多是世态世相。总之，在文人创作中，小说题材更为丰富，反映的社会生活面更为广阔，对社会的认识更为深刻。

作家的文人化使白话小说在思想观念和表现手法上都有了质的变化，但也使白话长篇小说染上较浓的文人积习，其中一个突出表现就是在创作中出现了炫学、逞才的倾向，并产生了一批以小说炫学的“才学小说”，主要有《镜花缘》《野叟曝言》《蟫史》和《燕山外史》等。

屠绅的《蟫史》和陈球的《燕山外史》是“欲于小说见其才藻之美”的代表。《蟫史》是我国古代唯一的文言长篇小说，同时又是集各种文言体裁于一篇的作品，鲁迅说它“虽华艳而乏天趣，徒奇崛而无深意”，但就文体而言，“足称独步”（《中国小说史略》）。《燕山外史》八卷，通篇用骈体文写成，作者凡例云：“史体从无以四六成文，自我作古”，这表现了作者的一种艺术追求，就形式而言，的确也是一种革新。

《野叟曝言》的炫学目的更为明显。作者夏敬渠“英敏绩学，通经史，旁及诸子百家，礼乐兵刑、天文算数之学，靡不淹贯”。在创作上作者标榜“熔经铸史”，对社会生活的各个层面和各地的风土人情都作了生动描摹，堪称明清社会的“百科全书”。小说以忠奸斗争为母题展开情节，描写了上至昏庸的皇帝、擅权的宦寺、钻营的官僚，下至如狼似虎的差吏、凶残贪淫的和尚、啸聚山林的强盗等形形色色的人物，以写实的笔调再现了那个世风日

夏敬渠（1705—1787）字懋修，号二铭，江苏江阴人。为人迂直，屡困于科场，终生不得志。他好游历，著述颇丰，除《野叟曝言》外，还有《浣玉轩诗文集》等。

下、千疮百孔的社会，使读者看到了社会的腐败，体味到“世态的炎凉”。作者见闻颇广，阅历极深，又常常带着浓厚的兴趣挥笔泼墨，描绘出了一幅幅绚丽多彩的社会风俗画面，举凡各地之山野风俗、衣食习惯、军事战争习俗，及至印度、蒙古、扶桑等海外风情，都在作品中有所体现。由于作者学识渊博，又着意“炫才”，也往往把同时代人类所见有的各种科学文化知识都融入故事情节而得以多方面的展示，书中“叙事说理，谈经论史，教孝劝忠，运筹决策，艺之兵、诗、医、算，情之喜、怒、哀、惧，讲道学，辟邪说，描春态，纵诙谐，无一不臻顶一层”（《凡例》）。这些对我们认识明清社会，研究社会风俗也都有重要的参考价值。

以小说炫才的代表作是李汝珍的《镜花缘》。李汝珍的老师凌廷堪是乾嘉学派的中坚，李汝珍本身也有颇高的学术造诣，受时代风气的熏染，其创作带有明显的“涉笔成趣，以文为戏”的炫学目的。小说内容十分博杂，诸如诸子百家、琴棋书画、医卜星相、考据算法，以及双陆马吊、射鹄蹴毬、斗草投壶、灯谜酒令，无一不备，尤其是对自己最擅长的音韵学，更是不厌其烦地一再大谈特谈。作者重在显示才学，为此，甚至不惜牺牲作品作为一个整体的完美性，唐敖的海外游历和唐小山与才女的欢宴风格极不统一，而且很不匀称。如第十六回至第十九回黑齿国识字辨音之争就写了三回多，还一直绵延到第三十一回，差不多整整一回的声韵配合表；第四十一回以整整一回推演苏蕙《璇玑图》的回文；第八十二回起才女们行双声叠韵的酒令，竟拖拖拉拉绵延到第九十三回。诚如杨懋建《梦琐薄》中所云：“作者自命为博物君子，不惜獭祭填写，是何不径作类书而为小说耶？即如放榜谒师之日，为人群饮，行令叫酒，乃至累三累四不能毕一日之事。阅者昏昏然睡矣，作者犹津津有味，何其不惮烦也。”

> 李汝珍（约1763—1830）字松石，直隶大兴（今属北京市）人。嘉庆六年曾到河南做过一任县丞。兴趣广泛，著有《镜花缘》《李氏音鉴》《受子谱》等。

总之，从形式上来看，以小说炫学可以说是一种创新，但由于没有正确处理好自己学识与艺术创作的关系，将小说变成了炫学之具，远离了小说这种文体的本质，从小说艺术史的角度看，这种探索是失败的。

第五章

讽刺之作的典范《儒林外史》

吴敬梓的生平与创作

深刻的士人心灵史

鲜活的儒林众生图

别具一格的叙事结构

卓越的讽刺艺术

我国古代长篇小说的创作有三个高峰时段：明初，出现了《三国演义》与《水浒传》；明万历中后期，出现了《西游记》与《金瓶梅》；清乾隆前中期，出现了《儒林外史》与《红楼梦》。《儒林外史》在集中表现读书人的精神世界及其命运方面，在讽刺艺术方面，都达到了前所未有的水平。

第一节　吴敬梓的生平与创作

吴敬梓出身世家大族，其曾祖吴国对兄弟五人，有四人中了进士，“五十年中，家门鼎盛”（《文木山房集·移家赋》）。至其父辈，家道开始衰落。吴敬梓幼年曾接受严格的儒家思想教育。他13岁丧母，此后，即随嗣父吴霖起读书，天资聪颖，“才过目则能背诵”。祖辈科第发家的经历和眼下的家门不振，促使他早年醉心于举业，立志重振家声。他18岁中秀才，但此后则屡试不第。在他23岁时父亲亡故，这使他的生活发生了显著的变化。父亲留给他一笔丰厚的遗产，族人欺负他这一房势单力孤，蓄意侵夺，这使他看清了人情的浇薄、世态的炎凉，由此也产生了对家族的厌恶和叛离情绪。于是，他一方面频繁来往于家乡和南京，在花柳地、风月场肆意挥霍，一方面慷慨好施，随意向求助者施舍，不上十年，田园产业变卖一空，被乡里视为“败家子”，“传为子弟戒”。他曾数次参加乡试而落榜，更遭到族人和亲友的歧视。他觉得难以在家乡居住，就在33岁那年移居南京。

雍正十四年（1736），安徽巡抚赵国麟推荐他参加“博学鸿词科”廷试，他却“坚以疾笃辞”，并放弃了秀才学籍，“自此不应举”。此后对现实越来越绝望，生活

吴敬梓铜像

儒林外史第一回
說楔子數陳大義　借名流隱括全文
人生南北多岐路將相神仙也要凡人做百代興亡朝復暮江風吹倒前朝樹功名富貴無憑據費盡心情總把流光誤濁酒三杯沈醉去水流花謝知何處這一首詞也是个老生常談不過說人生富貴功名是身外之物但世人一見了功名便捨著性命去求他及至到手之後味同嚼蠟自古及今那一个是看得破的雖然如
儒林外史　第一回　一

《儒林外史》书影

也逐渐困窘，41岁后，为了生计，不得不“日惟闭门种菜，偕佣保杂作”，加上走笔卖文和朋友接济，纵然可以糊口，但仍然断不了“灶突无烟青”“腹作干雷鸣”。但生活越贫困，性格越倔强，51岁那年，乾隆帝南巡，人们纷纷夹道拜迎，他却“企足高卧向栩床”。乾隆十九年（1754），病逝于扬州旅次。吴敬梓留给世人的，除了《儒林外史》外，还有诗文集《文木山房集》。

吴敬梓对科举考试、功名富贵经历了一个由追求、失落到冷淡、憎恶的发展过程。由于对科举考试以及读书人的生活、思想十分熟悉，所以笔下的读书人栩栩如生。正如鲁迅《中国小说史略》中说的那样，“敬梓之所描写者即是此曹，既多据自所闻见……使彼世相，如在目前”。在南京，吴敬梓与程廷祚交好。程是当时进步思潮的颜、李学派的著名学者，吴敬梓受其影响，反对程朱理学，提倡经世致用的学风，以礼乐兵农作为挽救社会沦落的工具，同时追慕个性自由，心仪魏晋人物，冲破名教束缚，代表了进步的思想潮流。这些都构成了《儒林外史》的思想背景和重要内容。

《儒林外史》的版本历来有50回、55回、56回等歧说。该书开始仅以抄本流传，现存最早刻本是嘉庆八年（1803）卧闲草堂本，56回。

第二节　深刻的士人心灵史

《儒林外史》是一部以封建时代的知识分子作为主要描写对象的作品，它塑造了一系列不同类型的士人形象，特别是一部分在科举制度下灵魂遭到扭曲的士人形象，他们迷恋功名富贵，醉心于科场考试，迷失了人的本性，因而演出了一幕幕让人啼笑皆非的悲喜剧。为此，论者多以为《儒林外史》写的是儒林“丑史”，是“儒家知识分子的百丑图”。但从全书考察，作品表现出的实际上是对儒林的一种痛心。作品一方面揭露、批判了知识分子的堕落；另一方面，在批判之后有强烈的悲凉气氛。在“楔子”里，作者就借王冕之口给全书定下了“痛史”的基调——“贯索犯文昌，一代文人有厄！”随后就通过具体形象来揭示这一主题。

作品中最先出场的是周进和范进，着重表现的是他们精神的变态、思想的畸形和心智的麻木，通过这两出悲喜剧，揭示了科举制度是怎样腐蚀着文人的心灵，同时也通过他们的沉浮揭示了士子们热衷科场的原因。书中还写了不少堕落的典型，但他们开始都并不坏。如蘧公孙本来不喜八股，在马二先生一番教诲后，才知道八股是“干禄”之具，因而有了“新”认识：

> 马二先生道：“你这就差了。‘举业’二字，是从古及今，人人必要做的。就如孔子生在春秋时候，那时用‘言扬行举’做官，故孔子只讲得个‘言寡尤，行寡悔，禄在其中’，这便是孔子的举业。讲到战国时，以游说做官，所以孟子历说齐、梁，这便是孟子的举业。到汉朝，用‘贤良方正’开科，所以公孙弘、董仲舒举贤良方正，这便是汉人的举业。到唐朝，用诗赋取士，他们若讲孔孟的话，就没有官做了，所以唐人都会做几句诗，这便是唐人的举业。到宋朝又好了，都用的是些理学的人做官，所以程、朱就讲理学，这便是宋人的举业。到本朝，用文章取士，这是极好的法则。就是夫子在而今，也要念文章、做举业，断不讲那‘言寡尤，行寡悔’的话。何也？就日日讲究‘言寡尤、行寡悔’，那个给你官做？孔子的道也就不行了。”一席话，说得蘧公孙如梦方醒。

在马二先生看来，“就是夫子在而今，也要念文章、做举业”。这话说得十分可笑，但又十分尖锐深刻。古圣先贤扶生济世的精神世界早已荒芜了，道德理想、兴寄风骨，全部化作了直白的“做官”二字。“做官”已经成为了以马二先生为代表的“文化精英”们一生的追求。这一番“举业”大道理，马二先生讲得愈诚挚恳切，这个时代也就愈见荒诞。

再如匡超人本是一个朴实的农家子弟，靠自己的辛勤劳动赡养父母，受马二先生功名思想的影响，产生了改变自身地位，跻身上流社会的愿望，于是开始读书应试，中了秀才。在受到景兰江、赵雪斋一班人“名”“利”思想的熏陶后，很快就学会了自我吹嘘、撒谎骗人。后来在金钱欲的支使下，又上了潘三的贼船，伪造文书、替人当枪手，从此走向堕落，把农家子弟的那种淳朴和善良，一点一点丧失殆尽。作者对其堕落过程的描写极为细致，批判也颇为深刻。值得注意的是，引导二人走向堕落道路的马二先生本身也是个正人，他古道热肠，乐于助人，但他又是举业至上主义者，自己深受其害而始终不觉悟，并一生为宣传“八股”文而奔走，用“好心”帮助别人演出悲剧。

小说描写了数以百计的读书人，他们当中除少数人外，大多数虽然思想被禁锢了，道德被腐蚀了，却依然保留着某些令人同情的、甚至是善良的品质。由此可见，作者的矛头所指，并非这些畸形、丑陋的知识分子，而主要是造成这些病态现象的生活制度，特别是八股取士的科举制度。这一创作目的决定了作品本身带有悲天悯人的特点，无论对士人道德的堕落，还是他们的不学无术，虽然颇多辛辣的嘲讽，但骨子里对“一代文人”的堕落是含有深刻的忧伤的。所以往往在喜剧形式之下透出悲剧的意味。“周进撞号板”和“范进中举”发疯无疑是两出令人捧腹的闹剧，但作者在这里送给读者的并非轻率的戏谑。当周进刚一出场，作者就点染了那个世风日下的社会环境：周进热衷于功名，但考到胡子花白还是个童生；梅秀才的奚落，王举人的盛气凌人，使他饱看了世态的炎凉；最后连一个每年十二两银子束修的官也丢了。这些描写，无不深切入微地揭示了他积压在内心的辛酸、屈辱和绝望之情，因此，一旦进了贡院，看见号板，“不觉眼睛里酸酸的，长叹一声”，“一头撞在号板上，直僵僵不省人事”，苏醒后满地打滚、放声大哭。范进知道中举消息后发疯，这是因为他热切盼望这一日，但又不敢奢望有这一日，从天而降的大惊喜，使他长久郁结之情顿时大开，以至于脆弱的神经无法承受。这两幕闹剧，无不使人发笑，又无不令人惨然，因为周进、范进都是处在弱势的被侮辱被损害者。又如王玉辉鼓励女儿自杀殉夫的故事，更是一幕用喜剧的形式演出的人间惨剧。王玉辉是一个受封建礼教毒害极深的迂拙夫子，当了三十年秀才，始终没有中举，也无由进入官场，却立志要写三部“嘉惠来学”的书来宣传封建礼教和礼仪。他不仅用毕生心血来进行说教，而且身体力行。当女儿要提出以死殉节时，他不但不进行劝阻，反而大加鼓励：“我儿，你既如此，这是青史上留名的事，我难道反拦阻你？你竟是这样做罢。”在他的怂恿下，女儿饿了八日，终于西去。当他得知女儿绝食而死的噩耗时，还仰天大笑：“死的好！死的好！”在王玉辉“仰天大笑”的反常行为中，读者看到的是其心智的麻木，悲叹的是其人性的泯灭。作者并未置一词，而悲悯之意已弥漫于字里行间。

第三节　鲜活的儒林众生图

《儒林外史》是一部以封建时代的知识分子作为主要描写对象的作品，它塑造了一系列不同类型的士人形象，特别是一部分在科举制度下灵魂遭到扭曲的士人形象，他们迷恋功名富贵，醉心于科场考试，迷失了人的本性，因而演出了一幕幕让人啼笑皆非的悲喜剧。作品全景式展示了读书人的生活，笔下刻画了数以百计的儒生形象，而中心则是写出一代文人在“功名富贵”与“文行出处”——即人格理想之间的挣扎。书中第一回借王冕之口开宗明义：“礼部议定取士之法：三年一科，用《五经》《四书》八股文。王冕指与秦老看，道：‘这个法却定的不好！将来读书人既有此一条荣身之路，把那文行出处都看得轻了。’”直接而明确地把“文行出处”与“荣身”对立来谈。而对八股、科举的批判，则是相当大胆。总体来看，作者以对待“功名富贵”的态度将人物分成四种类型。

书中首先出场的是所谓“心艳功名富贵而媚人下人者”。这类人的代表是周进和范进，他们是科举的狂热追求者，同时又是这种制度的牺牲品，他们孜孜不倦地追求功名，又因屡考不中而穷愁潦倒，精神上遭受极大的痛苦，心灵为此扭曲，其行为显得可悲而又可怜。对周进，作者重点写他中举前的穷困潦倒，突出的是科举制度摧残下，知识分子麻木空虚、卑微委琐的精神状态；对范进，则重点写他中举后的荣耀光彩，反映科举制度所造成的势利风气。两人的发疯，反映了在科举制度诱惑、腐蚀、摧残下，知识分子精神的畸形、变态。作者对这类人是批评中寄予同情，同时对他们的狂热和无知给予了嘲讽。书中马二先生也是如此。

第二类是“依仗功名富贵而骄人傲人者”。他们是一些通过科举之路爬上仕途或有望进入仕途的人，其灵魂已经为功名富贵所渗透，人性已被异化。南昌知府王惠是这类人的代表。他到任之始就问：地方人情，可有什么出产；讼词里可略有些什么通融。一切以如何能捞钱为指归，一上任，衙门里便响起“戥子声，算盘声，板子声”，“这些衙役百姓，一个个被他打得魂飞魄散。合城的人，无一个不知道太

> 其书以功名富贵为一篇之骨：有心艳功名富贵而媚人下人者；有依仗功名富贵而骄人傲人者；有假托无意功名富贵自以为高，被人看破耻笑者；终乃以辞却功名富贵，品地最上一层，为中流砥柱。篇中所载之人，不可枚举，而其人之性情心术，一一活现纸上，读之者，无论是何人品，无不可取以自镜。
>
> ——《闲斋老人序》

爷的厉害，睡梦里也是怕的"。高要县知县汤奉，每年要搜刮八千两银子，然而当几个回民向他贿赂五十斤牛肉时，他为了表示"清廉"，竟将行贿的回民老师傅枷号示众，还将五十斤牛肉堆在枷上，以至把人弄死。作者通过这些官员形象，既揭露了封建吏治的窳败，同时也对这类知识分子的丑恶灵魂进行了鞭挞。

此外，作品中还写了一类还未爬上去又退下来的所谓"乡绅"，他们凭着与官府的联系，横行乡里，鱼肉百姓，也是一群失去人性的丑类，其代表是高要县的严贡生。作者对严贡生可谓深恶痛绝，小说中用了一系列生动的细节，暴露了他满口礼义名分，实则心狠手辣、欺压百姓的丑恶行径：严贡生家刚生下几天的小猪跑到王小二家，他借口"猪到人家，再寻回来最不利市"，硬逼着人家八钱银子把猪买去。猪在王家养到一百多斤，"不想错走到严家去"，严家竟把猪扣了，说"猪本是他家的"。严贡生还用一张根本没付过钱的借约，讹诈农民黄梦统，昧着良心向他"要过几个月的利钱"。为了赖掉船资，严贡生硬把船家偷吃的云片糕说成是"费了几百两银子"合成的补药，口口声声要把船家送到汤老爷衙门里去。在吞并弟弟家产的过程中，作者更把严贡生的丑恶本质刻画得入木三分。弟弟严监生尸骨未寒，严贡生就气势汹汹地打上门来，他以赵氏"小老婆"的身份为中心，以"乡绅人家"的"大礼"为借口，大做文章，最终不仅得到了弟弟家产的十分之七，而且还强行将自己的二儿子过继给弟弟，成为弟弟剩余家产的合法继承人。

第三类"假托无意功名富贵"的所谓"名士""山人"。他们的共同特征是：假装无意于功名，以名士风流自居，时常聚集在一起饮酒赋诗，互相吹捧，以抬高身价，结果往往是真实面目暴露，为人所耻笑。其中又有各色不同。如娄氏兄弟、杜慎卿之类的贵公子，他们仗着祖先遗下的产业，挥金如土，沽名钓誉，以风流儒雅自命，实则浅薄愚妄。娄氏兄弟的父亲当过宰相，因自己"科名蹭蹬"，转而欲为名士，他们故作高雅，模仿古人礼贤下士之举，三顾杨执中茅庐，又通过他结交了权勿用、张铁臂之类的"高人""侠客"，兴致勃勃地举行莺脰湖大宴，结果只讨得一场没趣。杜慎卿也是一个世家子弟，号称"江南数一数二的才子"，实际上却是个才学空疏、言行不一的伪君子。他自称"小弟最厌的人，开口就是纱帽"，却又积极参加科举，最终"加了贡"，做官去了。他一面声称"妇人哪有一个好的？小弟性情，是和妇人隔着三间屋就闻见他的臭气"，一面又让媒婆四处奔走为他讨妾，他最为人称道的风流韵事是莫愁湖评旦大会，但目的不过是要"细细看他们袅娜形容"。而围绕在这些贵公子周围的"名士"如杨执中、权勿用之流，他们没钱没势，只好靠附庸风雅，虽有一顶秀才的方巾，但实际上无才无学。如杨执中是贡生，一天到晚不离书本，却百无一能，为一盐商管账，却因亏空七百多两银子而下狱。他将一位元朝诗人的半首诗署上自己的名字而招摇，并因此被娄氏兄弟敬为上宾。权勿用"又不会种田，又不会作生意，坐吃山空，把些田地都弄得精光，足足考了30年，一回县考的复试也不曾取”，绝望之后，转做“高人”，却被杨执中誉为“有经天纬地之才”。景兰江、支剑峰之类的“山人”也多是如此，非腐即迂。

第四类则是“辞却功名富贵”的真儒名贤。这是作者正面肯定、热忱歌颂的人物，在这类人物身上寄托了作者自己的人生和社会理想。作者理想的人物是既有传统儒家美德又有六朝名士风度的文人，追求的是道德和才华互补兼济的人生境界，虞育德、迟衡山、杜少卿等是其代表。虞育德是最受推崇的一个所谓“真儒”，以传统的道德而言可谓是个完人。他富于同情心，乐于助人，虽然不忘进取，但落榜之后能淡然处之，不求侥幸。50岁时考中进士，同榜比他年长的人都将年龄报得很小，唯有他老老实实在履历上填上实际年龄，这样一来，皇帝见他年老，吩咐给他安排一个闲职，于是当了南京国子监博士，他也不以为念。

杜少卿是作者热情歌颂的理想人物。研究者多以为这一形象是作者自况，从他身上的确可以看出吴敬梓本人的性格特点。他出身于“一门三鼎甲，四代六尚书”的大宗族，但淡薄功名，讲究“文行出处”。朝廷征辟，他认为“走出去做不出什么事业”，“宁可不出去好”，于是装病拒绝应征出仕，主动抛弃了科举仕进的进身之路。他有着豪放狂傲的性格，傲视权贵，却扶困济贫，乐于助人。汪盐商请王知县要他作陪，他拒不参加，说：“我哪得功夫替人家陪官！”王知县要会他，他说：“他果然仰慕我，他为什么不先来拜我，倒叫我拜他？”但到了王知县被罢官、无处安身时，却主动请他到家里住。对贫贱之人，他平等对待，体恤帮助。杨裁缝死了母亲无力殡葬，他就慷慨解囊；戏子鲍廷玺为人正直，他就送他一百两银子，让他重操旧业，奉养老母。杜少卿讲究传统的美德，很重孝道，但又敢于向封建权威和传统礼教进行挑战。对朱熹对《诗经》的解说他敢于大胆质疑，认为《溱洧》一诗“也只是夫妇同游，并非淫乱”，《女曰鸡鸣》则是提倡独立自主，怡然自乐的生活境界。对当时盛行的看风水、迁祖坟等迷信做法，他极力反对，认为应“依子孙谋杀祖父的律，立刻凌迟处死”。他不受封建礼教的拘束，竟敢携着妻子同游清凉山，使“两边看的人目眩神摇，不敢仰视”。对敢于争取人格独立的沈琼枝，他充满了敬意，敢公然为其叛逆行为辩护。总之，这是一个将传统美德和名士风度融为一身的人物，在他身上既体现了传统的儒家思想，又闪耀着时代精神，带有鲜明的个性解放色彩。

正如许多学者所言，吴敬梓的社会理想深受颜李学派的影响，就是主张以“礼乐兵农”的实学取代空谈性理的理学，以“经世致用”之学取代僵化无用的科举时文。在作品中真儒名贤们大张旗鼓倡行的有两件大事：一是祭泰伯祠，这是真儒们改造社会理想的一次大举动，其目的是让读书人以礼让天下的泰伯为道德典范，借此习学礼乐，“成就些人才”，“助一助政教”；另一件大事是萧云仙实施的社会改革实践，作为一个文武兼备的武将，他所做的就是带领农民垦田植树、兴修水利、开办学堂、开发民智，这是“礼乐兵农”思想的一种实践。但作者又清醒地认识到了理想与现实的不相容，因此，兴盛一时的泰伯祠不久就墙倒殿斜，乐器祭器尘封冷落，“贤人君子，风流云散”；萧云仙的改革轰轰烈烈，但到头来却被工部核算追赔，破产还债，其社会改革方案也以失败告终。这一切都使全书笼罩着浓浓的悲凉情绪。

当真儒名贤都“渐渐消磨”的时候，作者在全书结尾又写了四个市井“奇人”：季遐年，以写字为生，又以写字自娱；王太，既是围棋高手，又是安于卖火纸筒子的小贩；盖宽，以开茶馆为生，但画一手好画，又不攀附权贵；荆元以裁缝为业，但弹一手好琴，并以此自遣。他们自食其力，多才多艺，安贫乐道，高雅脱俗，过着“又不贪图人的富贵，又不伺候人的颜色，天不收，地不管”的自由自在的日子。他们是传统士人“琴棋书画”高雅生活的化身，体现了作者对完美人格的追求，也是“礼失求诸野”的一种无奈。

第四节　别具一格的叙事结构

《儒林外史》的结构比较特殊，它没有贯穿始终的主干人物，也没有贯穿首尾的中心事件，如鲁迅所言：“全书无主干，仅驱使各种人物，行列而来，事与其来俱起，亦与其去俱讫，虽云长篇，颇同短制。”（《中国小说史略》第二十三篇）。作者的着眼点在写儒林的外“史”，因此，既吸收了我国史传文学的优良传统，又借鉴了《水浒传》等小说的成功经验，创造了一种可称为“纪传连环”的特殊体制。作品按照一个个中心人物组织故事，每个故事自成起讫，但又前伏后应、环环相扣，组成一个连环套式的结构。如正文开始是周进故事，周进中进士后派往广东主持学政，选拔了范进，于是有了范进中举的故事；范进中举后到高要县去“打秋风”，在那里遇上严贡生，于是有二严的故事；王惠在第一回就露面，但在第八回才重点写他的故事，由王惠引出蘧公孙，由蘧公孙再引出娄三、娄四公子的故事，等等。总之，作者借鉴了纪传体的方法，每回以一个或几个人物为中心，而以众多次要的人物构成一个生活环境，从这些人与人的关系上，从他们日常的活动中，来表现人物的思想性格与内心世界，这一回的主要人物到另一回则退居次要位置，就这样传递、转换，各有中心，各有首尾，而各个人物又互相勾连，在空间上、时间上不断推进，从而形成基本完整的长篇结构。这种形式运用起来灵活自由，也比较适合作者表现自己的创作意图。采用这种列传连环的形式，可以把几代知识分子放在长达百年的历史背景中去描写，便于容纳较长的时间、较大的空间和众多的人物形象。同时这种结构形式改变了只靠精心结撰的因果来推进故事发展，一定程度上按生活的原貌描绘生活，淡化了情节，增添了作品的真实感。

虽然各个人物列传各自独立，但又有内在理路贯穿在一起，形成了有相当内聚力的整体。全书由楔子、主体、幽榜三个环节构成，第一回通过“楔子”以“敷陈大义”“隐括全文”，然后又以最后一回“幽榜”来回映“楔子”，首尾呼应。全书主体又可分为三部分：第一部分从第二回到第三十回，写了周进、范进、王德、王仁、严贡生、严监生等，讽世为主。第二部分，从第三十一回到四十六回，主要写了修祭泰伯祠、奏凯青枫城、三山门送别三个中心事件，塑造了杜少卿、迟衡山、庄绍光、虞育德、萧云仙等真儒名贤的形象。第三部分，从第四十七回到五十五回，描写真儒名贤理想的破灭，社会风气更加恶劣。但是，作者并未完全绝望，结尾写了“四大奇人”，从他们身上似乎还能看到一丝希望。

此外，《儒林外史》是对百年知识分子厄运进行反映和探索的小说，在小说的内部还始终贯穿着一条时间线索。如吴小如所说，吴敬梓“所写的故事所以这样先后排列，还有个时间顺序问题，即《公羊传》所说的‘所传闻’‘所闻’和‘所见’这三个不同阶段。”“吴敬梓在写书时，确是把时间顺序作为安排人物情节的依据之一的。”（《两个没有很好解决的问题》）在一般的小说叙事中，叙事单元之间的因果关系是推进情节的逻辑所在，因此，因果关系，而不是时间，才是小说叙事的主要推动力量。《儒林外史》则有所不同，时间要素在大的框架中取代了因果要素，而成为作者结构全书的纽带和推进情节的动力。同为“列传”式小说，《水浒传》的特征是各传并联，彼此关系近于共时性；而《儒林外史》则为各传串联，彼此关系近于历时性。总体看来，《儒林外史》列传之内部，情节单元以因果关系组织；各传之间却是以时间来组织，因果的逻辑基本淡出。不过，由于全书有“功名富贵”与“文行出处”之间的张力贯穿，所以虽“形同短制”，却形散神聚，自成一种家数。

第五节　卓越的讽刺艺术

我国讽刺文学历史悠久。先秦诸子寓言中，已有大量的讽刺小品。至于讽刺在小说中的运用，则如鲁迅所说，“寓讥弹于稗史者，晋唐已有，而明为盛，尤在人情小说中”，而多数作品或“大不近情”，或“私怀怨毒，乃逞恶言”，或“词意浅露，已同嫚骂”，只有到了《儒林外史》，才将讽刺艺术发展到新的境界，“于是说部中乃始有足称讽刺之书”（《中国小说史略》）。

讽刺是一门严肃的艺术，它不仅需要作者对人间丑态具有洞察秋毫的透视力，更需要作者有崇高的审美理想和杰出的艺术表现力。《儒林外史》在讽刺艺术方面所取得的成就主要表现在以下几个方面。

首先，“秉持公心，指擿时弊”。《儒林外史》高出于同类小说之处，首先是作者对待被讽刺的人和事，不是为发泄个人的怨愤，而是“秉持公心”，因此，在运用讽刺这一手法时，不是轻浮地追求笑料，而是具有匡时济世的心愿和悲天悯人的同情心。他能根据不同的讽刺对象，采用不同的态度，如对张静斋、严贡生、王德、王仁、高翰林之流，是寓怒骂于嬉笑，表现的是极度的轻蔑，对他们除了嘲讽，还有谴责、揭露和批判；对马二先生、鲁小姐等，幽默地讥笑的同时，又发出深沉的叹息，使读者在笑过之后又不禁为之皱眉、痛心。对同一个人物，作者又能根据其前后表现的不同而采取不同的态度，如范进穷困潦倒时，作者同情其不幸遭遇，对其卑屈心理与热衷功名发出苦笑；当他步步高升以后，作者对他的不学无术或者道德上的败坏，就完全是尖刻的嘲弄了。对匡超人、牛浦郎之流也是如此。鲁迅在《什么是“讽刺”》一文中曾经指出：“讽刺作者虽然大抵为被讽刺者所憎恨，但他却常常是善意的，他的讽刺，在希望他们改善，并非要捺这一群到水底里。”“如果貌似讽刺的作品，而毫无善意，也毫无热情，只使读者觉得一切世事，一无足取，也一无可为，那就并非讽刺了。”吴敬梓在这一点上为后世的讽刺之作树立了样板。

其次，褒贬适宜。鲁迅在《论讽刺》一文中说：“非写实绝不能成为所谓‘讽刺’。”讽刺的生命在于真实，这也是《儒林外史》成功的一个重要经验。吴敬梓写讽刺对象的恶劣行径，都是现实生活的概括和集中，在运用讽刺手法时，其态度是严肃、认真的，讽刺不良现象不是轻浮地单纯追求笑料，或者制造廉价的喜剧效果，而是植根于对现实的观察和概括。看过小说的读者都会记得严监生死前的一幕：

> 严监生临死之时，伸着两个指头，总不肯断气，几个侄儿和些家人，都来讧乱着问，有说为两个人的，有说为两件事的，有说为两处田地的，纷纷不一，却只管摇头不是。赵氏分开众人走上前道：“老爷，只有我能知道你的心事。你是为那灯盏里点的是两茎灯草，不放心，恐费了油。我如今挑掉一茎就是了。”说罢，忙走去挑掉一茎。众人看严监生时，点一点头，把手垂下，登时就没了气。

讽刺不可谓不辛辣，但只要与其他作品进行比较就可以看出吴敬梓对尺度把握的精确。写吝啬鬼的情节在古代小说、戏曲中可以看到很多。如元杂剧《看钱奴》中的贾仁，因为指头上的鸭油被狗舔掉而气病，临终前交代儿子不要买棺材，要他把自己剁成两截，叠起来放在马槽中埋葬，还特意嘱咐“那时节不要咱家的斧子，借别人家的斧子剁”。清初小说《斩鬼传》中的仔细鬼临死前也吩咐儿子：“为父的苦扒苦挣，扒挣的这些家财，也够你过了。只是我死之后，要及时把我这一身好肉卖了，天气炎热，若放坏了，怕人家不肯出钱。”不久又活转来叮咛道：“怕人家使大秤，要你仔细，不要吃了亏。”说毕，才放心死去。这些情节都能发人一笑，但皆因夸张过分而失真，与《儒林外史》相比，高下自见。

第三，寓悲于喜，悲喜交融。讽刺固然需要幽默，需要轻松明快的喜剧效果，但高明的讽刺决不应至此为止，它还应该具有震撼人心的悲剧力量，“寓哭于笑”（李渔《闲情偶寄》），“于歌笑中见哭泣”（祁彪佳《远山堂剧品》）。《儒林外史》之成为讽刺艺术的千古绝唱，正在于它实现了悲喜剧的完美融合。吴敬梓是用饱蘸辛酸泪水的笔来写喜剧的，因此，在他的喜剧人物和喜剧行为背后几乎都隐藏着内在的悲剧性的潜流，周进撞号板、范进中举发疯、马二先生游西湖、王玉辉支持女儿殉夫等，作者多以谐谑的笔法来体现，让人觉得可怜，又觉得好笑，但正要笑时却又笑不出来。作者截取人物的瞬间行为，但这些瞬间的行为都是以人物全部生命为潜台词的，所以在可笑中蕴含着深沉的悲哀，最惹人发笑的情节恰好成了悲剧性最强烈的地方。冷中有热，冷中有愤，笑中有悲，笑中有泪，这正是《儒林外史》悲喜融合的讽刺艺术的独特色调，而将人物的瞬间行为与对百年知识分子命运的反思巧妙地结合也使讽刺具有了巨大的文化容量和社会意义。

第四，寓讽刺于典型的情节、场面中，“无一贬辞，而情伪毕露”。作者极少站出来直接发表议论，主要通过人物自己的行动，自然而然地流露出讽刺意味，在讽刺手法的运用上颇有独到之处。主要表现在三个方面：

其一，把前后两种行为对照，暴露其丑恶嘴脸。如第三回范进中举前后胡屠户对范进的两种截然不同的态度。中举前范进因没有盘费，走去同丈人商议，被胡屠户一口啐在脸上，骂了一个狗血喷头，一顿夹七夹八，“骂的范进摸门不着”。范进中举之后，胡屠户则另有一套说辞，并恭恭敬敬地跟在范进后面回家，“见女婿衣裳后襟滚皱了许多，一路低着头替他扯了几十回”。书中梅玖对周进前后的态度也有异曲同工之妙。

其二，把一个人的言和行对照，让人物当场出丑。如严贡生正在范进和张静斋面前吹嘘：“小弟只是一个为人率直，在乡里之间从不晓得占人寸丝半粟的便宜。”言犹未了，一个小厮进来说：“早上关的那口猪，那人来讨了，在家里吵哩。”通过言与行的矛盾，揭示严贡生欺诈无赖的行径。又如汤知县请居丧的范进吃饭，范进先是“退前缩后”地不肯用银镶杯箸，汤寿赶忙叫人换了一个瓷杯，一双象箸，他还是不肯，直到换了一双白颜色竹箸来，“方才罢了”。汤奉见他如此尽礼，正着急“倘或不用荤酒，却是不曾备办”，后来看见他“在燕窝碗里拣了一个大虾丸子送在嘴里，方才放心”。作者在这里抓住一个具体的细节，对范进假道学的面貌作了充分的暴露。

其三，让人物一本正经地说假话、说大话，然后揭示其浅薄、无知或荒谬。作品中对士人精神荒芜的暴露也是触目惊心的，举人出身的张静斋一本正经地炫耀自己肚子里的本朝掌故——开国元勋刘基竟然参加了本朝的科举考试，又把他的籍贯青田当作任所，而这番宏论竟弄得同席的进士、举人“不由得不信”。钦点了山东学道的范进，竟然弄不清苏轼是哪朝人，因而庄重地说：“苏轼既文章不好，查不着也罢了。”在秀才岁考中取了一等第一、贡入太学肄业的匡超人，吹嘘曾选过九十五种制艺选本，风行海内，连“外国都有”，但一不小心却说出了“先儒匡子之位”这样的话。如此等等，展示出八股取士制度下热衷功名富贵者的无知和丑态。作者不动声色，不露臧否，但我们可以感觉到他俯视不学无术之辈时的冷峻目光。

第六章

古典小说的巅峰之作《红楼梦》

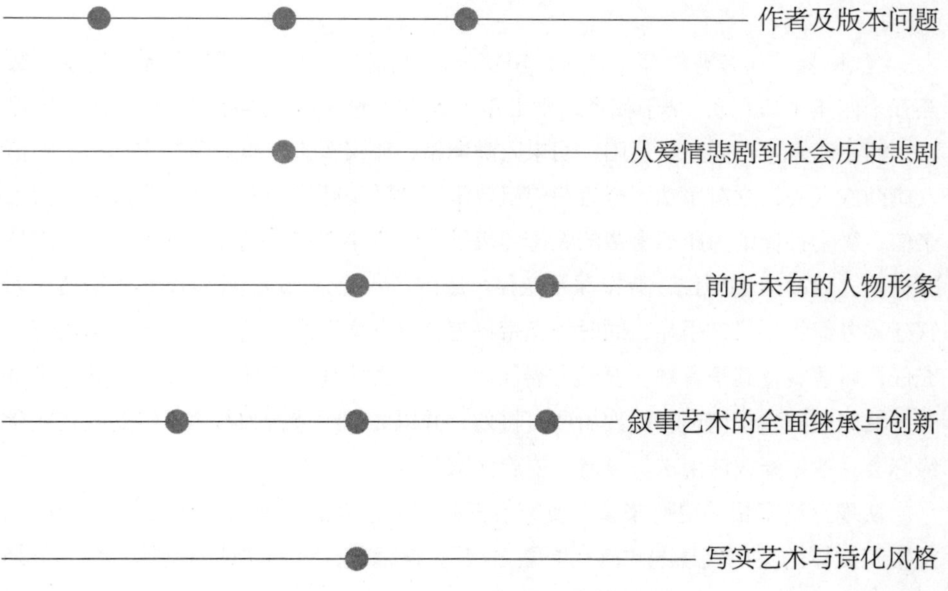

《红楼梦》是我国古典小说的巅峰之作，在某种意义上也可以说是中国古典文学的巅峰之作。它汲取了两三千年华夏文化的滋养，以白话长篇小说的形式把人生、家庭、社会的题材演绎得丰富、深刻而优雅。在当时便有“开谈不说《红楼梦》，读尽诗书也枉然”的说法，而到了现代文学黄金时段的20世纪三四十年代，经典之作《金粉世家》《家》《京华烟云》《金锁记》等，无不打上“学《红》”“仿《红》”的深深印记。鲁迅先生讲：“自有《红楼梦》出来以后，传统的思想和写法都打破了。”也是肯定其小说史上无与伦比的成就与地位。

第一节　作者及版本问题

《红楼梦》作者曹雪芹，名霑，字梦阮，号雪芹，又号芹圃、芹溪。约生于康熙五十四年（1715），卒于乾隆二十七年（1763）除夕或次年除夕。曹家先世为汉人，约于明永乐年间迁至辽阳，明末入满洲籍，属汉军正白旗。清初雪芹祖上随清八旗劲旅入关，立有军功，至雪芹曾祖曹玺因“随王师征山右有功”而成为顺治帝亲信，玺妻孙氏则为康熙皇帝的乳母，玺子曹寅少年时作过康熙的伴读。因这些特殊关系，逮及康熙即位，曹家深受宠信。康熙二年（1663），清廷设江宁织造，为宫廷采办织物和日常用品，同时为皇帝秘密督察江南军政民情。此职始设即由曹玺充任，后曹寅及其子曹颙、曹頫皆袭任此职，祖孙三代四人任此要职前后达六十余年。其间康熙六次南巡，四次由曹寅接驾，并以江宁织造府为行宫。经此数代人夤缘际会，曹家渐成江南声势显赫之望族世家。

从现存诸多相关史料来看，曹家不仅是富贵已极的“钟鸣鼎食之家”，同时也是富有浓厚的文化气息的“诗礼簪缨之族”。据记载，曹玺“读书洞彻古今，负经济才，兼艺能”，曹寅则为康熙朝著名文人，多才多艺，工诗词，喜作曲，擅书画，精鉴赏，有《楝亭诗钞》《楝亭词钞》《楝亭文钞》等诗文集多种，殁后由门人总汇为《楝亭集》付梓，其所交游若纳兰性德、朱彝尊、陈维崧、傅山、石涛、阎若璩、尤侗、王士禛、毛奇龄等皆一时知名文士、学者。此外，其家中藏书甚富，并曾于扬州主持刊刻《全唐诗》《佩文韵府》等重要典籍。

在这样富有浓厚的文学艺术气息的世家氛围里，曹雪芹出生并度过了他的童年，亲历了秦淮繁华。到他8岁左右，曹家政治靠山康熙驾崩，雍正登基，厄运很快降临到这个百年望族。雍正五年，曹頫因“织造款项亏空甚多”和解送织物进京时“苛索繁费，苦累驿站”被革职抄家，全家迁回北京，时雪芹约13岁。其时曹家尚稍存房产田地，然乾隆初年复经变故，家道遂彻底败落。雪芹人生境遇亦愈趋困顿潦倒，至晚年已落到“蓬牖茅椽，绳床瓦灶”“举家食粥”的地步。乾隆二十七年或次年，雪芹因幼子夭亡，感伤成疾，留下一部未最后定稿的《红楼梦》，于除夕“泪尽而逝”。

曹雪芹的一生经历了封建大家族由盛而衰的巨变，而从古至今，这种人生际遇由富贵风流到凄凉冷落的巨大落差，往往会对一个心灵纤细敏感的天才文学家产生深刻的影响，世事沧桑，既会唤起对往昔美好生活的诗意追怀，又可能引出人生空幻的深沉感发，这些在曹雪芹不朽的杰作《红楼梦》里都可以看到。从曹雪芹好友敦诚、敦敏、张宜泉等人留下的不多诗篇及他人的零星记载中，可以了解到曹雪芹饱经世态炎凉，养成了傲骨嶙峋的性情，被人比为白眼向俗的阮籍。此外，还可知其才华横溢，工诗善画，诗有李贺风，绘画则如敦诚《题芹圃画石》所云“醉余奋扫如椽笔，写出胸中块垒时”。

曹雪芹创作《红楼梦》的过程，据一些学者推断，是先创作了写男女风月情事的《风月宝鉴》，而后写出寄托理想、脱胎换骨的《红楼梦》。这种转化过程在现今所见《红楼梦》中仍可见一些蛛丝马迹，如凤姐与贾瑞故事、秦可卿故事、贾琏与多姑娘故事、尤氏姊妹故事等与大观园故事格调的相左。曹雪芹撰成《红楼梦》初稿后，又做了“批阅十载，增删五次”的呕心沥血的修改整理工作，直到其逝世，整理工作仍未完成，因此今天所见《红楼梦》仍有不少情节矛盾不接之处。

《红楼梦》在曹雪芹生前整理修改的过程中即用《石头记》之名以80回抄本形式流传，这些抄本多有署名脂砚斋、畸笏叟的批语，故通称为“脂本”“脂评本”。到乾隆五十六年（1791），书商程伟元以木活字排印120回本《红楼梦》。据程伟元序云，该书为其邀同高鹗，将《红楼梦》前80回和其历年“竭力搜罗”所得的后四十回残稿“细加厘剔”“截长补短”而成，此即“程甲本”，次年，程、高二人“复聚集原本详加校阅，改订无讹”后，刊行了“程乙本”。程甲本和程乙本以及后世以它们为底本刊行的《红楼梦》，通称为“程本”或“程高本”。

脂本系统现存有十几种，其中重要的有：“脂砚斋乾隆甲戌抄阅再评本”《石头记》，残存16回，通称“甲戌本”，由胡适于1927年发现，此本的发现，揭开了脂本研究的序幕，其中“乾隆甲戌”即乾隆十九年（1754），就其底本而言，这是目今所见诸抄本中年代较早的一种；“脂砚斋凡四阅评过”“己卯冬月定本”《石头记》，残存41回及两个半回，通称“己卯本”，这里的“己卯”是指乾隆二十四年（1759）；“脂砚斋凡四阅评过”“庚辰秋月定本”《石头记》，存78回，是脂本系统中保存较完整的本子，通称“庚辰本”，“庚辰”是指乾隆二十五年（1760）。这三种是研究《红楼梦》成书过程最重要的版本，此外脂本系统还有“列宁格勒藏本”、“蒙古王府藏抄本”、“梦觉主人序本”（又称“甲辰本”）、“戚序本”等多种。

紅樓夢第一回
甄士隱夢幻識通靈　賈雨村風塵懷閨秀
此開卷第一回也作者自云曾歷過一番夢幻之後故將真事
隱去而借通靈說此石頭記一書也故曰甄士隱云云但書中
所記何事何人自己又云今風塵碌碌一事無成忽念及當日
所有之女子一一細考較去覺其行止見識皆出我之上我堂
堂鬚眉誠不若彼裙釵我實愧則有餘悔又無益大無可如何
之日也當此日欲將已往所賴天恩祖德錦衣紈褲之時飫甘
饜肥之日背父兄教育之恩負師友規訓之德以致今日一技
無成半生潦倒之罪編述一集以告天下知我之負罪固多然

《红楼梦》书影

程本系统的本子非常多，因采用了刊刻这一较抄写先进的传播手段，它们迅速风行开来，影响甚广，可以说在上个世纪脂本系统被大力发掘整理之前，二百年来《红楼梦》流传的几乎就是程本（主要是程甲本）的一统天下，其中较重要的有王希廉评双清仙馆刊本、张新之妙复轩评本以及王希廉、张新之、姚燮三家合评本《增评补像全图金玉缘》等。

两种系统的本子不仅有80回与120回的重大差别，而且即使是前80回，也多有异文，影响到对作品人物形象及思想内涵的理解。学界一般认为应以脂本为依托，这不仅是因几种重要的脂本上标示的批阅时间显示，它们所依据的底本或“底本的底本”早于程伟元刊刻程甲本的乾隆五十六年，而且，更重要的是这些抄本上大量的署名脂砚斋、畸笏叟的批语表明，批者与曹雪芹关系密切，有过相同或相类的生活体验，熟悉“贾府”原型曹家的一些内幕，甚至和作者共同经历了一些事情，并且熟悉乃至影响、干预了《红楼梦》的创作和整理。因此尽管脂砚斋、畸笏叟等究竟是何人学界还无定论，但他们的批语以及整个脂本系统深为研究者倚重。

第二节　从爱情悲剧到社会历史悲剧

关于《红楼梦》的主题，历来众说纷纭，大体来看主要可分为四种类型，即：主情说、政治历史主题说、色空观念说和多重悲剧说。应该承认，每一种说法都有它的根据和道理，由于本书本身内容复杂、写法独特，加之读者的主观情况不同，都可能从自己的角度出发去看待和认识《红楼梦》，得出的结论自然就有极大的差异。

《红楼梦》是中国许多人所知道，至少，是知道这名目的书。谁是作者和读者姑且不论，单是命意，就因读者的眼光而有种种：经学家看见《易》，道学家看见淫，才子看见缠绵，革命家看见排满，流言家看见宫闱秘事……

——鲁迅《〈绛洞花主〉小引》

《红楼梦》中最引人注目的自然是贾宝玉、林黛玉这对贵族青年的爱情悲剧，这是小说叙事的主线，也是整部作品的灵魂所在。小说开篇即以神瑛侍者和绛珠仙草的神话故事，预示了宝黛之间的悱恻情缘及其最终毁灭，奠定了这一爱情深沉、美丽而悲哀的基调。此后，作品以诗意的笔调展开叙述："意绵绵静日玉生香"，是爱情在两颗童稚的心中初萌时的欢乐与温馨，"西厢记妙词通戏语"，"潇湘馆春困发幽情"，"痴情女情重愈斟情"，"诉肺腑心迷活宝玉"，"情中情因情感妹妹"，"慧紫鹃情辞试莽玉"，则通过一系列关目，写出了爱情在时代正统的压迫下悄然地滋生茁长。在宝黛爱情的发展过程中有波折、误会、冲突，也会有爱情带来的诸多烦恼，但更有至情至性的心灵的默会。如果说宝黛爱情中那种深沉隽永的诗意情怀是它的血脉，那么那些带有俗世色彩的委曲细腻的叙说便是它的肌理，两者一道构筑成一个既有诗意理想又有日常温情的情感世界，这就超越了前此才子佳人小说白日梦式的花园相会、诗简酬唱之类的单调叙述，别具真实的感染力。

宝黛爱情是建立在双方心灵共鸣基础上的，这寄托了人类对于爱情的最优美的理想，从爱情应建立于心灵的相契并超越一切功利这一意义来说，《红楼梦》中的宝黛爱情描写，深刻地触及了人类理想的爱情及婚姻的本质，具有超越时代的价

林黛玉（清·改琦绘）

值。但是，作者虽赞美这种爱情，却给它安排了一个悲剧的结局，这又从一个侧面折射出特定历史条件下礼教与理想爱情的冲突。

对封建礼教，其实无论是宝玉还是黛玉，皆并无叛逆的自觉。他们对俗世功名的淡漠乃至厌弃，并非为思想观念的革故鼎新驱使，而是不喜拘束或超凡出尘的性情使然。因此二人爱情的“思想基础”与其说是主动反叛封建，毋宁说是心性的自由，以及建立在此基础上的唯诗、唯美、超功利的人生理想。但当时社会对婚姻的功利要求历史性地表现为封建家族利益、宗法思想，因此，宝黛之间的理想爱情便也历史性地与封建礼法形成了对立。《红楼梦》的一大超越，就在于没有选择消解爱情与礼教冲突的路径，而是以对时代的清醒认知写出理想爱情怎样在封建礼教的强力摧折下，一步步走向悲剧性的毁灭。诗意的“木石前盟”，无论如何不可能战胜现实的“金玉良缘”，因后者更合乎贾家这一贵族世家的利益，更合乎整个时代封建正统将宝玉纳入仕途经济正轨的现实要求。因此，木石前盟这一美丽爱情的毁灭，便成为那一特定历史条件下无可规避的宿命，披露了在封建礼教无形而又巨大的压迫下爱情普遍而又真实的历史命运，揭示出前者残酷、反人性的本质，因而具有了深广的历史内涵。

由宝黛的爱情悲剧扩而大之，便是女儿的悲剧，即所谓“千红一哭”“万艳同悲”。作者创作的一个重要目的是为“闺阁昭传”，于是在作品中第一次全方位地展现了被男权压迫的女儿世界里诸多优美的灵魂：黛玉、宝钗、湘云、探春、香菱、晴雯、鸳鸯、平儿、紫鹃、龄官、芳官……红楼世界里一派姹紫嫣红，鲜艳明媚。如果说女儿是水，那么这些灵河之水汇聚到大观园里，因与外界混浊的正统男权世界相对疏隔，更呈现出一片波光潋滟、清澈动人的景象：牡丹亭艳曲警芳心，秋爽斋偶结海棠社，栊翠庵茶品梅花雪，慕雅女雅集苦吟诗，琉璃世界白雪红梅，芦雪庵争联即景诗，薛小妹新编怀古诗，憨湘云醉眠芍药裀，林黛玉重建桃花社……一幕幕春意盎然的诗剧在这里上演。这里频繁地让女儿沉醉在诗的国度里，不仅仅是出于作者的贵族趣味，更重要的是，这些纯洁美丽的女儿形象本身就代表着青春的诗意、生命的灵性。除了诗才，作者还展示了这些女儿其他丰富的侧面，宝钗的学识渊博，探春的精明干练，湘云的浑朴烂漫，以及晴雯的刚烈、香菱的纯真、平儿的善良、鸳鸯的不畏强暴，还有凤姐、探春、宝钗与周遭庸碌无能的男性相比在才干上的优长。她们当然也有种种弱点，如黛玉的敏感、宝钗的心机、晴雯的暴躁、迎春的懦弱、惜春的冷漠等，但她们无论如何没有贾赦、贾珍之流刺目的恶俗与逼人的浊气，没有他们的荒淫、凶残、龌龊、下流，即使是邪恶的王熙凤，她的美丽与生气勃勃、聪明干练，也与周围男性的迂腐、昏聩、颟顸、卑俗形成鲜明对照，在审美上自具品位。在作品的叙述里，女儿的存在甚至一度是贾宝玉生命意义的依托，例如说到“死”的价值实现，在贾宝玉眼中，千百年来正统思想宣扬的“文死谏”“武死战”一文不值，这一切加起来抵不上眼前这些美丽女儿的泪水：“比如我此时若果有造化，该死于此时的，趁你们在，我就死了，再能够你们哭我的眼泪流成大河，把我的尸首漂起来，送到那鸦雀不到的幽僻之处，随风化了，自此再不要托生为人，就是我死的得时了。”（第三十六回）掀翻正统的诙诡之论里，有对生命终将消亡的悲哀与惆怅，更有对以纯洁女儿为代表的人生美好的深深眷恋。

然而，无论贾宝玉如何地眷恋，如何一厢情愿地“护法群钗”，这些青春女儿却几乎无一例外地被摧残、扭曲、蹂躏，走向悲剧，走向毁灭。黛玉泪尽而逝，宝钗被封建礼法埋葬进无爱的婚姻，其他的女性也莫不落得悲剧下场：“才自精明志自高”的探春，与父母骨肉分离，“一帆风雨路三千”，远嫁他乡；霁月光风的史湘云婚姻不幸，“终久是云散高唐，水涸湘江”；迎春误嫁“中山狼”，被金钱交易成的婚姻摧残至死，“金闺花柳质，一载赴黄粱”；惜春出家，“可怜绣户侯门女，独卧青灯古佛旁”；才干过人的王熙凤，则于贾府败落后“哭向金陵事更哀”……除了第五回“游幻境指迷十二钗，饮仙醪曲演红楼梦”中所预示的金陵十二钗以及晴雯、袭人、香菱等人的悲剧结局外，此外还有金钏投井，三姐自刎，二姐吞金，以及芳官等少女“斩情归水月”，等等。这些毁灭，表面上是为作者先设的“好便是了，了便是好”“千红一哭，万艳同悲”指向幻灭的叙述动力所驱使，而在具体的叙述中，展示的却是以男性为代表的罪恶的社会统治力量的无情吞噬。

除了宝黛爱情悲剧、诸多青春女儿的悲剧，《红楼梦》又在更广阔的背景上展示了封建大家族乃至整个社会的悲剧。小说在第二回便借冷子兴之口，对外观上气象峥嵘的荣宁二府的实质衰落做了一个总体性介绍：“如今生齿日繁，事务日盛，主仆上下，安富尊荣者尽多，运筹谋画者无一，其日用排场费用，又不能将就省俭，如今外面的架子虽未甚倒，内囊却也尽上来了。这还是小事。更有一件大事：谁知这样钟鸣鼎食之家，翰墨诗书之族，如今的儿孙，竟一代不如一代了！”在第五回里，更借“飞鸟各投林”一曲，预示了这个富贵已极的家族最终“好一似食尽鸟投林，落了片白茫茫大地真干净”的彻底毁灭结局。

在作品中可以看到，与那光彩夺目的女儿群像形成鲜明对照的，是那些肩负支撑百年望族重任的男性的丑陋可鄙。而这贵族世家的儿孙之所以“竟一代不如一代了”，并非仅仅是这些男人个人性情禀赋使然，也不仅仅是“君子之泽，三世而斩”的历史循环的结果，实际上，它是来自整个时代对人性的扭曲、摧抑。

这一历史奥秘，在作品开头便借类似入话的贾雨村故事揭示了出来。在小说第一回，贾雨村一出场，让人看到的是其“敝巾旧服，虽是贫窘，然生得腰圆背厚，面阔口方，更兼剑眉星眼”的雄壮体格和气度，是他高吟一联、口占一绝寄托的高远怀抱，是他收了甄士隐的馈赠“不过略谢一语，并不介意”的洒落大方、不同流俗。此人中进士点升知府后“恃才侮上，那些官员皆侧目而视”，是独存个性、不肯逢迎周旋；被革职后“面上全无一点怨色，仍是嘻笑自若”，亦见其非同等闲；在与冷子兴闲谈时，当听到后者讥笑宝玉为色鬼，雨村“罕然厉色”止住冷子兴的讥评，而后洋洋洒洒一篇大论，指出宝玉正是禀聪明灵秀之气而生的不同流俗之辈，如此见识，更是贾赦、贾政、贾珍之流不能梦见的。即使在夤缘复职后审理薛蟠一案时，他在初听案情后“大怒”，这一反应，也没有理由指为作伪。总之，在小说开篇数回中，出身于寒门的贾雨村尽管也有选升知府后“未免有些贪酷之弊”的一面，但其性情、才干、见识、气度皆远胜赦、琏、珍、蓉等纨绔子弟，似乎完全有理由成为有为之士，按照儒家设定的修齐治平，做出一番不凡的业绩。然而，作品最终让人看到的却是，这样一个出场时有几分佼佼不俗的人物，是怎样在他的升沉起落过程中，亲自领教了仁义礼智那一套封建说教的虚伪无力，和权势阶层的无比强大，最终一步步堕落成丧尽天良、贪酷无耻之徒。贾雨村的经历深刻地揭示出封建统治秩序泯灭人性的异化力量。

《红楼梦》的叙事中心是荣、宁二府，作者以其独特的生活体验和近于史家实录的创作精神，勾勒出了在封建秩序内部瓦解封建统治的“国贼”“禄鬼”的群像，叙述出在这扭曲人性的封建统治的大背景下，作为这一统治秩序主体的男性整体性的道德与才能的溃败：贾敬沉迷炼丹，贾赦无耻专横，贾琏卑俗放荡，贾珍龌龊乱伦，贾蓉轻浮淫纵，贾政虽是品格端方正人君子，却庸碌无为。作品通过一段段生动的叙述，让人看到雍容揖让、诗礼传家的封建秩序背后的丑恶，看到了贵族生活的奢靡，以及豪宅内部上演不尽的种种勾心斗角。

此外，作品还通过对护官符及薛蟠、凤姐草菅人命的描写，由荣、宁二府辐射到了广阔的社会生活，写出整个时代整个封建统治的失序和堕落。作品就是这样通过全方位的、细致的叙述，揭示出一个赫赫扬扬的封建大家族必将衰亡的历史命运，由一家而“百千世家”，可以看到整个社会肌体的病变衰颓，这无疑也是一个大的悲剧。

第三节　前所未有的人物形象

由爱情悲剧到女儿悲剧，再到家族、时代的悲剧，这些在作品中最终都汇成宝玉这个特殊人物的深沉痛苦与幻灭，宝玉个人的人生悲剧便贯穿于上述种种悲剧中。毫无疑问，《红楼梦》的头号角色是贾宝玉，他既是小说中众多悲剧的见证者，

《红楼梦》剧照

同时他的经历又体现了作者对生命终极意义的探索与体悟。

小说中的贾宝玉是一个“奇人”，他生得奇：“一落胞嘴里便衔了一块五彩晶莹的玉来”；玩得奇：“那周岁时，政老爷试他将来的志向，便将世上所有的东西，摆了无数叫他抓，谁知他一概不取，伸手只把些脂粉钗环抓来玩弄”；说话也奇：十来岁上便有“女儿是水做的骨肉，男子是泥做的骨肉”的怪论。因此，便招来种种非议：父亲贾政说他“将来不过酒色之徒”，冷子兴则肯定地说他“将来色鬼无疑了”，姑妈说他顽劣异常，不喜读书，“最喜在内帏厮混”，母亲王夫人则称他是“孽根祸胎”“混世魔王”，一帮婆子说他“有些呆气”，薛宝钗则给他起了两个雅号：“无事忙”和“富贵闲人”。至今，关于宝玉仍是众说纷纭。己卯本第十九回有一条脂批说：“按此书中写一宝玉，其宝玉为人，是我辈于书中见而知有此人，实未曾亲睹者。又写宝玉之发言，每每令人不解；宝玉之生性，件件令人可笑；不独于世上亲见这样的人不曾，即阅今古所有之小说传奇中，亦未见这样的文字。”的确，曹雪芹没有落入陈俗旧套，他塑造的贾宝玉，是文学作品中今古无双的“这一个”。

按照当时的价值标准，贾宝玉的确是一个“多余人”，是一个徒有良材美质的“废物”。小说第三十五回曾借婆子之口对他做过这样的概括：

> 成天疯疯癫癫的，说话人也不懂，干的事人也不知……千真万真，有些呆气，大雨淋得水鸡儿似的，他反告诉别人：“下雨了，快避雨去罢！”你说可笑不可笑，时常没人在跟前，就自哭自笑的，看见燕子就和燕子说话，河里见了鱼，就和鱼儿说话。看见星星月亮，他不是长吁短叹，就是咕咕哝哝的。且一点刚性儿也没有，连那些毛丫头的气都受到了。

这就是《红楼梦》中的宝玉。他的至深、至广之情不但施及知己黛玉，施及众多纯洁女儿，而且施及自然万物，“凡世间之无知无识，彼俱有一痴情去体贴”（甲戌本第八回眉批）。这种深广之情注定无法为俗世理解，因此就会被讥嘲为“糊涂”“呆气”，禀此深情者也注定要去承受一份世人罕解的孤独。

贾宝玉生活在封建“末世”，他是家族希望的唯一寄托者，但他本人却始终置身于家族之外，就此而论，他的确是封建家庭的“不肖”之子。生活在他周围的男性主要有三类：一类是贾赦、贾珍、贾琏、贾蓉等，都是有名位的“一味高乐”派，他们尸位素餐、穷奢极欲，贪婪地从社会、家庭中瓜分着尽可能多的享受，却没有一人愿为那岌岌可危的家族和社会负责；一类是贾雨村之类的“禄蠹”，寡廉鲜耻、趋利避害，一门心思算计着从那个千疮百孔的社会中攫取“最大值”的好处；还有就是自己的父亲，“端方正直”、清名远播的贾政，他似乎总是勤勉于王事，然而，独木难支，无法挽大厦于将倾。在贾宝玉的价值视野里，这些“泥做的骨肉”们，不是酒囊饭袋、色鬼恶棍，便是帮闲政客、伪善君子，无一能够成为他向往和效法的榜样，因而，他们标榜的“仕途经济”理所当然地被他视为畏途和误区，作为进入这个“魔道”的“通行证”自然也一钱不值，于是，他就“愚顽怕读文章”、绝意于仕途了。贾宝玉虽无衣食之忧，但却有精神上的饥渴，他是个“聪明乖觉”的时代精灵，过早地参透了阳衰世危、事不可为的时代本质，于是就从心底产生了“无才可去补苍天”的悲患感，因而决意与儒家的“入世”精神分道扬镳。这样一来，作为传统文化的“互补性”机制，道家的价值观便乘虚而入，成为贾宝玉的一种精神寄托，并引导他走上一条“叛逆”的道路。在小说第二回，作者曾借贾雨村口谈到三组“正邪两赋人物”，其中一组是许由、陶渊明、阮籍、嵇康、刘伶、陈后主、唐明皇、柳永、唐伯虎之类，宝玉与这些人“一路而来”，“易地则同”“易时则同”。这类人物代表了中国传统文化的一个重要方面，他们“以身心与宇宙自然合一为依归”，“穷神达化”，从而得到了人生的最大快乐。这种文化人格的审美价值在于它的不事藻饰的自然之美，其文化意义在于它与主流文化价值观分庭抗礼，别树一帜，它追求的是一种“真实”，是另一种“价值”，这就是人自身的解放和自由。

宝玉拥有一颗感受纤细的心灵，这使他对生命中的美有种异乎寻常的执着，会对它的流逝产生深切的哀伤。第二十八回中，黛玉葬花，宝玉听到“侬今葬花人笑痴，他年葬侬知是谁”“一朝春尽红颜老，花落人亡两不知”等诗句，不觉恸倒山坡之上，想道：

> 试想林黛玉的花颜月貌，将来亦到无可寻觅之时，宁不心碎肠断！既黛玉终归无可寻觅之时，推之于他人，如宝钗，香菱，袭人等，亦可到无可寻觅之时矣。宝钗等终归无可寻觅之时，则自己又安在哉？且自身尚不知何在何往，

则斯处，斯园，斯花，斯柳，又不知当属谁姓矣！……

就黛玉而言，《葬花词》更多抒发的是由身世之感而引发的伤痛与幽怨，而宝玉却从更深的层面体悟到美的人和事不能常驻的幻灭与惆怅，以及生命消亡后终无归宿的痛苦。他“一而二,二而三，反复推求了去，真不知此时此际欲为何等蠢物，杳无所知，逃大造，出尘网，使可解释这段悲伤”，这更进一步体会到了这无奈和哀伤于人生天地间的无所逃遁。

贾宝玉并不是“一次性”地完成了返璞归真的人生命题，而是首先经过了对得“山川日月之灵秀”的清净女儿的贴近、认同，女儿们的美使他得到了精神上的极大满足，而这种美的毁灭也使他直接感受到了人生的幻灭。他的那些女儿崇拜的言论，从深意上可以推导出批判男性正统的意义，但直觉上却是出于一种审美情怀，即：之所以对妙龄女儿情有独钟，是因为宝玉将女儿视作美的象征。也正是因为如此，他那种“意淫”式的爱，才脱离了具体的对象，是一种普遍的知己之爱，是精神性的爱慕。小说第四十四回写了宝玉对平儿的关爱，平儿受到贾琏和王熙凤的打骂，躲到怡红院，宝玉对她精心照料，在她走后还产生了极大的感叹，小说写道：

忽又思及贾琏惟知以淫乐悦己，并不知作养脂粉。又思平儿并无父母兄弟姊妹，独自一人，供应贾琏夫妇二人。贾琏之俗，凤姐之威，他竟能周全妥贴，今儿还遭荼毒，想来此人薄命，比黛玉犹甚。想到此间，便又伤感起来，不觉洒然泪下。

在由女儿带给宝玉的从审美到幻灭的悲剧人生启悟历程中，大观园具有至关重要的意义。大观园是作者苦心营构的一个桃花源式世界，但在宝玉、黛玉等心里却是一个有意义的世界。作为宝玉和红楼女儿的精神乐园，它将红楼儿女同外面的污浊世界隔离开来，让她们自由地做着青春的梦，无忧无虑，宝玉也希望她们能永远保持精神生命的清澈。然而，大观园并不真的就是桃花源，大观园里的诗情画意从根本上来说依托于荣国府的剥削经济，用以维系日常运转的仍然是男性世界的那一套统治秩序，因此不可能彻底阻绝外面世界的污染。同时，园内也不是一片真正的净土，不仅常有因蝇头小利而发生的争吵来亵渎这里的诗意与安宁，而且，生活在这片理想王国的女儿一样会有种种利害的盘算与争夺。大观园的清澈与纯洁，与其说是它的本质特征，毋宁说是宝玉心中的幻象，而这种幻象注定要被现实彻底粉碎。宝玉的心性是“只愿常聚，生怕一时散了添悲；那花只愿常开，生怕一时谢了没趣；只到筵散花谢，虽有万种悲伤，也就无可如何了”（第三十一回）。他深深眷恋于知己、爱情、亲情、友情以及诗意的贵族生活，并常常会因花月人事的无常而生悲悯、轻愁与寂寥，感发出对无穷宇宙中有限而又难以把握的人生的杳渺忧思。因此，邢岫烟的订婚就使宝玉深切地感受到了青春及生命的终将消亡，并为之伤叹不已。而大观园里的其他女儿也一样不免乎此，随着时间的流逝，她们必然要走过混沌未凿的岁月，走出唯美的精神天地，步入现实。绣春囊的出现，不但使作为物质实体的大观园受到抄检，同时，也宣告了大观园所象征的精神乐园的终结。而大观园的被抄检及其连锁反应，使宝玉的梦想遭到重创，当"千红""万艳"相继"零落成泥"且被封建礼教"碾作尘"的时候，一种爱无所归的无边悲怆和无限痛楚便紧紧地缠绕上了他，并促使他走向幻灭解脱一途，最终绝情弃欲，"悬崖撒手"，"归彼大荒"，实现了向自然本体的回归。

第四节　叙事艺术的全面继承与创新

《红楼梦》是一位天才作家的呕心沥血之作，曹雪芹在总结、继承前人艺术创作经验的同时，又在多个方面有所突破，其中在叙事艺术方面的成就尤为读者和研究者称道。

在小说第一回，作者就对全书做了精心布局，他以女娲补天所遗留的石头为契机，带出一僧一道，由一僧一道携石下凡历劫，引出"历尽离合悲欢炎凉世态的一段故事"。这个神奇的故事确定了全书的张力式叙事构架，同时也奠定了小说的感情基调，使作品在叙事情调上形成跌宕起伏的感发节奏。在情节的演进中插入暗寓悲剧结局的预叙成分，这在中国古代小说中可谓屡见不鲜。早在《三国志通俗演义》和《水浒传》中，就可见到作品于金戈铁马或江湖壮剧中插入隐逸高人、方外之士或神界人物的预言、谶语等，来预示后文的悲剧结局。在清初的《金云翘传》中，又有以刘淡仙托梦和王翠翘惊噩梦等情节预示王翠翘悲惨命运的手法，这与《红楼梦》中的宝玉梦游太虚幻境已十分接近。但是，这些作品中运用预叙手法更

从此空空道人因空见色，由色生情，传情入色，自色悟空，遂改名为情僧，改《石头记》为《情僧录》。后因曹雪芹于悼红轩中披阅十载，增删五次，纂成目录，分出章回，则题曰《金陵十二钗》。

——《红楼梦》第一回

多是作者的天命观使然，仅仅承担预示人物或事件悲剧结局的功能，本身缺乏审美品位，而《红楼梦》则将审美精神自觉地注入这一叙事传统，使其无论叙诗意红尘还是无常幻灭，皆饱满浑融，具有感荡人心的力量。

《红楼梦》要讲述的内容纷繁，千头万绪，往往有多条线索并行，要想把这一切组织起来，既需要对叙事内容有全局性统驭，同时也要有超强的结构能力。面对这一叙事难题，中国古代白话小说多采用强行中断一条线索的情节演进而转入另一线索的叙述手法，即所谓“花开两朵，各表一枝”“按下不表，且说……”等等，叙事者的外部干预十分明显。这种干预转换在《红楼梦》中同样存在，但在此之外，《红楼梦》又能在对一个事件的叙述中尽可能同时盘绕多条线索，使事件本身在纵向发展的同时，左右生枝，与其他线索的事件联结起来。如第十六回，叙贾琏带林黛玉送林如海灵柩至苏州后返回荣国府，与王熙凤絮话，先写王熙凤讲述协理宁国府的情形，道出其与府中诸管家奶奶的矛盾；正说着，平儿来回话，话题引向了香菱，通过王熙凤的话交代出香菱到薛府后的状况；“一语未了”，贾政将贾琏传去；贾琏走后，凤姐和平儿谈放利盘剥之事；贾琏回来，有赵嬷嬷来为儿子讨差使，话题转到省亲；接下来有贾蓉、贾蔷来回话，商议盖造省亲别院、到苏州采买女孩子，言谈中又说到了和江南甄家的密切关系。这种写法，既符合生活的原生态，又笔致从容，摇曳生姿，多个事件的线索集中到这里，又由这里辐射出去，形成一个有机的整体。《红楼梦》就是通过这样缜密细致的叙事安排，使整部作品的叙事能“一击空谷，八方皆应”，形成经纬交叉的网状结构，全方位地展现出矛盾错综复杂的众多人物于其中活跃演出的立体式生活画面。

由于作者对小说叙事有深刻领悟，因此在叙事艺术方面多有突破。如大量内视点的运用。作品对场面中的景物、人物乃至事件的叙述，往往不是借全知全能的超故事层叙事者来交代，而是多借助于场面中一个角色的观察来展开。如林黛玉初进荣国府和刘姥姥一进荣国府，都将视角固定在黛玉和刘姥姥一方，通过她们的眼睛观察、感受周围的一切。这种限知叙事，一方面可以避免行文的板滞，一方面又可以通过叙事语言反照出观察者的心理及性格特征。如叙宝、黛初相见，宝玉眼中只见黛玉的风神，而未注意她的衣饰。与宝玉观察黛玉截然不同，刘姥姥进贾府则先惊骇于人的装束，如叙其眼中的平儿为“遍身绫罗、插金带银、花容玉貌的”（第六回），鸳鸯为“纱罗裹的一个美人一般的丫鬟”（第三十九回）。由章法变化避免行文板滞，而到通过叙事语言反照观察者，这体现出对限知叙事的更深层意义的领悟，从而更充分地发挥了这种叙事手段的表现潜力。

频繁且成功地使用限知叙事的背后，是全知全能叙事的弱化，它使《红楼梦》与拟书场格局下的其他小说形成了明显差异，并由此产生了独特的叙事效果。这表现在很多方面。如与以前的白话小说比，《红楼梦》对人物心理与动机的叙述十分节制。如第二十七回滴翠亭宝钗扑蝶一段，宝钗听到小红和坠儿谈私情事后，采用“金蝉脱壳”之计，将偷听嫌疑引向黛玉，那么，她这样做的动机何在？是潜意识中对黛玉的敌意使然？还是情急之下只图自保？作者不做交代，给读者留下了思考、解读的广阔空间。又如，对作品中的核心人物，古代小说家习惯于在出场时便借诗词或骈文之类，对其相貌、能力、品行之类先做一总体描述，由于传统的叙事者具有全知全能的权威性，这类出场诗的描述自然也成了对人物无可置疑的“定性”，对读者的接受理解有明确的导向意义。但《红楼梦》对贾宝玉的描述却并非如此，于作品中可见冷子兴的看法，贾雨村的看法，林黛玉从母亲那里听到的描述、从王夫人那里听到的描述，此外还有甄家婆子的描述，贾母的描述，兴儿的描述，等等，由于这些描述皆出自故事中人的观点，受其出身、阅历等因素的限制，因此都不具有权威性，且歧见纷纭，这就形成了富有文学意味的含混与丰富。这种含混与丰富，相对于传统的由全知全能叙事者出面定性的明晰与单一，无疑更能激发起读者接受阐释过程中的主动参与，读者不是简单地接受一个给定的结论，而是在阅读过程中，不断地深化、整合，人物的形象内涵因之也更具有开放性，在各个读者的阅读整合过程中逐渐得以丰富。并且，《红楼梦》中即使有超故事层叙事者亲自现身做评论，其功能及意义也与前此中国古代小说大不相同。如在小说第三回宝玉出场时，作者也模仿了古代小说拟书场格局的叙事传统，以两首词对宝玉做了评判：

无故寻愁觅恨，有时似傻如狂，纵然生得好皮囊，腹内原来草莽。潦倒不通世务，愚顽怕读文章。行为偏僻性乖张，那管世人诽谤。

富贵不知乐业，贫穷难耐凄凉。可怜辜负好韶光，于国于家无望。天下无能第一，古今不肖无双。寄言纨绔与膏粱：莫效此儿形状。

这两首《西江月》对贾宝玉无疑是一派贬抑之辞，但这种贬抑是否应对读者阅读阐释这一人物具有导向作用？它能代表作者意图吗？若衡诸拟书场格局下的中国古代小说的叙事传统，这些问题的答案应该是肯定的，但到了《红楼梦》，答案就不这么肯定了。在《红楼梦》中，超故事层叙事者亲自出来评论时多采用当时社会主流意识形态的立场，但这显然并不会被看作是作者的真正立场。读者在作品中所感受到的作者的价值取向，即使不是对社会正统全持否定态度，也至少远为复杂，有相当大程度的叛逆倾向。

在小说叙事全知全能弱化的背后，是小说观念的深刻变革。中国古代白话小说源自书场艺术，在书场艺术的信息传播格局中，作品的信息是通过“说—听”模式传播的，这种传播模式中的接受者对信息传播过程没有控制力，因此，只能被动地接受给定的信息。这种传播格局势必导致接受者对传播者的高度依赖，由传播者对诸信息先予整合；进行全知全能的叙述、评判，便成为这种传播格局的必然要求。

古代白话小说虽由书场艺术转为案头读物，信息传播过程也由“说—听”模式转为“写—读”模式，但传统的巨大惯性仍使多数作品呈现为拟书场格局，表现之一就是普遍使用全知全能的叙事方式。随着小说艺术的不断成熟，这种方式也在逐渐转变，如对文字技法的重视以及评点家对这些技巧的揭示，都体现出对作为案头读物的小说的性质的认识在逐步加深。《红楼梦》继承了古代小说叙事艺术的传统，在此基础上又有了诸多创新，标志着白话小说已逐步摆脱书场艺术的影响并走向了成熟。

第五节　写实艺术与诗化风格

《红楼梦》作为一部伟大作品，不但体现于它杰出的叙事才能，更体现于它对生活的深刻领悟及浓郁的理想色彩，这在艺术上分别表现为高超的写实手法和小说的诗化风格。

《红楼梦》的写实艺术表现于作品的诸多方面，其中人物塑造方面表现得尤为突出。鲁迅在谈到《红楼梦》“不可多得”的价值时曾说：“其要点在敢于如实描写，并无讳饰，和从前的小说叙好人完全是好，坏人完全是坏的，大不相同，所以其中所叙的人物都是真的人物。”(《中国小说的历史的变迁》)《红楼梦》塑造了上百个不同身份、不同性情的人物，无不传神写意，使之各具光彩。对于小说中的主要人物，作品成功地描画出了他们鲜明的主导特征，如贾宝玉的喜在闺闱中厮混，林黛玉的敏感娇弱，王熙凤的精明泼辣，但与此同时又充分展现了人物的多侧面、多层次，使之富有立体感。如薛宝钗豁达大度、善解人意，却又有冷酷无情的一面；王熙凤毒设相思局、弄权铁槛寺的狠辣手段让人心惊胆寒，但和宝玉间却有亲切的姐弟情，对刘姥姥也有一定程度的体恤；贾琏纨绔好色，却不肯助纣为虐，迫害石呆子；薛蟠欺男霸女、目无法纪，但对柳湘莲的情义却真实可感。即使像晴雯这样作者饱含感情刻画的正面人物，也有对小丫头坠儿凶暴残酷的举动。甚至像司棋这样出场有限、着墨不多的角色，小说也能一波三折地逐渐展现她的各个侧面：因一碗炖鸡蛋带人到厨房大打出手的骄横令人反感；谋使自己婶娘秦显家的入主厨房却偷鸡不成反蚀把米令人笑叹；但她追求爱情、即将面临封建礼法的严酷惩治时面无惧色却又令人同情起敬……

这些人物形象的成功塑造，得益于作者对生活有极为深刻的观察与领悟。只有如此，作者才能真正塑造出饱满圆融的人物，使人物形象的不同侧面在对立的同时又能在生活的逻辑上获得统一，而不是成为分裂形象。如薛蟠，他打死冯渊强夺英莲与他对柳湘莲的情义，一恶一善，看起来矛盾，但作者却能让它们统一于薛蟠特有的行事特征“呆”，即不知权衡利害，完全任性行事。正因这特有的呆，使他的欺男霸女不同于贾琏包占尤二姐，是为恶而不知其恶，是不知王法为何物，故不知遮掩谋划；也正因这呆，使他的好色又不同于贾珍贾蓉的好色，故不知伪饰；正因这呆，他对人事的情感反应才简单而又强烈，如对柳湘莲的态度。这是一个特定历史条件下、特定家庭环境中成长起来的特定人物，符合生活的真实，而不是以前小说写坏人容易写成的一坏到底的概念化人物。人物的性格如此，人物间错综复杂的关系也是如此，善良的平儿和狠毒的凤姐间会有深厚的感情，怜香惜玉的宝玉也并没有痛恨荼毒香菱的薛蟠疾恶如仇，这才是真实的生活。作者摒除了主观情感，以对生活的深切体察如实去写，因此才写出了如此血肉饱满的人物，写出人性的丰富内蕴。

在以高超的写实之笔描绘出广阔的社会生活和众多人物画卷之外，《红楼梦》还具有浓郁的理想色彩，这在艺术上表现为小说的诗化风格。

小说的诗化风格首先体现于作品中相当数量的诗词。这些诗词曲乃至骈文等作品，一方面显示了作者精深的古典文化修养，本身即具有很高的艺术价值，如《枉凝眉》的缠绵悱恻，《红楼梦引子》的旷远情思，《葬花词》的哀艳凄绝，《问菊》的淡泊超逸，等等，都给人留下难忘的印象，大大增强了作品感荡人心的力量；另一方面，这些诗作又多能有效地服务于作品的叙事，它们或用来象征人物命运，或用来揭示人物性格，并没有像其他小说中的诗词那样游离于小说的叙事，而是与作品整体的氛围融合无间，成为作品叙事肌理的有机组成部分，真正发掘出了长篇小说这一叙事文体“文备众体”的表现潜力。

《红楼梦》的诗化特征并不仅仅体现于诗词的运用，更重要的是作品总体情怀的诗化。如：西厢记妙词通戏语，秋爽斋偶结海棠社，栊翠庵茶品梅花雪，琉璃世界白雪红梅，脂粉香娃割腥啖膻，芦雪庵争联即景诗，憨湘云醉眠芍药裀，呆香菱情解石榴裙，寿怡红群芳开夜宴，以及宝钗扑蝶，龄官画蔷，晴雯补裘，等等，这些场景，或是对青春的热烈咏叹，或是对爱情的讴歌，无不洋溢着青春的诗情，动人的情怀。在作品中，即使是写哀愁也是诗化的，如牡丹亭艳曲警芳心，如黛玉葬花，这些身世之感，生命之悲，在叙述中因春的氛围、花的映衬、诗的浮想，都别具一种动人的力量。

《红楼梦》情怀的诗化遍及小说的各个因素之中。如人物的诗化，这既体现在人物容貌、服饰的诗化描写，也体现在人物品格性情的诗化，如黛玉的风神飘逸，湘云的浑朴烂漫，香菱的纯洁天真。除了人物，小说中的环境描写也同样富于诗情，无论是写潇湘馆的凤尾森森、龙吟细细，还是状秋爽斋的疏朗阔大，以及蘅芜院如雪洞般的素净，都在保持诗化格调的同时，承担着隐喻人物品格的叙事功能。此外，小说中的环境描写，往往又因作为观照主体的人物移情于景，而染上强烈的主观色彩，别具情味。在第七十九回中，宝玉于迎春出嫁后，天天到紫菱洲一带徘徊瞻顾，“见其轩窗寂寞，屏帐翛然……再看那岸上的蓼花苇叶，池内的翠荇香菱，也都觉摇摇落落，似有追忆故人之态”，景致因宝玉这一观察主体的移情，笼罩着一层无可排遣的悲哀。这些具有诗化情韵的人物在诗情画意的空间里演出的事件，也必然洋溢着诗的情致，如湘云卧石、宝琴立雪、宝玉乞梅等，这些人物，这些情境，这些事件，一起构筑了一个绮丽晶莹的世界，使小说带有浓郁的抒情色彩。

《红楼梦》的语言同样具有典范性，无论是人物语言，还是叙事语言，都达到了极高明的境界。《红楼梦》中人物语言，历来有口皆碑。它们往往能同时揭示出人物的身份、性格、文化修养等综合特征，并充分个性化。如黛玉的语言多敏感尖利，而宝钗则圆融周到，湘云说话胸无城府、直爽烂漫，探春则精明干练、锋芒时现，而凤姐则机智诙谐、口角生春，这些人物的语言各具光彩、各具特色。小说中的叙述语言质朴自然，往往于细微处见精神，能在朴素的生活语言中表现出极为深广的社会内容，寄托了人物浓烈、丰满的感情。如第二十三回写元妃赐命宝玉和众姐妹一起住进大观园，宝玉正“喜之不胜”，忽见丫鬟来说：“老爷叫宝玉。”小说写道：“宝玉呆了半晌，登时扫了兴，脸上转了色，便拉着贾母，扭的扭股糖似的，死也不敢去。”经贾母的安慰和对跟随人的叮嘱，“宝玉只得前去，一步挪不了三寸，蹭到这边来”。到贾政门口，金钏等一群丫鬟站在廊檐下，一见宝玉来，“都抿着嘴儿笑他”。金钏儿一把拉着宝玉，悄悄地说：“我这嘴上是才擦的香香甜甜的胭脂，你这会子可吃不吃了！”（这为后文金钏之死又埋下了伏笔）“彩云一把推开金钏儿，笑道：‘人家心里发虚，你还怄他！……趁这会子喜欢，快进去罢。’……宝玉只有挨进门去。”由于当日贾政心境不错，加上贾环猥琐、粗糙的反衬，贾政没有过分为难和训诫，就喝令宝玉出去了。下面写道：“宝玉答应了，慢慢地退出去，向金钏儿笑着伸出舌头，带着两个老嬷嬷，一溜烟去了。”这些语言质朴流利，生动熨帖，写一件事不是单线发展，而是如一棵树干上自然地分出枝杈一样，顺理成章，信手拈来，但又活画出其他人的侧影，丝毫不露牵强雕琢痕迹。

总之，《红楼梦》无论是在叙事技巧还是写实艺术、诗化情韵，都在总结前人艺术经验的基础上，取得了伟大的成就，此后再没有哪部古典小说能够超越它。从这个意义说，《红楼梦》代表了中国古代小说的最高成就，同时也是中国古代小说艺术的辉煌终结。

第七章

清代的短篇小说与《聊斋志异》

清代的短篇小说呈现出文言与白话两翼齐飞的局面。白话短篇的总体成就虽不能与三言二拍相比，但李渔之作却也是个性鲜明、豁人眼目的。文言短篇则有蒲松龄的《聊斋志异》与纪晓岚的《阅微草堂笔记》堪称双璧。以文学价值而论，则《聊斋志异》尤为翘楚。

第一节　李渔的成就及拟话本的衰落

清代的白话短篇小说紧承明末繁荣局面，仍然有所发展，尽管其思想和艺术水平远逊于“三言”“二拍”，但涌现的作品数量却不少，仅清初至乾隆年间，流传下来的白话短篇小说集就有30多种，其代表作是李渔的《无声戏》和《十二楼》。

李渔是中国古代最杰出的戏曲理论家，也是清代著名的戏曲作家和小说作家。小说方面的代表作是拟话本小说集《无声戏》《十二楼》，另外如中长篇小说《肉蒲团》《织锦回文传》也多认为出自李渔的手笔。《无声戏》一名《连城璧》，全集12回，外编6回，存4回，每回写一个故事。《十二楼》一名《觉世名言》，书中收有12个故事，每个故事均以楼为关目，故名《十二楼》。这两部小说集主要写于顺治八年到十五年（1651—1658）李渔移居杭州期间，其中多数作品都有一定的思想和审美价值，艺术成就也较高。

李渔小说内容庞杂，既有思想进步的一面，也不乏情趣庸俗的一面。概括而言，主要有三点：

（一）写男女爱情、风情，如《谭楚玉戏里传情　刘藐姑曲终死节》《寡妇设计赘新郎　众美齐心夺才子》以及《十二楼》中的《合影楼》《夺锦楼》《夏宜楼》《拂云楼》等。对待男女情爱问题，李渔的基本态度是“道学与风流合一”，在表面上似是符合封建伦常的前提下来肯定其合理性，实则充塞了不少背离封建礼教的成分。《合影楼》是一出轻松的爱情喜剧，作者以清新优美的笔调描写了珍生和玉娟这一对才子佳人的爱情故事，其恋爱方式既奇特又富有诗意。囿于封建礼法，他俩虽一水之隔，却无由见面，只好在水阁上与对方的影子谈心，或以言语、手势或借流水荷叶传递情书，互诉爱

李　渔（1611—1680）字笠鸿，号笠翁，浙江兰溪人。一生不仕，以组织戏剧演出、图书出版为生。著作有《李笠翁一家言全集》《闲情偶记》与戏曲、小说多种。

慕相思之情。尽管玉娟之父屠观察“古板执拗”，“家法森严”，极力反对他们结合，但经过不懈的努力和众人的帮助，他们最终还是结成了美满的姻缘。这个故事告诉人们，爱情的产生是自然的，是任何力量都无法改变的。其中大胆的言论如：

> 天地间越礼犯分之事，件件可以消除，独有男女相慕之情，枕席交欢之谊……莫道家法无所施，官威不能摄，就使玉皇大帝下了诛夷之诏，阎罗天子出了缉捕之牌，山川草木尽作刀兵，日月星辰皆为矢石，他总是拼了一死，定要去遂了心愿。

《谭楚玉戏里传情　刘藐姑曲终死节》写书生谭楚玉与女伶刘藐姑的真挚爱情：谭楚玉不惜投身戏班，自甘卑贱，刘藐姑则不慕虚荣，不畏权势，当他们的爱情遭受封建势力阻挠时，二人借演戏之机，假戏真做，表明心迹，然后双双从戏台跳入江中，以死殉情，最终得以团圆。小说肯定了青年男女追求爱情幸福的合理性，赞美了谭刘二人不畏封建势力的勇敢精神。

（二）较为广泛地反映了社会各阶层普通民众（主要是市民阶层）的悲欢离合，以及他们的喜怒哀乐、理想愿望。李渔小说以叙写世情为主，重在展示社会家庭间有关财产、婚姻、子嗣、立身处世等生活现象和生活问题。其中写到了各种家庭矛盾：有夫妻间的争吵打斗，有妻妾间的仇视加害，有主奴间的勾心斗角；还写到了不肖子孙为争夺家产而骨肉相残，或因沾染赌博恶习而致倾家荡产，这些作品对于我们认识封建家庭生活的状况，确有一定价值。不仅如此，李渔还在更大范围描写了当时的社会生活：写乞丐行乞，写穷儒行商，写皂隶行善，写拐子行骗，甚至直接写到明清战乱时期普通人民特别是妇女的不幸遭遇及其表现。在这些作品中，中心人物都是些“下贱之人”，但作者极力表彰他们所做出的“可敬之事”，发现并肯定他们身上所具有的仗义行侠、诚实善良、真心向善以及机智勇敢等美好品质。当然也必须看到，李渔营造的小说世界虽有反映现实的一面，但其间往往掺杂着他别出心裁的经验之谈和游戏人生的思想情趣，因此，他对社会生活的展示有时既不够严肃认真，也不够客观、深刻。

（三）反映李渔自己的生活经历和思想情趣，典型作品是《三与楼》《闻过楼》，两篇小说的入话部分都直接引用了李渔自己的诗歌，刻画的人物形象也颇具自喻性质。《三与楼》写儒士虞素臣不求闻达，绝意功名，“一生一世没有别的嗜好，只喜欢构造园亭”，而且“所造之屋，定要穷精极雅，不类寻常”，但由于不谙世事，精心建造的园亭都被暴富的邻居巧取强占。这与李渔早年向往隐逸、性喜造园的人生旨趣以及因战乱饥荒而被迫卖楼的生活经历是十分相似的。《闻过楼》中的顾呆叟，在盛年即自弃举业，携家到山林中过起了逍遥自在的隐居生活。与虞素臣不同之处是顾呆叟备受达官贵人的欣赏礼敬，最终被达官贵人设计迎接回来，并由他们出资在城郊为他建造了一所庄园。若联系顺治中期以后李渔热衷于广泛交结各类官员的事实，这篇小说显然寄寓了李渔当时的理想和期盼。

李渔小说的思想内容相当驳杂，这无疑与他本人思想的矛盾复杂有关。另外，他的小说创作具有多重意图：既试图表达文人趣味，也有意迎合读者而媚俗，由此造成菁芜并存的局面。就艺术而言，李渔小说重创意、重安排，形成了十分独特的风格，其中戏剧化就是李渔小说的一个重要特征。

戏剧化是李渔小说创作的一种自觉追求。他把自己的第一部小说集命名为《无声戏》，在《十二楼》第七篇《拂云楼》结尾时又写道："各洗尊眸，看演这本'无声戏'"。在李渔看来，小说与戏剧是相通的，只在具体表现方式上有别，因此他在小说创作时就有意识地借用戏剧的特点来选择和组织情节、配置和刻画人物，从而形成了独特的艺术风格。

作为一个戏剧理论家，李渔特别重视结构的安排，他在《闲情偶寄》中就提出"结构第一"的观点，又从"立主脑""密针线""减头绪"等方面作了具体论述。李渔小说结构单纯，多讲述一个完整的故事，中心人物鲜明，中心事件突出，而且贯穿始终，主线非常明确，但同时又注重前后照应，布局非常巧妙。如《遭风遇盗致奇赢　让本还财成巨富》，写秦世良借银经商的故事，线索很单纯，但三次外出三次丢银，每次的情况却大不一样，而每次又都写得虚虚实实，给读者留下疑问，最后才有条不紊地交代每次失银的来龙去脉，使读者恍然大悟。《闻过楼》也有异曲同工之妙，顾呆叟的三次历难都出于朋友的精心安排。这种结构方法充分体现了他的戏剧结构论特点。

基于求奇的目的，李渔的小说很注意故事情节的设置，情节曲折有致可谓他小说创作的第二个特点。在组织情节上，他大量运用了误会、巧合、突转等戏剧性手法。误会法是李渔戏剧创作中常见的方法，其代表作《风筝误》的戏剧冲突全由风筝产生的一场误会引起，在小说创作中李渔同样运用了这一方法。如《清官不受扒灰谤　义士难伸窃妇冤》中，蒋瑜和何氏的冤案就由一块玉扇坠产生的误会构成。《乞儿行好事　皇帝做媒人》中误会法用得更有趣，乞儿"穷不怕"以仗义疏财闻名天下，太原人极敬慕他，把他当做叫花的典范，然而，当真的"穷不怕"来到太原的时候，却被认为是冒名，因而无一人施舍，使他几乎饿死于太原。这种当面错过的方法，增加了故事的波折，也增加了趣味性。巧合也是他组织情节、安排故事的主要手段。巧合在一些故事中比较单一，如《生我楼》中尹小楼的儿子在幼年时走失，为了找个有孝心的后嗣，他忽发奇想，要卖身为人做父，却恰巧被自己的亲生儿子姚继买去，姚继在乱军中买妻，恰巧买了自己的母亲，又由母亲指点，恰巧买到了原来的意中人，在成亲时又发现置身的新房恰巧是自己儿时常梦见的地方，因此父子由假成真。通篇故事就由一个“巧”字组成。《夏宜楼》中的瞿吉人与詹娴娴的婚事也全由一个“巧”字促成，在这篇小说中，“千里镜”这一新奇关目和巧合的手法相结合，使小说情节曲折生动，妙趣横生。在李渔小说中，误会和巧合往往是互相融合，相映成趣的。《清官不受扒灰谤　义士难伸窃妇冤》中已可见一斑，《贞女守贞来异谤　朋侪相谑致奇冤》中也有突出表现。这篇小说讲朋友间开玩笑的故事，由于朋友的玩笑本身构织奇巧，引起马既闲的怀疑，又因朋友恰巧开玩笑后生病而死，朋友所说的事恰恰又都有应验，由此产生误会，导致休妻悲剧，全篇构思奇巧，悬念迭生，使人疑窦丛生，颇有艺术吸引力。

李渔是一个喜剧爱好者，他的十种曲多是喜剧，其小说同样如此。他的小说基本上都是以大团圆结局，在艺术风格上则带上了明显的谐谑色彩。这主要表现在三个方面：其一，故事谐谑化。如《妒妻守有夫之寡　懦夫还不死之魂》，写费隐公以善治“妒”闻名，有“妒总管”之称，并以帮人制服妒妇为己任，屡行教化，威名远布。但邻居穆子大之妻淳于氏却毫不买账。穆子大久受妇欺，求救于费隐公，费为之设计，但却屡遭失败，最后终于想出装死之法，让妒妇走了改嫁这一步棋，这时穆子大才挺身而出，历数淳于氏罪过，终使之服输。全篇构思奇巧，谐谑成分浓厚。再如《妻妾败纲常　梅香完节操》《吃新醋正室蒙冤　续旧欢家堂和事》等，都写得妙趣横生，充满讽刺意味。其二，人物形象的谐谑化。为了追求喜剧化的效果，李渔在塑造人物时多用夸张荒诞的方法，使一些人物显得滑稽可笑，如《美女同遭花烛冤　村郎偏享温柔福》中的阙里侯，“五官四肢，都带些毛病，件件都阙，件件都不全”，而且还带上口臭、体臭、脚臭三种气味，竟是集众丑于一身，而这样的人物娶的三个妻子却偏偏都是绝色美女；《拂云楼》里的封氏“状貌稀奇，又不自知其丑，偏要艳妆丽服，在人前卖弄，说他是临安城内数得着的佳人”。这些人物外貌的丑和行为的乖张相结合，形成了强烈的喜剧色彩。其三，小说语言的谐谑化，叙述语言诙谐风趣，富有造型能力，而人物的语言也贴切地表现了自己的实际身份。

总之，在李渔的小说中，由于大量采用了戏剧化的手法，使作品结构缜密，情节曲折生动，风格诙谐风趣，能够引起强烈的戏剧效果，形成了自己独特的艺术风格。

除李渔的《无声戏》《十二楼》外，清代流传下来的白话短篇小说还有《清夜钟》《醉醒石》《豆棚闲话》《娱目醒心篇》《雨花香》《珍珠舶》《通天乐》《八洞天》《五色石》《警悟钟》《跻春台》等，其中成就较高的有以下几种：

《清夜钟》，署薇园主人著，原书16回，现存10回，刊于顺治初年。它的主要特点是能够反映出明清易代之际社会动乱的现实，对明末政治腐败及农民起义军的声势有所反映。如第一回《贞臣慷慨杀贼　烈妇从容就义》，虽以宣扬忠烈为主旨，但客观地写出了李自成攻入北京后受到百姓欢迎的场景。作者能从现实生活中取材，这在当时是难能可贵的。

《豆棚闲话》，署艾衲居士著，全书12回，作品对明末吏治腐败、世俗浇薄的现象有所揭露。此书的最大特点是在写法上，全书自早春豆棚初架始，至晚秋折倒豆棚终，由一些人在豆棚下乘凉轮流讲故事作线索，将12个独立的故事串联在一起，而且往往从有关豆的谈话引发故事，在形式上别具一格。论者拟之为中国式的《十日谈》，对清末诸如《官场现形记》之类故事串联成长篇也提供了某些借鉴。

《西湖佳话》，古吴墨浪子著，全书16则，题材来源于史传、杂记和民间传说。作者将西湖名胜古迹与名人事迹联系在一起，既描写了白居易、苏东坡、岳飞、苏小小、白娘子等群众喜爱的人物，又描绘了西湖山水的美丽多姿。全书文笔清新流畅，但书卷气较浓，充满了文人情趣。

清代自康熙后期开始，短篇白话小说就处于衰微之势，作家作品数量均不及前期，而且充斥着大量的空洞说教，缺乏通俗小说应有的美学品位。康熙以后比较有影响的白话短篇小说集有《雨花香》(附《通天乐》)《二刻醒世恒言》《五色石》《娱目醒心编》等。

第二节　蒲松龄的家世生平与创作

蒲松龄(1640—1715)，字留仙，一字剑臣，别号柳泉居士，淄川(今山东淄博)人。他出身于“累代书香”之家，但到了父辈时已家道中衰，父亲蒲槃因家贫不得不弃儒经商。蒲松龄自幼受过严格的儒家思想教育，热衷于功名，19岁时初

蒲松龄雕像

遍游沧海，知己还无；屡问青天，回书未有。惟是安贫守拙，遂成林壑之痴；偶因纳税来城，竟忘公门之路。漫竟竟以自好，致落落而难容。膏火烧残，欲下牛衣之泪；唾壶击缺，难消骥枥之心。归雁衔芦，畏霜自蔽；寒蝉抱木，吊影行吟。

——蒲松龄《上健川汪邑侯启》

应童子试，在淄川县、济南府、山东学道的三级考试中连拔头筹，名震一方，颇为当时主持山东学政的著名诗人施闰章赏识。但此后却屡试不中，43岁时才补廪膳生，但他“五十岁犹不忘进取”，康熙二十九年（1690），他最后一次去省城参加考试，第二场因病未能完卷，这才接受妻子的劝告，从此不再参加科考。直到71岁才援例出贡，补了一个岁贡生，五年后即去世。

蒲松龄一生贫困，尤其是早年，结婚分家后，全家仅有“农场老屋三间，旷无四壁”。他有四子一女，全靠妻子刘氏辛苦劳作及自己设馆维生，过着“数卷残书，半窗寒烛，冷落荒郊里”的穷愁潦倒的生活。一生除了31岁时曾应友人孙蕙之邀到江苏宝应县做了一年幕宾外，大半生时间都以设馆授徒为生。

蒲松龄一生著述颇多。除《聊斋志异》外，还有诗九百余首、文近五百篇、词百余阕，合编为《聊斋文集》；戏三出、通俗俚曲十四种；此外还有《农桑经》《药祟书》《日用俗字》等农村普及读物。据胡适等考证，长达百万言的世情小说巨著《醒世姻缘传》，可能也出于蒲松龄之手。

蒲松龄百代不衰的名声来自他的代表作《聊斋志异》。由于作品没有编年，具体创作的起讫年代难以确考，但从一些内文标明年代的作品来看，至少在其20多岁的时候，《聊斋志异》就已经开始动笔了。康熙十八年，他40岁的时候，作品已经初具规模，于是结集成书，并为之作《志》；在此后漫长的30年间，又不断对其进行增删润饰。蒲松龄在世的时候，《聊斋志异》就已经开始在社会上流传；逝世以后，抄本流传更加广泛，较完整的抄本是铸雪斋抄本，共12卷，存目488篇，实存472篇。现存最早刊本是乾隆三十一年（1766）赵起杲、鲍廷博根据抄本整理后问世的青柯亭本，凡16卷，431篇，后世最为流行。此外，《聊斋志异》还有一些注解本和评点本，评点者以王士祯、冯镇峦、何守奇、但明伦诸家最有名。今日影响最大、最为完备的本子是张友鹤辑校的会校会注会评本，简称“三会本”。

第三节　落拓书生的写心之作

《聊斋志异》的故事来源比较广泛，其中一部分是根据前代小说或笔记改编，一部分是亲友提供的，一部分是作者自己的经历和见闻，但更多的则出自作者的虚构。尽管题材来源不同，但多能以曲折的方式反映现实，借助狐鬼灵异故事来寄托作者的思想感情。

《聊斋志异》中最为人称道的是那些发生在书生和少女之间的爱情故事。它们集中了作者最隐秘的感情，寄托着作者最深沉、绮丽的梦想，同时也反映出异常丰富的文化信息。

《聊斋志异》中的爱情故事往往带有理想化色彩，在这些爱情故事中，才情乃是爱情的前提与基础。比如《连琐》中的杨于畏，当他听到户外有女子吟诗，便心生向往之情。第二天夜里，他伏在墙头窥伺，看见一个美丽的姑娘从草丛中冉冉升起，然后就扶着小树，哀声吟哦。杨咳嗽了一声，这女子便突然消失了。然而一旦杨于畏替她续出久思未得的诗句，她便马上出现在杨于畏面前。在《香玉》中，香玉与玉版初见黄生时并没有什么好感，但一旦见到黄生的题句，便主动前来，笑曰："君汹汹似强寇，使人恐怖，不知君乃骚雅士，无妨相见。"《连城》中，乔生因为为连城所绣的"倦绣图"所配的两首诗而赢得了连城的赞赏，不但逢人便称道乔生的才华，且因同情他的贫寒而矫称父命赠金以助灯火，此后，又因为这"知己"之故，演出了一出生生死死的感情故事。篇末的异史氏曰："一笑之知，许之以身，世人或议其痴；彼田横五百人，岂尽愚哉。此知音之稀，贤豪所以感结而不

《聊斋志异》插图（民国刊本）

能自已也。故茫茫海内，遂使锦绣才人，仅倾心于蛾眉之一笑也。悲夫！”明白地道出了作者的苦衷：于茫茫海内寻觅知己而不得，最后才将知己之求指向女性。

《聊斋志异》爱情故事的女主角，基本上都有这些特点：容貌美丽，能够在美色上满足男子在情爱方面的要求；她们有着良好的知识素养，能够发现书生的才华并加以重视，是他们的文章知己；她们有一颗细腻的心，对于所倾慕的士人，能够予以十二分的温柔与体贴……总之，这些女人是专门为像作者这样的寒微士子所设计的，她们几乎是全方位地满足了他们对个人价值的认定。如果说，科场给像作者这样的读书人带来了失意与不幸，使他们的自尊与自信受到挫伤，使他们的价值受到贬损，人格受到践踏，那么，这一切在幻设的情场上都得到了补偿。

蒲松龄渴望知己，但更大的愿望还在于希望能用自己的力量报答知己，以证明自己是一个值得知己推重，不负知己所望的人。正是出于这个原因，《聊斋志异》才不仅写了女性对书生的青睐，更写了这些书生为知己甘赴苦难，“水里水里去，火里火里去”的侠义行为。如《连琐》中的杨于畏，听说连琐被一个龌龊鬼所纠缠，“大怒，愤将欲死”，不顾一切地上前怒斥恶鬼，并冲上去与他拼命；听说连琐需要生人精血才能复活，就慨然引刀刺臂出血。《娇娜》中的孔生，听说自己的爱人一家将要遭受灭顶之灾，尚不知何事，便慨然自任，矢共生死。在石破天惊的暴风雷雨以及与鬼物相持的考验中，他无愧地表明了自己的性情与品格。《连城》中的乔生，以才情为连城所重而引连城为知己，当他知道连城重病，只有以男子的胸前肉一钱捣和药屑才有可能痊愈的时候，便毫不犹豫地以利刃自割胸前之肉，纵然血流满地亦在所不顾。当连城再病身亡时，他前往临吊，竟然一恸而绝。冯镇峦评“知己为一篇眼目”，何守奇评“连城爱文士，乔生重知己，乃可以生生死死”，但明伦评“士为知己者死”为“一篇主意”，都为极有见地之语。

《聊斋志异》所歌颂的理想爱情，不少已突破了“郎才女貌”的传统模式，突破了门第观念，而强调以双方的志趣相投、互相尊重、患难相扶为基础的“知己”之爱，如《瑞云》《乔女》《连城》《晚霞》等，都表达了这种进步的爱情观。蒲松龄还在一定程度上突破了传统“妇德”以及贞操观念的限制，塑造了许多聪明美丽、热情纯真，不为封建礼教束缚的女性形象，如《婴宁》《小翠》《狐谐》等都是其代表，作者对这些女性天真纯洁、自由奔放性格的热情赞美，无疑是对约束妇女心性的封建礼教的鄙弃。此外，作者还突破了“女子无才便是德”的封建观念，在作品中塑造了许多才华横溢、有胆有识的女性。如《黄英》中的黄英，以养菊、卖菊维生，自食其力；《颜氏》中的颜氏，不仅女扮男装，考中了状元，而且还走上政坛，和男子一样施展了自己的才华。

封建社会是典型的男权社会，作为特定时代的产物，《聊斋志异》也有着那个时代鲜明的烙印。作品中反映现实男女关系的笔墨自不必说，即使是纯然出于虚构的笔涉幽冥的爱情故事也难以超越强大的男权意识，其中一个明显标志就是表现了严重的男本位思想。如爱情故事大多是一夫多妻，多是拥双艳式；不少作品中写妒妇，也多是从男性的角度出发，维护一夫多妻制度。虽然有些作品有所改观，但对女性的标准主要还是以色量人，作品中的女性大多是美女，且多是养为“外室”，书中众多书生和狐女之类的相恋，多是如此。此外，作品中虽然塑造了不少抗争恶势力、不屈不挠的女性形象，但同时也写了许多屈从恶势力，一味忍辱的变态女子，如《邵女》《妾击贼》等都写了妾对妻的一味忍让，以德报怨。总之，这些故事中的一片想象天地是只为男性而设的，它凝聚着男性的欲望与梦想，同时也充分体现了男性作为强势性别的自私。

《聊斋志异》中，主体表现最为浓烈的当数其批判科举制度一类的作品。科场上的屡战屡败，使蒲松龄在精神上饱受折磨，在他的心中充满了悲凉孤独之感，以至发出了“知我者，其在青林黑塞间乎”的哀叹。对自己才华的确信与怀才不遇的悲愤结合在一起，于是就有了《聊斋志异》中的一大批科场中的悲剧英雄。他们大都出身寒门，或者虽系大家子，而今已是家道式微。他们虽然文章辞赋冠绝当时，但几乎无一例外地在科举考试中受到挫折。在这些人物身上闪耀着作者自身的影子，寄托了作者的身世感慨，通过他们，寄寓着作者对自身才华的肯定。这在《叶生》中体现得最为典型。叶生的才华受到潍阳令丁乘鹤的赏识，由于丁“游扬于学使”，他得以第一名进学。可是在乡试中，却依然铩羽而归。面对一再的打击，叶生一蹶不振，“愧负知己，形销骨立”，终于忧愤而死。叶生死后，魂从因忤上司而遭免职的丁乘鹤，并将自己的才学尽数传给丁公之子。在叶生的教授下，丁公之子在乡试中考中第二名举人，不久又在会试中高中。在丁公父子的劝说下，叶生的鬼魂应试，终于得中。他的魂灵回乡，被妻子点破他已经死去多年时，便扑地而灭。但明伦刚读到文章开头，就“为之大哭”，冯镇峦读到一半，就“放声一哭”。这则并不太长的故事之所以有如此动人的艺术力量，就因为在叶生身上熔铸着作者自身的经历。正如冯镇峦所说：“此篇即聊斋自作小传，故言之痛心。”文章憎命，所遇不偶，这是叶生的经历，也是蒲松龄的经历。可以说，《叶生》一篇正是作者用泪水和笔墨写成的自画像，在这幅自画像中不难看到蒲松龄的满腹悲酸。丁公曾问叶生：“君出余绪，遂使孺子成名，然黄钟长弃，奈何？”叶生回答：“是殆有命。借福泽为文章吐气，使天下人知半生沦落，非战之罪，愿亦足矣。”在这似乎达观的言辞中，又浸透了作者多少的无奈，多少辛酸的人生感受。

表现这种“文章辞赋，冠绝当时，而试则不授”的文士题材的作品还有多篇，如《司文郎》《素秋》等。所有这些故事都是悲剧，悲剧的主人公都带有明显的自我色彩，作者怀着沉重的心情，对他们的人生遭际给予深沉的惋惜与哀叹，正是以此表达作者极度的怀才不遇之愤和对自身才华的富于感伤色彩的肯定与褒扬。

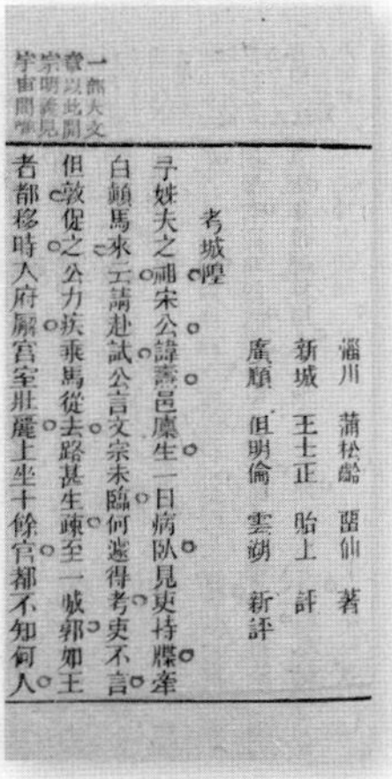
淄川　蒲松齡　留仙　著
新城　王士正　貽上　評
廣順　但明倫　雲湖　新評
考城隍
予姊夫之祖宋公諱燾邑廩生一日病臥見吏持牒牽白顛馬來云請赴試公言文宗未臨何遽得考吏不言但敦促之公力疾乘馬從去路甚生疎至一城郭如王者都移時入府廨宮室壯麗上坐十餘官都不知何人

《聊斋志异》书影（清刻本）

对主体价值的高度认定，必然导致对压抑、埋没主体价值的环境的批判。于是，在《聊斋志异》中出现了大量批判科举的作品。囿于历史的局限，蒲松龄对科举作的批判主要是基于怀才不遇的悲愤，站在科举失意的弱势读书人的角度上进行的，所以批判的矛头也就更多地指向那些使自己受害的科举考试的具体运作者——试官身上。这种批判主要是从两个角度进行的：一是从道德角度出发，揭露考官的徇私舞弊。在《聊斋志异》中，科场与市场没有什么本质的差别。《神女》一再强调，“今日学使署中，非白手可以出入者”，“学使之门如市”；《僧术》中，作者以僧人答应替黄生贿赂冥中主事者得一科第之事，讽刺了科场的贿赂公行；《考弊司》用阴间虚肚鬼王对士子惨无人道的盘剥来影射人间考官的贪婪和无耻。这些故事虽多笔涉幽冥，但锋芒所指，却正在人间。二是从识鉴能力出发，揭露考官的有眼无珠，头脑冬烘。对于无目司衡的批判构成了《聊斋志异》中最精彩、最富于个性的内容之一。这种批判，有时是异想天开的，在嬉笑怒骂、冷嘲热讽中，将自己的一腔孤愤淋漓尽致地倾泻而出。如《贾奉雉》中才华冠绝一时的贾奉雉，当他竭尽全力写出花团锦簇的文字时，就会名落孙山；当他“戏将遢冗泛滥，不可告人之句，连缀成文”的时候，竟能高中经魁。对这样的文章竟能高中，贾奉雉称为“以金盆玉盏盛狗屎”。《司文郎》中，借一位前生为古文大家的盲僧之口，对考官大加讽刺：“仆虽盲于目，幸不盲于鼻；帘中人并鼻盲矣！”蒲松龄和当时绝大多数读书人一样，对科名十分看重，对于自己的一再不第，他耿耿于怀，并视为一生的遗憾与耻辱：“无似乃祖空白头，一经终老良足羞。”（《喜立德采芹》）当他构思贾奉雉应试以及盲僧嗅考官之作而下气如雷这样荒诞的情节的时候，显然是怀着“精神胜利”意味的。他用对“帘内诸官”的极度贬抑来抚慰自己那颗饱受创伤的心，在对于考官的嬉笑怒骂中为自己的科举失利找到了最为光荣的解释。

正因为知音难觅，所以面对能赏拔自己于众人之中的伯乐、名士们自然是感激涕零，拳拳图报。在《叶生》中，叶生由于淮阳县令丁乘鹤对自己的知遇之恩，生前对丁拳拳眷恋，即使在死后也不忘以魂魄相报，将自己的终生所学悉心传授给丁公之子，使他得中进士。特别是作品结尾那则长长的“异史氏曰”，对于知己的渴求与感激之情，更是溢于言表：

魂从知己，竟忘死耶？闻者疑之，余深信焉。同心倩女，至离枕上之魂；千里良朋，犹识梦中之路。而况茧丝蝇迹，呕学士之心肝；流水高山，通我曹之性命！嗟乎！遇合难期，遭逢不偶……一落孙山之外，则文章之处处皆疵。古今痛哭之人，卞和惟尔；颠倒逸群之物，伯乐伊谁？……人生世上，只须合眼放步，以听造化之低昂而已。天下之昂藏沦落如叶生者，亦复不少，顾安得令威复来，而生死从之也哉？噫！

正是出于这种对于知己的渴求与报答之情，使得《聊斋志异》的笔墨在所有涉及相知相感的地方，都格外动情，流露出难以自已的激动。如《大力将军》，写查伊璜在一次偶然的机会见到当时还是乞丐的吴六一，甚奇其人，于是为之易装，并捐助白银50两，劝他从军。后吴六一以军功封为将军，不忘查伊璜，不但事查伊璜如同父师，更以一半家产回报当年的厚德。在其后的“异史氏曰”云：“厚施而不问其名，真侠烈丈夫也！而将军之报，慷慨豪爽，尤千古所仅见。如此胸襟，自不应老于沟渎。以是知两贤之相遇，非偶然也。”《乔女》写乔女因为孟生的眷顾而感激，于是在孟生死后，便毅然担当了代孟生养育后代的重任，而不愿从中得到任何报酬。其后的“异史氏曰”云：“知己之感，许之以身，此烈男子之所为也。彼女子何知，而奇伟若是？若遇九方皋，直牡视之矣。”甚至于花草树木，犬鸟蛇虫，只要是感激于主人的恩情，蒲松龄也无不极力赞赏。如《橘树》，写的是一则树与人的缘分。此树为刘女所珍爱，赖刘女得以保存，而树也好像是为报答这种恩遇一样，刘女来，则花开；刘女去，则憔悴。在其后的“异史氏曰”中，蒲松龄说：“橘其有夙缘于女与？何遇之巧也？其实也似感恩，其不华也似伤离。物犹如此，而况于人乎？”

第四节　幽冥世界的诗意再造

一般说来，鬼怪故事引起的情感体验是恐惧而不是愉悦，它是把人们吓住了而不是把人们感动了。但是，在阅读《聊斋志异》时，我们却经历了一次美学的奇迹。

在《聊斋志异》中，人鬼之间似乎没有什么不可超越的界限。人死后固然可以变成鬼，但鬼也可以通过某些特别的手段变成人，比如借尸还魂、借生人精血等。《莲香》中的女鬼李氏深爱桑生，然泉下人的身份每每让她感到自卑，鬼身上过重的阴气对桑生造成的伤害也让她难以自安，后来她在无意中因附章家少女新死的尸体而获得了人的生命。《小谢》中的小谢与秋容也是用这种方法获得了生命。

他们生活的环境也没有什么不可逾越的鸿沟。鬼固然可以出入人间，人在一些特别的机遇下也可以到地府游历，《聊斋志异》中那些最富有诗意的篇章多与出入于人间与泉壤之间的鬼魂有关。如《连琐》中连琐17岁客死泗水之滨，幽情苦绪无法自解，遂常常在古墓杨林之间游荡，并吟诵着自己以全部的孤寂与凄凉凝成的诗句。感于书生杨于畏的才情以及对自己的理解，就现身于他的书斋之中。

《聊斋志异》中的鬼基本上没有被当作不通人情的异物，他们的行动、意念大多是可以以人间的理念来理解的，鬼甚至可以和人一样生孩子，如《聂小倩》中的女鬼聂小倩就为她人间的丈夫生下两个儿子；鬼也可以生病和死亡，《章阿端》中的女鬼章阿端就因生病而死去。用作品中的话解释就是："人死为鬼，鬼死为聻，鬼之畏聻，亦犹人之畏鬼。"除了有形无质，没有影子，体温偏冷，少食火食以外，鬼和人没有什么区别。

《聊斋志异》成功的一个根本原因就是汲取了中国传统鬼文化的人性化优长，但任何一部伟大作品的成功都不会源于对传统的简单继承。中国的鬼文化十分发达，谈狐说鬼的作品也是汗牛充栋，但真正让人难忘的，却寥寥无几。造成这种情况的原因大体有二：其一是过于强大的实用文学观念；其二是传统文体观念的束缚。《聊斋志异》在两个方面都有所突破。

中国有着悠久的实用文学传统，干宝作《搜神记》的目的在于"发明神道之不诬"；刘义庆作《宣验记》，王琰作《冥祥记》，其目的也无非是"记经像之显效，明应验之实有，以震耸世俗，使生敬信之心"（鲁迅《中国小说史略》）。总之，都是把文学当作宣扬某种观念的工具。《聊斋志异》中谈因果报应的作品也不少，但被人们记住和重视的却并不是这些。在那些最优秀的篇章中，作者往往能把观念性的东西抛开，而全力进入感情这个文学的核心要素当中。如《宦娘》，写温如春嗜琴成癖，在高人指点下，琴艺冠绝当时。一次投宿荒村，见到貌逾仙人的女鬼宦娘。温如春以自己的琴艺打动了宦娘，但宦娘却因为自己的幽冥身份无法答应温如春的求婚。为了报答温如春的眷顾，也为了弥补自己心中的遗憾与歉疚，她费尽周折，促成了温与良工的姻缘。正如同冯镇峦所评，整个故事"穿插离合，极见工妙"，但作者并没有刻意提出任何实际问题，解决任何问题，它只是贡献给了读者一个曲折的故事，使我们感到了一种无法确指而又十分真切的情愫，它无法在我们任何具体的经历中坐实，但又确实指向了生命中常有的那种混合着感伤、哀愁与怅惘的感受。

《聊斋志异》的又一突破是在文体方面。在中国古代，鬼怪故事的文学载体主要是“志怪”，其文体特征是文笔简洁、粗陈梗概。《聊斋志异》本应属于“志怪”一类，但其所用笔法却又显然属于另外一种文体“传奇”。蒲松龄继承了从六朝志怪到唐传奇的优良传统，同时也吸收了史传文学、话本小说的经验，在此基础上经过自己的独立创作，从而形成了自己独特的艺术方法，这就是鲁迅所说的“用传奇法，而以志怪”。蒲松龄兼采志怪、传奇之长，而去其所短，创造出自己独有的艺术表现手法，从而将文言小说推向了巅峰。

《聊斋志异》对志怪文体传统的突破，更重要的是诗化的叙事笔调。《聊斋志异》所创造的幽冥世界有着浓烈的感伤气息，尤其是在那些写人间书生与青林黑塞间女子的爱情故事中。小说中那些与人间书生相爱的鬼女大都是非常美丽的，但她们的美丽，多是林黛玉那种柔弱而令人哀伤的美，缠绵悱恻，但罕有健康的活力与激情。如《莲香》中的鬼女李氏，“质弱单寒”，“风流秀曼，行步之间，若往若还”；《连琐》中的连琐，“瘦怯凝寒，若不胜衣”。与她们具有感伤气质的外貌相应的是她们生前大多具有不幸的遭际。如连琐生前的身份为“李通判女”，不幸早夭。伍秋月生前的命运也不太好，虽然得到了父亲的宠爱，但毕竟在15岁就不幸死去。宦娘是官宦之女，随父流寓，17岁便暴病身亡。生前不幸，死后的生活也远远说不上幸福。《聊斋志异》中有许多鬼女作的诗，大多是在诉说她们在幽壤中、深夜里寂寞凄清的游荡。“玄夜凄风却倒吹，流萤惹草复沾衣。幽情苦绪何人见？翠袖单寒月上时”，凄艳哀绝应当说是她们的总体风格。

“身为异物”的宦娘，为了报答心上人对自己的眷顾，竭力促成了温如春与良工之间的婚姻，但对于自己对温如春的爱意与这种爱不能实现的遗憾却始终不能释怀。她的那首《惜余春》词，正表明了她与心上人虽是知音然而终于不能结合的痛苦：“因恨成痴，转思作想，日日为情颠倒。海棠带醉，杨柳伤春，同是一般怀抱。甚得新愁旧愁，铲近还生，便如青草。自离别，只在奈何天里，度将昏晓……”于是，她在温如春为她奏了最后一曲后凄然告别，“出门遂没”。冯镇峦特别推崇这篇小说的结尾，说它袅袅不绝，缥缈不尽，他确实说出了《聊斋志异》中多数笔涉幽冥的爱情故事的独有特征。

这种哀伤忧郁的情愫其实是《聊斋志异》所有涉及幽冥之爱的共同基调。即使是那些终于成就了好事的爱侣，也依然笼罩在或浓或淡的凄凉之中。那些鬼女并不能摆脱她们那些伤痛的人世经历的回忆，使人感觉到她们的与人间书生的交往也不过是寂寞生涯的无可奈何的排遣。更加重要的是，他们相爱的环境——青林黑塞，早就为他们的爱情设定了一种感伤的氛围。选择青林黑塞作为故事展开的背景，这本身就透露出一种耐人寻味的难言之美，表明了作者对于现实人生的态度。

第五节　其他文言小说

《聊斋志异》问世后引来了众多的模仿者，产生了一大批“聊斋体”文言短篇小说。后来纪昀不满于《聊斋志异》的“一书而兼二体”，自作体式纯粹的志怪小说《阅微草堂笔记》以与之抗衡，打破了“聊斋体”的一统天下，而此书的成功又招致了大批拟晋小说的竞相问世，此后形成两种风格不同、各自成系的文言小说竞相争胜的局面。

《阅微草堂笔记》是纪昀晚年追录见闻的笔记体小说，包括《滦阳消夏录》《如是我闻》《槐西杂志》《姑妄听之》《滦阳续录》五种，共24卷，1 196则，自乾隆己酉（1789）至嘉庆戊午（1798）历时10年陆续写成。嘉庆五年（1800），门人盛时彦将五种合刊，题为《阅微草堂笔记五种》，后通称《阅微草堂笔记》。

纪昀在编纂《四库全书总目》时坚持传统目录学的观点，对“小说”概念正本清源。他把“小说”归纳为三类：（一）叙述杂事；（二）记录异闻；（三）缀辑琐语。他以真实性为原则，对那些“猥鄙荒诞，徒乱耳目者”一概“黜而不载”。因此，把有意卖弄才华而虚构人物故事的唐传奇就排斥在“小说”的门槛之外。在他看来，小说作品应该求事信、“近雅训”，具有“寓劝戒，广见闻，资考证”的功用，因此，“《聊斋志异》盛行一时，然才子之笔，非著书者之笔也”。因此，他有意追摹六朝志怪质朴简淡的文笔来创作，篇幅短小，记事简要，重实录而少铺陈，在《聊斋》之外，另树一帜。

《阅微草堂笔记》所收五种笔记的题材，举凡乡里见闻、异地风光、官场世相、民俗风情、轶事掌故、典章名物、鬼狐精怪、医卜星相……应有尽有，可谓上下古今，包罗万象。纪昀浮沉宦海数十载，熟悉官场内情。所以在《阅微草堂笔记》中对那些为官作宦者骄横恣肆、玩物丧志或是颟顸贪婪、草菅人命的行径多有揭露。例如《滦阳消夏录》卷六第二则借一老僧之口说，“其最为民害者，一曰吏，一曰

纪昀（1724—1805）字晓岚，直隶献县（今属河北）人。乾隆进士，累官至礼部尚书、协办大学士，卒谥文达。任四库全书馆总纂官达十余年，纂定《四库全书总目提要》二百卷。有笔记小说《阅微草堂笔记》和《纪文达公遗集》传世。

役，一曰官之亲属，一曰官之仆隶”，这四种人“无官之责，有官之权。官或自顾考成，彼则惟知牟利，依草附木，怙势作威，足使敲髓洒膏，吞声泣血”。因此，颇有一些人不择手段，谋求官宦的长随或司阍。同卷第十二则和《槐西杂志》卷三第四十九则写那些无耻之徒为谋取长随之类的职位，竞相用自己的妻子作诱饵，甚至不惜以“荐枕”相求。作者对贪官、赃官及其爪牙表示了不满和仇视，对官场中人的尔虞我诈、排挤倾轧更是深恶痛绝。《滦阳消夏录》卷六第十则借一个“鬼隐”的口说：“墓居群鬼之间，往来嚣杂，不胜其烦，不得已避居于此。虽凄风苦雨，萧索难堪，较诸宦海风波，世途机阱，则如生忉利天矣。”

官场的争权夺利、互相倾轧和社会上尔虞我诈、勾心斗角，从一个侧面表现了封建的纲常名教、伦理道德对人性的戕害和扭曲。纪昀小说的可贵就在能透过世态丑恶窥见人心诡诈，从而对伪道学给予有力的鞭挞。盛时彦《序》云：“河间先生以学问文章负天下重望，而天性孤直，不喜以心性空谈，标榜门户；亦不喜才人放诞，诗社酒社，夸名士风流。”如《滦阳消夏录》卷四第三十九则对口谈性命天理、暗中谋夺寡妇田产的两个塾师予以无情揭露。作者捕捉住生活中一个喜剧性镜头，寥寥几笔就把伪道学的肮脏灵魂暴露无遗：

有两塾师邻村居，皆以道学自任。一日，相激会讲，生徒侍坐者十余人。方辩论天性，剖析理欲，严词严色，如对圣贤。忽微风飒然，吹片纸落阶下，旋舞不止。生徒拾视之，则二人谋夺一寡妇田，往来密商之札也。

再如《滦阳消夏录》卷三第六则，描绘一个僧人为骗一饭而撒谎。《如是我闻》卷一第三则，借狐之口，揭穿了道士将建醮所得之钱送给姘妇的真相。

纪昀虽身居高位，但对于民众的不幸和苦难深表同情，在这些篇章中，生动闪现着正直士大夫的仁者情怀。《滦阳消夏录》卷二第十九则记述了灾荒之年，妇女儿童被卖作“菜人”的悲惨景象：

盖前明崇祯末，河南、山东大旱蝗，草根树皮皆尽，乃以人为粮。妇女幼孩，反接鬻于市，谓之“菜人”。屠者买去，如刲羊豕。

《如是我闻》卷二第三十则也记有类似的事。《如是我闻》卷三第六十四则记一女孩因夜出观剧为人掠卖，五六年后侥幸得脱，“归时视其肌肤，鞭痕、杖痕、剪痕、锥痕、烙痕、烫痕、齿痕遍体如刻画”。《槐西杂志》卷二第二十五则记录了某侍郎夫人驾驭女奴的“三部曲”云：“凡卖女奴，成券入门后，必引使长跪，先告诫数百语，谓之教导；教导后，即褫衣反接，挞百鞭，谓之试刑。或转侧，或呼号，挞弥甚。挞至不言不动，格格然如击木石，始谓知畏，然后驱使。”其心肠何等狠毒，手段何等残忍！被剥夺了人身自由的女奴，不仅肉体饱受凌辱，更遭受着人格的侮辱。《姑妄听之》卷四第十九则记：“刘拟家失金钏，掠问小女奴，具承卖与打鼓者，又掠问打鼓者衣服形状，求之不获。”在“掠问”中，女主人却发现是她在“检点杂物”时“误置漆奁”，“然小女奴已无完肤矣”。

《阅微草堂笔记》揭露官场上的明争暗斗、排挤倾轧等丑行，谴责役隶爪牙的为虎作伥、刻剥百姓的罪恶，同时还有对道学家的讽刺揭露，对被压迫女性的同情，对各地社会弊端的描摹和揭发。虽然作者排斥虚构的传统小说观念限制了此书在艺术性上的成就，但换一个角度看，则其所具有的真实性又使它具有了可贵的史料价值，自具一种与单纯的文学作品所不同的价值与功用。

《阅微草堂笔记》继承晋宋志怪的笔法，故而尚质黜华，以体例谨严、叙述简古见长。一般不在故事性上做文章，其追述见闻从容不迫，娓娓道来，不加雕饰，却能于平淡中暗藏机锋，饱贮情致，使得篇章妙趣天成，令人回味。诚如鲁迅所说：“惟纪昀本长文笔，多见秘书，又襟怀夷旷，故凡测鬼神之情状，发人间之幽微，托狐鬼以抒己见者，隽思妙语，时足解颐；间杂考辨，亦有灼见。叙述复雍容淡雅，天趣盎然，故后来无人能夺其席，固非仅借位高望重以传者矣。”（《中国小说史略》）

《聊斋志异》和《阅微草堂笔记》代表着明清文言小说中两种不同的流派，对清代文言短篇小说创作都产生了很大影响。除这两部作品外，文言小说的代表作品，“聊斋系列”有和邦额的《夜谭随录》、沈起凤的《谐铎》、乐钧的《耳食录》、屠绅的《六合内外琐言》、曾衍东的《小豆棚》、长白浩歌子的《萤窗异草》、荆园居士的《挑灯新录》、管世灏的《影谈》、俞梦蕉的《蕉轩摭录》、冯起凤的《昔柳摭谈》等；“阅微系列”则有王椷的《秋灯丛话》、袁枚的《子不语》、浮槎散人的《秋坪新语》、金捧阊的《客窗偶笔》、慵讷居士的《咫闻录》、许仲元的《三异笔谈》等。

清代文言小说还有一件特异之事，就是出现了长篇作品《蟫史》和骈体中篇《燕山外史》。

第八章

清后期古典小说的衰落与新变

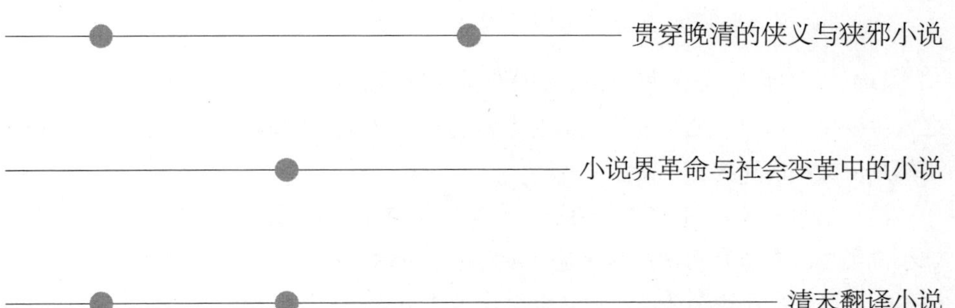

清代后期是一个变革的时代，随着西方列强的侵入，中国封闭的自然经济形态和超稳定的社会结构都步入衰落期。反映在文化领域，就是旧的传统迅速地丧失了更生、创新的能力，逐渐走向衰落，而新的事物与观念则挟强大的外力勃兴，从一开始就带有对旧传统强烈的批判态度。这时期的小说创作同样是这两种趋向并存，总的来看，甲午战争之前的五十多年以传统的衰落为主旋律，而清末的十余年，后一趋势突然爆发，出现了堪称文学史奇观的“新小说”创作、翻译的热潮。衰落与新变，构成这一时期小说的多元景观。

第一节　贯穿晚清的侠义与狭邪小说

1840年的鸦片战争使中国社会的性质发生了根本变化，但小说创作并没有随之发生变化，这时期的小说仍延续着古典小说的叙事模式和题材传统，主要产生的仍然是侠义小说和狭邪小说。

清代后期侠义小说创作繁荣，一个突出特点是在题材的混融综合中产生了新的小说类型。主要有两种：其一是英雄传奇与世情小说融合产生了“儿女英雄”小说；其二是侠义小说与公案小说融合形成了“侠义公案”小说。

儿女英雄小说是才子佳人和英雄传奇小说相互影响、合流的产物，但它不是这两类小说的简单相加，它们的结合产生了一种新的审美趣味，往往寄寓了作者的身世之感和人生理想。这类小说主要有《雪月梅》《岭南逸史》《绿牡丹》《绣球缘》《九云记》《三门街》等，代表作是文康的《儿女英雄传》。

《儿女英雄传》初名《金玉缘》，又名《侠女奇缘》等，41回。该书最为突出的特点是侠和情的结合。作者在“缘起首回”中说：“这‘儿女英雄’四个字，如今世上人大半把他看成两种人、两桩事，误把些使气角力、好勇斗狠的认作英雄，又把些调脂抹粉、断袖余桃的认作儿女……殊不知有了英雄至性，才成就得儿女心肠，有了儿女真情，才做得出英雄事业。”于是在小说中他就自觉地把“英雄事业”和“儿女真情”结合起来，塑造出一个崭新的女侠形象。展现

文康

姓费莫氏，字铁仙，一字悔庵，号燕北闲人。满族镶红旗人。道光初至光绪初年在世，生卒年不详。他曾被任命为驻藏大臣，因病未能赴任。早年家世盛极一时，晚年诸子不肖，家道中衰。

在读者面前的十三妹首先是一个英姿飒爽的侠女，护送安公子、血染能仁寺、怒打“海马”周三、援救老英雄邓九公等，豪爽侠烈、天真率性，颇具大侠风范。但同时她又是一个知书达理、严守礼教规范的孝女、淑女。在小说后半部，威震一方的绿林豪杰十三妹失却了英雄豪气，最终回归家庭，成为温柔顺从、循规蹈矩的贤妻。小说中十三妹的性格前后出现了巨大反差，鲁迅就认为她“性格失常，言动绝异，矫揉之态，触目皆是”(《中国小说史略》)。这的确是本书的一个严重不足，但却是作者的自觉追求，是其创作意图的真实体现。

侠义公案小说是清代后期最有影响的小说类型。鲁迅在《中国小说史略》中对这类小说的特点作了概括：“凡此流著作，虽意在叙勇侠之士，游行村市，安民除暴，为国立功，而必以一名臣大吏为中枢，以总领一切豪俊。”这类作品出现最早的是《施公案》，到了清后期，侠义公案小说盛极一时，代表作还有《三侠五义》《彭公案》等。

《施公案》，97回，无名氏撰。小说演述康熙年间施世纶带领归顺的黄天霸等侠客四处断案及剪除豪强恶霸的故事。《施公案》的价值主要在于首次将清官断案与侠客行侠融为一体，提供了前所未有的叙事模式。作品颠覆了侠的传统，创建了一种新的侠义模式，这主要体现在黄天霸形象的塑造上。黄天霸本为绿林豪侠，后在施公感召下成为施公剪除江湖“恶霸”的得力助手，而这些“恶霸”大多都是他原来的结义兄弟。作品中的黄天霸失去了传统侠客的独立精神，成为没有个人意志、徒供驱策的官府附庸，这对清代后期的侠义公案小说影响巨大。此后，这种作为官府附庸出现的侠，成了小说中十分重要的一类人物。

侠义公案小说的代表作是《三侠五义》，120回。小说是说书艺人石玉昆的演出底本，后经文人加工整理而成。全书分为两部分：前半部以元、明以来的传说为基础，叙述包拯奇特的出身以及走上仕途的经过；从第二十八回起，叙事中心由包公转向众侠客，主要写众侠除暴安良以及为宋王朝平定襄阳王的故事。

《三侠五义》是体现民众清官崇拜意识比较明显的作品，小说中的包拯、颜查散，都是清官的代表，尤其是包拯，他集不畏强权、不徇私情、秉公执法、清廉务实等品德于一身，成为古代清官精神最完美的体现者。《三侠五义》中的侠义观念在武侠小说中同样具有典型性，它既与《水浒传》中的英雄好汉不同，也与《施公案》有所区别。小说中的侠大致有两种类型：其一是保持传统精神的游侠。这以北侠欧阳春为代表，他敬

> **石玉昆** 字振之，号问竹主人，天津人。约1856年前后在世，是北方著名之讲唱艺术家，擅长讲《忠烈侠义传》，其后经人编为小说，成《三侠五义》《小五义》《续小五义传》。

重包公，可以在其危难之时出手相救，但却拒绝朝廷封赏，始终逍遥于江湖社会，保持着人格的独立。另一类是集聚在包公周围、为官府效力的义侠。最为典型的是展昭，他既是侠客，又是御前带刀侍卫，曾被皇帝赐予“御猫”的雅号。跨进开封府后的“五鼠”也属同一类型。与传统的游侠不同，他们接受了官府的封赠，同时也为官府效力。但他们又和《施公案》中的黄天霸有很大差别，这就是作者在他们身上加重了“义”的成分，将“侠”和“义”并提，“义”成为侠的最高评判标准。《三侠五义》的高明之处在于，将侠客们协助的对象选择为包公这个被高度理想化的清官，在他的旗帜下，侠客们锄奸救厄、济危扶困的各种行为都被正当化了，读者也更容易接受。清官与侠客的完美组合在最大程度上满足了民众惩恶扬善的愿望和心理需要，因此互相支撑，相得益彰。

《彭公案》，100回，题“贪梦道人撰”。《彭公案》亦属绿林侠客协助明公断案的侠义公案小说，其故事多采自民间。作品突出了主人公彭朋的不畏权贵、秉公执法，在叙述他打击、惩治贪官赃吏和豪绅恶霸的同时，塑造了许多性格各异的人物，如心高气傲、沉稳庄重、武艺超群的侠客黄三太，豪爽鲁莽、不贪财色的绿林豪杰窦尔敦，老奸巨猾、专干打家劫舍勾当的吴太山等，都写得有声有色，栩栩如生。该书文字比较粗糙，但由于有民间传播的基础，刊出后不久就有无名氏的《续彭公案》问世，其后一续再续，竟达十七集之多，在中国小说史上亦属仅见。

清代后期小说中的另一大宗是狭邪小说。“狭邪小说”概念出自鲁迅的《中国小说史略》，特指清末以士人与优伶、娼妓交往为题材的长篇白话小说。狭邪小说有个比较明显的演变过程，大致可以咸丰为界，分为前后两个阶段、三种不同的类型。鲁迅在《中国小说的历史的变迁》中指出：“作者对于妓家的写法凡三变，先是溢美，中是近真，临末又溢恶。”比较准确地概括了不同时期狭邪小说的特点。之所以有此“三变”，与小说创作的社会背景有必然的联系，同时也与作者的创作心态密切相关。

《红楼梦》在中国小说史上有划时代的意义，它不仅打破了“传统的思想和写法”，将世情小说创作推向了顶峰，而且对以后的小说创作也产生了无与伦比的影响。清后期小说家大多难以摆脱《红楼梦》的影响，因而出现的多是续《红楼梦》、学《红楼梦》或仿《红楼梦》之作，狭邪小说正是在对《红楼梦》的学习和模仿中产生的。早期的狭邪小说如《品花宝鉴》《花月痕》《青楼梦》正是如此，它们是才子佳人情趣及大观园理想世界在青楼题材中的再现。

《品花宝鉴》，60回，陈森（约1797—约1870）著。《品花宝鉴》是狭邪小说的开山之作，但它所展示的却不是妓女生活，而是才子和男伶之间的风流韵事，这反映了中国娼妓史上奇特的一幕。该书以梅子玉与杜琴言、田春航与苏蕙芳为中心，叙十位“用情守礼”的官绅子弟与十名“洁身自好”的优伶的交谊，赞美其好色不淫的德行。作者认为优伶有邪有正，狎客也有雅有俗，所以也穿插写了若干无耻狎客和下流伶人的行径。书中人物事迹多是作者的经历见闻，主人公一“玉”一“言”，隐含“寓言”之意，含有劝惩之意在内。然而，作者塑造的这两个理想人物，“亦不外伶人如佳人，狎客为才子”，反映了士人的变态人生和心理。写他们两人的感情明显地模仿了对宝、黛爱情的写法，情意缠绵，悱恻动人，能将同性恋写得如此委婉动人，也可谓是文学史上的一种奇特景观。

《花月痕》又名《花月姻缘》,52回，魏秀仁（1818—1873）著。全书仿效《红楼梦》甄、贾宝玉之模式，写了韦痴珠与刘秋痕、韩荷生与杜采秋两对才子和名妓的爱情故事。韦痴珠文采风流，倾动一时，却怀才不遇，落魄失意，既不能自展其才，也无法救其所爱；秋痕钟情于痴珠，但因鸨母作恶，终不能嫁痴珠，结果是痴珠贫病而亡，秋痕也为之殉情。韩荷生才貌与韦痴珠相当，但他先为达官幕宾，参机要，由此进入仕途，后因战绩卓著而封侯，采秋也随之平步青云，封为一品夫人。魏秀仁一生科场蹭蹬，穷愁潦倒，因而作书以韦、韩自况，韦痴珠的遭遇是他自身经历的写照，韩荷生则是理想的化身。在作品中，韦、刘爱情虽以悲剧告终，但感人至深。两个妓女形象也塑造得异常纯洁、完美，可敬可爱，尤其是命运坎坷、孤傲脱俗又痴心殉情的刘秋痕形象颇为生动。秋痕一贫如洗，连遭不幸，由堂叔卖到章家为婢女，受尽折磨，后被牛氏和李裁缝诱骗，逼其为娼，从此开始青楼卖笑生涯。坎坷的生活经历磨炼了她的意志，也造就了她出污泥而不染的个性。更能表现秋痕这一特征的是，自从与韦痴珠相恋之后，她感情专一，甚至割臂沥血酒中与痴珠同饮，以示坚守初盟、生死不负。她对韦痴珠的情感超越了物欲利益，痴珠一生贫困潦倒，秋痕却矢志不移，最后为痴珠殉情而死，用自己的生命完成了自我人格的升华。

全书以描写妓女为主的作品是《青楼梦》，64回，俞达（？—1884）著。作者对《红楼梦》推崇备至，创作时也刻意模仿，如《红楼梦》有所谓正册、副册、又副册，合为三十六钗，而俞达在《青楼梦》中也凑成三十六妓；《红楼梦》中有个“大观园”，《青楼梦》中也建造了一个“挹翠园”，等等。书中三十六妓是作者理想中的红颜知己，主人公金挹香则是自己的化身。金挹香以痴情、至情赢得了众名妓的衷心爱戴，并娶了其中五人为妻妾，与其他人也时时欢聚于挹翠园中。金挹香不但情场得意，仕途也很顺畅，他花钱捐官，得授余杭知府，政绩显赫，在数年间，实现了他“游花国，护美人，采芹香，掇巍科，任政事，报亲恩，全友谊，效琴瑟，抚子女”（第一回）的人生理想。最后父母双双跨鹤登仙，自己因众美离散而看破红尘，也悟道羽化，所钟情的三十六妓也纷纷归列仙班。挹香于青楼中寻求人间至情和红颜知己，不同于《花月痕》韦痴殊之“痴”，实已近于癫狂；而其圆满之结局，则是士人庸俗心态的全盘呈现。

康熙、雍正以后，资本主义因素在中国有所发展，特别是在东南沿海地区，资本势力远远超出了明代，随之而来的是金钱崇拜的风气在社会上日益盛行，这对青楼文化产生了极大的冲击。雍正元年至八年，清政府持续推行“除贱为良”政策，第一次以法律的形式否定和废除了已实施了千余年的乐籍制度，从雍、乾至嘉、道年间，官妓基本消失。然而，娼妓并没有因此而绝迹，代之而起的是私妓的乘机勃兴，并日趋繁盛，而青楼文化的内涵也因此发生了重大变化。随着资本势力的冲击，士人失去了昔日“四民”之首的优越地位，在青楼中也自然没有了往日的光彩。在现实面前，他们中的一些人终于明白，妓女与嫖客交往的目的是为了钱，而不是为了寻求风流才子的爱情。春梦惊醒，难免一番感慨，因此，在魏秀仁、俞达辈尚沉浸于才子佳人式浪漫幻想的时候，一些作家就已另起炉灶，开始创作“实写妓家，暴其奸谲”的小说了。始作俑者是邗上蒙人的《风月梦》。

《风月梦》，32回。该书的特点是揭示“嫖”字之害，它以扬州地区一群嫖客与妓女的交往为中心，揭露了妓家的骗人伎俩。书中精心描述了五个嫖客的嫖场经历，他们沉溺于青楼，无一有好结果。这些描写旨在“警愚醒世”，唤醒那些痴迷烟花者。

在“实写妓家”的作品中，《风月梦》出现最早，但影响最大的则是以《海上花列传》和《海上繁华梦》为代表的“海派狭邪小说”。

《海上花列传》，64回，题“云间花也怜侬著”，作者为韩邦庆。小说以赵朴斋、赵二宝兄妹的遭遇为主线，广泛地描写了众多官僚、名士、商人、买办、纨绔子弟、地痞流氓的狎妓生活以及妓女的悲惨命运，比较真实地反映了近代上海的青楼生活面貌。与《风月梦》相同，作者之意在于暴露娼家的奸谲，因此对鸨母、妓女、嫖客、帮闲、流氓等都作了大曝光。这里的嫖客不再是风流才子，对妓女也不再知心、体贴，像史三公子、赖头龟之流，对妓女就只有欺骗、摧残；妓女也不再是品貌齐全的佳人，对嫖客也不再是情深意长；至于鸨母，更是如此，虐待妓女，敲诈嫖客，一切以赚钱为重。尽管作者也写了陶玉甫与李漱芳真诚的爱情，写了他与李浣芳纯洁的关系，但这种爱情最终也没有好的收场。青楼生活已没有了此前小说中理想色彩。《海上花列传》的描写被公认为“记载如实，绝少夸张”，“平淡而近自然”，尤以写烟花女子更为“近真”，所写的妓女有好、有坏，与前述对妓家“溢美”诸作有了很大不同。

韩邦庆（1856—1894）字子云，别署太仙等。江苏华亭人（一说松江，今均属上海）。光绪年间考中秀才，被地方推选入国子监读书。有文才，却屡试不第。后迁居上海，担任过《申报》撰述，自办文学杂志《海上奇书》。

《海上繁华梦》，100回，题“古沪警梦痴仙戏墨”，作者为孙家振（？—1939）。小说也以妓院生活为中心，较真切地记录了上海滩的嫖、赌恶习以及发生在其间的种种欺骗、敲诈与坑害行径。主人公谢幼安为作者自况，书叙他与好友杜少枚同游上海，少枚迷恋妓女巫楚云与颜如玉，想娶之而归，但巫、颜二人意在骗财，对少枚实无真情。失意之际，少枚又沉沦赌场，愈陷愈深。少枚屡次受骗，又亲眼目睹了嫖界种种骗局与惨事，终于在良友的影响与劝诫下，翻然悔悟。本书“用意在警醒痴迷，与《海上花》相同。《海上花》以蕴蓄胜，《繁华梦》以明快胜，殆异曲而同工也”（《谭瀛室随笔》）。这比较恰切地说明了该书的特点。

除上述作品外，这时期的狭邪小说还有《梅兰佳话》《绘芳录》《海上尘天影》《海上名妓四大金刚奇书》《九尾狐》等，多数大同小异。

甲午战争以后，上海的工业在外国资本主义势力刺激下得以飞速发展，同时娼妓业也进入一个恶性繁衍时期。继高等妓院之后，各类私娼、暗娼的发展，达到骇人听闻的程度。青楼的商业化本质得到充分的发挥，礼教与廉耻在金钱冲击下已微不足道。在这种背景下出现的《九尾龟》，在众多狭邪小说中可谓别具一格，堪称“溢恶”的代表。

《九尾龟》，192回，张春帆（？—1935）著。“九尾龟”本是书中一个官僚康已生的诨号，“他得这个徽号是只因为在他家里九个女人公开的丑行所致”。虽然作者自称他写的是一部“寓言醒世”的大书，“上半部形容嫖界，下半部叫醒官场”，但作者的兴趣实际上主要在嫖界，官场不过是略为点缀而已。作品以主人公章秋谷在花柳场中的艳遇为叙事主线，借助其交往、旅行，使其参与并串联多个故事，结构上也因此较为完整。作品通过章秋谷的嫖界经历，展示花柳场中的层层黑幕，而书中所写妓女，除陈文仙外，没一个好的。作者带着强烈的义愤，每写到激烈时就称妓女为“牛鬼蛇神”“通天魑魅”。所写妓女，都是势利奸诈，虚辞假意，无情而又无义，带有漫画化的倾向。作品一面叙写青楼黑幕，一面又借章秋谷之口大谈嫖经和所谓嫖客资格，因此，不仅批评家称它是“嫖界的指南”，就连当时的嫖客也把它看作是“嫖界导游图”“花国入门书”。主人公章秋谷是一位“才子+流氓”式的“英雄豪杰”，是末世文人独特的病态心理的反映。

第二节　小说界革命与社会变革中的小说

1894年爆发的中日甲午战争极大地震惊了知识界，促使有志之士对中国的现实问题进入了深入的思考，一场声势空前的变法维新运动开始兴起。康、梁等维新派认为，要强国就必须变法维新，要变法维新就必须学习外国的先进科技和文化，于是启发民众觉悟，宣传改革思想，介绍西方文化，成为思想舆论界的主流。《清议报》《新民丛报》《时务报》等进步刊物相继创办，刊载时政论文，译介西洋文化。他们还发起文学改良运动，在倡导“诗界革命”、“文界革命”的同时，也倡导“小说界革命”，主张写“新小说”，中国小说史由此揭开了新的一页。

“小说界革命”是清末文学革新的重要组成部分。1902年，梁启超创办《新小说》杂志，在该刊第1号上发表了《论小说与群治之关系》一文，正式提出了“小说界革命”的口号。此文重点论述了“中国小说界革命之必要”，指出：“故今日欲改良群治，必自小说界革命始；欲新民，必自新小说始。”“小说界革命”的中心意图是“改良群治”，梁启超认为小说有“熏”“浸”“刺”“提”四种“易感人”之力，“有不可思议之力支配人道”，因此新小说就可以新道德、新宗教、新政治、新风俗、新学艺、新人心、新人格，总之，可以新民。随后，夏曾佑、狄葆贤等人又从理论上对小说的社会功能进一步作了论证。

在进行理论宣传的同时，还创办了大量的小说杂志，如梁启超主编的《新小说》，李伯元主编的《绣像小说》，吴趼人、周桂笙主编的《月月小说》，黄人、徐念慈主编的《小说林》，其他还有《新新小说》《小说月报》《小说时报》《小说世界》《小说图画报》等。这些都大大提升了小说的地位，促进了小说创作的繁荣，十余年间，创作的小说有上千种。这时期小说创作不仅数量多，而且反映生活的面非常广阔，从清朝政府的腐败，官场的黑暗，到改良革新运动、庚子事变、反华工禁约，以及妇女解放、反迷信运动等，无不在小说中得到反映。其中影响较大的是陈天华的《狮子吼》、黄小配的《洪秀全演义》、梁启超的《新中国未来记》、颐琐的《黄绣球》、李伯元的《文明小史》等。这些作品的目的是为政治服务，内多口号演说，或图解未来社会理想，具有一定的思想史和社会史意义，但艺术创获不多，可以传世的作品甚少。能代表这个时期创作成就的是一些抨击时政、揭露官场黑暗的作品，胡适称之为“社会问题小说”，鲁迅则命名为“谴责小说”。代表作是《官场现形记》《二十年目睹之怪现状》《老残游记》和《孽海花》。

光绪庚子（一九〇〇）后，谴责小说之出特盛。……其在小说，则揭发伏藏，显其弊恶，而于时政，严加纠弹，或更扩充，并及风俗。虽命意在于匡世，似与讽刺小说同伦，而辞气浮露，笔无藏锋，甚且过甚其辞，以合时人嗜好，则其度量技术之相去亦远矣，故别谓之谴责小说。

——鲁迅《中国小说史略》

《官场现形记》，60回，李伯元撰。作者在第三编自序中交代了创作的目的：因为当政者“上下蒙蔽，一如故旧，尤其甚者，假手宵小，授意私人，因苞苴而通融，缘贿赂而解释”，所以要用“东方之谐谑，与淳于之滑稽”，来揭露为官者的“龌龊卑鄙”和“昏瞶糊涂”。小说以中国封建末世的官场为描写对象，“凡所叙述，皆迎合，钻营，朦混，罗掘，倾轧等故事”。写了为官作吏者百余人，上自太后、皇帝、军机大臣、御史，下至知州、知县以及杂佐小吏，无一层不堕落，从京城到外地，无一处不腐败。小说对官场的丑恶现象层层揭露，对形形色色各类官员丑态的描写，堪称穷形尽相，酣畅淋漓。小说最后一回虚拟了一个创作的场景，表明写作的目的是为了给做官的人编几本“教科书”，“前半部是专门指摘他们做官的坏处，好叫他们读了后半部是教导他们做官的法子”，然后再放他们出去做官，这样，20年之后，可致天下太平，这体现了作者改良主义的理想。

李伯元（1867—1906）名宝嘉，别号南亭亭长，江苏武进人。屡试不第，赴上海创办《指南报》等，曾任《绣像小说》主编。代表作是《官场现形记》《文明小史》等。

《二十年目睹之怪现状》，108回，吴趼人著。此书以“九死一生”为主角，以他的见闻为主线，引出各种社会怪状，对当时的官场、商场、洋场才子及各个方面做了揭露和批判。小说第二回，作者借“九死一生”之口说：“我出来应世的二十年中，回头想来，所遇见的只有三种东西：第一种是蛇虫鼠蚁，第二种是豺狼虎豹，第三种是魑魅魍魉。”作者企图全方位、多层次揭示1884年中法战争以来中国社会各色人物之丑态。书中所述的二百余件“现状”，虽表面互无联系，但却全为“天地间惊听之事”，形形色色，怪怪奇奇，共同构成一场闹剧。小说的批判的重点仍是官场。与《官场现形记》集中揭示官僚制度不同，《二十年目睹之怪现状》更偏重于伦理道德方面的批判。小说描写官场侧重于官员们的道德沦丧，为了升官发财而不择手段。如候补道为了提升不惜让自己的太太为制台按摩；苟才为保全官位，竟跪在儿媳面前求她作上司的小妾。时人为此感叹道：“官场中竟是男盗女娼的了。”（第四回）第五十四回“九死一生”说：“我敢说一句话：这个官竟然不是人做的！头一件要学会了卑污苟贱，才可

吴沃尧（1867—1910）字小允，又字茧人，后改为趼人。广东南海（广州）人，因居佛山镇，自称我佛山人。18岁去上海谋生，先后创办《消闲报》《采风报》等。代表作品有《二十年目睹之怪现状》《痛史》等。

以求得官差，又要把良心搁在一边，放出那杀人不见血的手段，才弄得着钱。”书中蝇营狗苟之事，卑鄙无耻之人，不胜枚举。除道德沦丧外，官场的另一个普遍现象是畏洋人如虎，如南洋水师管带看见海上舰只，疑为法国军舰，立即下令沉船逃跑（第十四回）；驻扎平壤的清朝将领叶军门，在被日军包围时竟写信将平壤让与日本（第八十三回）。作者感叹道：“我们中国的官，见了外国人比见了老子还怕些。”（第五十回）

面对此类“精彩纷呈”的闹剧，作者一方面慨叹道德沦丧，另一方面又不免夸大其词，凸显其荒谬绝伦之处，借此以娱乐读者。因此，描写社会怪现状止于粗浅的暴露，缺乏深度，如鲁迅所说：“描写失之张皇，时或伤于溢恶，言违真实，则感人之力顿微，终不过连篇话柄，仅足供闲散者谈笑之资而已。”（《中国小说史略》）

《老残游记》共20卷，署洪都百炼生著，作者实为刘鹗。小说以江湖医生老残的活动为线索，记述了他游历途中的见闻和活动。该书比较深刻地揭露了晚清政治的腐败和社会黑暗，一定程度上反映了底层民众的疾苦。小说开头以一个颇具象征意味的梦表现了作者对时局的看法。他将中国比喻成一艘惊涛骇浪中行驶的破船，船上有四种人：一是领航的，意指统治者，不知道船将开往何处；二是水手，不安分工作，为非作歹，营私舞弊；三是说教者，不干实事，空喊口号；四是普通乘客，无所作为。小说还通过黄龙子之口表达了洋务救国的主张，他说：“直至甲子，为文明结实之世，可以自立矣。然后由欧洲新文明进而复我三皇五帝旧文明，骎骎进于大同之世矣。”小说就笼罩在这样一种强烈的救亡补残的意识氛围中。主人公老残是一位侠肝义胆、满腹经纶的有识之士，他忧国忧民，但无力回天，悲怆满怀。作者在《自述》中感叹道：“棋局已残，吾人将老，欲不哭泣也得乎？”表现了对时局的无奈。

与其他谴责小说不同的是，此书揭露的对象主要是“清官”，作者说：“赃官可恨，人人知之，清官尤可恨，人多不知。盖赃官自知有病，不敢公然为非；清官则自以为不要钱，何所不可？刚愎自用，小则杀人，大则误国，吾人亲目所见，不知凡几矣。……历来小说，皆揭赃官之恶。有揭清官之恶者，自《老残游记》始。”书中四至六回写曹州知府玉贤自恃刚正而惨无人道，一年之内用站笼站死两千多

刘鹗（1857—1909）原名孟鹏，字云抟，后更名鹗，字铁云，号老残。江苏丹徒（今镇江市）人。一生从事实业，先后作为幕僚参与治河、修铁路等事。1900年八国联军攻打北京，刘鹗从洋人手中购得粮食以赈灾，因而获罪，流放新疆，死于迪化（今乌鲁木齐）。

无辜百姓。第十五至十九回写刚弼“清廉的格登登的”，而残民手段，更胜玉贤。捕风捉影，滥施刑罚，将孱弱寡妇魏氏屈打成招，险些死于冤狱。所谓的清官，实际上就是酷吏，其肆虐狂悖已近病态。

《孽海花》，35回，原署“爱自由者发起，东亚病夫编述”。“爱自由者”即金松岑，写了《孽海花》前六回；“东亚病夫”是曾朴的笔名，全书由曾朴修改、续写完成。小说以金雯青和傅彩云故事为主线，描写了清末三十年间的政治、外交以及社会风俗的各种情态。作者在《代序》中说：“因为我看这三十年，是我中国由旧的到新的一个大转关，一方面文化的推移，一方面政治的变动，可惊可喜的现象，都在这一时期内飞也似的进行。我就想把这些现象，合拢了它的侧影或远景和相联系的一些细事，收摄在我笔头的摄影机上，叫它自然地一幕一幕的展现。”作品就用具体的事例来体现这一目标。

曾朴

（1872—1935）字孟朴，又字小木、籀斋，号铭册，江苏常熟人。出身于官宦之家，1892年举人。甲午战争后进同文馆学法文，后创设小说林书社，创办《小说林》杂志，提倡翻译小说。代表作是《孽海花》，另有翻译小说多种。

对于自由的渴望，对于民族的忧虑是作者最为关切的问题。小说开篇就写道，在“孽海”中有一个“奴乐岛”，在自由严重匮乏的岛中，人们的麻木已经到了如此的地步：“没有一个不是奄奄一息，偷生苟活。”而且这种不自由的状况由来已久，“从古没有呼吸自由的空气，那国民却自以为是有‘吃’、有‘着’、有‘功名’、有‘妻子’，是个‘自由极乐’之园”。即使在清末风雨飘摇之际，“那一般国民，还是醉生梦死，天天歌舞快乐，富贵风流，抚着自由之琴，喝着自由之酒，赏着自由之花，年复一年”。“看看人来人往，无非是那班肥头胖耳的洋行买办，偷天换日的新政委员，短发西装的假革命，胡说乱话的新闻社员……依然叉麻雀，打野鸡，安垲第喝茶，天乐窝听唱；马龙车水，酒地花天，好一派升平景象。”国民如此麻木，作者对此充满忧虑，“三十年旧事，写来都是血痕；四百兆同胞，愿尔早登觉岸”。这就是作者的创作动因。

对官僚和名士的批判是《孽海花》的重要内容，不同的是，该书谴责的不是贪官污吏，而是一群精于制艺、热衷考证、讲求高雅趣味的达官、名士。他们虽然学过西学，办些洋务，但在内忧外患之际，仍陶醉于词章考据，留恋于青楼妓馆；遇到战争，只会以灾变、梦占来预测战局。主人公金雯青是一位状元出身的外交使节，自以为精通舆地之学，可以在中俄边境纠纷中有所作为，结果却误购了俄人造假的地图，导致帕米尔八百里土地丢失。他也治西学，但只是为了在剧变的历史中保住官位，到了欧洲国家，各种流行新潮使他大惊失色，于是就每日杜门谢客，蛰居书室，无所事事。

《孽海花》还表现出对于外国侵略者的义愤和忧虑。作者揭出了列强对中国的野心，尤其是美、德、俄、法等国，对中国垂涎欲滴。他大声疾呼："东三省快要不保了"，"岂但东三省呀，十八省早已不保了"。小说还通过具体的细节揭露了侵略者的罪恶，如第三十三回写道："日军到处，不但掳掠，而且任意奸淫，台中妇女全做了异族纵欲的机械。"这种忧国忧民的感情使小说始终洋溢着一种正义的力量。小说也歌颂了百姓对侵略者自发的反抗，如第三十三回叙述日本入侵台湾时遭到当地百姓和民间人士的武装抵抗，他们不惜一切代价与入侵者抗争，最后以身殉国。

在表现作者忧国忧民的同时，《孽海花》也传达了作者的政治理想。作者将批判矛头直接指向了君主专制，小说一开始就指出，中国的帝王"暴也暴到吕政、奥古士都、成吉思汗、路易十四的地位，昏也昏到隋炀帝、李后主、查理士、路易十六的地位"。"一般国民有脑无魂，有血无气。看着茫茫禹甸，是君主的世产；赫赫轩孙，是君主的世仆。"他认为"宪法的精神，全在人民获得自由和平等"（第三十四回），因此，肯定了当时兴办实业、发展教育、启迪民智的进步主张，赞同唐常肃（康有为）、戴胜佛（谭嗣同）等人的变法，同情革命的先行者孙汶（孙中山），抨击李鸿章的求和行径，表现出鲜明的政治立场。

第三节　清末翻译小说

在进行小说创作的同时，很多有识之士还投入大量精力翻译、介绍外国作品，翻译小说的大量涌现成为晚清小说史上十分引人注目的景观。

1898年1月，林纾和王寿昌合译的《巴黎茶花女遗事》问世，在文学界引起极大振动，这是中国介绍西洋小说的第一部，为国人见所未见，一时风行全国，备受赞扬，域外小说的翻译开始受到重视。梁启超在号召小说革命时也大力提倡翻译域外小说，他利用主持报刊之便，大量刊发译作，并亲自动手翻译，给予小说的翻译以极大推动。他们的努力提高了翻译小说的地位，大大促进了国人翻译域外小说的热情，于是就在文坛出现了翻译小说的热潮。这个时期的译作数量惊人，据阿英等统计，占了当时小说总数的三分之二。翻译小说的题材广泛，既有日本的"政治小说"，也有美、英的侦探小说、写情小说，以及俄国的虚无党人小说。这时出现了

林纾（1852—1924）字琴南，号畏庐，别署冷红生，福建闽县（今福州）人。光绪八年（1882）举人，先后在多所学堂及京师大学堂执教，晚年以翻译小说和出售书画作品为生。著作主要有《畏庐笔记》《畏庐诗存》《畏庐文存》等。

专门从事小说翻译的作者群体，并产生了一些小说翻译的大家，其中，译作数量最多、影响最大的当属林纾。

林纾一生共翻译小说181种，涉及11个国家107位作家，不仅数量大，而且涉及面广泛。林纾翻译最多的是英国的哈葛德，有《迦因小传》《鬼山狼侠传》等20种；其次为英国的柯南道尔，有《歇洛克奇案开场》等7种。此外，有俄国托尔斯泰的《现身说法》等6种，法国小仲马的《巴黎茶花女遗事》等5种，大仲马的《玉楼花劫》等2种，英国狄更斯的《贼史》等5种，莎士比亚的《凯撒遗事》等4种，司各特的《撒克逊劫后英雄略》等3种，美国欧文的《拊掌录》等3种。还有希腊伊索的《伊索寓言》，挪威易卜生的《梅孽》，西班牙塞万提斯的《魔侠传》，英国笛福的《鲁滨孙飘流记》，菲尔丁的《洞冥记》，斯威夫特的《海外轩渠录》，史蒂文森的《新天方夜谭》，里德的《吟边燕语》，美国斯托夫人的《黑奴吁天录》，法国巴尔扎克的《哀吹录》，雨果的《双雄义死录》，日本德富健次郎的《不如归》。几乎囊括了当时欧美国家主要作家的重要作品，其中很多是流传久远的名著。

林纾是桐城派古文大家，本人不懂外文，因此翻译小说是由他人口译，然后自己再形成文字。小说全部用文言翻译，但他既继承了传统古文的长处，又在语汇、句法等方面有大胆革新，使小说语言雅俗共赏。林纾的译笔清畅明丽，优美感人，小说出版后当即引起了轰动。邱炜萲评论说："以华人之典料，写欧人之性情，曲曲以赴，煞费匠心。好语穿珠，哀感顽艳。读者但见马克之花魂，亚猛之泪迹，小仲马之文心，冷红生之笔意，一时都活，为之欲叹观止。"（《客云庐小说话》）翻译大家严复也赋诗赞叹道："可怜一卷《茶花女》，断尽支那荡子肠。"如此轰动固然是因为原著故事感人，但也因林译足以曲尽其致。通过他的翻译，众多世界著名作家的作品为中国读者所知，这些名著的传入，向中国民众展示了丰富的西方文化，开阔了人们的视野，对改变国人的观念，尤其是知识阶层的思想观念和文学观念发挥了重要作用。此外，林译小说还给"五四"以后的作家提供了学习和借鉴的范本，为现代文学的发展奠定了基础。

除林译小说外，周桂笙翻译的侦探小说，包天笑翻译的教育小说，陈冷血翻译的俄国虚无党人小说，吴梼翻译的日、俄文小说，以及梁启超翻译的《十五个小豪杰》，周树人、周作人合译的《域外小说集》，等等，都有一定影响，他们共同促进了晚清翻译小说的繁荣。

第九章

清代戏剧

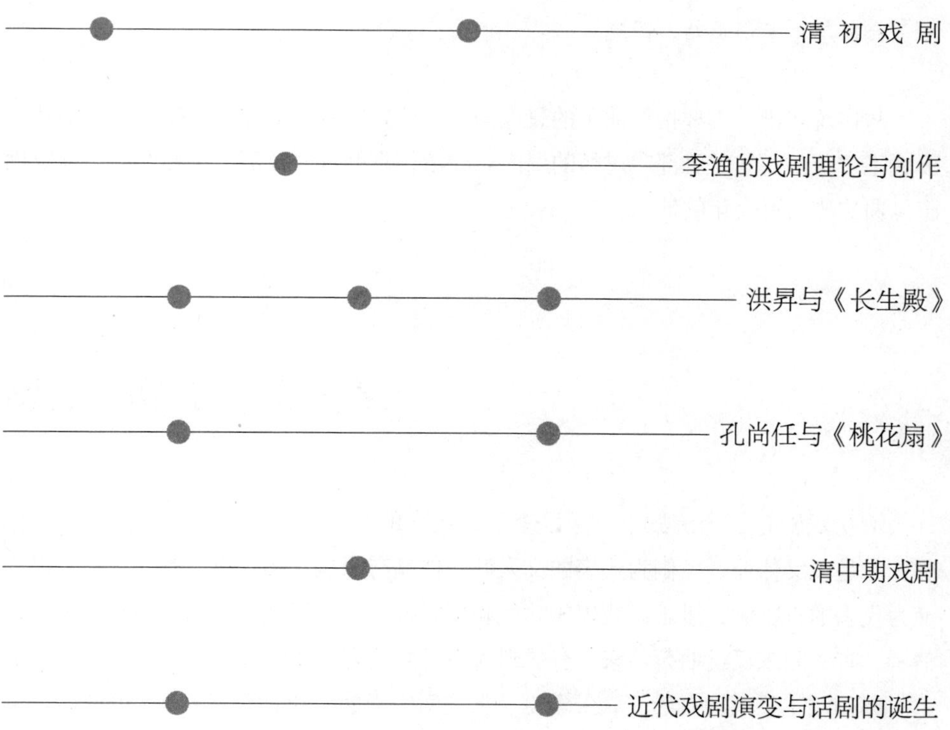

据傅惜华《清代杂剧全目》和庄一拂《古典戏曲存目汇考》等书统计，清杂剧有1 300余种，传奇有1 000余种。就艺术成就而言，传奇高于杂剧，清初传奇高于清中后期。

总体看，清代传统戏剧创新性不够，除《长生殿》和《桃花扇》之外，其他作品平庸者居多。论其原因，吴梅有较深入的分析，他在《中国戏曲概论》中说：

> 清人戏曲，逊于明代，推其缘故，约有数端：开国之初，沿明季余习，雅尚词章，其时文士，皆用力于诗文，而曲非所习，一也；乾嘉以还，经术昌明，名物训诂，研钻深造，曲家末艺，等诸自郐，二也；又自康雍后，家伶日少，台阁诸公，不喜声乐，歌场奏艺，仅习旧词，间及新著，辄谢不敏，文人操翰，宁复为此，三也；又光宣之季，黄冈俗讴，风靡天下，内廷法曲，弃若土苴，民间声歌，亦尚乱弹，上下成风，如饮狂药，才士按词，几成绝响，风会以趋，安论正始，四也。

与传统戏剧（主要指昆曲）的衰微同步，地方性剧种却逐渐兴盛，从清中叶便形成了“花部”与“雅部”对峙的局面。晚清，京剧从“花部”脱颖而出，遂取代了昆曲称雄二百余年的地位。

第一节 清初戏剧

清初戏剧有三个流派：一是以李玉为代表的苏州派，其戏作有较强的市民色彩；二是以吴伟业、尤侗为代表的文人派，作品有明显“案头化”倾向；三是以李渔为代表的喜剧派，讲求游戏娱乐功能和形式技巧。这三派的主要人物都是由明入清者，有的明末已是曲苑名家，有的则入清后方致力于戏剧。

苏州派主要人物有李玉、朱素臣、朱佐朝、毕魏、叶时章等。李玉的成就已见前文。朱素臣著有传奇19种，其中《十五贯》《秦楼月》为传世之作。他与李玉、朱佐朝皆有合作之举，显示出流派的内聚力。

在苏州派之外，吴伟业和尤侗是另一类型，他们的作品多借历史故事抒发身世感慨或故国之思，意境上接近诗歌，曲词雅致，抒情性增强，但不适合演出，是“案头之曲”。

吴伟业的剧作有《秣陵春》传奇和《通天台》《临春阁》杂剧。他曾为李玉

《北词广正谱》作序中说：

> 今之传奇，即古者歌舞之变也。然其感动人心，较昔之歌舞更显而畅矣。盖士之不遇者，郁积其无聊不平之慨于胸中，无所发抒，因借古人之歌哭笑骂，以陶写我之抑郁牢骚；而我之性情，爰借古人之性情，而盘旋于纸上，宛转于当场。

他的上述三部戏曲都是借历史人物叙写胸中的牢骚，反映明亡士人的痛苦心情。

尤侗　（1618—1704）字同人，号悔庵，江苏长洲（今苏州）人。能诗文，有《鹤栖堂文集》。戏曲有《钧天乐》传奇和《读离骚》《吊琵琶》《桃花源》《黑白卫》《清平调》五种杂剧，合称《西堂乐府》。

尤侗的《钧天乐》写沈白屡试不第，上书揭发科场之弊而遭到打击的故事。《读离骚》写屈原怀沙而死、宋玉为之招魂的故事。《吊琵琶》写王昭君的故事。《桃花源》写陶渊明入桃花洞成仙的故事。《李白登科记》演李白中状元事。各剧文采高胜，借古抒怀，情绪偏于感伤。

第二节　李渔的戏剧理论与创作

李渔是文坛艺苑的多面手。其小说的成就已见前文，而园林设计也是一时之选。他在戏剧方面更是有独特的表现。与前辈戏剧家不同，他既进行剧本的写作，也直接组织演出，同时把自己创作、演出的经验总结提升，写入了《闲情偶寄》——中国古代戏剧史上最重要的理论著作。

李渔创作的传奇作品既没有严肃的哲学思考，也没有治国平天下的期待，而是迎合观众趣味，突出戏曲的娱乐性和消遣功能，表现为一种轻松愉快的幽默风格，一种对现实超然自得的审美态度，这也是明末清初才子佳人类戏曲的普遍倾向。

李渔的戏剧创作有《笠翁传奇十种》，剧目为《奈何天》《比目鱼》《蜃中楼》《怜香伴》《风筝误》《慎鸾交》《凰求凤》《巧团圆》《玉搔头》《意中缘》，主要演男女情事。其中《比目鱼》写得最为感人，该剧据其小说《谭楚玉戏曲传情　刘藐姑曲终死节》改编，写谭楚玉与女伶刘藐姑的爱情故事。他们为反对财主逼嫁，效法《荆钗记》，双双投江而死。二人死后化作比目鱼，被慕容介救起，转还人形，终成眷属。采用戏中套戏的情节，是一出相当悲壮的爱情故事。

李渔戏作剧情新奇，不入陈套，编造巧合情节，出人意料，却又针线细密，不为怪诞。最显著的是《风筝误》。该剧以一只“作孽的风筝”为线索，串联起两对男女：即貌美才俊的韩世勋、詹淑娟和貌丑才拙的戚友先、詹爱娟之间为追逐配偶而展开的种种争夺、冒充、误会和纠缠。以丑冒美，以假乱真，导致一连串的喜剧冲突，最后真相大白，丑丑结合，美美相合，各安其位。李渔在《风筝误》卷末诗云：

> 传奇原为消愁设，费尽杖头歌一阕。何事将钱买哭声，反令变喜成悲咽？惟我填词不卖愁，一夫不笑是吾忧。举世尽成弥勒佛，度人秃笔始堪投。

这种重游戏的文学创作观，与“本之于圣贤之学”的“发愤著书”有着本质的不同，是那个特定时代社会精神的反映。

这些剧作流传甚广，被许多地方戏曲改编演出。日本学者青木正儿《中国近世戏曲史》中说：“《十种曲》之书，遍行坊间，即流入日本者亦多。德川时代之人，苟言及中国戏曲，无有不立举湖上笠翁者。”

李渔不仅是重要的剧作家，而且是重要的戏剧理论家，有《闲情偶寄》。其中《词曲部》专论戏曲，分为“结构”“词采”“音律”“宾白”“科诨”“格局”等6章。在戏剧结构方面，提出“立主脑”，即突出戏剧作品的主要人物、中心情节和主要矛盾冲突，而其他人物和事件则是围绕这一主要矛盾而展开。同时，为了更好地确立“主脑”必须“减头绪”，删削“旁见侧出之情”，使中心线索明显。在情节安排上，要“密针线”，剧本各部分要前后照应，情节发展合乎情理。

在戏剧语言方面，他提出“贵显浅”“重机趣”“戒浮泛”“忌填塞”，这是从戏剧适合舞台演出角度考虑的。剧作家应当“既以口代优人，复以耳当听者”，这是对前人曲论偏重音律文辞的修正，相当精辟地揭示了戏剧艺术的内在规律。总之，李渔的戏剧文学理论较为完整，有严密的体系，是对中国古代戏剧理论批评发展的全面总结。

第三节　洪昇与《长生殿》

洪昇（1645—1704）字昉思，号稗畦，浙江钱塘（今杭州）人。有《稗畦集》《续集》《啸月楼集》，传奇有《长生殿》，杂剧有《四婵娟》。

代表清代戏剧最高成就的是洪昇的《长生殿》和孔尚任的《桃花扇》。

洪昇一生坎坷，出身于中落的世宦之家，青年时代失欢于父母，远走他乡，漂泊无寄。《客中秋望》诗云："非关游子憺忘归，南望乡园意总违。三载无家抛骨肉，一身多难远庭帏。"《蒙山道中》云："一身千里外，匹马万山中""思家还有泪，不独为途穷。"康熙七年（1668），赴北京国子监肄业，而后旅京十余年，生活困顿。康熙二十八年（1689），因佟皇后丧期上演《长生殿》而下狱。此后，归隐家乡。

他怀才不遇，性格疏狂孤傲，"只缘脱略性，苦被时俗妒"（《旅次述怀呈学士李容斋先生》），"平生畏向朱门谒，麋鹿深山访旧交"（《北归杂感》）。王士禛《送洪昉思由大梁之武康》诗说他："亦知贫贱世看丑，耻以劲柏随蓬科。"就是在如此的境遇中，他历十余年，三易其稿，创作了著名的传奇《长生殿》。

《长生殿》全剧共50出。第二十四出《惊变》始写帝妃在御园宴乐，继写明皇闻报事变而惊。其乐而无度，其惊而无策，是由"乐"而"哀"的转折点。

《长生殿》将李隆基和杨玉环的"情缘"理想化，这与前代写同一题材故事的文学作品明显不同。剧本最后的《永团圆》一曲中，更将作者的这种主旨推向极致：

> 忉利有天情更永。不比凡间梦，悲欢和哄，恩与爱，总成空。跳出痴迷洞，割断相思鞚。金枷脱，玉锁松。笑骑双飞凤，潇洒到天宫。

在讴歌"真情"的同时，传奇用了相当大的篇幅描写当时的社会政治，反映了天宝之乱的历史背景。在《贿权》《禊游》《疑谶》《进果》《侦报》《舞盘》《骂贼》《弹词》等曲里，描绘了宫廷的荒淫腐朽，宰相的专横误国，贵妃姊妹的奢侈淫荡，边将的骄横跋扈，投降官吏的卑鄙无耻，社会的尖锐矛盾和人民生活的痛苦。

剧中对杨玉环的形象刻画，与白朴的《梧桐雨》和吴世美的《惊鸿记》相比，摆脱了女色亡国论的传统思想，舍弃杨玉环曾嫁寿王、与安禄山私通的情节，这是《长生殿》的高明之处。杨玉环是"昭阳内，一人独占三千宠"，洪昇没有贬斥这个性格丰富复杂的人物，而是同情肯定，称赞是“情深妒亦真”。然而，杨玉环“至情”和专宠只能建筑在“六宫粉黛无颜色”的悲剧命运之上。皇家婚姻制度决定了皇帝有处置两性关系的权力，所以杨氏的一往情深与李隆基二三其德之间也潜藏着悲剧气息，而杨玉环的固宠希恩带来的又是社会动乱和政治恶果。“占了情场”的爱情主题和“弛了朝纲”的政治主题交织一起，虽然作者没有也不可能作出更深刻的历史反思和制度批判，但这种交织的格局本身就形成了启人反思的张力。

《长生殿》被称为“千百年来曲中巨擘”。在艺术上的长处，主要表现在三方面：

其一，剧作场面宏大，人物众多，情节波澜曲折。作者以李、杨情缘为主线，以社会政治为副线，将宫廷内外的斗争、社会生活和李、杨爱情平行交织，层次清楚。

其二，语言清雅秀丽，有着浓厚的抒情色彩。如著名的《闻铃》中的〔武陵花前腔〕，继承了《长恨歌》《梧桐雨》的笔法，以风声雨声衬写唐明皇对杨贵妃的怀念，缠绵悱恻：

> 淅淅零零，一片凄然心暗惊。遥听隔山隔树，战合风雨，高响低鸣。一点一滴又一声，一点一滴又一声，和愁人血泪交相迸。对这伤情处，转自忆荒茔。白杨萧瑟雨纵横，此际孤魂凄冷。鬼火光寒，草间湿乱萤。只悔仓皇负了卿，负了卿！我独在人间，委实的不愿生。语娉婷，相将早晚伴幽冥。一恸空山寂，铃声相应，阁道崚嶒，似我回肠恨怎平！

其三，曲辞音律，当行本色。洪昇早年受到清初著名音韵学家毛先舒的影响，后又请徐麟帮助审音协律。《长生殿·序言》中说：“予自惟文采不逮临川，而恪守韵调，罔敢稍有逾越。盖姑苏徐灵昭氏为今之周郎，尝论撰《九宫新谱》，予与之审音协律，无一字不慎也。”《长生殿》问世后，一直盛演不衰，有良好的舞台效果，音律是主要原因之一。

第四节　孔尚任与《桃花扇》

孔尚任多次乡试，皆铩羽而归。康熙二十三年（1684），康熙皇帝南巡，返程经过曲阜祭拜孔子，孔尚任为之讲经，受到康熙的赞誉，特诏授为国子监博士，后官至户部员外郎。其间曾随工部侍郎孙在丰到淮扬疏濬淮河。淮扬三年，他与杜潘、冒襄、黄云等遗民耆旧结交，时而慨谈前朝旧事，感慨兴亡。康熙二十六年（1687），孔尚任督河兴化，近八旬的冒襄专程拜访，“同住三十日”，促膝交谈，竟日达旦。冒襄悉知南明弘光史事，对侯方域和李香君的交往经历了如指掌。这些活动和考察，为孔尚任创作《桃花扇》积累了丰富的历史素材，使他对南明兴亡之事和遗老的民族思想产生强烈共鸣。

孔尚任（1648—1718）字聘之，号东塘，别号岸堂，山东曲阜人。孔子第六十四代孙。

康熙三十八年（1699），孔尚任完成《桃花扇》；次年，因文字祸罢官；再二年，怀着痛苦的心情黯然归乡。孔尚任诗文有《湖海集》《岸堂集》《长留集》；戏曲除《桃花扇》外，还与顾彩合写了《小忽雷》传奇。

《桃花扇》以侯方域和李香君的爱情故事为线索集中反映了南明弘光王朝覆灭的历史，描绘了明末腐朽、动荡的社会现实以及统治阶级内部的权势矛盾和斗争。这一“借情写史”的宗旨，作者在《桃花扇小识》中有自觉的表述。

《桃花扇》展现了正、邪两种力量的剧烈斗争。正面人物有以侯方域为中心的复社士人，有下层平民，还有主张抗清的史可法等官僚。反面人物以阮大铖为代表，包括弘光皇帝、马士英、田仰等人。作者歌颂了正面人物，塑造了他们的光辉形象。一类是以史可法为代表的爱国将领，作者饱含热情，写史可法死守扬州，顽强奋战，沉江殉国的壮烈激昂：

〔古轮台〕走江边，满腔愤恨向谁言。老泪风吹面，孤城一片，望救目穿。使尽残兵血战，跳出重围，故国苦恋，谁知歌罢剩空筵。长江一线，吴头楚尾路三千，尽归别姓。雨翻云变，寒涛东卷，万事付空烟。精魂显，大招声逐海天远。

传奇者，传其事之奇焉者也，事不奇则不传。桃花扇何奇也……其不奇而奇者，扇面之桃花也。桃花者，美人之血痕也；血痕者，守贞待字，碎首淋漓，不肯辱于权奸者也；权奸者，魏阉之余孽也；余孽者，进声色，罗货利，结党复仇，隳三百年之帝基者也。帝基不存，权奸安在？惟美人之血痕，扇面之桃花，啧啧在口，历历在目，此则事之不奇而奇，不必传而可传者也。

——《桃花扇小识》

另一类是李香君、柳敬亭、苏昆生等下层人物的形象。在动荡的时代里，他们的人品最为高尚。在这些倡优身上，寄予作者极大的尊重和同情。

李香君的形象，作品刻画得最为动人。她原是秦淮歌妓，容貌绝世，却能将国家的命运置于第一位，明辨大义，反抗一切威胁利诱的黑暗势力，用鲜血染成桃花。作者以优美的语言，深入她的内心世界，表现她的勇于义而忠于情的行为。比如，听说杨龙友的妆奁是出自阮大铖之手，她毅然却奁；田仰强娶，她拒而守楼；福王选妓，她不畏强暴，怒骂阮大铖：

赵文华陪着严嵩，抹粉脸席前趋奉；丑腔恶态，演出真《鸣凤》。俺做个女祢衡，挝《渔阳》，声声骂，看他懂不懂。(《骂庭·忒忒令》)

东林伯仲，俺青楼皆知敬重。干儿义子从新用，绝不了魏家种。冰肌雪肠原自同，铁心石腹何愁冻。吐不尽鹃血满胸，吐不尽鹃血满胸。(《骂庭·空交枝》)

像她这样执着于爱情，忠于理想，却又有着高度的政治自觉的女性形象，在以前的古典作品中，不为多见。而一时名士侯朝宗相形之下则显得动摇乡愿，两相对比的艺术效果非常强烈：

(生)原来如此，俺看圆海情辞迫切，亦觉可怜。就便真是魏党，悔过来归，亦不可绝之太甚，况罪有可原乎？定生、次尾，皆我至交，明日相见，即为分解。(末)果然如此，吾党之幸也。(旦怒介)官人是何说话，阮大铖趋附权奸，廉耻丧尽；妇人女子，无不唾骂。他人攻之，官人救之，官人自处于何等也？

〔川拨棹〕不思想，把话儿轻易讲。要与他消释灾殃，要与他消释灾殃，也提防旁人短长。官人之意，不过因他助俺妆奁，便要徇私废公；那知道这几件钗钏衣裙，原放不到我香君眼里。(拔簪脱衣介)脱裙衫，穷不妨；布荆人，名自香。

(末)阿呀！香君气性，忒也刚烈。(小旦)把好好东西，都丢一地，可惜，可惜！(拾介)(生)好，好，好！这等见识，我倒不如，真乃侯生畏友也。(向末介)老兄休怪，弟非不领教，但恐为女子所笑耳。

〔前腔〕(生)平康巷，他能将名节讲；偏是咱学校朝堂，偏是咱学校朝堂，混奸贤不问青黄。那些社友平日重俺侯生者，也只为这点义气；我若依附奸邪，那时群起来攻，自救不暇，焉能救人乎？节和名，非泛常；重和轻，须审详。

作品还写及各色人物，如误国的权奸，降敌的叛将，以及无能为力的复社文人，凡此种种，作者大多能结合不同身份和环境，使得形象既丰满、复杂，又褒贬分明。正如作者在《桃花扇·凡例》中所说："脚色所以分别君子小人，亦有时正色不足，借用丑净者。洁面花面，若人之妍媸然，当赏识于牝牡骊黄之外耳。"这是《桃花扇》的一个重要贡献。

《桃花扇》的主旨是"借离合之情，写兴亡之感"，不过，在明亡已经50余年之际，与其说追思历史兴亡的各种原因，不如说是满足许多文人士大夫的怀旧心理。他们身上固有的价值诉求与现实情境存在矛盾，怀旧作为一种意绪的存在，是矛盾得以开脱的最佳方式。与此同时，由怀旧自然引出人生无寄的惘然和幻灭感，迎合了普遍的社会心理的需要。通过舞台的演出，记录了社会动荡之际人物的命运、爱情的命运和家国的命运，而人物的命运又是与社会环境的变化紧密交织。当人们再读这段历史，自然生出不少感慨，这正是《桃花扇》的艺术魅力所在。

与《长生殿》一样，全剧蒙上了浓厚的感伤主义气氛。如第四十出《入道》，写侯、李二人的劫后重逢，却安排张道士与侯方域的一段对话：

> （张）你们絮絮叨叨，说的俱是那里话？当此地覆天翻，还恋情根欲种，岂不可笑？
>
> （侯）此言差矣！从来男女室家，人之大伦，离合悲欢，情有所钟，先生如何管得？
>
> （张）呵呸！两个痴虫，你看国在那里？家在那里？君在那里？父在那里？偏是这点花月情根，割他不断么？

张道士说得侯、李"冷汗淋漓，如梦忽醒"。最后，侯、李出家入道，远离凡尘。这是作者为剧之用心。

这种"兴亡之感"，作者是通过"离合之情"表现出来的，这就突出了个人和历史的紧密联系。事实上，与同时的《长生殿》和之前的《浣纱记》《秣陵春》相比，《桃花扇》是将爱情剧与历史剧结合得较为完美的一部作品。在《长生殿》中，尤其是下半部，基本是脱离了现实情境，着力于一种虚幻的渲染，来歌颂李、杨爱情的至挚不渝。而《桃花扇》始终将侯、李爱情卷入在南明政治的漩涡和政权兴亡的过程中，侯方域是复社的重要文人，是史可法幕僚，参与反阉斗争，通过他可集中反映南明王朝内部的斗争，通过李香君可从侧面反映南明王朝的偷安一隅和士人的风流堕落。《媚座》一出的批语说："上半之末，皆写草创争斗之状；下半之首，皆写偷安宴乐之情。争斗则朝宗分其忧，宴游则香君罹其苦。一生一旦，为全本纲领，而南朝之治乱系焉。"可看出作者构思的匠心。

构思匠心还表现为结构严谨。孔尚任《凡例》中说："剧名《桃花扇》，则桃花扇譬则珠也，作《桃花扇》之笔譬则龙也。穿云入雾，或正或侧，而龙睛龙爪，总不离乎珠。观者当用巨眼。"桃花扇具有多种含义，一是定情物；二是它见证了历史，有象征意蕴；三是"桃花薄命，扇底飘零"，为悲伤情调；四是乃"美人之血痕"点染而成；五是张道士撕扇隐喻理想终是破灭，"南朝兴亡，遂系之桃花扇底"(《桃花扇本末》)。

语言上，由于作者"宁不通俗，不肯伤雅"的语言观，导致作品典雅有余，本色不足；谨严有余，而缺乏生动。乾隆以后，《桃花扇》以案头文学形式流播艺坛，而《长生殿》则经唱不衰，语言的差别殆是主要原因。

第五节　清中期戏剧

从康熙五十八年（1719）至嘉庆二十五年（1820），随着"南洪北孔"的先后去世，这100余年成为清戏剧史上的衰落期。

清中期戏剧衰落的原因有内外在两方面。外在原因表现为社会审美需要的嬗变，以剧本创作为中心的戏剧活动被舞台表演活动所取代。而受康、乾程朱理学的意识形态的影响，戏剧创作呈现道德化倾向，戏剧作家以宣扬忠孝节义为目的，以戏剧故事演绎道德观念。夏纶将新曲分为"褒忠""阐孝""表节""劝义"等六类(《新曲六种》)，即是典型。内部原因是戏剧创作的诗文化倾向。用创作诗文的思维方式和艺术手法来写传奇，以曲为史，以文为曲，体制简化，语言雅正，吴梅说："乾隆以上，有戏有曲；嘉道之际，有曲无戏；咸同以后，实无戏无曲矣。"(《中国戏曲概论》)剧坛内的花雅之争，昆曲的衰落和花部的兴起，使得戏剧文学创作呈现衰退的趋势。

清中期有影响的戏剧作家是唐英、蒋士铨和杨潮观。

唐英（1677—约1754），字俊公，号蜗寄居士。著有《古柏堂传奇》17种。有不少是宣传扬传统道德观念，内容浅近，价值不高。很多剧作是以士大夫的审美趣味对民间戏曲改编而成，如《十字坡》《梅龙镇》等。

蒋士铨是乾隆时期最负盛名的剧曲家。今存《藏园九种曲》。其剧作以颂扬纲常伦理为主。如取材于历史的《冬青树》，叙写南宋灭亡的故事，歌颂文天祥"岁寒然后知松柏之后凋"的民族气概，抨击了陈宜中、留梦炎等卖国投敌的罪行。值得注意的是，蒋士铨的戏作中还有敢于直面尖锐的社会矛盾和批判社会黑暗的一面。在《桂林霜》中，还描写了庄氏《明史案》，深慨良多，其胆略洵非时人所及。

杨潮观（1712—1791），字宏度，号笠湖，江苏金匮（今无锡）人。有杂剧30余种，都是一折短剧，合为《吟风阁杂剧》。取材古事以为寄寓，或讽喻劝惩，或揭露现实，或写下层苦难，或结合自身经历，皆具积极意义。在自著“题词”中写道：“百年事，千秋笔，儿女泪，英雄血。数苍茫世代，断残碑碣。今古难磨真面目，江山不尽闲风月。有晨钟暮鼓送君边，听清切。”（《满江红》）又云：“借丹青旧事，偶加渲染，渔樵闲话，粗与平章。颠倒看来，胡卢提起，青史何人姓氏香。”（《沁园春》）由此，可看出他剧作的宗旨。

其他还有桂馥（1736—1805）的《后四声猿》，包括《放杨枝》《题园壁》《谒府帅》《投溷中》4种。舒位（1755—1815）的《瓶笙馆修箫谱》，包括《卓女当垆》《博望访星》《樊姬拥髻》《酉阳修月》4种。

乾隆时期，地方戏曲得到迅速发展，出现了花部与雅部之争。李斗《扬州画舫录》说：“两淮盐务例蓄花、雅两部，以备大戏。雅部即昆山腔，花部为京腔、秦腔、弋阳腔、梆子腔、罗罗腔、二簧调。”从道光年间开始，中国南北各地剧坛上风云变幻，地方戏腔如秦腔、弋阳腔、梆子腔、皮黄腔等，竞相出奇争艳，传统雅部的昆曲便由中心退居边缘。

第六节　近代戏剧演变与话剧的诞生

嘉道以降，昆腔剧种呈衰微趋势，花部诸剧种得到迅速发展。持续100多年的花雅之争，以雅部的没落而告终。花部出现了许多新剧种，如河南的豫剧，安徽的黄梅戏，江西的采茶戏，湖南的花鼓戏，云贵川的花灯戏，广西的采调等。其中，京剧是最主要的戏曲样式。

京剧拥有十分丰富的剧目。据陶君起《京剧剧目初探》统计，共有1 280多种。取材于三国戏、列国戏、水浒戏、杨家将戏、岳家将戏的剧目最多。这些剧目

> 京剧的演变成熟经历了相当长的历史过程。乾隆末年，四大徽班进京，把二簧戏带到京城。后来二簧调和西皮调合流，为京剧腔调的形成奠定了基础。同时，京剧又不断吸取昆曲、秦腔等声腔曲调成分，在歌唱和表演上日趋丰富，终于在19世纪中期正式形成京剧。

表达了市民的意愿，歌颂为摆脱被压迫地位的反抗和斗争。其中《打渔杀家》《群英会》《空城计》《四进士》《五鼠闹东京》等均是屡经上演的优秀剧目。《打渔杀家》取材于《水浒后传》，表现官逼民反的主题，但故事情节有很大改变：主人公萧恩从名噪一时的梁山英雄隐退为一介渔夫，因无力交纳渔税遭受凌辱，最后走向反抗。《群英会》通过舌战群儒、草船借箭等情节，塑造了诸葛亮、周瑜、蒋干、曹操等艺术形象；诸葛亮料事如神，成为智慧的化身，迎合了大众的观赏心理。《四进士》(又名《宋士杰》)根据民间传说编写，歌颂正义终获胜利。剧中写宋士杰帮助杨素贞告状，突出他的机智、沉着、有策略，真实可信，又带有理想色彩。《玉堂春》演传统才子佳人戏，但剧中表现的浓厚世情风味，再次说明京剧这门新艺术形式对社会人生的真切理解。

与小说一样，戏剧也必然要分担时代的忧患和救亡的责任。作为影响最大的剧种，京剧反映时代动荡和思潮的主题不够明晰，这成为近代戏剧改良运动的主因。

近代戏剧改良运动在两个层面上开展，一是维新派和革命派的政治理念对传统戏剧的广泛渗透，二是戏剧表演艺术家和作家的积极参与。

就前者而言，首先在理论上提出戏剧改革的是梁启超。他于1902年刊发于《新民丛报》上的《劫灰梦》《新罗马》《侠倩记》三种传奇，揭开了戏剧改良运动的序幕。1904年，柳亚子、陈去病等人在上海创办第一个戏剧刊物《二十世纪大舞台》，提出“改革恶俗，开通民智，提倡民族主义，唤起国家思想”的办刊宗旨，大力宣传革命思想。于是，一大批鼓吹革命的现代题材戏剧陆续问世，上海随之成为近代戏剧改良的中心。

近代戏剧改良的另一支重要力量，是戏剧表演艺术家和剧作家。他们积极响应戏剧改良的号召，倡导戏剧创作的新理念，改革地方剧种，编写了不少有时代色彩和较强艺术感染力的剧本。

汪笑侬(1858—1918)是最早参与京剧改良的艺术家。原名德克金，号仰天，满族人。光绪举人，做过太康县令，后专门从事京剧活动。他激于时事，改革京剧，自编剧目，宣传爱国思想。改编和创作的京剧剧本有30多种。其中《哭祖庙》《党人碑》《博浪椎》《骂阎罗》《将相和》等风靡一时，深受大众喜爱。

《哭祖庙》演三国故事，写蜀都被围，蜀后主刘禅要开城投降，其子刘谌杀死妻子、儿女，到祖庙祭祀先人，然后自刎，以身殉国。戏中刘谌哭祭时的台词感人至深：“自古以来，那有将大好江山白送人家的道理？想我国破家亡，死了倒也干净！”《将相和》写蔺相如、廉颇团结御敌。《党人碑》意在影射戊戌六君子。

《博浪椎》以汉代张良抗击暴秦的事迹为题材，慷慨激昂，借以反对袁世凯复辟帝制。其词曰：

只恨我穷书生身微力小，空怀着报仇志昼夜心焦！望国民起义师恭行天讨，到如今还不见草泽英豪！好让那虎狼秦多行凶暴，只苦了众百姓受尽煎熬，我想把好乾坤重新构造，我想把专制君万剐千刀，本是我祖国仇理应当报，恨不能学专诸刺杀王僚。

随着戏剧改革的深入开展，早期形态的话剧开始出现在中国舞台。话剧起初称为“新剧”或“文明戏”，产生于20世纪初年。它以对话和动作为主要表现手段，属于写实主义的戏剧类型。春柳社的成立标志着中国早期话剧的诞生。

1906年，留日学生欧阳予倩、李叔同、陆镜若、任天知等人，借鉴西洋话剧和日本新派剧，在东京组织了我国第一个戏剧团体“春柳社”，自1907年相继演出了《茶花女》《黑奴吁天录》《热血》。春柳社重视剧本和排练，注意剧作的完整和艺术特点，对后来话剧发展影响很大。在他们的带动下，1907年王钟声在上海创办了话剧团体“春阳社”。

稍晚于此，天津的南开学校从欧美引进新的戏剧理念，于1909成立了新剧团(后改名话剧社)。在张彭春的指导下，数十年间编演话剧二百余种。其骨干周恩来撰写《吾校新剧观》，倡言：“吾校新剧，于种类上已占其悲剧感动剧位置，于潮流中已占有写实剧中之写实主义……”表现出自觉的新戏剧观念。

1910年，任天知在上海组织了话剧团体“进化团”，编演富于革命精神的剧目。如歌颂辛亥革命的《共和万岁》，描写武昌起义的《黄鹤楼》，写反帝斗争的《新茶花》等剧，有力地配合了辛亥革命。作为一种新的戏剧形式，早期话剧还处于萌芽阶段，但它在借鉴外国戏剧的形式和表现手法、继承古典戏剧传统等方面所做的尝试和努力，为“五四”以后的剧坛拓新开辟了道路。

第十章

清代弹词

可观的创作成就

独特的女性文学色彩

《天雨花》与《再生缘》

明末清初时期，江浙一带以抄本形式流行一种新型的小说阅读文本——弹词。后来随着书坊大量刊刻出版，流行的范围也扩大到全国。这类以七言韵文与散文相间来讲述故事的书面长篇叙事作品，其实质是“韵文体”长篇小说，《天雨花》、《再生缘》、《笔生花》（以上三部作品被称为“弹词三大”）、《榴花梦》、《凤双飞》等是代表作品。

原生态的弹词是一种说唱文艺形式，明中叶即有盲女弹词的记载，嘉靖年间田汝成在《西湖游览志余》卷二〇描述杭州八月观潮时的情景，称：“其时优人百戏：击球、关扑、鱼鼓、弹词，声音鼎沸。”弹词得名于它的伴奏乐器：琵琶和三弦。其特点是韵散相间，以七字韵文为主，主要流行于我国江南一带，故又称为“南词”。另外，明人还有一种韵散相间的叙事文体，称为“词话”。晚明，书面的词话体借鉴讲唱的弹词体，形成了一种新的文体：书面的、韵散相间的、韵文以七言为主的叙事文学——其实质可看作“韵文长篇小说”。

这种情况在清代得到延续，读书识字的闺秀们对这种新的文体情有独钟，利用女红之余传抄阅读，一些才女作家采用此文体进行长篇小说的书面写作，产生了大量的作品，成为清代文学一大奇观。

第一节　可观的创作成就

作为韵文体长篇小说的弹词最迟产生于明末清初，顺治八年完稿的《天雨花》中有“弹词万卷将充栋”句，说明当时已产生了大量的弹词文本，如《玉钏缘》《天雨花》是较早产生的作品，但长期无刻本，只以抄本的形式流行。清乾隆年间始有书坊开始刊行弹词小说，嘉庆道光年间书坊刻印弹词蔚然成风，清中叶弹词作家和作品大量涌现，直到民初还有余绪。

从17世纪中叶到20世纪初的近300年中，此类弹词作品有近50种之多。如《玉钏缘》《天雨花》《安邦志》《定国志》《凤凰山》《再生缘》《锦上花》《再造天》《三生石》《笔生花》《榴花梦》《凤双飞》《四云亭》《侠女群英史》《精卫石》等。其中影响较大的都是女作家的作品，有三四十种。女作家姓氏可考的有21位，如陶贞怀、陈端生、梁德绳、侯芝、黄小琴、朱素仙、邱心如、郑澹若、藕裳、李桂玉、孙德英、陈谦淑、曹湘蒲、周颖芳、程蕙英、彭靓娟、秋瑾、姜映清等，也有一些是无名氏的作品。

按照作品的题材分类，主要以儿女英雄类为主，有偏重于儿女类、杂糅神仙类两种变化的类型。按照历史年代的顺序，可以把这些作品分为早期、中期和晚期。

早期作品（明末清初至嘉庆年间），有《玉钏缘》《天雨花》《凤凰山》《再生缘》等。从道光初年、经咸丰、至同治末年（1821—1874）可视为弹词小说创作的中期。这一时期主要作品有《笔生花》《榴花梦》《梦影缘》《金鱼缘》《群英传》《子虚记》《九仙枕》等。这一阶段的主要特点是弹词小说形式的完全成熟，书坊刻印激增，影响进一步扩大。晚期（光绪至清末民初）弹词小说除《凤双飞》外鲜有以往那样长的篇幅，其他主要作品有《精忠传》《侠女群英史》《英雄谱》《精卫石》等。晚清时期，民族与家国意识非常强烈，在弹词小说中也有反映。

第二节　独特的女性文学色彩

清代的女作家数量、作品以及文学活动，都远远超过前代。这一方面表现于诗词创作，一方面便体现到弹词中。弹词的女作家们渴望女人自己讲述女人的故事，她们所创作的弹词小说都是“处处为女子张目”，叙事大多以女性为中心，即使是以男主人公为主角，也处处表现出女性对社会、人生、事业、婚恋、家庭关系及子女教育等方面不同世俗的见解。

广泛地、深刻地反映清代妇女生活的各个层面，表现女性的不幸命运，是弹词小说的主要内容之一。因为作者的女性性别身份，对于女性婚姻悲剧及家庭生活中的种种遭际和痛苦，有特别深切的了解与感受，从而倾注到作品中。如《笔生花》中描绘了诸多弱女子在婚姻中的悲惨处境。文家的儿媳步静娥13岁失去父母，因为身为女子，被剥夺了继承权，在继兄嫂的淫威下，过着寄人篱下的屈辱生活，连终身大事也只能听人摆布，一生受尽欺凌。这个形象是许多孤苦的少女命运的写照。姜九华是姜侍郎的偏房之女，生母奇妒又不识时务，致使她经常处于难堪的境地中。后来嫁给吴公子，成为婆婆的出气筒，受到虐待，备尝辛酸。丈夫数年功名不就，家境贫寒，度日艰难，最后还被与人通奸的婆婆诬告，陷入监牢。九华的境

> 渐渐地，有文才的妇女们便得到了一个发泄她们的诗才和牢骚不平的机会了。她们也动手写作自己所要写的弹词。她们把自己的心怀，把自己的困苦，把自己的理想，都寄托在弹词里了。
>
> ——郑振铎《中国俗文学史》

遇与作者自述中的婚后生活相类似，这个形象多少寄寓了作者本身的影子，寄托了作者对不幸婚姻生活的哀怨和无奈之情。

女小说家们还把女性的愿望和理想寄托在作品里，拿起笔建构女性想象的文学世界，编造海市蜃楼一样的“深闺梦幻”故事。对于女性意识初醒的明清知识女性，最渴望的是与男人一样施展才华、建功立业，传名千秋。历史传说中的花木兰和黄崇嘏的事迹为她们的梦想提供了蓝本。以女性为中心的叙事文本大都以“恨生不为男子”为出发点，演绎一系列女扮男装故事。女主人公皆具有不平凡的才华，个个文武双全，能力超群，每每使须眉男子望尘莫及，纷纷倾倒。易装成为她们梦幻人生的第一步骤。《再生缘》中孟丽君易装出走时说：“定要雄飞岂雌伏，长风万里快游翱。”一旦步出深闺，就开始了她们充满冒险和刺激性的传奇生涯。

追求真正的爱情和自主的婚姻也是弹词小说的主题之一。这虽然继承了才子佳人小说推崇女性胆、识、才、情的态度，但由于女性关照的角度不同，所反映的爱情婚姻观也有所不同。由于女性对现实婚姻状况的不满、厌倦乃至失望，反映在小说中对常态婚姻有淡化和消解的倾向，如刻画不思嫁娶或与同性过亲密生活的男女人物，尤以女性人物居多。有的小说意图追求婚姻的“非常态”，故意模糊性别界限，描绘平等的如同朋友般的恋人关系，注重两性由相敬到相慕再到相爱的过程，作为结果的“床笫之欢”却被漠视，往往营造出一种“清”的气质和氛围。这对以前和同期的爱情婚姻题材小说在立意和写法上是有不少突破、创新的。

第三节 《天雨花》与《再生缘》

乾嘉诗人陈文述在《西泠闺咏》中说：“‘南花、北梦、江西九种’，梁溪杨蓉裳农部语也。‘南花’谓《天雨花》，‘北梦’谓《红楼梦》，谓二书可与蒋青容九种曲并传。《天雨花》亦南词也，相传亦女子所作，与《再生缘》并称，闺阁中咸喜观之。”把《天雨花》与《红楼梦》相提并论，可见其影响之大。《天雨花》和《再生缘》是清代韵文体小说中的杰出代表作。

《天雨花》写作年代较早，据其序完稿于顺治八年（1651）以前。嘉庆有遗音斋刻本30卷，90余万字。《天雨花》在刻本问世以前以抄本流行，因抄本上并无署名，因此对作者有诸般猜测。从文本流露的强烈的女性意识看，“陶贞怀”可能是作者的笔名，即便不是真名，也可以肯定她是一名有才华、有成就的女作家，她生逢乱世，命运坎坷，借作品寄寓了她的理想、抱负和身世感慨。因此，作品带有一定的自传性特点。

《天雨花》首先是一部具有浓郁政治色彩的作品，它以明末朝政的腐败、混乱以及阉党弄权的历史真实画面为背景，反映以左维明为代表的忠臣义士为维护正义、保卫朱明江山而与奸佞贼子的斗争。作者一生主要生活在明代，并经历了那个天崩地解的空前巨变，“明将亡”的忧患意识和“明何以亡”的苦苦思考是当时知识分子普遍的社会心态。作者痛定思痛，用弹词小说的形式总结明亡的教训，抒发自己经历了国势阽危、家国无望的人生感受。

作品围绕着左维明的家庭生活描写了许多女性。左维明的妻子桓清闺，女儿德贞、仪贞、婉贞，侄女秀贞、孝贞，黄御史的女儿黄静英等。其中左仪贞是作者着墨最多、刻画得最为丰满的形象。在她的身上集中表现了中国女性所具有的聪明勇敢、舍己为人、坚忍不拔、不畏强暴等高尚品质。

左仪贞刺杀郑国泰是书中惊天动地的大事件，她也因此成为胜过须眉的女中豪杰。当时左公驻守边关，郑国泰弑君篡国，权势炙手，“八百公侯俱束手，三千甲仗都从贼”。郑国泰为羞辱政敌左公，强抢仪贞入宫，逼之与他成亲。他哪知，有着“白璧志，青松节”的仪贞凭借着超群的胆略和坚强的毅力，“龙凤枕前飞白刃，鸳鸯帐里喷红血”，用父亲给的盘龙剑杀了老贼，之后还要到大殿之上痛骂奸贼，“烈烈轰轰而死”。她的英勇义举受到世人称赞，誉为“乾坤第一女中英”。

《再生缘》成书于乾隆年间，第17卷卷首云：“惟是此书知者久，浙江一省遍相传。”此书作为未完篇的抄本已久受知音读者的推崇，后经侯芝改订，道光二年始有刻本，共20卷，80回，经多次印刷出版，是弹词小说中流行最广、影响最大的作品。

作者陈端生，浙江钱塘（今杭州）人，生于1851年。祖父陈句山，雍正进士；父陈玉敦，乾隆时举人；母汪氏，亦有文学修养。她与妹妹长生分别著有诗集《绘影阁集》《绘声阁集》。约在1869—1870年间，未出阁的18岁少女陈端生创作了《再生缘》前16卷。其后由于母亲、祖父病逝和本人出嫁的缘故搁笔，34岁时又写了第17卷。后由杭州女诗人梁德绳补续3卷完成。

> **梁德绳**
> 杭州乾嘉时期著名女诗人，《杭州府志》有小传。著有《古春轩诗抄》2卷和《古春轩词》。

《再生缘》本事续接《玉钏缘》，写谢玉辉、郑如昭和陈素贞转世之后的姻缘故事，故名之为“再生缘”。故事以元代作为历史背景，卸职还乡的龙图阁大学士孟士元，有女孟丽君，待字闺中。云南总督皇甫敬为其子少华、国丈刘捷为其子奎璧，几乎同时向孟家求聘，只得以比箭裁决，结果少华取胜，被孟家选定为婿。但刘奎璧却不甘心，阴谋陷害少华。后孟丽君女扮男装，改名郦君玉，科举高中，后积功官至丞相、保和殿大学士。皇帝识破她的女身后欲纳其为妃，孟丽君气苦相加，口吐鲜血。陈端生的生花妙笔写到这里，就戛然而止了。

《再生缘》就这样通过孟丽君的逃婚、高中、入赘、拒认、团圆，逐层写出孟丽君性格的发展，塑造了一个才高气傲、聪慧机敏、敢于叛逆最后无奈屈从的女状元形象。

整个作品布局合理、情节结构完整、线索清晰、简繁得当，是弹词小说中的佼佼者。尤其是前17卷对孟丽君形象的精心塑造，使之成为古代文学人物画廊中不可多得的典型形象。

在弹词小说众多女扮男装的形象中，孟丽君是反抗“夫权”“父权”“君权”最坚决、言辞最激烈的一个。对父母之情，她固然没有忘怀，但由于关系重大，她一直没有想出两全之策与父母相认，以致被母亲指责为“名利心重骨肉情轻”。甚至在危及她的自由和生存时，她也毫不犹豫，宁愿舍弃亲情，也不会为什么“父为子纲”“在家从父”的礼法而放弃自己的理想。对于陈端生《再生缘》前17卷，陈寅恪、郭沫若给予极高的评价。陈寅恪著5万余字的学术论文《论再生缘》，他认为陈端生是“绝代才华之女子”，“孟丽君之性格，即端生平日理想所寄托”，“端生心中于吾国当日奉为金科玉律之君父夫三纲，皆欲藉此等描写以摧毁之”，“端生此等自由及自尊即独立之思想，在当时及其后百余年间，俱足惊世骇俗”。

后　记

本套教材分上下两册，编写的分工情况如下：

上册主编刘跃进、陈洪。第一编“先秦文学”由韩高年、马银琴、罗军凤、马世年、熊才智合撰。第二编“秦汉文学”由张峰毅、刘跃进、任群英、龙文玲、陈丽平、王启才、韦春喜、鲁红平、孙尚勇合撰。第三编“魏晋南北朝隋代文学”由孙明君、刘运好、陈道贵、范子烨、普慧、胡旭、柏俊才、杨金梅、刘跃进、赵建成、孙尚勇合撰。第四编“唐五代文学”由张静撰写。

下册主编陈洪、刘跃进，副主编孙克强、冯大建。第五编“宋代文学”由张静撰写。第六编“辽金元文学”由田桂民撰写。第七编“明代文学”、第八编“清代文学”由陈洪、何宗美、雷勇撰写。

编　者

2013年6月

郑重声明

图书在版编目（CIP）数据

中国古代文学史．下册 / 陈洪，刘跃进主编；教育部中文学科教学指导委员会组编．— 北京：高等教育出版社，2013.8（2024.11 重印）

ISBN 978-7-04-037742-2

Ⅰ．①中… Ⅱ．①陈… ②刘… ③教… Ⅲ．①中国文学－古代文学史－高等学校－教材 Ⅳ．①I209.2

中国版本图书馆CIP数据核字（2013）第129255号

策划编辑 云慧霞 刘纯鹏 责任编辑 刘新英
书籍设计 张申申 责任校对 杨凤玲
责任印制 沈心怡

出版发行 高等教育出版社
社　　址 北京市西城区德外大街 4 号
邮政编码 100120
印　　刷 涿州市星河印刷有限公司
开　　本 787mm×1092mm 1/16
印　　张 33
字　　数 646 千字
购书热线 010-58581118
咨询电话 400-810-0598
网　　址 http://www.hep.edu.cn
http://www.hep.com.cn
网上订购 http://www.landraco.com
http://www.landraco.com.cn
版　　次 2013 年 8 月第 1 版
印　　次 2024 年 11 月第 7 次印刷
定　　价 54.50 元

本书如有缺页、倒页、脱页等质量问题，
请到所购图书销售部门联系调换

物 料 号 37742-00